lonely planet

GRÈCE

Alexis Averbuck, Rebecca Hall, Paula Hardy,
Helen Iatrou, Vangelis Koronakis, Vesna Maric,
Leonid Ragozin, Simon Richmond, Helena Smith,
Sarah Souli, Ryan Ver Berkmoes

SOMMAIRE

Préparer son voyage

Sur la route

Détail d'une statue d'Alexandre le Grand (p. 235), Thessalonique

Monemvassia (p. 153)

Assos (p. 586), Céphalonie

Carnet pratique

Comprendre

LISANDRO LUIS TRARBACH/SHUTTERSTOCK ©

Kamini (p. 294), Hydra

GRÈCE

LE VOYAGE COMMENCE ICI

L'eau ondule, chatoyante, en faisant jouer ses reflets cobalt, turquoise, émeraude, céruléens… À vrai dire, pour décrire la Grèce, je préfère la peinture aux mots. Depuis le temps que je vis dans ce pays et que je l'explore, je suis tombée amoureuse de ses montagnes, de ses petits villages et de ses habitants. Ici, tout m'invite à me détacher des gadgets, de la technologie et des plannings pour me recentrer sur le monde qui m'entoure. Chaque nouvelle expérience m'ouvre un peu plus les yeux et l'âme, comme lorsque je me balade au clair de lune dans les ruelles de Tholaria, sur Amorgos. La Grèce est bien plus qu'une série de cartes postales et de clichés.

Alexis Averbuck
@alexisaverbuck

Mon expérience préférée Plonger depuis les rochers tout chauds d'Hydra (p. 292), sentir mon corps pénétrer dans l'eau et nager vers les profondeurs à la recherche de courants frais.

SUR LE TERRAIN

Nos auteurs présentent les lieux qui, pour eux, incarnent le mieux la Grèce.

Se promener dans **Monemvassia** (p. 153) est une expérience inoubliable. La plus vieille cité fortifiée d'Europe, toujours habitée, révèle une architecture héritée des croisés, des Vénitiens et des Ottomans. Explorez la Grèce à la recherche d'autres villes ceintes de remparts et vous découvrirez bien des trésors au-delà des plages de rêve.

Rebecca Hall

@BeyondHex

Autrice spécialisée dans les voyages et la culture, Rebecca vit en Grèce.

Patmos (p. 449) est une île témoignant de siècles d'histoire. Au cœur de paysages majestueux s'élève un complexe monastique encore plein de vie. Cette île, où saint Jean aurait rédigé l'*Apocalypse*, fut tour à tour ottomane, vénitienne, russe et italienne. Aujourd'hui, tout en elle nous rappelle que la Méditerranée, loin de morceler les terres, est un théâtre d'échanges entre les peuples.

Paula Hardy

@paulahardy

Journaliste de voyage passionnée par la Méditerranée, Paula est l'autrice d'un ouvrage sur l'histoire culturelle de la Libye.

Tout paraît plus paisible à **Missolonghi** (p. 197). Les pêcheurs y perpétuent un savoir-faire centenaire et durable, en harmonie avec les flamants roses et les 290 autres espèces d'oiseaux qui s'épanouissent dans les environs, tandis que des associations sensibilisent les jeunes générations à la préservation du patrimoine et à l'écotourisme.

Helen Iatrou

@heleniatrou

Helen est journaliste et navigatrice. Elle écrit sur les voyages et sa passion des bateaux.

Plaka (p. 68), cœur historique d'Athènes dominé par l'Acropole et sillonné de rues étroites bordées d'édifices néoclassiques, est un quartier aussi touristique qu'authentique. Il est aussi plus calme que le reste de la capitale. C'est le lieu que je préfère pour me balader, boire un verre ou déjeuner sur une terrasse ensoleillée.

Vangelis Koronakis

@the_passenger

Vangelis est né et a grandi à Athènes, où il exerce le métier de rédacteur Web.

À GAUCHE : HERACLES KRITIKOS/SHUTTERSTOCK ©
À DROITE : ANASTASIOS71/SHUTTERSTOCK ©

Astypalée (p. 437) est une île merveilleuse. Perdue dans la mer Égée, cette petite pépite se dévoile sans cesse sous un nouveau jour. Il existe mille façons de profiter de ses plages, de sa cuisine généreuse, de ses sentiers de randonnée et de sa vie nocturne. Prenez le temps de savourer tous les plaisirs qu'elle offre, et revenez-y sans modération.

Vesna Maric

@vesnamarx

Vesna est autrice de voyage, essayiste et romancière.

Au sommet d'une montagne de Limnos, une grotte laisse apparaître les murs blancs étincelants et dépourvus de toit de la petite chapelle de **Panagia Kakaviotissa** (p. 478). Là-haut, une aura divine (chrétienne ou mythologique) semble veiller sur la surface lunaire et la mer infinie qui font tout le charme des îles grecques.

Leonid Ragozin

@leonidragozin

Leonid écrit sur les voyages et la politique. En 2022, il a publié un ouvrage sur le conflit russo-ukrainien.

À GAUCHE : LEOKS/SHUTTERSTOCK ©
À DROITE : PIT STOCK/SHUTTERSTOCK ©

Le **musée de l'Acropole** (p. 65) symbolise à la perfection ce qu'est l'Athènes d'aujourd'hui : un dialogue fascinant entre passé et présent. Le bâtiment imaginé par l'architecte Bernard Tschumi repose sur d'immenses piliers enjambant un site de fouilles. Il abrite, dans une muséographie remarquable, les trésors de la colline qui lui fait face.

Simon Richmond

@simonrichmond

Écrivain, rédacteur et photographe indépendant basé au Royaume-Uni, Simon partage depuis 25 ans son expérience dans des guides de voyage.

Les ruelles de la ville de **Corfou** (p. 568) sont féeriques. Somnolentes en journée, avec leurs chats endormis sous les grenadiers et les cordes à linge, elles prennent vie le soir venu, quand les habitants sortent se promener avant de se réunir pour dîner à la bonne franquette, et que les tavernes s'emplissent de musique, de danse et de rires jusqu'au petit jour.

Helena Smith

helenasmith.co.uk

Helena est autrice et photographe. Elle codirige aussi Wilder, une entreprise sociale œuvrant pour la promotion de la biodiversité en ville.

Le **mont Olympe** (p. 245) est l'un des sites les plus magiques du pays. C'est là, après tout, que régnaient les douze dieux du panthéon grec. Les ruines de Dion, les excellentes tavernes locales et les sublimes chemins de randonnée menant de cascades en piscines naturelles vous invitent à découvrir les merveilles de la Grèce du Nord.

Sarah Souli

@sgsouli

Sarah écrit des articles sur la politique, les voyages et la culture.

J'adore me perdre sur une petite île des **Cyclades** (p. 309). Inondé de soleil et baigné d'eaux azur, cet archipel tout en formations rocheuses escarpées est ponctué de villages immaculés, comme ici à Paros. C'est l'essence de l'Hellade que l'on retrouve ici, entre douceur de vivre et legs des siècles passés.

Ryan Ver Berkmoes

@ryanverberkmoes

Ryan a exploré plus de 100 pays et écrit pour plus de 130 guides Lonely Planet.

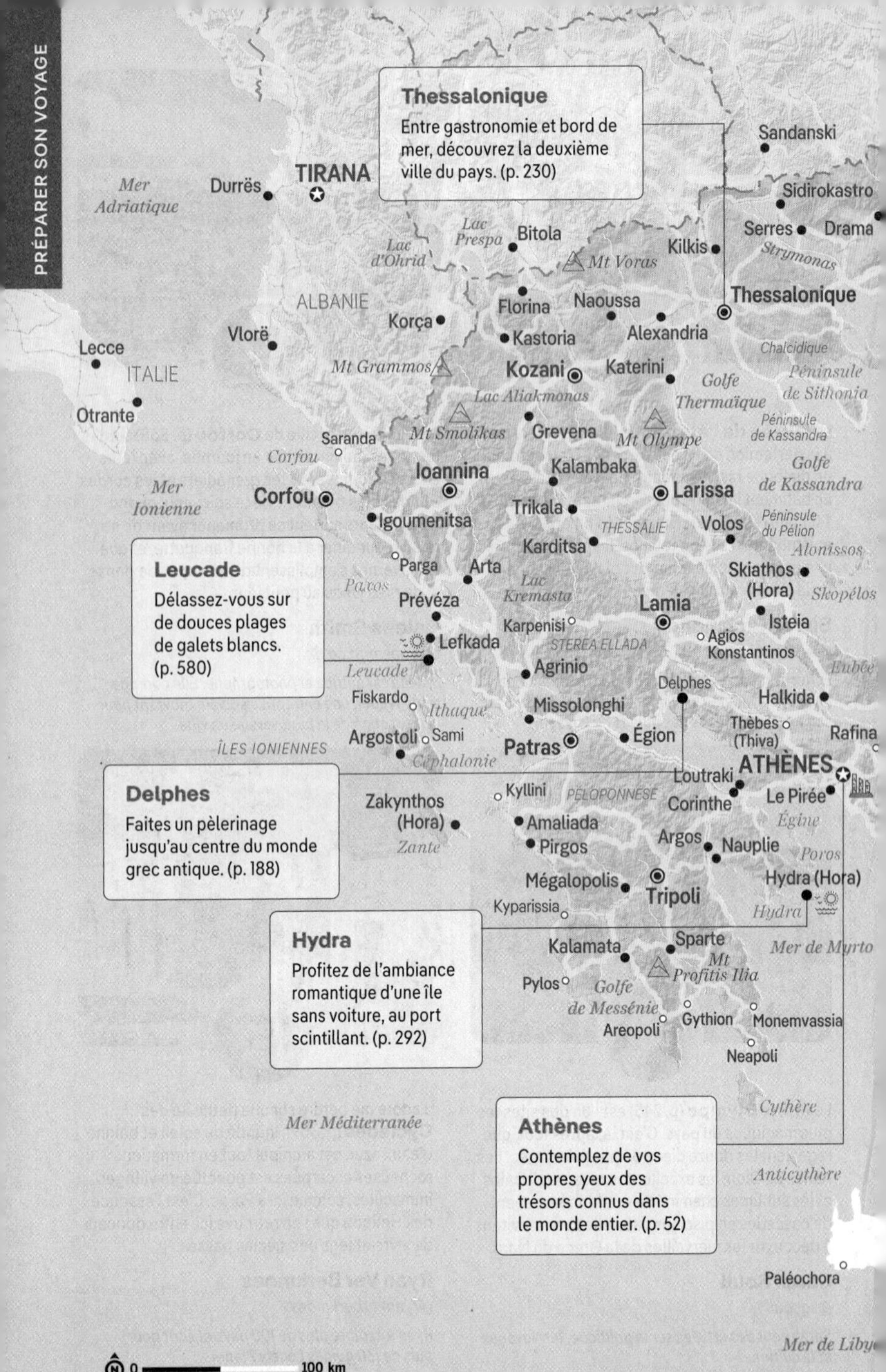
Thessalonique
Entre gastronomie et bord de mer, découvrez la deuxième ville du pays. (p. 230)
Leucade
Délassez-vous sur de douces plages de galets blancs. (p. 580)
Delphes
Faites un pèlerinage jusqu'au centre du monde grec antique. (p. 188)
Hydra
Profitez de l'ambiance romantique d'une île sans voiture, au port scintillant. (p. 292)
Athènes
Contemplez de vos propres yeux des trésors connus dans le monde entier. (p. 52)
Mer Adriatique
Durrës
TIRANA
Lac Prespa
Bitola
Lac d'Ohrid
Mt Voras
Kilkis
Sandanski
Sidirokastro
Serres
Drama
Strymonas
ALBANIE
Florina
Naoussa
Alexandria
Thessalonique
Korça
Kastoria
Chalcidique
Lecce
Vlorë
ITALIE
Mt Grammos
Kozani
Katerini
Golfe Thermaïque
Péninsule de Sithonia
Otrante
Lac Aliakmonas
Mt Smolikas
Grevena
Mt Olympe
Péninsule de Kassandra
Saranda
Corfou
Ioannina
Kalambaka
Golfe de Kassandra
Mer Ionienne
Corfou
Larissa
Trikala
Igoumenitsa
THESSALIE
Volos
Péninsule du Pélion
Alonissos
Karditsa
Parga
Arta
Skiathos (Hora)
Paxos
Lac Kremasta
Skopélos
Prévéza
Lamia
Isteia
Karpenisi
Lefkada
STEREA ELLADA
Agios Konstantinos
Leucade
Agrinio
Eubée
Delphes
Fiskardo
Ithaque
Missolonghi
Halkida
Thèbes (Thiva)
Argostoli
Sami
Égion
Rafina
ÎLES IONIENNES
Patras
Céphalonie
ATHÈNES
Loutraki
Zakynthos (Hora)
Kyllini
PÉLOPONNÈSE
Corinthe
Le Pirée
Égine
Zante
Amaliada
Argos
Pirgos
Nauplie
Poros
Mégalopolis
Tripoli
Hydra (Hora)
Kyparissia
Hydra
Kalamata
Sparte
Mer de Myrto
Mt Profitis Ilia
Pylos
Golfe de Messénie
Gythion
Monemvassia
Areopoli
Neapoli
Cythère
Mer Méditerranée
Anticythère
Paléochora
Mer de Libye
0
100 km

BULGARIE
Kârdzhali
Orestiada
Édirne
Didymotiho
Lüleburgaz
Mer Noire (Karadenız)
Nestos
Xanthi
Komotini
Kavala
Alexandroupoli
Evros (Maritsa)
Keşan
Tekirdağ
İstanbul
Mer de Marmara
Thassos (Hora)
Mer de Thrace
Thassos
Samothrace
Détroit des Dardanelles
Bandırma
Brousse (Bursa)
Péninsule du mont Athos
Skyros
Partez loin de tout sur des plages bordées de forêts. (p. 550)
TURQUIE
Limnos
Myrina
ÎLES DU NORD-EST DE LA MER ÉGÉE
Agios Efstratios
Molyvos
Ayvalık
Lesbos
Mytilène
Mastihohoria (Chios)
Dans la région du mastic, explorez des villages aux ravissantes façades. (p. 498)
Uşak
Skyros (Hora)
Skyros
Psara
Chios
Mer Égée
Chios (Hora)
Çeşme
İzmir
Naxos
Musardez entre les carrières de marbre et les plages de rêve. (p. 376)
Karystos
Andros
Vathy (ville de Samos)
Samos
Gavrio
CYCLADES
Kéa
Tinos
Ikaria
Syros
Tinos (Hora)
Mykonos
Patmos
Ermoupoli
Délos
Mykonos (Hora)
Kythnos
Sérifos
Parikia
Naxos (Hora)
Léros
Bodrum
Paros
Laissez le meltem (vent sec du nord) vous donner des ailes. (p. 368)
Paros
Naxos
Kalymnos
Sifnos
Amorgos
Kos (Hora)
Kimolos
Petites Cyclades
Kos
Sikinos
Ios
Astypaléa
Nisyros
Symi
Milos
Folégandros
Fira
Anafi
Tilos
Rhodes
Rhodes
Kastelloriz (Megisti)
Santorin (Thira)
Halki
Lindos
Mer de Karpathos
Nisyros
Pénétrez dans un cratère fumant. (p. 426)
DODÉCANÈSE
Olymbos
Mer de Crète
Hania (La Canée)
Karpathos
Pigadia
Crète
Héraklion
Kassos
Mer Méditerranée
Santorin
Dégustez des vins blancs d'exception sur des falaises volcaniques. (p. 314)
Gavdos

GRANDS ESPACES

La Grèce est un pays aux vastes espaces naturels, où les montagnes dominent l'horizon tandis que les falaises du littoral défient les éléments. Des denses forêts des Zagoria, plongeant dans les gorges de Vikos, aux cascades luxuriantes de Cythère, en passant par la baie volcanique de Santorin, ces paysages homériques vous enchanteront.

À l'affût des nymphes

En Grèce, la nature recèle bien des créatures. Peut-être y distinguerez-vous les nymphes des arbres (dryades), des montagnes (oréades), des eaux douces (naïades) et de la mer (néréides) qui s'y cachent.

Magie du Pélion

Dans les collines boisées de la péninsule du Pélion, domaine mythique des Centaures, les sentiers zigzaguent jusqu'à de paisibles criques de sable et de charmants villages d'autrefois.

Saison de la chasse

De fin août à fin février, la chasse est ouverte ! Si vous partez en randonnée, guettez les panneaux Κυνηγετικός χώρος (zone de chasse), souvent écrits à la main.

Gorges de Vikos (p. 259)

NOTRE SÉLECTION

Laissez-vous éblouir par les saisissantes falaises de la ❶ **caldeira de Santorin**, vertigineuses et émaillées de villages aux maisons blanches (p. 314).

Gravissez les versants boisés du ❷ **mont Olympe**, dont le sommet souvent ceint de nuages cache le royaume des dieux (p. 247).

Mettez-vous au vert sur l'île de ❸ **Tilos**, où la préservation de l'environnement fait le bonheur des férus d'ornithologie, de plages et de randonnée (p. 422).

Explorez le splendide parc national du Pinde jusqu'au cœur des ❹ **gorges de Vikos**, profondes de 900 m (p. 259).

Leucade (p. 580)

MERS D'AZUR

Grandes étendues de sable blanc, criques de galets gris ou rouges et rivages volcaniques noirs : la Grèce est synonyme de plages. L'été, les familles se retrouvent sur leur île natale et tout le pays profite de vacances au bord de l'eau. Le chant des sirènes attire évidemment aussi les touristes mais, même bondées, les plages grecques restent magiques.

Piquer une tête

Les Grecs n'attendent pas les vacances pour profiter des joies de la baignade, et s'octroient volontiers un *voutiá* (plongeon rapide) au petit matin ou à la tombée du jour.

Plages accessibles

De plus en plus de plages se dotent de rampes et d'équipements à destination des personnes à mobilité réduite (le site www.extramilers.eu répertorie les lieux équipés).

NOTRE SÉLECTION

Prélassez-vous au soleil et sur les vastes plages de galets blancs de l'île de ❶ **Leucade** (p. 580).

Roulez sur les pistes de la péninsule de la ❷ **Chalcidique** à la découverte de baies sablonneuses aux accueillantes tavernes et pensions (p. 239).

Essayez chaque jour une nouvelle plage sur ❸ **Naxos**, où les rubans de sable scintillant se succèdent (p. 376).

Alternez entre les deux plages d'❹ **Arménistis**, sur la minuscule Icarie, et observez les tortues de la rivière voisine (p. 515).

TRÉSORS D'ÎLES

Loin des clichés, les archipels grecs offrent une richesse insoupçonnée, qui dépasse de loin les grandes destinations de carte postale. Chaque île possède son caractère propre, sa culture, ses paysages contrastés, son climat et son histoire. Le choix est immense : vous auriez tort de vous priver !

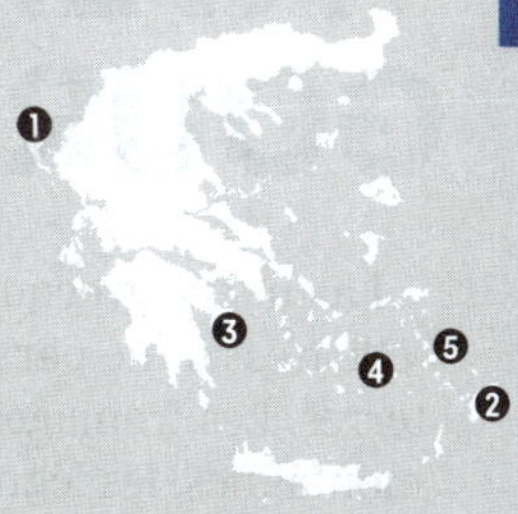

Sauts de puce

Profitez de votre séjour sur une île pour découvrir ses voisines. Ainsi, sur Santorin, faites un saut sur Folégandros et, depuis Mykonos, partez à la découverte de Naxos ou Tinos.

Centres historiques

De nombreuses îles, telles Délos, Corfou, Naxos, Rhodes ou Santorin, ont une culture singulière, mais elles ont aussi marqué profondément l'histoire de la Grèce.

Les îles hors saison

Si la baignade n'est pas votre but premier, vous apprécierez davantage (et à moindres frais) les îles, leur tranquillité et la richesse de leurs cultures en dehors de l'été.

NOTRE SÉLECTION

Depuis la majestueuse Corfou, échappez-vous sur la petite et bucolique ❶ **Paxos**, entre oliveraies et eau azur (p. 577).

Échappez-vous d'Athènes le temps d'une excursion sur ❷ **Hydra**, pour plonger depuis les rochers et profiter du port animé d'une île sans voitures (p. 292).

Amusez-vous à tout âge sur ❸ **Paros** et Antiparos, en alternant balades dans les villages, jeux sur la plage et soirées en boîte (p. 368).

Évitez la foule de Santorin et profitez des innombrables plages de la volcanique ❹ **Milos** et de sa voisine plus paisible encore, Kimolos (p. 333).

AVENTURES GOURMANDES

La cuisine grecque a conquis le monde, mais elle n'est nulle part aussi délectable que sur ses terres. Les fromages sont confectionnés dans les montagnes, les légumes et aromates se cultivent dans les vallées, chèvres et agneaux paissent librement, et la mer fournit poissons et calamars – autant de produits qui se déclinent dans de subtiles variations au gré de savoureuses recettes.

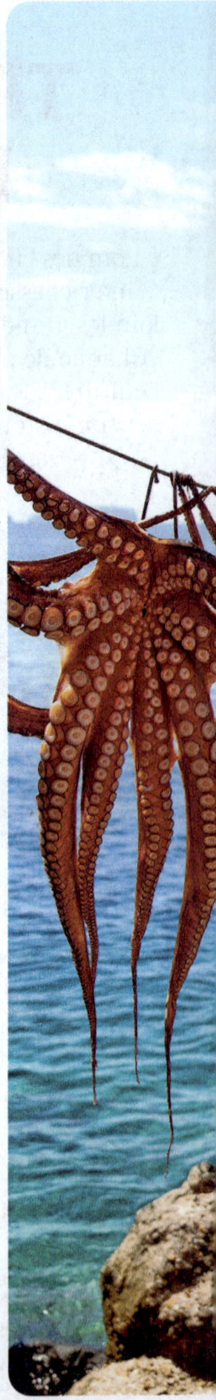

De la ruche au pot

En butinant fleurs et arbres, les abeilles grecques fournissent du miel riche et plein de saveurs. Des marchands en vendent sur les étals des marchés.

Délices de la mer et sieste

Pour profiter d'un été à la grecque, attablez-vous en bord de mer, faites un festin de mezze et de produits de la mer, et terminez par une bonne sieste.

Vins à la carte

Vous trouverez des vins grecs dans tous les supermarchés, mais mieux vaut connaître les cépages régionaux (p. 636) pour goûter au meilleur de chaque vignoble.

Poulpe séchant au soleil, Santorin (p. 314)

NOTRE SÉLECTION

De village en village sur l'île de ❶ **Tinos**, découvrez dans les nombreuses tavernes l'une des meilleures cuisines régionales du pays (p. 355).

Faites le tour des vignes de l'île volcanique de ❷ **Santorin** et goûtez aux vins locaux, dont l'assyrtiko et le visanto, dans les bonnes caves de l'île (p. 314).

Décelez les influences italiennes de la cuisine ionienne, délicieuse dans les restaurants de la ville de ❸ **Corfou** (p. 568).

Attardez-vous dans les *tsipouradika* de ❹ **Volos**, petits restaurants où les verres de *tsipouro* (alcool fort) s'accompagnent d'amuse-bouche (p. 219).

MERVEILLES ANTIQUES

La Grèce est une succession de sites archéologiques de premier plan, théâtres des plus grands mythes antiques. À chaque nouvelle fouille, les civilisations passées se révèlent un peu plus et, partout, les sanctuaires dédiés à Zeus, Athéna, Apollon et consorts laissent entrevoir leurs majestueux vestiges.

Trésors du passé

Lorsque vous découvrez un site antique – tel le temple de Déméter à Naxos (photo) –, prenez le temps de visiter le musée attenant pour admirer les trouvailles exhumées lors des fouilles.

Accès gratuit

De nombreux sites antiques (y compris ceux d'Athènes) sont accessibles gratuitement le premier dimanche du mois (juillet et août exceptés) et les jours fériés.

Avant de lever l'ancre pour les îles

Rendez hommage au dieu de la mer et admirez les flots depuis le splendide temple de Poséidon, qui domine le cap Sounion, au sud d'Athènes.

Vestiges archéologiques, Délos (p. 365)

NOTRE SÉLECTION

Émerveillez-vous devant les vestiges préservés de l'❶ **Acropole** d'Athènes, du Parthénon à l'Agora antique, cœur de la vie sociale, politique et économique de la cité (p. 58).

Mettez les voiles pour le sanctuaire de ❷ **Délos**, centre sacré des Cyclades, où naquirent Apollon et Artémis (p. 365).

Faites la course dans le stade de l'❸ **Olympie antique**, sanctuaire et berceau des tout premiers Jeux olympiques, il y a près de 3 000 ans (p. 158).

Écoutez les murmures de l'oracle de ❹ **Delphes**, dont les ruines saisissantes se dressent sur les pentes du mont Parnasse, face au golfe de Corinthe (p. 188).

LA VIE DE VILLAGE

La vie quotidienne grecque a toujours été centrée autour des lieux publics, que ce soit le *kafeneio* (café) où l'on discute politique entre voisins, ou les places arborées qui sont le rendez-vous des familles avec les enfants qui jouent. Du littoral aux montagnes, les villages sont incontournables pour découvrir la vie des habitants.

Testez votre grec

C'est dans les villages reculés que vous aurez le plus l'occasion de pratiquer le grec. Apprenez quelques mots clés (p. 626).

Lieu de rencontres

Pour rencontrer des gens, rendez-vous au *kafeneio* du coin, dans une taverne du port ou dans un bar où jouent des musiciens.

Villages des Cyclades

Prenez le temps d'explorer les villages de montagne de l'archipel, qui se distinguent par leurs traditions et leur architecture.

NOTRE SÉLECTION

Suivez les routes sinueuses d'❶ **Amorgos**, de ses charmants quais aux tavernes de ses villages montagneux (p. 388).

Sur Chios, explorez la région du ❷ **Mastihohoria**, où les "villages du mastic" ont érigé des fortifications pour se protéger des pillards (p. 498).

Flânez dans les ruelles pavées d'❸ **Apiranthos**, sur les hauteurs de Naxos, entre ateliers de tissage et bonnes tavernes (p. 379).

Faites du ski de fond autour de ❹ **Nymféo** et terminez la journée en savourant des vins de Naoussa dans une demeure ancienne convertie en pension (p. 264).

Tombez sous le charme du village côtier de ❺ **Kardamyli**, au pied du massif du Taygète (p. 175).

Musée de l'Acropole (p. 65), Athènes

ÉCRINS DE CULTURE

En Grèce, les musées consacrés aux arts et à la culture ne manquent pas. Les galeries des villes abritent de véritables trésors, mais les collections des petits villages recèlent, elles aussi, d'inestimables surprises. Les tarifs sont souvent très abordables, alors n'hésitez pas à pousser la porte de ces lieux remarquables.

Souvenirs authentiques

Partout dans le pays, des artisans vendent des poteries, des articles en cuir ou en bois d'olivier, des peintures et des bijoux, alliant savoir-faire traditionnel et design moderne.

Statues admirables

À Athènes, le musée national d'Archéologie renferme une impressionnante collection de merveilles antiques provenant de tout le pays. À ne rater sous aucun prétexte !

NOTRE SÉLECTION

Admirez les sculptures et autres trouvailles exposées dans les galeries admirablement conçues du ❶ **musée de l'Acropole** (p. 65).

Apprenez-en plus sur la culture du lentisque et sa résine, dans l'ultramoderne ❷ **musée du mastic de Chios** (p. 499).

Explorez des siècles de peinture grecque dans la toute récente ❸ **Galerie nationale** (p. 94) d'Athènes.

Sur Hydra, découvrez l'❹ **atelier de Panayiotis Tetsis**, comme si le peintre y travaillait encore (p. 296).

RANDONNÉES NATURE

Que vous soyez marcheur du dimanche ou habitué des grandes distances, il y aura toujours en Grèce un sentier pour vous. Au cœur des parcs nationaux, vous traverserez les forêts à la recherche de cascades ou sentirez les embruns le long des chemins côtiers. Au large, les îles offrent des possibilités infinies, qu'elles soient dépourvues de voiture, telle Hydra, ou sillonnées de sentiers offrant d'inoubliables points de vue sur les flots.

Suivez l'E4

Le sentier européen de GR E4 passe en Grèce par des chemins tracés depuis l'Antiquité – tel celui qui relie le plateau de Livadi (photo), près d'Arachova, à Delphes ou bien d'autres encore autour de Mystra.

Sortez des sentiers battus

La coopérative sociale Paths of Greece (www.pathsofgreece.gr) crée des itinéraires de randonnée dans tout le pays, afin de mettre en lumière son patrimoine culturel.

Ne perdez pas le nord

Équipez-vous d'une bonne carte, car le réseau Internet est parfois inégal. Certaines cartes touristiques sont peu précises ; privilégiez celles éditées par Anavasi (www.anavasi.gr) et Terrain (www.terrainmaps.gr).

Kato Koufonissi (p. 384)

NOTRE SÉLECTION

À travers de vertes prairies, descendez dans la caldeira de ❶ **Nisyros** aux fumerolles sifflantes (p. 427).

Oubliez la voiture et explorez à pied, de criques en villages, les ❷ **Petites Cyclades**, où le temps s'écoule avec une douceur inégalée (p. 383).

Parcourez les sentiers balisés qui mènent des plages isolées de la paisible île de ❸ **Folégandros** jusqu'aux minuscules villages des collines (p. 330).

Aventurez-vous dans les bois de ❹ **Samos** pour vous baigner sous des cascades ou suivez la côte jusqu'aux plages de Megalo et Mikro Seitani (p. 509).

Sillonnez les parcs nationaux, dont ceux de l'Œta, des monts Parnasse ou Olympe, ou encore le ❺ **parc national du mont Parnès**, facile d'accès depuis Athènes (p. 115).

Leucade (p. 580)

À L'ASSAUT DES FLOTS

Partout en Grèce, le bleu de la mer et les plages bordées de bosquets de thym ne manqueront pas de vous attirer vers le littoral. Que vous préfériez nager, filer en kitesurf dans les chenaux venteux des Cyclades, pagayer en kayak au-dessus de ruines englouties ou parcourir les côtes à vélo ou à cheval, vous aurez l'embarras du choix.

La plage à vélo

Sur de nombreuses îles, on peut louer des vélos de plage et des vélos électriques pour explorer la côte sans bruit ni pollution.

Permis de naviguer

Les règles régissant la location d'embarcations varient d'un lieu à l'autre. Si vous avez un permis bateau, emportez-le au cas où.

NOTRE SÉLECTION

En planche à voile, en kitesurf ou en voilier, laissez-vous porter dans le chenal séparant ❶ **Paros** d'Antiparos (p. 368).

À dos de cheval, traversez les oliveraies de la ❷ **péninsule du Pélion** jusqu'à la plage (p. 213).

Pagayez en kayak de mer autour de la ❸ **cité engloutie d'Épidaure** (p. 149).

Faites du kayak sur les eaux scintillantes baignant le sable blond de Céphalonie et de ❹ **Leucade** (p. 582).

Voguez sur la mer azur entre les îlots inhabités de ❺ **Diaporos** au large de la Chalcidique (p. 240).

FRÉNÉSIE URBAINE

Les grandes villes grecques attirent des gens de tous horizons et sont toujours en mouvement. D'Athènes l'audacieuse à Thessalonique l'élégante, en passant par Patras et son port animé, arpentez leurs rues et ruelles et poussez la porte de leurs restaurants, bars et boîtes de nuit pour vous laisser emporter par un bouillonnement de créativité.

Architecture

L'un des principaux attraits des villes grecques réside dans leurs édifices soigneusement préservés, témoignant de toutes les époques, de l'Antiquité au XXIe siècle.

Vie nocturne

À la tombée du jour, les métropoles changent de visage. La journée de travail terminée, l'heure est aux cocktails en terrasse et aux pistes de danse.

Mode citadine

En ville, oubliez les vêtements de plage : les citadins prennent soin de leur allure et la jeunesse suit les tendances. Prévoyez des tenues habillées pour les restaurants et bars chics.

NOTRE SÉLECTION

Après une journée à découvrir les vestiges et musées d'❶ **Athènes**, faites la fête toute la nuit dans la folle capitale (p. 52).

Baladez-vous sur le front de mer et flânez dans les brocantes de ❷ **Thessalonique**, la plus grande ville du nord du pays (p. 230).

Tombez sous le charme des forteresses et des ravissants B&B de la vieille ville de ❸ **Nauplie**, sur la côte du Péloponnèse (p. 144).

Explorez les forts byzantins, les édifices britanniques néoclassiques, les arcades parisiennes et les clochers orthodoxes de la ❹ **vieille ville de Corfou** (p. 568).

SUR LES ROUTES

Bouclez vos ceintures et ouvrez grand les yeux : les paysages grecs sont une invitation au road-trip. Partout, vous pourrez faire de merveilleux circuits en voiture ou bien parcourir de vastes boucles, sur le continent ou les grandes îles. Préparez-vous pour un trajet sur des routes étroites, mais généralement bien entretenues et toujours entourées de sublimes panoramas.

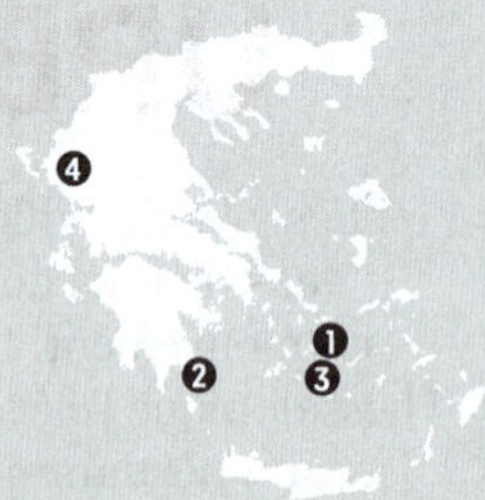

Soyez vigilant

La signalisation n'est pas très claire dans certaines régions, et tous les conducteurs ne respectent pas les limites de vitesse ni le code de la route.

Entre les îles

Il est généralement moins coûteux et plus pratique de louer une voiture sur chaque île que l'on visite plutôt que d'en embarquer une d'île en île.

Téléchargez vos cartes

Si vous utilisez une application, téléchargez à l'avance les cartes routières dont vous aurez besoin afin de ne pas vous perdre dans les régions où le réseau mobile est inexistant.

NOTRE SÉLECTION

Roulez depuis les vallées printanières jusqu'aux anciennes carrières de marbre et charmantes tavernes de villages de la sublime ❶ **Naxos** (p. 376).

Suivez l'ondoyante côte qui relie ❷ **Monemvassia** au "fjord" de Gerakas, dans le Péloponnèse (p. 153).

Sur ❸ **Ios**, prenez le volant au coucher du soleil pour admirer les montagnes tout autour de vous se parer de couleurs (p. 325).

Suivez les virages montagneux du parc de ❹ **Tzoumerka** en passant par Ioannina et les Zagoria, où gorges, cascades et villages rivalisent de beauté (p. 256).

Skyros (Hora) (p. 551)

SANS LA FOULE

N'hésitez pas à explorer la Grèce autrement. Des petits ports reculés aux villages de montagne, le patrimoine historique, les traditions et, bien sûr, les plages ne manquent pas. Autorisez-vous quelques détours et vous découvrirez des sites méconnus préservés des foules.

Demandez conseil

Chaque région grecque cache des surprises que vous ne découvrirez qu'en discutant avec les habitants du coin.

Une question de saison

Hors saison, même les destinations les plus touristiques peuvent être des havres de paix. L'hiver, Santorin, par exemple, est une île tout aussi spectaculaire qu'en été.

NOTRE SÉLECTION

Ressourcez-vous dans les ruines antiques et les vignobles de l'île de ❶ **Sikinos** (p. 328).

Perdez-vous sur les sentiers de l'❷ **Agrafa**, parmi les montagnes et les cascades des environs de Karditsa (p. 211).

Découvrez pourquoi l'île de ❸ **Skyros** fut le refuge choisi pour cacher le jeune Achille (p. 550).

Suivez les sentiers entre les pinèdes et les eaux turquoise d'❹ **Angistri**, à seulement 30 minutes des côtes d'Athènes (p. 290).

Attardez-vous sur l'île de ❺ **Cythère**, où le temps semble n'avoir aucune prise sur les vallées, les gorges et les falaises fleuries (p. 597).

VILLES ET RÉGIONS

Trouvez les lieux qui vous feront vibrer.

Athènes

UNE CAPITALE ANTIQUE ET MODERNE

À la fois ancienne et contemporaine, cette métropole dynamique est un fascinant mélange d'histoire et de modernité. Ses monuments emblématiques côtoient musées prestigieux, cafés animés et terrasses avec vue... que du bonheur ! Prenez le temps de gratter la surface pour découvrir une ville complexe où se superposent des sous-cultures plus intéressantes les unes que les autres.

p. 52

Îles Ioniennes

LES ÎLES LES PLUS VERTES DE GRÈCE

Couvertes de cyprès et de sapins, les merveilleuses îles Ioniennes s'étendent le long de la côte ouest du pays, de Corfou au nord à Cythère au large de la pointe sud du Péloponnèse. Avec leurs montagnes, leurs plages bordées de falaises, leur lumière douce et leurs eaux turquoise, elles évoqueraient presque l'Italie – et se distinguent nettement des autres îles grecques.

p. 563

Grèce centrale

PATRIMOINE DE L'HUMANITÉ ET ARRIÈRE-PAYS MONTAGNEUX

C'est dans des paysages spectaculaires de gorges vertigineuses, de montagnes escarpées et de vallées fertiles que l'on découvre les monastères de pierre des Météores, perchés sur leurs pitons rocheux, et les célèbres ruines de la Delphes antique, où Alexandre le Grand venait consulter la Pythie. Les amateurs de nature, de randonnée et de ski se retrouvent dans le parc national du Parnasse.

p. 182

Péloponnèse

MONTAGNES, LITTORAL DE RÊVE ET VILLAGES ANTIQUES

Le Péloponnèse comprend une grande variété de paysages, de villages et de vestiges, où se joua une bonne partie de l'histoire de la Grèce. On y trouve Olympe, berceau des jeux Olympiques, et de nombreux autres sites archéologiques, notamment la superbe ville byzantine de Mistra. Ses côtes recèlent deux joyaux : Nauplie, la Venise grecque, et Monemvassia, la romantique.

p. 133

Îles du golfe Saronique

PORTS ET HISTOIRE

Ces îles paradisiaques sont à un saut de puce d'Athènes. Passez d'île en île – Égine et son temple haut perché, Agistri et ses criques paisibles, Poros et son village pastel, Hydra et son port sans voiture, Spetsès et son histoire – avant de retourner au Pirée ou de poursuivre vers le Péloponnèse.

p. 281

Grèce du Nord

MONTAGNES ET MYSTÈRE

Le nord de la Grèce se distingue par ses magnifiques montagnes (dont le mont Olympe), d'épaisses forêts, des lacs paisibles et des trésors historiques. Sortez des sentiers battus pour découvrir une Grèce où peu de voyageurs étrangers s'aventurent. À Thessalonique, zigzaguez entre les vendeurs de cerises, humez les effluves d'épices et profitez de la brise du front de mer.

p. 225

Eubée et les Sporades

DES ÎLES ÉPARSES ET CHATOYANTES

Eubée est le point de départ idéal pour explorer les quatre îles montagneuses des Sporades, disséminées jusqu'à la péninsule de Pélion au sud-est, à laquelle elles étaient rattachées à la préhistoire. On y découvre une végétation dense, une mer limpide, un excellent parc marin, des petits vignobles et des monastères perchés sur des montagnes qui tutoient les cieux.

p. 532

Îles du nord-est de la mer Égée p. 471

Îles du nord-est de la mer Égée

HISTOIRE MOUVEMENTÉE ET CAMPAGNES BUCOLIQUES

Ces îles lointaines et méconnues sont disséminées à l'extrême nord-est de la mer Égée, plus proches de la Turquie que de la Grèce continentale. On y découvre des paysages préservés et plusieurs cultures distinctes. Il y règne un calme relatif, même en plein été, lorsque les autres îles grecques sont prises d'assaut par les touristes.

p. 471

Cyclades p. 309

Cyclades

PLAGES, BEAUTÉ ET CULTURE

Les Cyclades, c'est la Grèce dans toute sa splendeur, avec sa douceur estivale baignée de soleil et une culture singulière. Ces îles innombrables forment plus ou moins un *kyklos* (cercle) autour de l'île de Délos, et sur leurs collines ocre étincellent les cubes chaulés des maisons et les falaises calcaires.

p. 309

Dodécanèse p. 404

Dodécanèse

DES ÎLES LOINTAINES ET SPLENDIDES

Vous avez envie de la Grèce d'antan, sa douceur de vivre et sa magie ? Mettez le cap sur l'archipel du Dodécanèse. Jouissant d'une diversité culturelle bien enracinée, il recèle des sites antiques et des villages historiques, ainsi que de belles plages désertes. Les villes animées de Rhodes et de Kos sont de véritables aimants à touristes.

p. 404

ITINÉRAIRES

D'île en île dans les Cyclades

Durée : 9 jours

Distance : 470 km

Les îles vous tentent ? Voici certaines des plus connues, avec leurs plages idylliques et leurs richesses culturelles. Voguer d'île en île permet de varier les plaisirs, d'improviser un détour ou de passer plusieurs jours sur l'une des étapes de cet itinéraire… Laissez donc l'imprévu ajouter du piquant à votre petite odyssée.

Mykonos (p. 359)

1

MYKONOS 2 JOURS

Prenez l'avion ou un ferry pour rejoindre la très chic **Mykonos** (p. 359), découvrir ses bars tendance et ses belles plages pleines de monde. L'endroit idéal pour voir et se faire voir, papillonner et faire la fête.

1 h 30 de ferry

***Détour :** un peu d'histoire et d'archéologie ? Cap sur l'île sacrée de **Délos** (p. 365) pour découvrir les vestiges de ses multiples sanctuaires antiques, construits autour du trésor de la fameuse Ligue de Délos. 5 h*

2

NAXOS 2 JOURS

La diversité des paysages – pics escarpés émaillés de villages, ruines antiques et plages de sable blanc – distingue **Naxos** (p. 376). On y vient en ferry de Mykonos, ou par avion d'Athènes si on préfère zapper l'île de la fête. Prenez pour port d'attache Naxos (Hora), avec ses vestiges du *kastro* vénitien et ses ruelles tortueuses bordées de restaurants. Sinon logez en bord de plage, et louez une voiture pour explorer l'île.

2 h 15 de ferry

3

AMORGOS 2 JOURS

La quintessence des Cyclades se trouve sans doute sur **Amorgos** (p. 388). Les amateurs de plongée viennent pour sonder les eaux de la mer Égée, alors que les randonneurs arpentent les sentiers escarpés, allant d'un monastère accroché à la falaise à une plage isolée. Avant de se ressourcer à Amorgos (Hora), village cycladique plein de charme.

1 h 30 de ferry

4

SANTORIN 2 JOURS

Un ferry rejoint ensuite la spectaculaire île de **Santorin** (p. 314), où vous voguerez sur des eaux scintillantes au milieu d'une caldeira volcanique, avec tout autour des villages chaulés perchés sur les hauteurs. L'endroit est bondé de mai à octobre, mais les vignobles, les vestiges antiques et les panoramas depuis les hautes falaises font toujours rêver.

1 h de ferry

5

FOLÉGANDROS 1 JOUR

Mettez enfin le cap sur **Folégandros** (p. 330), petite île paisible comptant un seul village perché au bord d'une falaise, qui ravira les amateurs de randonnée. Certaines de ses plages et criques profondes ne sont accessibles qu'à pied ou en petit bateau. Au crépuscule, l'heure est venue de goûter les délicieuses pâtes fraîches au fromage de l'île sur l'une des places arborées du village.

DE GAUCHE À DROITE : PAT ON STOCK/STOCK.ADOBE.COM, ZEBRA-STUDIO/SHUTTERSTOCK ©, VASILIS/STOCK.ADOBE.COM

SERGII FIGURNYI/SHUTTERSTOCK ©

Intérieur d'un monastère des Météores

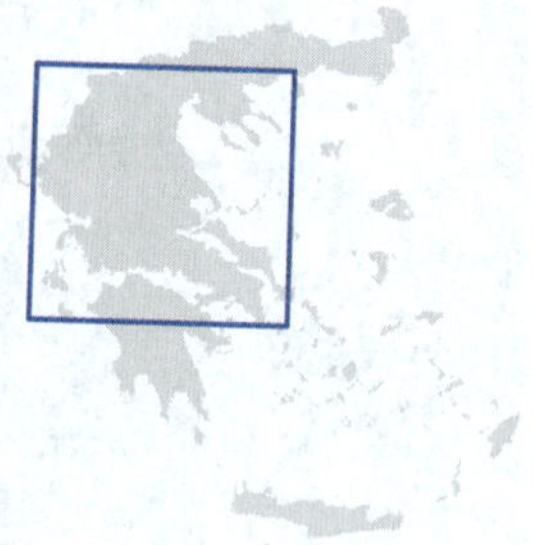

ITINÉRAIRES

À travers l'histoire grecque

Durée : 8 jours **Distance :** 900 km

De sites historiques en paysages iconiques, vous traverserez la Grèce intemporelle au fil de son passé. Le mieux est de louer une voiture et de prévoir quelques jours pour randonner ou simplement vous détendre à l'ombre d'une terrasse.

1

ATHÈNES 2 JOURS

Débutez par **Athènes** (p. 52), où tout a commencé. De l'Acropole à l'Agora antique en passant par l'Agora romaine et la colline de Philopappos, arpentez les sites clés de l'Antiquité. Découvrez ses musées prestigieux, ses marchés, sa scène artistique et ses tables renommées. Avant de gagner l'arrière-pays, goûtez aussi à sa scène nocturne.

3 h de voiture

2

DELPHES 1 JOUR

Roulez vers la mystérieuse Pythie de **Delphes** (p. 188), au nord-ouest. C'est l'un des plus beaux sites antiques, magique le matin, lorsque le soleil inonde de lumière le temple d'Athéna Pronaia. Face au golfe de Corinthe, on saisit vite pourquoi les Grecs anciens avaient fait de ce lieu le centre de leur monde.

4 h de voiture

3

IOANNINA 1 JOUR

Les tunnels s'enchaînent sur l'autoroute Egnatia Odos, débouchant sur les paysages escarpés de l'Épire, où vous attendent les montagnes du Pinde et **Ioannina** (p. 250), posée au bord d'un lac. Installez-vous dans le centre, visitez le château d'Ali Pacha, admirez l'architecture ottomane et explorez une petite île sans voitures et son monastère.

45 min de voiture

DE GAUCHE À DROITE : SVEN HANSCHE, DFLC PRINTS, KOSTASGR/SHUTTERSTOCK ©

4

LES ZAGORIA 1 JOUR

Passez une journée (et restez une nuit si vous le pouvez) dans les **Zagoria** (p. 260), une région préservée où des villages en ardoise sont disséminés sur les crêtes des gorges de Vikos. L'air est pur et les panoramas sont saisissants. Explorez la région à pied ou en VTT, ou paressez simplement devant la cheminée d'un des multiples B&B rustiques du coin.

2 h 30 de voiture

5

LES MÉTÉORES 1 JOUR

Les superbes **Météores** (p. 206) vous laisseront sans voix. Ces colonnes de roches élancées vers le ciel sont couronnées d'une poignée de monastères où se réfugièrent, par le passé, des moines victimes de persécutions. Des escaliers taillés dans la roche ont remplacé les échelles de corde par lesquelles ils accédaient à leurs retraites.

3 h de voiture

6

THESSALONIQUE 2 JOURS

Pour gagner la métropole culturelle de **Thessalonique** (p. 230), vous avez le choix entre la route côtière le long des pentes du mythique mont Olympe, ou la route de l'intérieur des terres pour découvrir la nécropole royale de Vergina. À Thessalonique, profitez d'une scène artistique dynamique, de cafés et d'élégants restaurants.

AUMI755/SHUTTERSTOCK ©

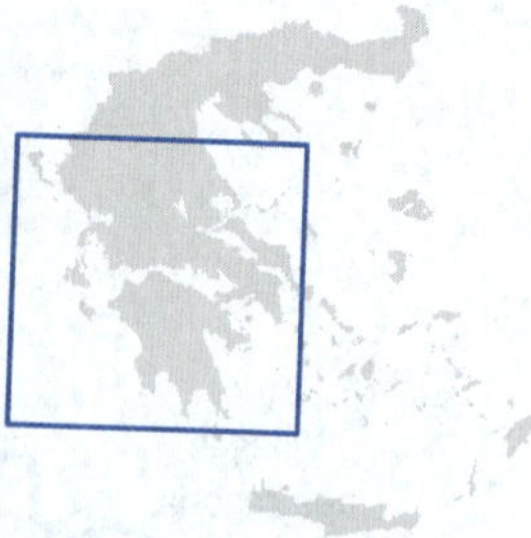

Péloponnèse

ITINÉRAIRES

Îles Ioniennes et Péloponnèse

Durée : 9 jours **Distance :** 700 km

Voici un programme varié alliant vie insulaire, cités médiévales, sites antiques et paysages naturels. Profitez des plages, d'une foule d'aventures en plein air et d'un doux mélange de saveurs méditerranéennes, à mi-chemin entre Grèce et Italie.

1

CORFOU 2 JOURS

Commencez par deux jours à **Corfou** (p. 568). Admirez le merveilleux mélange d'architectures italienne, française et britannique de la vieille ville, savourez une excellente cuisine, explorez de charmants villages côtiers et lézardez sur le sable des plages. Corfou est idéale pour les amateurs de planche à voile et de cyclotourisme.

5 h 45 de ferry ***Détour :*** *une nuit de rêve à* ***Paxos*** *(p. 577). 1 jour ou plus*

2

LEUCADE 1 JOUR

La ville de Lefkada est un endroit parfait pour passer la journée, mais vous pouvez aussi mettre le cap sur un village de montagne pour un festin dans une taverne rustique. L'attrait numéro un de l'île de **Leucade** (p. 580), ce sont ses immenses plages de la côte ouest, aux petits galets blancs léchés par des eaux azur.

1 h de ferry

3

CÉPHALONIE 2 JOURS

Une courte traversée en ferry et vous voilà immergé dans la nature sauvage de **Céphalonie** (p. 584). Une fois visité le joli port de Fiskardo, cap au sud pour profiter de la limpidité des eaux en kayak le long des plages ou en plongeant au milieu de bancs de poissons. Vignobles et oliveraies entourent les villages et les montagnes tutoient les cieux.

2 h de ferry puis 1 h de voiture

DE GAUCHE À DROITE : BALATE DORIN, ANDRIJ VATSYK, DALIU/SHUTTERSTOCK ©

4

OLYMPIE ANTIQUE

1 JOUR

Regagnez le Péloponnèse par ferry jusqu'au port de Kyllini, puis roulez jusqu'à l'**Olympie antique** (p. 158), pour fouler les travées du stade qui accueillit les tout premiers jeux Olympiques. La flamme des Jeux de l'ère moderne y est toujours allumée. Dormir une nuit sur place permet de profiter des musées du site.

2 h 30 de voiture

5

MYSTRA ET MYCÈNES

1 JOUR

Cap au sud à travers le Péloponnèse jusqu'à la cité fortifiée médiévale de **Mystra** (p. 170), dernier bastion de l'Empire byzantin, où la famille impériale et sa cour résidèrent pendant deux siècles. Profitez-en pour visiter la citadelle antique de **Mycènes** (p. 142) et la monumentale sépulture du trésor d'Atrée.

2 h de voiture

6

NAUPLIE 2 JOURS

Avec ses palais vénitiens, ses bons musées, son port animé et ses cafés vivants, la gracieuse **Nauplie** (p. 144) est l'endroit idéal pour achever ce périple, en amoureux ou en famille.

Détour : *des excursions à la journée depuis Nauplie permettent de découvrir l'impressionnante acropole de Tirynthe et d'assister à une représentation classique sous les étoiles au* ***théâtre antique d'Épidaure*** *(p. 149). 4 h*

Vestiges, baie de Kéfalos (p. 432), Kos

ITINÉRAIRES

Sous le charme du Dodécanèse

Durée : 8 jours **Distance :** 250 km

L'archipel du Dodécanèse séduit par l'étendue de ses côtes, sa végétation luxuriante, ses paysages et ses délicieuses plages. Les ferrys et catamarans sont réguliers, mais peu fréquents – ce n'est pas un problème, car vous ne ressentirez pas d'urgence à quitter ces îles !

1

RHODES 2 JOURS

Des vols fréquents (1 heure) relient Athènes et **Rhodes** (p. 410). Explorez la vieille ville fortifiée et imprégnez-vous de la vie nocturne de la capitale de l'île. Visitez ensuite l'acropole de Lindos et les vestiges des forteresses de la côte nord qui offrent une vue à couper le souffle.

2 h 30 de catamaran

Détour : *prévoyez une excursion d'une journée à* ***Symi*** *(p. 418), pour profiter de son joli port et visiter un superbe monastère. 1 jour*

2

TILOS 1 JOUR

Gagnez la petite île reculée de **Tilos** (p. 422), appréciée des randonneurs et des ornithologues amateurs. D'anciens sentiers pavés vous mèneront vers de petites criques inaccessibles sauf à pied. Une île qui apaise l'esprit.

40 min de ferry

3

NISYROS 1 JOUR

Rejoignez ensuite la verdoyante **Nisyros** (p. 426), dont les panoramas de montagne et les fleurs sauvages raviront les voyageurs en quête de simplicité. L'endroit recèle aussi des églises byzantines cachées, une fortification antique et des cratères.

Détour : *prenez le ferry vers Kos pour lézarder dans la superbe* ***baie de Kéfalos*** *(p. 432). 1 jour*

2-3 h de ferry

4

KALYMNOS 1 JOUR

D'une beauté sauvage, l'île de **Kalymnos** (p. 443) se caractérise surtout par son relief escarpé, qui attire les grimpeurs du monde entier. Ses vallées fertiles sont ponctuées de ruches et d'oliveraies. Vous pourrez aussi explorer des épaves sous-marines.

45 min de catamaran

***Détour** : **Télendos** (p. 444) est un îlot interdit aux voitures à 10 min en bateau-taxi de Kalymnos. 1 demi-journée*

5

LÉROS 1 JOUR

Plus au nord, **Léros** (p. 446) est un ravissement, avec ses maisons blanchies à la chaux, ses criques d'un bleu éblouissant et son port d'Agia Marina. Cette île, à l'architecture d'inspiration italienne, a joué un rôle clé pendant la Seconde Guerre mondiale – en témoigne son musée-bunker à Lakki.

55 min de ferry

6

PATMOS 2 JOURS

Prenez un dernier ferry pour terminer ce périple à **Patmos** (p. 449), île artistique et religieuse abritant la grotte où saint Jean rédigea l'*Apocalypse*. En forme de sablier, l'île possède de charmants villages, un joli port (Skala), des baies de sable quasi désertes et de superbes collines tapissées de pins et de bruyère.

DE GAUCHE À DROITE : ALEX/STOCK.ADOBE.COM, NEJDETDUZEN/STOCK.ADOBE.COM, THEASTOCK/SHUTTERSTOCK ©

QUAND PARTIR

La Grèce se visite toute l'année. Tout dépend de votre programme : plages, sites antiques, randonnée en montagne ou vie urbaine.

Le choix de la saison dépend de ce que vous souhaitez faire dans le pays. Les îles sortent de leur sommeil hivernal autour de la Pâque orthodoxe grecque (avril/mai) et se mettent doucement en branle jusqu'au paroxysme touristique, autour du 15 août. La plupart retrouvent leur calme en septembre, même si certaines comme Mykonos, Santorin et Hydra restent animées jusqu'en octobre. La mi-saison représente le meilleur moment pour échapper à la chaleur et à la foule. C'est aussi la période idéale pour faire de la randonnée. L'hiver, vous aurez les sites antiques pour vous seul, ou presque, alors qu'en ville, l'animation bat son plein dans les cafés, les bars et les clubs.

Voyagez moins cher

Essayez de partir à la mi-saison (fin du printemps ou début de l'automne). Le temps est doux, il y a moins de monde et les prix baissent d'environ 20%. De novembre à mars, ils peuvent même chuter de 50% – dans les îles, de nombreux hôtels et restaurants ferment.

Little Venice, Mykonos (p. 359) en octobre

VOYAGER SELON LA SAISON

Haute saison

Les liaisons en ferry et autres transports sont nombreuses – réservez !

Le meltem modifie parfois les horaires des ferrys.

Saisons intermédiaires

Les transports sont moins fréquents, mais la plupart des liaisons sont assurées.

L'eau, en septembre et début octobre, est idéale pour la plongée. La meilleure période pour observer la faune sous-marine va de mai à septembre.

Basse saison

Réservez car les transports sont limités.

Il ne faut pas être frileux pour continuer à prendre des bains de mer.

La plupart des centres proposant des activités nautiques sont fermés.

MELTEM

Le meltem ("vent du nord") est un vent qui souffle sur la mer Égée du nord au sud, plutôt de juin à septembre. Il est issu de la rencontre d'une dépression sur la Turquie et d'un anticyclone sur les Balkans.

La météo au fil des mois

JANVIER	FÉVRIER	MARS	AVRIL	MAI	JUIN
Maximum moyen en journée : **13°C**	Maximum moyen en journée : **14°C**	Maximum moyen en journée : **16°C**	Maximum moyen en journée : **20°C**	Maximum moyen en journée : **25°C**	Maximum moyen en journée : **29°C**
Jours de pluie : **5**	Jours de pluie : **5**	Jours de pluie : **4**	Jours de pluie : **3**	Jours de pluie : **2**	Jour de pluie : **1**

TEMPÉRATURE DE LA MER

Des plages paradisiaques ? Oui, mais pas n'importe quand. On commence à se baigner en juin (température moyenne de l'eau 23,6°C). La mer atteint sa température maximale en août (26,3°C), et on cesse habituellement de se baigner en octobre (22,3°C). Pour le "défi de l'ours polaire", en février, l'eau atteint tout juste 15°C.

Les grands rendez-vous

La saison des **carnavals** culmine lors d'un week-end de défilés avec festins et danses. La plus grande fête a lieu à Patras, tandis qu'à Skyros (p. 550) des hommes défilent avec leurs "épouses" – des hommes vêtus de peaux de chèvre. **Février**

Le calendrier grec orthodoxe abonde en festivals et fêtes votives, mais rien n'égale la **Pâque**. Passez la semaine pascale à Patmos (p. 449) pour admirer les feux d'artifice, danser, savourer de la chèvre rôtie et arroser tout ça d'ouzo. **Avril ou mai**

Le **Festival d'Athènes et d'Épidaure** (p. 137), le plus grand festival de la saison en Grèce, mêle musique locale et internationale, danse et théâtre à l'Odéon d'Hérode Atticus, à Athènes, et au théâtre antique d'Épidaure (p. 149), dans le Péloponnèse. **Juin à août**

Quelque 150 films sont projetés en 11 jours lors du **Festival international du film** (p. 234) de Thessalonique. Il y a aussi des concerts, des expositions, des conférences et des performances théâtrales. **Novembre**

PAROLE D'HABITANT

AUTOMNE

L'écrivaine Efrosini Camatsos partage son temps entre Athènes et Lesbos, où elle organise chaque été des retraites d'écriture et de peinture. sigriartsretreat.com

Grenades rouge vif, kakis orange et coings jaunes apportent de la texture aux couchers de soleil. Les oliviers croulent sous leurs fruits et les pressoirs reprennent du service. Les filets de pêche s'emplissent de *barbounia* (rougets). Les oiseaux migrateurs font une petite pause. La mer est douce et fraîche ; après une baignade, je me réchauffe au soleil. Les habitants, qui ont survécu à la frénésie estivale, s'aventurent hors de chez eux tels des escargots après une averse. Harmonie.

Fêtes locales et festivals

Pendant le **Miaoulia**, Hydra (p. 293) s'enflamme en l'honneur de l'amiral Miaoulis et de la contribution de la ville à la guerre d'indépendance. On y assiste à l'incendie d'un bateau, à des feux d'artifice, à des courses nautiques, etc. **Juin**

Le **Festival de la pleine lune d'août** permet d'assister gratuitement à l'Acropole ou l'agora romaine d'Athènes (p. 78), à des représentations théâtrales, de la danse et des concerts à la lumière de la lune la plus intense de l'année.

Des festivals similaires ont également lieu dans d'autres sites grecs ; renseignez-vous sur place. **Août**

L'une des plus grandes fêtes de la saison pour les fiertés LGBTQI+ est le festival **XLSIOR**, à Mykonos (p. 362) : une semaine de concerts et de DJ sets en plein air. **Août**

La fête du vin de **Nemée** (p. 151) célèbre le cépage *agiorgitiko* ; les vignobles organisent alors dégustations, concerts et autres festivités. **Septembre**

DE LA NEIGE EN GRÈCE ?

Vous partez en hiver ? Pensez à prendre une veste chaude. Il peut neiger dans le nord, notamment dans l'Épire, les Météores, à Thessalonique et en Macédoine. Athènes et les îles sont même parfois recouvertes d'un joli manteau blanc.

JUILLET	AOÛT	SEPTEMBRE	OCTOBRE	NOVEMBRE	DÉCEMBRE
Maximum moyen en journée : **32°C**	Maximum moyen en journée : **32°C**	Maximum moyen en journée : **28°C**	Maximum moyen en journée : **23°C**	Maximum moyen en journée : **18°C**	Maximum moyen en journée : **15°C**
Jour de pluie : **0**	Jour de pluie : **0**	Jour de pluie : **1**	Jours de pluie : **3**	Jours de pluie : **4**	Jours de pluie : **6**

EN HAUT À GAUCHE : PAWEL KAZMIERCZAK/SHUTTERSTOCK © EN HAUT À DROITE : NICOLE KWIATKOWSKI/SHUTTERSTOCK ©
EN BAS À GAUCHE : STUDIO/SHUTTERSTOCK © EN BAS À DROITE : MICHAEL PASCHOS/SHUTTERSTOCK ©

À LA RENCONTRE DES GRECS

Les Grecs adorent se plaindre, mais c'est un peuple joyeux qui ne rate pas une occasion de profiter de la vie. Vangelis Koronakis nous présente ses concitoyens.

Si le tourisme est le principal moteur de l'économie nationale, la *philoxenia* (hospitalité) est une vertu enracinée dans la psyché grecque depuis l'Antiquité. La plupart des Grecs voient les visiteurs comme des invités plutôt que des touristes, et se mettront en quatre pour les traiter comme tels.

Si vous sortez avec des Grecs, ils ne vous laisseront pas régler votre part de l'addition, et si vous dormez chez eux, ils vous laisseront leur lit par souci de votre confort. Cette attitude s'appelle *filotimo*, mélange d'humour, de dignité et de fierté qui n'a pas d'équivalent exact en français et qui est une valeur importante dans la société grecque.

Bien sûr, lorsqu'on parle de géopolitique, surtout au sortir de la crise économique terrible de la décennie précédente, les Grecs font preuve de méfiance envers les nations étrangères, dont ils se sentent incompris – le passé glorieux du pays et leurs ancêtres légendaires font alors leur apparition dans la conversation.

La crise économique a accentué le déclin du taux de natalité et provoqué une "fuite des cerveaux" importante, de nombreux jeunes partant chercher une vie meilleure à l'étranger. Le "problème démographique" est un sujet fréquemment abordé dans le débat public. Parallèlement, le pays accueille des centaines de milliers de migrants et de réfugiés venus avec l'espoir d'un avenir meilleur, ce qui fait également débat.

La politique est un sujet apprécié des Grecs, qui défendent souvent leurs idées avec passion, et ne reculent jamais devant un débat contradictoire. Les conversations animées ponctuées de grands gestes de la main sont monnaie courante, au point qu'on pourrait croire que nous nous disputons sans cesse (c'est faux).

L'Église orthodoxe grecque est omniprésente dans les institutions et la société grecques. Si peu de gens vont régulièrement à l'église, de nombreuses traditions, fêtes et rituels sociaux sont intimement liés à la religion.

Il est de coutume de donner aux enfants le nom de leurs grands-parents, et il n'est donc pas rare que des cousins portent le même nom. Cependant les noms "antiques" sont aujourd'hui à la mode, et depuis quelques années les cours de récréation se remplissent d'Achille, d'Homère et de Danaé.

Les liens familiaux sont fondamentaux dans la société grecque. Les enfants habitent fréquemment chez leurs parents jusqu'à un âge assez avancé. De même, les grands-parents sont souvent accueillis dans la famille de leurs enfants. Pour résumer, les Grecs ont connu bien des turbulences au cours de leur longue histoire. Mais dans ce beau pays baigné de soleil, ils ont toujours surmonté les épreuves et su profiter de la vie malgré les peines, grandes ou petites.

DÉCLIN DÉMOGRAPHIQUE

Le recensement de 2021 a confirmé une chute de la population observée pour la première fois de l'histoire du pays en 2011. Avec 10,4 millions d'habitants, la Grèce a perdu 3,4% de sa population en 10 ans.

Dans le sens des aiguilles d'une montre : taverne à Vathy (p. 589), Ithaque ; femmes à Ano Koufonissi (p. 384) ; festival à Kythnos (p. 346) ; fillette dans un camp de migrants en 2016

UN ATHÉNIEN AUX RACINES RURALES

Je suis né, j'ai grandi et j'ai toujours vécu à Athènes, excepté quelques années à l'étranger pour des études.

Mon père est né en Crète, et ma mère en Grèce centrale ; comme beaucoup de gens après la guerre, ils quittèrent leurs villages pour chercher une vie meilleure à Athènes.

Comme mes parents, des centaines de milliers de Grecs migrèrent vers la capitale, acceptant le premier travail venu pour démarrer une nouvelle vie. La ville s'étendit alors à une vitesse folle, les maisons néoclassiques cédant la place aux barres d'immeubles.

Ces migrants intérieurs ont conservé des liens étroits avec leurs villages natals. Beaucoup d'Athéniens gardent donc leur *horio* (village), et abandonnent la capitale pendant les vacances, la Pâque ou même le week-end pour une parenthèse de détente dans la maison de leurs grands-parents.

CI-CONTRE : NAPHAT_JORJEE/SHUTTERSTOCK © PAGE DE DROITE : JOHN SPRINGER COLLECTION/GETTY IMAGES ©

AVANT DE PARTIR POUR LA GRÈCE

Nos recommandations pour bien se préparer.

Dans sa valise

Temps chaud et froid : les étés grecs peuvent être torrides. Emportez des vêtements légers, de préférence en coton. T-shirts, shorts, maillot de bain et chapeau ou casquette sont indispensables. Les Grecs s'habillent de façon plutôt décontractée, donc à moins d'être invité à une soirée spéciale ou à un mariage, vous pourrez vous passer d'une tenue habillée. Les hivers sont doux quoique parfois pluvieux. Un blouson chaud et un jean suffiront pour Athènes et les îles plus au sud, mais au nord du pays et en montagne, attendez-vous au froid, au vent et même à la neige.

Chaussures : sandales et tongs suffiront pour les balades en ville, mais pour des excursions, vous serez plus à l'aise avec des baskets (avec chaussettes en coton). N'emportez des chaussures de marche que si vous prévoyez de randonner.

À savoir

Évitez le sujet des aides financières reçues par la Grèce pendant la crise. Inutile de remuer le couteau dans la plaie.

Les relations gréco-turques sont tendues ; à moins d'être ouvertement pro-Grèce, mieux vaut ne pas en parler.

Le nom de Macédoine du Nord est désormais officiel pour le voisin septentrional de la Grèce. N'oubliez pas "du Nord" si vous évoquez cette région.

LIRE

Ma famille et autres animaux (Gerald Durrell ; 1956). Le récit hilarant d'un jeune britannique venu avec sa famille à Corfou.

Mani (Patrick Leigh Fermor ; 1958). Un couple part à l'assaut des rochers escarpés du Magne : un classique de la littérature de voyage.

L'Été grec (Jacques Lacarrière ; 1976). Le plus connu des ouvrages de cet humaniste voyageur et grand marcheur.

La Vie d'Ismaïl Férik Pacha (Réa Galanaki ; 1991). Un homme tiraillé par sa double appartenance, pendant l'occupation ottomane.

Le Che s'est suicidé (Petros Markaris ; 2007). Le fantaisiste inspecteur Charitos vous permet de plonger dans le monde du crime à Athènes.

Cartes postales de Grèce (Victoria Hislop ; 2016). Un recueil de nouvelles posant un regard plein de tendresse sur la Grèce.

Le salut viendra de la mer (Christos Ikonomou ; 2017). Quatre contes où une microsociété tente de s'implanter sur une île fictive de l'Égée.

L'Offrande grecque (Philip Kerr ; 2018). Un roman policier dans l'Athènes des années 1950.

En quelques mots

L'alphabet grec peut sembler intimidant, mais il suffit de savoir prononcer chaque lettre et quelques diphtongues pour pouvoir lire le grec.

Remarquez que les ι, η et υ, de même que les diphtongues ει et οι, se prononcent toutes exactement pareil. En fait, ces voyelles étaient prononcées différemment en grec ancien, et ont subsisté dans l'alphabet grec moderne.

La plupart des Grecs parlent un peu anglais, et si ce n'est pas le cas, ils tentent de communiquer par gestes. Mais ils sont invariablement ravis quand les visiteurs font l'effort de prononcer quelques mots en grec.

Voici quelques mots de base pour vous lancer :

Γεια σας / Γεια σου (ya·sas [poli ou pluriel]/ya·sou [informel]) "Bonjour" ou "aurevoir" (souvent limité à "y a") – mot pour mot, "à votre santé".

Καλημέρα (ka·li·mé·ra) "Bonjour".

Ναι (né) "Oui", généralement accompagné d'un hochement de tête.

Οχι (o·hi) "Non", généralement accompagné d'un mouvement de tête de gauche à droite ou vers le haut.

Ευχαριστώ (ef·ha·ri·sto) "Merci".

Παρακαλώ (pa·ra·ka·lo) "S'il-vous-plaît" et "de rien".

Με λένε... (mé lé·né...) "Je m'appelle..."

Δεν καταλαβαίνω (dhèn ka·ta·la·vè·no) "Je ne comprends pas".

Βοήθεια (vo·i·thi·a) "Au secours". À n'utiliser qu'en cas d'urgence immédiate.

VOIR

Jamais le dimanche (Jules Dassin ; 1960 ; ci-dessus). Un Américain tente de transformer la vie d'une prostituée au grand cœur. Oscar de la meilleure bande originale.

Amours de vacances (Randal Kleiser ; 1982). L'histoire d'un trio amoureux dans la Santorin des années 1980, avant l'arrivée de la foule des touristes.

Le Grand Bleu (Luc Besson ; 1988). Images superbes de l'île d'Amorgos et de la mer Égée.

300 (Zack Snyder ; 2007). L'adaptation au cinéma de la célèbre bataille des Thermopyles.

La Folle Aventure des Durrells (2016-2019). Une famille anglaise excentrique s'installe à Corfou en 1935.

ÉCOUTER

Gioconda's Smile (Manos Hadjidakis ; 1965). Chef-d'œuvre instrumental intemporel de l'un des plus grands compositeurs grecs de tous les temps.

Greece Goes Modern (Mimis Plessas ; 1967). Chansons traditionnelles de toute la Grèce merveilleusement revisitées dans un style jazzy et bossa nova.

Metro (Lex ; 2022). Ce hip-hop grec remplit salles de concert et stades avec des textes socialement et politiquement engagés.

Anime (Fivos Delivorias ; 2022). L'un des plus grands noms de la scène musicale grecque d'aujourd'hui.

PICCIA NERI/SHUTTERSTOCK ©

Assiette crevettes-aubergine à Mykonos

À TABLE !

La cuisine grecque est réputée à travers le monde pour ses plats sains et copieux et sa philosophie axée sur la simplicité et la qualité de ses ingrédients.

Les Grecs adorent manger dehors et partager de longs et copieux repas en famille et entre amis. Que vous soyez attablé en terrasse au bord de la mer ou que vous goûtiez une cuisine grecque moderne au pied de l'Acropole illuminée, un repas au restaurant ne se limite jamais au contenu de l'assiette. C'est une fête pour tous les sens.

Prendre son temps fait partie de la culture culinaire du pays, et les repas sont au centre de nombreux rituels sociaux et familiaux depuis la nuit des temps. Certes, on trouve des restaurants grecs dans toutes les villes du monde, mais le cadre et l'ambiance des restaurants de Grèce sont l'ingrédient secret qui fera de vos repas sur place des expériences uniques.

Comme les Grecs, remontez droit à la source ! Pour du poisson frais, cap sur les villages côtiers ; pour de l'agneau, du porc ou du poulet bio grillés, cap sur les villages de montagne. Repérez les tavernes qui cultivent leurs propres légumes et produisent vins et huile, où les frites sont taillées à la main et les recettes transmises de génération en génération.

La cuisine grecque

La cuisine grecque traditionnelle utilise principalement des produits locaux de saison. Les plats sont simples. Citron, ail, origan et huile d'olive extravierge sont omniprésents, tout comme la tomate, le persil, l'aneth, la cannelle et les produits laitiers, dont bien sûr le yaourt grec.

Les essentiels

BAKLAVA
Pâte phyllo au miel et noix concassées.

MOUSSAKA
Aubergines, sauce au fromage, viande émincée et patates.

HORIATIKI
Salade grecque avec feta, concombres, tomates, olives et oignons.

SPANAKOPITA
Friand aux épinards à base de pâte phyllo en couches.

Mayirefta et viandes grillées

Les *mayirefta* sont des plats traditionnels cuits au four ou dans une marmite. Préparés à l'avance, on les laisse tiédir pour exalter les saveurs. Ils comprennent la fameuse moussaka (aubergine, fromage, viande), les *yemista* (légumes farcis de riz et d'herbes), le *lemonato* (viande au citron et à l'origan) et le *stifado* (ragoût de viande avec tomates et oignons).

Les Grecs maîtrisent parfaitement grillades et viandes rôties. Les souvlakis - probablement le plat national - se présentent sous plusieurs formes, des brochettes de viande grillée au gyros de porc ou de poulet enveloppé dans une pita. Les succulentes *paidakia* (côtelettes d'agneau) et *brizolès* (côtes de porc) sont également appréciées.

Poisson et fruits de mer

Le poisson est souvent grillé entier et arrosé de *ladholemono* (huile et jus de citron). Les petits poissons comme le *barbounia* (rouget) ou la *maridha* (petite friture) sont légèrement frits. Le *chtapódi* (poulpe) est grillé, mariné ou cuit dans une sauce au vin. Côté fruits de mer, on apprécie les *soupies* (seiches), le calamar au fromage et aux herbes, et la *psarosoupa* (soupe de poisson). Pour savourer ces délices de la mer, cap sur les tavernes de la côte tenues par des familles de pêcheurs.

Mezze et salades

Les mezze (*mezedes*) sont des petites entrées, généralement partagées. Les classiques comprennent le tzatziki (yaourt, concombre et ail), la *melidzanosalata* (aubergine), le *taramasalata* (tarama) et le *saganaki* (fromage frit). Goûtez aussi les *keftedhès* (boulettes de viande), le *loukaniko* (saucisse de porc), les *gavros* grillés (anchois blancs) et les *dolmadhès* (feuilles de vigne marinées farcies de riz).

La salade grecque la plus connue est *l'horiatiki* ("salade villageoise"), composée de tomates, concombre, oignons, feta et olives et souvent agrémentée de légumes locaux, de câpres ou de noix. La feta est parfois remplacée par un fromage local. La *patzarosalata* (salade de betterave) est également appréciée, généralement nappée de sauce au yaourt et parsemée de noix et d'herbes.

GEORGE TSITOURAS PHOTOS/SHUTTERSTOCK ©

FESTIVALS CULINAIRES

Athens Street Food Festival *(athensstreetfoodfestival.gr ; mai)*. L'ancien dépôt OSY se mue en halle de marché géante et attire la foule lors de cette célébration de la cuisine de rue (ci-dessus).

Festival de gastronomie des Cyclades "Nikolaos Tselementes" *(sept)*. Artemonas, sur Sifnos, accueille pendant trois jours ce festival portant le nom d'un célèbre chef et auteur de livres de cuisine.

Fistiki Fest *(fistikifest.gr ; sept)*. Ce festival de l'île d'Égine met à l'honneur les produis locaux comme la pistache (*fistiki* en grec).

Grandes Journées de Némée *(sept)*. Met en lumière les vignobles de la région de Némée, notamment le cépage agiorgitiko.

Festival gastronomique du Pélion *(peliongastronomy.gr ; oct)*. Rassemble fermiers, producteurs, cuisiniers amateurs et professionnels, et même des moines.

Stafylofest *(sept)*. Sur Skopélos, le village de Glossa accueille ce "festival des vendanges" qui célèbre la vigne et la viticulture.

LOUKOUMADHÈS	KOLOKITHOKEFTEDES	SOUVLAKI	DOLMADHÈS
Beignets ronds trempés dans le miel et saupoudrés de cannelle ou de noix.	Galettes frites de courgette râpée, feta et fines herbes.	Morceaux de viande grillée à la broche et servie dans une pita.	Feuilles de vigne ou légumes farcis cuits au four.

CI-CONTRE : STRATOS GIANNIKOS/SHUTTERSTOCK ©
PAGE DE DROITE : YIANNISSCHEIDT/SHUTTERSTOCK ©

Végétariens et végans

Vous ne mangez ni viande ni poisson ? Pas d'inquiétude, les légumes ont leur place dans la cuisine grecque – héritage de périodes de disette et des traditions orthodoxes de jeûne. Les restaurants traditionnels ont un bon choix de plats végétariens, car ils respectent davantage les périodes de jeûne. Pendant le carême, les végans seront comblés.

COURS DE CUISINE

Diane Kochilas *(dianekochilas.com).* L'animatrice de l'émission My Greek Table, sur PBS, propose des stages d'une semaine à Icarie, l'île de ses ancêtres, de mai à septembre, ainsi que des visites gastronomiques d'Athènes, de Némée et de Nauplie.

Kea Artisanal *(aglaiakremezi.com/kea-artisanal).* Aglaia Kremezi et ses amis ouvrent leur cuisine et leur jardin sur l'île de Kéa pour des ateliers cuisine.

The Greek Kitchen *(greekkitchenathens.com).* Cours de cuisine d'une demi-journée à Athènes et visites du marché principal de la capitale.

Parmi les autres cours de cuisine, citons ceux d'**Alternative Athens** *(alternativeathens.com)*, **FindinGreece** *(findingreece.com)* sur Amorgos, **Pelion Gastronomy** *(peliongastronomy.gr)* près de Volos, et de **Sifnos Farm Narlis** *(sifnos-farm-narlis.com)* à Sifnos.

Recherchez des spécialités végétariennes comme les *fasolakia yiahni* (haricots verts braisés), les *bamies* (gombos), les *briam* (légumes cuits au four) et les *dolmadhès* (feuilles de vigne). Parmi les *horta* (soupes chaudes aux herbes) les plus nutritives, les *vlita* (à l'amarante ; ci-dessus) sont les plus douces, mais il y en a également au radis sauvage, au pissenlit, à l'ortie et à l'oseille. Pensez à vérifier que ces ingrédients n'ont pas été cuits dans un bouillon de viande.

Repas de fête

Les fêtes religieuses et traditionnelles grecques sont autant d'occasions pour festoyer, et certaines impliquent des spécialités régionales spécifiques.

Le carême de 40 jours a donné naissance aux *nistisima*, des plats sans viande ni produits laitiers (ni huile, si l'on respecte les règles à la lettre). Citons notamment le halva – soit la version macédonienne au tahini, soit le dessert à la semoule souvent servi en fin de repas.

À Pâques, des œufs durs peints en rouge ornent le *tsouréki* au mastic (résine aromatique du lentisque). Le samedi soir, on célèbre la Résurrection avec de la *mayiritsa* (soupe d'abats), tandis que le dimanche de Pâques on fait rôtir des agneaux à la broche dans tous les villages.

On célèbre la fin de l'année avec la *vasilopita* ("pain de Saint-Basile"), dessert aromatisé à l'orange, à la vanille et au mastic. Le gâteau est coupé le 31 décembre à minuit et porte chance à celui qui trouve la pièce de monnaie cachée à l'intérieur.

Spécialités

Pour un pique-nique à la grecque, achetez les produits suivants chez un traiteur, dans un marché ou à un étal de rue.

Pain et pâtisseries

Daktyla Pain rustique à base de farine de maïs et de farine de blé blanche et complète.
Elenia Pain aux olives typique de l'île de Kimolos.
Koulouri Pain circulaire aux graines de sésame, dégusté sur le pouce.
Paximadi Pain dur à l'orge cuit deux fois, salé ou sucré.
Bougatsa Pâtisserie fourrée sucrée ou salée (crème et cannelle, fromage, viande et épinards, etc.).
Tyropita Friand au fromage et aux œufs.

À tartiner

Tzatziki Mélange rafraîchissant de yaourt, concombre et ail.
Skordalia Ail écrasé dans de la purée de pommes de terre ou du pain.
Melidzanosalata Caviar d'aubergine similaire au baba ganoush, mais plus simple et plus crémeux.
Tirokafteri Crème de feta épicée.
Fava Purée de pois cassés.

Fromages

Feta Fromage au lait de brebis (ou chèvre et brebis mélangés).

Feta et huile d'olive

Graviera Fromage de brebis doux aux arômes de noix évoquant le gruyère.
Kaseri Fromage à pâte dure ou mi-dure fabriqué en Thessalie, en Macédoine, à Lesbos et à Xanthi.
Myzithra Fromage au lactosérum évoquant la ricotta.

Douceurs sucrées

Kataïfi Noix pilées entourées de cheveux d'ange.
Ryzogalo Riz au lait.
Galaktoboureko Pâte phyllo et crème pâtissière.
Ghlika kutalyu Fruits au sirop surnommés "bonbons à la cuiller".

TABLES D'EXCEPTION

Argoura (p. 104). Cette taverne athénienne au décor un peu kitsch sert des délices de la mer.

Avaton 1739 (p. 377). Superbement situé au sommet du *kastro* de Naxos (Hora) – parfait pour des cocktails au couchant et une cuisine créative.

Dimitroukas (p. 199). Taverne de Missolonghi servant du poisson et de succulentes anguilles grillées au feu de bois.

Mourga (p. 235). Petit bijou de Thessalonique, avec une belle carte de vins grecs.

4 Rodies (p. 413). Restaurant familial apprécié des habitants de la ville de Rhodes.

Tereza (p. 357). La patronne, Tereza, mitonne des repas exquis depuis des décennies dans ce restaurant de Myrsini, sur Tinos.

UNE ANNÉE DANS L'ASSIETTE

PRINTEMPS

Artichauts et légumes abondent. À Pâques, on mange du *tsouréki* (brioche aromatisée au *mahlepi* – épice de noyau de cerise – et au mastic), des œufs durs peints en rouge et du méchoui d'agneau.

ÉTÉ

Pastèques, cerises et fruits en pagaille s'empilent sur les étals des marchés. En août, c'est la fête de la sardine à Skala Kallonis, sur Lesbos, tandis qu'à Leonidio, dans le Péloponnèse, se tient le festival de l'aubergine.

AUTOMNE

On récolte noix et figues. À Égine, la pistache est à l'honneur lors du Fistiki Fest. Voukoliés et certains villages organisent des fêtes de la *tsikoudia* (eau-de-vie) en novembre, également mois de la production de l'huile d'olive.

HIVER

La récolte des olives bat son plein. À Noël, on rompt le jeûne avec des biscuits au miel, et le soir du Nouvel An on partage le *vasilopita*, un gâteau traditionnel.

MOOFUSHI/STOCK.ADOBE.COM ©

Plongée en mer Égée

ACTIVITÉS DE PLEIN AIR

Eaux azur, sable fin, pitons rocheux, forêts luxuriantes et sentiers ancestraux invitent à d'exaltantes aventures en plein air.

Si nombre de vacanciers viennent lézarder au soleil sur les plages grecques, la douceur du climat et la diversité des paysages répondent aux aspirations des amateurs de grands espaces. Plongée et kitesurf sur les côtes, escalade et ski en montagne... Tout séjour en Grèce peut être assorti de croisières en voilier comme de randonnées sur le littoral ou dans les terres.

Plongée et snorkeling

Le snorkeling se pratique à peu près partout le long de la côte, et l'équipement est facile à trouver et assez bon marché. Parmi les spots figurent Monastiri sur Paros, Paxos et la baie de Xerokambos sur Léros, Kerveli à l'est de Samos, plus toute la côte de Kastellorizo. Beaucoup de clubs de plongée utilisent leurs bateaux pour emmener les groupes.

La loi grecque est claire : pour se prémunir contre le pillage des antiquités immergées en Méditerranée et dans la mer Égée, seules les écoles de plongée sont autorisées à pratiquer cette activité. Cependant, de nouveaux spots sont désormais accessibles et les centres de plongée se multiplient. On en trouve notamment dans les îles de Corfou, Eubée, Léros, Milos, Mykonos, Paros, Rhodes, Samos, Santorin et Skiathos, ainsi que sur le continent autour de l'Attique et d'Athènes, et en Grèce du Nord à Parga et en Chalcidique.

Autres activités de plein air

ORNITHOLOGIE
Le **parc national de Schinias-Marathon** (p. 112) abrite quelque 240 espèces d'oiseaux migrateurs et nicheurs.

SPÉLÉOLOGIE
Les stalactites et les stalagmites uniques de la **grotte de Kastani** (p. 157) datent du jurassique.

BALADE À CHEVAL
Plusieurs clubs équestres organisent des randonnées guidées, notamment au **Karpénission** (p. 203).

EN FAMILLE

Louez un vélo au **parc Stavros Niarchos** (p. 103) et pédalez vers la plage d'Edem.

Faites un sprint dans le stade de l'**Olympe antique** (p. 158).

Arpentez les remparts médiévaux de la **vieille ville de Rhodes** (p. 410).

Laissez-vous chatouiller les pieds dans les sources chaudes de **Vouliagmenis** (p. 108).

Embarquez sur un bateau pour voir les dauphins et tortues du **parc national marin d'Alonissos** (p. 544).

Émerveillez-vous devant le paysage lunaire de la caldeira du **volcan (dormant) de Nisyros** (p. 427).

Entraînez-vous à cheval à la **Mouries Farm** (p. 553), qui élève des chevaux skyriens.

Randonnée

La Grèce est un paradis pour randonneurs. Les sentiers les plus populaires sont bien entretenus, mais les itinéraires moins fréquentés sont, pour beaucoup, peu balisés.

Dans le nord accidenté de la Grèce, attaquez les pentes du mont Olympe, les gorges de Vikos (massif du Pinde) ou les collines autour des lacs Prespa. Les monts du Taygète, dans la péninsule du Magne, sont de superbes endroits pour randonner.

Sur les petites îles, vous rencontrerez des *kalderimia*, des voies pavées ou dallées de l'époque byzantine reliant les villages entre eux ; des *monopatia*, des sentiers de bergers ; ou encore des sentiers non balisés cheminant entre des localités isolées. Attention, certains sentiers peuvent être très abrupts.

BIROL AYDIN/SHUTTERSTOCK ©

Piste cyclable, Kos

L'agence environnementale **Paths of Greece** (pathsofgreece.gr) est très active dans la création d'itinéraires de randonnée dans tout le pays. Les randonneurs les plus aguerris pourront s'attaquer à des portions (voire à l'intégralité) du **sentier européen de grande randonnée E4**, qui traverse la Grèce du Nord et le Péloponnèse.

Vélo

La Grèce intéressera les vététistes comme les novices tentés par des balades sur le littoral et dans l'arrière-pays. Il est possible de prendre le train avec un vélo en payant un supplément (5 €). Pour les ferrys, signalez que vous avez un vélo lorsque vous réservez.

Si vous vous aventurez dans des régions reculées, emportez un kit anti-crevaison et une trousse de premiers secours. Les Grecs conduisent vite et ne restent pas toujours dans leur voie ; soyez vigilant dans les virages et sur les routes étroites. En été, n'hésitez pas à mettre pied à terre entre 12h et 16h pour éviter insolation et déshydratation.

Trois routes cyclables **EuroVelo** traversent la Grèce. Elles ne sont pas entièrement balisées, mais des infrastructures existent et les routes de campagne sont peu fréquentées.

CycleGreece (www.cyclegreece.gr) propose des circuits en vélo de route et en VTT pour tous niveaux, dont certains combinant voile et vélo. **Hooked on Cycling** (www.hookedoncycling.co.uk/greece) organise des excursions bateau et vélo dans les îles, et des circuits sur le continent.

ESCALADE

Les reliefs escarpés de **Kalymnos** (p. 444) attirent des grimpeurs du monde entier.

SPORTS D'HIVER

Avec ses montagnes enneigées, **Metsovo** (p. 262) est l'endroit idéal pour pratiquer le ski et le snowboard.

KAYAK

Pagayez au-dessus de la **cité engloutie d'Épidaure** (p. 149), non loin de Nauplie.

KITESURF ET PLANCHE À VOILE

L'un des meilleurs spots d'Europe pour ces sports nautiques est la **baie de Kéros** (p. 481).

Plongée et snorkeling

1. Parc national marin d'Alonissos (p. 544)
2. Monastiri (p. 370)
3. Paxos (p. 577)
4. Baie de Xirokambos (p. 448)
5. Kerveli (p. 511)
6. Kastellorizo (p. 441)
7. Leucade (p. 580)

Kitesurf et planche à voile

1. Karpathos (p. 454)
2. Leucade (p. 580)
3. Limnos (p. 479)
4. Paros (p. 368)
5. Naxos (p. 376)
6. Rhodes (p. 410)

LES MEILLEURS SPOTS

Notre sélection d'activités de plein air

Vélo

1. Pélion (p. 213)
2. Route des vins de Pella et de Goumenissa (p. 237)
3. Spetsès (p. 300)
4. Riviera athénienne (de Vouliagmeni à Sounion, p. 108)

Parc national du mont Parnès (p. 115)

5. Steni (p. 556)

Randonnée

1. Mont Olympe (p. 245)
2. Gorges de Vikos (p. 259)
3. Lacs de Prespa (p. 264)
4. Massif du Taygète (p. 176)
5. Mont Ainos (p. 5887)

SUR LA ROUTE

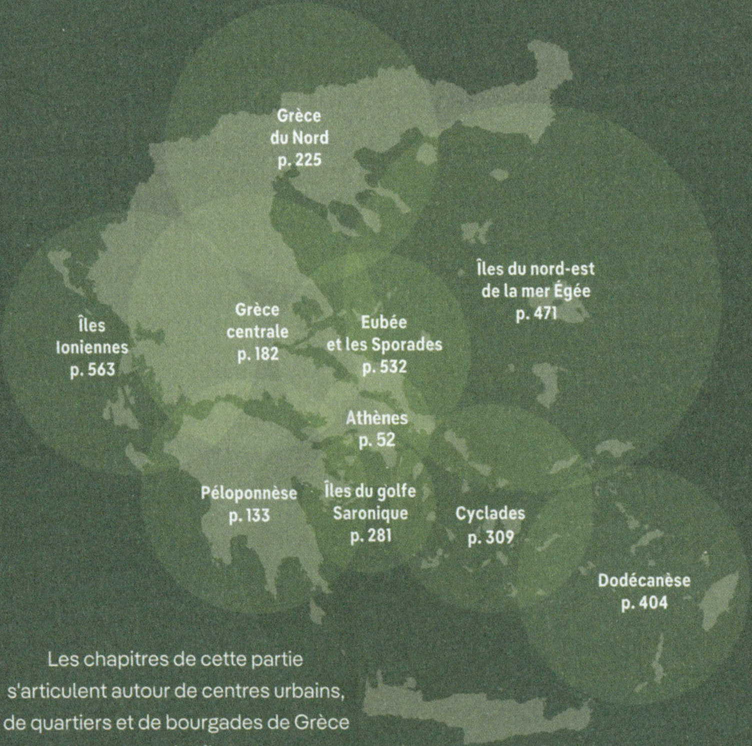

Les chapitres de cette partie s'articulent autour de centres urbains, de quartiers et de bourgades de Grèce continentale et des îles grecques. Vous trouverez dans chacun de ces lieux, qui vous serviront de camp de base, des expériences uniques, des points de vue locaux, des conseils et des recommandations de connaisseurs. De là, vous pourrez visiter les environs, en fonction de vos envies et de vos possibilités.

Acropole de Lindos (p. 415)

ATHÈNES

UNE VILLE ANTIQUE AU XXIe SIÈCLE

Berceau de la civilisation et de la démocratie occidentales, Athènes ne cesse de se réinventer. Mêlant architecture classique et art urbain, la capitale grecque déborde d'énergie créative.

À Athènes, la vie sociale et culturelle se déroule au milieu des monuments vieux de plusieurs siècles, voire de plusieurs millénaires. Aujourd'hui encore, tout gravite autour de la majestueuse Acropole. Juchée sur une falaise escarpée et couronnée de temples de marbre construits au Ve siècle av. J.-C., la citadelle reste le témoin des transformations et du passé glorieux de la ville. Des toits-terrasses aux balcons, tout dans la ville est tourné vers ces repères historiques.

Les vestiges de la Grèce antique occupent bien entendu le devant de la scène, eux qui ont vu naître la démocratie, mais aussi la mythologie, le théâtre et la philosophie. Pour autant, ne négligez pas les œuvres d'époques moins anciennes, comme ces églises byzantines millénaires, imperturbables au milieu des rues ou à flanc de colline. La période ottomane se perçoit quant à elle encore dans l'architecture et la nourriture, tandis que le style néoclassique du XIXe siècle parsème le centre-ville de ses notes élégantes.

L'histoire récente est marquée de hauts – les jeux Olympiques de 2004 – et de bas – la crise de la dette qui a suivi. De nouveau en plein essor, la ville est déterminée à devenir un lieu incontournable de la culture européenne. Ici, la créativité est à tous les coins de rue et Athènes est aujourd'hui un haut lieu du street art européen. Sa cuisine est délicieuse et composée de produits frais. Enfin, n'oubliez pas de laisser un peu de place à la spontanéité dans votre programme, en achetant par exemple une place pour un spectacle de danse qui va commencer, ou en vous installant dans un restaurant où les musiciens se préparent.

Comme dans toutes les grandes villes, pensez aussi aux moments de détente. Observez les passants depuis un café ou ressourcez-vous dans un parc ou sous les frondaisons d'une colline. À moins d'une heure de la ville, la péninsule de l'Attique recèle d'autres monuments remarquables, comme le temple de Poséidon au cap Sounion ou l'ancienne ville d'Éleusis. Nombre de ces sites (dont de belles plages) sont accessibles en transports publics.

PRINCIPAUX QUARTIERS

ACROPOLE, COLLINE DE PHILOPAPPOS ET THISSIO
Monuments emblématiques et vues imprenables. p. 58

SYNTAGMA ET PLAKA
Cœur battant de l'Athènes moderne. p. 68

MONASTIRAKI ET PSYRI
Marchés et galeries contemporaines. p. 75

GAZI, KERAMIKOS ET METAXOURGIO
Cimetière historique et street art. p. 82

Ci-dessus : Athènes vue d'Anafiotika (p. 70). À gauche : œuvre de street art athénien

S'orienter

Athènes se visite facilement à pied. Les principaux sites antiques sont regroupés autour de l'Acropole et de Plaka. La zone chevauche le centre historique de Syntagma, un quartier parmi les plus anciens de la ville moderne. D'autres curiosités et musées hors du centre sont accessibles par une marche plus longue ou un court trajet en transports.

DEPUIS L'AÉROPORT

L'aéroport international Eleftherios Venizelos, à Spata, à 27 km à l'est d'Athènes, possède un seul terminal. La ligne 3 du métro dessert le centre-ville toutes les 30 minutes, entre 6h30 et 23h30. En taxi, le tarif est fixe : 40/55 € de jour/nuit. Des bus express circulent 24h/24. Voir aussi p. 610.

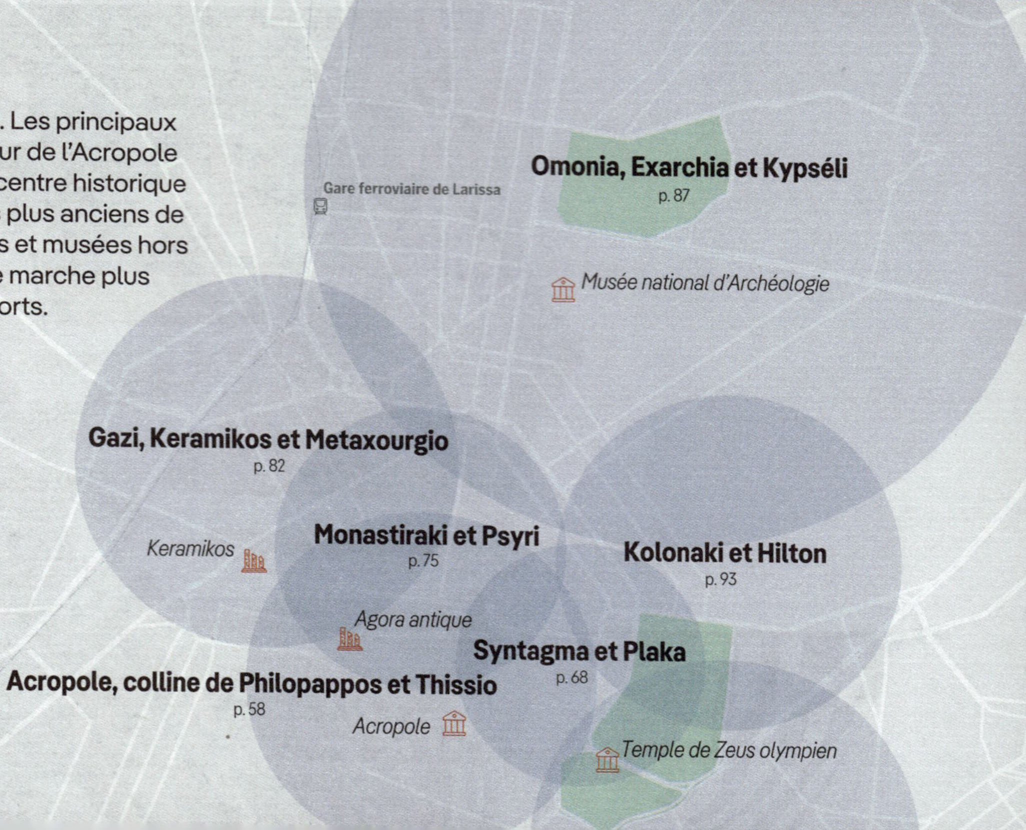

Mets et Pangrati

p. 98

Neos Kosmos, Kallithea et Palio Faliro

p. 101

Centre culturel de la fondation Stavros Niarchos

0 — 1 km

À PIED

Le centre d'Athènes, compact, se visite aisément à pied avec ses rues étroites et sa belle promenade piétonne. Ainsi, comptez 45 minutes pour aller de Gazi à l'ouest au Musée byzantin et chrétien à l'est. Attention cependant à la chaleur en été.

MÉTRO

Le métro est fiable et bien entretenu. Les plans sont clairs et traduits en anglais. Les rames circulent de 5h30 à 0h30. Le vendredi et le samedi, les lignes 2 et 3 fonctionnent jusqu'à 2h30. Renseignements sur stasy.gr. Toutes les stations sont accessibles en fauteuil roulant.

TRAM ET BUS

La lenteur des tramways athéniens permet d'admirer les paysages, notamment le long du littoral, vers Glyfada ou Le Pirée. Les bus se rendent partout, mais il n'y a pas de plans imprimés ; utilisez un planificateur comme l'OASA (www.oasa.gr) ou une application telle que Google Maps pour trouver le meilleur itinéraire.

Planifier son séjour

Classiques, romains, byzantins ou contemporains : les grands sites d'Athènes enjambent les millénaires. La diversité des expériences, dans un périmètre aussi restreint, est exceptionnelle.

COLORMAKER/SHUTTERSTOCK ©

Agora antique (p. 75)

JOUR 1

Matin

- Pour éviter la foule et la chaleur, visitez l'**Acropole** (p. 58) tôt le matin. Au nord-est de la colline, explorez les ruines de l'**Agora antique** (p. 75), autrefois centre de la vie civique de cette ville cinq fois millénaire.

Après-midi

- Déjeunez à l'**Ergon House Agora** (p. 70) avant d'explorer les ruelles de Plaka. Autre option : passez l'après-midi à admirer les trésors du **musée de l'Acropole** (p. 65).

Soir

- Promenez-vous au soleil couchant le long de la rue piétonne de Dionysiou Areopagitou ou admirez la vue sur la ville depuis la **colline de Philopappos** (p. 66). Dînez à l'**Ellevoro** (p. 64).

VOUS AIMEREZ AUSSI...

Athènes et ses environs ont bien plus à offrir que des monuments antiques et des musées.

DÉGUSTER DES VINS GRECS

Savourez des crus locaux dans des bars comme l'**Heteroclito** ou participez à une dégustation dans les vignobles de l'Attique.

ADMIRER L'ART RELIGIEUX

Contemplez l'art byzantin, comme au Moni Kaisarianis sur le mont Hymette ou le **Moni Dafniou**, classé au patrimoine mondial.

EXPLORER UNE NOUVELLE CAPITALE CULTURELLE

Éleusis accueille des projets artistiques dans les ruines de l'**Éleusis antique** et sur des sites industriels récents.

DE GAUCHE À DROITE : THEASTOCK/SHUTTERSTOCK ©, DIMITRIS PANAS/SHUTTERSTOCK ©, ANDRONOS HARIS/SHUTTERSTOCK ©

JOUR 2

Matin

- Admirez la collection d'art du **musée Benaki de la culture grecque** (p. 94). Faites du shopping dans Kolonaki et déjeunez à la taverne traditionnelle d'**Oikeio** (p. 97).

Après-midi

- Faites le plein d'art grec à la **Galerie nationale** (p. 94) et à la **fondation Basil et Elise Goulandris** (p. 99), ou au **Musée byzantin et chrétien** (p. 95). Grimpez sur la première marche du podium au **stade des Panathénées** (p. 99).

Soir

- Regagnez Kolonaki pour voir le coucher du soleil depuis la **colline du Lycabette** (p. 94). Dînez au **Mavro Provato** (p. 100) pour ses mezze ou à l'**Elvis** (p. 85) pour ses souvlakis, puis sirotez un verre au **Chelsea Hotel** (p. 100).

JOUR 3

Matin

- Imprégnez-vous de l'ambiance du marché central d'Athènes, le **Varvakios Agora** (p. 77), et de ses rues attenantes où l'on trouve de tout, des épices aux livres d'art. Déjeunez au **Diporto Agoras** (p. 79) ou au **Karamanlidika tou Fani** (p. 79).

Après-midi

- Les antiquités grecques du **musée national d'Archéologie** (p. 87 et p. 89) occuperont une partie de votre après-midi.

Soir

- Prenez un bus ou un taxi pour le **parc Stavros Niarchos** (p. 103) au sud. Depuis le phare qui surplombe le Centre culturel de la fondation Stavros Niarchos, le coucher du soleil est inoubliable. Dînez de quelques fruits de mer à la taverne voisine d'**Argoura** (p. 104) avant de retourner en ville.

DÉCOUVRIR LE STREET ART

C'est à Exarchia, Gazi, Keramikos, Metaxourgio et Psyri que vous trouverez les plus belles **fresques de street art**.

SOUTENIR UN PROJET SOCIAL

Déjeunez à **Shedia Home** ou achetez-y de l'artisanat. Les bénéfices financent leurs actions auprès des sans-abri de la ville.

VOIR LA RELÈVE DE LA GARDE

Observez la relève des *evzones* (gardes) toutes les heures à l'heure pile, près du **tombeau du Soldat inconnu** sur la place Syntagma.

ASSISTER À UN SPECTACLE

De mai à septembre, le **théâtre Dora Stratou** présente des spectacles folkloriques (musique et danse) sur la colline de Philopappos.

ACROPOLE, COLLINE DE PHILOPAPPOS ET THISSIO

GRANDS MONUMENTS ET VUES IMPRENABLES

Pour les infos pratiques, voir le Carnet d'adresses *p. 118.*

L'Acropole a beau être l'un des sites antiques les plus admirés au monde, vous aurez le souffle coupé en la découvrant. Rocher sacré et forteresse naturelle couronnée par le Parthénon, elle est visible de presque partout dans le centre d'Athènes. Ses monuments et sanctuaires en marbre du Pentélique scintillent au soleil de midi et se parent de teintes dorées à mesure que le soleil baisse. La nuit, illuminés, ils semblent veiller sur la ville.

Sur le versant sud, un musée moderne expose les plus beaux trésors de l'Acropole. La promenade piétonne qui relie le musée à l'entrée principale du site est autant un passage touristique qu'un lieu de balade au crépuscule pour la population locale. Plus au sud, les quartiers de Makrygianni et Koukaki permettent une immersion dans la vie citadine d'Athènes, avec des ateliers d'artisans, des boutiques, des restaurants et des bars branchés.

La colline de Philopappos offre une vue imprenable sur l'Acropole, ainsi que des espaces verts bienvenus ; il en va de même pour les collines de la Pnyx et des Nymphes. Au nord, le quartier tranquille de Thissio recèle d'agréables cafés et un marché artisanal nocturne. À l'est, le quartier de Petralona abrite des rues résidentielles encore plus paisibles.

À SAVOIR

L'Acropole et la colline de Philopappos, qui surplombent toutes deux la ville, constituent de bons repères d'orientation. Bien sûr, la zone est escarpée, mais ses promenades piétonnes et ses ruelles généralement tranquilles se prêtent idéalement à une découverte à pied. Les stations de métro les plus proches sont Akropoli et Sygrou-Fix.

Acropole

INCONTOURNABLES
1 Colline de l'Aréopage
2 Église Agios Dimitrios Loumbardiaris
3 Ellevoro
4 Musée de l'Acropole
5 Musée Hérakleidon
6 Musée national d'Art contemporain
7 Odéon d'Hérode Atticus
8 Parthénon

VOIR
9 Colline de Philopappos

ACTIVITÉS
10 Moloko Plus
11 Observatoire national d'Athènes

SE RESTAURER
12 Django

PRENDRE UN VERRE ET FAIRE LA FÊTE
13 Blame the Sun

SORTIR
14 Théâtre de danse Dora Stratou

SHOPPING
15 Lovecuts
16 Underflow

Odéon d'Hérode Atticus

UN THÉÂTRE CHARGÉ D'HISTOIRE

L'Odéon d'Hérode Atticus, aussi appelé Hérodion, est un amphithéâtre de 5 000 places sur le flanc sud-ouest de l'Acropole. Construit entre 160 et 174 par le riche Romain Hérode Atticus en mémoire de sa femme Regilla, il fut mis au jour en 1857-1858 et restauré dans les années 1950. Mieux qu'une visite, assistez à un spectacle. Entre juin et août, le festival d'Athènes et d'Épidaure (p. 150) y programme pièces de théâtre, concerts et spectacles de danse. Le lieu accueille aussi parfois des artistes de renom et d'autres événements.

Odéon d'Hérode Atticus

Colline de l'Aréopage

TRIBUNE DE SAINT PAUL

Cet affleurement rocheux, en contrebas de l'Acropole et en surplomb de l'Agora antique (p. 75), est un point de vue apprécié, surtout au coucher du soleil. Selon la mythologie grecque, Arès, jugé par les dieux pour le meurtre d'Hallirhotios, fils de Poséidon, y défendit sa cause avec succès. C'est là que le Conseil de l'Aréopage jugeait les crimes de meurtre, de trahison et de corruption.

En 51, saint Paul y prononça l'un de ses discours les plus connus et gagna son premier disciple athénien, Dionysos, devenu le saint patron de la ville.

Si vous redescendez par le versant ouest, guettez les restes de mosaïque de marbre, vestiges des maisons qui parsemaient autrefois ce côté de la colline.

Colline de l'Aréopage

Musée Hérakleidon

LA TECHNOLOGIE ANTIQUE À L'HONNEUR

Une collection éclectique, répartie sur deux sites, explore les liens entre arts, mathématiques et philosophie. Les expositions temporaires portent sur des sujets aussi divers que la robotique et l'informatique antiques ou la construction de bateaux. Le bâtiment B est consacré aux armes de guerre, notamment les trirèmes, ces anciens navires qui permirent aux Grecs de battre les Perses à Salamine.

Dans une villa rénovée au coin de la rue, le bâtiment A, plus petit, abrite une exposition sur les automates, dont un spécimen à l'effigie d'une servante. Le musée possède également l'une des plus vastes collections au monde d'œuvres de M. C. Escher (mais pas toujours exposées).

Parthénon

PERFECTION DORIQUE

Le Parthénon symbolise plus qu'aucun autre monument la gloire de la Grèce antique. Il est dédié à Athéna Parthenos, la déesse incarnant le pouvoir et le prestige de la ville. Ce temple dorique, l'un des plus grands jamais construits en Grèce, est l'œuvre des architectes Ictinos et Callicratès. Sa construction, qui dura 15 ans, fut achevée à temps pour les grandes Panathénées de 438 av. J.-C.

Situé au sommet de l'Acropole, le Parthénon remplissait deux fonctions : héberger la grande statue d'Athéna commandée par Périclès et servir de salle du Trésor. Il fut construit sur le site d'au moins trois anciens temples consacrés à Athéna.

Les colonnes doriques cannelées du Parthénon (8 à chaque extrémité et 17 sur chaque grand côté) ont une forme parfaite. Toutes sont subtilement incurvées pour créer une illusion d'optique : les fondations (comme toutes les surfaces "horizontales" du temple) sont légèrement concaves tandis que les colonnes sont légèrement convexes pour que l'ensemble paraisse droit.

Le monument de marbre crème que l'on admire aujourd'hui ne ressemble pas à celui de la Grèce antique. Les détails architecturaux du Parthénon, notamment la frise, les frontons (éléments triangulaires surmontant les façades est et ouest) et les métopes (panneaux sculptés carrés disposés entre les triglyphes) étaient à l'époque parés de couleurs vives et de dorures.

VISITE DE L'ACROPOLE : NOS CONSEILS

L'Acropole ne sera jamais déserte, mais voici quelques astuces pour éviter la cohue : visitez le site dès son ouverture à 8h (il y fera aussi plus frais) ou en fin de journée. L'entrée située au sud-est du site, près de la station de métro Akropoli, est souvent moins bondée. Prenez vos billets en ligne sur etickets.tap.gr. Pour éviter les files d'attente au guichet, achetez un billet combiné à 30 € sur un autre site antique concerné par l'offre.

Parthénon

PROMENADE À PIED

La demeure d'Athéna

Le long de la Voie sacrée.

LES CARYATIDES

Inspirées de femmes de Karyai (aujourd'hui Karyes, en Laconie), les 6 Caryatides de l'Érechthéion sont des copies. Les originales sont au musée de l'Acropole (p. 65), sauf une, retirée par lord Elgin, qui se trouve au British Museum.

Montez l'escalier de 1 l'**entrée principale** de l'Acropole et levez les yeux pour admirer le bâtiment le mieux restauré du site, le 2 **temple d'Athéna Nikè**. Petit mais parfaitement proportionné, il a été conçu par Callicratès vers 425 av. J.-C.

Formant l'entrée monumentale de l'Acropole, les 3 **Propylées** se composent d'un hall central flanqué de deux ailes. Dans l'Antiquité, ses cinq portes formaient les seules entrées vers la "ville haute". La porte du milieu s'ouvrait sur la Voie sacrée, empruntée lors des Panathénées.

Continuez votre ascension en direction du célèbre 4 **Parthénon** (p. 61), dont les majestueuses colonnes doriques sont surmontées de certaines des plus belles sculptures de l'époque : admirez les frontons, les métopes et la frise qui ornent le pourtour et représentent Athéna et Poséidon, ou la bataille contre les Amazones. Déambulez autour du temple et admirez la vue sur la ville et le littoral.

Retournez vers le centre du site : vous passez près de 5 **l'Érechthéion**, un sanctuaire en l'honneur d'un roi mythique

BILL PERRY/SHUTTERSTOCK ©

 Temple d'Athéna Nikè

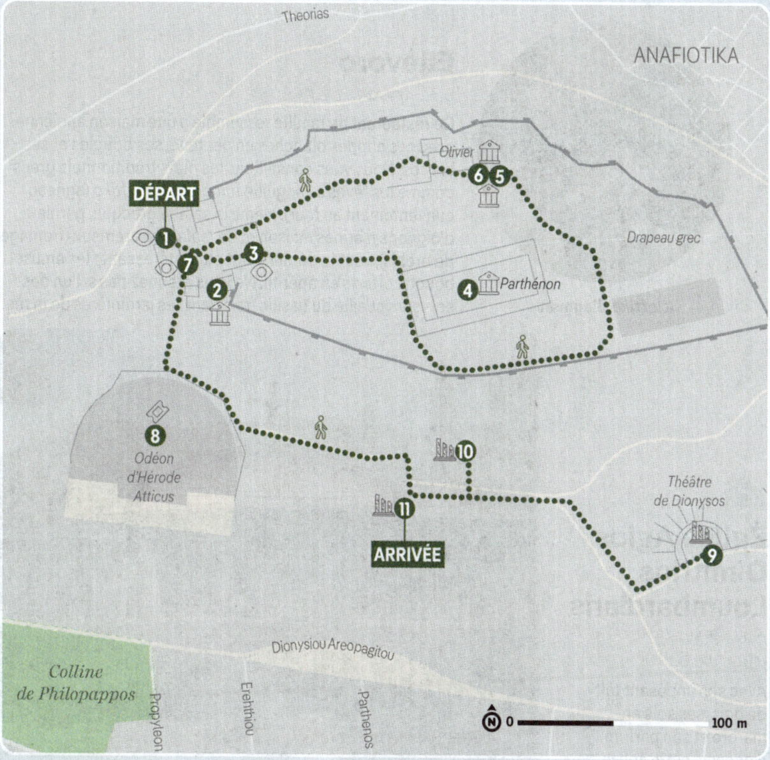

d'Athènes, Érechthée. L'auvent est soutenu par six colonnes en forme de jeunes filles, les 6 **Caryatides**.

Du côté nord de l'Érechthéion, le temple de Poséidon jouxte le mur de Thémistocle, une enceinte défensive. À l'ouest de l'Érechthéion se trouve l'olivier qu'Athéna offrit à la ville.

Avant de quitter le sommet de l'Acropole, notez le grand drapeau grec flottant à l'extrémité est. En 1941, au début de l'occupation, deux adolescents escaladèrent la falaise pour le hisser. Une plaque commémore cet acte de résistance.

Passez par les Propylées pour quitter le site et redescendre : juste à gauche se trouve la 7 **porte Beulé**, du nom de l'archéologue français Ernest Beulé qui la découvrit en 1852. Le sentier mène au-dessus de 8 **l'Odéon d'Hérode Atticus** (p. 60) puis au 9 **théâtre de Dionysos**. Au VIe siècle av. J.-C. se dressait ici un théâtre de bois, sur le site des Grandes Dionysies. À l'apogée d'Athènes, c'est là que se jouaient les pièces d'Eschyle, Sophocle, Euripide et Aristophane. Reconstruit en pierre et en marbre entre 342 et 326 av. J.-C., il accueillait 17 000 spectateurs (répartis sur 64 rangées dont seule une vingtaine a survécu) et hébergeait un autel dédié à Dionysos dans l'orchestre.

Au-dessus du théâtre de Dionysos, un escalier mène à 10 **l'Asclépiéion**, un temple bâti autour d'une source sacrée. Le culte d'Asclépios, médecin et fils d'Apollon, naquit à Épidaure et fut introduit à Athènes en 429 av. J.-C. La peste ravageait la ville et la population venait chercher ici la guérison.

En contrebas de l'Asclépiéion, le 11 **portique d'Eumène**, une colonnade érigée par Eumène II, roi de Pergame (197-159 av. J.-C.), permettait aux spectateurs de déambuler à l'abri.

***Kleftiko* d'agneau**

Ellevoro

UNE AFFAIRE DE FAMILLE

Ce restaurant de famille ressemble à une maison ancienne avec ses nappes blanches en dentelle, ses bougies et ses lustres. Nous vous conseillons les plats traditionnels grecs comme les fèves à l'anguille fumée ou le *kleftiko* (agneau cuit lentement au four). Même la salade grecque, garnie d'oignons marinés maison et de *tsalafouti* crémeux (fromage de brebis), vaut le détour. Petit plus intéressant : les amuse-bouche offerts en apéritif. Ne vous étonnez pas si l'un des serveurs cueille du basilic frais dans les jardinières de la rue.

Église Agios Dimitrios Loumbardiaris

EN HAUT : FANFO/SHUTTERSTOCK © ; EN BAS : RAWF8/SHUTTERSTOCK ©

Église Agios Dimitrios Loumbardiaris

CHAPELLE MIRACULEUSE

Avec son imposant toit de bois, ses sols en marbre et son parfum d'encens, cette église du XVIe siècle, au pied de la colline de Philopappos, est l'une des plus charmantes d'Athènes. À l'intérieur, une fresque de 1732 montre saint Démétrios à cheval, dans une pause imitant les anciennes représentations d'Alexandre le Grand.

On raconte qu'en 1648, l'église fut le théâtre d'un miracle : les Turcs, retranchés sur l'Acropole, s'apprêtaient à bombarder les fidèles rassemblés dans l'église, mais l'artificier fut tué lors de l'allumage, sauvant ainsi l'assemblée – d'où le nom, Loumbardiaris ("du canon").

Musée national d'Art contemporain

DE L'ART POUR RÉFLÉCHIR

Imposante bâtisse conçue par l'architecte moderniste Takis Zenetos, l'ancienne brasserie FIX a rouvert en 2020 sous la forme d'un musée d'art contemporain (EMST). Elle abrite une collection de plus de 1 400 œuvres d'artistes grecs et internationaux. Photographies, sculptures, vidéos ou encore installations monumentales, les galeries ne sont pas trop grandes pour accueillir toute cette diversité. En plus des expositions temporaires, près de 150 œuvres de la collection permanente sont présentées sur trois étages du bâtiment, qui en compte sept. La majorité des œuvres pose un regard critique sur la société et dissèque les grandes problématiques de notre époque. Aérez-vous l'esprit sur le toit qui offre une vue panoramique sur la ville.

Musée de l'Acropole

UN ÉCRIN POUR ŒUVRES ANTIQUES

Plusieurs périodes se superposent dans ce musée moderne : les sols en verre révèlent des ruines souterraines et l'Acropole elle-même est visible à travers les immenses baies vitrées, si bien que les sculptures de pierre semblent parfaitement à leur place.

En entrant, baissez les yeux vers les ruines d'un ancien quartier athénien sous le sol de verre : elles ont été découvertes lors de la construction et intégrées au musée. Au rez-de-chaussée, la **galerie des versants de l'Acropole** (vases peints, offrandes votives provenant des sanctuaires des dieux antiques) donne envie d'escalader la colline sacrée.

Au 1er étage, la **galerie archaïque** ressemble à une forêt de statues dont la plupart sont des offrandes votives à Athéna. On y voit de magnifiques spécimens de korê, ces statues de jeunes femmes vêtues de drapés, coiffées de tresses et portant souvent une grenade, une gerbe de fleurs ou un oiseau. La statue du jeune garçon portant un veau (570 av. J.-C.) est l'un des rares sujets masculins connus. Sont également exposés des artefacts et figurines de bronze provenant de temples antérieurs au Parthénon (détruits par les Perses), dont des bas-reliefs représentant Hercule tuant l'Hydre de Lerne. Au même étage se trouvent cinq des **Caryatides** originales, ces jeunes filles servant de colonnes qui soutenaient l'Érechthéion.

L'excellent **restaurant** du musée a une vue imprenable sur l'Acropole. Les plats sont composés d'ingrédients locaux et de saison, et les tarifs sont raisonnables compte tenu du lieu.

Musée national d'Art contemporain

PIT STOCK/SHUTTERSTOCK ©

SALLE DU PARTHÉNON

Au dernier étage, cet atrium de verre est le clou de la visite. Il est construit dans l'alignement du Parthénon que l'on aperçoit par les baies vitrées panoramiques. Il renferme les frontons et les métopes du temple, ainsi qu'une frise de 160 m représentant la procession des Panathénées. Disséminées entre les originaux aux teintes dorées se trouvent des répliques en plâtre blanc des pièces disparues, dont les marbres du Parthénon, ces sections dérobées en 1801 (en même temps que beaucoup d'autres antiquités) par le diplomate britannique lord Elgin. Des discussions menées en 2022 permettent d'espérer leur éventuel retour à Athènes, peut-être sous la forme d'un prêt du British Museum.

DIMITRIS_GREECE/SHUTTERSTOCK ©

Observatoire national d'Athènes

NOTRE SÉLECTION DE RESTAURANTS

Hippy Hippo
Ce café branché de Koukaki sert d'excellents brunchs et repas légers. €

Mani Mani
Restaurant de l'Acropole spécialisé dans la cuisine du Péloponnèse. Goûtez l'orzo aux fruits de mer et fenouil sauvage. €€

Merceri Food & Drink
Une cuisine créative à Thissio. De subtiles associations de saveurs tel le tartare de thon au miel, anis et gingembre. €€

À VOIR ET À FAIRE AUSSI SUR L'ACROPOLE, LA COLLINE DE PHILOPAPPOS ET À THISSIO

Sur la colline de Philopappos

BELVÉDÈRE ET SPECTACLE DE DANSE

Cette colline couverte de pins est idéale pour une promenade, surtout au crépuscule. C'est l'un des meilleurs points de vue pour admirer l'Acropole et le golfe Saronique.

Peuplée depuis la préhistoire, la colline aurait vu, selon Plutarque, Thésée et les Amazones s'affronter. Aux IVe et Ve siècles avant notre ère, des remparts s'étendaient de part et d'autre ; des vestiges subsistent encore aujourd'hui.

Le sentier pavé de marbre tracé dans les années 1950 par l'architecte moderniste Dimitris Pikionis démarre près du kiosque sur Dionysiou Areopagitou. Après 250 m, il croise, sur la droite, la petite église Agios Dimitrios Loumbardiaris (p. 64). Sur la gauche, vous apercevrez la prison de Socrate où le philosophe aurait été incarcéré avant son procès en 399 av. J.-C.

Un sentier en pente douce mène au sommet couronné d'un monument de marbre de 12 m de haut. Construit entre 114 et

OÙ SE LOGER PRÈS DE L'ACROPOLE, SUR LA COLLINE DE PHILOPAPPOS ET À THISSIO

Athènes Backpackers
Sympathique auberge de jeunesse près de l'Acropole. Dortoirs immaculés, cour intérieure et cuisine équipée. €

AthensWas
Décor minimaliste à deux pas de l'Acropole. Les balcons des chambres standards donnent sur la rue piétonne. €€€

Be My Guest Athens
Un décor épuré et apaisant dans les teintes turquoise. Emplacement calme au cœur de Thissio. €€

116, il est dédié à Julius Antiochus Philopappus, un consul et administrateur romain influent.

De fin mai à septembre, assistez à l'un des excellents spectacles nocturnes du **théâtre de danse Dora Stratou**. Cette troupe de danseurs, chanteurs et musiciens présente des danses folkloriques grecques. Le théâtre en plein air se trouve sur le versant ouest de la colline.

Visitez l'Observatoire

ARCHITECTURE DE MARBRE ET OBSERVATION DES ÉTOILES

L'Observatoire national d'Athènes occupe plusieurs bâtiments sur la colline des Nymphes, accessible à pied en passant par la colline de Philopappos ou directement depuis Thissio. Le grand édifice de marbre, baptisé Bâtiment Sina en hommage à son mécène Georg Sina, a été conçu par l'architecte danois Theophil Hansen, à qui l'on doit aussi l'Académie d'Athènes et la Bibliothèque nationale. À côté, une structure en forme de dôme héberge le télescope Doridis, qui date de 1902. Consultez le site noa.gr pour connaître les heures de visite.

S'aventurer dans Koukaki

VIRÉE SHOPPING ET TOURNÉE DES BARS

Autour de l'Acropole, les commerces ciblent surtout les touristes. Redescendez vers Koukaki où boutiques, bars et restaurants seront plus originaux.

Au **Lovecuts**, au départ de Veïkou, la créatrice Maria Panagiotou confectionne de jolis vêtements à prix abordable. Un peu plus bas, régalez-vous des délicieux sorbets et glaces faits maison du **Django**. Une petite soif ? Rendez-vous au **Blame the Sun**, un bar à la déco polynésienne spécialisé dans les bières artisanales grecques.

Koukaki est parsemé d'ateliers de joailliers comme le **Moloko Plus** sur Anastasiou Zinni. À quelques pâtés de maisons au sud de Veïkou, au pied de l'Odissea Androutsou, vous trouverez une belle variété de boutiques. L'atelier de tissage **Fibra Fibra** fabrique des pièces uniques en tissu (sacs, porte-monnaie, ceintures, etc.). Le **Trabala Studio** propose des céramiques colorées. Au **LoFi**, vous pouvez repartir avec votre propre vinyle personnalisé en apportant une version numérisée. Mêlez-vous aux hipsters de Koukaki au café-bar **Bel Ray** ou poursuivez jusqu'au bar à bières artisanales **Strange Brew** sur Falirou.

Avant de quitter le quartier, faites un tour à l'**Underflow**, de l'autre côté de l'avenue Siggrou. Ce disquaire, spécialisé dans le rock d'avant-garde grec et les musiques underground, fait aussi office de galerie et de café, et accueille parfois des concerts.

L'ART EN DEHORS DES SENTIERS BATTUS

Historienne de l'art, **Els Hanappe** vit à Athènes et recommande ces galeries indépendantes.

State of Concept
Créée par la critique d'art et conservatrice iLiana Fokianaki, cette galerie de Koukaki suscite le débat sur des questions politiques au travers d'œuvres visuelles.

TAVROS
Géré par Olga Hatzidaki et Maria-Thalia Carras, cet espace proche de la station Tavros accueille des manifestations artistiques plutôt intellectuelles.

Artefact Athens
Avec son équipe, le conservateur et critique d'art Kostas Prapoglou organise des spectacles et des installations dans des lieux désaffectés, comme l'hôpital psychiatrique de l'Attique à Dafni.

Chameleon Youth Hostel
Dans Thissio, une jolie auberge de jeunesse disposant d'un salon confortable et d'un toit-terrasse. €

Coco-Mat Athens BC
Hôtel élégant et écoresponsable avec vue sur l'Acropole. Sa literie de luxe promet des nuits de rêve. €€€

Marble House
Dans une impasse calme de Koukaki, des chambres bien tenues avec réfrigérateur et ventilateur. €

SYNTAGMA ET PLAKA

CŒUR BATTANT DE L'ATHÈNES MODERNE

Syntagma doit son nom à la Plateia Syntagmatos (place Syntagma), lieu de rencontre historique au pied du Parlement grec, à deux pas du Jardin national. À quelques minutes à pied au sud-ouest, Plaka est le creuset du vieil Athènes et correspond presque au périmètre de la cité lorsqu'elle devint la capitale de la jeune nation grecque en 1834.

À l'heure pile, tous les regards se tournent vers la relève très chorégraphiée de la garde, devant le tombeau du Soldat inconnu. Toujours bondée et rassemblant d'innombrables pigeons, la place Syntagma est un plaisir le soir lorsque les Athéniens se rencontrent autour de la fontaine centrale. C'est aussi dans cette partie de la ville que l'on trouve certains des meilleurs bars et restaurants.

Avec ses ruelles étroites qui serpentent entre ses demeures néoclassiques, ses églises byzantines et ses tavernes pittoresques, Plaka est le cœur du tourisme athénien. Il n'en garde pas moins son caractère propre, avec ses résidents de longue date et ses nombreux graffitis.

Pour les infos pratiques, voir le Carnet d'adresses *p. 119.*

À SAVOIR

Syntagma et Plaka sont des lieux de promenade. En sortant de la station Syntagma, vous êtes directement sur la place Syntagma. Plaka, à quelques minutes à pied, est également accessible depuis les stations Monastiraki et Akropoli.

Plateia Syntagmatos (place Syntagma)

APOSTOLIS GIONTZIS/SHUTTERSTOCK ©

INCONTOURNABLES
1 Anafiotika
2 Ergon House Agora
3 Grande Bretagne
4 Musée des Instruments de musique populaire
5 Musée juif
6 Jardin national
7 Temple de Zeus olympien (Olympiéion)
8 Tombeau du Soldat inconnu

VOIR
9 Église Agioi Anargyroi
10 Porte d'Hadrien
11 Musée d'Histoire nationale
12 Musée Kanellopoulos
13 Zappéion

PRENDRE UN VERRE ET FAIRE LA FÊTE
14 Melina
15 Yiasemi

SORTIR
16 Cinéma Aegli
17 Cine Paris

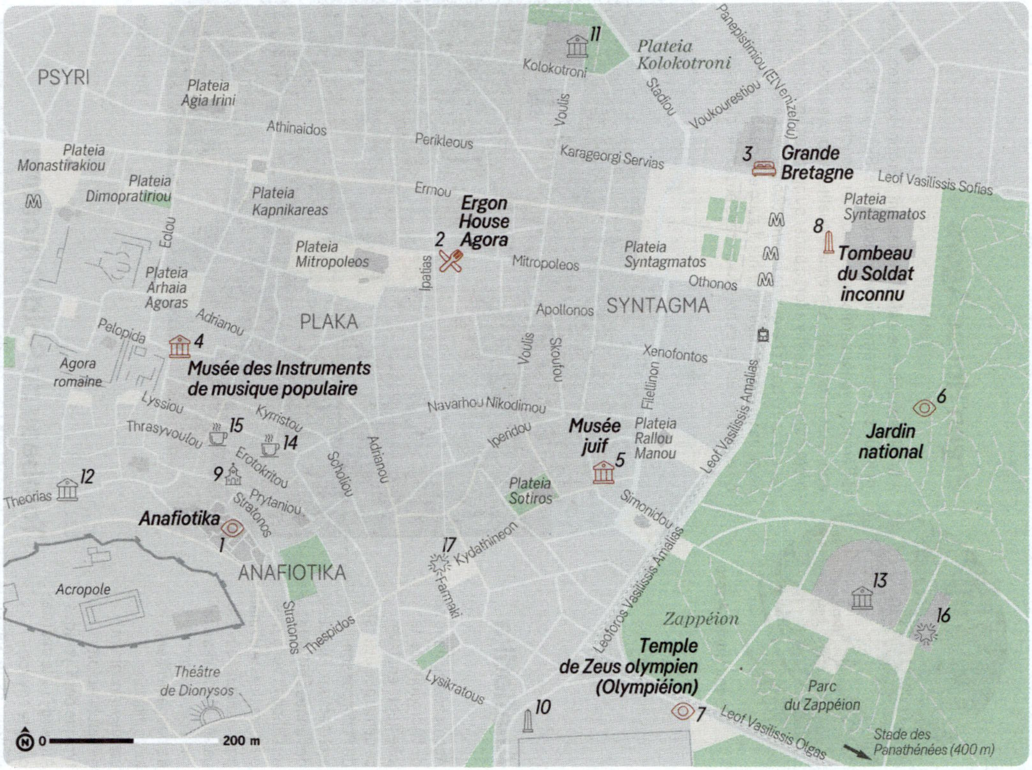

Ergon House Agora

Ergon House Agora

PRODUITS GRECS INCONTOURNABLES

À la fois épicerie fine, café et restaurant, l'Ergon House est installé dans un superbe atrium inondé de lumière. Bien garnis, ses différents rayons (maraîcher, poissonnier, boucher et boulanger) abondent en produits de première qualité, en provenance de petits producteurs grecs. Il y a fort à parier qu'après un bon dîner, vous repartiez les bras chargés de bonnes choses. Aux étages supérieurs se niche un élégant boutique-hôtel avec une cuisine commune où accommoder les denrées achetées au rez-de-chaussée.

Anafiotika

UN AIR DES CYCLADES

Accrochée au flanc nord de l'Acropole, cette jolie petite enclave se démarque du reste de Plaka par son architecture. Au milieu des années 1800, le roi Othon fit venir des ouvriers de l'île d'Anafi pour bâtir un nouveau palais. Blanchies à la chaux et couvertes de bougainvilliers, leurs maisons carrées s'inspirent de l'architecture typique des Cyclades. Aujourd'hui, le quartier compte environ 45 maisons, reliées entre elles par des ruelles tout juste assez larges pour les piétons et les chats vagabonds. Soyez discret lors de votre exploration : des gens vivent ici. Entrez dans le quartier par le côté ouest, près de l'église de la Transfiguration sur Theorias. Côté est, montez la pente en zigzag de Stratonos.

Anafiotika

Tombeau du Soldat inconnu

LA RELÈVE DE LA GARDE

Qui n'a jamais vu de photo des evzones, ces soldats de la garde présidentielle grecque ? Dans leur costume traditionnel, ils veillent sur le cénotaphe dédié aux soldats morts au combat, au pied du Parlement. La relève a lieu toutes les heures à l'heure pile. Le dimanche à 10h30, la garnison quitte sa caserne d'Irodou Attikou et, descendant Vasilissis Sofias au son d'une fanfare, gagne le tombeau pour la cérémonie de 11h. L'uniforme des evzones est composé de la fustanelle (jupe plissée) et de chaussures à pompon. Il rappelle la tenue des klephtes, ces combattants montagnards de la guerre d'indépendance. Les evzones montent aussi la garde devant le palais présidentiel, où ils exécutent leur cérémonial loin de la foule de touristes.

Grande Bretagne

ÉLÉGANCE À L'ANCIENNE

L'Hotel Grande Bretagne, sur la place Syntagma, est depuis longtemps l'adresse la plus luxueuse d'Athènes. Construit au milieu du XIXe siècle pour accueillir les chefs d'État en visite, il fut transformé en hôtel en 1874. L'intérieur fleure bon le charme de cette époque, notamment le jardin d'hiver avec son plafond orné de vitraux, et l'Alexander's Bar, garni d'une impressionnante tapisserie. Client ou non, offrez-vous un verre ou un repas au GB Roof Garden Restaurant & Bar, le toit-terrasse de l'hôtel avec vue sur l'Acropole.

Relève de la garde, tombeau du Soldat inconnu

Temple de Zeus olympien

GÉANTES DE MARBRE

Les grandes colonnes aux chapiteaux ornés de feuilles d'acanthe rappellent que le site (appelé aussi l'Olympiéion) fut le plus grand temple consacré au roi des dieux. Sur les 104 colonnes corinthiennes d'origine (17 m de hauteur et 1,7 m de diamètre à la base), seules 15 sont encore debout – une autre gît au sol, victime d'une tempête en 1852. Entamée vers 515 av. J.-C. par le tyran athénien Pisistrate, la construction fut abandonnée par manque de fonds. Au fil du temps, d'autres dirigeants entreprirent de l'achever. C'est Hadrien qui posa la pierre finale aux alentours de 125, après plus de 600 ans de chantier. L'entrée se trouve sur Vasilissis Olgas. Le site est compris dans le billet combiné de l'Acropole.

Hotel Grande Bretagne

Musée juif

LA MÉMOIRE DES JUIFS DE GRÈCE

L'actuelle communauté juive d'Athènes compte près de 3 000 personnes, mais ses racines remontent à plusieurs millénaires. Certains archéologues supposent même que l'Agora antique (p. 75) disposait d'une synagogue. Remontez l'histoire de cette population, des Romaniotes du IIIe siècle av. J.-C. jusqu'à l'Holocauste, en passant par l'arrivée des Juifs séfarades au XVe siècle. Entre autres récits fascinants, découvrez celui de l'évêque Chrysostomos et de Loukas Karrer, maire de Zakynthos, qui organisèrent le sauvetage des 275 Juifs de l'île de Zante pendant la Seconde Guerre mondiale.

LES ARCADES D'ATHÈNES

Natassa Pappa, éditrice du magazine *Desired Landscapes*, conseille trois *stoa* (arcades commerciales) modernes du centre d'Athènes. *desired-landscapes.com*

Stoa Emporon
Si la plupart des boutiques sont fermées, les vieilles enseignes aux typographies très variées racontent une histoire méconnue du design grec et éclairent la nuit.

Stoa Praxitelous
Au rez-de-chaussée, le café **Anana** restitue l'énergie urbaine d'Athènes. Plats végans, végétariens et cafés d'origine unique.

Stoa Pesmatzoglou
Une vieille arcade où la musique est reine. C'est là que se trouve **Xylouris**, tenue par la famille du grand compositeur crétois Nikos Xylouris.

SIMON RICHMOND/LONELY PLANET ©

Plaka

À VOIR ET À FAIRE AUSSI À SYNTAGMA ET PLAKA

Balade dans Plaka

UN DÉCOR DE CARTE POSTALE

Plaka n'est nulle part aussi photogénique qu'à Mnisikleous, où les cafés bordent l'escalier de pierre. **Yiasemi** est réputé pour son petit-déjeuner végétarien (buffet) et ses gâteaux. Installez-vous sur les marches avec un coussin : vous voilà dans la carte postale.

Un peu plus haut, visitez Anafiotika (p. 70). Ses petites maisons blanchies à la chaux datent du milieu des années 1800, lorsque des ouvriers venus d'Anafi reproduisirent l'architecture de leur île.

En bas de la colline, sur Theorias, le **musée Kanellopoulos** renferme dans une demeure néoclassique de jolies œuvres et bijoux classiques et byzantins. Mention spéciale pour les remarquables figurines en terre cuite et en bronze. Admirez les plafonds de l'aile byzantine (ainsi que les icônes). L'endroit étant souvent désert, on est peu à peu gagné par le sentiment de musarder dans ses propres souvenirs.

Sur Diogenous, le **musée des Instruments de musique populaire** (gratuit) dévoile une collection de près de

OÙ SE LOGER À SYNTAGMA ET PLAKA

Gatsby Athens Hotel
Un boutique-hôtel au toit végétalisé dans l'ancien commissariat de Syntagma. Chambres originales. **€€€**

InnAthens
La plupart des chambres, aux tons gris et blancs, donnent sur une jolie cour intérieure. Proche de Syntagma. **€€**

Phaedra
Meilleur rapport qualité/prix dans Plaka. Chambres de toutes tailles équipées du strict nécessaire. **€**

1 200 instruments réunis par un ethnomusicologue passionné. Prenez un casque pour entendre, entre autres sons grecs, la *gaïda* (cornemuse en peau de chèvre) ou encore la planche de bois utilisée par les prêtres du mont Athos pour l'appel à la prière.

Remontez la colline vers Lyssiou et terminez la journée au **Melina**, un café dédié à l'actrice et femme politique grecque Melina Mercouri (1920-1994), dont les photos tapissent les murs. À l'extérieur, des sièges offrent une vue imprenable sur les passants déambulant dans Plaka.

Hommage à un empereur romain

LA PORTE DE MARBRE D'HADRIEN

L'empereur romain Hadrien vouait une affection toute particulière à Athènes, qu'il gratifia de nombreux monuments inspirés de la période classique, de temples et de nouvelles infrastructures. Pour le remercier, les Athéniens firent ériger en 131 cette arche majestueuse (ou porte) de marbre du Pentélique, qui marque aujourd'hui l'extrémité de l'une des avenues les plus animées de la ville, dans l'alignement de l'Olympiéion. Les inscriptions sur le monument délimitent l'Athènes romaine : du côté nord, on peut lire "Ceci est Athènes, la cité antique de Thésée", tandis qu'au sud est gravé "Cette cité est celle d'Hadrien, et non celle de Thésée".

Voir un film en plein air

DU CINÉMA SOUS LES ÉTOILES

Les Athéniens adorent aller à la *therina* (cinéma en plein air) voir les derniers blockbusters, des films expérimentaux ou encore des classiques du 7e art dans la douceur des soirs d'été. Les projections ont lieu dans des jardins à l'ancienne ou sur des toits-terrasses. La saison commence début mai et se termine souvent en octobre.

Inauguré en 1903, **Aegli** est le plus ancien cinéma en plein air de la ville. Situé dans le parc du Zappéion, il est calme et l'air y est délicieusement frais. Le **Cine Paris**, fondé dans les années 1920, a les faveurs des habitants de Plaka. Il était en cours de travaux au moment de nos recherches. De son toit, le spectacle de l'Acropole illuminée est magique. Boutique d'affiches à l'entrée.

Jardins historiques

UNE OASIS AU CŒUR DE LA VILLE

Le Jardin national est un parc ombragé offrant un refuge bienvenu contre la chaleur estivale et la circulation. Il fut dessiné par la reine Amalia pour agrémenter l'ancien palais royal (qui abrite aujourd'hui le Parlement). Sa construction débuta

LA PHARMACIE DE NAXOS

Magasin phare de la marque de cosmétiques naturels Korres, cette boutique est un écrin pour les traditions homéopathiques et phytothérapiques ancestrales des îles grecques. Dans les laboratoires se concoctent les diverses préparations proposées à la vente. C'est l'occasion d'essayer les crèmes et fragrances inimitables de la marque. Une tasse d'infusion vous est offerte à l'entrée, que vous retrouverez en vente à la tisanerie à l'étage.

D'AUTRES CINÉMAS EN PLEIN AIR

Vous aurez l'embarras du choix entre le Thission à Thissio, avec vue sur l'Acropole, le Cine Dexameni (p. 96) à Kolonaki, le Riviera (p. 92) à Exarchia ou encore le Cine Flisvos (p. 102) à Palio Faliro.

OÙ SE RESTAURER À SYNTAGMA ET PLAKA

Avocado
Ce café très populaire de Plaka propose une carte végane, sans gluten et bio, aux saveurs internationales. €

Cherchez la Femme
Cette brasserie de Syntagma est idéale pour déguster des mezze accompagnés de vin ou de bière. €€

Psyche Wine Bar
Nichée dans une arcade de Syntagma, une adresse avec de bons vins locaux et petits plats (moules marinées...). €€

en 1839, faisant de lui le premier jardin paysager de la Grèce moderne. Parmi les centaines d'essences d'arbres, de buissons et de massifs se cachent des bassins et une vaste aire de jeux. Vous apercevrez peut-être quelques oiseaux, comme des perroquets, des canards, des oies ou des paons.

Au sud du jardin, on découvre le **palais du Zappéion** lové dans de beaux espaces paysagers. Inauguré en 1888, cet imposant bâtiment néoclassique de Theophil Hansen doit son nom au magnat de l'industrie Evangelos Zappas, à l'origine des premiers jeux Olympiques modernes de 1896. Il accueille aujourd'hui des conférences et des expositions. Son architecture et ses salles richement décorées valent le coup d'œil. Les jardins du palais sont émaillés d'une statuaire classique, avec un mémorial à lord Byron à l'angle sud-ouest. Le cinéma de plein air Aegli se trouve juste à côté.

NOS MEILLEURES ADRESSES POUR DÎNER À LITTLE ASIA

On trouve de nombreux restaurants asiatiques vers l'intersection de Voulis et Skoufou. Vous pouvez réserver les yeux fermés dans les adresses suivantes :

Birdman
Spécialiste des yakitori (brochettes de viande ou fruits de mer grillées au feu de bois). Installé au comptoir, on déguste une cuisine authentique dans une ambiance détendue.

Nolan
Le chef Sotiris Kontizas marie avec talent les influences asiatiques dans de savoureuses assiettes à partager. Également, de délicieuses pâtisseries à emporter.

Sushimou
Antonis Drakoularakos, chef formé à Tokyo, fait des merveilles avec les produits de la mer locaux. Il n'y a pas de meilleurs sushis à Athènes.

Découvrir l'histoire de la Grèce moderne

APRÈS LA RÉVOLUTION

Aménagé dans le magnifique bâtiment de l'ancien Parlement sur la place Kolokotroni, le **musée d'Histoire nationale** expose dans les grandes lignes la naissance de la Grèce moderne au XIXe siècle. La collection regroupe pêle-mêle vieilles épées, figures de proue et portraits de généraux moustachus, sans oublier bijoux traditionnels et costumes folkloriques. On peut également admirer une reproduction du célèbre tableau d'Eugène Delacroix, *Le Massacre de Scio* (1824), et le lit de camp apporté en Grèce par lord Byron et sur lequel il mourut d'une fièvre contractée en 1824 durant le siège de Missolonghi. Sur la place devant le musée, une statue de bronze représente Théodore Kolokotronis, général en chef de la révolution grecque de 1821, sur son cheval.

Suivre le feu sacré

LA PÂQUES ORTHODOXE DANS UNE ÉGLISE DU XVIIe SIÈCLE

Cachée dans Plaka, l'**église Agioi Anargyroi**, construite au XVIIe siècle et également appelée le Métoque du Saint-Sépulcre, se distingue par sa cour paisible et ses belles décorations intérieures. Si vous êtes à Athènes le soir de la Pâques orthodoxe, mêlez-vous à la foule qui marche, bougie à la main, dans cette direction. La "flamme sainte" est envoyée depuis l'église du Saint-Sépulcre de Jérusalem et les fidèles, suivant un rituel ancestral, remplissent la petite église pour y allumer leur cierge à ladite flamme.

OÙ BOIRE UN VERRE À SYNTAGMA

Galaxy
Un bar hors du temps dans une arcade de Syntagma. Excellent service et snack gratuit avec les boissons classiques.

The Clumsies
Un café-bar composé de plusieurs salles où des mixologues imaginent de réjouissants cocktails.

Heteroclito
Ce bar à vins avec terrasse propose les meilleurs crus locaux, à accompagner de fromage et charcuterie.

MONASTIRAKI ET PSYRI

MARCHÉS ET GALERIES CONTEMPORAINES

Monastiraki tire son nom du monastère grec orthodoxe qui occupait la place à l'époque ottomane. Quartier commerçant, il abrite l'Agora antique, lieu de rassemblement des premiers citoyens athéniens, l'Agora romaine et l'un des rares spécimens de *tzami* (mosquée) d'Athènes encore sur pied.

Au nord et à l'ouest, Psyri peut sembler quelque peu délabré, mais c'est le quartier le plus vivant de la ville. D'innombrables restaurants et bars côtoient entrepôts, ateliers et galeries contemporaines. Ses œuvres de street art grandeur nature en font aussi le lieu idéal pour contempler le nouveau visage d'Athènes.

Vous aimez les marchés ? Vous serez comblé par les immenses marchés aux puces de Varvakios Agora et Monastiraki. Revenez dans le quartier à la nuit tombée pour profiter des nombreux cafés originaux et bars sur des toits-terrasses avec vue panoramique sur l'Acropole. Et puisqu'on trouve de délicieux souvlakis à Monastiraki, ne manquez pas les adresses incontournables du quartier.

Pour les infos pratiques, voir le Carnet d'adresses *p. 121.*

À SAVOIR

La station de métro Monastiraki est au centre du quartier. De là, il est facile de marcher jusqu'à l'Agora antique, l'Agora romaine et Psyri, également accessible depuis la station Thissio. Pour se rendre vers les principaux marchés, visez plutôt la station Omonia.

Agora antique

LE CŒUR DE L'ATHÈNES ANTIQUE

C'est sur l'Agora antique que Socrate exposait ses idées et que saint Paul, en 49, tenta d'évangéliser les Athéniens. C'est aujourd'hui une oasis de calme semée de ruines imposantes.

Sur la colline à l'ouest, le **temple d'Héphaïstos**, dédié au dieu des Forges, fut construit en 449 av. J.-C. Il compte 34 colonnes et, sur la face orientale, une frise représentant 9 des 12 travaux d'Hercule. Ce temple dorique a été très bien conservé, car il a servi de 1300 à 1934 d'église (église Saint-Georges).

Au nord-est du temple subsistent les fondations du **portique de Zeus Éleuthère**, l'un des sites où Socrate présentait sa philosophie. Plus au nord subsistent celles du portique Basileios et du portique des peintures (*Stoa Poikile*), qui doit son nom à des fresques de batailles historiques et mythologiques signées des meilleurs artistes de l'époque.

La petite **église des Saints-Apôtres**, près de l'entrée sud du site, fut construite au XIe siècle pour commémorer l'enseignement de saint Paul à l'Agora. Conforme au style de l'époque, sa façade en brique imite la calligraphie islamique *kufi*. L'intérieur est orné de belles fresques byzantines provenant d'une église détruite.

PORTIQUE D'ATTALE

L'Agora est dominée à l'est par le portique (*stoa*) d'Attale, une galerie marchande du IIe siècle av. J.-C. Le rez-de-chaussée est soutenu par 45 colonnes doriques, derrière lesquelles se trouvaient 42 boutiques. Restauré, le portique renferme aujourd'hui un musée où sont exposés certains des 160 000 objets trouvés lors des fouilles et donnant une idée du quotidien dans l'Agora : pièces, figurines en terre cuite, etc. Le niveau supérieur offre une belle vue sur le site.

MONASTIRAKI ET PSYRI

INCONTOURNABLES
1 Agora antique
2 Église Agios Eleftherios
3 Shedia Home
4 Varvakios Agora

VOIR
5 Bibliothèque d'Hadrien

ACTIVITÉS
6 Agora romaine

SE RESTAURER
7 Diporto Agoras

BOIRE UN VERRE ET FAIRE LA FÊTE
8 Booze Cooperativa
9 Dude Bar

10 Little Kook
11 Six d.o.g.s

SHOPPING
12 Marché central
13 Plateia Avyssinias
14 To Rodakio & Fotagogos

Shedia Home

AUX CÔTÉS DES SANS-ABRI

Shedia, qui signifie "radeau", est une association caritative qui vient en aide aux sans-abri en Grèce. Elle publie un magazine mensuel vendu dans la rue, et une version en anglais disponible au Shedia Home, son café, bar et restaurant à Monastiraki. Les invendus sont transformés en accessoires et objets de décoration en papier mâché, en vente au café.

Contactez leur site (shediahome.gr) pour participer à leur "Invisible Tour of Athenes" guidé par d'anciens sans-abri. L'organisation pilote aussi des équipes de foot et de pétanque que les visiteurs peuvent rejoindre le temps d'un entraînement.

Agora antique (p. 75)

Varvakios Agora

LE MARCHÉ CENTRAL DE LA VILLE

Les étals de cette halle en fer forgé du XIXe siècle vendent du poisson et de la viande. À l'intérieur, les tavernes (certaines ouvertes 24h/24 et 7j/7) servent de fameuses *patsas* (soupes de tripes), consommées les lendemains de fête. De l'autre côté d'Athinas, à l'ouest, le marché aux fruits et légumes déploie ses étals couverts de produits frais (tous les jours sauf le dimanche). Allez y faire un tour pour trouver les denrées de saison que vous retrouverez certainement au menu des restaurants. Mieux encore, arrivez vers 7h, heure des livraisons, lorsque l'endroit est en effervescence. On trouve des vendeurs d'olives, de fromages et d'épices dans les rues attenantes.

Bas-relief, église Agios Eleftherios

Église Agios Eleftherios

LA PETITE CATHÉDRALE

Cette petite église du XIIe siècle dédiée entre autres à Panagia Gorgoepikoos ("la Vierge de la prompte écoute") résume l'histoire religieuse d'Athènes : le bâtiment en forme de croix repose sur les ruines d'un ancien temple, et la façade mêle monstres médiévaux et dieux antiques (sur les bas-reliefs) à des colonnes issues d'anciennes constructions. À l'intérieur, les fresques d'origine ont disparu, mais des traces de peinture subsistent sur l'encadrement de la porte de marbre. La chapelle a été éclipsée par la nouvelle cathédrale d'Athènes, construite en 1862, plus imposante et siège de l'archevêque de l'Église orthodoxe de la ville.

LES ATHÉNIENS ET LE SPORT

Les Athéniens adorent leurs équipes. Les meilleurs clubs de foot de Grèce sont à Athènes (Panathinaïkos et AEK) et au Pirée (Olympiacos). Consultez les sites Internet des clubs, la presse anglophone ou ticketmaster.gr pour des infos sur les matchs.

Populaire également, le basket compte de nombreuses équipes masculines et féminines à Athènes (les principales étant là encore Panathinaïkos et AEK) et au Pirée (Olympiacos). Le calendrier des compétitions est affiché sur le site de la Fédération hellénique de basket-ball (EOK ; basket.gr). Les matchs ont souvent lieu au complexe olympique d'Athènes (18 000 places).

COLORMAKER/SHUTTERSTOCK ©

Agora romaine

À VOIR ET À FAIRE AUSSI À MONASTIRAKI ET PSYRI

Balade à l'Agora romaine

UN PROJET FINANCÉ PAR JULES CÉSAR

De l'extérieur, on aperçoit bien l'Agora romaine à travers les grilles, mais l'intérieur mérite une visite. L'entrée principale, sur le côté ouest du site, ne passe pas inaperçue avec la gigantesque **porte d'Athéna Archegetis** et ses quatre colonnes doriques érigées entre 19 et 11 av. J.-C. À droite, on discerne les contours d'anciennes latrines publiques, dotées de 68 sièges.

À l'est de l'Agora, la belle et ingénieuse **tour des Vents**, œuvre de l'astronome Andronicus, Grec de Macédoine, date du Ier siècle av. J.-C. Chaque côté de cette structure octogonale en marbre du Pentélique correspond à un point cardinal, symbolisé par une représentation du vent provenant de cette direction. Les traces d'un ancien cadran solaire sont visibles sous les bas-reliefs, et l'ensemble était autrefois surmonté d'une girouette – sans doute en bronze à l'image de Triton. Le toit, l'un des rares de cette époque encore intacts, est composé de 24 blocs de pierre.

OÙ SE LOGER À MONASTIRAKI ET PSYRI

City Circus
Une auberge de jeunesse charmante dans Psyri. Ses chambres lumineuses ont des sanitaires modernes. **€**

The Foundry
L'ancienne usine métallurgique de Psyri a été transformée en appart-hôtel industriel chic. Bar et joli jardin sur le toit. **€€€**

Mona
Dans une ancienne usine, ce boutique-hôtel chic de Psyri possède sa propre galerie d'art et un bar sur le toit. **€€€**

À l'intérieur, on peut voir l'emplacement d'origine d'une horloge hydraulique, actionnée jadis par un cours d'eau provenant de l'Acropole. Les plus attentifs verront sur les murs un dessin romain de bateau, un reste de fresque byzantine représentant un ange – peinte lorsque la tour était une église – et une calligraphie arabe et un mihrab (alcôve de prière) de la fin de la période ottomane.

Période ottomane

UN AUTRE EMPIRE

La domination ottomane à Athènes dura de 1458 à 1821. La **mosquée Tzistarakis**, l'un des rares bâtiments de cette époque à nous être parvenus, domine la place Monastiraki depuis 1759. Elle héberge désormais une partie du **musée des Arts et Traditions populaires grecs**, mais n'ouvre qu'en certaines occasions seulement.

Un peu plus loin, l'Agora romaine comprend la **mosquée Fethiye**, construite au XVIIe siècle et rénovée en espace d'exposition, et l'ancienne tour des Vents qui servit de tekke (lieu de culte soufi) aux derviches turcs.

À l'intersection d'Aiolou et Pelopida, au nord de la tour, se trouve une **madrasa**, construite en 1721. Le bâtiment a été en bonne partie détruit pour exhumer les vestiges romains qui se trouvaient en dessous. Seule reste la porte d'entrée, envahie d'herbes folles.

Virée au marché central

PLAISIR DES SENS

Pour faire le plein d'énergie, rendez-vous au marché central tôt le matin et commandez un café grec au **Mokka** – préparé selon la tradition, en le faisant bouillir dans une cafetière de cuivre posée sur du sable chaud. Explorez les halles, puis traversez Athinas pour admirer les étals de fruits et légumes et le bric-à-brac du Big Bazaar.

Evripidou est la rue des épices : deux pâtés de maisons qui embaument les herbes méditerranéennes, les graines, écorces et autres produits exotiques. Parmi les commerces croulant sous les trésors aromatiques, **Fotsi** est le plus pittoresque. **Miran**, lui, est spécialisé dans les salaisons, comme le *pastourma* (sorte de pastrami plus piquant). Quant à **Karamanlidika tou Fani**, un *pastomageireio* moderne (restaurant à la fois taverne et épicerie fine), il propose des fromages grecs et des charcuteries, des délices de la mer et des vins et bières artisanales peu connus. Partout, des tables permettent de se régaler sur place.

Niché dans une cave sans enseigne, **Diporto Agoras** est l'une des meilleures adresses de la ville. Ici, pas de menu fixe, mais une

ATHÈNES LA ROMAINE

En 86 av. J.-C., les Romains attaquèrent Athènes, détruisant les remparts de la ville et emportant d'inestimables sculptures à Rome. Durant les trois siècles de paix qui caractérisent la période romaine, la *pax romana*, Athènes demeura un grand centre d'érudition. Les Romains adoptèrent la culture hellénistique : nombre de jeunes gens aisés fréquentaient les écoles athéniennes et quiconque avait un peu d'importance à Rome parlait le grec.

Les empereurs romains, en particulier Hadrien, gratifièrent Athènes d'édifices majestueux, notamment la bibliothèque d'Hadrien. Celle-ci est organisée comme un forum romain classique, avec un bassin au centre de la cour ceinte de 100 colonnes. Le mur ouest du bâtiment, près de l'entrée, a été restauré.

Perianth Hotel
Un monument de design à Psyri, avec marbre, bois et métal, et des œuvres d'art contemporain. **€€€**

Selina
Vaste auberge de jeunesse à Psyri avec plusieurs espaces communs (coworking, etc.) et un bar sur le toit. **€**

Zillers
Ce bâtiment néoclassique près de Monastiraki a été converti en un ravissant hôtel de 10 chambres seulement. **€€€**

VISITES GUIDÉES

À pied
Athens Walking Tours et **Alternative Athens** proposent des circuits avec des guides expérimentés. **This is Athens**, guide officiel en ligne de la ville, propose un programme gratuit de visites avec des habitants qui vous emmènent hors des sentiers battus.

À vélo
Pour grimper sans effort les collines de la ville, tournez-vous vers **We Bike Athens** à Thissio et **Solebike** près de l'Acropole, qui organisent des circuits à vélo électrique. **Coco-Mat Bike Tours**, dont le siège se trouve au café-bar The place by Coco-Mat.bike à Gazi, marque des points avec ses vélos au cadre en bois de frêne, mécaniques ou électriques.

En bus
Pour vous éviter de transpirer, prenez le petit train touristique **Athens Happy Train**. Certes, c'est un peu ringard, mais ce n'est pas cher et l'itinéraire forme une boucle très pratique.

spécialité, la *revythia* (ragoût de pois chiches), suivie de poisson grillé, le tout servi avec des pichets de vin bon marché tout juste tiré d'énormes tonneaux. Après le déjeuner, allez voir l'une des performances artistiques de la galerie **A.antonopoulou.art** et, juste à côté, **Alibi**. Le quartier recèle également de belles œuvres de street art.

Écumer les magasins spécialisés

DU MARCHÉ AUX PUCES AUX BOUTIQUES DESIGN

Ne vous fiez pas aux panneaux d'Ifestou annonçant le “marché aux puces d'Athènes” : il s'agit de boutiques de souvenirs et de vêtements bon marché. Les vraies bonnes affaires se font sur la place **Avyssinias**, où les *palaiopoleia* (“vendeurs de vieilles choses”) sont rois. Le dimanche, d'autres vendeurs disposent leurs marchandises le long d'Astingos et dans les rues voisines.

Pour des boutiques spécialisées, faites un tour à **Olgianna Melissinos**, qui fabrique des sandales sur mesure, des ceintures et des sacs, ou **Mon Coin**, qui vend des céramiques contemporaines de toute la Grèce.

Au nord d'Ermou, les rues commerçantes et éclectiques de Psyri mêlent boutiques traditionnelles (de cordes et de paniers faits main) et modernes, comme **Color Skates** où les Athéniens achètent leurs decks et autre équipement de skate. Sur Protogenous, rafraîchissez-vous au **Kokkion** dont les excellentes glaces artisanales dégagent des parfums de fruits intenses.

Traversez Athinas pour entrer à **HYPER HYPO**, une librairie d'art. Achetez-y des magazines locaux comme *Skateism*, *Nomas* ou *Desired Landscapes* (p. 72) et jetez un coup d'œil à la programmation de la galerie au sous-sol. Marchez quelques minutes pour atteindre Praxitelous où se trouve **The Makers**, un café qui vend aussi des tabliers et des accessoires de mode très chics. Achevez votre circuit au **Neon Raum** : la boutique, au 1er étage du bâtiment, est consacrée aux jeunes créateurs de mode et de décoration, grecs et internationaux.

La tournée des cafés et des bars

IL Y EN A POUR TOUS LES GOÛTS

Les bars et cafés d'Athènes ont souvent plus d'une corde à leur arc. C'est le cas de **Little Kook** et de ses décors qui changent au gré des saisons. Accessoires, peintures, ornements de table : l'endroit le plus photogénique d'Athènes après l'Acropole !

Sur plusieurs niveaux, le jardin rustique à l'arrière du **Six d.o.g.s** est parfait pour savourer un café en journée ou se

OÙ SE RESTAURER À MONASTIRAKI ET PSYRI

Atlantikos
Petit restaurant de poisson dans une rue excentrée de Psyri. Plats de bonne qualité et prix raisonnable. €€

Café Avissinia
Un classique à Monastiraki (mezze et concerts). Pour une pause déjeuner au retour du marché ou un dîner tardif. €€

Linou Soumpasis k sia
Belle taverne à Psyri qui sert du poisson et des légumes fraîchement préparés. Bières artisanales et vins locaux. €€

Marché central (p. 77)

détendre autour d'un verre le soir. L'établissement organise parfois des soirées et des concerts, des performances artistiques et autres événements.

Noel est à la fois kitsch et sophistiqué. Dégustez votre boisson au milieu d'une décoration des plus originales : lustres, murs rouges, dorures, fleurs artificielles. Nichée à l'arrière, **To Rodakio & Fotagogos** est une charmante librairie et galerie. Vous y trouverez des livres et magazines publiés localement (parfois en anglais) et des œuvres d'art décalées.

À deux pas se trouve le café **Booze Cooperativa**. En journée, il est fréquenté par de jeunes Athéniens installés devant des jeux de société ou sur leur ordinateur. Le soir, c'est un café branché qui reste ouvert très tard. Le sous-sol accueille des expositions d'art et l'étage un théâtre.

Animé jusqu'au petit matin, le sympathique **Dude Bar** est un petit établissement dans une rue piétonne. On y joue de la musique funk et soul underground.

SNACK ATTACK

Un petit creux en centre-ville ? Rendez-vous au **Kostas**, minuscule bar sur la jolie place Agia Irini où les souvlakis de porc et les *bifteki* (hamburgers bien relevés) sont savoureux. Allez-y avant la foule du déjeuner, car il ferme tôt – lorsqu'il n'y a plus de viande. Végétarien ? Le **Feyrouz**, à quelques rues au nord, prépare un délicieux *lahmajoun* (pain pita tartiné d'une purée épicée et garni de légumes). Vous pouvez aussi faire la queue devant le dernier snack à la mode, l'**Overoll Croissanterie**, qui sert des croissants géants et délicieusement feuilletés sur Praxitelous.

OÙ TROUVER DES BARS SUR LES TOITS À MONASTIRAKI

A for Athènes
Cet hôtel de Monastiraki possède un grand café-bar sur le toit avec vue à 360°.

City Zen
Sur un toit de Monastiraki, ce bar est très apprécié pour un café ou un cocktail en contemplant l'Acropole.

Couleur Locale
Au bout d'une arcade de Monastiraki, un ascenseur mène sur les toits où vous attend un bar-restaurant animé.

GAZI, KERAMIKOS ET METAXOURGIO

CIMETIÈRE HISTORIQUE ET STREET ART

Ce quartier, l'un des plus vieux d'Athènes, doit son nom aux *kerameis* (potiers) qui s'installèrent vers 3000 av. J.-C. sur les rives argileuses de l'ancien fleuve Éridanos. Aujourd'hui, il est surtout connu pour son cimetière antique.

L'histoire de Gazi est celle d'un quartier urbain contemporain : une usine désaffectée – ici une ancienne usine à gaz – qui revit avec l'arrivée d'artistes. Une dizaine d'années plus tard, la métamorphose s'étend aux quartiers avoisinants, comme à Metaxourgio, où fleurissent des lieux underground, entre villas délabrées et ruelles ténébreuses. Le parc sur le site de l'Académie de Platon, au nord, est plus avenant.

Gazi et Metaxourgio ont une vie plutôt nocturne, mais leurs œuvres de street art valent la peine d'y aller en journée. Faites un tour sur le site de l'ancienne usine à gaz et déjeunez ou prenez un verre sur la jolie place Avdi à Metaxourgio.

Pour les infos pratiques, voir le Carnet d'adresses p. 123.

À SAVOIR

La station Kerameikos mène au centre de Gazi. Pour aller au site archéologique de Keramikos, préférez la station Thissio, pour ne pas avoir à traverser la rue Pireos. Restez sur les grands axes pour aller de la station Metaxourgio à la place Avdi : il y a des ruelles qu'il vaut mieux éviter.

INCONTOURNABLES
1 Keramikos
2 Musée Benaki du 138 Pireos
3 Musée d'Art islamique
4 Seychelles
5 Technopolis

VOIR
6 Musée Hérakleidon, Bâtiment B
7 Synagogue Beth Shalom
8 Synagogue Ets Hayim

ACTIVITÉS
9 Hammam

SORTIR
10 To Treno sto Rouf

Musée numérique de l'Académie de Platon

UN MONDE D'IDÉES

Platon fonda son Académie (le premier établissement d'enseignement supérieur d'Europe) en 387 av. J.-C. Un musée lui est consacré à quelques pas du site originel, à 2 km au nord de Gazi. Dans un conteneur original, les non-initiés découvrent les idées du philosophe, sa vie et ses voyages autour de la Méditerranée. Asseyez-vous dans une reconstitution de la "caverne" pour mieux saisir l'une des allégories les plus célèbres de Platon, puis promenez-vous dans le parc pour voir les ruines de l'Académie.

NEJDET DUZEN/SHUTTERSTOCK ©

Keramikos

LA PORTE SACRÉE

Lors de la procession annuelle, les pèlerins d'Éleusis entraient dans Athènes par la Porte sacrée, à Keramikos. Elle marquait la fin de la Voie sacrée, l'actuelle Iera Odos qui continue aujourd'hui encore plein ouest vers **Éleusis** (p. 116).

Keramikos

CIMETIÈRE ANTIQUE

Ce site archéologique fut découvert en 1861 lors de la construction de la rue Pireos. Bâti aux alentours de 1200 av. J.-C., ce cimetière fut utilisé jusqu'au VIe siècle. On y voit de nombreuses *stelae* (stèles funéraires) de marbre gravées de touchants portraits et scènes quotidiennes. L'allée des Tombeaux était réservée aux Athéniens de haut rang ; les citoyens ordinaires étaient enterrés dans les environs. Les vestiges du mur de Thémistocle (479 av. J.-C.) sillonnent le site. Le petit musée comporte de remarquables *stelae* et sculptures – un impressionnant taureau de marbre du IVe siècle av. J.-C. provenant de la sépulture de Dionysos de Kollytos, mais aussi des offrandes funéraires et des jouets anciens. L'extérieur est gardé par un molosse antique criant de vérité.

Musée d'Art islamique

IMAGINEZ UN PALMIER...

De taille modeste, ce musée, annexe du complexe Benaki, renferme une superbe collection d'art islamique. Tapis, bijoux, porcelaines et autres objets décoratifs sont exposés par ordre chronologique sur quatre étages dans deux villas adjacentes. Il y a même une salle de réception du XVIIe siècle d'une villa du Caire, sol de marbre inclus. Des fragments du mur de Thémistocle et une sépulture antique furent déterrés lors de la construction du bâtiment ; ils sont aujourd'hui visibles au sous-sol. Le café sur le toit, qui jouit d'une belle vue sur Keramikos, abrite la peinture murale *Imagine a Palm Tree*, signée Navine G. Khan-Dossos.

Restaurant Seychelles

Seychelles

LA TAVERNE IDÉALE

Seychelles est l'idéal platonicien du restaurant : les plats sont délicieux et bon marché, le service impeccable. Derrière le comptoir de marbre, on observe avec plaisir l'équipe en cuisine qui remue des plats de pâtes, prépare des salades fraîches et fait griller poulet, calamars et pièces de bœuf. Les plats sont simples et savoureux (champignons poêlés accompagnés de fromage de brebis, ou encore salade de roquette servie avec des figues goûteuses). Allez-y tôt ou réservez pour ne pas être victime de son succès bien mérité.

Technopolis

RENAISSANCE D'UNE USINE À GAZ HISTORIQUE

Gazi doit son nom à l'usine qui transformait le charbon en gaz entre 1862 et 1984. Le complexe de cheminées en brique, de fourneaux et d'immenses cuves de stockage a été remarquablement restauré. Il accueille aujourd'hui des expositions, concerts ou festivals tout au long de l'année. Le circuit audioguidé, très intéressant, permet de découvrir le site. Les hauts-fourneaux ressemblent à d'immenses installations artistiques. Des photos et des éléments interactifs donnent une idée du travail des ouvriers lorsque l'usine était en activité. N'oubliez pas de monter sur la tour d'observation, qui offre une vue panoramique sur la ville. Le site compte aussi un agréable café et une aire de jeux pour enfants.

Une rue de Gazi

Musée Benaki du 138 Pireos

ESPACE D'EXPOSITIONS TEMPORAIRES

Cette annexe du musée Benaki est consacrée aux œuvres contemporaines et avant-gardistes. C'est un monument de pierre couleur saumon avec, dans l'entrée, une mosaïque de l'artiste moderniste Tsarouchis. Outre quelques portraits du fondateur Antonis Benakis, vous ne trouverez ici que des expositions temporaires, dont certaines excellentes. Le lieu renferme aussi un agréable café et une boutique où acheter des articles produits à la passementerie Mentis-Antonopoulos ("Nema"), une fabrique de rubans, galons et pampilles traditionnels située non loin, sur Polyfemou, et qui fait elle aussi partie de l'empire Benaki.

À VOIR ET À FAIRE AUSSI À GAZI, KERAMIKOSET METAXOURGIO

Deux synagogues

LIEUX DE PRIÈRE ET DE MÉMOIRE

Ets Hayim, petite synagogue romaniote de 1904, fait face à **Beth Shalom**, plus grande et datant de 1935. La visite de ces deux édifices est captivante, mais se fait uniquement sur réservation : envoyez un mail avec une copie de votre passeport à sec@athjcom.gr.

À l'extérieur de Beth Shalom, remarquez le livre métallique qui rend **hommage aux Justes**, les Grecs qui ont sauvé des Juifs durant l'occupation nazie. Non loin, sous les arbres près de Keramikos, se trouve le **Mémorial de l'Holocauste** de la ville, une étoile de David composée de grands blocs de marbre sculpté, œuvre de l'artiste gréco-américaine DeAnna Maganias. Proportionnellement, la Grèce a perdu pendant la Seconde Guerre mondiale plus de citoyens juifs que la plupart des autres pays.

Prendre un bain turc

COUP DE CHAUD

Tapissé de marbre, le bain de vapeur du **Hammam** est petit, mais le souci accordé aux détails en fait le meilleur bain turc du centre-ville. Bassins de belle taille et thé servi chaud dans le salon avec des loukoums après le bain. Pour un effet maximal, pensez à réserver une exfoliation intégrale.

À Plaka, les bains **Al Hammam** sont eux aussi petits, mais composés de marbre et de bois. Les lustres colorés confèrent à l'ensemble un style ottoman suranné. Après votre bain de vapeur et votre exfoliation, savourez un thé sur la terrasse face à l'Acropole.

Un train vers l'imaginaire

UN THÉÂTRE DANS UN WAGON

Athènes n'a jamais été sur le parcours de l'Orient-Express, et pourtant l'un des wagons Pullman du train mythique s'est retrouvé à Rouf, à 10 minutes à pied au sud de Gazi. Assemblé à d'autres wagons, il forme l'espace culturel **To Treno sto Rouf**. Un wagon-théâtre, une voiture-restaurant, une autre qui accueille depuis peu des débats littéraires et divers projets artistiques : tout le monde devrait trouver son bonheur dans ce lieu insolite. Si aucune performance n'est prévue, il est

STREET ART ET STREET FOOD

Le street art athénien vaut le détour. Certaines des œuvres les plus remarquables se trouvent autour de Keramikos, Gazi, Metaxourgio et Psyri. Guettez les fresques d'INO, artiste grec de renommée internationale qui, comme Banksy, garde son identité secrète. Sa marque de fabrique : des dessins en noir et blanc avec des pointes de bleu vif.

Sur le mur côté Pirée de l'**ancien dépôt OSY**, INO rend hommage à Léonard de Vinci ; notez les émeutiers et les policiers dans les yeux de Mona Lisa. Au mois de mai, l'immense dépôt se transforme en halle alimentaire lors de l'**Athens Street Food Festival**, très populaire.

Ne manquez pas non plus **The Kiss**, une peinture murale de 22 m de haut de l'artiste crétois Ilias Papailiakis, sur la place Avdi, et **Les Mains en prière** sur Pireos, en direction d'Omonia, une fresque inspirée d'un dessin d'Albrecht Dürer.

OÙ SE RESTAURER À GAZI ET METAXOURGIO

A Little Taste of Home
Tout est dans le nom : ce restaurant de Gazi propose des plats internationaux, savoureux et frais. **€€**

CTC Urban Gastronomy
Direction Metaxourgio pour savourer un menu dégustation du chef Alexandros Tsiotinis, étoilé Michelin. **€€€**

Elvis
Excellents souvlakis à Metaxourgio. Prix raisonnables, brochettes servies avec des frites. **€**

SORTIES LGBTQI+

Sotiris Trechas, photographe, créateur de mode et DJ, partage ses conseils. *thedreamer.gr*

La fête est partout
Pas besoin d'aller dans un bar ou un club particulier. La vie nocturne LGBTQI+ est en plein essor à Athènes et certains visiteurs viennent juste pour en profiter.

Fêtes ambulantes
Lors de ma rave queer **Purple Night**, je mixe de la musique techno, house et disco. Je vous conseille aussi **Qreclaim**, **Slam** et **Stripped Unicorns**.

Drag shows
Au **Koukles**, salle mythique de Koukaki, vous verrez des spectacles de drag-queens locales. De nouvelles têtes comme Chraja et Filothei se produisent régulièrement au **Bequeer**, où le public est plus jeune.

PIT STOCK/SHUTTERSTOCK ©
Wagon-restaurant, To Treno sto Rouf (p. 85)

toujours agréable de prendre un verre ou de grignoter un petit quelque chose aux tables sur le quai de la gare. Fermé en août.

Fabrique de tabac de la rue Lenorman

UN EXTRAORDINAIRE LIEU D'EXPOSITION

Classé monument historique, cet édifice de la fin des années 1920, qui occupe un pâté de maisons entier à Kolonus, était autrefois une fabrique de tabac publique. Il abrite aujourd'hui certains bureaux du Parlement hellénique. Son immense rez-de-chaussée et sa verrière de 1 000 m² ont été restaurés pour accueillir les installations artistiques de NEON. Cette fondation à but non lucratif organise des expositions d'art contemporain gratuites dans tout Athènes, en s'adaptant à chaque fois au lieu. Pour connaître sa programmation, notamment à l'ancienne fabrique de tabac, consultez le site Internet.

OÙ PRENDRE UN VERRE À GAZI ET METAXOURGIO

Upupa Epops
Bar-restaurant branché avec cour intérieure et mobilier vintage. Bonne adresse pour un café, un brunch ou un cocktail.

Bios
Repaire de hipsters à Metaxourgio : restaurant et bar sur le toit, cinéma d'art et d'essai et club au sous-sol.

Ble Papagalos (Blue Parrot)
Plantes vertes et ambiance détendue : la meilleure adresse où se poser sur la place Avdi à Metaxourgio.

OMONIA, EXARCHIA ET KYPSÉLI

QUARTIERS AUDACIEUX, ARTISTIQUES ET INTELLECTUELS

Redessinée en 2020, la place du quartier commerçant d'Omonia permet d'admirer la fontaine restaurée et la sculpture de parapluies de Giorgos Zongolopoulos. Commencez votre exploration par la "trilogie néoclassique" : la Bibliothèque nationale, l'université d'Athènes et l'Académie. S'élevant vers la colline de Strefi, Exarchia est connu pour ses squats et ses chanteurs anarchistes, mais on y trouve aussi le musée national d'Archéologie, ainsi que de bons restaurants, bars, commerces, concerts et cinémas en plein air.

Au nord, au-delà du parc Pedion Areos, Kypséli a retrouvé son dynamisme grâce à la renaissance de son marché municipal et la rue piétonne Fokionos Negri.

Pour les infos pratiques, voir le Carnet d'adresses *p. 124.*

À SAVOIR

Exarchia est accessible à pied depuis les stations Omonia ou Panepistimio. La station de métro Victoria est la plus proche du musée national d'Archéologie. Kypséli est à 20 minutes à pied d'Exarchia, à l'extrémité du parc Pedion Areos.

SIMON RICHMOND/LONELY PLANET ©

Veneti

Musée national d'Archéologie

LES TRÉSORS DE L'ANTIQUITÉ

Cet immense édifice néoclassique du XIXe siècle renferme la plus belle collection d'antiquités grecques au monde. Ses trésors, allant de la préhistoire aux différentes périodes classiques, racontent l'histoire de la Grèce et de son art. Les sculptures, poteries, bijoux, fresques et artefacts trouvés en Grèce et ailleurs sont exposés selon un classement à thème.

Chaque salle est une merveille. Reportez-vous à la p. 89 pour une visite approfondie du musée national. Le musée est ouvert tous les jours, avec des horaires différents le mardi (13h-20h).

Veneti

CAFÉ HISTORIQUE À OMONIA

La chaîne de pâtisseries Veneti a touché le jackpot en s'installant au café Neon. Autrefois repaire du gotha littéraire athénien et immortalisé dans les tableaux de Tsarouchis (à la Galerie nationale), le lieu reste extraordinaire. Au rez-de-chaussée, des vitrines garnies de pâtisseries, tartes et sandwichs. Il y a des sièges à l'extérieur, mais mieux vaut s'installer à l'étage pour apprécier le raffinement des détails néoclassiques et admirer les expositions de photos issues des collections Benaki. Les plats servis ici sont de grande qualité et le service est irréprochable.

INCONTOURNABLES
1 Musée Loverdos
2 Musée national d'Archéologie
3 Veneti

VOIR
4 Académie
5 Bibliothèque nationale
6 Colline de Strefi
7 Fokionos Negri
8 Place Agiou Georgiou
9 Place Exarhion
10 Université d'Athènes

BOIRE UN VERRE ET FAIRE LA FÊTE
11 Kick
12 Village

SHOPPING
13 Marché municipal de Kypséli

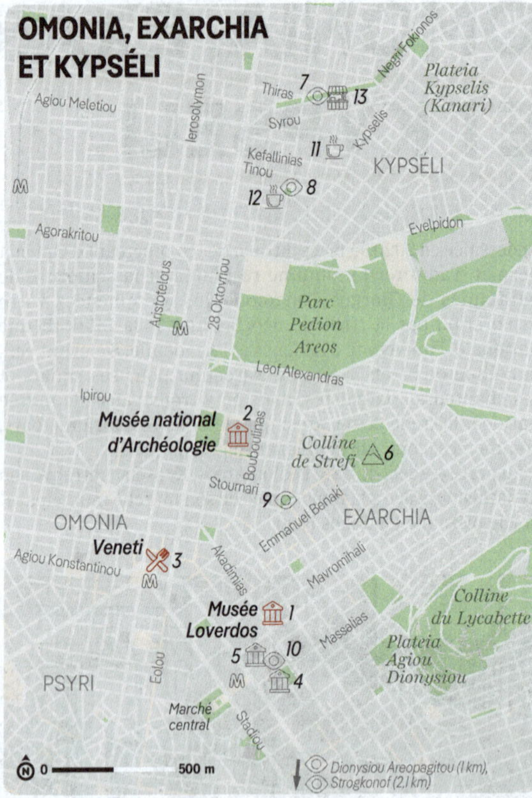

Musée Loverdos

RESTAURATION D'UNE MERVEILLE NÉOCLASSIQUE

En déambulant dans cette élégante maison de ville, nul ne soupçonnerait qu'elle était naguère une carcasse calcinée. Achevée en 1885, elle fut habitée par Ernst Ziller, architecte allemand à l'origine de centaines de bâtiments néoclassiques à Athènes. Le banquier et collectionneur d'art Dionysios Loverdos lui succéda de 1912 à 1934. Ravagée par un incendie en 1980, elle fut squattée pendant de nombreuses années avant d'être soigneusement restaurée et transformée, en 2021, en annexe du Musée byzantin et chrétien. Le lieu est une œuvre d'art à lui seul et orné de magnifiques éléments de décoration : fresques, plafonds peints, cheminées, sols en mosaïque, escalier en bois sculpté... Un bel écrin pour les icônes des écoles crétoise et ionienne et les manuscrits qui forment la collection d'art religieux post-byzantin de Loverdos.

BILLET COMBINÉ

Un billet combiné propose trois jours d'accès au musée national d'Archéologie, au Musée épigraphique adjacent, au Musée byzantin et chrétien (p. 95) et au Musée numismatique (p. 95).

RUI VALE SOUSA/SHUTTERSTOCK ©

Musée national d'Archéologie

À VOIR ET À FAIRE AUSSI À OMONIA, EXARCHIA ET KYPSÉLI

Visite du musée national d'Archéologie

TRÉSORS ANTIQUES

Réservez plusieurs heures à ce musée (p. 87), voire davantage si l'archéologie vous passionne. Prévoyez aussi une pause-café dans le petit jardin parsemé de sculptures antiques.

Commencez par la collection d'**antiquités mycéniennes**, qui représentent le fleuron du musée, dans les salles 3 et 4. C'est là que se trouve le célèbre **masque mortuaire en or d'Agamemnon**, déterré à Mycènes. Selon la légende, le roi aurait attaqué Troie au XIIe siècle av. J-C. – mais rien n'est moins sûr. Les délicats gobelets de Vaphio en or, décorés de scènes de capture de taureaux sauvages, sont parmi les plus beaux exemples d'art mycénien.

La **collection cycladique** (salle 6) comprend de superbes figurines des IIIe et IIe millénaires avant notre ère, qui inspirèrent notamment Pablo Picasso.

L'ÉPAVE D'ANTICYTHÈRE

Parmi les trésors découverts en 1900 par des pêcheurs d'éponges au large de l'île d'Anticythère, citons le saisissant **éphèbe d'Anticythère** (salle 28), magnifique statue de bronze du IVe siècle av. J.-C. exposée au musée national d'Archéologie. L'éphèbe tenait dans sa main un objet sphérique aujourd'hui disparu.

La **machine d'Anticythère** (salle 38), mécanisme à engrenage complexe du IIe siècle av. J.-C., dont il ne reste que des fragments, est une énigme. Une maquette créée en 2021 a montré comment le système calculait la position des planètes, mais aussi les dates des éclipses et des jeux Olympiques, entre autres. L'identité de son créateur reste un mystère.

OÙ SE LOGER À OMONIA ET EXARCHIA

Athens Quinta Hostel
Auberge de jeunesse chaleureuse dans une villa ancienne d'Exarchia. Canapés en velours et sols carrelés. €

Baloo Hostel
Auberge de jeunesse élégante dans une villa néoclassique restaurée d'Omonia, un quartier alternatif d'Athènes. €

Brown Acropol
Cet hôtel rétro est l'une des adresses gérées par Brown à Omonia. Le bar sur le toit, avec sa piscine, vaut le détour. €€

LE KOUROS DE SOUNION

Le Kouros de Sounion du musée national d'Archéologie se dressait devant le **temple de Poséidon** (p. 108), au cap Sounion. Son style fait le lien entre les statues aux lignes rigides de l'Égypte ancienne et les sculptures grecques naturalistes réalisées des siècles plus tard.

DIMITRIOS P/SHUTTERSTOCK ©

Académie d'Athènes

MARCHÉS ANIMÉS

Pour les Athéniens, une semaine digne de ce nom comporte toujours un tour au *laïki agora*, le marché hebdomadaire du quartier. Celui d'Exarchia a lieu le samedi le long de Kalidromiou, de l'aube jusqu'à environ 14h. Les nombreux étals vendent de tout, des fleurs aux fruits en passant par des infusions et du miel. Autres marchés hebdomadaires à ne pas manquer : ceux de **Kolonaki**, le long de Xenokratous, et de **Pangrati** sur Pirrou et Ymittou, qui se tiennent tous deux le vendredi.

Le colossal **Kouros de Sounion**, sculpté dans du marbre de Naxos en 600 av. J.-C., est exposé salle 8. Il se dressait devant le temple de Poséidon, au cap Sounion. La salle 15 est dominée par une statue de Zeus ou de Poséidon, datant de 460 av. J.-C.

Admirez les détails de la **statue d'Athéna Varvakeion** (salle 20), une reproduction de 1,5 m de haut d'une statue que le sculpteur Phidias avait érigée devant le Parthénon.

Salle 21, la très réaliste **statue en bronze d'un cheval et de son cavalier** (IIe siècle av. J.-C.) fait face à des œuvres d'une grande délicatesse, comme la **statue d'Aphrodite** tentant de cacher sa nudité avec son drapé.

À l'étage supérieur, salle 48, se déploient les immenses **fresques minoennes** de Santorin (Thyra) ; au même niveau, une **collection de poteries** retrace le développement de cet art, de l'âge du bronze à la céramique attique à figures rouges (fin Ve-début IVe siècle av. J.-C.).

Trilogie néoclassique

TROIS BEAUTÉS NÉOCLASSIQUES

L'**Académie** compte parmi les plus beaux bâtiments néoclassiques au monde. Achevée en 1885, elle est l'œuvre de

OÙ SE RESTAURER À EXARCHIA

Ama Lachei stis Nefelis
Grimpez au sommet de la colline de Strefi dans Exarchia : savourez de délicieux mezze à l'ombre des vignes. **€**

Café Boheme Barbagiannis
Une bonne adresse pour un café au calme ou pour une soirée de dégustation de vins et de spécialités grecques. **€€**

Fine Mess Smokehouse
Fumées au feu de bois de hêtre, les pièces de viande de ce restaurant sont succulentes. **€€**

Theophil Hansen qui signait là le premier des trois édifices néoclassiques de la fameuse trilogie, alignés sur Panepistimiou. Elle héberge l'institut de recherche le plus prestigieux d'Athènes depuis 1926. Sur le modèle des monuments de l'Acropole, l'entrée est flanquée de colonnes ioniques de 10 m de haut, surmontées de statues d'Athéna et d'Apollon, œuvres du sculpteur Léonidas Drossis. Entrez dans le hall principal pour avoir un aperçu des lieux, décorés de la fresque du peintre autrichien Christian Griepenkerl, représentant le Prométhée enchaîné d'Eschyle.

Juste à côté, l'**université d'Athènes** fut achevée en 1864, sur les plans de Christian Hansen, frère de Theophil. L'université comporte plusieurs campus répartis dans toute la ville, mais l'œuvre d'Hansen héberge toujours les bureaux de l'administration et accueille les cérémonies officielles. Pénétrez dans le portique pour voir la peinture murale sur le bâtiment.

Inaugurée en 1902, la **Bibliothèque nationale** est elle aussi l'œuvre de Theophil Hansen, sous la supervision de Ernst Ziller. Deux escaliers de marbre de style Renaissance mènent au portique soutenu de colonnes doriques. La salle de lecture tapissée de bois n'est ouverte qu'aux chercheurs, sur réservation.

Découverte d'Exarchia

STREET ART, SHOPPING ET GASTRONOMIE

Cœur battant du quartier, la **place Exarhion** est fermée au public durant la construction d'une station de métro. Mais les cafés, comme l'Ivi, restent idéals pour observer les passants.

Les murs d'Exarchia sont couverts d'œuvres de street art souvent porteuses de messages politiques. Sur Emmanuel Benaki, **No Land For the Poor** représente un sans-abri endormi. À l'intersection de Mesolongiou et Tzavella se dresse un **mémorial à Alexandros Grigoropoulos**, adolescent tué par la police en 2008, dont la mort déclencha des émeutes.

Au croisement de Navarinou et Zoodohou Pigis, le **parc Navarino** a été converti en une aire de jeux et un potager partagé. Remontez Zoodohou Pigis pour découvrir des boutiques hyperspécialisées, comme Ode to Socks, qui vend des chaussettes de créateurs locaux et Plan 59 des vinyles rares.

Faites le plein de gâteaux et de bon café au **Black Salami Microbakery** avant de gravir la **colline de Strefi**, au nord-est du quartier. Reprenez votre souffle au café de plein air Exostrefis, au-dessus du terrain de basket.

Redescendez dîner au **Rakoumel** ou à l'**Oxo Nou**, qui servent tous deux une cuisine crétoise de qualité, à base de viande à cuisson lente et d'herbes des montagnes. Les deux restaurants se trouvent à un pâté de maisons l'un de l'autre.

TROIS RUES D'ATHÈNES

Sofka Zinovieff, créatrice et animatrice du podcast *Athens Unpacked*, recommande ces trois rues pour prendre le pouls de la ville. *sofkazinovieff.com*

Kypséli
Rendez-vous à **Fokionos Negri**, avec son marché municipal peu commun, la délicieuse cuisine végane du restaurant **Tastes of Damascus** et de bars à cocktails comme l'Eprepe.

Neos Kosmos
Un bel exemple des extrêmes athéniens en matière d'architecture : sur **Strogkonof**, des bâtiments Bauhaus côtoient des hôtels chics et l'immense **Onassis Stegi**.

Acropole
La rue piétonne de **Dionysiou Areopagitou** est bordée de monuments emblématiques et de belles demeures néoclassiques. Redescendez vers Koukaki, royaume des Airbnb, avec ses bars et cafés branchés.

OÙ VOIR DES CONCERTS À OMONIA ET EXARCHIA

Théâtre municipal de musique Olympia Maria Callas
Ce théâtre près d'Omonia présente des opéras, classiques et pop.

An Club
Haut lieu de la scène rock d'Exarchia depuis 1987, ce petit club jouit d'une grande renommée.

Feidiou 2
Ce café cosy d'Exarchia organise des concerts, essentiellement de rébétiko, à partir de 22h environ.

LES MEILLEURES SORTIES À OMONIA ET EXARCHIA

Romantso
Ouvert toute la journée, ce café-bar et espace de travail accueille aussi des sets de DJ, des concerts et autres manifestations le week-end.

Théâtre national
Ce théâtre néoclassique près d'Omonia propose des pièces antiques et modernes, parfois surtitrées en anglais. Prix raisonnables.

Riviera
Cinéma de plein air à Exarchia, spécialiste des classiques et des films d'art et d'essai depuis 1969.

Bibliothèque nationale (p. 91)

Sortir à Kypséli

MARCHÉ ET CAFÉ

Kypséli signifie "ruche". Le cœur de la vie locale est le **marché municipal**, un complexe moderniste de 1935 qui héberge des entreprises et groupes à impact positif. Les événements les plus divers, brunch communautaire, rencontre de défenseurs des animaux ou festivals féministes y ont lieu. Parmi les résidents, Wise Greece est une association qui vend quelque 2 500 produits alimentaires venus de tout le pays et reverse une part des bénéfices à un fonds alimentaire. Sur place également, La Grace African Fashion fabrique des vêtements en wax coloré, et la créatrice Cristina Koutsolioutsou vend des articles de mode sous sa marque Funny Radial Acne Scars.

Les cafés et bars sont un autre atout de Kypséli. Sur Sporadon, le **Kick**, un café doublé d'un concept store, propose des critiques hebdomadaires de films et de morceaux à télécharger pendant que vous attendez votre *latte* glacé. Descendez Sporadon pour retourner vers Exarchia : vous voilà transporté à Paris, sous les arbres de la place Agiou Georgiou (Saint-Georges), jalonnée de bars et de cafés, dont le meilleur est le bien nommé **Village**.

OÙ FAIRE DU SHOPPING À EXARCHIA

Plastikourgeio
Produits durables et artisanat local à base de plastique recyclé ou de matériaux exempts de plastique.

Koukoutsi
Petite boutique de T-shirts, accessoires et impressions aux graphismes inspirés d'Athènes et de la Grèce.

Zacharias
Atelier de sérigraphie qui vend des carnets en cuir, des T-shirts et autres articles dont les motifs rappellent le style antique.

KOLONAKI ET HILTON

LES BEAUX QUARTIERS

Kolonaki est le quartier le plus huppé du centre d'Athènes. Fortunes anciennes, nouveaux riches et jeunes aspirants se côtoient dans ses rues jalonnées d'arbres et de boutiques de luxe.

Au cœur du quartier, la place Kolonakiou n'est pas accessible pour quelques années, le temps de la construction d'une station de métro. Ailleurs, le quartier conserve sa belle allure. Allez faire un tour dans l'une des nombreuses (et excellentes) institutions culturelles, comme le musée Benaki ou le musée d'Art cycladique. Puis accordez-vous une séance de lèche-vitrines dans les élégantes boutiques et galeries.

Comme partout dans le centre d'Athènes, vous verrez des vestiges antiques – en l'occurrence, la citerne de l'aqueduc d'Hadrien place Dexameni. Citons aussi la colline du Lycabette, l'une des plus hautes de la ville et pourvue d'un funiculaire. La vue sur le paysage urbain et la mer est tout simplement magique au soleil couchant.

Hilton doit son nom à l'hôtel éponyme des années 1960, véritable institution. Fermé pour rénovation, il rouvrira en 2024 sous le nom de Conrad Athens. Ce quartier abrite également la superbe Galerie nationale, récemment rénovée, et de nombreux restaurants réputés.

Pour les infos pratiques, voir le Carnet d'adresses *p. 125.*

À SAVOIR

Les stations Syntagma et Panepistimio débouchent à l'ouest de Kolonaki, tandis qu'Evangelismos se trouve plutôt à l'est. Descendez à cette station si vous allez à la Galerie nationale ; restez sur la ligne bleue vers Megaro Moussikis pour vous rendre au Megaron, l'une des plus grandes salles de concert d'Athènes.

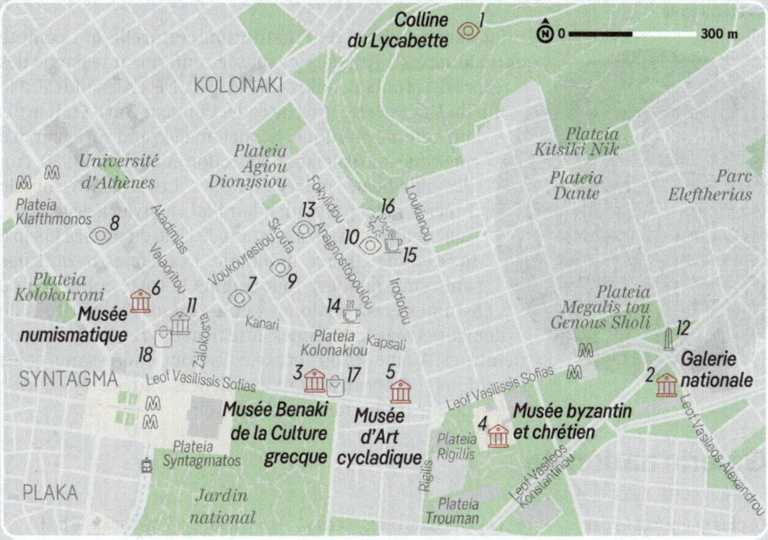

INCONTOURNABLES
1 Colline du Lycabette
2 Galerie nationale
3 Musée Benaki de la Culture grecque
4 Musée byzantin et chrétien
5 Musée d'Art cycladique
6 Musée numismatique

VOIR
7 Kriezotou
8 Panepistimiou
9 Pindarou
10 Place Dexameni
11 Galerie Ghika
12 Le Coureur
13 Tsakalof

PRENDRE UN VERRE ET FAIRE LA FÊTE
14 Da Capo
15 Dexameni

SORTIR
16 Cine Dexameni

SHOPPING
17 Boutique du musée Benaki
18 Mastiha Shop

Colline du Lycabette

VUE IMPRENABLE AU SOLEIL COUCHANT

Culminant à 227 m, cette colline plantée de pins offre l'un des plus beaux points de vue sur Athènes et le bassin de l'Attique. Perchée au sommet, la petite chapelle Agios Georgios brille tel un phare sur la ville la nuit. Un sentier y mène depuis le haut de la rue Loukianou. Vous pouvez aussi emprunter le funiculaire (10 min) depuis le haut de Ploutarhou. Juste avant le sommet, l'élégant bar en terrasses Prasini Tenta est idéal pour un apéro au crépuscule.

CORNELIUR/SHUTTERSTOCK ©

La colline du Lycabette vue de l'Acropole

Musée Benaki de la Culture grecque

L'ART DE VIVRE À LA GRECQUE

Établissement phare de l'institution culturelle qui compte quatre annexes à Athènes, ce musée renferme une partie des trésors d'Antonis Benakis (1873-1954). Né à Alexandrie, à la fin du XIXe siècle, ce riche collectionneur d'art était le fils d'un homme politique. Négociant et grand voyageur, il a constitué une splendide collection et fondé, en 1930, l'un des plus beaux musées du pays. Les trois niveaux de l'ancien hôtel particulier familial, de style néoclassique, sont emplis de trésors datant de l'âge du bronze jusqu'à la Seconde Guerre mondiale. Les icônes byzantines sont remarquables, tout comme la vaste collection de costumes grecs régionaux et les salons reconstitués de demeures macédoniennes, finement ouvragés et ornés de peintures. Même les outils agricoles sont intéressants et les expositions temporaires sont excellentes. Café-terrasse avec vue sur le Jardin national et l'Acropole.

ANNEXES BENAKI

Le musée Benaki possède plusieurs antennes : le 138 Pireos (p. 84) pour l'art contemporain, le **musée d'Art islamique** (p. 83) et le **musée des Jouets** (p. 101). Le pass combiné à 30 € est valable trois mois.

Galerie nationale

LA PEINTURE GRECQUE DE A À Z

Le plus grand musée des Beaux-Arts de Grèce s'est métamorphosé en un complexe ultramoderne. Les salles, lumineuses, sont organisées chronologiquement et par thèmes, offrant un bel aperçu de la peinture grecque depuis le XIXe siècle, dont certains grands chefs-d'œuvre du XXe siècle. Les grands artistes grecs y sont représentés (Tsarouchis, Parthenis...), sans oublier les toiles du XVIe siècle d'El Greco. La galerie abrite aussi des œuvres de maîtres européens tels que Delacroix, Rodin, Goya ou Dürer. Une grande partie de la peinture très colorée de Panayiotis Tetsis, *Street Market* (1982 ; p. 99), domine le hall d'entrée. Les étages supérieurs ont une belle vue sur la colline du Lycabette, tandis que le rez-de-chaussée est flanqué d'un jardin de sculptures et d'un café en surplomb. L'essentiel des sculptures se trouve à la Galerie nationale de sculptures de Goudi.

Le Musée numismatique

Musée numismatique

LE PARADIS DES COLLECTIONNEURS

La collection de pièces s'étalant de l'Antiquité à nos jours est excellente, mais la demeure de 1881 qui l'héberge est plus intéressante encore. Conçue par l'architecte Ernst Ziller, cette maison fut habitée par Heinrich Schliemann, l'archéologue qui mit au jour les ruines de Mycènes et de Troie. Au sol, aux murs et au plafond, mosaïques et fresques reproduisent des motifs classiques. À côté du musée, le café, véritable oasis de verdure, vous transporte à mille lieues de la circulation.

Musée byzantin et chrétien

LES ORS DE LA RELIGION

Installé dans la Villa Ilissia, datant de 1848, ce musée renferme une inestimable collection d'art religieux. Dans les salles, pour la plupart souterraines, c'est une débauche de feuilles d'or, et il y a aussi des mosaïques et des manuscrits enluminés. L'exposition suit un ordre chronologique et présente l'évolution des traditions antiques aux rites chrétiens, puis le développement du style byzantin. Il y a bien sûr des icônes, mais aussi des fresques raffinées (dont certaines provenant d'une église), ainsi que des effets personnels du quotidien.

Le parc de la villa (gratuit), à côté du lycée d'Aristote, compte une série de jardins à la française avec ruines antiques – telle une partie de l'aqueduc de Pisistrate (VIe siècle av. J.-C.). L'ensemble vaut le détour. Un joli café donne sur la végétation.

Statue d'Orphée, Musée byzantin et chrétien

Musée d'Art cycladique

SCULPTURES DE MARBRE MINIMALISTES

Le 1er étage de cet exceptionnel musée privé est consacré aux figurines minimalistes en marbre de l'art cycladique, sculptées entre 3000 et 2000 av. J.-C. Leur simplicité et la pureté de leurs lignes ont inspiré nombre d'artistes du XXe siècle, à l'instar de Picasso ou Modigliani. La plupart sont assez petites, l'une d'elles est cependant presque à taille humaine. Le reste du musée présente des œuvres d'art grecques et chypriotes produites entre le IIe millénaire av. J.-C. et le IVe siècle de notre ère. Plus globalement, le musée propose un point de vue intéressant sur l'usage de ces objets antiques, notamment au 4e étage où des reconstitutions photographiques montrent leur utilisation quotidienne.

SIMON RICHMOND/LONELY PLANET ©

Boulangerie Kora

LE COUREUR

L'artiste Costas Varotsos a mis 6 ans à achever cette sculpture de 12 m de haut (nommée Dromeas, ou Le Coureur) qui se dresse devant l'ancien hôtel Hilton. Des milliers de plaques de verre empilées les unes sur les autres dessinent la forme dynamique de ce qui ressemble réellement à un gigantesque athlète en pleine course. Sur l'îlot de circulation se trouve également un olivier vieux de 600 ans, originaire du village d'Eliaionas (Eleonas) et replanté ici en 2013.

À VOIR ET À FAIRE AUSSI À KOLONAKI ET HILTON

Déambuler sur la place Dexameni

SUR L'AQUEDUC D'HADRIEN

Dexameni signifie "citerne" : c'est ce que recouvre cette place à mi-chemin sur la colline du Lycabette. Ce réservoir fut construit sous le règne de l'empereur Hadrien. Il faisait partie du système qui approvisionnait la ville en eau fraîche depuis les contreforts du mont Parnès, à 20 km de là. Vous pouvez y jeter un coup d'œil en passant sous l'arche qui formait autrefois le portique d'entrée.

La place a au moins deux autres bons arguments à faire valoir. Le premier : prendre un verre ou un repas dans l'excellent café en plein air **Dexameni**, qui se présente lui-même avec humour comme un "bar-crèche-jardin d'enfants". Bon marché, c'est l'une des meilleures adresses d'Athènes et une institution du quartier. Le deuxième : voir un film en plein air au **Cine Dexameni**, sur un écran bordé par des murs tapissés de chèvrefeuilles odorants et de bougainvilliers.

OÙ SE LOGER À KOLONAKI

Monsieur Didot
Petite pension pleine de charme alliant une déco moderne au style néoclassique du bâtiment. **€€**

St George Lycabettus
Le service est excellent, les chambres sont élégantes et la vue sur les hauteurs de Kolonaki est imprenable. **€€€**

The Modernist
Chic, monochrome et étonnamment abordable pour Kolonaki. Vue superbe depuis le café-bar sur le toit. **€€**

Dans une maison d'artiste

ICI VÉCUT GHIKA

Avant sa mort en 1994, l'artiste Nikos Hadjikyriakos-Ghikas fit don de sa maison du **3 Kriezotou** au musée Benaki. Les lieux sont restés tels qu'ils étaient de son vivant, offrant ainsi un aperçu fascinant de la vie et des inspirations d'un des plus grands artistes de la Grèce contemporaine. Beaucoup de ces œuvres y sont exposées, notamment des croquis exécutés lors de ses voyages à l'étranger. De même, les trois étages consacrés à d'autres grands artistes, photographes, poètes, acteurs et architectes grecs du XXe siècle, sont un véritable bottin des talents créatifs du pays.

Séance shopping à Kolonaki

MASTIC ET KOMBOLOÏ

Kolonaki abrite une extraordinaire variété de boutiques. Au croisement de Panepistimiou et Kriezotou, le **Mastiha Shop** vend des produits à base de mastic (*mastiha* en grec), résine médicinale issue d'arbres poussant uniquement sur l'île de Chios. La liqueur est un régal.

Un peu plus haut sur Kriezotou, la **boutique du musée Benaki** propose des objets d'art et d'artisanat contemporains grecs – des céramiques aux posters en passant par des jouets.

Les produits de beauté naturels vendus à **Apivita** sont tous composés de miel et d'autres produits de la ruche. Testez leurs infusions ou faites un tour au salon de coiffure et au spa installés à l'étage.

Prenez un café au **Da Capo**, adresse incontournable à l'angle de la rue piétonne de Tsakalof, puis dirigez-vous vers **Sophia**, sur Pindarou, et son bon choix d'objets de décoration, notamment ses répliques de statues classiques.

Montez jusqu'à la **boulangerie Kora**, confectionnant d'excellents pains au levain, des croissants et des brioches à la cannelle.

Redescendez vers l'église **Agiou Dionysiou Areopagitou**, sur Skoufa. Engouffrez-vous à l'intérieur pour admirer les peintures et les sculptures. Le lustre géant souligne les détails des icônes en mosaïque dorée.

Sur Lykavittou, **Lemisios** fabrique des chaussures depuis 1912. Un peu plus bas, **Kombologadiko** s'est spécialisé dans un accessoire grec un peu désuet, le *komboloï* (petit chapelet de perles non religieux).

LES PLUS BELLES GALERIES DE KOLONAKI

Galerie Allouche Benias
Entre les œuvres contemporaines et la demeure néoclassique – signée Ernst Ziller et très bien restaurée – qui les abrite, tout est intéressant.

Galerie Skoufa
Adresse de longue date présentant les œuvres d'artistes grecs contemporains, à côté de la place Kolonakiou.

Galerie Zoumboulakis
Très bonne sélection d'impressions et d'affiches en édition limitée signées d'artistes comme Tsarouchis, Mytaras ou Fassianos. Également, des objets de décoration.

OÙ SE RESTAURER ET BOIRE UN VERRE À KOLONAKI ET HILTON

Oikeio
Cette taverne traditionnelle de Kolonaki sert une excellente cuisine maison à base d'ingrédients de qualité. €€

Vezené
Bistrot grec moderne à Hilton. Essayez la pita ou le *pastitsio*, sorte de lasagnes grecques, ici revisité. €€€

Me Kolanaki
Café vibrant d'énergie, idéal à toute heure, du petit-déjeuner au dîner. Excellentes boulettes de viande. €€

METS ET PANGRATI

STADE ANTIQUE ET ART MODERNE

Ces deux quartiers résidentiels entourent le stade des Panathénées, sur la colline de l'Ardettos. Au sud-ouest, Mets, nommé d'après une ancienne brasserie, se distingue par ses charmantes maisons néoclassiques et d'avant-guerre. Au nord, Pangrati est un quartier bariolé qui connaît une popularité croissante auprès d'une population internationale, attirée par ses bars, restaurants et boutiques originales et sans prétention.

À Mets, l'art funéraire règne en maître dans le Premier cimetière d'Athènes, où les célébrités grecques se faisaient enterrer dans d'imposantes tombes. C'est un endroit charmant pour une balade tranquille. À l'inverse, la place Varnava, à Pangrati, est une immersion haute en couleur dans un quartier typiquement athénien – les familles dînent dans les tavernes tandis que les enfants jouent dehors. Achetez un en-cas à la boulangerie Kallimarmaro et asseyez-vous pour apprécier la scène. Tous les soirs, les nombreux bars et restaurants d'Archelaou confèrent à la rue un air de fête populaire.

Pour les infos pratiques, voir le Carnet d'adresses *p. 127.*

À SAVOIR

Les deux quartiers se situent au sud-est du temple de Zeus olympien et du Jardin national. Le métro le plus proche de Mets est Akropoli. Si vous allez à Pangrati, descendez à Evangelismos. Pour éviter de marcher, prenez les trolleybus 2,4 ou 11 : ils s'arrêtent près du stade des Panathénées et continuent plus haut vers la place Plastira.

INCONTOURNABLES
1 Fondation Basil et Elise Goulandris
2 Soil
3 Stade des Panathénées

VOIR
4 Premier cimetière d'Athènes

BOIRE UN VERRE ET FAIRE LA FÊTE
5 Chelsea Hotel

SORTIR
6 Half Note Jazz Club

Fondation Basil et Elise Goulandris

DE EL GRECO À MORALIS

Les œuvres exposées ici, rassemblées par l'armateur Basil Goulandris et son épouse, constituent l'une des collections privées les plus remarquables au monde. Les galeries abondent en œuvres de la fin du XIXe siècle et du XXe siècle de maîtres européens tels que Cézanne, Van Gogh, Picasso et Bacon. L'une des pièces maîtresses est un moulage de bronze de la célèbre *Petite danseuse* de Degas. On trouve également des peintres de l'avant-garde grecque comme Parthenis, Vasiliou, Hadjikyriakos-Ghikas, Moralis ou du sculpteur Takis. Prenez un déjeuner dans le charmant café du musée, pourvu d'une jolie cour fermée.

STREET MARKET

La fondation Goulandris détient une section de 8 m de l'œuvre *Street Market* de Tetsis. Pour voir une autre partie de cette fresque de 50 m, rendez-vous à la **Galerie nationale** (p. 94).

PANOS KARAS/SHUTTERSTOCK ©

Stade des Panathénées

Stade des Panathénées

DE L'ANTIQUE AU MODERNE

Avec ses gradins de marbre (pouvant accueillir 70 000 spectateurs), le stade du mont Ardettos attire les amateurs d'architecture classique comme les fans de sport. Bâti au IVe siècle av. J.-C. à des fins sportives, il a été restauré à l'occasion des premiers jeux Olympiques modernes, en 1896. Aujourd'hui, il accueille à l'occasion des concerts et des événements publics. Le billet inclut un Audioguide, l'accès à une minuscule exposition sur les JO modernes (essentiellement des affiches, très intéressantes) et la possibilité de vous prendre en photo sur un podium. Les plus sportifs pourront faire des tours de piste ou gravir les escaliers à la manière d'un champion olympique entre 7h30 et 9h le matin : signez une décharge (à télécharger sur le site Web) et c'est parti !

Soil

DE LA FERME À L'ASSIETTE

Sur la façade néoclassique du bâtiment, rien ne signale ce nouveau venu de la scène culinaire athénienne. C'est le souhait du chef Tasos Mantis (p. 104), désireux d'officier dans un lieu décontracté plutôt que dans un temple de la gastronomie. Installez-vous dans le jardin à plusieurs niveaux et embarquez pour un voyage de 3 heures, rythmé par 14 plats exceptionnels, aussi bien en matière de saveur que de technique. Les produits sont de saison et viennent pour beaucoup de la ferme de Mantis, au nord de l'Attique.

BONNES ADRESSES À PANGRATI

Sudha Nair Iliades, éditrice du magazine *Athens Insider*, révèle ses adresses favorites à Pangrati. *athensinsider.com*

Hallelujah
L'atelier de la créatrice Eleftheria Domenico, qui fabrique des vêtements et accessoires minimalistes et confortables.

Threesome Ceramics
Il s'agit d'un atelier-boutique proposant de jolis objets en céramique, géré par deux artistes, Viki Topalidou et Christina Papadopoulou.

Maraboo
J'adore leurs glaces maison, aussi bien les parfums classiques que les plus originaux. Et leur boutique se trouve presque en face du lieu où j'envisage d'ouvrir un salon culturel, qui ferait le lien entre les Athéniens et la communauté internationale.

À VOIR ET À FAIRE AUSSI À METS ET PANGRATI

Premier cimetière d'Athènes

SCULPTURES FUNÉRAIRES

Durant la période ottomane, les Grecs enterraient leurs défunts dans les églises de leurs quartiers. Ce cimetière municipal ne fut établi qu'en 1837, soit quelques années après l'indépendance. C'est un lieu tranquille, propice à l'exploration, ainsi qu'une sorte de musée en plein air de sculptures : allez voir la *Jeune fille endormie* de Yannoulis Chalepas, le sculpteur grec le plus admiré de la période moderne. Des célébrités sont enterrées ici, comme l'archéologue Heinrich Schliemann (1822-1890), dont le mausolée est orné de scènes de la guerre de Troie, ou l'actrice Melina Mercouri et son mari Jules Dassin.

Jouer les habitués

DU CAFÉ AU COCKTAIL

Place Plastira, le **Chelsea Hotel** est un pilier de la scène branchée de Pangrati. Le jour, on y prend un café au milieu de personnes qui lisent ou travaillent sur un ordinateur. Mais dès que le soir tombe, il devient impossible de s'asseoir tant le lieu est envahi par des habitants artistes et bohèmes. Vous pouvez apporter de quoi grignoter en prenant un verre : nous vous conseillons un souvlaki de chez Elvis (p. 85), à deux pas.

Écouter un concert de jazz

UN CLUB INTIMISTE

Dans le quartier de Mets, le **Half Note Jazz Club** abrite une salle agréable pour écouter des artistes grecs et étrangers de renom. Des hommages à Nina Simone ont lieu le mercredi et le jeudi, mais vérifiez bien le programme avant de vous y rendre, car le club est fermé certains soirs et durant tout l'été.

OÙ SE RESTAURER À PANGRATI

Mavro Provato
Des plats savoureux accompagnés de vins grecs régionaux dans ce restaurant de mezze très apprécié. **€€**

Ohh Boy
Un lieu à la mode qui sert du café et de saines gourmandises, à côté d'un magasin bio. **€**

The Vegan Vandal
Des spécialités véganes, tels le burger au fruit du jacquier, le souvlaki de champignon ou les nuggets de chou-fleur. **€**

NEOS KOSMOS, KALLITHEA ET PALIO FALIRO

QUARTIERS SUD ET LITTORAL

En dix ans, Neos Kosmos ("nouveau monde") s'est imposé sur la carte de l'Athènes moderne grâce à l'inauguration du centre culturel Onassis Stegi. C'est ici et dans le quartier voisin de Nea Smyrni que les réfugiés grecs venus d'Asie Mineure s'installèrent dans les années 1920. Ce passé a façonné les lieux, qu'il s'agisse des immeubles d'influence Bauhaus construits à la hâte pour les nouveaux arrivants ou des monuments tels que l'église Agia Fotini qui, avec son clocher, reproduit fidèlement celle de Smyrne (Izmir, en Turquie).

Au nord, de l'autre côté de l'avenue Leoforos Syngrou, Kallithea ("belle vue") abrite le centre culturel de la fondation Stavros Niarchos (SNFCC) et un parc parmi les plus beaux d'Athènes. L'ensemble jouxte la baie de Faliro et le quartier de Palio Faliro. Dans l'Antiquité, le port d'Athènes était ici, au Phalère, avant d'être transféré au Pirée au Ve siècle av. J.-C.

En bord de mer, le parc de Flisvos et la plage d'Edem sont bordés d'une promenade où les Athéniens font leur *volta* (balade) du soir. On y trouve plusieurs adresses agréables où manger et boire un verre, notamment autour de la marina de Flisvos.

Pour les infos pratiques, voir le Carnet d'adresses *p. 127.*

À SAVOIR

Des bus et des taxis mènent directement en bord de mer en moins de 20 minutes via l'avenue Leoforos Syngrou. Le SNFCC organise une navette gratuite depuis Syntagma, de 9 à 11 fois par jour entre 8h30 et 22h. Le tramway est plus lent, mais pratique pour se rendre à Neos Kosmos et Faliro. Il y a aussi un métro à Neos Kosmos.

Onassis Stegi

ILLUMINATIONS ET RESTAURANT MICHELIN

Cet avant-poste athénien d'une fondation culturelle a été créé par l'armateur Aristote Onassis. Gainé de bandes de marbre blanc, le bâtiment donne sa pleine mesure la nuit lorsque les lumières qui brillent à l'intérieur le font ressembler à une énorme lanterne. On vient voir ici des performances, installations artistiques et autres événements culturels de pointe. Au 6e étage, l'excellent restaurant de cuisine grecque contemporaine **Hytra** déploie ses saveurs : les portions sont petites, mais les saveurs et la technique sont inégalables et lui ont valu son étoile Michelin. En été, dînez sur le toit du bâtiment pour admirer l'Acropole illuminée et les autres monuments de la ville.

Musée Benaki des Jouets

TOY STORIES

En bord de mer, cette annexe du Benaki présente une remarquable collection constituée par Maria Argyriadi dans les années 1970. On y trouve des poupées de terre cuite du IVe siècle av. J.-C. aussi bien que des peluches Snoopy. L'endroit plaira aux enfants et aux adultes, et à tous ceux qui s'intéressent à la culture populaire. Le musée est installé dans une demeure éclectique de la fin du XIXe siècle : sa façade de pierre et ses murs crénelés lui donnent des airs de château miniature.

INCONTOURNABLES
1 Centre culturel de la fondation Stavros Niarchos
2 Musée Benaki des jouets
3 Onassis Stegi
4 Parc de Flisvos

VOIR
5 Marina Flisvos

ACTIVITÉS
6 Fondation Eugenides

TRANSPORTS
7 Averoff

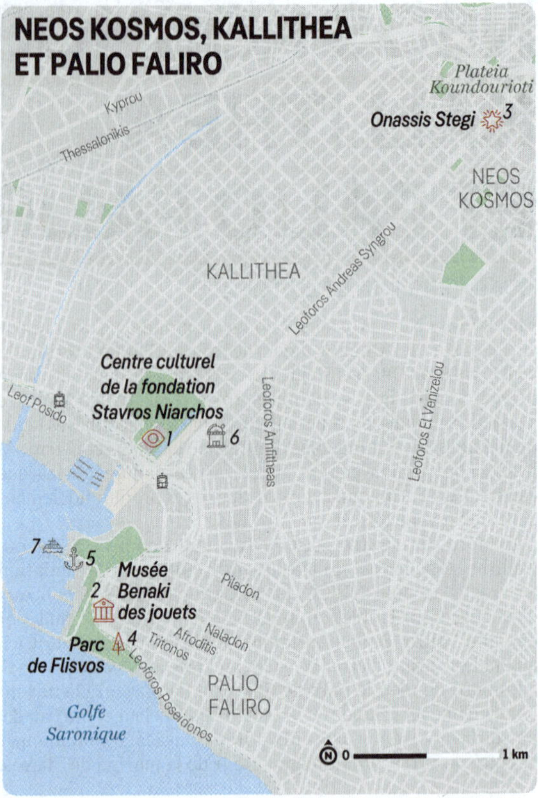

Parc de Flisvos

OMBRES CHINOISES ET CINÉMA EN PLEIN AIR

Avec ses aires de jeux et son théâtre de marionnettes l'été, le **Theatro Skion Tasou Konsta**, dans le parc de Flisvos, en bord de mer, est parfait pour les familles. Karagiozis, sorte de Guignol local, a donné son nom à l'art du *karagiozi* (théâtre d'ombres), dont ce théâtre de plein air donne une démonstration l'été. Les représentations sont en grec, mais nul besoin de mots pour comprendre l'humour et la musique. Au terme des 45 minutes de spectacle, passez en coulisse pour voir comment la magie opère.

Tout au long de l'été, vous pouvez également apprécier l'air marin devant un film au cinéma de plein air **Cine Flisvos**. Pour une expérience locale, goûtez les *loukoumades* (beignets chauds servis avec de la glace) ou les *kalamaki* (brochettes de porc).

Loukoumades

Centre culturel de la fondation Stavros Niarchos

PARC ET CENTRE CULTUREL DURABLE

On comprend la fierté des Athéniens vis-à-vis de ce parc et centre culturel. Conçu par Renzo Piano, le SNFCC, niché sous une colline artificielle, est couronné par un gigantesque auvent recouvert de 5 700 panneaux solaires. Culminant à 30 m d'altitude, la plateforme d'observation offre une vue panoramique à 360°. L'espace surélevé sert aussi à des événements en plein air, comme des projections gratuites l'été.

La durabilité est au cœur du design, du fonctionnement et de l'empreinte carbone du complexe. L'intérieur du SNFCC abrite des théâtres dernier cri pour l'Opéra, le Ballet, l'Orchestre et les Chœurs nationaux. C'est là aussi que se trouve la principale annexe de la Bibliothèque nationale, qui propose des expositions temporaires gratuites et possède un atrium dominé par un mur de livres sur quatre niveaux.

Autour du complexe se déploie un superbe parc. Des sentiers gravillonnés traversent des parterres de lavande, d'oliviers et d'autres plantes méditerranéennes. Plus loin, un canal et des fontaines coulent en musique sur du Vivaldi ou du Michael Nyman. On trouve aussi une aire de jeux pour les enfants, un jardin sonore, un espace de gym extérieur, des pistes de course et bien d'autres choses encore.

À VÉLO AUTOUR DU SNFCC

Le site propose de nombreuses activités gratuites, comme la location de vélos pour sillonner la piste cyclable du parc. Téléchargez l'application SNFCC pour débloquer les vélos, disponibles sur trois bornes. Ce ne sont pas des engins de course, mais ils font l'affaire ; il y en a même pour les enfants afin de pédaler en famille. Pour obtenir la carte des itinéraires, rendez-vous à l'accueil du Canal Cafe.

Centre culturel de la fondation Stavros Niarchos

RESTAURANTS : LES CONSEILS D'UN CHEF

Tasos Mantis, chef et patron du Soil (p. 99), dévoile trois de ses restaurants préférés.

Fita
Cette taverne moderne à Neos Kosmos utilise des ingrédients de première qualité, notamment le poisson, pour des plats savoureux. Même si l'adresse est très courue, elle reste authentique.

Argoura
Le chef Nikos Michael travaille les produits de la mer avec créativité. Sa taverne de Tzitzifies, près du SNFCC, ressemble à une cabine de plage. La soupe de poisson (offerte) est délicieuse.

Delta
Ce restaurant étoilé Michelin au cœur du SNFCC est orné d'œuvres grecques contemporaines. C'est un peu théâtral, mais la nourriture est très bonne et la carte des vins bien fournie.

À VOIR ET À FAIRE AUSSI À NEOS KOSMOS, KALLITHEA ET PALIO FALIRO

À vélo jusqu'à la mer

BALADE À VÉLO

Avec ses collines, sa circulation et son cruel manque de pistes cyclables, Athènes n'attire guère les cyclistes. L'endroit le plus sûr pour pédaler reste le parc du SNFCC (p. 103) et ses alentours. Depuis le parc, une piste cyclable loin des voitures mène à la **marina de Flisvos**. De là, vous pouvez continuer vers le sud, le long de la côte, en direction du parc de Flisvos (p. 102) et de la plage d'**Edem**.

Autre option : faites une pause à la marina de Flisvos et dans les alentours pour voir les bateaux historiques. Initialement destiné au transport de passagers, le **Neraida**, très bien aménagé, appartenait au grand armateur grec John Latsis. Mis à l'eau en 1939 sur la côte dalmate et aujourd'hui converti en musée gratuit présentant la vie de Latsis et l'histoire du bateau, il se visite du vendredi au dimanche.

Non loin, l'**Averoff** est un cuirassé qui a permis aux Grecs de remporter la guerre des Balkans (1912-1913) avant de servir au transport des réfugiés d'Asie Mineure en 1922. Fermé le lundi.

Vers l'infini...

CENTRE DES SCIENCES ET DE LA TECHNOLOGIE

Voilà une occupation idéale pour les enfants par temps de pluie : le planétarium de la **fondation Eugenides**. Sous un dôme hémisphérique de 950 m², faites un voyage virtuel dans la galaxie ou visionnez d'autres films IMAX. Les deux étages proposent aussi des expositions interactives autour des sciences et de la technologie.

ENCORE PLUS DE PISTES CYCLABLES

Une piste de 7,5 km essentiellement réservée aux cyclistes relie Faliro au Technopolis à Gazi, en passant par les quartiers de Moschato, Kallithea, Tavros et Petralona. Une piste de 13,5 km, entre Kallithea et Voula, est en cours d'aménagement.

OÙ SE RESTAURER À NEOS KOSMOS, KALLITHEA ET PALIO FALIRO

Canal Cafe
Café en self-service près du canal du SNFCC. Achetez-y de quoi pique-niquer dans le parc. **€**

Naif
Café agréable à Neos Kosmos. Le service et la carte (pain perdu et salade de nouilles soba végane...) sont extra. **€€**

Annie Fine Cooking
Gastronomie et décontraction dans Neos Kosmos. La carte met en valeur les produits grecs, dont les vins. **€€€**

ENVIRONS D'ATHÈNES

SITES ANTIQUES, RANDONNÉES EN MONTAGNE ET PLAGES DE RÊVE

Attendez un peu avant d'embarquer pour les îles : il existe aussi de belles plages près d'Athènes ! Le littoral ouest de la péninsule de l'Attique, surnommé la Riviera athénienne, s'étend sur environ 60 km, de Palio Faliro à Sounion. Il est jalonné de plages qui satisferont tous les goûts. La côte est de l'Attique se prête quant à elle très bien à la planche à voile et à l'exploration du parc national de Schinias-Marathon, avec ses kilomètres de plages sauvages à l'ombre des pins parasols.

Dans l'Antiquité, l'Attique était un ensemble de petits royaumes : Rhamnonte, Brauron (Vravrona), Éleusis (Elefsina, capitale européenne de la culture 2023)... Ces sites archéologiques, comme ceux de Marathon, sont souvent déserts. Il faut dire qu'ils font pâle figure à côté du splendide temple de Poséidon – juché en haut du cap Sounion, à l'extrême sud de l'Attique, celui-ci offre une vue splendide sur Sérifos au sud-est, et Égine et le Péloponnèse à l'ouest.

N'hésitez pas à vous enfoncer dans les terres, sur les hauteurs de l'Attique, où se déploient des banlieues aisées comme Kifissia et les sentiers de randonnée et de VTT du mont Hymette et du parc national du mont Parnès. La région de l'Attique est aussi réputée pour ses vignobles : certains, faciles d'accès depuis l'aéroport de Spata, proposent des visites guidées et des dégustations.

Pour les infos pratiques, voir le Carnet d'adresses *p. 128.*

À SAVOIR

De nombreux sites de l'Attique sont accessibles en métro et en bus municipaux ou KTEL, mais les horaires des passages ne sont pas si fréquents. Si vous manquez de temps, allez-y avec votre propre véhicule ou louez les services d'un taxi pour la journée, par exemple ceux d'Athens Tour Taxi.

Le Pirée

DÉPART VERS LES ÎLES

Port principal d'Athènes depuis le Ve siècle av. J.-C., Le Pirée est aujourd'hui le plus grand port méditerranéen, centre névralgique du réseau de ferrys de la mer Égée et du commerce maritime grec. Situé à 10 km du centre de la capitale, c'est une ville en soi même s'il fait partie intégrante de l'agglomération d'Athènes. Le port, tentaculaire, ne donne guère envie de s'attarder.

En revanche, si vous avez un peu de temps, quelques quartiers sont agréables, comme les ports de plaisance de **Pasalimani** (aussi appelé marina de Zea) et de **Mikrolimano**. Vous pouvez aussi vous baigner depuis les plages rocheuses, plus au sud.

Commencez votre circuit à la gare historique du Pirée, aujourd'hui terminus de la ligne 1 du métro. À l'intérieur, le **musée des Trains électriques**, gratuit, recèle de vieux aiguillages, des modèles réduits et d'intéressantes machines, ainsi qu'un ancien wagon en bois rutilant. Le projet est né de la passion d'un ancien employé des chemins de fer : lui et son équipe sont une mine d'informations.

Dirigez-vous ensuite vers la place Themistokleous, au sud, en face de laquelle se trouve la grande **église Agia Triada**. L'intérieur est impressionnant, mais vous devrez porter une

LE QUARTIER DES GALERIES

Les galeries contemporaines ont la cote depuis quelques années. Au Pirée, tout tourne autour de Polidefkous, au nord de la gare et des quais du port. C'est dans cette rue élégante que se trouve le trio **Rodeo Rodeo**, **Carwan** et **The Intermission**. Vérifiez les horaires : les galeries ne sont pas toujours ouvertes. En revanche, **Paleo**, bar à vins haut de gamme installé dans un entrepôt, est une valeur sûre.

ENVIRONS D'ATHÈNES

INCONTOURNABLES
1 Temple de Poséidon

VOIR
2 Complexe olympique Spyros Louis
3 Éleusis antique
4 Glyfada
5 Kifissia
6 Laurion (Lavrio)
7 Le Pirée
8 Marathon
9 Monastère de Dafni
10 Mont Hymette
11 Musée olympique d'Athènes
12 Musée Vorres
13 Parc national de Schinias-Marathon
14 Parc national du mont Parnès
15 Rhamnonte
16 Vouliagmeni

ACTIVITÉS
17 Brauron (Vravrona)

SORTIES
18 Rafina

tenue appropriée pour entrer (pas de shorts ni de hauts dénudés). Le **théâtre municipal du Pirée** est un bâtiment néoclassique inauguré en 1895 et qui a subi un ravalement de façade très réussi. C'est aussi le terminus de la ligne 3 du métro, récemment étendue.

À une dizaine de minutes à pied, le **musée archéologique du Pirée** est petit, mais excellent. Le point d'orgue de ce musée est

OÙ SE LOGER AU PIRÉE

Hotel Triton
Hôtel sans prétention bien situé, au personnel serviable. Un plaisir comparé à d'autres établissements du Pirée. **€€**

Phidias Piraeus
Des chambres toute simples près de la marina de Zea. Navette gratuite depuis le port et la gare. **€**

Port Square Hotel
En face du métro Piraeus, ce nouvel hôtel propose de jolies chambres, ainsi qu'un bar-restaurant très correct. **€€**

son ensemble de bronzes antiques et d'autres objets découverts en 1959 près de l'ancien port. Parmi ces trouvailles se trouvaient une superbe statue d'Athéna et le *Kouros du Pirée* – légèrement plus grands que nature, ils dateraient de 520 av. J.-C. Autres pièces remarquables venues de la région : les bas-reliefs de tombeaux, allant du IVe siècle au IIe siècle av. J.-C.

En partant du musée, prenez le sentier côtier en direction du sud. À l'extrême pointe de la marina de Zea, le **Musée maritime hellénique** commémore la longue histoire qui unit les Grecs à la mer et recèle des maquettes de navires anciens et modernes, des paysages marins peints par de grands noms des XIXe et XXe siècles, des armes, des drapeaux, des cartes, et même un fragment de sous-marin.

Revenez vers **Pasalimani** et continuez jusqu'au port de plaisance de **Mikrolimano**, encore plus pittoresque avec ses quais bordés de cafés, de bars et de restaurants. De là, regagnez à pied ou en taxi la station de métro **Neo Faliro**, près du **stade Karaiskaki**, où l'équipe de football des Olympiacos joue à domicile.

Glyfada

HÔPITAL POUR TORTUES

Glyfada, quartier littoral à 16 km au sud du centre d'Athènes, est l'un des lieux de villégiature les plus charmants de la Riviera athénienne. Il ravira les amateurs de boutiques élégantes, de restaurants gastronomiques et de bars branchés que l'on trouve en abondance le long des grandes artères commerciales de Lazaraki, Metaxa et Kiprou, parallèles à l'avenue côtière de Poseidonos.

La **plage** de sable, publique et équipée de parasols à disposition, se trouve à côté de l'arrêt de tram Paleo Demarhio. Dirigez-vous vers la marina pour visiter le **centre de sauvetage des tortues de mer Archelon**. De 13h à 15h du lundi au vendredi et de 11h à 17h le week-end, des bénévoles font visiter le site pour présenter leur mission et appeler à soutenir cet hôpital pour tortues luths, vertes ou caouannes, trois espèces menacées.

La belle **église Saints Constantin et Hélène** est un site emblématique du front de mer. Si elle est ouverte, entrez pour admirer ses mosaïques dorées et ses peintures murales. Le jeudi, cette partie de la ville accueille également un **marché** de produits frais, très coloré et animé.

Il y a étonnamment peu de bonnes adresses où dîner au bord de l'eau, à l'exception du très chic café-restaurant-bar **Ark**. Au moment de nos recherches, il s'agissait de la seule partie du complexe balnéaire d'Asteras ouverte au public, le reste étant en rénovation.

L'ELLINIKON

À quelques kilomètres au nord de Glyfada, c'est l'un des plus grands chantiers de réhabilitation urbaine d'Europe. Le projet, conçu par Foster + Partners, couvrira une surface de 6,2 millions d'hectares. Le point phare de l'Ellinikon sera la tour Riviera, de 200 m de haut, qui, une fois terminée (en 2026), sera le plus haut bâtiment de Grèce. Au cœur du projet, le **parc Ellinikon** s'étendra sur 2 millions d'hectares sur le site de l'ancien aéroport d'Athènes. L'**Experience Park** en offre un aperçu. Il faut traverser une véritable friche pour aller du métro Elliniko à l'entrée du parc, mais le site de 28 ha récompense bien cette marche fastidieuse. Les décombres et matériaux de construction de l'ancien aéroport ont été intégrés au projet avec une bonne dose de créativité, aux côtés d'une fontaine illuminée et interactive, d'un équipement de fitness extérieur, d'une immense aire de jeux et de massifs de fleurs indigènes.

OÙ SE RESTAURER AU PIRÉE

Margaro
Taverne populaire près de l'académie navale. On y sert des salades grecques et des crevettes et rougets frits. **€€**

Varoulko
Restaurant de fruits de mer étoilé au Michelin, tenu par Lefteris Lazarou, natif du Pirée. Jolie vue sur le port. **€€€**

Yperokeanio
Prenez un taxi jusqu'à cet *mezedopoleio* de poisson et régalez-vous de sardines grillées ou de moules. **€**

LES PLUS BELLES PLAGES AUTOUR DE SOUNION

Cap Sounion
L'Aegeon Hotel loue différents transats à la journée. Vous pouvez aussi vous installer sur la petite bande de sable gratuite près des tavernes.

Legrena
Longue plage de sable fin à 5 km à l'ouest du cap. Bondée le week-end, mais quasi déserte en semaine.

Kape
À 2,5 km à l'ouest de Legrena, une route non goudronnée mène à ces plages nudistes préservées. Des petites criques de galets offrent un peu d'intimité et une belle vue sur l'île de Patroklos.

Vouliagmeni

TERRAIN DE JEU DES NANTIS

Vouliagmeni, littéralement "englouti", est de loin l'endroit le plus huppé de la Riviera athénienne. Cette banlieue à 23 km au sud d'Athènes tire son nom du lac **Limni Vouliagmenis**, situé au pied d'une falaise à l'extrémité sud de la ville.

Ce petit lac (entrée : 15 €) est alimenté par des sources chaudes riches en minéraux. Sa température ne descend jamais en dessous de 21°C, ce qui en fait un lieu de baignade idéal en toute saison. En pénétrant dans l'eau saumâtre, guettez les *garra rufa*, ces petits poissons qui mangent les peaux mortes des pieds – exfoliation de rêve pour certains, cauchemar pour les chatouilleux. Revenez le soir pour boire un verre, lorsque la falaise illuminée se reflète dans les eaux du lac.

L'accès à **Akti Vouliagmeni** est lui aussi payant (semaine/week-end 10/15 €). Cette plage bien entretenue est équipée de mobilier de plage et de parasols, et aussi d'un café, de terrains de tennis et de volley, et d'une aire de jeux pour les enfants.

La **plage d'Astir**, sur une péninsule plantée de pins, est la plus exclusive de toutes : elle accueille l'hôtel de luxe Four Seasons et d'autres restaurants et clubs balnéaires privés.

Sounion

SANCTUAIRE DU DIEU DE LA MER

À 70 km au sud d'Athènes, le cap Sounion, qui plonge dans la mer Égée, conserve les vestiges de temples dédiés aux deux grandes divinités athéniennes, Poséidon et Athéna.

Au sommet d'un éperon rocheux culminant à 65 m au-dessus de la mer, le **temple de Poséidon**, en marbre blanc étincelant, est impressionnant. Sa construction remonte au début du Ve siècle av. J.-C. Parmi les colonnes doriques d'origine, 16 ont subsisté. Le site comporte aussi les ruines de deux hangars à bateaux, d'une tour fortifiée et, sur une butte moins élevée au nord-est, de deux temples dédiés à Athéna (VIe siècle av. J.-C.).

Pour éviter la foule, visitez le site à l'ouverture ou bien au coucher du soleil. Sur place, vous trouverez un café-restaurant très correct. Depuis le parking situé près des temples d'Athéna, un sentier escarpé descend vers une petite plage. Vous aurez en revanche besoin d'une voiture pour accéder aux plages plus grandes et aux tavernes des environs.

Le plus simple est d'organiser une excursion à la journée depuis la capitale. La compagnie KTEL propose des bus depuis le terminal de Mavromateon à Athènes, via Syntagma. Le trajet le long de la côte prend environ 2 heures ; vous trouverez les points de vue les plus spectaculaires après Lagonisi.

EN SAVOIR PLUS SUR LES TEMPLES ANTIQUES

Le temple de Poséidon serait l'œuvre de l'architecte Ictinos, également à l'origine du temple d'Héphaïstos dans l'**Agora antique** (p. 75).

OÙ SE LOGER SUR LA RIVIERA ATHÉNIENNE

Sea View
Chambres ravissantes et piscine. L'un des meilleurs rapports qualité/prix de Glyfada. **€€**

Hotel Vouliagmeni Suites
Adresse chic en retrait de la plage. Certaines chambres ont une vue sur la mer. **€€€**

Four Seasons Astir Palace Hotel Ce complexe de luxe propose de grandes chambres, suites et bungalows. **€€€**

SVEN HANSCHE/SHUTTERSTOCK ©

Limni Vouliagmenis

Laurion

EN ROUTE VERS LES CYCLADES

Petit port d'où les ferrys et voiliers partent vers les Cyclades, Laurion (Lavrio) se situe à 9 km au nord de Sounion et à 60 km au sud-est de la capitale. Dans l'Antiquité, ses mines d'argent faisaient la richesse d'Athènes. Cette industrie connut un regain d'activité au XIXe siècle, jusqu'à l'épuisement du gisement au début des années 1980. Les questions environnementales n'étant malheureusement guère prises en compte, la région souffre encore de la pollution industrielle.

Cela étant, Laurion est un joli port, en cours de travaux afin d'accueillir les bateaux de croisière. Il est aussi question de construire une nouvelle ligne de chemin de fer pour le relier à l'aéroport international.

Pour découvrir son histoire, rendez-vous au petit Musée archéologique (fermé le mardi) qui présente des objets trouvés dans la région, notamment de vieilles pièces en argent et un beau sol en mosaïque. Encore plus modeste, le Musée minéralogique voisin n'est pas souvent ouvert ; à l'extérieur, vous pouvez visiter les vestiges de l'ancienne installation à vapeur de la ville qui servait à nettoyer les minerais.

LES PLUS BELLES PLAGES GRATUITES

Baie de Vouliagmeni
Les rochers près du restaurant **Sardelaki me Thea** constituent un bon endroit pour profiter des eaux claires de la baie de Vouliagmeni. L'hiver, les habitants des environs se baignent depuis la petite plage abritée.

Limanakia
Limanakia est une suite de criques rocheuses le long de la route littorale, à 2 km au sud de Vouliagmeni et accessible en bus municipal. Vous y trouverez les points de baignade nudistes appréciés de la communauté gay. Dans la crique juste en dessous du premier arrêt de bus, la **Lefteri's Canteen** propose des rafraîchissements.

Kavouri
À quelques kilomètres au nord de Vouliagmeni, les plages publiques de Kavouri sont bordées de nombreuses tavernes et d'une agréable promenade ombragée.

OÙ SE RESTAURER SUR LA RIVIERA ATHÉNIENNE

Aperanto Galazio
On mange les pieds dans le sable dans cette taverne de Varkiza, à 7 km à l'est de Vouliagmeni. **€€**

Sardelaki me Thea
Mer scintillante, savoureux fruits de mer et énormes plateaux de mezze présentés à table par les serveurs. **€€**

Sofi's
Un café contemporain servant petit-déjeuner, gâteaux et bon café en face de la plage principale de Vouliagmeni. **€**

YIANNISSCHEIDT/SHUTTERSTOCK ©

Sanctuaire d'Artémis, Brauron

SITE ANTIQUE DE THORIKOS

Le site archéologique de Thorikos est à environ 2,5 km au nord de Laurion. Peuplé depuis le néolithique, il recelait jadis d'importants gisements d'argent. Thorikos fut une ville dotée d'une infrastructure et d'équipements industriels, mais aussi de temples, d'un cimetière et d'un théâtre en pierre dont la forme, inhabituelle, dessine une ellipse. Construit au début du Vᵉ siècle av. J.-C., c'est l'un des premiers théâtres de ce type du monde antique. Le site, gratuit, offre une vue magnifique sur la baie.

Des bus KTEL mènent à Laurion depuis le terminal de Mavromateon à Athènes et s'arrêtent à la station de métro Nomismatikopio. À l'aéroport, le départ des bus se fait devant le hall des arrivées, avec une correspondance à Markopoulo.

Rafina

VOIE D'ACCÈS AUX CYCLADES

Sur la côte est de l'Attique, à 16 km au nord de l'aéroport international, ce port est le point de départ des ferrys vers Eubée (Evia) et les Cyclades septentrionales – beaucoup plus petit que Le Pirée, les tarifs y sont aussi moins chers. C'est un endroit agréable où passer la nuit si l'horaire du ferry l'exige. Si vous avez du temps, grimpez sur la colline qui surplombe les quais jusqu'à l'**église Saint-Nicolas**, blanchie à la chaux : de là, vous aurez une vue imprenable sur Eubée. Petite plage publique au sud des quais.

Des bus KTEL relient Rafina au métro Nomismatokopio. À l'aéroport international, les bus partent devant le hall des arrivées. Tous s'arrêtent au quai de Rafina.

OÙ SE LOGER ET SE RESTAURER À SOUNION ET LAURION

Aegeon Hotel
Grandes chambres confortables et plage privée à Sounion, avec vue sur le temple de Poséidon. **€€€**

Akrogiali
Taverne sur la plage du cap Sounion avec une superbe vue et des plats type sardines grillées et calamars frits. **€€**

Naos
Café sympathique à côté du temple de Poséidon qui sert de bonnes spécialités grecques et des burgers végans. **€**

Brauron

SANCTUAIRE D'ARTÉMIS

Près de l'estuaire et des marais qui bordent le fleuve Érasinos, à 15,5 km au sud de Rafina, ce temple partiellement restauré est consacré à la déesse de la chasse. Il a été édifié vers 420 av. J.-C. sur un site d'occupation plus ancienne. L'élément le plus remarquable est un pont de pierre au-dessus de l'ancien lit de la rivière (détournée depuis), qui porte encore les marques des roues de chariots. L'entrée se fait par un musée renfermant de superbes bijoux votifs et figurines de jeunes enfants (dont Artémis était la protectrice). Un sentier mène au site à travers des marais luxuriants. À l'exception du gigantesque complexe Dolce Attica Riviera, la zone est très bien préservée et attire nombre d'oiseaux. Prenez le métro jusqu'à Nomismatikopio, puis le bus 304 jusqu'au sanctuaire d'Artémis (Vravrona). De là, le site est à 10 minutes en taxi.

Musée Vorres

UNE COLLECTION PERSONNELLE

À Peania, petite ville paisible à 18,5 km à l'est du centre d'Athènes, ce sublime musée ceint d'un jardin présente des objets d'art traditionnel et folklorique grec ainsi que des œuvres contemporaines. Le projet est né de la passion d'Ian Vorres : frappé par la modernisation rapide de la ville au début des années 1960, il commença à rassembler les objets que d'autres jetaient. Pour abriter sa collection, il acheta trois propriétés adjacentes du XIXe siècle qu'il réaménagea pour y intégrer divers éléments architecturaux anciens. Vorres récupéra aussi bien les pierres d'un vieux moulin que des icônes byzantines, et rassembla des œuvres plus récentes d'artistes reconnus comme Chryssa, Gaitis et Spyropoulos. Le musée n'est ouvert que le samedi et le dimanche de 10h à 14h, mais la visite en vaut la peine. Dans le jardin, le café est ouvert jusqu'à 16h. Depuis la station de métro Nomismatikopio, prenez le bus 308 en direction de Koropi-Peania.

Mont Hymette

UN CHEF-D'ŒUVRE BYZANTIN

Ce mont culminant à 1 026 m n'est qu'à une quinzaine de minutes en taxi du centre d'Athènes. Au pied du versant ouest, la belle forêt de Kesariani est une réserve naturelle protégée prisée des randonneurs et des cyclistes. C'est aussi là que se trouve le site archéologique du **Moni Kaisarianis**, un monastère du XIe siècle soigneusement restauré. Son église principale est coiffée

SURF CLUB NISSAKIA

Artemida (alias Loutsa), à environ 5 km au sud de Rafina, est un site réputé dont les vents de la côte est sont idéals pour la pratique du kitesurf et de la planche à voile. Sur la plage, le club **Nissakia** propose des initiations à ces deux sports nautiques ainsi qu'au paddle. Agréable café-bar-restaurant à l'ambiance surfeur et grande terrasse couverte où se poser en admirant la mer.

Pezodromos
Taverne de poisson réputée à côté de la Plateia Lavrio. Goûtez le poulpe au vinaigre ou le calamar farci. €€

Roloi
Sous la tour de l'horloge du port de Laurion, cet endroit est parfait pour se rassasier en attendant le ferry. €€

Rivero
Café animé de Laurion. Les cafés sont bons et les en-cas, comme les croissants, sont nappés de crème. €

COURIR UN MARATHON

Le héraut athénien Philippidès, qui courut à Athènes pour annoncer la victoire de Marathon, aurait crié "*Hairete, nenikikamen !*" ("Réjouissez-vous, nous sommes victorieux !") à son arrivée, avant de s'effondrer, mort. Son décès aurait été causé non seulement par la longueur de sa course ce jour-là, mais aussi par l'effet cumulé de plusieurs jours de course – 280 km au total ! L'exploit de Philippidès inspira au fondateur des jeux Olympiques modernes l'idée d'une course d'endurance appelée marathon. En 1921, la longueur de la course fut standardisée et ramenée à 42,195 km. C'est la distance que les coureurs parcourent lors du **marathon d'Athènes**, qui débute à Marathon et s'achève au stade des Panathénées.

d'une coupole soutenue de colonnes classiques. À l'intérieur, des fresques datent pour la plupart des XVIIe et XVIIIe siècles. La messe y est célébrée 2 fois par an : le 21 novembre pour la Présentation de la Vierge Marie et le Vendredi saint.

Marathon

CHAMP DE BATAILLE HISTORIQUE

Les férus d'histoire et de course à pied connaissent bien Marathon, petite ville à 34 km au nord-est d'Athènes. En 490 av. J.-C., la région fut le théâtre d'une bataille historique opposant Grecs et Platéens, en forte infériorité numérique, à 25 000 soldats de l'armée perse. Moment clé des guerres médiques, l'épisode se solda par la victoire des Grecs, mieux équipés et meilleurs stratèges.

À 4 km au sud de la ville, à l'est de la route qui relie Athènes à Marathon, le **tumulus des Athéniens**, haut de 10 m, commémore cette bataille. Après l'affrontement, en signe de reconnaissance, les 192 hommes tombés au combat furent incinérés et enterrés dans ce tombeau collectif. Le site comporte une maquette du champ de bataille et des informations historiques.

Le billet donne accès au **musée d'archéologie de Marathon** non loin de là, dans lequel sont exposées des trouvailles locales, notamment des poteries néolithiques provenant de la grotte de Pan et des objets mis au jour dans le tumulus. Des statues plus grandes que nature, provenant d'un sanctuaire égyptien de la ville voisine de Brexiza, sont très intéressantes.

Le **musée du Marathon** se trouve dans la ville elle-même et fournit des informations sur les principaux marathons, notamment ceux disputés lors des jeux Olympiques antérieurs à 2000. Il est fermé le lundi.

Des bus font le trajet Athènes-Marathon, mais l'éloignement des sites entre eux pousse à privilégier la voiture.

Parc national de Schinias-Marathon

UNE SUPERBE PLAGE

Ce parc national à 12 km à l'est de Marathon vaut le déplacement, ne serait-ce que pour sa longue plage de sable bordée d'une forêt de pins parasols et de broussailles. Vous trouverez à l'extrémité ouest des chaises longues et quelques sites où manger. L'eau, calme et peu profonde, est agréable pour se baigner dans cette partie de l'Attique. L'endroit est très fréquenté le week-end.

Le parc de 7 km², qui englobe la péninsule de Kinosura et le golfe de Schinias, est un important écosystème littoral combinant différents types d'habitat – marais, zones rocheuses, maquis et oliveraies. Le centre olympique d'aviron, dont les lacs

OÙ SE RESTAURER À RAFINA ET AU MONT HYMETTE

Melinia
Bistrot méditerranéen moderne à Rafina avec terrasse en surplomb de la place. Bon choix de plats. €€

Ta Kavouria Tou Asimaki
Adresse très prisée sur le port de Rafina. Assiettes de poisson frais et mets raffinés comme la salade d'oursins. €

Kalopoula
Dans la forêt de Kesariani, ce café rustique est parfait pour reprendre des forces après une balade sur le mont Hymette. €

ELENI MAVRANDONI/SHUTTERSTOCK ©

Rhamnonte

sont alimentés toute l'année, constitue un site de reproduction pour le fuligule nyroca, un canard menacé.

Rhamnonte

UNE FORTERESSE ANTIQUE EN BORD DE MER

Envahis par la végétation, les vestiges isolés du port antique de Rhamnonte (Ramnous), à 10 km au nord-est de Marathon, s'étendent sur un plateau surplombant la mer. Dans la partie supérieure du site, deux temples doriques en ruine, consacrés à Némésis et Thémis, datent du Ve siècle av. J.-C. La partie inférieure, accessible via une route sommaire (1 km) qui descend la colline, abrite la forteresse, assez bien conservée, ainsi que les restes d'un gymnase, d'un temple et d'un théâtre, accrochés à une falaise dominant les flots. Pas de desserte en transports en commun, et peu d'infrastructures.

Kifissia

HAVRE DE PAIX EN MONTAGNE

Autrefois lieu de villégiature estivale pour les Athéniens fortunés, Kifissia, dans les collines, jouxte désormais la limite

OÙ FAIRE DU SHOPPING À KIFISSIA

Alex Canvin et **Evita Koutsopoulou** sont les patrons du café-bar Different Beast. *facebook.com/differentbeastathens*

Par'amour
Les vêtements de la marque Madam Shou Shou, de la styliste Elina Kordali, sont vendus dans cette boutique abordable où travaille sa mère.

Varsos
Un incontournable. Les Athéniens viennent jusqu'à Kifissia pour se régaler dans cette boulangerie-café traditionnelle, ouverte depuis plus de 100 ans.

Living Green
Boutique d'articles durables du monde entier. On y trouve des marques grecques comme les infusions Rhoeco ou les vêtements d'Adelie Pengu, ainsi que d'adorables jouets.

OÙ SE LOGER ET SE RESTAURER À MARATHON

Marathon Eco Stay
Chambres modernes près de la ligne de départ du marathon d'Athènes. Utilise des énergies renouvelables. **€€**

Diamanti
Ferme biologique près du tumulus des Athéniens. Laitages et produits frais en vente le week-end. **€**

Isidora
Sur la plage de Marathon, cet établissement sert des produits de la mer frais – sardines, anchois marinés... **€€**

OÙ OBSERVER LES OISEAUX

Spyros Skareas, fondateur et guide de Greece Bird Tours, recommande ces sites autour d'Athènes. *greecebirdtours.com*

Parc national de Schinias-Marathon
Les marais sont essentiels pour les oiseaux migrateurs et nicheurs. Près de 240 espèces différentes, dont le fuligule nyroca.

Mont Hymette
Les oiseaux qui migrent du sud de l'Afrique arrivent ici au printemps. On peut y voir des fauvettes de Rüppell, des fauvettes passerinettes, des perdrix choukar ou des mésanges lugubres (espèce indigène).

Brauron
Le marais de l'estuaire du fleuve Érasinos est un refuge pour les hérons, les oiseaux limicoles et les rallidés. Des hiboux et des buses féroces y évoluent en toute saison.

STAVROS KARAKONSTANTINOS/SHUTTERSTOCK ©

Parc national du mont Parnès

nord de la ville, à 20 km du centre. Son atmosphère cossue, avec ses parcs et ses rues bien entretenus, en fait une alternative agréable au centre-ville, moyennant une demi-heure de métro.

En sortant de la station, promenez-vous sous les marronniers d'Inde du luxuriant **Alsos Kifissia**. Depuis 1937, le parc accueille en mai l'**exposition florale de Kifissia**, l'un des plus grands festivals d'horticulture de Grèce.

Dirigez-vous ensuite vers le **musée Goulandris d'histoire naturelle**, sur Levidou. Renfermant d'innombrables animaux empaillés, dont une girafe dans le hall d'entrée, il s'agit du plus grand musée de ce type en Grèce. Ne manquez pas la réplique d'un squelette de tricératops de 7 m de long. Le centre de recherche environnementale GAIA, avec ses installations modernes, fait aussi partie du complexe.

L'**institut d'art Kouvoutsakis**, gratuit, se trouve dans un élégant bâtiment voisin, un peu en retrait de la rue. On y découvre des œuvres d'art grecques et internationales datant du début du XIXe siècle et des pièces plus modernes d'artistes tels que Tsarouchis, Tetsis et Rorris.

Arpentez les rues arborées de Kifissia pour découvrir près de 180 monuments classés, dont la **Villa Atlantis**, au croisement

OÙ SE LOGER ET SE RESTAURER À MARATHON (SUITE)

Panormitis
Une taverne de poisson simple et classique, au nord de la plage publique de Marathon. Menu écrit sur le mur. **€€**

Moraitis Beach
Café-bar du centre nautique sur la plage. Ambiance détendue, *bowls* à base de riz et nombreuses boissons. **€€**

Archontiko tou Lekka
Restaurant familial (spécialités de grillades d'agneau) dans une ancienne écurie, sur les hauteurs de Marathon. **€€**

des rues Pesmazoglou et Emmanuel Benaki, à environ 15 minutes à pied au nord de la station. Cette demeure de style Renaissance à la façade travaillée fut construite en 1897 par Ernst Ziller pour l'éditeur Solon Vlastos.

Musée olympique

VISER L'OR

Sur le chemin de Kifissia, descendez à la station Irene pour aller voir de plus près le **complexe olympique d'Athènes "Spyros Louis"** (OAKA), construit à l'occasion des Jeux de 2004. Le complexe est l'œuvre de l'architecte espagnol Santiago Calatrava. Outre le stade, admirez le Mur des nations, une sculpture en acier de 250 m de long et 20 m de haut, oscillant dans le vent à 5 m au-dessus du sol. Le complexe n'est plus en très bon état, mais les stades et les autres équipements accueillent régulièrement de grands événements sportifs et des concerts.

À l'est de l'OAKA, à l'intérieur du centre commercial Golden Hall, le **Musée olympique** est plus intéressant. Inauguré en 2021, ce lieu high-tech au design original retrace l'histoire des jeux Olympiques, de leur naissance dans la ville antique d'Olympe à leur renaissance en 1896 et leur retour triomphal à Athènes en 2004. Parmi les pièces exposées, des costumes et des accessoires utilisés lors de la cérémonie d'ouverture de 2004, et nombre de vidéos passionnantes.

Parc national du mont Parnès

RANDONNÉE, VTT ET NATURE

D'une superficie de 25 000 ha, ce parc national à 25 km au nord d'Athènes comporte plusieurs petits sommets dont le plus élevé, le Karavola (1 413 m), est souvent recouvert de neige en hiver. Il a été ravagé par les incendies de 2007 et la forêt, qui s'était bien remise, a de nouveau souffert en 2021.

Le parc est sillonné de sentiers de randonnée et de VTT, et compte deux grands refuges, **Mpafi** et **Flampouri**, pour héberger les randonneurs. Il comprend également de nombreuses grottes et abrite une faune abondante, comme les cerfs élaphes.

Pour atteindre le parc, vous pouvez emprunter les bus gratuits du **Regency Casino Mont Parnes** : desservant plusieurs arrêts à Athènes, ils vous déposent au pied du **téléphérique** (ouvert tous les jours de 9h à 5h le jour suivant, fermé de 14h30 à 5h le mardi) qui mène en 7 minutes au casino accroché à la montagne.

VIGNOBLES DE L'ATTIQUE

L'Attique, en particulier les terres agricoles autour de l'aéroport de Spata, est l'une des grandes régions viticoles de Grèce. Le cépage le plus répandu est le *savatiano*, qui donne le *retsina* (vin résiné aux arômes de pin) et sert à la production de vins blancs secs. Autres variétés locales : le *malagouzia* et l'*asyrtiko* côté blancs et l'*agiorgitiko* côté rouges. Des vignobles organisent des dégustations et des visites, l'occasion d'en apprendre plus sur la production et d'acheter quelques bouteilles. Tentez votre chance auprès du domaine **Gikas** ou des vignobles **Markou**. Appelez avant pour connaître les heures de visite.

EN SAVOIR PLUS SUR LES JEUX OLYMPIQUES

Il y a un petit musée sur l'histoire des jeux Olympiques au stade des Panathénées. La coupe d'argent remportée par Spyros Louis, vainqueur du premier marathon moderne, est exposée au **SNFCC** (p. 103).

OÙ SE LOGER À KIFISSIA ET AU MONT PARNÈS

Coco-Mat Hotel Nafsika
Un boutique-hôtel à quelques minutes de marche du centre de Kifissia. Literie très soignée. **€€**

SAY
Les chambres de cet élégant hôtel ont des balcons donnant sur la végétation. Excellent bar sur le toit. **€€€**

Mpafi
Au sommet du mont Parnès, ce refuge propose des dortoirs et des chambres individuelles, ainsi que des bons repas. **€**

Tatoï

VILLÉGIATURE ROYALE

À environ 1 heure de marche de Varibobi, à 25 km au nord d'Athènes, se trouve Tatoï, ancien lieu de villégiature de la famille royale grecque. Le gouvernement d'Eleftherios Venizelos y a prêté serment en 1915. Les bâtiments aujourd'hui vides, parsemés à travers les 40 km^2 du domaine, comportent le palais d'été (inspiré du palais de Peterhof près de Saint-Pétersbourg), un garage, un vignoble, des écuries, une piscine et un cimetière où étaient inhumés les personnages royaux. L'endroit est abandonné depuis l'abolition de la monarchie en 1974, mais il est question de convertir le palais en musée et de bâtir un hôtel de luxe et d'autres équipements.

Éleusis

SITE DES MYSTÈRES D'ÉLEUSIS

Grandes raffineries, usines de ciment, épaves rouillées végétant près de la rive... Éleusis (Elefsina), un petit port à dominante industriel à 23 km au nord-ouest d'Athènes, était un choix audacieux pour le titre de capitale européenne de la culture 2023. Mais peu de sites en Grèce possèdent un patrimoine d'une aussi grande richesse : c'est ici que se dressait l'**Éleusis antique**, l'un des plus grands centres religieux de l'Antiquité, où se trouve le sanctuaire de Déméter et de sa fille Perséphone.

Le site archéologique couvre une bonne partie de la petite colline, près du golfe Saronique et de sa vue imprenable sur l'île de Salamine. Le sanctuaire, parsemé de vestiges de colonnes et de blocs de construction, possède des dimensions impressionnantes. Des panneaux permettent de se représenter ce à quoi il ressemblait lorsqu'il était le point d'arrivée de l'Iera Odos, la Voie sacrée reliant Éleusis à Athènes. Au sommet de la colline, un petit musée surplombe la baie. Il renferme de remarquables statues en marbre, notamment un buste de caryatide exposé à hauteur d'œil.

La juxtaposition du site de l'Éleusis antique et des structures industrielles décaties rend l'ensemble encore plus saisissant. À proximité du front de mer, l'**Old Olive Oil Mill**, une usine à savon désaffectée, retrouve une seconde jeunesse comme centre événementiel. Vers l'intérieur des terres, une **ancienne piste de bowling** et **Cine Elefsis** ont été transformés en espaces d'exposition et d'événements. L'une des meilleures saisons pour visiter la ville est pendant le festival annuel d'Eschyle.

SANCTUAIRE DE DÉMÉTER

Les traces d'activité cultuelle à Éleusis remontent à la période mycénienne (entre 1600 et 1100 av. J.-C.), mais la véritable ferveur religieuse se développa à partir du VIIIe siècle avant notre ère. C'est ici que furent célébrés les "mystères d'Éleusis", grande fête annuelle qui attirait des milliers de pèlerins souhaitant être initiés aux rites secrets du culte de la déesse Déméter, déesse des moissons. Beaucoup marchaient en procession d'Athènes à Éleusis, le long de la Voie sacrée jalonnée de statues et de monuments votifs. D'autres venaient en bateau de toute la Grèce antique.

Les initiés aux rites étaient tenus au secret et condamnés à mort en cas de parjure.

OÙ SE RESTAURER À ÉLEUSIS

Chocolart
À côté d'un atelier de céramiste, ce petit café prépare des chocolats maison et le meilleur café d'Éleusis. €

Gazoza
Un agréable café-bar pour observer les passants et les ruines de l'Éleusis antique. €

Kapaki
Une taverne servant des plats traditionnels grecs sans prétention et du vin frais sur une terrasse ombragée. €

SIMON RICHMOND/LONELY PLANET ©

Éleusis antique

Moni Dafniou

MONASTÈRE BYZANTIN CLASSÉ À L'UNESCO

À une dizaine de kilomètres au nord-ouest du centre de la capitale, à mi-chemin d'Éleusis, se trouve le monastère de Daphni, classé au patrimoine mondial. La structure octogonale conserve un pan de mur de l'église originelle (VIe siècle) et une unique colonne ionique d'un temple d'Apollon encore plus ancien (trois autres colonnes ont été emportées à Londres par lord Elgin). L'intérieur est orné de remarquables mosaïques et de fresques aux motifs élaborés, achevées à la fin du XIe siècle et récemment restaurées. L'entrée est gratuite et le site ouvert de 8h30 à 15h30 du mercredi au dimanche.

À quelques minutes à pied du monastère, le **jardin botanique de Diomède** s'étend sur 186 hectares. Promenez-vous à l'ombre de sa forêt de pins, d'eucalyptus et de nombreux autres arbres et plantes (cactus, rosiers et même un olivier vieux de 900 ans). La sérénité des lieux est malheureusement troublée par le bruit constant de l'autoroute. Faites une pause au **Kipos**, café ombragé près de l'entrée du jardin.

Pour les deux sites, prenez le métro jusqu'à Agia Marina puis le bus jusqu'à Psychiatreio/Moni Dafniou.

LE THÉÂTRE GREC AUJOURD'HUI

Le dramaturge Eschyle naquit vers 525 av. J.-C. à Éleusis. Considéré comme le père de la tragédie, il posa les fondements du théâtre moderne. Il aimait traiter de sujets politiques et religieux et c'est lui qui aurait eu en premier l'idée de faire jouer ses pièces par deux acteurs. Depuis 1975, Éleusis lui rend hommage avec le **festival d'Eschyle**, une série de manifestations culturelles entre fin août et septembre qui se tiennent principalement dans l'amphithéâtre et les ruines de l'Old Olive Oil Mill.

La qualité des scènes athéniennes reste excellente, même si les représentations sont presque toujours en grec. Le Théâtre national et l'Opéra national sous-titrent tous deux leurs spectacles. À Plaka, la compagnie Koilon présente entre mai et octobre de courts drames inspirés des classiques grecs. Mentionnons également le festival d'Athènes et d'Épidaure, organisé en été (p. 150).

O Stratos
Dans cette taverne sur le port, les sardines grillées, poulpes, calamars, etc. sont servis avec du pain à l'ail. **€€**

Rakoun
Délicieux mezze et spécialités de *tsipouro* et de raki, sur fond de musique traditionnelle. **€**

Trata
Taverne classique appréciée pour la qualité de ses produits (crabes bleus, calamars et maquereaux grillés). **€€**

Carnet d'adresses

ACROPOLE, COLLINE DE PHILOPAPPOS ET THISSIO

Aréopage
Voir p. 60 (M Monastiraki)

Colline de Philopappos
Voir p. 66 (M Akropoli)

Église d'Agios Dimitrios Loumbardiaris
Voir p. 64 (facebook.com/agiosdimitriosloumpardiaris ; colline de Philopappos ; M Thissio, Akropoli)

Musée de l'Acropole
Voir p. 65 (210 900 0900 ; www.theacropolismuseum.gr ; Dionysiou Areopagitou 15, Makrygianni ; tarif plein/réduit 10/5 € nov-mars, 15/10 € avr-oct, gratuit résident de l'UE de -25 ans, tarif réduit 6-25 ans ; 9h-17h lun, 9h-20h mar-jeu et sam-dim, 9h-22h ven avr-oct, 9h-17h lun-jeu, 8h-22h ven, 9h-20h sam-dim nov-mars ; M Akropoli)

Musée Hérakleidon
Voir p. 60 (211 012 6486 ; www.herakleidon-gr.org ; Apostolou Pavlou 37, Thissio ; adulte/6-18 ans/-6 ans 5/3 €/gratuit ; 10h-18h tlj avr-oct, 10h-18h mer-dim nov-mars ; M Thissio)

Musée national d'Art contemporain
Voir p. 64 (EMST ; 211 101 9000 ; www.emst.gr/en ; avenue Kallirrois et Frantzi, Koukaki-Syngrou ; tarif plein/réduit 8/4 € ; mar-dim 11h-19h, jusqu'à 22h jeu ; M Syngrou-Fix)

Observatoire national d'Athènes
Voir p. 67 (310 349 0000 ; www.facebook.com/visitorcenters ; colline des Nymphes, Lofos Nymphon, Thissio ; horaires variables)

Odéon d'Hérode Atticus
Voir p. 60 (Herodeon ; 210 324 1807 ; Dionysiou Areopagitou ; M Akropoli)

Parthénon
Voir p. 61 (Acropole ; 210 321 4172 ; odysseus.culture.gr ; Acropole ; 8h-17h hiver, horaires prolongés en été ; M Akropoli)

State of Concept
Voir p. 67 (213 031 8576 ; stateofconcept.org ; Tousa Botsari 19 ; 16h30-20h30 mer-ven, 12h-17h sam ; M Syngrou Fix)

TAVROS
Voir p. 67 (210 342 5360 ; tavros.space ; 1er étage, Anaxagora 33, Tavros ; horaires selon les expositions ; M Tavros)

Temple d'Athéna Nikè
Voir p. 62 (Acropole ; 210 321 4172 ; odysseus.culture.gr ; Acropole ; 8h-17h hiver, horaires prolongés en été ; M Akropoli)

Théâtre de Dionysos
Voir p. 63 (Acropole ; 210 321 4172 ; odysseus.culture.gr ; Acropole ; 8h-17h hiver, horaires prolongés en été ; M Akropoli)

Artefact Athens
Voir p. 67 (artefact-athens.org)

Athènes Backpackers
Voir p. 66 (210 922 4044 ; backpackers.gr ; Makri 12, Makrygianni ; M Akropoli)

AthensWas
Voir p. 66 (210 924 9954 ; www.athenswas.gr ; Dionysiou Areopagitou 5, Makrygianni ; M Akropoli)

Be My Guest Athens
Voir p. 66 (213 044 9929 ; www.bemyguestathens.gr ; Nileos 33, Thissio ; M Thissio)

Chameleon Youth Hostel
Voir p. 67 (210 342 8053 ; Nileos 25, Thissio ; M Thissio)

Coco-Mat Athens BC
Voir p. 67 (210 723 0000 ; www.athensbc.com ; Falirou 5 ; M Akropoli)

Marble House
Voir p. 67 (210 923 4058 ; marblehouse.gr ; Anastasiou Zinni 35 ; M Syngrou-Fix)

Ellevoro
Voir p. 64 (210 924 6256 ; facebook.com/ellevoro ; Rovertou Galli 2, Makrygianni ; plats 17-28 € ; 19h-minuit lun et jeu-sam, 12h-19h dim ; M Akropoli)

Mani Mani
Voir p. 66 (210 921 8180 ; www.manimani.com.gr ; Falirou 10 ; plats 13-23 € ; 14h-23h ; M Akropoli)

Merceri Food & Drink
Voir p. 66 (210 341 7511 ; merceri.gr ; Iraklidon 21 ; plats 14-23 € ; 12h-minuit mer-lun ; M Thésélo)

Restaurant du musée de l'Acropole
Voir p. 65 (210 900 0915 ; www.theacropolismuseum.gr ; Dionysiou Areopagitou 15, Makrygianni ; plats 15,50-19 € ;

9h-17h lun-jeu, 9h-minuit ven-sam, 9h-20h dim nov-mars, 9h-17h lun, 9h-20h mar-jeu et dim, 9h-minuit ven-sam ; M Akropoli)

Blame the Sun
Voir p. 67 (210 921 3523 ; Veikou 60 ; 17h-minuit dim-jeu, 17h-1h ven-sam ; M Syngrou-Fix)

Hippy Hippo
Voir p. 66 (211 4118 3649 ; Anastasiou Zinni 37 ; 9h-minuit ; M Syngrou-Fix)

Strange Brew
Voir p. 67 (210 923 2146 ; www.strangebrew.gr ; Falirou 86 ; 18h-1h dim-jeu, 18h-2h ven-sam ; M Syngrou-Fix)

Théâtre de danse Dora Stratou
Voir p. 67 (210 032 4395 ; www.grdance.org ; colline de Philopappos, Thissio ; adulte/enfant 15/5 € ; spectacles 21h30 mer-ven, 20h15 sam-dim fin mai-sept ; M Petralona, Akropoli)

Django
Voir p. 67 (211 422 2029 ; www.djangogelato.com ; Veikou 15 ; 8h-23h30 lun-jeu, 9h-0h30 ven, 9h-1h sam, 10h-0h30 dim ; M Akropoli)

Fibra Fibra
Voir p. 67 (210 924 0808 ; Odissea Androutsou 36 ; 11h-20h30 mar et jeu-ven, 11h-18h mer et sam ; M Syngrou-Fix)

LoFi
Voir p. 67 (213 045 7027 ; www.loficoncept.com ; Odissea Androutsou 38 ; 11h-21h mar-ven, 11h-17h sam, 12h-18h dim ; M Syngrou-Fix)

Lovecuts
Voir p. 67 (215 501 1526 ; lovecuts.gr ; Veïkou 2, 10h30-21h lun-ven, 11h-17h sam ; M Akropoli)

Moloko Plus
Voir p. 67 (211 412 4170 ; Anastasiou Zinni 24 ; 10h30-15h et 18h-20h30 mar et jeu-ven, 10h30-18h mer, 11h-18h sam ; M Syngrou-Fix)

Acropole (p. 58) et vue sur Athènes

Trabala Studio
Voir p. 67 (212 106 5872 ; Odissea Androutsou 36 ; 10h30-14h30 et 17h30-20h30 mar et jeu-ven, 10h30-15h mer, 11h-17h sam ; M Syngrou-Fix)

Underflow
Voir p. 67 (211 403 9926 ; underflow.gr ; Kallir-rois 39, Kynosargous ; 11h-20h lun-mar et jeu-ven, 11h-16h sam, 11h-21h dim ; M Syngrou-Fix)

SYNTAGMA ET PLAKA

Anafiotika
Voir p. 70 (Stratonos, Plaka ; M Monastiraki, Akropoli)

Église Agioi Anargyroi
Voir p. 74 (To Metochi tou Panaghiou Tafou, église du Saint-Sépulcre ; 210 322 5810 ; jerusalem-patriarchate.info ; Erechtheos 18, Plaka ; M Akropoli)

Musée juif
Voir p. 71 (210 322 5582 ; www.jewishmuseum.gr/en ; Nikis 39 ; tarif plein/réduit 8/4 € ; 9h-14h30 lun-ven, 10h-14h dim ; M Syntagma)

Musée d'Histoire nationale
Voir p. 74 (210 323 7617 ; www.nhmuseum.gr ; Stadiou 13, Syntagma ; tarif plein/réduit 5/3 €, gratuit dim ; 9h-16h mar-ven, 10h-16h sam-dim sept-juin, 10h-16h mar-dim juil-août ; M Syntagma)

Musée des Instruments de musique populaire
Voir p. 72 (210 325 0198 ; www.athenes.fr ; Diogenous 1-3, Plaka ; 8h30-15h30 mer-lun; M Monastiraki)

Musée Kanellopoulos
Voir p. 72 (210 324 4447 ; pacf.gr ; Theorias 12, Plaka ; tarif plein/réduit 3/2 € ; 9h-16h mer-lun ; M Monastiraki)

Jardin national
Voir p. 73 (210 721 5019 ; www.cityofathens.gr ; aube-crépuscule ; M Syntagma)

Temple de Zeus olympien
Voir p. 71 (Olympieion ; 210 922 6330 ; odysseus.culture.gr ; Leoforos Vasilissis Olgas, Plaka ; tarif plein/réduit 8/4 €, gratuit résident de l'UE de -25 ans, tarif réduit 6-25 ans, tarif réduit nov-mars, billet combiné 30 € ; 8h-15h hiver, horaires prolongés en été ; M Akropoli, Syntagma)

Tombeau du Soldat inconnu
Voir p. 70 (Plateia Syntagmatos, Syntagma; M Syntagma)

Porte d'Hadrien
Voir p. 73 (angle Leoforos Vasilissis Olgas et Leoforos Vasilissis Amalias, Plaka ; M Akropoli, Syntagma)

Gatsby Athens Hotel
Voir p. 72 (210 321 6001 ; gatsbyathens.com ; Lekka 18 ; M Syntagma)

Hotel Grande Bretagne
Voir p. 71 (210 333 0000 ; www.marriott.com ; Vasileos Georgiou I 1, Syntagma ; M Syntagma)

InnAthens
Voir p. 72 (210 325 8555 ; www.innathens.com ; Souri 3, Syntagma ; M Syntagma)

Phaedra
Voir p. 72 (210 323 8461 ; hotelphaedra.com ; Cherefontos 16, Plaka ; M Akropoli)

Avocado
Voir p. 73 (210 323 7878 ; www.avocadoathens.com ; Nikis 30, Plaka ; plats 9-15 € ; 12h-22h lun-sam, 12h-17h dim ; M Syntagma)

Birdman
Voir p. 74 (210 321 2800 ; www.birdman.gr ; Skoufou 2, Syntagma ; brochette 2,50-10,50 €, plats 15 € ; 13h-17h et 18h-0h30 ; M Syntagma

Cherchez la Femme
Voir p. 73 (210 322 2020 ; Hotel Metropolis, cherchezlafemme.gr ; Mitropoleos 46 ; plats 6-19 € ; 10h-minuit ; M Syntagma)

Ergon House Agora
Voir p. 70 (210 010 9090 ; house.ergonfoods.com ; Mitropoleos 23, Syntagma ; plats 9-21 € ; 7h30-minuit ; M Syntagma)

Garde présidentielle grecque devant le tombeau du Soldat inconnu (p. 70)

ISANDRO75/STOCK.ADOBE.COM ©

GB Roof Garden Restaurant & Bar
Voir p. 71 (210 333 0766 ; www.gbroofgarden.gr ; Hotel Grande Bretagne, Vasileos Georgiou A1 ; plats 28-57 € ; 6h30-11h et 13h-2h ; M Syntagma)

Nolan
Voir p. 74 (210 324 3545 ; nolanverse.com ; Voulis 31-33 ; plats 9-15 € ; 13h-17h30 et 19h-23h30 lun-sam ; M Syntagma)

Sushimou
Voir p. 74 (211 407 8457 ; Skoufou 6 ; 18h-23h lun-sam ; M Syntagma)

Anana
Voir p. 72 (211 115 1788 ; www.ananacoffeefood.com ; Stoa Praxitelous, Praxitelous 33 ; M Syntagma)

Galaxy
Voir p. 74 (210 322 7733 ; facebook.com/GalaxyBarAthens ; Stadiou 10 ; 17h-2h lun-sam ; M Syntagma)

Heteroclito
Voir p. 74 (210 323 9406 ; www.heteroclito.gr ; Fokionos 2 ; 12h30-minuit lun-mer, 12h30-1h30 ven-sam, 18h-minuit ; M Syntagma)

Melina
Voir p. 73 (210 324 6501 ; cafemelina.gr ; Lisiou 22 ; 9h-2h ; M Akropoli, Monastiraki)

The Clumsies
Voir p. 74 (210 323 2682 ; www.theclumsies.gr ; Praxitelous 30 ; 10h-2h ; M Syntagma)

Psyche Wine Bar
Voir p. 73 (210 322 1271 ; www.psychewinebar.gr ; Kornarou 4 ; 13h30-1h lun, 17h-1h mar-ven, 14h30-1h sam-dim ; M Syntagma)

Yiasemi
Voir p. 72 (213 041 7937 ; www.

yiasemi.gr ; Mnisikleous 23 ; 8h-2h ; M Monastiraki)

Cine Paris
Voir p. 73 (210 322 2071 ; www.cineparis.gr ; Kydathineon 22, Plaka ; adulte/enfant 8/6 € ; mai-oct ; M Syntagma)

Cinéma Aegli
Voir p. 73 (210 336 9369 ; www.cine-aigli.gr ; parc du Zappéion ; adulte/enfant 8,50/6,50 € ; 21h et 23h mai-oct ; M Syntagma)

Stoa Emporon
Voir p. 72 (Voulis 4 ; M Syntagma)

Stoa Pesmatzoglou
Voir p. 72 (210 322 2711 ; xilouris.gr ; Stoa Pesmazoglou, Panepistimiou 39 ; 10h-16h lun, mer et sam, 10h-20h mar, jeu-ven ; M Panepistimio)

MONASTIRAKI ET PSYRI

A.antonopoulou.art
Voir p. 80 (210 321 4994 ; www.aaart.gr ; Aristofanous 20, 4e ét., Psyri ; 13h-19h mer-ven, 12h-16h sam ; M Monastiraki)

Agora romaine
Voir p. 78 (210 324 5220 ; odysseus.culture.gr ; Dioskouron, Monastiraki ; tarif plein/réduit 8/4 €, billet combiné 30 €, gratuit résident de l'UE de -25 ans, tarif réduit 6-25 ans, tarif réduit nov-mars, gratuit 1er dim nov-mars ; 8h-15h lun-ven, horaires prolongés en été ; M Monastiraki)

Alibi
Voir p. 80 (693 226 7587 ; www.alibigallery.com ; Sarri 12 ; 11h-14h et 15h-18h mar-ven ; M Monastiraki)

Agora antique
Voir p. 75 (210 321 0185 ; odysseus.culture.gr ; Adrianou 24 ; tarif plein/réduit 10/5 €, billet combiné 30 €, gratuit résident de l'UE de -25 ans, tarif réduit 6-25 ans, tarif réduit nov-mars, gratuit 1er dim nov-mars ; 8h-19h30 avr-oct, 8h-15h nov-mars ; M Monastiraki)

Église Agios Eleftherios
Voir p. 77 (Petite Métropole ; Plateia Mitropoleos, Monastiraki ; M Monastiraki)

Église des Saints-Apôtres
Voir p. 75 (210 321 0185 ; odysseus.culture.gr ; Agora antique, Adrianou 24 ; M Monastiraki)

Madrasa
Voir p. 79 (Pelopida ; M Monastiraki)

Mosquée Fethiye
Voir p. 79 (210 321 0185 ; Agora romaine ; M Monastiraki)

Mosquée Tzistarakis
Voir p. 79 (210 324 2066 ; www.mnep.gr/en ; Areos 1 ; M Monastiraki)

Musée des Arts et Traditions populaires grecs
Voir p. 79 (210 322 9031 ; www.mnep.gr ; Adrianou et Areos, Monastiraki ; M Monastiraki)

Temple d'Héphaïstos
Voir p. 75 (Agora antique, Adrianou 24 ; entrée comprise dans le billet de l'Agora antique ; M Monastiraki)

Portique d'Attale
Voir p. 75 (Agora antique, entrée comprise dans le billet de l'Agora antique ; 10h-15h30 lun, 8h30-15h30 mar-dim ; M Monastiraki)

Portique de Zeus Éleuthère
Voir p. 75 (Agora antique, entrée comprise dans le billet de l'Agora antique ; M Monastiraki)

Alternative Athens
Voir p. 80 (211 012 6544 ; www.alternativeathens.com ; Halkokondili 24 ; circuits à partir de 49 € ; M Omonia)

Athens Happy Train
Voir p. 80 (698 991 9091 ; www.athenshappytrain.com ; Plateia Syntagmatos, Syntagma ; tarif plein/réduit 5/3 € ; toutes les 30-40 min 9h-22h30 ; M Syntagma)

Athens Walking Tours
Voir p. 80 (694 585 9662 ou 210 884 7269 ; www.athenswalkingtours.gr)

Coco-Mat Bike Tours
Voir p. 80 (coco-mat.bike/bike-experiences/athens, Triptolemou 26 ; location vélo 3/5/8 heures 15/23/30 €, circuits à vélo 39 € ; 10h-21h ; M Kerameikos)

Solebike
Voir p. 80 (210 921 5620 ; solebike.eu ; Lembesi 11, Makrygianni ; circuits e-bike 28-78 € ; M Akropoli)

We Bike Athens
Voir p. 80 (310 347 2265 ; www.webikeathens.gr ; Apostolou Pavlou 53 ; circuits e-bike 48-70 € ; M Thissio)

City Circus
Voir p. 78 (213 023 7244 ; www.citycircus.gr ; Sarri 16, Psyri ; M Thissio, Monastiraki)

Mona
Voir p. 78 (210 324 5804 ; mona-athens.com ; Kakourgodikiou 4 ; M Monastiraki)

Perianth Hotel
Voir p. 79 (210 321 6660 ; perianthhotel.com ; Limpona 2 ; M Monastiraki)

Selina
Voir p. 79 (216 001 0891 ; www.selina.com/greece/theatrou-athens ; Theatrou 8 ; M Monastiraki, Omonia)

The Foundry
Voir p. 78 (211 182 4604 ; www.thefoundrysuitesathens.com ; Sarri 40, Psyri ; M Thissio)

Zillers
Voir p. 79 (210 322 2277 ; www.thezillersathenshotel.com ; Mitropoleos 54, Monastiraki ; M Monastiraki)

Atlantikos
Voir p. 80 (213 033 0850 ; Avliton 7, Psyri ; 13h-01h ; M Monastiraki, Thissio)

Café Avissinia
Voir p. 80 (210 321 7047 ; cafeavissinia.net ; Kinetou 7, Monastiraki ; plats 7,50-14,50 € ; 13h-1h mar et jeu-ven, 12h30-1h sam, 12h30-20h dim-lun ; M Monastiraki, Thissio)

Marché central
Voir p. 77 (210 321 7047 ; Athinas 44 ; 7h-18h lun-sam ; M Omonia, Panepistimio)

Diporto Agoras
Voir p. 79 (210 321 1463 ; Sokratous 9 et Theatrou, Psyri ; 8h-19h lun-sam, fermé 1er-25 août ; M Omonia, Monastiraki)

Feyrouz
Voir p. 81 (213 031 8060 ; feyrouz.gr ; Karori 23, Monastiraki ; sandwichs à partir de 4,20 € ; 12h-22h lun-sam ; M Monastiraki)

Café dans une rue de Plaka (p. 68)

ROMAN SIGAEV/STOCK.ADOBE.COM ©

Karamanlidika tou Fani
Voir p. 79 (210 325 4184 ; karamanlidika.gr ; Sokratous 1, Psyri ; 8h-23h lun-sam ; M Monastiraki)

Kostas
Voir p. 81 (210 323 2971 ; Plateia Agia Irini 2, Monastiraki ; sandwich 2,20 € ; 10h-18h mar-sam ; M Monastiraki)

Linou Soumpasis k sia
Voir p. 80 (210 322 0300 ; linousoumpasis.gr, Kalamida 9 ; 13h30-1h mar-dim ; M Monastiraki)

A for Athènes
Voir p. 81 (210 324 4244 ; aforathens.com ; Miaouli 2 ; 16h-minuit ; M Monastiraki)

Booze Cooperativa
Voir p. 81 (211 405 3733 ; boozecooperativa.com ; Kolokotroni 57, Monastiraki ; 11h-1h30 ; M Monastiraki)

City Zen
Voir p. 81 (210 325 4942 ; cityzenathens.gr ; Aiolou 11 ; 9h-3h30 ; M Monastiraki)

Couleur Locale
Voir p. 81 (216 700 4917 ; couleurlocaleathens.com ; Normanou 3, Monastiraki ; 10h-2h dim-jeu, 10h-3h ven-sam ; M Monastiraki)

Dude Bar
Voir p. 81 (210 322 7130 ; www.facebook.com/theDUDEbar ; Kalamiotou 14 ; 14h-tard ; M Monastiraki)

Kokkion
Voir p. 80 (698 156 3511 ; www.kokkion.com ; Protogenous 2 ; 8h-minuit lun-ven, 10h-minuit sam-dim ; M Monastiraki)

Little Kook
Voir p. 80 (210 321 4144 ; facebook.com/littlekookgr ; Karaïskaki 17, Psyri ; 9h-minuit ; M Monastiraki)

Mokka
Voir p. 79 (210 321 6892 ; mokka.coffee ; Athinas 44 ; 7h30-15h30 lun-sam ; M Omonia)

Noel
Voir p. 81 (211 215 9534 ; noelbar.gr ; Kolokotroni 59B, Monastiraki ; 17h-1h lun, 16h-1h mar-mer et dim, 16h-2h jeu, 11h-2h ven-sam ; M Monastiraki)

Shedia Home
Voir p. 77 (210 331 6849 ; shediahome.gr ; Nikiou 2, Monastiraki ; M Monastiraki)

Six d.o.g.s
Voir p. 80 (210 321 0510 ; sixdogs.gr ; Avramiotou 6-8, Monastiraki ; 17h-2h30 lun, 11h-tard mar-dim ; M Monastiraki)

The Makers
Voir p. 80 (210 331 1372 ; themakersathens.gr ; Praxitelous 37 ; 8h30-20h ; M Panepistimio)

Marché central
Voir p. 79 (Varvakios Agora ; Athinas, entre Sofokleous et Evripidou, Psyri ; 7h-18h lun-sam ; M Panepistimio, Omonia)

Big Bazaar
Voir p. 79 (Aristogitonos 11 ; 10h-16h sam et lun, 9h-17h30 mer ; 9h-20h mar et jeu-ven ; M Omonia)

Color Skates
Voir p. 80 (210 331 7119 ; www.colorskates.com ; Protogenous 5 ; 11h-19h lun et mer, 11h-21h mar et jeu-ven, 10h30-19h sam, 12h-18h dim ; M Monastiraki)

Fotsi
Voir p. 79 (210 321 7131 ; www.fotsi.gr ; Evripidou 39, Psyri ; 8h-16h mar-sam ; M Monastiraki)

HYPER HYPO
Voir p. 80 (211 735 9628 ; hyperhypo.gr ; Voreou 10 ; 11h-20h mar et jeu-ven, 11h-18h mer et sam ; M Monastiraki)

Miran
Voir p. 79 (210 321 7187 ; www.miran.gr ; Evripidou 45 ; 7h-20h lun-sam ; M Monastiraki)

Mon Coin
Voir p. 80 (697 680 0244 ; www.moncoinstudio.com ; Erehthiou 16, Koukaki ; 10h-17h lun et mer, 10h-20h30 mar et jeu-ven, 10h-18h sam ; M Syngrou-Fix)

Neon Raum
Voir p. 80 (213 030 9860 ; neonraum.com ; Leocharous 17 ; 12h-20h mar et jeu-ven, 12h-17h mer et sam ; M Panepistimio)

Olgianna Melissinos
Voir p. 80 (210 331 1925 ; www.melissinos-sandals.gr ; Normanou 7, Monastiraki ; 10h-20h mar et jeu-ven, 10h-18h mer et sam-dim ; M Monastiraki)

Overoll Croissanterie
Voir p. 81 (211 419 8151 ; www.facebook.com/overoll.croissanterie ; Praxitelous 27 ; 8h-17h ; M Panepistimio)

To Rodakio & Fotagogos
Voir p. 81 (210 383 9355 ; facebook.com/ToRodakio ; Kolokotroni 59b, Monastiraki ; 9h-20h lun-mar et jeu-ven, 9h-16h et 17h30-20h mer ; 9h-15h sam ; M Monastiraki)

GAZI, KERAMIKOS ET METAXOURGIO

Al Hammam
Voir p. 85 (211 012 9099 ; alhammam.gr, Tripodon 16 ; soins 25-187 € ; 13h-21h ; M Acropoli)

Beth Shalom
Voir p. 85 (210 325 2823 ; athjcom.gr ; Melidoni 5, Keramikos ; 10h-14h lun et jeu, 8h30-14h mar-mer et ven uniquement sur rdv ; M Thissio)

Ets Hayim
Voir p. 85 (210 325 2823 ; athjcom.gr ; Melidoni 8, Keramikos ; 10h-14h lun et jeu, 8h30-14h mar-mer et ven uniquement sur rdv ; M Thissio)

Hammam
Voir p. 85 (210 323 1073 ; hammam.gr ; Melidoni 1, angle Agion Asomaton, Keramikos ; bain de 1 heure 30 € ; 11h-22h30 lun-ven, 10h-22h30 sam-dim ; M Thissio)

Mains en prière
Voir p. 85 (Pireos 20 ; M Omonia)

Mémorial de l'Holocauste
Voir p. 85 (angle Melidoni, Ermou et Evvoulou, Keramikos ; M Thissio)

Keramikos
Voir p. 83 (210 346 3552 ; odysseus.culture.gr ; Ermou 148 ; tarif plein/réduit 8/4 € billet combiné 30 €, gratuit résident de l'UE de -25 ans, tarif réduit 6-25 ans, tarif réduit nov-mars, gratuit 1er dim nov-mars ; 8h-15h ; M Thissio)

Musée Benaki du 138 Pireos
Voir p. 84 (210 345 3111 ; www.benaki.org ; Pireos 138, Rouf ; tarif plein/réduit à partir de 5/2,50 € ; 10h-18h jeu et dim, 10h-22h ven-sam ; M Kerameikos)

Musée d'Art islamique
Voir p. 83 (210 325 1311 ; www.benaki.org ; Agion Asomaton 22, Keramikos ; tarif plein/réduit 9/7 €, enfant gratuit ; 10h-18h jeu-dim ; M Thissio)

NEON
Voir p. 87 (213 018 7700 ; neon.org.gr ; Lenorman Tobacco Factory, Lenormal 218 ; horaires variables ; M Sepolia)

Musée numérique de l'Académie de Platon
Voir p. 83 (210 514 2138 ; plato.academia.gr ; Alkmeonos 1 ; 9h-16h)

Technopolis
Voir p. 84 (213 010 9312 ; www.athens-technopolis.gr ; Pireos 100, Gazi ; adulte 1 €, enfant gratuit ; musée 10h-20h mar-mer et ven-sam, 10h-21h jeu et dim mi-oct à mi-avr, 10h-18h mar-mer et ven-sam, 10h-21h jeu et dim mi-avr à mi-oct ; M Kerameikos)

The Kiss
Voir p. 85 (Plateia Avdi ; M Metaxourgelo)

To Treno sto Rouf
Voir p. 85 (210 529 8922, 693 760 4988 ; totrenostorouf.gr ; Leoforos Konstantinoupoleos, gare de Rouf ; 19h30-minuit mer-dim, fermé en août ; 21 ou B16 arrêt Rouf ; M Kerameikos)

A Little Taste of Home
Voir p. 85 (210 001 1511 ; Astiggos 8 ; 13h-22h dim et mer-jeu, 13h-22h30 ven-sam ; M Thissio, Monastiraki)

CTC Urban Gastronomy
Voir p. 85 (210 722 8812 ; ctc-restaurant.com ; Plateon 15 ; menus 55-90 € ; 19h30-minuit mar-sam ; M Kerameikos)

Elvis
Voir p. 85 (210 345 5836 ; Plateon 29, Keramikos ; 12h-2h30 ; M Kerameikos, Thissio)

Seychelles
Voir p. 85 (211 183 4789 ; Keramikou 49, Metaxourgeio ; 13h30-2h ; M Metaxourgeio)

Bios
Voir p. 86 (210 342 5335 ; pireos84.bios.gr ; Pireos 84, Keramikos ; 10h-2h ; M Thissio)

Upupa Epops
Voir p. 86 (212 105 5214 ; upupaepopsthebar.gr ; Alkiminis 7 ; 10h-2h dim-jeu, 10h-3h ven-sam ; M Kerameikos)

Bequeer
Voir p. 86 (213 012 2249 ; facebook.com/bequeerathens ; Keleou 10, Keramikos ; minuit-6h ven-sam ; M Kerameikos)

Koukles
Voir p. 86 (694 755 7443 ; www.facebook.com/Kouklesclubathens ; Zan Moreas 32 ; 23h-4h ven-sam ; M Syngrou-Fix)

Purple Night
Voir p. 86 (@purplenight.athens ; lieu variable ; horaires variables)

Qreclaim
Voir p. 86 (www.facebook.com/Qreclaim ; lieu variable ; horaires variables)

Slam
Voir p. 86 (www.facebook.com/slamathens ; lieu variable ; bimensuel)

OMONIA, EXARCHIA ET KYPSÉLI

Académie d'Athènes
Voir p. 67 (210 366 4700 ; www.academyofathens.gr ; Panepistimiou 28 ; M Panepistimio)

Bibliothèque nationale
Voir p. 91 (210 338 2541 ; www.nlg.gr ; Panepistimiou 32 ; 9h-16h lun-ven ; M Panepistimio)

Mémorial à Alexandros Grigoropoulos
Voir p. 91 (Mesolongiou 8 ; M Omonia)

Musée Loverdos
Voir p. 88 (210 339 2147 ; loverdosmuseum-bma.gr ; Mavromichali 6 ; 8h30-15h30 mer-lun ; M Omonia)

Musée national d'Archéologie
Voir p. 87 (213 214 4800 ; www.namuseum.gr ; Oktovriou 44 ; tarif plein/réduit 12/6 € avr-oct, 6 € pour tous nov-mars, billet combiné 4 musées 15/8 €, gratuit dim, gratuit résident de l'UE de -25 ans ; 13h-20h mar, 8h30-15h30 mer-lun nov-mars, 13h-20h mar, 8h-20h mer-lun mi-avr à oct, M Omonia, Biktoria)

No Land For The Poor
Voir p. 91 (wdstreetart.com ; Emmanuel Benaki 84, Exarchia ; M Omonia)

Parc Navarino
Voir p. 91 (Zoodochou Pigis 26 ; M Omonia)

Université d'Athènes
Voir p. 91 (www.uoa.gr ; Omonoia 30, Panepistimio ; M Panepistimio)

Marché municipal de Kypséli
Voir p. 91 (athens.impacthub.net/dimotiki-agora-kypselis ; Fokionos Negri 42, Kypséli ; 8h-20h lun-ven, 8h-14h sam ; M Victoria)

Athens Quinta Hostel
Voir p. 89 (694 228 2270 ; athenshostel.gr ; Methonis 13 ; M Panepistimio)

Baloo Hostel
Voir p. 89 (211 750 2972 ; www.baloohostel.com ; Favierou 4 ; M Metaxourgeio)

Brown Acropol
Voir p. 89 (214 444 1300 ; brownhotels.com/fr/athens/acropol ; Panagi Tsaldari, Pireos 1 ; M Omonia)

Ama Lachei stis Nefelis
Voir p. 90 (210 384 5978 ; restaurant-47828.business.site ; Kalidromiou 69, Exarhia ; mezze 5,20-11 € ; 11h-23h30 dim-mer, 11h-minuit jeu-sam ; 2, 5, 9, 11, arrêt Polytechneio)

Maisons du quartier de Plaka (p. 68)

ANASTASIOS71/STOCK.ADOBE.COM ©

Café Boheme Barbagiannis
Voir p. 90 (☎ 210 360 8018 ; cafeboheme.gr ; Emmanouil Benaki 94 ; mezze 5,50-10,70 €, plats 10,60-22,50 € ; ⌚10h-2h ; Ⓜ Omonia)

Fine Mess Smokehouse
Voir p. 90 (☎ 211 115 5725 ; finemess.gr ; Delfon 5 ; plats 8-27 € ; ⌚16h-minuit mar-jeu, 16h-0h30 ven, 14h-0h30 sam, 14h-minuit dim ; Ⓜ Panepistimio)

Oxo Nou
Voir p. 91 (☎ 210 380 1778 ; www.facebook.com/oxonouathens ; Emmanouil Benaki 63 ; ⌚13h-1h30 ; Ⓜ Omonia)

Rakoumel
Voir p. 91 (☎ 210 380 0506 ; rakoumel.gr ; Emmanouil Benaki 71 ; plats 4-8,50 € ; ⌚13h-1h30 mar-jeu, 13h-2h30 ven-sam, 13h-1h dim ; Ⓜ Omonia)

Tastes of Damascus
Voir p. 91 (☎ 211 117 7714 ; tastesofdamascus.wordpress.com ; Negri Fokionos 19 ; sandwich falafels 2,50-7,50 € ; ⌚12h30-0h30 mar-dim ; Ⓜ Attiki)

Village
Voir p. 93 (☎ 210 822 0222 ; Platiou Agiou Georgiou 9 ; Ⓜ Victoria)

Café Ivi
Voir p. 91 (☎ 210 323 2554 ; Ivis 10 ; ⌚12h-1h dim-jeu, 12h-2h ven-sam ; Ⓜ Thissio)

Eprepe
Voir p. 91 (☎ 210 864 4910 ; @eprepe_bar ; Agias Zonis 1 ; ⌚14h-1h ; 🚌 3, 5, 11, 14 arrêt Plateia Amerikis)

Exostrefis
Voir p. 91 (☎ 215 540 8082 ; Anexartisias ; ⌚12h-3h ; Ⓜ Omonia)

Kick
Voir p. 92 (☎ 211 119 0369 ; Sporadon 26 ; ⌚8h-21h mar-ven, 9h-21h sam, 10h-21h dim ; Ⓜ Victoria)

Veneti
Voir p. 87 (☎ 210 321 0266 ; fournosveneti.gr ; Plateia Omonias 18 ; ⌚6h-22h ; Ⓜ Omonia)

An Club
Voir p. 91 (☎ 210 330 5056 ; www.anclub.gr ; Solomo 13-15 ; billets à partir de 5 € ; Ⓜ Omonia)

Feidiou 2
Voir p. 91 (☎ 210 330 0060 ; facebook.com/Feidiou2 ; Fidiou 2 ; ⌚8h-2h30 lun-sam, 11h-2h30 dim ; Ⓜ Omonia)

Théâtre municipal de musique Olympia Maria Callas
Voir p. 91 (☎ 210 364 2540 ; oly.gr ; Akadimias 59 ; Ⓜ Omonia)

Riviera
Voir p. 92 (☎ 210 384 4827 ; www.facebook.com/riviera.athens ; Valtetsiou 46 ; tarif plein/réduit 7/6 €, 5 € tous les mer ; ⌚été ; Ⓜ Omonia)

Romantso
Voir p. 92 (☎ 216 700 3325 ; www.romantso.gr ; Anaxagora 3 ; Ⓜ Omonia)

Théâtre national
Voir p. 92 (☎ 210 528 8100 ; www.n-t.gr ; Agiou Konstantinou 22-24 ; Ⓜ Omonia)

Black Salami Microbakery
Voir p. 91 (www.theblacksalami.com ; Zoodochou Pigis 71 ; ⌚9h-17h mar-sam, 10h-17h dim ; Ⓜ Omonia)

Koukoutsi
Voir p. 92 (☎ 210 361 4060 ; www.koukoutsi.net ; Skoufa 81 ; ⌚10h-17h30 lun, mer et sam, 10h-20h30 mar, jeu et ven ; Ⓜ Panepistimio)

Marché à Exarchia
Voir p. 90 (Kalidromiou, Exarchia ; ⌚7h-15h sam ; 🚌 021, Ⓜ Omonia)

Marché à Kolonaki
Voir p. 90 (Xenokratous, Kolonaki ; ⌚8h-14h ven ; Ⓜ Evangelismos)

Marché à Pangrati
Voir p. 90 (⌚ven)

Ode to Socks
Voir p. 91 (☎ 693 898 4371 ; www.odetosocks.com ; Zoodochou Pigis 43 ; ⌚11h-17h lun, 11h-20h mar et jeu-ven, 11h-19h mer, 11h-18h sam ; Ⓜ Omonia, Panepistimio)

Plan 59
Voir p. 91 (Zoodochou Pigis 59 ; ⌚12h-15h et 17h30-20h mar et jeu-ven, 11h-15h30 mer, 11h-16h sam ; Ⓜ Omonia, Panepistimio)

Plastikourgeio
Voir p. 92 (☎ 213 044 3356 ; plastikourgeio.com ; Asklipiou 51, Exarchia ; ⌚10h30-15h lun-mer, 10h30-15h et 17h30-20h30 jeu-ven ; Ⓜ Panepistimio)

Zacharias
Voir p. 92 (www.zacharias.es ; Zoodohou Pigis 55-57, Exarchia ; ⌚10h-18h mar-mer, 10h-20h jeu-ven, 10h-16h sam ; Ⓜ Omonia)

KOLONAKI ET HILTON

Église Agiou Dionysiou Areopagitou
Voir p. 97 (☎ 210 361 3436 ; www.facebook.com/agdionisiosathens ; Skoufa 34 ; ⌚Panepistimio)

Colline du Lycabette
Voir p. 94 (Lykavittos ; www.lycabettushill.com ; Kolonaki ; funiculaire aller/aller-retour 7/10 € ; ⌚funiculaire 9h-14h30, heures creuses 2/heure, heures de pointe plus fréquent ; Ⓜ Evangelismos)

Galerie Allouche Benias
Voir p. 97 (☎ 210 338 9111 ; allouchebenias.com ; Kanari 1 ; ⌚11h-19h mar-ven, 11h-17h sam ; Ⓜ Syntagma)

Galerie nationale
Voir p. 94 (☎ 21440 86213 ; www.nationalgallery.gr/en ; Vasileos Konstantinou 50 ; entrée 10 €, 6-25 ans 5 € avr-oct, gratuit pour résident de l'UE de -25 ans ; ⌚10h-17h lun et jeu-sam,

10h-21h mer ; 10h-18h dim, café ; M Evangelismos)

Galerie Skoufa
Voir p. 97 (☎ 210 364 3025 ; skoufagallery.gr ; Skoufa 4 ; 10h-16h lun et mer, 10h-21h mar et jeu, 10h-20h ven, 10h30-16h sam ; M Syntagma, Evangelismos)

Galerie Zoumboulakis
Voir p. 97 (☎ 210 363 4454 ; www.zoumboulakis.gr ; Kriezotou 6 ; 10h-15h lun et mer, 10h-20h mar, jeu et ven, 10h-16h sam ; M Syntagma)

Le Coureur
Voir p. 96 (The Runner ; Plateia Megalis tou Genous Scholis ; M Evangelismos)

Musée Benaki de la culture grecque
Voir p. 94 (☎ 210 367 1000 ; www.benaki.org ; Koumbari 1, angle Leoforos Vasilissis Sofias ; expo permanente tarif plein/réduit 12/9 €, gratuit enfant et jeu 18h-minuit, pass musées Benaki 30 € ; 10h-18h lun, mer et ven-sam, 10h-minuit jeu, 10h-16h dim ; M Syntagma, Evangelismos)

Musée Benaki du 3 Kriezotou
Voir p. 97 (galerie Ghika ; 3 Kriezotou ; expo tarif plein/réduit 9/7 €, gratuit enfant, pass musées Benaki 30 € ; 10h-18h ven-sam, fermé en août ; M Syntagma, Evangelismos)

Musée byzantin et chrétien
Voir p. 95 (☎ 213 213 9517 ; www.byzantinemuseum.gr ; Leoforos Vasilissis Sofias 22 ; billet 8 € avr-oct, 4 € nov-mars, gratuit pour résident de l'UE de -25 ans ; 8h30-15h30 lun et mer-dim ; M Evangelismos)

Musée d'Art cycladique
Voir p. 95 (☎ 210 722 8321-3 ; cycladic.gr ; Neofytou Douka 4 ; tarif plein/réduit 12/9 €, enfant gratuit ; 10h-17h lun, mer et ven-sam, 10h-20h jeu, 11h-17h dim ; M Evangelismos)

Musée numismatique
Voir p. 95 (☎ 210 363 2057 ; www.nummus.gr ; Panepistimiou 12 ; 6 € avr-oct, 3 € nov-mars ; 8h30-15h30 mar-dim ; M Panepistimio, Syntagma)

Monsieur Didot
Voir p. 96 (☎ 210 363 7625 ; monsieurdidot.com ; Sina 48 ; M Panepistimio)

St George Lycabettus
Voir p. 96 (☎ 210 741 6000 ; www.sgl.gr ; Kleomenous 2 ; M Evangelismos, Syntagma)

The Modernist
Voir p. 96 (☎ 216 000 2130 ; www.themodernisthotels.com/athens ; Ioannou Gennadiou 4 ; M Evangelismos)

Dexameni
Voir p. 96 (☎ 210 722 4609 ; @dexameni.kolonaki ; Plateia Dexamenis ; 10h-2h ; M Evangelismos, Syntagma)

Oikeio
Voir p. 97 (☎ 210 725 9216 ; facebook.com/oikeio ; Ploutarchou 15 ; 12h30-minuit mar-jeu et sam, 12h30-1h ven, 12h30-18h dim ; M Evangelismos)

Vezené
Voir p. 97 (☎ 210 723 2002 ; vezene.gr ; Vrasida 11 ; plats 28-52 € ; 18h-0h30 lun-ven, 13h-0h30 sam, 13h-23h dim ; M Evangelismos)

Da Capo
Voir p. 97 (☎ 210 360 2497 ; Tsakalof 1 ; 7h-22h lun-sam, 8h-22h dim ; M Evangelismos, Syntagma)

Me Kolanaki
Voir p. 97 (☎ 210 724 2588 ; meathens.com ; Kapsali 10 ; 8h-23h lun-sam, 8h30-23h dim ; M Evangelismos, Syntagma)

Prasini Tenta
Voir p. 94 (☎ 210 363 5400 ; prasinitenta.gr ; Lykavit ; 8h-1h ; M Evangelismos, Syntagma)

Restaurant avec vue

NADEZHDA1906/STOCK.ADOBE.COM ©

Cine Dexameni
Voir p. 96 (210 362 3942 ; www.cinedexameni.gr ; Plateia Dexameni ; adulte/enfant 8/5 €, 5 € pour tous mer ; projections vers 20h ; M Evangelismos)

Apivita
Voir p. 97 (210 364 0560 ; www.apivita.com ; Solonos 6 ; 9h-17h lun, mer et sam, 9h-21h mar et jeu-ven ; M Syntagma)

Boutique du musée Benaki
Voir p. 97 (210 367 1045 ; www.benakishop.gr ; Koumpari 1 ; 10h-18h lun, mer et ven-sam, 10h-22h jeu, 10h-16h dim ; M Evangelismos, Syntagma)

Boulangerie Kora
Voir p. 97 (210 362 7855 ; www.korabakery.com ; Panagiotou Anagnostopoulou 44 ; 8h-18h lun-ven, 8h30-15h sam-dim ; M Syntagma)

Kombologadiko
Voir p. 97 (212 700 0500 ; www.kombologadiko.gr ; Amerikis 9, Kolonaki ; 10h-16h lun, mer et sam, 10h-21h mar, jeu et ven ; M Syntagma)

Lemisios
Voir p. 97 (210 361 1161 ; www.lemisios.gr ; Lykavittou 6 ; 9h-15h lun et mer, 9h-20h mar, jeu-ven, 10h30-15h sam ; M Syntagma, Panepistimio)

Mastiha Shop
Voir p. 97 (210 363 2750 ; www.mastihashop.com ; Panepistimiou 6 ; 9h-21h lun ven, 10h-18h sam ; M Syntagma)

METS ET PANGRATI

Fondation Basil et Elise Goulandris
Voir p. 99 (210 725 2895 ; goulandris.gr ; Eratosthenous 13 ; tarif plein/réduit 10/7 € ; 10h-18h mer-jeu, sam-lun et 10h-20h ven ; M Akropoli)

Premier cimetière d'Athènes
Voir p. 100 (210 922 1621 ; Logginou 3 ; 8h-20h)

Stade des Panathénées
Voir p. 99 (210 752 2984-6 ; www.panathenaicstadium.gr ; Leoforos Vasileos Konstantinou ; tarif plein/réduit 10/5 € ; 8h-19h mars-oct, 8h-17h nov-fév ; entrée sportive 7h30-9h tlj ; M Akropoli, Zappeio)

Mavro Provato
Voir p. 100 (210 722 3466 ; www.tomauroprovato.gr ; Arrianou 33 ; plats 7,50-29 € ; 13h-minuit lun-sam, 13h-19h dim ; M Evangelismos)

Ohh Boy
Voir p. 100 (211 183 8340 ; ohhboy.gr, facebook.com/ohhboygr ; Archelaou 32, Pangrati ; 8h30-23h lun-ven, 9h-23h sam-dim ; M Evangelismos)

Soil
Voir p. 99 (210 751 3505 ; soilrestaurant.gr ; Ferekidou 5 ; menu 14 plats 90 € ; 19h-1h mar-sam ; M Evangelismos)

The Vegan Vandal
Voir p. 100 (210 721 4003 ; theveganvandal.com ; Aminta 15 ; burger 6,20-9,40 € ; 15h-23h)

Chelsea Hotel
Voir p. 100 (210 756 3374 ; Arhimidous 1; 2, 4, 11 arrêt Plateia Plastira)

Half Note Jazz Club
Voir p. 100 (210 921 3310 ; www.halfnote.gr ; Trivonianou 17 ; billets 10-25 € ; horaires variables, fermé en été ; M Akropoli)

Hallelujah
Voir p. 100 (210 723 5210 ; www.hallelujahdesign.gr ; Archelaou 32 ; 11h-15h lun et mer, 10h30-14h30 et 17h-20h30 mar, jeu-ven, 12h-18h sam ; M Evangelismos)

Maraboo
Voir p. 100 (210 724 7037 ; Archelaou 17)

Threesome Ceramics
Voir p. 100 (694 458 6167 ; threesomeceramics.com ; Aminta 13 ; 18h-21h lun, 11h-14h et 18h-21h mar-mer, sur rdv jeu-sam)

NEOS KOSMOS, KALLITHEA ET PALIO FALIRO

Averoff
Voir p. 104 (Georgios Averoff ; 210 988 8211 ; averof.hellenicnavy.gr ; Marina Flisvos ; adulte/enfant 3/1,50 € ; 9h-14h mar-ven, 10h-17h sam-dim ; arrêt Trokantero, 217 arrêt Oulen)

Neraida
Voir p. 104 (www.neraida.org ; Marna Flisvos, Leoforos Poseidonos ; 17h-20h30 ven, 11h-18h sam, 12h-18h dim ; arrêt Trokantero, 217 arrêt Oulen)

Centre culturel de la fondation Stavros Niarchos
Voir p. 103 (SNFCC ; 216 809 1000 ; www.snfcc.org ; Leoforos Syngrou 364 ; visite guidée tarif plein/réduit 8/5 € ; centre des visiteurs 10h-14h et 17h-21h ; 550 arrêt Onasseio, 10 arrêt Epaminonda)

Fondation Eugenides
Voir p. 104 (210 946 9600 ; www.eef.edu.gr ; Leoforos Syngrou 364 ; planétarium adulte/enfant 6/4 € ; planétarium 17h30-20h30 mer-ven, 10h30-20h30 sam-dim ; 229 arrêt Iasonos)

Musée Benaki des jouets
Voir p. 101 (212 687 5280 ; www.benaki.org ; Tritonos 1 ; tarif adulte/-22 ans 9 €/gratuit ; 10h-18h jeu-dim, fermé en août ; arrêt Trokantero)

Onassis Stegi
Voir p. 101 (210 900 5800 ; www.onassis.org ; Leoforos Syngrou 107-109 ; billetterie 10h30-18h30 lun-ven ; 10 ou 550, arrêt Panteio, M Syngrou-Fix)

Parc de Flisvos
Voir p. 102 (210 988 5140 ; parkoflisvos.gr ; Palaio Faliro ; 9h-22h ; Parko Flisvou)

Theatro Skion Tasou Konsta
Voir p. 102 (210 322 7507 ; www.fkt.gr ; parc de Flisvos ; 3,50 € ; 20h30 ven-dim juin-sept ; Parko Flisvou)

Annie Fine Cooking
Voir p. 104 (210 921 3690 ; www.anniefinecooking.gr ; Menechmou 4 ; 18h30-minuit mar-sam, 13h30-18h dim ; M Syngrou-Fix)

Argoura
Voir p. 104 (217 717 3200 ; Agilsilaou 49 ; 19h30-minuit lun-sam ; 040 arrêt Izola)

Canal Cafe
Voir p. 104 (210 943 0688 ; www.canalcafe.gr ; Centre culturel de la fondation Stavros Niarchos, Evripidou 6 ; plats 6,50-9,80 €, pizzas 7,50-12,60 € ; 8h30-23h dim-jeu, 8h30-minuit ven-sam ; 550 arrêt Onasseio, 10 arrêt Epaminonda)

Delta
Voir p. 104 (698 665 7553 ; deltarestaurant.gr ; Centre culturel de la fondation Stavros Niarchos, Leoforos Syngrou 364 ; menu 12 plats 170 € ; 19h-1h mer-dim ; 550 arrêt Onasseio, 10 arrêt Epaminonda)

Fita
Voir p. 104 (211 414 8624 ; Ntourm 1 ; 19h-minuit mar-ven, 14h-minuit sam, 14h-18h dim ; Kasomoule)

Hytra
Voir p. 101 (217 707 1118 ; www.hytra.gr ; Centre culturel Onassis, Leoforos Syngrou 107-109 ; plats 35-39 €, menu dégustation 8 plats 62 € ; 19h-2h ; 10, 550 arrêt Panteio, M Syngrou-Fix)

Naif
Voir p. 104 (210 933 4946 ; Leontiou 10 ; 7h30-1h mar-ven, 9h-1h sam-lun ; 040, 550 arrêt Panteio)

Cine Flisvos
Voir p. 102 (210 982 1256 ; cineflisvos.gr ; Parc Flisvos ; en été)

ENVIRONS D'ATHÈNES

Éleusis antique
Voir p. 116 (210 554 6019 ; odysseus.culture.gr ; Sotiriou Gkioka ; adulte 6 €, enfant gratuit ; 8h30-15h30 mer-lun ; 876 à partir du métro Agia Marina, M Agia Marina)

Centre de sauvetage des tortues de mer Archelon
Voir p. 107 (210 829 2600 ; www.archelon.gr ; marina de Glyfada ; visites 13h-15h lun-ven, 11h-17h sam-dim ; Paleo Demartio)

Carwan
Voir p. 105 (210 411 4536 ; carwangallery.com ; Polidefkous 39, Le Pirée ; horaires variables)

Complexe olympique d'Athènes "Spyros Louis"
Voir p. 115 (OAKA ; 210 686 8124 ; www.oaka.com.gr ; Leoforos Olimpionikou Spirou Loui, Marousi)

Église Agia Triada
Voir p. 105 (210 417 7271 ; Leoforos Vasileos Georgiou A2, Le Pirée ; M Dimotico Theatro)

Église Saint-Nicolas
Voir p. 110 (229 402 3688 ; Al. Panagouli 3, Rafina ; 8h-19h)

Église Saints Constantin et Hélène
Voir p. 107 (210 894 3405 ; Leoforos Poseidonos 55, Glyfada ; horaires variables ; T7 arrêt Palaio Dimarhio)

Musée maritime hellénique
Voir p. 107 (210 451 6264 ; hmmuseum.gr ; Akti Themisto-

Musiciens, peinture de la Grèce antique

kleous, Plateia Freatidas, marina de Zea, Le Pirée ; tarif plein/réduit 4/2 € ; 9h-14h mar-sam ; M Piraeus)

Institut d'art Kouvoutsakis
Voir p. 114 (210 623 3682 ; www.kouvoutsakis-pinakothiki.gr ; Levidou 11, Kifissia ; 9h-15h mar-ven, 10h-15h sam-dim ; M Kifissia)

Jardin botanique de Diomedes
Voir p. 117 (210 581 1557 ; diomedes-bg.gr ; Iera Odos 403, Chaidari ; 9h-17h ; 811, 866 arrêt Diomedeios)

Marina Mikrolimano
Voir p. 105 (Akti Koumoundourou 24, Le Pirée ; M Neo Faliro)

Marina Pasalimani
Voir p. 105 (marina de Zea ; Le Pirée ; M Dimotiko Theatro)

Moni Dafniou
Voir p. 117 (monastère de Daphni ; 210 581 1558 ; odysseus.culture.gr ; Iera Odos, Chaidari ; 8h30-15h30 mer-dim ; 811, 866, arrêt Psychiatreion)

Moni Kaisarianis
Voir p. 111 (210 723 6619 ; Mont Hymettos ; tarif plein/réduit 3/2 €, gratuit les 1er dim nov-mars ; 8h30-16h mer-lun ; 250, E90 arrêt Grammateia ou Geologia)

Musée archéologique de Laurion
Voir p. 109 (Lavrio ; 229 202 2817 ; odysseus.culture.gr ; angle Agias Paraskevis et Leoforos Souniou ; tarif plein/réduit 3/2 €, gratuit pour résident de l'UE de -25 ans, tarif réduit pour les 6-25 ans, tarif réduit pour tous nov-mars ; 8h30-15h30 mer-lun)

Musée archéologique de Marathon
Voir p. 112 (229 405 5155 ; odysseus.culture.gr ; Plataion 114 ; musée et tumulus de Marathon adulte/enfant 6/3 €, gratuit pour résident de l'UE de -25 ans, tarif réduit pour les 6-25 ans, tarif réduit pour tous nov-mars, gratuit 1er dim nov-mars ; 8h30-15h30 mer-lun nov-mars, 9h-16h mer-lun mi-avr à oct)

Musée archéologique du Pirée
Voir p. 106 (210 452 1598 ; odysseus.culture.gr ; Charilaou Trikoupi 31, Le Pirée ; tarif plein/réduit 4/2 €, gratuit pour résident de l'UE de -25 ans, tarif réduit pour les 6-25 ans, tarif réduit pour tous nov-mars, gratuit 1er dim nov-mars ; 8h-15h mar-dim ; M Piraeus)

Musée des Trains électriques
Voir p. 105 (210 412 9503, 214 414 1552 ; www.museum-synt-isap.gr ; Loudovikou 1, Le Pirée ; 8h-14h lun-dim ; M Piraeus)

Musée du Marathon
Voir p. 112 (229 406 7617 ; angle Marathonos et Martiou ; 9h-15h mar-ven, 10h-14h sam-dim)

Musée Goulandris d'histoire naturelle
Voir p. 114 (210 801 5870 ; www.gnhm.gr ; Levidou 13, Kifissia ; adulte/5-18 ans/2-4 ans 10/6/4 € ; 9h-14h30 lun-ven, 10h-15h sam-dim, fermé août et jours fériés)

Musée olympique
Voir p. 115 (210 688 5560 ; athensolympicmuseum.org ; Leoforos Kifissia 37, Marousi ; adulte/enfant/famille 7/6/20 € ; 9h-17h lun-jeu, 9h-21h ven, 10h-21h sam-dim ; M Irene)

Musée Vorres
Voir p. 111 (210 664 2520 ; www.vorresmuseum.gr ; Parodos Diadohou Konstantinou 4, Peania ; tarif plein/réduit 5/3 € ; musée 10h-14h sam-dim, café 10h-16h ; 125 ou 308, arrêt Koropi-Peania, M Nomismatikopio)

Old Olive Oil Mill
Voir p. 116 (210-556-5613 ; Palaio Elaiourgeio ; Kanellopoulou 1, Paralia Elefsinas)

Plage Akti Vouliagmeni
Voir p. 108 (Vouliagmeni ; entrée semaine/week-end 10/15 €)

Plage d'Astir
Voir p. 108 (210 890 1619 ; Apollonus 40, Vouliagmeni ; adulte/enfant lun-ven 18/10 €, sam-dim 28/15 € mi-juin à mi-sept, tarifs réduits le reste de l'année ; plage 8h-20h ; 114 depuis les arrêts de tram Glyfada et Voula)

Plage du Cap Sounion
Voir p. 108 (229 203 9200 ; Hôtel Aegeon, Leoforos Athinion Souniou 68, Sounion ; 2 transats semaine 20 €, week-end 30 €, gratuit à certains endroits)

Rodeo Rodeo
Voir p. 105 (210 412 3977 ; rodeo-gallery.com ; Polidefkous 41, Le Pirée ; 12h-20h mer-sam ; M Piraeus)

Sanctuaire d'Artémis
Voir p. 111 (Musée archéologique de Brauron ; 229 902 7020 ; odysseus.culture.gr ; Vravrona, Markopoulou ; tarif plein/réduit 6/2 €, gratuit pour résident de l'UE de -25 ans, tarif réduit pour les 6-25 ans, tarif réduit pour tous nov-mars, gratuit 1er dim nov-mars ; 8h30-15h30 mer-lun)

Temple de Poséidon
Voir p. 108 (229 203 9363 ; odysseus.culture.gr ; cap Sounion ; tarif plein/réduit 10/5 €, gratuit pour résident de l'UE de -25 ans, tarif réduit pour les 6-25 ans, tarif réduit pour tous nov-mars, gratuit 1er dim nov-mars ; 9h30-coucher du soleil)

Théâtre municipal du Pirée
Voir p. 106 (210 414 3310 ; www.dithepi.gr ; Leoforos Ir. Politechniou 32, Le Pirée ; billetterie 10h-14h et 18h-21h lun et mer-ven, 16h-21h sam, 18h-21h dim ; M Piraeus, Agia Triada)

The Intermission
Voir p. 105 (210 413 1504 ; www.theintermission.art ;

Polidefkous 37A, Le Pirée ; M Piraeus)

Thorikos (site antique)
Voir p. 110 (210 321 3122 ; 2,5 km au nord de Laurion)

Vestiges de Rhamnonte
Voir p. 113 (Ramnous ; 229 406 3477 ; odysseus.culture.gr ; Grammatiko ; tarif plein/réduit 4/2 €, gratuit pour résident de l'UE de -25 ans, tarif réduit pour les 6-25 ans, tarif réduit pour tous nov-mars, gratuit 1er dim nov-mars ; 8h30-15h30 dim-lun)

Villa Atlantis
Voir p. 114 (angle Pesmazoglou et Emmaneul Benaki, Kifissia ; M Kifissia)

Gikas (vignobles)
Voir p. 115 (210 663 4595 ; www.gikaswinery.gr/en ; Kiafas, Spata, Attica ; 9h-17h lun-ven, sur rendez-vous sam-dim)

Limanakia
Voir p. 109 (Vougliameni ; 117, 122)

Limni Vouliagmenis
Voir p. 108 (210 896 2239 ; www.limnivouliagmenis.gr ; Leoforos Vouliagmenis ; entrée semaine 15 €, week-end 18 € ; 8h-17h ; 114, 115 ou 149)

Markou (vignobles)
Voir p. 115 (210 664 4711 ; ampelonesmarkougroup.gr ; Paiania ; 9h-17h lun-sam ; 307)

Nissaki
Voir p. 111 (Nissaki Surf Club ; 229 402 6323 ; nissakia.gr ; Karystou 29, Artemis ; location planche à voile heure/jour 25/75 €, location kitesurf heure/jour 40/120 €, location SUP heure/jour 14/40 € ; 9h-2h tlj)

Aegeon Hotel
Voir p. 108 (229 203 9200 ; www.aegeon-hotel.com ; Leoforos Athinon Souniou 68, Sounion)

Temple de Poséidon (p. 108), cap Sounion

MOOFUSHI/STOCK.ADOBE.COM ©

Coco-Mat Hotel Nafsika
Voir p. 115 (210 801 8027 ; www.nafsika.gr ; Pellis 6, Kiffisia)

Flampouri
Voir p. 115 (697 096 9560 ; www.mountparnitha.gr)

Four Seasons Astir Palace Hotel
Voir p. 108 (210 890 1000 ; www.fourseasons.com/athens ; Apollonos 40, Vouliagmeni)

Hotel Triton
Voir p. 106 (210 417 3457 ; htriton.gr ; Tsamadou 8, Le Pirée ; M Piraeus)

Hotel Vouliagmeni Suites
Voir p. 108 (210 896 4901 ; www.vouliagmenisuites.com ; Panos 8, Vouliagmeni ; 122 vers Agia Pantelimon)

Marathon Eco Stay
Voir p. 113 (698 705 7690 ; www.marathonecostay.com ; Marathonas, Marathon ; 130 arrêt Marathonas)

Mpafi
Voir p. 115 (968 388 8407 ; www.mountparnitha.gr)

Phidias Piraeus
Voir p. 106 (210 429 6480 ; www.hotelphidias.gr ; Kountouriotou 189, marina de Zea, Le Pirée ; 040 jusqu'à Terpsithea)

Port Square Hotel
Voir p. 106 (210 410 0003 ; www.theportsquarehotel.gr ; Georges Kasimati 6, Le Pirée ; M Piraeus)

SAY
Voir p. 115 (210 220 1700 ; www.sayhotel.gr ; Trikoupi 67, Kifissia ; bar 19h-1h tlj ; 524 arrêt Plateia Kefalarioy)

Sea View
Voir p. 108 (210 894 7681 ; seaview.gr ; Xanthou 4, Glyfada ; 115, 116, 117, 122 arrêt Asteria)

Akrogiali
Voir p. 110 (229 203 9107 ;

Laurion ; 11h-18h lun-jeu, 11h-18h30 ven, 11h-19h sam-dim)

Aperanto Galazio
Voir p. 109 (210 965 5951 ; Varkiza ; 12h-0h30 tlj ; 122 arrêt Aigaiou)

Archontiko tou Lekka
Voir p. 114 (229 406 7374 ; www.archontikolekka.gr ; Kazantzaki 10, Marathon ; 12h30-21h mar, 12h30-22h jeu, 12h30-23h ven-sam, 12h30-19h dim)

Ark
Voir p. 107 (210 894 8882 ; www.ark-glyfada.gr ; Grigoriou Lampraki 2, Glyfada ; 9h-0h30 tlj ; 115, 116, 117, 122 arrêt Antonopoulou)

Diamanti
Voir p. 113 (229 406 7866 ; agroktimadiamanti.gr ; Marathon ; 9h-18h sam-dim)

Isidora
Voir p. 113 (694 718 7487 ; Perikelous, Marathon ; 9h-23h30 tlj)

Kalopoula
Voir p. 112 (694 883 1009 ; forêt Kesariani, mont Hymettos ; 8h-17h)

Kapaki
Voir p. 116 (210 554 4126 ; Plateia Iroön 2, Elefsina ; 10h-1h)

Lefteri's Canteen
Voir p. 109 (Limanakia, Vouliagmeni ; 115, 117, 122 arrêt Limanakia)

Margaro
Voir p. 107 (210 451 4226 ; www.margaro-restaurant.com ; Marias Hatzikiriakou 126, Le Pirée ; 12h-minuit lun-sam, 12h-17h30 dim sept-juil ; 904 arrêt Sxolh Dokimon)

Melinia
Voir p. 112 (229 415 2353 ; Vasileos Georgiou V, Rafina ; 13h-minuit mar-dim ; 310 arrêt Germanos ou Rafhna Kentro)

Naos
Voir p. 110 (229 203 9190 ; Sounion ; 9h-19h)

O Stratos
Voir p. 117 (210 556 1107 ; Lampsakou, Elefsina ; 11h-2h ; 861 arrêt Plateia Ano Eleysinas)

Panormítis
Voir p. 114 (697 323 4195 ; Leoforos Posidonos 55, Panteleimon)

Pezodromos
Voir p. 111 (229 202 2670 ; www.facebook.com/PezodromosLavrio ; Ermou 40, Laurion ; 12h-minuit)

Rakoun
Voir p. 117 (210 554 7910 ; www.facebook.com/rakoyn ; Nikolaidou 66, Elefsina ; 13h-2h ; 817 arrêt Plateia Eleysinas)

Roloi
Voir p. 111 (229 202 8188 ; www.facebook.com/roloialldaybar ; Laurion ; 7h-3h)

Sardelaki me Thea
Voir p. 109 (210 967 0913 ; Leoforos Posidonos 18, Vouliagmeni ; 9h-1h dim-jeu, 12h-1h ven, 9h-2h sam ; 115, 117, 122 arrêt Agia Pantelehmon)

Sofi's
Voir p. 109 (210 967 0605 ; Agiou Panteleimonos 7, Vouliagmeni ; 7h30-18h30 ; 115, 117, 122 arrêt Plateia Barkizas)

Ta Kavouria Tou Asimaki
Voir p. 112 (229 402 4551 ; Akti Andrea Papandreou, Rafina ; 10h-23h ; 310 arrêt Germanos ou Rafhna Kentro)

Trata
Voir p. 117 (210 554 1602 ; Kontouli 42, Elefsina ; 18h-minuit mar-mer, 6h-minuit jeu-ven, 11h-minuit sam-dim)

Varoulko
Voir p. 107 (210 522 8400 ; www.varoulko.gr ; Akti Koumoundourou 54, Le Pirée ; plats 29-95 € ; 13h-minuit ; Nautiko Omilos)

Yperokeanio
Voir p. 107 (210 418 0030 ; Marias Hatzikiriakou 48, Le Pirée ; 12h-minuit)

Chocolart
Voir p. 116 (211 216 0877 ; Pagkalou 61, Elefsina ; 8h-20h lun et mer, 8h-21h mar et jeu-ven, 9h-20h sam ; 845 arrêt Plateia Eleysinas)

Gazoza
Voir p. 116 (210 554 5494 ; @gazoza_elefsina ; Nikolaidou 82, Elefsina ; 8h-2h ; 845 arrêt Plateia Eleysinas)

Moraitis Beach
Voir p. 114 (229 405 5965 ; www.moraitisbeach.com ; Poseidonos 210, Schinias-Marathon ; 11h-17h lun-sam)

Paleo
Voir p. 105 (210 412 5204 ; www.facebook.com/paleowinestore ; Polidefkous 39, Le Pirée ; 18h30-23h30 lun-sam ; M Piraeus)

Rivero
Voir p. 111 (229 202 5661 ; Politechniou 3, Laurion ; 6h-minuit)

Regency Casino Mont Parnes
Voir p. 115 (210 242 1234 ; athens.regencycasinos.gr ; Acharne ; funiculaire 9h-5h mer-lun et 9h-14h30 mar)

Living Green
Voir p. 113 (211 182 9692 ; livingreen.gr ; Alonion 2, Kifissia ; 10h-17h lun et mer, 10h-15h et 17h-2030 mar et jeu-ven, 10h-16h sam)

Par'amour
Voir p. 113 (210 808 4424 ; www.facebook.com/ParamourStore ; Kassaveti 19, Kifissia ; 10h-16h lun et mer, 10h-21h mar et jeu-ven, 10h-17h sam ; M Kifissia)

Varsos
Voir p. 113 (210 801 2472 ; www.varsos.gr ; Kassaveti 5, Kifissia ; 7h-minuit ; M Kifissia)

LIUBOV ISAEVA/SHUTTERSTOCK ©

Monemvassia (p. 153)

PRINCIPAUX SITES

CORINTHE
Cité antique et célèbre canal. p. 138

NAUPLIE
Première capitale de la Grèce indépendante. p. 144

MONEMVASSIA
Une citadelle sans pareil défiant les pirates. p. 153

PÉLOPONNÈSE

MONTAGNES, LITTORAL DE RÊVE ET VILLAGES ANTIQUES

Bienvenue dans le sud de la Grèce continentale, sur une péninsule autrefois nommée Morée ("mûre") en raison de son littoral découpé comme une feuille de mûrier.

Souvent considéré comme une île, mais bel et bien relié au continent par l'isthme de Corinthe et le pont Rion-Antirion, près de Patras, le Péloponnèse est l'une des destinations grecques les plus riches historiquement.

Habitée depuis la préhistoire, la péninsule doit son nom au mythique roi Pélops, ancêtre des Atrides et souverain de la cité de Pise (Pisa), non loin d'Olympie. Avec le déclin de la civilisation minoenne, apr. 1450 av. J.-C., le centre politique du monde égéen se déplaça vers le Péloponnèse. Byzantins, Francs et Ottomans ont tour à tour dominé la région, lui léguant un patrimoine historique, gastronomique et architectural unique. On cultive aussi ici les fameuses olives de Kalamata et des vignes de renommée mondiale.

Aujourd'hui, châteaux et monastères, sentiers de randonnée, villages byzantins, sites antiques et plages paradisiaques se succèdent sur ces terres qui virent naître les jeux Olympiques. Après un premier séjour, nombreux sont les visiteurs qui reviennent année après année, à l'instar de l'auteur britannique Patrick Leigh Fermor, tombé sous le charme de la péninsule du Magne (ici en photo).

Des ferrys relient Patras, principal port de la région, aux îles Ioniennes et à l'Italie. La ville fait un bon point de départ et d'arrivée.

Portuaire elle aussi, mais autrement plus séduisante et paisible, Nauplie (première capitale de la Grèce moderne, de 1828 à 1834) est gardée par deux forts, dont l'un trône sur une île — une destination inoubliable, qui n'a pas fini de révéler ses secrets archéologiques.

OLYMPIE
Berceau des jeux Olympiques. p. 158

SPARTE
Cité aux impitoyables guerriers. p. 166

KALAMATA
Terre d'oliviers. p. 172

S'orienter

Le Péloponnèse est la péninsule la plus méridionale de la Grèce continentale. Préparez au mieux votre voyage grâce à cette sélection des sites incontournables de la région.

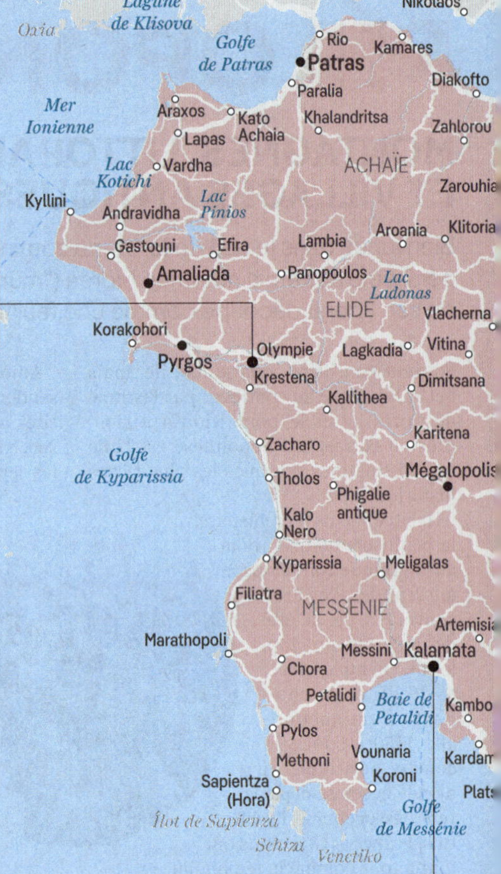

Olympie, p. 158
La cité antique et son stade, où naquirent les jeux Olympiques, ont résisté à l'épreuve du temps ; aux alentours s'étendent des vignobles et d'agréables plages.

VOITURE

La voiture est de loin le meilleur moyen d'atteindre et d'explorer à votre rythme villages historiques, plages isolées, sites archéologiques, vignobles et autres lieux reculés.

BUS

Des lignes régulières relient les principales villes du Péloponnèse à Athènes, mais les déplacements régionaux prennent du temps et impliquent des changements fréquents.

TRAIN

Des trains circulent toutes les heures entre Athènes et Corinthe ; certains vont jusqu'au port de Patras en passant par Kiato, mais peu de lignes desservent le reste du Péloponnèse.

Kalamata, p. 172
Ne laissez pas les fameuses olives violettes de Kalamata vous faire négliger la ravissante vieille ville, les plages et la splendide péninsule du Magne.

Corinthe, p. 138

Porte d'entrée du Péloponnèse, la ville se distingue par son canal et sa cité antique, témoin de l'histoire de la région.

Nauplie, p. 144

Nichée au creux du golfe Argolique, la première capitale de l'État grec indépendant abrite des châteaux, de belles plages et un charmant centre historique.

Sparte, p. 166

Les vestiges de la Sparte antique laissent entrevoir la grandeur d'une cité dont les légendaires guerriers triomphèrent d'Athènes et de son empire.

Monemvassia, p. 153

Avec ses ruelles fleuries, ses églises et ses bâtiments en pierre, ce village byzantin fortifié, bâti sur un rocher marin, est l'un des sites les plus romantiques de Grèce.

Planifier son séjour

Visitez le Péloponnèse au gré de vos envies : parcourez la côte entre deux baignades ou explorez l'intérieur des terres à la recherche de sites antiques et de villages traditionnels où déguster mets et vins du terroir.

ALEXANDROS PETRAKIS/SHUTTERSTOCK ©

Bourtzi (p. 146)

Si vous avez peu de temps

- Rendez-vous directement à **Nauplie** (p. 144), l'une des plus jolies villes côtières du Péloponnèse qui fut la première capitale de la Grèce moderne. Visitez ses forteresses à pied ou prenez le bateau jusqu'à l'îlot fortifié de **Bourtzi** (p. 146). Baladez-vous dans la **vieille ville** (p. 146), égayée par les bougainvilliers avant de visiter le Musée archéologique, installé dans un splendide édifice vénitien du XVIIIe siècle, puis découvrez la riche histoire de la **Plateia Syntagmatos** (p. 145) et ses nombreux cafés. L'après-midi, détendez-vous sur l'une des plages environnantes et terminez par un dîner sur le front de mer.

Au fil des saisons

La chaleur estivale attire les foules sur les plages. Les printemps et l'automne, plus frais, sont parfaits pour visiter les sites archéologiques.

FÉVRIER

Avant le carême (mi-janvier à février), le **carnaval** (*Apokries*) bat son plein à Patras où les défilés investissent les rues. Réservez tôt votre logement.

MARS

La **fête nationale**, le 25 mars, est ponctuée de défilés commémorant la guerre d'indépendance grecque contre les Ottomans.

MAI

Le 29 mai, lors de la **fête Paleologia** à Mystra, festivités musicales et concours rendent hommage à l'empereur Constantin XI Paléologue.

DE GAUCHE À DROITE : SIETE_VIDAS/SHUTTERSTOCK ©, DE VISU/SHUTTERSTOCK ©, GEORGIOS KOLLIDAS/SHUTTERSTOCK ©

Si vous avez trois jours

- Après une journée à Nauplie, parcourez 30 km vers l'est jusqu'à la plage de Kalymnios et les **ruines englouties** d'une villa romaine submergée en l'an 500, p. 149). Faites ensuite halte au **petit théâtre antique d'Épidaure** (p. 149) avant de vous rendre au grand **théâtre antique** où se jouent encore des pièces.

- Consacrez une journée à la **vallée de Némée** (p. 151), dont la célèbre route des vins parcourt plus de 4 000 ha de vignobles puis partez visiter les vestiges de la **Némée antique** (p. 151) et son saisissant stade.

- Si vous avez le temps, roulez encore 2 heures 30 vers l'ouest pour explorer le site antique d'**Olympie** (p. 158).

Si vous avez plus de temps

- Commencez par la superbe cité fortifiée de **Monemvassia** (p. 154), où vous vous émerveillerez devant les demeures préservées et les ruelles pavées, bâties sur un rocher émergeant de la mer. Rejoignez ensuite la baie de Nauplie, à 37 km au sud, d'où vous pourrez gagner l'étonnante **grotte de Kastani** (p. 157), à l'extrémité sud.

- À 30 minutes de route vous attend l'embarcadère de Pounta d'où part le ferry pour l'**île d'Elafonissos** (p. 157). Partez profiter de ses paisibles plages, dont Simos, parsemée de dunes, et Sarakiniko.

JUIN

Lors du **Festival d'Athènes et d'Épidaure**, de juin à août, musique, danse et arts dramatiques font revivre le théâtre antique d'Épidaure.

SEPTEMBRE

Le **Spartathlon** est une course éprouvante reliant Athènes à Sparte sur les pas de Philippidès, premier marathonien de l'histoire.

OCTOBRE

Le **jour du Non** ("Ohi") est marqué par des défilés commémorant le 28 octobre 1940, lorsque la Grèce refusa l'occupation italienne.

DÉCEMBRE

À **Noël**, des maquettes de bateaux ornées de guirlandes illuminent les places des villes et villages.

CORINTHE

À l'entrée du Péloponnèse, Corinthe a deux visages : une ville moderne, sur la côte, et une ville antique qui déploie ses vestiges, essentiellement romains, à 7 km de là dans les terres. Toutes deux se trouvent à 80 km environ à l'ouest d'Athènes, derrière le canal de Corinthe. Percé dans l'isthme du même nom, celui-ci relie le Péloponnèse au reste de la Grèce continentale en séparant le golfe de Corinthe du golfe Saronique.

C'est à Corinthe que le légendaire Jason s'exila après avoir ravi la Toison d'or avec ses Argonautes. La cité antique a aussi accueilli saint Paul, qui y enseigna l'Évangile, et Pausanias, grand géographe voyageur du IIe siècle. Marchez sur leurs traces en visitant le temple et le péribole d'Apollon, le théâtre antique et bien d'autres merveilles.

Pour les infos pratiques, voir le Carnet d'adresses p. 178.

À SAVOIR

Sa proximité avec Athènes (à seulement 1 heure de route et 1 heure 15 en train) fait de Corinthe un bon point de départ pour explorer le Péloponnèse.

CONSTANTINOS ILIOPOULOS/SHUTTERSTOCK ©

Temple d'Apollon

Puissance du monde antique

UNE CITÉ D'INFLUENCE

Aux VIIe et VIe siècles av. J.-C., Corinthe était l'une des plus riches cités de la Grèce. Ses ports jumeaux, l'un sur la mer Égée (Kenchrée, près de Kechries), l'autre sur la mer Ionienne (Lechaion), lui permirent de commercer avec toute la Méditerranée. Corinthe résista à la guerre du Péloponnèse et s'épanouit sous la domination macédonienne. Détruite par les Romains, elle fut reconstruite en 44 av. J.-C. par Jules César et redevint alors un port prospère.

Visite de la ville antique

MYTHES ET HISTOIRE

Au sein d'une bourgade moderne, la Corinthe antique est un trésor de vestiges, datant pour la plupart de l'époque romaine. Au sud des colonnes doriques du **temple d'Apollon** (Ve siècle av. J.-C.) s'étend une immense agora bordée au sud par les fondations d'une *stoa*. Ce long portique soutenu par 71 colonnes fut édifié pour la venue des représentants des cités grecques, réunis en 337 av. J.-C. pour rendre allégeance à Philippe II, roi de Macédoine. Au milieu de l'alignement central de boutiques, on remarque le *bêma*,

TOUT SAVOIR SUR LA CORINTHE ANTIQUE

Au début ou à la fin de votre visite, ne manquez pas le passionnant musée du site archéologique. Ses salles principales exposent les trouvailles faites dans les environs, parmi lesquelles deux kouroi (statues de jeunes hommes datant de la période archaïque) retrouvés après avoir été dérobés. On y admire aussi statues, mosaïques, statuettes, frises et bas-reliefs grecs et romains. Une salle plus petite abrite les objets exhumés dans le **sanctuaire d'Asclépios** (500 av. J.-C.), dont de nombreux ex-voto anatomiques. Dans la charmante cour, les fins bas-reliefs exposés proviennent d'un théâtre du IIe siècle. En hiver, les horaires de fermeture dépendent du coucher du soleil.

OÙ SE RESTAURER ET SE LOGER À CORINTHE

Di Giorgio
Table italienne sur le port. Très bonnes pizzas et plats végans. **€**

Marinos Restaurant
Bien situé dans la Corinthe antique. Spécialités grecques, options végétariennes, véganes et sans gluten. **€**

Pegasus Rooms
Chambres simples et propres à proximité des ruines. Agréable patio et plats maison au petit-déjeuner.

CROISIÈRE DANS LES SARONIQUES

Corinth Canal Cruises organise des croisières d'une journée vers les îles d'Égine (p. 286) et d'Angistri (p. 290) dans le golfe Saronique. Partez du port d'Isthmia pour 2 heures de traversée jusqu'à Égine, qui fut la capitale durant la guerre d'indépendance. Vous y visiterez le temple d'Aphaïa, remarquablement préservé, ainsi que les fascinantes églises en ruine de Paleohora ou bien l'église Saint-Nectaire (Agios Nektarios), l'une des plus grandes du pays. La petite île d'Angistri a de belles plages. Appelez pour vérifier que la météo ne s'oppose pas à une traversée du canal.

Église Saint-Nectaire, Égine

podium en marbre d'où les proconsuls de Rome s'adressaient au peuple. Saint Paul y aurait été jugé pour prédication illégale.

En bordure est de l'agora, on découvre les ruines de la **basilique julienne** et, plus au nord, la **fontaine Pirène**, qui serait alimentée par les larmes que la nymphe du même nom versa à la mort de son fils Cenchrias, tué par Artémis.

À l'ouest de la fontaine, des marches mènent à l'ancienne voie principale du port de Léchaion. Sur le côté est de la route, le **péribole d'Apollon** est une vaste enceinte délimitée par des colonnes ioniques, dont certaines ont été restaurées. Non loin, d'antiques latrines publiques ont conservé quelques sièges.

Au sud du musée se dressent encore quelques colonnes d'un **temple** identifié par Pausanias comme celui d'Octavie, sœur de l'empereur Auguste. Face à l'entrée du site se dressent les ruines du **théâtre antique** (15 000 places) construit au Ve siècle av. J.-C. et de l'**odéon** (couvert) romain du Ier siècle. Surplombant la Corinthe antique, l'imposant bloc de calcaire de l'**Acrocorinthe** est le seul témoin d'une remarquable fortification naturelle. Une fois franchies les trois portes, on contemple ses solides remparts (3 km de long) entourant des chapelles byzantines, des maisons et des mosquées turques.

Merveille d'ingénierie

CREUSÉ DANS LA ROCHE

Le **canal de Corinthe** est une merveille technique creusée dans la roche sur plus de 6 km de long et 23 m de large – il s'étire entre des parois verticales s'élevant à 90 m au-dessus de la mer.

L'idée de percer un canal dans l'isthme de Corinthe pour relier les mers Ionienne et Égée est attribuée à Périandre, tyran de la cité de Corinthe à la fin du VIIe siècle av. J.-C. Reculant devant l'ampleur de la tâche, il opta pour une voie pavée (*diolkos*) sur laquelle les bateaux pouvaient être tirés à l'aide de chariots.

L'idée ne manqua pas de séduire d'autres dirigeants, d'Alexandre le Grand à Caligula, mais c'est Néron lui-même qui lança les travaux en 67, avant de mobiliser 6 000 prisonniers juifs. Le chantier fut cependant interrompu par les invasions gauloises. On le relança en 1882 et la percée fut achevée en 1893.

Le canal contribua à faire du Pirée (p. 105) un port majeur de la Méditerranée. Bien qu'encombré de cars touristiques, le principal pont qui l'enjambe offre une belle vue sur le chenal. Rendez-vous à **Isthmia**, le village voisin, pour voir le pont submersible et son mécanisme au passage des bateaux.

D'avril à octobre, généralement en fin d'après-midi, **Corinth Canal Cruises** (www.corinthcanalcruises.gr) assure des traversées de 1 heure 30 entre Isthmia et Corinthe (et retour). C'est l'occasion parfaite pour contempler le canal de près.

COMMENT S'Y RENDRE ET CIRCULER

La ville moderne de Corinthe se visite aisément à pied ou à vélo (il existe des pistes cyclables). Des transports en commun desservent les plages et Isthmia, d'où partent les bateaux de Corinth Canal Cruises. Des bus pour Athènes, la Corinthe antique et Némée partent de la gare routière KTEL de l'isthme de Corinthe (ktelkorinthias.gr).

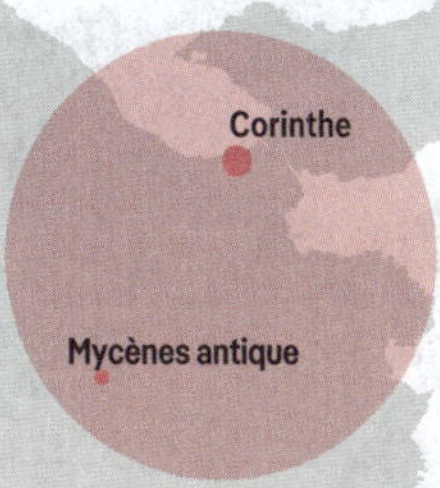

Environs de Corinthe

Un site classé par l'Unesco, des vestiges mémorables et une plongée dans la civilisation mycénienne.

Pour les infos pratiques, voir le Carnet d'adresses p. 178.

À SAVOIR

Pour voyager de façon autonome, une voiture est indispensable. Les bus régionaux KTEL desservent les sites clés, mais attendez-vous à des correspondances.

Il suffit de conduire une quarantaine de minutes depuis Corinthe pour découvrir les plus puissants royaumes de la Grèce antique, de la cité de Mycènes à la ville engloutie d'Épidaure (p. 149) et son théâtre historique à l'acoustique incomparable. À moins d'une heure, la première capitale de la Grèce moderne, Nauplie (p. 144), dévoile forteresses et plages, tandis qu'en chemin le stade antique de Némée accueillait tous les quatre ans les jeux Néméens. Là, une route des vins traverse une région viticole unique, connue pour son rouge, l'agiorgitiko. Ainsi, Corinthe se révèle le parfait point de départ pour explorer les trésors du Péloponnèse.

Mycènes

Entrée du trésor d'Atrée

UN PEU D'HISTOIRE

Selon Homère, on doit la fondation de Mycènes à Persée, fils de Zeus et Danaé. Les fouilles archéologiques ont, elles, révélé des traces d'occupation datant du néolithique et la présence d'une cité importante dès la fin de l'âge de bronze (vers 1600 av. J.-C.). Dans le sillage d'une vague de migration indo-européenne survenue entre 2100 et 1900 av. J.-C., et sous l'influence des cultures minoenne et cycladique, la Grèce continentale vit ainsi se développer une nouvelle civilisation, que l'on désigne aujourd'hui sous le nom de "mycénienne", du nom de son royaume le plus puissant, Mycènes.

Un puissant royaume

ESCAPADE AU CŒUR DE LA CULTURE MYCÉNIENNE

À 40 minutes de route de Corinthe, la **Mycènes antique** est le royaume du légendaire Agamemnon, souverain des Grecs (ou Achéens) durant la guerre de Troie. Exerçant son influence sur toute la région au cours du IIe millénaire av. J.-C, la cité fut quatre siècles durant la plus puissante du monde grec.

La cité, une citadelle fortifiée entourée d'habitations, connut son apogée entre 1540 et 1200 av. J.-C. Ses murs (hauts de 13 m, larges de 7 m et formés de blocs de pierre pesant jusqu'à 6 tonnes) sont si impressionnants, qu'on raconte que pour construire Mycènes, Persée aurait demandé l'aide d'un cyclope, géant à un œil décrit dans *L'Odyssée*. Les royaumes mycéniens périclitèrent vers 1200 av. J.-C. et le palais lui-même fut détruit – probablement incendié – autour de 1180 av. J.-C.

L'accès à la forteresse d'Agamemnon se fait par la spectaculaire **porte des Lions**, surmontée d'un bloc représentant deux lionnes. Une fois à l'intérieur, vous trouverez le **Cercle de tombes A** : la nécropole royale, comptant six sépultures. Parmi les pièces excavées : un superbe masque mortuaire en or attribué à Agamemnon (p. 89). Plus au sud s'étendent les vestiges d'un groupe d'édifices à vocation probablement religieuse. De là

OÙ TROUVER DES RESTAURANTS TENUS EN FAMILLE À MYCÈNES

Mezedokipos
Dans la ville moderne. Taverne au menu traditionnel tenue par la même famille depuis un siècle. **€€**

Retro
Plats grecs et italiens dans la ville moderne, à 2 km du site archéologique. **€**

King Menelaos
Grand restaurant traditionnel disposant d'une terrasse avec vue. **€€**

provienennt de nombreux fragments de fresques et offrandes votives exposés dans le musée du site, mais aussi le célèbre “vase aux Guerriers”, qui donne une idée de l’apparence des guerriers légendaires de Mycènes.

Le **musée** du site archéologique vous instruira sur les mystères de la construction de Mycènes, ses transformations et les fouilles entreprises dès 1841. Ses salles renferment divers objets, incluant vases ornés, fragments de fresque, sceaux, objets rituels, tablettes gravées en linéaire B, bijoux et armes en bronze.

Une fois ressorti, empruntez le sentier principal jusqu’au **palais d’Agamemnon**. Au nord se trouvaient sûrement les appartements royaux où le souverain aurait été assassiné. Le côté sud-est du palais abrite le **mégaron** (salle de réception dotée d’un grand foyer), dont subsistent les bases des colonnes. Les bâtiments situés au-delà, sur la colline, étaient certainement des ateliers d’artisans. La vue sur la vallée y est époustouflante.

En descendant vers l’extension au nord-est, vous atteindrez l’entrée de la **citerne secrète**. Son tunnel voûté plonge jusqu’à une source. Suivez ensuite le sentier principal dans le sens antihoraire jusqu’à la **porte de la Poterne** par laquelle se serait échappé Oreste, après avoir assassiné sa mère Clytemnestre.

Jusqu’à la fin du XVe siècle av. J.-C., les Mycéniens enterraient les défunts royaux dans des tombes à fosses ; plus tard, ils adoptèrent des tombes à coupole (*tholoi*). De retour à la porte des Lions, descendez vers la **tholos d’Égisthe**, au toit effondré, et vers celle de **Clytemnestre**, dont l’entrée est aussi grandiose que sa coupole. Autre vestige archéologique à 500 m du parking, le **trésor d’Atrée** (datant de 1300 av. J.-C.), une sépulture royale qui se distingue par ses pierres taillées parfaitement ajustées pour former une vaste coupole conique.

ÉCHOS DE L’HISTOIRE

Sur le site archéologique de Mycènes, classé au patrimoine mondial de l’Unesco, deux noms semblent se répondre : Homère et Schliemann. Au IXe siècle av. J.-C., Homère décrivait, dans *L’Iliade* et *L’Odyssée*, une “Mycènes bien construite et riche en or”. On ne vit longtemps dans ces poèmes épiques qu’un tissu de légendes, jusqu’à ce que dans les années 1870, l’archéologue amateur Heinrich Schliemann (1822-1890) mette au jour, malgré les railleries des professionnels, les sites de Troie et de Mycènes.

Porte des Lions

Patras : port de passage

UNE VILLE AUX ATOUTS MÉCONNUS

Il reste peu de traces des 3 000 ans d’histoire de **Patras**, port animé du nord du Péloponnèse. Le site fut jadis un centre de négoce important entre les Mycéniens et les Romains. Le formidable **Musée archéologique**, qui déploie ses 8 000 m^2 dans un bâtiment moderne à 4 km du centre-ville, mérite que l’on s’y attarde un peu. Les trouvailles faites localement couvrent toutes les périodes de la préhistoire à l’époque romaine.

Sur le site de l’acropole antique, les Byzantins ont édifié en 550 un premier **kastro** (fort). L’édifice actuel, qui date des Francs, a été remanié au fil des siècles par les Byzantins, les Vénitiens et les Turcs. Il faut gravir 193 marches depuis l’Agiou Nikolaou pour gagner le parc de cyprès où se dresse le fort. Une vue sur le continent, Zante et Céphalonie vous récompensera de vos efforts.

COMMENT S’Y RENDRE ET CIRCULER

En voiture, la cité antique de Mycènes n’est qu’à 30 minutes de Corinthe, mais Nauplie fait également un bon point de départ pour s’y rendre par soi-même ou en bus (les liaisons sont toutefois peu fréquentes).

NAUPLIE

Ce n'est pas un hasard si Nauplie (Nafplio) figure régulièrement sur la liste des plus belles destinations d'Europe. De 1828 à 1834, cette ville côtière servit de capitale à l'État grec nouvellement indépendant. Sa situation stratégique fait aujourd'hui le bonheur des touristes : nichée dans les montagnes du golfe Argolique, elle est protégée par des forteresses, dont celle de Palamède (forte de 999 marches) et de Bourtzi (un îlot fortifié où logeaient les bourreaux des condamnés à mort de 1865 à 1935). Les rues de sa vieille ville, fleuries de bougainvilliers, sont une attraction en elles-mêmes avec leurs édifices néoclassiques, leurs cafés, le musée archéologique et le petit fort d'Acronauplie, au pied duquel s'étend l'agréable plage d'Arvanitia.

Si tant d'Athéniens viennent s'y ressourcer le week-end, c'est parce que Nauplie, à seulement 2 heures de route de la fourmillante métropole, offre un dépaysement total.

Pour les infos pratiques, voir le Carnet d'adresses p. 178.

À SAVOIR

Le point d'information touristique de Nauplie se trouve sur le port, près du parking gratuit et de la gare. De là part un bus touristique rouge à montées et descentes illimitées qui vous permettra de découvrir la vieille ville et d'atteindre sans effort la forteresse de Palamède.

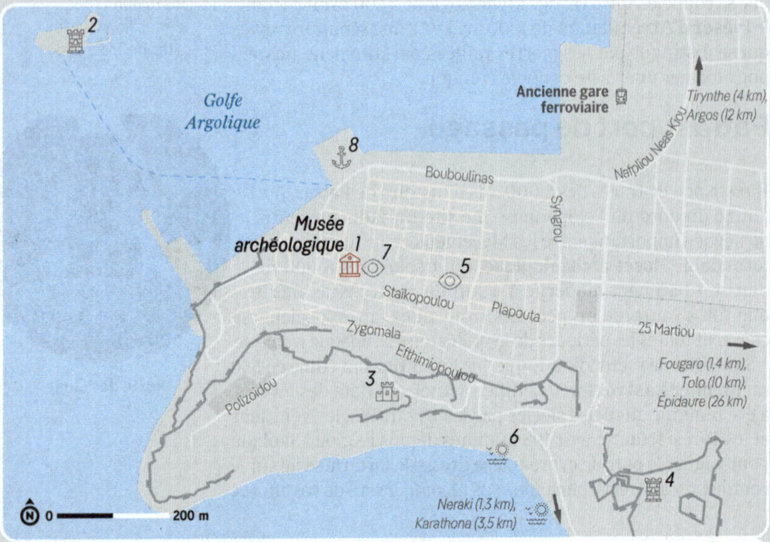

INCONTOURNABLES
1 Musée archéologique

VOIR
2 Bourtzi
3 Forteresse d'Acronauplie
4 Forteresse de Palamède
5 Megalos Dromos
6 Plage d'Arvanitia
7 Plateia Syntagmatos
8 Port de Nauplie

RAWF8/SHUTTERSTOCK ©

Forteresse de Palamède

À la découverte de l'ancienne Nauplie

PLACES HISTORIQUES ET VESTIGES ARCHÉOLOGIQUES

Les rues pavées de la vieille ville, bordées de bougainvilliers, révèlent une ravissante architecture italienne qui inspira aux marchands vénitiens le surnom de "Naples de l'Est". Commencez par la **Plateia Syntagmatos** et ses fontaines turques puis, depuis la terrasse d'un café, observez les balcons en bois de ses édifices de style vénitien. C'est dans l'un de ces derniers que se trouve le Musée archéologique, dont les superbes pièces retracent l'histoire de l'Argolide, des chasseurs-cueilleurs de la grotte préhistorique de Franchthi (p. 630) jusqu'à la riche civilisation mycénienne. Prévoyez également une visite à la **forteresse d'Acronauplie**, le plus ancien des trois forts de Nauplie, trop souvent négligé par les touristes. La base des murailles remonte à l'âge du bronze ; les parties les plus récentes datent du XVe siècle, époque où la cité vénitienne se cantonnait à l'intérieur de ses remparts.

À l'assaut de la forteresse de Palamède

UNE CITADELLE À L'ÉTONNANT PASSÉ

Palamède brille parmi les forts d'un pays qui n'en manque pourtant pas. Veillant sur Nauplie depuis sa colline haute de

PLACE DU PLATANE

La Plateia Syntagmatos ("place de la Constitution") est surnommée place du Platane en raison de l'arbre majestueux qui en domine le centre. C'est au pied de ce dernier que Georgios Gennadios (1784-1854), qui contribua à la fondation de plusieurs écoles en Grèce, prononça, en 1826, un discours poignant, encourageant jusqu'aux plus pauvres à renoncer à leurs biens pour financer la rébellion face au joug ottoman. On pense également que le gouverneur du Péloponnèse durant l'occupation turque, Mora Pacha, avait installé son harem (*steraglio*) sur cette place autour de 1540.

OÙ SE LOGER À NAUPLIE

Kyveli Suites
Près du port, hôtel chic et coloré occupant deux demeures de style vénitien. **€€**

Pension Eleni
Édifice néoclassique avec vue sur la mer, idéalement situé pour explorer la vieille ville. **€**

Nafplion 1841
Ancienne maison de famille dans un bâtiment de style vénitien. Près de la Plateia Syntagmatos. **€€**

GRAND-ROUTE DE LA VIEILLE VILLE

Megalos Dromos (ou "grande route"), également connue sous le nom de Vassilis Konstantinou, est la principale rue piétonne de la vieille ville. Au XIXe siècle, elle s'imposait comme la voie la plus importante de Nauplie ; aujourd'hui, c'est une rue commerçante bordée de demeures vénitiennes qui relie l'hôtel de ville à la Plateia Syntagmatos.

Le premier chef d'État de la Grèce indépendante, Jean Capo d'Istria (Ioannis Kapodistrias, 1776-1831), vécut dans une petite maison située vers le milieu de l'avenue et qui a brûlé en 1862. Au tout début du Megalos Dromos se tient une statue d'Othon Ier, prince bavarois qui régna sur la Grèce de 1833 à 1862. La statue se trouve à l'emplacement de sa résidence, réduite en cendres en 1929.

Faites les boutiques ou baladez-vous en direction de la mer pour contempler le coucher de soleil sur le fort de Bourtzi.

216 m, il est le plus vaste et le mieux préservé des sites fortifiés vénitiens de Grèce.

Son histoire est loin d'être ennuyeuse : bâtie entre 1711 et 1714 par les Vénitiens, baptisée d'après le héros mythologique Palamède, la forteresse passa aux mains des Turcs en 1715 avant d'être reprise par les Grecs en 1822, au cours de la guerre d'indépendance.

Si vous arrivez à Nauplie en bus, vous ne pourrez manquer son imposante silhouette. Commencez par faire un tour de la vieille ville à pied et, une fois vos jambes bien dégourdies, grimpez les 999 marches menant à la forteresse (la 1 000e aurait été brisée par le cheval de Theodoros Kolokotronis, héros de la révolution grecque). Pour être tout à fait exact, vous n'en aurez que 857 à monter, à flanc de colline, au gré d'une pente régulière, mais ardue. Si cette ascension vous donne des sueurs froides, prenez un taxi ou le bus touristique de la ville, et redescendez à pied ; vous ne le regretterez pas, surtout au coucher du soleil.

Bourtzi en bateau

SUPERBES PAYSAGES DU GOLFE ARGOLIQUE

À quelque 450 m de l'entrée du port de Nauplie se dresse l'**îlot de Saint-Théodore**, sur lequel la petite **forteresse de Bourtzi** émerge du bleu du golfe Argolique. Bâtie par les Vénitiens en 1473, elle servit d'ouvrage défensif jusqu'en 1865, puis de logement pour les bourreaux chargés d'exécuter les condamnés détenus dans la forteresse de Palamède. Depuis que l'office du tourisme grec en a pris la direction dans les années 1930, l'édifice a eu d'autres vies : hôtel de luxe jusque dans les années 1970, puis restaurant et café et, enfin, attraction touristique. Il n'est pas permis de visiter l'îlot, mais vous pouvez louer un petit bateau dans le port pour en faire le tour ; la vue y est impressionnante, surtout au coucher du soleil.

Plages des environs de Nauplie

ÉTENDUES DE SABLE ET CRIQUES CACHÉES

Nauplie possède un joli port, mais surtout de magnifiques plages de baignade. Nombre d'entre elles se situent aux portes de la ville, d'autres sont accessibles à pied ou à 10 minutes de voiture.

La **plage d'Arvanitia**, en contrebas de la citadelle de Palamède, n'est qu'à 10 minutes de marche du centre-ville. Son nom est associé au massacre de mercenaires albanais en 1779 (le mot *arvanitia* désigne les Albanais de Grèce).

OÙ SE LOGER À NAUPLIE

Allotino Pension
Établissement très apprécié de la vieille ville. Cinq chambres, 2 suites et un café au rez-de-chaussée. **€**

Leto Nuevo
Sur les hauteurs de la ville, élégant hôtel surplombant le fort de Bourtzi. **€€**

Opora Country Living
Maison de pierre, entourée d'orangers et d'oliviers. Près du village de Pirgiotika, à 10 minutes de Nauplie. **€€€**

Bourtzi

Selon la légende, le capitaine Pacha les aurait attirés jusqu'à la forteresse et, de là, les aurait jetés dans la mer. Cette plage de galets longue de 200 m séduit les habitants de Nauplie grâce à sa proximité, ses parasols, son label Pavillon bleu et son eau claire.

Passez la plage d'Arvanitia (en direction de celle de Karathona) et vous verrez sa petite sœur, **Neraki**, que l'on n'atteint qu'à pied. Parfaite pour les amoureux ou les voyageurs solitaires, elle resta longtemps un secret local, mais est désormais très fréquentée en haute saison.

Karathona, autre plage labellisée Pavillon bleu, demeure la plus populaire. À 10 minutes de voiture de Nauplie, après la forteresse de Palamède, ses eaux peu profondes attirent les familles. Situé dans une baie relativement abritée, ce ruban de sable dispose de transats et parasols en libre-service, d'un café et de places de stationnement sous les arbres. En haute saison, la plage est desservie par un bus.

Plus près du centre-ville, rendez-vous sur la jetée en béton qui jouxte le **Yacht Club**. Vous pourrez vous joindre aux habitants et vous rafraîchir dans les *Banieres* ("baignoires"), des piscines de mer aménagées.

APÉRO À NAUPLIE

George Pavlopoulos, fondateur de Tribal Kayak (p. 149), nous révèle ses adresses pour se détendre autour d'un verre après une journée de visites. *@tribal_kayak_argolida*

Blublanc
Parfait pour combiner plage, vue sur la mer et bonne musique. On peut s'y rendre à pied depuis la ville et y passer toute la journée.

Sambala Beach Bar-Restaurant
Autre bar de plage, d'où l'on aperçoit la forteresse de Palamède. En été, appelez pour réserver un transat. Les cocktails et jus de fruits sont très appréciés.

Raspberry
Dans la vieille ville, bar chaleureux à l'angle d'une petite rue servant bières, vins, cocktails et cafés. Très populaires : les soirées DJ.

COMMENT S'Y RENDRE ET CIRCULER

Pour explorer Nauplie le mieux est de marcher ou de louer un vélo municipal sur la Plateia Trion Navarhon. Des bus KTEL (www.ktelargolida.gr) desservent la ville en 2 heures environ au départ d'Athènes. Pour visiter la région alentour, mieux vaut louer une voiture. Se garer n'est pas toujours simple, surtout dans la vieille ville ; le stationnement est toutefois gratuit sur le port. Utilisez un GPS pour vous y retrouver dans les nombreux sens interdits du centre.

Environs de Nauplie

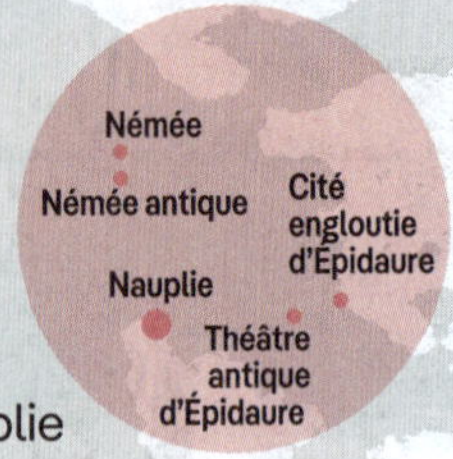

À l'image du Péloponnèse, la région de Nauplie offre une belle variété de sites antiques, petites îles, domaines viticoles et activités nautiques.

C'est sur le site antique d'Épidaure qu'Asclépios, dieu de la médecine et fils d'Apollon, serait né. La cité fut ainsi l'un des plus grands centres de guérison de l'Antiquité, mais elle est aussi célèbre pour l'acoustique exceptionnelle de son amphithéâtre du IVe siècle av. J.-C., qui accueille toujours des spectacles.

Le site de Némée, où se dressent les vestiges du temple de Zeus, a organisé les tout premiers jeux Néméens en 573 av. J.-C. Une petite bourgade moderne a depuis vu le jour dans les environs. Les vignes plantées au pied des montagnes et dans les vallées produisent depuis des siècles du vin issu principalement de l'agiorgitiko, un cépage local donnant d'excellents rouges et rosés.

Pour les infos pratiques, voir le Carnet d'adresses p. 178

À SAVOIR

Une voiture est indispensable pour atteindre les villages, plages et domaines viticoles reculés. Certaines routes sont en mauvais état ; soyez vigilant.

Temple et sanctuaire du Zeus néméen, Némée (p. 152)

INU/SHUTTERSTOCK ©

MAX TOPCHII/SHUTTERSTOCK ©

Cité engloutie d'Épidaure

À LA RECHERCHE DE LA CITÉ PERDUE

La "cité" ne gît qu'à 45 m de la plage, à 2 m de profondeur. Bonne nouvelle, donc, vous n'aurez pas de mal à la voir. Malheureusement, il est interdit d'y poser les pieds. Aucune barrière ne la protège, alors prenez soin de ne pas toucher les vestiges. Les guides de Tribal Kayak vous indiqueront le meilleur trajet pour les admirer en nageant. Un gilet de sauvetage est recommandé afin de mieux flotter et ainsi d'éviter de se cogner.

Cité engloutie d'Épidaure

UNE VILLA SUBMERGÉE EN 500 AV. J.-C.

Ce qu'on appelle la "cité engloutie" d'Épidaure, devant la **plage de Kalymnios** (à 30 km environ à l'est de Nauplie, soit 30 minutes de route), est en fait une villa romaine noyée en 500 av. J.-C. lorsque le niveau de la mer s'éleva de 1,5 m.

C'est à bord d'un kayak qu'on la découvre le mieux. **Tribal Kayak** (www.seakayak-argolida.gr) propose des excursions incluant l'équipement nécessaire (dont un masque et un tuba) et un copieux pique-nique de légumes farcis. Une fois que vous aurez pagayé jusqu'à la plage, vous pourrez nager parmi les fondations de l'édifice et ses amphores.

Non loin de la plage de Kalymnios, le **petit théâtre antique d'Épidaure** peut accueillir 1000 personnes lors des concerts qui s'y tiennent l'été. Il fut découvert en 1970 grâce à une photographie prise depuis une montgolfière.

PLUS D'AVENTURES EN KAYAK

Pourquoi ne pas pagayer pour admirer Kardamyli et la **péninsule du Magne** (p. 175) sous un autre angle ?

Théâtre antique d'Épidaure

MURMURES DE LA SCÈNE

Il serait impensable de faire l'impasse sur l'un des sites les plus visités du Péloponnèse, le **théâtre antique d'Épidaure**, situé à 27 km à l'est de Nauplie (45 minutes en voiture).

Le philosophe Pythagore avait déjà posé les bases de l'acoustique, et Aristote en avait formulé les théories lorsqu'au

OÙ SE LOGER PRÈS D'ÉPIDAURE

New Epidaurus Camping
Camping sur la plage de Nea Epidavros avec restaurant, piscine et bar. Accessible aux personnes à mobilité réduite. **€**

Bekas Camping
Près d'Épidaure, à Gialasi, parmi les orangeraies et les pins, camping avec piscine et restaurant. **€**

Sunny Garden
Studios en rez-de-chaussée avec jardinet, ou appartement à l'étage, près de la plage de Gliatis. **€€**

Vignes, Némée

MAIS COMMENT EST-CE POSSIBLE ?

Comme beaucoup d'autres pans de l'histoire de la Grèce antique, nous ignorons encore comment la structure acoustique de l'amphithéâtre d'Épidaure a été conçue. Heureusement, la science nous permet de formuler quelques hypothèses. Le théâtre est bâti en calcaire, une pierre connue pour neutraliser les basses fréquences et faire réfléchir les plus hautes, permettant ainsi aux spectateurs d'entendre tout ce qui se dit sur scène sans bruits parasites.

IVe siècle av. J.-C., on confia la conception de cette saisissante structure à Polyclète le Jeune, architecte et sculpteur renommé pour ses statues d'athlètes. Dressé au milieu d'un beau paysage de pins, le théâtre est constitué de 55 volées de gradins (21 ont été ajoutées par les Romains) depuis lesquels on peut entendre le moindre mot chuchoté sur scène. Des deux côtés de l'*orchestra* circulaire (où évoluaient chœur et acteurs), se dressaient de monumentales portes d'entrée. Tout comédien rêve de se produire ici, où plus de 13 000 spectateurs peuvent être accueillis, notamment lors du **Festival d'Athènes et d'Épidaure** (aefestival.gr ; voir p. 150). L'expérience est inoubliable : consultez le site Internet et réservez tôt.

Épidaure, où serait né le dieu de la médecine Asclépios, fut aussi un lieu révéré dans toute la Méditerranée pour ses guérisons miraculeuses. Les deux principaux sanctuaires qui étaient dédiés au dieu se trouvaient sur l'île de Kos (p. 430) et à Épidaure, au cœur de cette vallée peuplée de serpents. On utilisait ces derniers pour lécher les blessures des patients dans un but curatif. Asclépios est habituellement représenté avec une couleuvre dont la mue symbolise la régénération. Les autres traitements prescrits impliquaient régimes, remèdes à bases de plantes et même actes de chirurgie.

DOMAINES VITICOLES DE NÉMÉE

Domaine Barafakas
Domaine familial produisant depuis 100 ans d'excellents rouges, blancs et rosés. Dégustation possible.

Ktima Palivou
L'une des plus vastes exploitations de la région (plus de 30 ha), juste à côté de la Némée antique.

Domaine Aivalis
Domaine plus modeste (25 ha) pratiquant l'agriculture raisonnée. Produit principalement du rouge.

Le sanctuaire servait aussi de lieu de représentations et tous les quatre ans, durant le festival d'Asclépios, Épidaure accueillait des pièces et des compétitions sportives.

Vin sur vin

L'UNE DES PLUS BELLES ROUTES DES VINS DE GRÈCE

La Grèce est célèbre pour son *krasi* (vin) et la région de **Némée**, à 43 km au nord-est de Nauplie (40 minutes de route), est considérée comme l'un des vignobles les plus riches du pays. D'après la mythologie grecque, le dieu du vin, Dionysos, fils de Zeus, confia le secret de la culture de la vigne à Œnée, roi de Calydon, et lui ordonna de la faire fructifier dans le monde, en commençant par la vallée de Némée. On comprend aisément pourquoi : ces paysages vallonnés, rivalisant avec ceux de la Toscane, sont d'une beauté sans nom, tandis que leur climat et leur sol offrent à l'agiorgitiko (l'un des cépages grecs les plus appréciés) les conditions idéales pour s'épanouir et produire une grande variété d'excellents vins rouges et rosés. L'agiorgitiko de Némée jouit du statut d'AOP (appellation d'origine protégée) – environ 38 domaines viticoles bénéficient de ce label, de la petite activité familiale aux grandes exploitations. Intéressez-vous aussi au roditis, un cépage blanc local, ainsi qu'au moschofilero, aromatique et acidulé, cultivé du côté de Tripoli.

La route des vins de Némée parcourt près de 40 000 ha de vignoble. Difficile de faire un choix, mais vous ne pourrez pas vous tromper en faisant halte au **Domaine Barafakas**, à **Ktima Palivou** et au **Domaine Aivalis**. Tous les domaines de la route sont répertoriés sur www.venikos.gr.

FÊTE DU VIN DE NÉMÉE

Depuis 2004, les **Grandes Journées de Némée** célèbrent, au mois de septembre, la richesse viticole de la région en faisant découvrir son cépage local, l'agiorgitiko. Trois jours durant, les domaines des environs ouvrent leurs portes aux curieux et organisent dégustations, visites guidées, ateliers d'accord mets-vin, concerts, conférences et autres activités liées à la vigne – tout est gratuit ! C'est l'occasion rêvée pour goûter à de nombreux vins et visiter des domaines habituellement fermés au public.

Jeux antiques de Némée

OUBLIEZ LES OLYMPIQUES

Si les jeux Olympiques sont de loin les plus connus, ils n'étaient pas la seule compétition sportive de la Grèce antique. En 573 av. J.-C., la **Némée antique**, à 43 km (40 minutes de route) au nord de Nauplie, inaugura dans son stade les premiers jeux Néméens, qui s'y tinrent ensuite tous les deux ans (avant et après chaque édition des jeux Olympiques). Organisé en l'honneur de Zeus, ce concours trouve son origine dans la mythologie. Une légende veut qu'ils aient été institués en guise d'hommage funéraire à Opheltès, un enfant tué par un serpent ; une autre raconte qu'ils ont été créés pour célébrer Héraclès, héros personnifiant la force, l'exploit sportif et la fertilité, qui vainquit dans la région le fameux lion de Némée. Il se disputait alors en Grèce quatre

VINS D'OLYMPIE

L'**Olympie antique** (p. 158), à 185 km de Némée, dans l'ouest du Péloponnèse, jouit d'une terre très fertile et d'un sol plus propice encore à la vigne, mais compte toutefois moins de domaines viticoles.

OÙ SE RESTAURER À NÉMÉE

Sophos
Plats grecs traditionnels et modernes dans cet établissement de la Némée moderne. Bons vins. **€€**

Kalokerini Taverna
Mets traditionnels dans la ville moderne. Le cochon à la broche est très apprécié. **€**

POI
Bons vins et cafés à la sortie de Némée. **€**

concours sportifs – les jeux Néméens, Olympiques, Pythiques et Isthmiques – formant ensemble les Jeux panhelléniques.

Le **stade de Némée** est bien plus petit que celui d'Olympie, mais n'en mérite pas moins une visite. On y devine encore les gradins, interrompus par un tunnel de 36 m de long par lequel entraient les athlètes. La ligne de départ des courses et des repères de distance sont également toujours visibles.

Les concurrents s'y affrontaient en l'honneur de Zeus, lors d'épreuves athlétiques, principalement des courses, et musicales.

Sur le site archéologique voisin, les **temple et sanctuaire du Zeus néméen** sont dédiés à Zeus, dieu des bergers et de l'élevage (un culte qui diffère de celui du Zeus olympien), reflétant ainsi l'importance du pastoralisme dans la région. On peut y admirer des colonnes d'origine (IVe siècle av. J.-C.) ainsi que les vestiges d'une auberge et de thermes, où les athlètes venaient probablement s'oindre d'huile avant les compétitions. Mieux vaut explorer le **musée** du site avant de découvrir les vestiges. Ne manquez pas le trésor d'Aidonia, un assortiment de bagues, de sceaux et de perles en or mis au jour sur le site d'Aidonia, près de Némée.

LES JEUX NÉMÉENS MODERNES

En 1994, des archéologues de l'université de Berkeley et des bénévoles participant aux fouilles sur le site de Némée eurent l'idée de ressusciter les Jeux. L'événement qu'ils organisèrent attira plus de 10 000 spectateurs en deux jours. Le déroulement suivait celui des Jeux originaux : une compétition uniquement composée d'hommes - les femmes sont désormais acceptées - répartis en différentes catégories d'âge et courant tous pieds nus sur la même distance (90 m). La seule différence est la toge blanche que les participants actuels portent, alors que leurs ancêtres étaient nus.

Les **jeux Néméens modernes** (www.nemeangames.org) ont depuis lieu tous les quatre ans.

Trésors archéologiques méconnus

ENCORE PLUS DE VESTIGES MAIS SANS LA FOULE

À 4 km au nord de Nauplie, l'acropole mycénienne de **Tirynthe**, méconnue malgré son classement au patrimoine mondial de l'Unesco, déploie d'imposantes murailles atteignant par endroits 7 m d'épaisseur. Il est possible de faire le tour de l'acropole (il y a bien moins de touristes qu'à Mycènes) et d'explorer ses citadelles haute et basse. Vous pourrez apercevoir ses passages voûtés, l'escalier secret de ravitaillement et l'imposante galerie.

À 7 km à l'ouest de Nauplie sur la côte, la **maison des Tuiles de Lerne** est l'un des plus importants vestiges grecs du IIIe millénaire av. J.-C. Située sur un site occupé dès la fin du VIIe millénaire av. J.-C., sa conservation est exemplaire. On y a découvert des sceaux d'argile prouvant qu'il existait un système de contrôle des denrées, des murs, une tour plus ancienne de la période helladique et des tombes mycéniennes.

COMMENT S'Y RENDRE ET CIRCULER

Épidaure et Némée se trouvent toutes deux à l'est de Nauplie, respectivement à 35 et 40 minutes de route. Il est essentiel d'avoir une voiture, car très peu de bus circulent. Les routes sont criblées de nids-de-poule, mais offrent un bel aperçu de la Grèce rurale. En sinuant parmi les oliveraies, vous passerez parfois devant des petits étals de fruits, d'œufs ou de *méli* (miel).

MONEMVASSIA

Oubliez Santorin ! Monemvassia est l'une des destinations les plus romantiques de Grèce. Édifiée sur un immense rocher émergeant des flots, cette cité byzantine fortifiée n'a pas volé son surnom de “Gibraltar de l'Est”. Ses maisons, bâties au pied d'une falaise et visibles uniquement depuis la mer, furent ainsi conçues pour se protéger des envahisseurs. Aujourd'hui, on y arpente des ruelles pavées bordées de bougainvilliers à la découverte d'églises médiévales, de demeures en pierre et d'une forteresse. Une digue relie la vieille ville à la ville moderne, et c'est à cette chaussée que Monemvassia doit son nom signifiant “unique passage”. Séjourner dans ce musée à ciel ouvert, doté d'un grand choix de restaurants et d'hôtels, est une expérience mémorable.

Pour les infos pratiques, voir le Carnet d'adresses p. 179.

À SAVOIR

Pour se rendre à Monemvassia, mieux vaut louer une voiture à Athènes ou Kalamata. La vieille ville (le village et les restaurants situés sur le rocher) compte des hôtels charmants. La ville neuve, non loin de la digue, abrite des hébergements moins onéreux (mais très agréables), et vous aurez une belle vue sur le rocher.

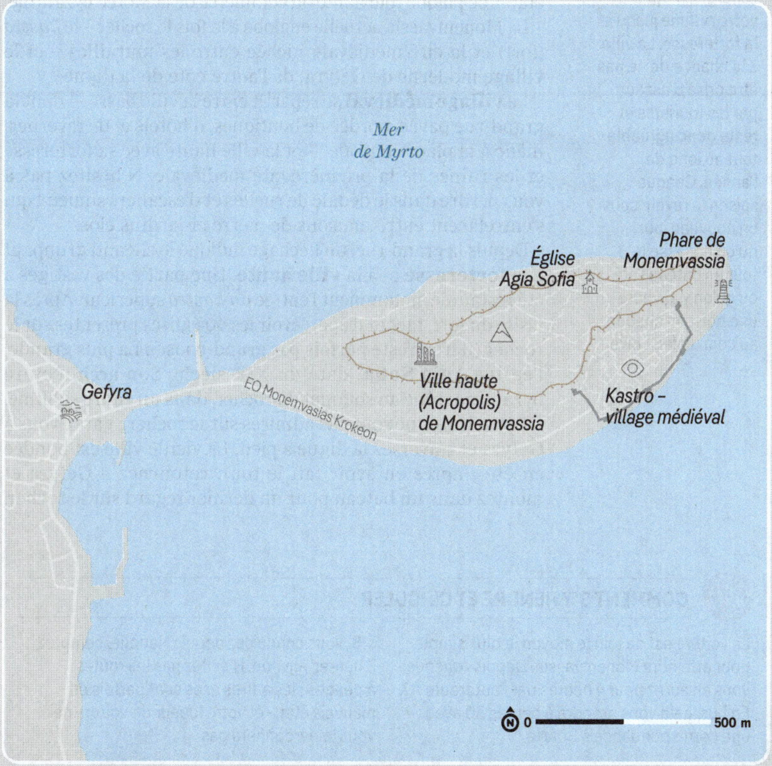

POURQUOI J'AIME MONEMVASSIA

Rebecca Hall,
Autrice pour Lonely Planet.
@BeyondHexIci

Monemvassia est un lieu magique à mes yeux. On a plaisir à s'y perdre et rêver aux siècles passés avant de dormir dans des lieux riches de leur histoire. Ici, vous pourrez visiter des chapelles byzantines et, si vous en avez l'énergie, monter à votre rythme jusqu'à la forteresse. La ville a la chance de ne pas être prise d'assaut par les touristes et reste donc agréable tout au long de l'année. Chaque saison la révèle sous un nouveau jour, qu'on en fasse le tour en bateau l'été ou qu'on y savoure une boisson chaude au coin du feu l'hiver.

PIT STOCK/SHUTTERSTOCK ©

Monemvassia

Retour dans la Grèce byzantine

UNE CITADELLE SUR L'EAU

Surgissant des eaux turquoise de la mer Égée, le rocher de Monemvassia, avec ses imposantes falaises au-dessus des flots, n'est relié à la terre que par une étroite digue. Les incursions barbares du VIe siècle forcèrent des Laconiens à se réfugier dans cette forteresse naturelle. Au XIIIe siècle, Monemvassia était une plaque tournante du commerce de la Morée byzantine.

La Monemvassia actuelle englobe à la fois le rocher - le *kastro* (fort) et la cité médiévale nichée entre les murailles - et le village moderne de Gefyra, de l'autre côté de la digue.

Le **village médiéval** se répartit entre la ville basse — dont la grand-rue pavée, bordée de boutiques, d'hôtels et de tavernes, mène à la place centrale — et la ville haute avec sa forteresse et les ruines de la première cité médiévale. N'hésitez pas à vous perdre dans le dédale de ruelles et d'escaliers sinueux qui s'entrelacent entre maisons de pierre et jardins clos.

Depuis la grand-rue, un fléchage indique le chemin grimpant à la **forteresse** et à la **ville haute**. Une partie des vestiges a été restaurée, notamment l'entrée du *kastro* supérieur. Après la visite du fort, tâchez d'apercevoir les 40 églises présentes sur le rocher (il n'en reste parfois pas grand-chose). La plus grande, l'**église Agia Sofia**, date du XIIe siècle. Son architecture byzantine trône au sommet du rocher, dans un cadre sublime.

Les voitures ne sont pas admises sur le rocher ; garez-vous à Gefyra et traversez la digue à pied. La vieille ville est bondée en été ; après en avoir fait le tour, retournez à Gefyra et montez dans un bateau pour un dernier regard sur le rocher.

COMMENT S'Y RENDRE ET CIRCULER

La voiture est de loin le moyen le plus simple pour atteindre Monemvassia. Depuis Athènes, vous en aurez pour 4 heures par l'autoroute A7. En bus, cela vous prendra 6 heures 30 avec une correspondance à Sparte.

Si vous conduisez depuis Nauplie, comptez 3 heures environ. N'évitez pas les routes à péages ; les autres axes sont parfois en mauvais état - et votre loueur de voiture ne vous le pardonnera pas.

Environs de Monemvassia

Grotte millénaire, paysages et îles remarquables vous attendent dans cette partie méridionale du Péloponnèse.

Le port de Gerakas, à 25 km au nord de Monemvassia, se situe dans une baie effilée aux airs de fjord, peuplée de diverses espèces d'oiseaux qui raviront les ornithologues amateurs. Ses tavernes alignées sur le front de mer offrent une très belle vue.

À un peu plus de 1 heure de Monemvassia en direction du cap Malée (Maleas), vous tomberez sur une spectaculaire formation datant du jurassique : la grotte de Kastani. Toutes les heures, une visite permet d'en contempler les immenses stalactites et stalagmites, façonnées sur des milliers d'années.

L'île d'Elafonissos, surnommée "Caraïbes grecques", abrite de longues plages de sable aux eaux cristallines. Allez-y en excursion au départ de Monemvassia (1 heure 20 de route), mais vous ne regretterez pas non plus d'y camper une nuit.

Pour les infos pratiques, voir le Carnet d'adresses *p. 179.*

À SAVOIR

Il faut impérativement un véhicule pour explorer cette région. Faites attention, toutefois, la route menant à la grotte de Kastani n'est pas des plus sûres.

Plage de Simos, Elafonissos (p. 157)

COUPS DE CŒUR À MONEMVASSIA ET GERAKAS

Ismini Papadaki, directrice marketing du Kinsterna Hotel, nous révèle ses activités préférées à Monemvassia et Gerakas. *@isminipap*

Depuis le temps que je vis à Monemvassia, j'aime toujours autant marcher jusqu'à la ville haute pour y admirer le coucher du soleil. J'enchaîne avec un copieux dîner de mets traditionnels à l'excellente taverne **Matoula** où je recommande les *ntolmadakia* (feuilles de vigne) et le coq aux pâtes grecques.

Pour décompresser, je me rends au port de Gerakas, avec sa charmante marina aux airs scandinaves. Après m'être baignée, je déjeune à la **Taverna To Remetzo** où je commande invariablement des *tsaïti* (chaussons fourrés), du poulpe grillé et un verre de *tsipouro*.

PIT STOCK/SHUTTERSTOCK ©

Gerakas

Port, fjord et havre pour les marins

COMME UN AIR DE NORVÈGE

Les passionnés d'oiseaux apprécieront ce lieu unique à la pointe sud de l'Europe continentale. **Gerakas**, le seul "fjord" du pays, jouit d'un milieu humide et riche attirant de nombreuses espèces migratrices (grande aigrette, héron cendré, cygnes et canard colvert...). La baignade n'est pas la première raison d'y venir, mais on peut tout de même nager depuis les rochers situés à l'extrémité du port où s'alignent les petits bateaux de pêche et de plaisance.

Gerakas affiche une beauté rare au cœur d'une baie ceinte de montagnes qui veillent sur les tavernes et cafés de la marina. La légende raconte que ce havre resta longtemps inconnu. Dans son recueil *Dits de la proue*, l'écrivain Andreas Karkavitsas (1865-1822) rapporte l'histoire d'un capitaine de bateau parti pêcher avec son fils. Le marin s'endormit, mais une tempête se leva bientôt. Son fils, qui était à la barre, perdit le contrôle de l'embarcation. Alors qu'ils peinaient à maintenir le bateau à flot, le garçon aperçut au loin les lumières de Gerakas et tenta de les y amener. Le marin, convaincu que son fils avait perdu la tête, cru qu'il tentait de les conduire à leur perte.

OÙ SE RESTAURER À GERAKAS

Taverna To Remetzo
Commandez la pêche du jour ou les chaussons fourrés (une spécialité locale). Tables en bois au bord de l'eau. **€-€€**

Aura
Restaurant tenu en famille sur le port. Vue sublime sur la baie et bon choix de plats. **€-€€**

Diamantis
Poissons pêchés sur le bateau familial. Tables toutes simples, face à la baie. **€-€€**

Il le tua juste avant de découvrir lui-même le port au détour d'une falaise. Depuis, Gerakas est un havre pour les marins perdus dans la tempête.

Grotte fantastique

JOYAU GÉOLOGIQUE

L'impressionnante **grotte de Kastani** se trouve au bout d'une route particulièrement sinueuse, à 13 km au nord-est de Neapoli, sur le cap Malée. Cette caverne de 1 500 m² répartis sur deux niveaux cache des stalactites et stalagmites sans équivalents ou presque en Europe. La visite guidée vous mènera à la découverte de ces concrétions formées sur 3 millions d'années, véritables sculptures naturelles aux formes et noms évocateurs (les Trois Rois mages, la Glace, la Tête d'éléphant...).

Le site est peu connu des touristes, pourtant il n'y aurait sur le continent européen qu'une seule autre grotte présentant une telle densité et une telle variété de stalagmites et stalactites : il leur faut en effet 100 ans pour gagner 1 cm !

Escapade sur l'île aux Cerfs

PLAGES ET FAUNE

Elafonissos, l'"île aux Cerfs", était autrefois un terrain de chasse de renom. Aujourd'hui encore une petite population de cervidés, ainsi que plusieurs tortues caouannes, habitent ce bout de terre de 19 km² qu'un violent tremblement de terre arracha au continent en l'an 375. Elle se dresse désormais au large de l'embarcadère de **Pounta**, à 1 heure 30 environ au sud de Monemvassia.

Ses plages et sa mer transparente attirent les visiteurs. La plage de **Simos** accueille un camping, et ses dunes ondoyantes en font un lieu propice au nudisme. **Sarakiniko**, la plus prisée et la plus longue plage de sable de l'île, dispose d'hôtels, bars et restaurants à proximité.

Elafonissos est l'île parfaite pour s'offrir une escapade au large du Péloponnèse sans avoir à retourner au Pirée d'Athènes pour prendre un ferry.

UNE DES PLUS BELLES GROTTES DE GRÈCE

La grotte de Kastani, également appelée "grotte Agios Andreas" (du nom de l'église Saint-André bâtie sur le site), est accessible par une route de montagne en lacet relativement bien entretenue. Il est possible de la visiter depuis Monemvassia (à 1 heure de là), mais le mieux reste de loger dans la ville portuaire de Neapoli. Les photos sont interdites à l'intérieur de la grotte.

COMMENT S'Y RENDRE ET CIRCULER

La plupart de ces lieux peuvent se visiter dans la journée au départ de Monemvassia. Votre hôtel pourra peut-être tout organiser pour vous, ce qui vous évitera d'avoir à prendre le volant sur des routes parfois tortueuses. Pour être complètement autonome ou pour atteindre les coins les plus reculés, vous aurez besoin d'une voiture.

Le car-ferry (elafonisosferries.gr) pour Elafonissos part de Pounta, à 1 heure de Monemvassia. Il s'agit d'un simple embarcadère, avec un ou deux cafés en retrait de la billetterie. Comptez un départ toutes les 30 minutes en haute saison pour une traversée d'à peine 10 minutes. Elafonissos est prise d'assaut en juillet et août, surtout par les campeurs. Si vous voyagez durant cette période, n'attendez pas la dernière minute pour réserver votre hébergement ou place de camping. En septembre, l'eau est encore bonne et les plages sont plus tranquilles. Dernier point : ne confondez pas Elafonissos avec la plage d'Elafonissi, qui se trouve en Crète !

OLYMPIE

Olympie est une petite bourgade de l'ouest du Péloponnèse, où se succèdent boutiques de souvenirs et restaurants destinés aux groupes de touristes affluant par cars entiers pour visiter le site le plus célèbre de la péninsule : l'Olympie antique. Berceau des jeux Olympiques, la "vallée des Dieux" est fière de compter l'un des stades les plus vastes de la Grèce antique, qui accueillit la fameuse compétition tous les quatre ans à partir de 776 av. J.-C. Le site s'étend sur une plaine, entre les berges de l'Alphée, le plus long fleuve du Péloponnèse, et de la Kladéos.

Avec l'Acropole d'Athènes (p. 58), c'est une étape incontournable de tout voyage en Grèce et plus particulièrement dans le Péloponnèse.

Pour les infos pratiques, voir le Carnet d'adresses p. 179.

À SAVOIR

En voiture, Olympie se trouve à 1 heure du port de Patras et de l'aéroport de Kalamata, et à moins de 4 heures d'Athènes. Vous pouvez aussi la rejoindre en bus, et passer une ou deux nuits sur place pour explorer la bourgade.

TORCHE OLYMPIQUE

Une cérémonie inspirée des rites antiques marque le début des jeux Olympiques, plusieurs mois avant la première épreuve. Des "prêtresses" procèdent à l'allumage de la flamme olympique sur un autel devant le temple d'Héra.

La torche est ensuite apportée au stade antique et confiée à un coureur. Ainsi commence le relais, qui se termine dans le pays hôte lors de la cérémonie d'ouverture.

Berceau du sport moderne

UNE HISTOIRE MUSCLÉE

Tous les quatre ans durant plus d'un millénaire, jusqu'à leur interdiction par l'empereur Théodose Ier en 393, les jeux Olympiques se déroulèrent dans le **stade d'Olympie**. Avec Némée (p. 151), c'est l'un des sites antiques grecs les plus évocateurs. La destruction ordonnée par Théodose II en 420 et les nombreux séismes ont progressivement détruit les temples et les installations sportives qui se dressaient là autrefois, mais il reste possible de se promener autour et d'imaginer les athlètes entrer par son arche en pierre sous les acclamations du public.

Depuis l'entrée, les premières ruines visibles sur votre droite sont le **gymnase** du IIe siècle av. J.-C., puis un peu plus au sud, les colonnes de la **palestre** (école de lutte) où s'entraînaient les concurrents. À l'arrière, les chercheurs ont identifié l'**atelier de Phidias**, lieu où le maître athénien sculpta un monumental Zeus d'ivoire et d'or, une des sept merveilles du monde antique. L'Altis, ou **enceinte sacrée de Zeus**, s'étend à l'est du chemin ; elle était repérable à son colossal bâtiment dorique, le **temple de Zeus** (Ve siècle av. J.-C.).

Au sud du temple, le **bouleutêrion** (lieu de réunion du sénat olympique, dit *boulè*) se reconnaît à son **autel des serments**, où les concurrents juraient obéissance aux règles en promettant de ne pas tricher.

À l'est du temple, la colonnade dorique du **portique de l'écho** conduit vers le stade. Son nom souligne son acoustique remarquable, répercutant sept fois le son. Rectangulaire, le **stade**, qui pouvait accueillir au moins 45 000 spectateurs, comprend une piste de course de 192,27 m ; la pierre de départ,

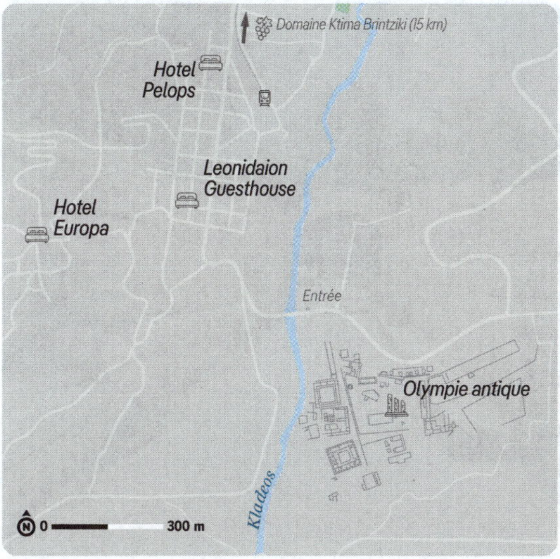

UN VIN NÉ DU FEU

En 2007, d'immenses incendies ont ravagé la Grèce et dévasté les vignes du domaine de Brintziki. Pourtant, certains pieds partiellement brûlés ont miraculeusement survécu aux flammes et, une fois le feu éteint, leurs grappes de raisin ont pu être récoltées. C'est ainsi qu'est né un vin précieux : le Dia Pyros.

Seules 2400 bouteilles ont été produites, puis ornées d'une étiquette dessinée à la main, représentant un phénix – l'oiseau mythique qui, comme les vignes de Brintziki, renaît de ses cendres. Chaque étiquette est unique et leur oiseau de feu est doré à l'or véritable. Les bouteilles, extrêmement chères, sont généralement offertes par le domaine aux personnalités de marque.

la ligne d'arrivée et les sièges des juges existent encore. Plus au nord, le **temple d'Héra** (fin du VIIe siècle av. J.-C.), de style dorique, est le plus ancien d'Olympie. Sur un autel placé devant, on entretenait durant les Jeux un feu symbolisant celui que Prométhée avait dérobé aux dieux. C'est toujours ici qu'on allume la flamme olympique.

Les jeux Olympiques en contexte

POUR LES AMATEURS D'HISTOIRE

À visiter avec le site pour en saisir le contexte, le **musée archéologique d'Olympie** expose des objets qui y ont été exhumés. De la préhistoire à l'époque romaine, la collection couvre l'histoire du sanctuaire olympique. Moment fort de la visite, la grande salle présente la reconstitution des frontons et des métopes du temple de Zeus.

Une salle accueille la majestueuse statue attribuée à Praxitèle (IVe siècle), en marbre de Paros, représentant Hermès portant Dionysos bébé, groupe retrouvé dans la *cella* du temple d'Héra. L'imposante Nikè de Paionios (vers 420 av. J.-C.) dont le socle se trouve toujours dans l'enceinte sacrée de Zeus est également une merveille.

OÙ SE LOGER À OLYMPIE

Hotel Europa
Sur les hauteurs de la ville, des chambres traditionnelles ou modernes. Piscine. **€€**

Hotel Pelops
Chambres confortables, avec balcons et accès à la piscine de l'Hotel Europa. **€€**

Leonidaion Guesthouse
Hôtel deux étoiles, central et confortable. Courte distance de marche des sites antiques. **€€**

L'HISTOIRE DES JEUX

L'histoire de la plus prestigieuse compétition sportive est retracée dans l'excellente collection du **musée historique des jeux Olympiques**, retraçant les premières disciplines (course à pied, lutte, pugilat ou course de chars) et présentant les autres compétitions disputées ailleurs dans la Grèce antique. Y est également développé le rôle joué par Héraclès et Pélops, et évoqué le sort réservé aux femmes qui tentaient d'assister aux Jeux malgré l'interdiction.

GIANNIS KATSAROS/EYEEM/STOCK.ADOBE.COM ©

Entrée au stade olympique d'Olympie

Vins olympiens

NECTAR DES DIEUX

La vallée de Némée, dans le nord-est du Péloponnèse, a beau compter de très nombreux domaines viticoles, la région de l'Olympie antique jouit d'une terre plus fertile encore. Pourtant, il s'y trouve étonnamment peu d'exploitations où découvrir les cépages de ce terroir unique.

Le **domaine Ktima Brintziki**, à 10 minutes de l'Olympie antique, s'étend sur 50 ha. En 2012, ses méthodes de culture biologiques lui valurent de devenir la première exploitation viticole grecque à obtenir le statut "d'exploitation verte". D'ailleurs, les cépages autochtones s'épanouissent sur son terrain : roditis, tinaktorogos, malagouzia et assyrtiko pour les blancs ; augustiatis, agiorgitiko et merlot pour les rouges.

Le tinaktorogos, qui n'est cultivé nulle part ailleurs, est un raisin exigeant. Le nom de ce cépage signifie "qui rejette la vigne", car un grand nombre de ses grappes "rejettent" le pied pour tomber au sol et laisser celles qui restent grossir jusqu'à devenir quasi translucides. Ne manquez pas l'occasion de visiter ce domaine et de déguster le produit de ses vignes, cultivées avec soin sur la terre des dieux.

COMMENT S'Y RENDRE ET CIRCULER

Il existe plusieurs façons d'accéder à Olympie. La compagnie nationale de bus KTEL (www.ktelileias.gr) assure un service quasi quotidien d'Athènes (30,10 €, 4 heures) à Pyrgos (2,30 €, 30 min), où vous pourrez prendre une correspondance. En été, un petit train (www.hellenictrain.gr) relie le port de Katakolo à Pyrgos, puis à Olympie. Louer une voiture vous offrira toutefois plus d'autonomie ; une autoroute à péages permet de relier Athènes à Olympie en 3 heures 30.

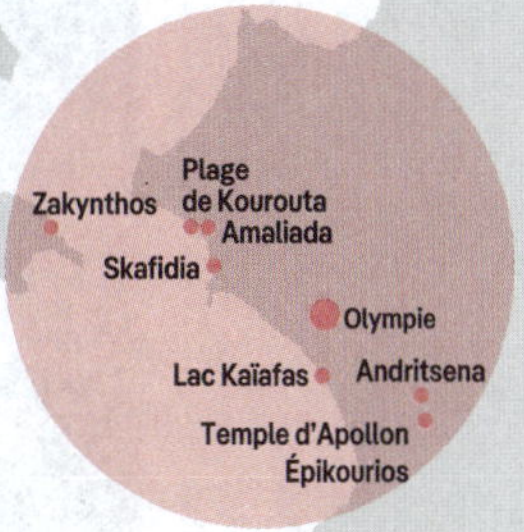

Environs d'Olympie

Lacs, eaux thermales, monastères et plages égaient les alentours du site antique.

La plupart des touristes se rendent dans la région d'Olympie pour une seule et unique raison : visiter l'impressionnant berceau des jeux Olympiques. Pourtant, si les terres agricoles dominent tout autour, on y trouve aussi de quoi pleinement s'occuper. Des plages bordant la mer Ionienne aux sources thermales, en passant par une grotte, un monastère fortifié du XIIe siècle (le plus ancien de la région) et l'impressionnant temple d'Apollon Épikourios, perché dans les montagnes et classé au patrimoine mondial, il y en a pour tous les goûts. Ajoutez à cela d'excellentes tavernes, et vous aurez bien du mal à ne pas étendre votre visite au-delà du site d'Olympie.

Pour les infos pratiques, voir le Carnet d'adresses *p. 179.*

À SAVOIR

Il faut une voiture pour voyager dans cette partie reculée du Péloponnèse, et surtout atteindre le temple d'Apollon Épikourios, niché dans une vallée entourée de montagne.

Coucher du soleil sur le lac Kaïafas

HERACLES KRITIKOS/SHUTTERSTOCK ©

PIT STOCK/SHUTTERSTOCK ©

Lac Kaïafas

TOUT SAVOIR SUR LE LAC

Le lac Kaïafas est classé zone Natura 2000, ce qui signifie qu'il abrite une faune et une flore rares ou menacées. Serpents aquatiques, tortues de Méditerranée, anguilles et oiseaux migrateurs font ainsi la richesse de ce site naturel. Sur le lac, le petit îlot Sainte-Catherine, du nom de la chapelle bâtie dessus, est relié à la terre par une petite chaussée.

Eaux thermales, lac et mer

SEL ET SOURCES DOUCES

À 30 minutes seulement d'Olympie, à quelque 25 km de là, s'étend un coin méconnu du Péloponnèse occidental. Le **lac Kaïafas** y côtoie la mer Ionienne, séparé d'elle uniquement par une fine bande de terre. Formé par des séismes successifs au cours du VIe siècle, il étend ses eaux thermales sur 2,5 km^2 et 2 m de profondeur. On s'y rend depuis l'Antiquité pour soigner divers maux, comme la polyarthrite rhumatoïde ou la fibromyalgie. Aujourd'hui, un centre thermal permet de profiter des bienfaits des deux sources – **Anigrides Nymphes** et **Atlantides Nymphes** – l'alimentant. Elles se trouvent dans des grottes accessibles, où l'eau atteint les 35°C toute l'année.

Du côté de la plage de Kaïafas, l'eau peu profonde est idéale pour les familles, et le cadre se révèle sublime avec sa forêt de pins bordant le lac jusqu'à la mer.

À 5 minutes de route s'étend la **plage de Kato Samiko** équipée de diverses infrastructures. Son eau claire et peu profonde en fait un autre lieu parfait pour les enfants.

OÙ SE LOGER PRÈS DU LAC KAÏAFAS

Kaiafas Lake Hotel
Hôtel trois étoiles avec piscine, à 800 m du lac et 900 m des plages. **€€**

Ostria Hotel Kakovatos
À 20 m de la plage, toutes les chambres ont un balcon et la plupart vue sur la mer. **€**

Hotel Nature Club & Spa
Complexe avec piscine réservé aux adultes. Suites et chambres tout près de la plage. **€€€**

Plage de Kourouta

Nature et religion

UN MONASTÈRE DOMINANT LA PLAGE

Le monastère de Skafidia se cache dans les bois au-dessus de la plage du même nom. Depuis onze siècles, ce lieu dédié à la Dormition de la Vierge domine paisiblement la mer Ionienne du haut de sa colline, au sein du petit village de **Skafidia**, à 31 km (30 minutes) d'Olympie.

L'histoire du monastère fut pour le moins tumultueuse : au début de la première occupation ottomane, les moines l'abandonnèrent pour se réfugier sur l'île de Zante (Zakynthos), non loin de là. Rénové et agrandi aux XVIIe et XVIIIe siècles, l'édifice fut ensuite incendié au cours de la Révolution grecque. Il s'effondra lors du séisme de 1886 et, autour de 1944, fut détruit par les troupes allemandes et italiennes.

VILLAGE DE MONTAGNES

Niki Vlachou, guide touristique certifiée, nous livre son coup de cœur dans cette région qu'elle connaît si bien.
@nikiolympictours

Andritsena est un ravissant village situé à la frontière de l'Élide et de l'Arcadie, non loin du temple d'Apollon Épikourios. Dans ses ruelles à l'architecture traditionnelle, le temps semble s'être arrêté. Flâner dans sa grand-rue vous fera ainsi découvrir les maisons et boutiques de la Grèce d'antan, la plupart d'entre elles n'ayant pas été rénovées depuis des décennies. Dégustez un café à l'ombre de l'un de ses imposants platanes centenaires et laissez-vous bercer par le clapotis de l'eau pure qui s'écoule des fontaines alimentées par les sources des montagnes.

OÙ SE RESTAURER PRÈS DE SKAFIDIA

Solymar Skafidia
Bon restaurant en bord de mer. Classiques simples (moussaka, souvlakis, etc.). **€**

Vythos Restaurant
Taverne servant une grande variété de poissons et fruits de mer. **€€**

Aigli Restaurant
Plats de viande traditionnels et salades dans le centre de la ville voisine, Pyrgos. **€€**

DÉTOUR PAR L'ÎLE DE ZANTE (ZAKYNTHOS)

La ville côtière d'Amaliada se trouve à 31 km (30 minutes de route) du port de **Kyllini**, où vous pourrez prendre le ferry pour l'île de Zante (p. 592). Après avoir vogué 1 heure 30 sur la mer Ionienne, vous accosterez sur l'île, que l'on voit depuis la plage d'Amaliada.

Deux compagnies de ferry assurent l'essentiel des traversées : Kefalonia Lines (environ 3/jour) et Levante Ferries (7/jour). Un bus au départ d'Athènes fait la liaison avec les départs des ferrys, ce qui fait un long voyage, mais évite de prendre l'avion.

Zante

De nos jours, quelques religieuses y vivent et organisent des visites à différentes heures de la journée. Bien qu'elles ne parlent parfois que le grec, elles sont très chaleureuses et toujours prêtes à proposer de l'eau ou du café. Les reliques exposées méritent aussi le détour.

Relativement peu fréquentée, la **plage de Skafidia**, à une courte distance de là, est un petit bijou sauvage entre mer et collines. Ne manquez pas d'y passer après une visite au monastère si vous êtes dans les environs.

Vins d'autrefois

UNE NUIT DANS UNE ANCIENNE CAVE À VINS

Si vous cherchez un littoral intact avec vue sur l'île de Zante, mettez le cap sur la **plage de Kourouta**, près de la ville d'**Amaliada** dans l'ouest du Péloponnèse. À 40 km d'Olympie (35 minutes de route), cette longue étendue de sable est bordée de restaurants et de bars. Au tournant du XXe siècle, une cave à vins y fut construite afin de faciliter les exportations par la mer. Lorsque la demande chuta, le lieu fut abandonné. Aujourd'hui, après de longs travaux, le site accueille le **Dexamenes Hotel**, un élégant établissement de 34 chambres, installées dans les entrepôts en béton. De nombreux éléments d'origine ont été conservés, tels les ouvertures circulaires et les tuyaux apparents, ou encore la patine des parois intérieures. Dans la cour intérieure, on peut découvrir deux immenses cuves.

Temple d'Apollon Épikourios

LE PREMIER SITE GREC CLASSÉ AU PATRIMOINE MONDIAL

Au départ d'Olympie, 1 heure 20 de virages dans les montagnes vous mènera au site de **Bassae**, non loin de ce qui fut la cité de Phigalie (Figalia). Lieu sacré comptant de nombreux temples, Bassae ("petite vallée") est protégée par une enceinte formée par les monts Kotylio, Lykaion, Tetrazio et Elaio.

C'est ici, à 1130 m d'altitude, que se trouve le **temple d'Apollon Épikourios**, premier site antique grec à avoir été classé au patrimoine mondial par l'Unesco, en 1986. Épikourios signifie "celui qui porte secours" : si le temple est dédié au dieu soleil, c'est parce qu'il aurait préservé les habitants des environs de la peste qui ravageait la région lors de la guerre du Péloponnèse.

Probablement construit entre 420 et 400 av. J.-C., il abriterait sous ses fondations un temple encore plus ancien, datant du VIIe siècle av. J.-C. L'édifice, qui allie colonnes doriques et ioniques, plus une unique colonne corinthienne (l'exemple le

OÙ SE RESTAURER ET PRENDRE UN VERRE SUR LA PLAGE DE KOUROUTA (AMALIADA)

Cabana – Seaside Gastro Bar
Ambiance décontractée, musique et jolie vue dans ce bar en bord de mer. €€

Mangiare
Cuisine italienne savoureuse à prix juste avec options végétariennes. €€

Ta Magouliana
L'une des plus vieilles tavernes de la région. Décoration unique et grand choix de spécialités. €€

JOAQUIN OSSORIO CASTILLO/SHUTTERSTOCK ©

Temple d'Apollon Épikourios

plus précoce de ce style), a subi les outrages du temps, mais sa situation isolée a contribué à sa préservation.

L'historien voyageur Pausanias aurait été subjugué par la beauté et l'harmonie de ce temple, qui fut oublié pendant 1 700 ans, et identifié par l'architecte français Joachim Bocher en 1765. Les premières fouilles furent menées à partir de 1812, après l'expédition organisée par la Society of Travellers, un groupe de passionnés d'antiquités venus de différents pays.

En 1815, l'architecte et archéologue Charles Robert Cockerell dépouilla le temple de sa célèbre frise en marbre qui ornait l'intérieur de la *cella* (sanctuaire) et le British Museum, où elle est désormais exposée, l'acheta lors d'une vente aux enchères.

L'édifice compte six colonnes en façade et quinze sur la longueur. Son écrin de verdure, loin de tout et à l'abri des foules, en fait l'un des sites les plus paisibles et remarquables de la région.

HÉBERGEMENTS DE CHARME PRÈS DU TEMPLE D'APOLLON

Apollo Resort Art Hotel
Un quatre-étoiles tenu par une famille au milieu des oliviers, devant la plage de Trypes. Près du fort en ruine de Kyparissia, à 1 heure 15 du temple. **€€**

Abeliona Retreat
À 15 minutes de route du temple, dans les montagnes. Petit établissement proposant cours de yoga et ateliers bien-être – une destination à part entière. **€€€**

Villa Vager
Neuf suites luxueuses aux styles différents, dans une demeure en pierre restaurée au cœur des montagnes. Dans le village de Levidi, à 1 heure 45 du temple. **€€€**

COMMENT S'Y RENDRE ET CIRCULER

Pour atteindre les sites éparpillés autour d'Olympie, vous aurez besoin d'une voiture (location possible à Olympie). Vous pouvez prendre un taxi d'Olympie au lac Kaïafas, par exemple, mais cela revient cher.

SPARTE

La guerre du Péloponnèse (431-404 av. J.-C.) vit les guerriers les plus impitoyables de la Grèce antique, les légendaires soldats de Sparte, triompher d'Athènes et de ses alliés. Située au sud de la péninsule, dans la région de Laconie, la cité déclina à l'époque romaine jusqu'à ce qu'elle soit refondée en 1830 sur ordre du roi Othon pour célébrer la libération de la Grèce face à la domination ottomane. Elle reste l'une des rares villes grecques bâties selon un plan strict en damier.

Il ne reste plus grand-chose de sa grandeur passée, mais Sparte reste un excellent point de chute à partir duquel explorer Mystra et ses montagnes, Monemvassia ou l'île d'Elafonissos.

Pour les infos pratiques, voir le Carnet d'adresses *p. 180.*

À SAVOIR

La gare routière KTEL accueille des bus depuis/vers Athènes passant par Tripolis et Corinthe. D'autres bus desservent le village byzantin de Mystra, ainsi que Kalamata et la péninsule du Magne.

COURSES HISTORIQUES

En septembre, les coureurs du Spartathlon parcourent les 246 km d'Athènes à Sparte, comme le fit Philippidès en 490 av. J.-C. Le messager athénien avait parcouru cette distance en un jour et demi afin de solliciter l'aide des Spartiates dans la bataille de Marathon, menée contre les Perses. Le record en date est de 20 heures 25 (établi par Yiannis Kouros en 1984).

Plus court, le marathon classique d'Athènes suit une route essentiellement droite, sur 42 km entre la ville de Marathon (p. 112) et le stade panathénaïque.

Musées et huile d'olive

LES FRUITS DE L'HISTOIRE

Produit grec par excellence, l'olive a désormais son propre musée à Sparte. Le **musée de l'Olive et de l'Huile d'olive grecque** vous initiera de façon ludique aux mystères de ce fruit, de son apparition en Méditerranée en 60 000 av. J.-C. jusqu'à nos jours. Sur deux niveaux d'un bel édifice en pierre remarquablement rénové, vous apprendrez tout des usages et multiples bénéfices tirés de la culture des oliviers : cuisine, chauffage, rites, parfumerie. Dans la cour ont été reconstitués différents modèles de pressoirs à olives, utilisés de la préhistoire à l'époque byzantine, accompagnés de jarres d'antan.

Après cette visite, gagnez le **Musée archéologique**, où le glorieux passé de Sparte reprend vie dans un beau bâtiment néoclassique au cœur d'un parc. On y découvre des faucilles comme celles que les jeunes garçons donnaient en offrande à la déesse Artémis Orthia, des bas-reliefs représentant certainement Hélène et Ménélas (ainsi qu'Hélène et Pâris), des figurines votives, des têtes et torses de divinités, un buste attribué au roi Léonidas, un superbe sanglier au dos hérissé, des masques votifs en terre cuite et diverses stèles funéraires. Vous y verrez aussi de belles mosaïques des époques hellénistique et romaine.

Vestiges de la Sparte antique

GRANDEUR PASSÉE

La guerre entre Athènes et Sparte, les deux cités les plus puissantes de la Grèce antique, dura plus de 25 ans, de 431 à 404 av. J.-C. jusqu'à la victoire de Sparte.

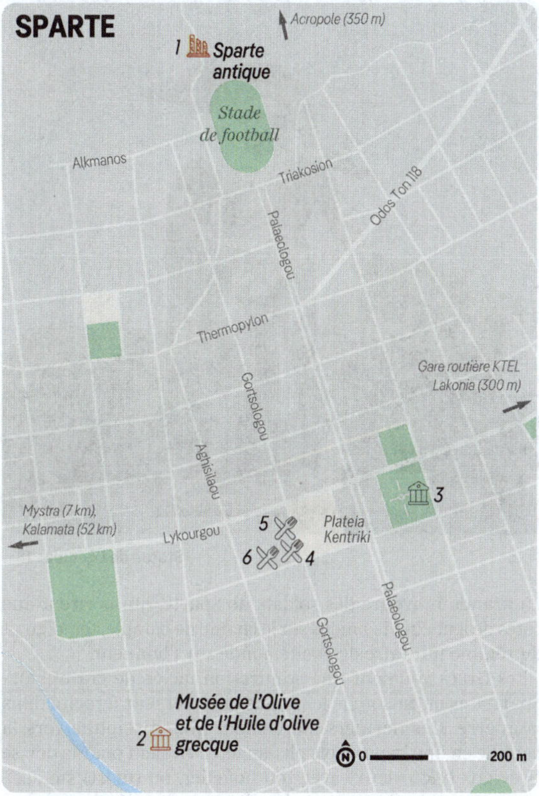

INCONTOURNABLES
1 Sparte antique
2 Musée de l'Olive et de l'Huile d'olive grecque

VOIR
3 Musée archéologique

SE RESTAURER
4 Kápari
5 Kexrimpari
6 Tsipouradiko To Peninda

Il reste malheureusement peu d'édifices témoignant de l'âge d'or de Sparte, mais on peut encore se promener dans ce qui subsiste de son acropole et de son agora, qui formaient le centre religieux et administratif de la cité (du VIIIe siècle av. J.-C. à la période romaine). Ne manquez pas le théâtre antique et le sanctuaire d'Athéna Chalkioikos. Plus loin, au nord de la ville, s'étendent les vestiges du sanctuaire d'Artémis Orthia, où les jeunes Spartiates étaient initiés pour devenir de fidèles hoplites.

Qui étaient les Spartiates ?

GUERRIERS DE LÉGENDE

Peut-être avez-vous vu le film *300*, sanglant et très romancé, réalisé par Zack Snyder (2007) et inspiré (parfois très librement) de la **bataille des Thermopyles**, l'un des plus célèbres faits d'armes de l'histoire antique ? En 480 av. J.-C., 300 soldats spartiates d'élite réussirent en effet à contenir l'armée perse, forte de plus de 10 000 hommes, au passage des Thermopyles (près de l'actuelle Lamia). Trois jours durant, des vagues de soldats perses vinrent se heurter aux lances et aux boucliers des Spartiates, qui avaient adopté la tactique de la tortue.

BONNES TABLES TRADITIONNELLES DE SPARTE

Tsipouradiko To Peninda
Dans une belle cour, grillades et *mayirefta* (plats cuisinés à l'avance) simples, mais délicieux. €€

Kápari
L'un des restaurants les mieux situés de Sparte. Classiques cuisinés avec soin, tel le *pastitsio* (gratin de pâtes). €€

Kexrimpari
Cuisine simple, excellents souvlakis de poulet et divers plats végétariens. €€

Statue de Léonidas Ier

STATUE DU ROI LÉONIDAS Ier

La statue guerrière de Léonidas Ier se dresse devant le stade de football. Lorsque les Perses attaquèrent les Spartiates et leurs alliés aux Thermopyles, et leur demandèrent de déposer les armes, Léonidas rétorqua : "*Molon labe*" ("Venez les chercher"), une réponse gravée au pied de sa statue.

La grande bravoure des soldats de Sparte, qui périrent aux côtés de leur chef Léonidas sur le champ de bataille, témoignait du régime militaire de la cité, fondé sur l'honneur.

Les Grecs vouaient une admiration mêlée de crainte aux Spartiates en raison de leur abnégation et leur férocité dans la guerre. Ces derniers marchaient avec discipline vers la bataille en une impeccable phalange, et vivaient pour la devise "Reviens (victorieux) avec ton bouclier, ou (mort) sur lui". L'entraînement des soldats (hoplites) visait à développer une excellente condition physique et commençait très tôt, dès l'âge de 7 ans et jusqu'à 20 ans. Les jeunes garçons étaient notamment soumis à des "concours" visant à renforcer leur endurance.

La cité même de Sparte n'était ceinte d'aucun mur ni de fortifications. Les échanges avec les étrangers étaient très limités : les mariages avec une personne d'une autre cité étaient interdits, surtout avec les Athéniens. Mais le repli de Sparte sur elle-même entraîna son déclin. Sparte connut sa première véritable défaite à Leuctres en 371 av. J.-C., une bataille qui marqua la fin de sa suprématie.

COMMENT CIRCULER

Sparte est une ville facile à visiter à pied ; son centre compte une agréable zone piétonne dotée de nombreux cafés où faire une pause, notamment devant l'hôtel de ville.

Environs de Sparte

Les paysages autour de Sparte comptent parmi les plus spectaculaires du Péloponnèse, si ce n'est de toute la Grèce.

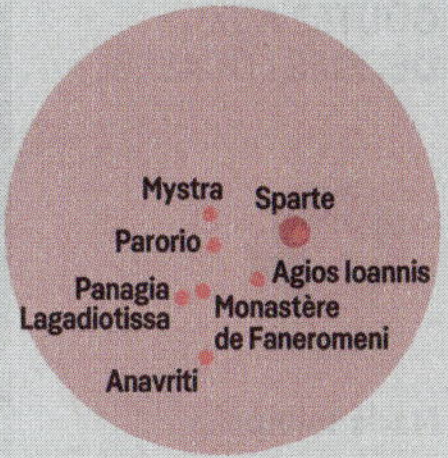

À 7 km à l'ouest de Sparte, la cité fortifiée médiévale de Mystra, blottie au pied du massif du Taygète, fut le dernier bastion de l'Empire byzantin. Ses vestiges (églises, bibliothèques, édifices défensifs et palais) sont classés au patrimoine mondial.

La ville a connu plusieurs vies : bâtie en 1249 par le chef franc Guillaume de Villehardouin, elle fut livrée aux Turcs en 1460, déclina sous leur domination, mais prospéra à nouveau après sa prise en 1687 par les Vénitiens, qui y développèrent une florissante industrie de la soie. Reconquise par les Turcs en 1715, elle fut incendiée durant la révolution d'Orloff en 1770 pour ne plus être, au moment de l'indépendance, qu'un champ de ruines en grande partie abandonné. Depuis les années 1950, d'importants travaux de restauration ont été entrepris et se poursuivent encore aujourd'hui.

Le sentier de grande randonnée E4 passe par les montagnes du Taygète, Mystra et les villages alentour, ce qui en fait un très bon point de chute pour les randonneurs.

Pour les infos pratiques, voir le Carnet d'adresses *p. 180.*

À SAVOIR

Des bus circulent régulièrement entre Sparte et Mystra, mais les trajets en taxi sont abordables puisqu'il n'y a que 10 minutes de route.

Agia Sofia, Mystra (p. 171)

GOÛTEZ AUX DÉLICES LOCALES

Maria Tsimpoka, iconographe et propriétaire d'une boutique de souvenirs, nous fait découvrir des spéciales locales. *@tsiboka*

Si vous passez à Mystra, vous devez absolument goûter au *syglino* (porc fumé aux écorces d'orange) et aux saucisses, au léger parfum d'agrume. Commandez le traditionnel ragoût de haricots verts ou les *gemista* (légumes farcis au riz), à accompagner de bière ou de vin. Au dessert, les *diples*, *melomakarona* et *kourabiedes*, des biscuits très appréciés à Noël, sont vendus toute l'année dans la pâtisserie **Paradossiaka Glyka – Mystra**.

Le 29 août et les jours qui suivent, le village s'anime grâce à un grand marché tenu en l'honneur de saint Jean depuis 300 ans.

Couvent de la Pantanassa, Mystra

Cité fortifiée de Mystra

FASCINANTES RUINES ET FORTIFICATIONS

Les émouvants vestiges des églises, bibliothèques, édifices défensifs et palais de la cité fortifiée de **Mystra**, classée au patrimoine mondial, s'étagent sur les pentes d'un contrefort du massif du Taygète, à 7 km à l'ouest de Sparte. C'est là que la culture artistique et intellectuelle de l'Empire byzantin s'épanouit une dernière fois avant l'invasion ottomane, qui survint près d'un millénaire après la fondation de la cité. Une école de philosophie humaniste y fut fondée, dont les idées éclairées (parmi lesquelles les enseignements de Platon et de Pythagore) attirèrent les intellectuels. La plupart des édifices subsistants, témoignant de l'art et de l'architecture florissants de cette époque, furent bâtis entre 1271 et 1460.

OÙ SE RESTAURER À MYSTRA

Marmara Restaurant
Admirez la vallée devant une généreuse portion de moussaka ou d'autres spécialités et un verre de vin. **€**

Eleni
Affaire familiale, l'un des meilleurs établissements de la place centrale du village. Délicieuse moussaka. **€**

To Kastro
Près de la place principale, salades, souvlakis et autres mets tout simples servis dans un jardin. **€**

Fondée par les Francs et agrandie par les Turcs, la **forteresse** (comptez 10 minutes d'ascension à pied) offre une vue éblouissante sur la plaine de la Laconie. Profitez du spectacle et dirigez-vous vers l'**Agia Sofia**, église palatiale où furent inhumées plusieurs épouses d'empereurs byzantins ; une chapelle latérale a conservé de belles fresques, notamment une belle *Naissance de la Vierge*, au-dessus de l'entrée. La ville haute est dominée par le **palais des Despotes**, un bâtiment en L entrepris par les Francs, terminé par les Byzantins et aujourd'hui restauré.

Redescendez jusqu'à la porte de Monemvassia, qui marque l'entrée de la ville basse, et gagnez le **couvent de la Pantanassa** (XVe siècle), reconnaissable à sa superbe façade de pierre ouvragée. Bien préservé et toujours habité par des religieuses — seules habitantes de Mystra hormis les chats errants —, l'ensemble monastique a des proportions parfaites. Sa superbe fresque du XVe siècle, à la riche palette de couleurs, est l'un des plus beaux témoignages de l'art byzantin tardif.

Le sentier poursuit sa descente jusqu'au **monastère de Péribleptos**, taillé dans la roche et dissimulé par les pins. Ses fresques du XIVe siècle affichent une fraîcheur étonnante.

Ensemble de bâtiments ceint par un haut mur, la **Métropole (cathédrale Agios Dimitrios)** fut remaniée au XVe siècle. Une plaque de marbre dans le sol représente un aigle à deux têtes : il matérialise l'emplacement précis du couronnement, en 1449, de l'empereur Constantin XI.

À quelques pas, le **monastère du Brontochion** fut en son temps le plus riche de Mystra, accueillant de nombreuses activités culturelles et les sépultures des despotes. Il compte deux églises, **Agios Teodoros** (Saint-Théodore) de la fin du XIIIe siècle et **Afendiko** (aussi appelée Hodegetria) du début du XIVe siècle.

Grande randonnée européenne

SENTIERS NATURELS ET VILLAGES CACHÉS

Mystra se trouve sur le parcours du **sentier européen de grande randonnée E4**, qui part d'Espagne et traverse sur 10 000 km la France, la Suisse, l'Autriche, l'Allemagne, la Hongrie, la Roumanie, la Bulgarie et la Grèce via la Crète, pour se terminer à Chypre.

Là où l'E4 méandre dans Mystra et les villages alentour, les marcheurs de tous niveaux trouveront de beaux chemins à explorer autour du mont Taléton (Profitis Ilias ; 2 405 m), l'un des plus hauts sommets de Grèce. La portion de randonnée la plus populaire commence dans le village d'Anavriti (à 30 minutes de route de Mystra), et mène à celui d'Agios Ioannis. Un autre itinéraire relie Parorio, le village voisin de Mystra, à l'église Panagia Lagadiotissa et au monastère de Faneromeni. Pour chacun, comptez entre 2 heures 30 et 3 heures de marche aller.

EXPLORER MYSTRA

Il faut bien une demi-journée pour visiter les vestiges de cette cité unique. Prévoyez de bonnes chaussures, de l'eau et partez de bon matin pour devancer les groupes de touristes. Le site est divisé en trois secteurs : le *kastro* (la forteresse au sommet de la colline), la *hora* (ville haute) et la *kato hora* (ville basse). La porte (supérieure) de la forteresse se trouve entre le *kastro* et la *hora* ; et la porte inférieure se situe au pied de la *kato hora*. Pour vous épargner l'ascension, prenez un taxi jusqu'à la porte de la forteresse, puis redescendez à pied. Si vous avez un véhicule, vous pouvez vous garer dans la ville basse avant de grimper jusqu'à la forteresse pour visiter la ville haute (ou l'inverse). Le village moderne de Mystra mérite aussi un détour.

COMMENT S'Y RENDRE ET CIRCULER

Des bus réguliers relient en 10 minutes (1,80 €) Sparte (la grande ville la plus proche) à Mystra. Si vous conduisez depuis Athènes, comptez environ 2 heures 30 en passant par l'autoroute A7 (avec péages). Pour randonner dans les environs, le mieux est de loger à Mystra. Il vous faudra une voiture pour vous rendre dans les villages alentour (aucun bus).

KALAMATA

Le sud-ouest du Péloponnèse est occupé par la région de la Messénie, qui réunit de remarquables forts antiques et cités vénitiennes ainsi que les superbes paysages du Magne, une région elle-même divisée en deux : le Magne laconien (ou Magne intérieur) et le Magne messénien (Magne extérieur). Ce dernier part du sud-est de Kalamata et continue vers le sud entre la côte et le massif du Taygète.

Kalamata est la capitale de Messénie et la deuxième ville du Péloponnèse, mais si elle est connue dans le monde entier, c'est surtout pour ses olives. La plupart des voyageurs n'y passent qu'en coup de vent, mais donnez-lui sa chance et elle vous révélera une longue plage, d'intéressants musées, des restaurants agréables, de belles boutiques et une vie nocturne animée. La ville moderne s'étend au sud du centre historique, jusqu'à un front de mer bordé d'hôtels et de restaurants.

Pour les infos pratiques, voir le Carnet d'adresses p. 181.

À SAVOIR

Ne faites pas de Kalamata une simple escale sur votre route. Accordez-vous un jour ou deux pour explorer sa vieille ville, son *kastro* (forteresse) et son marché central. Ne manquez pas l'imposante église d'Ypapantis et celle d'Agios Apostoloi, où éclata la Révolution grecque le 23 mars 1821. Une fresque de l'artiste @skitsofrenis commémore cet événement.

L'OLIVE STAR

Kalamata a donné son nom à l'olive charnue, à la teinte violet foncé, que l'on achète désormais un peu partout dans le monde. Hivers pluvieux et étés chauds offrent à la région des conditions idéales pour sa culture. L'olivier de Kalamata se distingue de l'olivier commun (cultivé pour son huile) par la taille de ses feuilles : d'un vert plus sombre, elles peuvent mesurer le double de celles des autres variétés. Ses fruits, généreux, ne peuvent être cueillis verts. On les ramasse fin novembre, à la main pour leur éviter les chocs.

Mets de Kalamata

TRÉSORS DE GASTRONOMIE GRECQUE

Dans un pays où l'amour de la cuisine est partout et où chaque région a ses spécialités, Kalamata et la Messénie ne font pas exception. Commencez votre journée à la boulangerie Konstantineas Petros pour acheter des *koulourakia*, ces biscuits à l'huile d'olive traditionnellement servis aux invités, à tremper dans le thé ou le café. Passez ensuite au marché central, dont les échoppes permanentes vendent des olives, de l'huile ou encore des fromages, tel le *graviera* au poivron rouge. Tous les mercredis et samedis, un *laïki* (marché de producteurs) voit s'établir des stands de fruits, légumes, viande et poisson.

Pour en savoir plus sur la gastronomie locale, participez à un circuit dédié avec **Kalamata.tours** (@kalamata_food_tours). Vous goûterez à toutes sortes de délices, des souvlakis aux desserts maison.

La vieille ville de Kalamata

BALADE DANS L'HISTOIRE

Au pied du **kastro**, le centre historique de Kalamata n'est pas grand mais plaisant. Presque entièrement détruit par les Turcs pendant la guerre d'indépendance, il fut reconstruit par des ingénieurs français dans les années 1830, puis dévasté par le séisme de 1986. Remontez le temps au gré d'une promenade

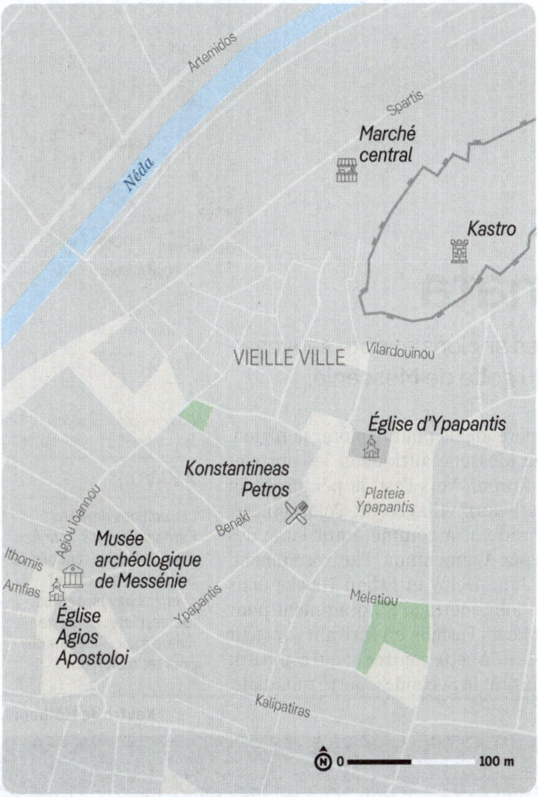

BIENFAITS DE L'HUILE D'OLIVE

Les olives de Kalamata ne poussent que dans le Péloponnèse, et si elles s'y plaisent tant c'est probablement parce que les feuilles de leur arbre, plus grandes que celles des autres oliviers, absorbent plus de lumière. Les olives de Kalamata sont riches en vitamine A, fer, sodium. En tant qu'antioxydants naturels, leur consommation contribuerait donc à réduire le risque de maladies cardio-vasculaires et l'apparition de certains cancers.

dans la vieille ville en partant de la majestueuse **église d'Ypapantis**, du XIXe siècle, en travaux depuis la découverte de vestiges antiques sous ses fondations. Elle protège l'icône miraculeuse de la Vierge, appelée *kalo mata* ("beaux yeux") et à laquelle la ville moderne doit son nom. Dirigez-vous ensuite vers l'**église Agios Apostoloi**, où fut lancée la Révolution grecque le 23 mars 1821, deux jours avant la date officielle du 25 mars 1821, lorsque le pays entier s'y rallia. Enfin, l'excellent **musée archéologique de Messénie** vous offrira une mise en contexte idéale avant une visite des sites environnants.

COMMENT S'Y RENDRE ET CIRCULER

Kalamata dispose d'un aéroport international aux abords de la ville. Des vols réguliers le relient à Athènes et, en haute saison, à plusieurs grandes villes européennes. Des bus intercités KTEL effectuent aussi la liaison depuis Athènes en plus de 3 heures. En voiture, comptez 2 heures 30 par l'autoroute A7.

Environs de Kalamata

Forts antiques, villages anciens et côte sauvage se dévoilent le long du golfe de Messénie.

Kalamata fait une base arrière idéale pour explorer la région. À l'ouest vous attendent la Messène antique et les ports et forteresses de Méthoni et Koroni. Vers l'est, la péninsule du Magne cache un des plus beaux villages du Péloponnèse, Kardamyli, que l'histoire retiendra comme étant l'une des sept cités offertes à Achille par Agamemnon. Plus récemment, Richard Linklater y filma Julie Delpy et Ethan Hawke dans *Before Midnight* (2013). Le long-métrage a notamment pour décor la demeure de Patrick Leigh Fermor, un écrivain voyageur britannique dont le nom reste lié à cette contrée et qui combattit aux côtés de la résistance durant la Seconde Guerre mondiale.

Pour les infos pratiques, voir le Carnet d'adresses *p. 181.*

À SAVOIR

Les collines derrière Kardamyli sont sillonnées d'itinéraires de randonnée bien balisés, incluant chemins pavés, petites routes, pistes et lits de rivière à sec – un paradis pour les marcheurs.

Kastro de Méthoni

Des remparts aux plages

CITADELLES ET ÎLES RECULÉES

Dans le sud-est de la **Messénie**, à une bonne heure de route de Kalamata, se trouvent les charmantes Méthoni et Koroni. La situation stratégique de leurs ports a attisé bien des convoitises au cours de l'histoire, contraignant chacune de ces cités commerciales et navales à se protéger derrière d'épais remparts.

Le *kastro* de **Méthoni**, érigé par les Vénitiens au XIIIe siècle, compte parmi les forteresses les plus impressionnantes de la Méditerranée. S'avançant dans la mer, elle est reliée à la terre ferme par un pont de 14 arches enjambant des douves asséchées, et se prolonge par une chaussée menant à la tour du **Bourtzi**, lieu d'exécutions sous l'occupation turque. Les habitants de Méthoni vivaient dans son enceinte jusqu'à ce qu'en 1828, les premiers bâtiments de la ville nouvelle soient construits de l'autre côté de ses murailles en employant les pierres des anciennes maisons. Passé la porte monumentale, on accède à l'esplanade et on découvre les ruines des bains turcs, une église, une citerne et des passages souterrains.

À 30 km de là (30 minutes de route), la forteresse de **Koroni** domine le **cap Akritas** à la pointe sud de la Messénie. Les Vénitiens la fondèrent au XIIIe siècle, et les Ottomans la remanièrent au XVIe siècle. Petite particularité : quatre ou cinq familles résident encore derrière ses remparts, dans des demeures basses de plafond témoignant de l'architecture d'origine de la cité. Une modeste communauté de religieuses y vit également au sein du **couvent Timios Prodromos**, dont le superbe jardin donnant sur la mer Ionienne est ouvert au public.

Ces deux destinations donnent accès à de belles plages. Celles de Méthoni attirent les passionnés de planches à voile tandis que celles de Koroni se prêtent au surf. Soyez vigilant si vous vous rendez sur la **plage de Zagka** ou sur certaines zones de la **plage de Memi**, près de la forteresse de Koroni, car les tortues caouannes y pondent leurs œufs en mai. Chaque année, 45 nids y sont recensés avant l'éclosion en septembre.

ÎLES D'ARMATEURS

Au large de Méthoni, un petit archipel de neuf petites îles forme une aire naturelle protégée. Classées zone Natura 2000, les **îles d'Inoussès** sont la patrie de plusieurs grands armateurs grecs qui dotèrent le pays de ses premiers navires commerciaux à vapeur. De superbes plages vous y attendent sous le regard de quelques chèvres crétoises sauvages. Les îles sont accessibles depuis le port de Méthoni.

Péninsule du Magne

GROTTES ET EAUX EXQUISES

Les flots bleus du golfe de Messénie et les sommets du massif du Taygète forment un cadre splendide pour le village de **Kardamyli**. À 35 km (50 minutes de route) de Kalamata, sur la péninsule du Magne, c'est un lieu de pèlerinage pour les admirateurs de l'écrivain voyageur Patrick Leigh Fermor (1915-2011), qui y avait une maison.

OÙ SE LOGER ET SE RESTAURER À MÉTHONI ET KORONI

Diana Hotel
Petit hôtel simple et confortable au cœur de Koroni. Vue sur la ville ou la mer. **€**

Hotel Aris
Bon rapport qualité/prix à 80 m de la forteresse de Méthoni et 600 m de la plage. **€**

Bogris
Restaurant très apprécié de Koroni. Sert toute l'année viande et poisson fraîchement préparés. **€**

APRÈS LE SPORT, LE RÉCONFORT

Trifonas Douvris, créateur d'excursions chez Explore Messinia, nous révèle ses conseils pour profiter au mieux de Kalamata, où il vit. *@exploremessinia*

J'adore explorer en kayak la côte qui encadre la ville. La **baie de Navarin**, à l'ouest, offre des paysages magnifiques, une eau claire et chaude et des plages dorées. L'îlot de **Sphakteria** qui se dresse au milieu la protège des vents du large. La mer y est donc d'un calme idéal pour le kayak.

De retour à Kalamata, ne manquez pas de déjeuner au **Versallies Local Kitchen**. Giannis, le chef passionné, est un artiste des saveurs. Je rêve même parfois de son *pastitsio* ! Pour de bons souvlakis, passez commande au **Souvlakia Panagiotis**.

G_D PHOTOGRAPHY/SHUTTERSTOCK ©

Couvent Timios Prodromos (p. 175)

L'une des meilleures façons d'en apprécier la beauté est de longer la côte en kayak de mer. Vous y découvrirez des grottes marines aux voûtes hérissées de stalactites et, par temps calme, vous pourrez pagayer jusqu'à la **grotte bleue**, une formation naturelle unique, dont l'ouverture laisse pénétrer la rayons du soleil, qui semblent alors illuminer l'eau turquoise du dessous.

Si vous préférez la randonnée, les sentiers du **massif du Taygète** et des environs de **Kardamyli** vous mèneront de villages en maisons isolées, en passant devant des églises byzantines, d'anciennes tours de guet, des fontaines en pierre et des moulins d'antan, à huile d'olive ou à farine, chaque lieu ayant une histoire à raconter. L'agence locale **Explore Messinia** organise des marches d'une demi-journée ou plus, des sorties en kayak et d'autres aventures.

Le goût d'une région

SECRETS DE FABRICATION DE L'HUILE D'OLIVE

Les oliviers trouvent dans les hivers pluvieux et les étés chauds de Messénie des conditions idéales pour s'épanouir. La route reliant Kalamata au site de la Messène antique vous donnera l'occasion de mieux connaître le petit fruit qui fait la renommée de la région. **Ecotourism Greece** (www.ecotourism-greece.com)

OÙ SE LOGER ET SE RESTAURER À KARDAMYLI

Kalamisti Hotel
Charmant hôtel en pierre. Chambres calmes et spacieuses donnant sur les oliviers et la baie. **€€**

Vardia Hotel
Dans un joli jardin isolé, sur les hauteurs de la ville, paisible hôtel avec vue sur le golfe de Messénie. **€€**

Dioskouri
Terrasse face à la baie, plats traditionnels revisités et excellents poissons et fruits de mer grillés. **€€**

organise des excursions au cœur du terroir messénien, où certains oliviers trônent depuis plus de 400 ans. Lors des récoltes (mi-novembre à février), vous pourrez prendre part à la cueillette, qui se fait à la main ou en secouant les branches pour faire tomber les olives dans un filet. Vous visiterez ensuite le moulin du village, qui produit depuis 100 ans une huile à goûter directement à la sortie du séparateur. Complétez l'expérience par un atelier de dégustation ou un cours de cuisine où le fameux liquide doré agrémentera salades, tzatziki et *kagianas* (omelette locale).

Cité divine

DES VESTIGES OUBLIÉS DES TOURISTES

À 32 km de Kalamata, la **Messène antique** fut fondée en l'an 371 av. J.-C., après la victoire du général thébain Épaminondas sur Sparte lors de la bataille de Leuctres. Les Messéniens furent ainsi libérés de 350 ans de joug spartiate. Érigée sur le site d'une ancienne forteresse, la nouvelle capitale messénienne faisait partie d'un ensemble de sites défensifs qui surveillaient Sparte. Épaminondas lui-même réfléchit au plan des fortifications, avec un énorme mur de 9 km de long enserrant la cité et les crêtes environnantes. Bénie des dieux, Messène revendiquait volontiers le statut de berceau de Zeus (né en Crète), arraché par sa mère à la gloutonnerie infanticide de son père Chronos et confié aux nymphes Néda et Ithomé, qui le baignaient dans la source éponyme du village moderne, Mavromati.

Les vestiges couvrent une superficie comparable à celles d'Olympie (p. 158) et d'Épidaure (p. 149). Pourtant, la Messène antique est beaucoup moins visitée. Une fois arrivé sur ce site installé au cœur d'une vallée sauvage, en contrebas du village de **Mavromati**, le premier édifice rencontré est le grand **théâtre** restauré suivi de la **fontaine d'Arsinoé**, qui alimentait la cité en eau, et d'une vaste **agora**.

Centre spirituel au cœur de la cité, le **sanctuaire d'Asclépios**, organisé autour d'une cour rectangulaire encadrée de colonnes corinthiennes, se trouve un peu plus loin. Parmi les structures à l'est de l'Asclépéion, citons l'**ekklesiasterion**, en forme de petit amphithéâtre, où se réunissait l'*ecclesia* (assemblée des citoyens).

Vers la fin de l'Empire, les Romains condamnèrent une partie de la piste d'athlétisme du **stade grec** pour créer une arène destinée aux combats entre fauves et gladiateurs. Sur la gauche, on remarque les premiers rangs, réservés aux proèdres (hommes importants de la cité) : ces **sièges honorifiques** ont un dossier et des pieds en pattes de lion.

UNE CITÉ HIPPODAMIENNE

Hippodamos, architecte urbaniste du Ve siècle av. J.-C., est connu pour son plan de cité régi par les principes d'égalité de droits et d'égalité de répartition, deux fondements de la démocratie grecque. Cette organisation dite "hippodamienne" inspira la création de la Messène antique : les maisons y étaient toutes de même taille, avaient accès aux mêmes infrastructures publiques et étaient bâties en harmonie avec l'environnement naturel. De quoi fasciner les passionnés d'architecture et de sociologie !

KAYAK AU-DESSUS DES RUINES

Près de Nauplie, on peut pagayer jusqu'à **la cité engloutie d'Épidaure** (p. 149) avant d'observer avec masque et tuba ces vestiges de villa romaine.

COMMENT S'Y RENDRE ET CIRCULER

Des bus relient Kalamata à Kardamyli, mais leurs horaires sont irréguliers. Mieux vaut disposer d'une voiture pour atteindre la Messène antique, elle aussi rarement desservie par les bus, ainsi que les villages du Magne au-delà de Kardamyli.

Carnet d'adresses

CORINTHE

Corinthe antique
Voir p. 139 (27410 31207 ; odysseus.culture.gr ; tarif avec musée plein/réduit 8/4 €, gratuit 1er dim nov-mars, gratuit pour résident de l'UE de -25 ans, tarif réduit pour les 6-25 ans, tarif réduit pour tous nov-mars ; 8h-20h mai-août, horaires réduits sept-avr)

Sanctuaire d'Asclépios
Voir p. 139 (27530 22009 ; odysseus.culture.gr ; Épidaure ; tarif plein/réduit 12/6 €, gratuit 1er dim nov-mars, gratuit pour résident de l'UE de -25 ans, tarif réduit pour les 6-25 ans, tarif réduit pour tous nov-mars ; 8h-20h mai-août, horaires réduits sept-avr)

Corinth Canal Cruises
Voir p. 140 (694 240 9066 ; corinthcanalcruises.gr ; Isthmia ; avr-oct)

Di Giorgio
Voir p. 139 (274 102 9300 ; Ethnikis Antistaseos 10 ; 12h-1h dim-jeu, 12h-2h ven-sam)

Marinos Restaurant
Voir p. 139 (274 103 1130 ; marinos-restaurant.gr ; Archaia ; 8h-minuit)

ENVIRONS DE CORINTHE

Mycènes antique
Voir p. 142 (27510 76585 ; odysseus.culture.gr ; Mykines ; tarif plein/réduit 12/6 € ; gratuit 1er dim nov-mars, pour résident de l'UE de -25 ans, tarif réduit pour les 6-25 ans, tarif réduit pour tous nov-mars ; 8h-20h mai-août, horaires réduits sept-avr)

King Menelaos
Voir p. 142 (275 107 6300 ; www.facebook.com/profile.php?id=100034951971610 ; Mycènes)

NAUPLIE

Forteresse d'Acronauplie
Voir p. 145 (Akronafplia ; Fotomara 4 ; 24h/24)

Forteresse de Palamède
Voir p. 145 (275 202 8036 ; odysseus.culture.gr ; tarif plein/réduit 8/4 € ; gratuit 1er dim nov-mars, gratuit pour résident de l'UE de -25 ans, tarif réduit pour les 6-25 ans, tarif réduit pour tous nov-mars ; 8h30-15h30)

Allotino Pension
Voir p. 146 (275 209 6150 ; alotino.gr ; Vasileos Konstantinou 19)

Leto Nuevo
Voir p. 146 (275 202 8093 ; letonuevo.gr ; Zygomala 28)

Kyveli Suites
Voir p. 145 (275 209 6230 ; www.kyveli.com.gr ; Vasileos Alexandrou 18-20)

Nafplion 1 8 4 1
Voir p. 145 (275 202 4622 ; www.nafplion1841.gr ; Kapodistriou 9)

Opora Country Living
Voir p. 146 (275 202 2259 ; oporacountryliving.com ; Pyrgiotika)

Pension Eleni
Voir p. 145 (275 202 7036 ; pensioneleni.gr ; Zygomala 5)

Blublanc
Voir p. 147 (275 209 6031 ; Arvanitias)

Raspberry
Voir p. 147 (275 218 1038 ; www.facebook.com/raspberrycb ; Leoforos Vasilis Amalias 13 ; 9h-3h lun-jeu, 9h-3h30 sam-dim)

Sambala Beach Bar-Restaurant
Voir p. 147 (697 390 0691 ; www.facebook.com/sambalabeachbaresto ; plage de Karathona ; 9h-21h)

ENVIRONS DE NAUPLIE

Némée antique
Voir p. 151 (274 602 4303 ; odysseus.culture.gr ; tarif plein/réduit 6/3 € ; gratuit pour résident de l'UE de -25 ans, tarif réduit pour les 6-25 ans, tarif réduit pour tous nov-mars ; 8h-20h mai-août, horaires réduits le reste de l'année)

Petit théâtre antique d'Épidaure
Voir p. 149 (275 302 2009 ; Palaia Epidauros)

Théâtre antique d'Épidaure
Voir p. 149 (275 302 2026 ; odysseus.culture.gr ; tarif plein/réduit 12/6 €, gratuit 1er dim nov-mars, gratuit pour résident de l'UE de -25 ans, tarif réduit pour les 6-25 ans, tarif réduit pour tous nov-mars ; 8h-20h avr-août, horaires réduits sept-mars)

Domaine Aivalis
Voir p. 150 (275 202 1175 ;

Km4 Petri ; 8h-14h lun-ven, 8h-13h sam)

Domaine Barafakas
Voir p. 150 (274 602 2484 ; barafakaswinery.gr ; Pindou 8, Némée ; 9h-17h lun-sam)

Tribal Kayak
Voir p. 149 (697 458 0898 ; seakayak-argolida.gr ; Panagia ; 10h-21h)

Bekas Camping
Voir p. 149 (bekas.gr , Épidaure)

Sunny Garden
Voir p. 149 (275 304 1395 ; www.sunnygarden.gr ; Épidaure antique)

Kalokerini Taverna
Voir p. 151 (210 323 2054 ; www.kalokerinos.gr ; Kekropos 10 ; 8h-23h)

ZZVET/STOCK.ADOBE.COM ©

Fresque, acropole mycénienne de Tirynthe, Mycènes

MONEMVASSIA

Église Agia Sofia
Voir p. 154 (273 206 1430 ; ville haute ; 8h-15h ven-lun)

ENVIRONS DE MONEMVASSIA

Grotte de Kastanie
Voir p. 157 (Kato Kastania ; 273 436 0100-115 ; www.kastaniacave.gr ; Emporikis Naftilias ; adulte/enfant 7/3 € ; 10h-18h tlj avr-sept, 10h-16h sam-dim oct-mars)

Musée archéologique d'Olympie
Voir p. 159 (26240 22742 ; odysseus.culture.gr ; tarif plein/réduit 12/6 €, enfant gratuit ; 8h-20h mai-oct, horaires réduits nov-avr)

Camping, plage de Simos
Voir p. 157 (273 402 2672 ; simoscamping.gr ; Elafonissos ; avr-oct)

Aura
Voir p. 156 (273 202 3817 ; Gerakas ; 9h-2h)

Diamantis
Voir p. 156 (273 202 3849 ; www.diamanths.gr ; Gerakas ; 12h-minuit ven-dim)

Matoula
Voir p. 156 (273 206 1660 ; Monemvasia ; 11h-minuit)

Taverna To Remetzo
Voir p. 156 (273 202 3933 ; www.remetzo.gr ; Gerakas ; 11h45-23h)

OLYMPIE

Domaine Ktima Brintziki
Voir p. 160 (262 106 9183 ; www.brintzikis.com/en/the-domain ; Lantzoi)

Hotel Europa
Voir p. 159 (262 402 2650 ; www.hoteleuropa.gr ; Drouva 1)

Hotel Pelops
Voir p. 159 (262 402 2543 ; hotelpelops.gr ; Varela 2)

Leonidaion Guesthouse
Voir p. 159 (262 402 3507 ; leonidaion.gr ; Spiliopoulou 3)

ENVIRONS D'OLYMPIE

Monastère de Skafidia
Voir p. 163 (262 105 5088 ; Skafidia)

Temple d'Apollon Épikourios
Voir p. 164 (262 602 2275 ; odysseus.culture.gr ; Vassai ; tarif plein/réduit 6/3 €, €, gratuit 1er dim nov-mars, gratuit pour résident de l'UE de -25 ans, tarif réduit pour les 6-25 ans, tarif réduit pour tous nov-mars ; 8h-20h Pâques-oct, horaires réduits le reste de l'année)

Abeliona Retreat
Voir p. 165 (262 602 3993 ; abeliona-retreat.com ; Abeliona)

Apollo Resort Art Hotel
Voir p. 165 (276 102 4411 ; apollo-hotel.gr ; Kiparissia)

Dexamenes Hotel
Voir p. 164 (262 202 5999 ; dexamenes.com ; Kourouta)

Kaiafas Lake Hotel
Voir p. 162 (262 603 2954 ; kaiafaslakehotel.gr ; Kaiafas)

Ostria Hotel Kakovatos
Voir p. 162 (262 503 1964 ; ostria-kakovatos.gr ; Kakovatos)

Villa Vager
Voir p. 165 (279 602 2073 ; www.hotelvager.gr ; Levidi)

Aigli Restaurant
Voir p. 163 (262 103 6985 ; Pirgos ; à partir de 9h)

Mangiare
Voir p. 164 (Kourouta Beach, Amaliada)

Solymar Skafidia
Voir p. 163 (Skafidia ; 8h-2h)

Ta Magouliana
Voir p. 164 (262 202 5352 ; Filkis Eterias, Amaliada ; 17h-23h30 jeu-mar)

Vythos Restaurant
Voir p. 163 (262 105 5056 ; Skafidia)

Cabana – Seaside Gastro Bar
Voir p. 164 (698 006 1612 ; www.facebook.com/cabanakourouta ; plage de Kourouta)

SPARTE

Musée archéologique
Voir p. 166 (273 102 8575 ; odysseus.culture.gr ; angle Lykourgou et Agiou Nikonos ; tarif plein/réduit 2/1 € ; 8h30-15h30 mer-lun)

Musée de l'Olive et de l'Huile d'olive grecque
Voir p. 166 (273 108 9315 ; www.piop.gr ; Othonos Amalias 129 ; tarif plein/réduit 4/2 €, enfant gratuit ; 10h-18h mer-lun mars à mi-oct, 10h-17h mer-lun mi-oct à fév)

Sparte antique
Voir p. 166 (273 102 8575 ; odysseus.culture.gr ; entrée libre ; 8h-20h)

Kápari
Voir p. 167 (273 130 0520 ; www.kaparirestaurant.gr ; Gortsologou 77 ; 12h30-23h)

Kexrimpari
Voir p. 167 (273 130 2440 ; www.kexribari.com ; Gortsologou 81 ; mezze 6-14 € ; 12h-1h)

Tsipouradiko To Peninda
Voir p. 167 (273 108 3585 ; Evangelistrias 50 ; 12h-0h30)

ENVIRONS DE SPARTE

Agia Sofia
Voir p. 171 (basilique Sainte-Sophie ; 273 108 3377 ; cité antique de Mystra ; 8h-20h avr-sept, horaires réduits le reste de l'année)

Cité antique de Mystra
Voir p. 170 (23315 25363 ; odysseus.culture.gr ; tarif

Repas à la grecque

STUDIO GDB/STOCK.ADOBE.COM ©

plein/réduit 12/6 €, gratuit pour résident de l'UE -25 ans, tarif réduit pour les 6-25 ans, tarif réduit pour tous nov-mars, gratuit 1er dim nov-mars ; 8h-20h avr-août, horaires réduits sept-mars)

Couvent de la Pantanassa
Voir p. 171 (273 108 3320 ; Alkmanos 18, cité antique de Mystra ; 8h-20 avr-sept, horaires réduits le reste de l'année)

Palais des Despotes
Voir p. 171 (273 108 3377 ; odysseus.culture.gr ; cité antique de Mystra ; 8h-20h avr-août, horaires réduits sept-mars)

Marmara Restaurant
Voir p. 170 (273 108 3421 ; Mystra ; 12h-0h30 dim-lun et mer-ven, 12h-1h mar et sam)

To Kastro
Voir p. 170 (273 108 3774 ; Mystra)

KALAMATA

Église Agios Apostoloi
Voir p. 173 (angle de Ithomis et Amfias ; 6h-20h)

Église d'Ypapantis
Voir p. 173 (272 102 2602 ; Alexandraki 1)

Kastro
Voir p. 172 272 102 2534 ; odysseus.culture.gr ; Vilardouinou ; tarif plein/réduit 3/2 €, gratuit pour résident de l'UE de -25 ans, tarif réduit pour les 6-25 ans, tarif réduit pour tous nov-mars, gratuit 1er dim nov-mars ; 8h-20h mer-lun sept, 8h-15h30 oct-mars)

Musée archéologique de Messénie
Voir p. 173 (272 108 3485 ; archmusmes.culture.gr ; angle Benaki et Agiou Ioannou ; tarif plein/réduit 3/2 €, gratuit 1er dim oct-juin, gratuit enfant ; 12h30-15h30 mer-lun)

Kalamata.tours
Voir p. 172 (694 950 5995 ; kalamata.tours)

ENVIRONS DE KALAMATA

Couvent Timios Prodromos
Voir p. 175 (279 202 2290 ; Château de Koroni)

Forteresse de Koroni
Voir p. 175 (www.efames.gr ; 8h30-20h mer-lun)

Kastro de Méthoni
Voir p. 175 (Méthoni ; tarif plein-réduit 3/2 € ; 8h-20h avr-sept, 8h30-15h30 oct-mars)

Messène antique
Voir p. 177 (27240 51201 ; odysseus.culture.gr ; avec musée inclus tarif plein/réduit 10/5 € gratuit pour résident de l'UE de -25 ans, tarif réduit pour les 6-25 ans, tarif réduit pour tous nov-mars, gratuit 1er dim nov-mars ; 8h-20h avr-août, horaires réduits sept-mars)

Ecotourism Greece
Voir p. 176 (697 687 6423 ; ecotourismo.gr ; à partir de 10 €)

Explore Messinia
Voir p. 176 (694 858 3138 ; www.exploremessinia.com ; Mpouloukou 26, Kalamata ; randonnées demi-journée à partir de 40 €)

Diana Hotel
Voir p. 175 (272 502 2312 ; dianahotel-koroni.gr ; Koroni)

Hotel Aris
Voir p. 175 (272 303 1125 ; Plateia Sigrou ; Méthoni)

Kalamisti Hotel
Voir p. 176 (272 107 3131 ; Kardamyli)

Vardia Hotel
Voir p. 176 (272 107 3777 ; www.vardia-hotel.gr ; Kardamyli)

Bogris
Voir p. 175 (272 502 2947 ; Koroni ; 12h-1h)

Dioskouri
Voir p. 176 (272 107 3236 ; Kardamyli ; 11h-minuit mars-sept)

Souvlakia Panagiotis
Voir p. 176 (272 130 3516 ; Epitou 12, Kalamata ; 8h-16h et 18h30-minuit lun, 9h-16h et 18h-23h30 mar et jeu-ven, 8h-16h mer et sam)

Versallies Local Kitchen
Voir p. 176 (272 108 1858 ; Evagelistrias 46, Kalamata ; 12h30-18h)

GRÈCE CENTRALE

PATRIMOINE MONDIAL ET MASSIFS MONTAGNEUX

Trésors historiques, forêts verdoyantes, baies cristallines et villages animés : la Grèce centrale offre tout cela, sans oublier une hospitalité légendaire.

Moins touristique que d'autres régions, la Grèce centrale a pourtant bien des attraits, entre ses sites classés au patrimoine mondial de l'Unesco, ses forêts émeraude et ses curiosités géologiques.

Son joyau, Delphes, "nombril du monde" et épicentre religieux de l'Antiquité, fut un symbole d'unité pendant un millénaire lorsque rois et paysans prenaient les mêmes chemins de pèlerinage pour écouter les prophéties de sa Pythie. En quête de connexion mystique, les voyageurs des temps modernes continuent d'arpenter sa Voie sacrée.

YIANNISSCHEIDT/SHUTTERSTOCK ©

Dans le village d'Arachova tout proche, la jeunesse locale s'attache à faire vivre les traditions folkloriques de l'époque de la guerre d'indépendance. Depuis les Météores, pitons rocheux coiffés de monastères byzantins, le héros prérévolutionnaire Thymios Vlachavas parvint à échapper à ses adversaires pendant des années, comme bien d'autres avant lui. À l'ouest, la devise révolutionnaire "la liberté ou la mort" fut vaillamment illustrée par les habitants de Missolonghi, qui se battirent contre les forces d'occupation avec un courage sans faille jusqu'à leur tragique tentative de sortie de la ville en 1826.

Malgré leur histoire tumultueuse, les habitants de la Grèce centrale sont chaleureux et accueillants, ne manquant pas une occasion de partager un mezze accompagné de *tsipouro*, leur alcool favori. Les nouvelles générations, de plus en plus conscientes de la richesse qui les entoure, choisissent désormais de rester dans la région, afin de préserver les traditions locales et l'environnement grâce au tourisme durable.

PRINCIPAUX SITES

DELPHES
Au centre du monde antique. p. 188

KARPÉNISSION
Découvrir la nature en famille. p. 200

LES MÉTÉORES
Monastères perchés au sommet des rochers. p. 206

LE PÉLION
Villages dans la forêt et plages. p. 213

Ci-dessus : Delphes antique (p. 188). À gauche : Karpénission (p. 200)

Les Météores, p. 206

Couronnant de gigantesques piliers de roches, ces monastères byzantins sont à couper le souffle, en particulier au coucher de soleil.

Karpénission, p. 200

Les passionnés de grands espaces viennent y faire du rafting et des excursions en 4x4 avant de reprendre des forces devant de délicieuses spécialités grecques.

VOITURE

La voiture reste le meilleur moyen d'explorer la région. Elle vous permet d'accéder aux sites historiques, villages de montagne et plages reculées selon vos envies.

BUS

Le réseau de bus intercités KTEL, fiable et étendu, est une bonne alternative à la voiture. Les départs depuis les grandes villes sont fréquents, avec d'intéressantes dessertes locales, mais les temps d'attente peuvent être longs.

TRAIN

Le train relie les Météores à Athènes. Il offre également un accès rapide à Delphes et Karpénission si on poursuit le trajet en taxi depuis la gare.

S'orienter

La Grèce centrale est la plus grande région du pays. Ses principaux sites historiques jouèrent un rôle clé dans la création d'une nation indépendante. Grâce à sa richesse culturelle et écologique, on y vit des expériences d'une grande diversité.

Le Pélion, p. 213

Randonnées et balades en vélo permettent de rallier des villages cachés au sein des forêts. Profitez des plages de l'Égée en été et des pistes de ski en hiver.

Delphes, p. 188

Sur les flancs sud du mont Parnasse, le centre du monde antique se découvre dans un remarquable site archéologique et un petit musée intéressant.

Planifier son séjour

En Grèce centrale, l'essentiel est de prendre son temps. Déambulez sur des sites classés à l'Unesco, parcourez les chemins de randonnée, baignez-vous dans des eaux bleu-vert et savourez les spécialités locales.

RICHARD CAVALLERI/SHUTTERSTOCK ©

Monastère d'Ypapanti, les Météores

Si vous avez peu de temps

- Dirigez-vous vers **les Météores** (p. 206), où merveilles de la nature et spiritualité s'entremêlent. Réservez une **randonnée guidée** pour découvrir comment les moines d'antan gravissaient ces gigantesques pics. Explorez le monastère restauré d'Ypapanti (XIVe siècle), où un mémorial rappelle comment les forces ottomanes défirent le rebelle Thymios Vlachavas (1760-1809). Admirez des manuscrits du IXe siècle au **Moni Megalou Meteorou** (p. 207) et les superbes fresques du **Moni Varlaam** (p. 208).

- Plus tard, prenez part à une **expédition photo** pour capturer les Météores au coucher du soleil (p. 210). Enfin, dégustez les excellents steaks grillés de **Meteoron Panorama** (p. 208).

Au fil des saisons

En automne et en hiver, les villages de montagne permettent randonnées, sessions de ski et repas au coin du feu. Le printemps est idéal pour explorer les sites historiques, et l'été pour la baignade et les sports aquatiques.

JANVIER

Descendez les pistes du **mont Parnasse** de jour, puis profitez des bars et restaurants d'Arachova la nuit.

AVRIL

Arpentez les ruines du **site archéologique de Delphes**, les collines couvertes de fleurs des champs en arrière-plan.

MAI

Explorez les versants plantés de forêts du nord-est d'Agrafa, puis traversez le **lac Plastira** en canoë.

DE GAUCHE À DROITE : HERACLES KRITIKOS/SHUTTERSTOCK ©, SERGEY NOVIKOV/SHUTTERSTOCK ©, ELENA TINIAKOU/SHUTTERSTOCK ©

Week-end sportif de quatre jours

- Planifiez un itinéraire sportif jusqu'à **Karpénisson** (p. 200). Commencez par une exploration des villages de pierre de **Megalo Horio**, **Palio Mikro Horio** et **Koryshades**. Grimpez dans un 4x4 pour une visite guidée du **mont Helidona** (p. 205) et du **lac Kremasta** (p. 205) aux nuances bleu cyan.

- Réservez une journée de canyoning ("river trekking") jusqu'à **Panda Vrehi** (p. 202), où l'eau de source provoque un phénomène météorologique rappelant la pluie. Traversez ensuite une forêt de sapins avant de descendre en rappel vers la **grotte noire** (p. 202), puis plongez dans les cascades voisines. Pour le dîner, des spécialités locales comme le *stifado* au sanglier vous attendent chez **To Horiatiko** (p. 201) à Neo Mikro Horio.

Si vous avez plus de temps

- Le matin, prenez la route de Volos (p. 213) où se trouvent des répliques du légendaire navire de Jason, l'*Argo*. Mêlez-vous aux habitants pour un *tsipouromeze* chez **MeZen** (p. 219) puis dirigez-vous vers la **péninsule du Pélion** (p. 213), lieu de villégiature des dieux de l'Olympe, et détendez-vous sur des plages aux eaux transparentes, comme celle de **Mylopotamos** (p. 216), au nord-est.

- Partez en voiture vers le village de **Tsagarada** (p. 215), où un platane millénaire domine la place Agia Paraskevi. Plus au nord, dégustez les douceurs de la coopérative féminine de **Zagora** (p. 215). Pendant l'hiver, skiez sur les pistes de la **station de ski du Pélion** (p. 216), face à la mer.

JUIN

Explorez les superbes plages du nord-est du **Pélion** en kayak et baignez-vous dans les cascades de Kissos.

SEPTEMBRE

Encouragez bateaux à voile traditionnels et contemporains lors de la **régate des îles Galaxidi**.

OCTOBRE

Observez une **reconstitution** de la bataille décisive de Lépante (1571), au large du village historique de Naupacte.

NOVEMBRE

Visitez la zone humide de **Missolonghi** pour observer les oiseaux migrateurs sur fond de coucher du soleil flamboyant.

DE GAUCHE À DROITE : JALEXOPOULOS/SHUTTERSTOCK ©, DE VISU/SHUTTERSTOCK ©, GEORGIOS TSICHLIS/SHUTTERSTOCK ©, HERACLES KRITIKOS/SHUTTERSTOCK ©

DELPHES

Selon la légende, Zeus lâcha deux aigles vers chacun des deux bords du disque terrestre pour en trouver le centre. C'est au-dessus de Delphes, au sud de la Grèce centrale, que les rapaces se croisèrent. Au VIIIe siècle av. J.-C, on commença à y révérer Apollon au pied du mont Parnasse. Toutes catégories sociales confondues, les fidèles venaient de l'ensemble du bassin méditerranéen pour consulter son oracle, la légendaire Pythie. Grande prêtresse d'Apollon, ses visions influençaient histoires de cœur et déclarations de guerre. Le sanctuaire atteint son apogée entre le VIe et le IVe siècle av. J.-C, et son rayonnement perdura jusqu'à l'époque romaine. Désormais classé au patrimoine mondial de l'Unesco, le site de Delphes est incontournable. En y descendant, portez votre regard sur les oliveraies de la vallée et le golfe de Corinthe puis fermez les yeux pour vous imprégner de son énergie divine.

Pour les infos pratiques, voir le Carnet d'adresses *p. 220.*

À SAVOIR

Les meilleurs mois pour visiter Delphes sont avril et mai, avant les grandes chaleurs. Les touristes sont moins nombreux et les collines alentour tapissées de fleurs. Septembre et octobre sont très agréables. En été, des représentations de théâtre, musique et danse sont parfois organisées sur le site antique.

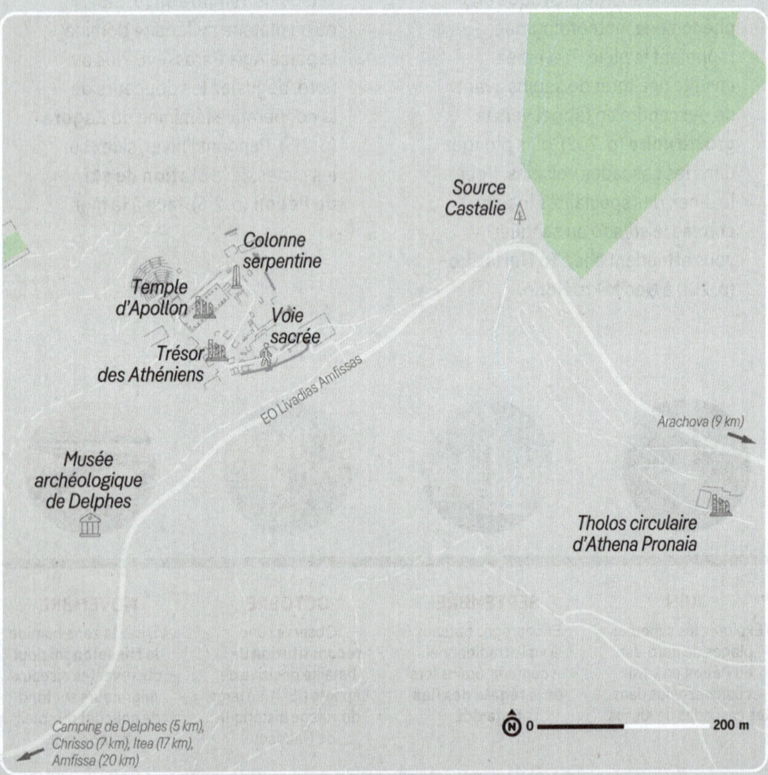

Trésor des Athéniens

JEUX PYTHIQUES

Seuls les jeux Olympiques pouvaient prétendre surpasser les jeux Pythiques, tenus à Delphes tous les quatre ans. Au IVe siècle av. J.-C., 5 000 spectateurs y assistaient aux épreuves de musique et de chant dans l'ancien théâtre.

Couronnant le site, l'ancien stade de Delphes accueillait les épreuves sportives. Avant de participer, les athlètes s'échauffaient dans la piscine du gymnase de Delphes, toujours debout. Au sein du gigantesque stade, on trouve encore une piste de course de 117,5 m.

Sur le chemin du stade, la vue sur la vallée et la mer donne une idée de l'émerveillement que les visiteurs pouvaient ressentir à l'époque.

Pèlerinage dans la Delphes antique

HAUT LIEU SPIRITUEL

Selon Cicéron, si l'oracle de Delphes était “couvert d'offrandes de peuples et de rois de tous les pays”, c'était grâce aux prophéties de la Pythie. De nos jours, le site attire toujours la dévotion, des milliers de visiteurs s'y rendant tous les ans.

Tel un ancien pèlerin, démarrez votre visite devant le célèbre tholos (380 av. J.-C.) du **sanctuaire d'Athéna Pronaia**, au sud-est de l'ancien site. Les croyants offraient leurs sacrifices dans ce temple de plan circulaire avant de se purifier à la **source Castalie**, dont la fontaine rafraîchit toujours les passants. Une fois arrivé au site principal, vous verrez les pavés de la **Voie sacrée**, dont le tracé a été restitué par les archéologues du XIXe siècle, qui serpentent jusqu'au temple. À l'intérieur du sanctuaire, des “trésors” bordent la voie, offerts par les cités-États en guise de remerciement pour les conseils de la Pythie. Le plus impressionnant est le **trésor des Athéniens**, en marbre de Paros. Reconstruit dans les années 1900, il daterait du début du Ve siècle av. J.-C. Non loin, le rocher de la Sibylle marque le lieu où la première sibylle de Delphes rendait ses prophéties. Une pierre sacrée de forme conique, l'Omphalos, le “nombril

OÙ SE LOGER À DELPHES

Amalia
Hôtel dans le plus pur style moderniste. Chambres spacieuses et vue imprenable depuis le salon. **€€**

Fedriades
Hôtel trois étoiles abordables avec chambres familiales confortables. Superbe vue sur les montagnes. **€**

Nidimos
Petit-déjeuner généreux servi en chambre. Hôtel trois étoiles douillet, propre et bien situé. **€**

LES MEILLEURS CIRCUITS ORGANISÉS DE DELPHES

Même pour les voyageurs les mieux informés, faire appel à un guide officiel est indispensable pour découvrir Delphes en profondeur.

Penny Kolomvotsou
Fière de ses racines delphiques, Penny est fascinée par le site antique depuis son enfance. Elle partage ses vastes connaissances et les maximes delphiques avec enthousiasme.

George Malissos
Archéologue qualifié, George fait preuve d'une véritable expertise de la Grèce classique et du rôle de Delphes à cette époque. Dans les musées, il attire l'attention sur des détails étonnants.

Percy Jackson à Delphes
Basée à Athènes, l'agence Greek Mythology Tours propose des visites de Delphes pour les fans de la série de livres (en français) *Percy Jackson* de Rick Riordan.

Bas-relief, musée archéologique de Delphes

du monde" grec antique, repose également le long de la route. Le plus important des monuments de Delphes reste le **temple d'Apollon**. Dominant le sanctuaire, ce pavillon dorique du IVe siècle av. J.-C. abritait une colossale statue d'Apollon éclairée par une flamme éternelle, ainsi que des offrandes. Entrant dans un état de transe sous l'effet de vapeurs échappées d'un gouffre, c'est en effet d'Apollon que la Pythie recevait ses visions, dans une chambre souterraine du temple. Les maximes "connais-toi toi-même" et "rien de trop" ornaient jadis le vestibule du temple. L'intérieur du temple n'était accessible qu'aux prêtres, les fidèles restant à l'extérieur. À l'est, une réplique de la **colonne serpentine**, dont la version originale en bronze est désormais exposée à Istanbul, commémore la victoire des Grecs sur les Perses à Platées en 479 av. J.-C.

Chefs-d'œuvre au musée de Delphes

TRÉSORS ANTIQUES

Ce magnifique musée, qui jouxte le site antique, renferme des trésors ; son exposition permanente fait revivre tout le faste de la Delphes antique. Une de ses pièces phares est une figurine en bronze représentant sans doute Apollon, sa

OÙ SE RESTAURER À DELPHES

To Patriko Mas
Très apprécié des habitants ; spécialisé dans le gibier (essayez le chevreuil en sauce tomate-brandy). €€

Vakhos
Adepte du mouvement *slow food*, avec des plats végans et de saison (ragoût d'artichauts et de pommes de terre...). €

Dion
Taverne chaleureuse servant des classiques grecs bien préparés, tels que tomates farcies au riz, souvlaki, etc. €

coiffure épaisse étant typique de la sculpture dédalique du VIIe siècle av. J.-C. Ce style, qui tient son nom de son fondateur Dédale, est précurseur des statues de pierre de kouros. Deux d'entre elles furent d'ailleurs découvertes en 1893 près du trésor des Athéniens. Ces figures masculines idéalisées, avec leurs chevelures tressées, datent du VIe siècle av. J.-C. et pourraient représenter les frères Kleobis et Biton.

Tout aussi frappant, le *Sphinx des Naxiens*, en marbre de Naxos, domine la salle du haut de ses 2,9 m. Datant de 560 av. J.-C., il fut offert par le peuple de Naxos. Non loin, la frise en marbre du trésor de Siphnos dépeint, outre divers épisodes de la guerre de Troie, le combat des dieux et des Géants à travers des reliefs impressionnants. Dans la salle 11, les *Danseuses de Delphes*, trois caryatides coiffant une colonne aux feuilles d'acanthe, inspirèrent un prélude à Debussy.

Le chef-d'œuvre du musée est cependant l'éblouissant *Aurige de Delphes* (478-474 av. J.-C.), commandité par Polyzalos, prince de Sicile, pour commémorer la victoire de son char lors des jeux Pythiques. Sculpté à taille réelle, l'aurige (conducteur de char) fixe l'horizon de ses yeux de verre et de pierres semi-précieuses. Certaines salles et expositions peuvent être visualisées via l'application smartphone Digital Delphi.

Randonnée sur le chemin de Delphes

SUR LES TRACES DES ANCIENS PÈLERINS

Les voyageurs peuvent marcher sur les pas des pèlerins de la Grèce antique grâce à **Trekking Hellas Delphi**, fondé par Giorgos Korodimos et sa femme franco-grecque Eleni Prablanc. Des circuits guidés de 4 heures 30 (8 km) sont organisés le long de l'ancien sentier pédestre. Le départ se fait à Livadia (1 200 m) et la randonnée traverse le versant sud du mont Parnasse, offrant une grande variété de paysages aux marcheurs.

Ce chemin, qui fait partie du sentier européen E4 (p. 171), serpente sous une forêt de sapins et suit le lit d'une rivière. Les troncs d'arbre penchés laissent ensuite place à une vaste prairie. Plus loin, un arrêt sur des rochers entourés de broussailles permet d'observer la baie d'Itea. Le pique-nique inclut tomates et feta, olives de Delphes, pain paysan et verre de *tsipouro*.

L'ancien *kalderimia* (chemin pavé) descend ensuite la montagne en lacet en dévoilant de merveilleux panoramas (entre autres, les ruines de Delphes), les anciennes oliveraies qui recouvrent la vallée jusqu'à la mer et le mont Kirra. Ceux qui ont encore assez d'énergie peuvent visiter le site archéologique le jour même. Le parcours, organisé d'avril à novembre, est accessible aux familles.

MEILLEURS CAFÉS-BARS DE DELPHES

Melopoleio
Café accueillant préparant sur place tarte au citron, cheese-cake aux myrtilles et tarte aux épinards.

Phileo
Cocktails créatifs à base d'alcools grecs, liqueurs et herbes. Vue sur les montagnes depuis la terrasse.

Mr Rose
Petit bar animé où sont préparés avec talent des cocktails aux combinaisons inattendues.

Apollon
L'un des plus vieux cafés de Delphes, à visiter pour son épais yaourt grec, son baklava maison – et son magnifique panorama.

COMMENT S'Y RENDRE ET CIRCULER

Delphes est à 2 heures 30 en voiture d'Athènes. On peut aussi prendre le train d'Athènes à Amfiklia, puis le taxi (comptez 1 heure) jusqu'à Delphes. Les bus KTEL (www.ktel-fokidas.gr) relient régulièrement le terminal athénien de Liossion à Delphes (2 heures 30).

ROAD TRIP

La Grèce centrale à son meilleur

Ce voyage en voiture peut être entrepris en toutes saisons, et illustre parfaitement la variété des paysages de la Grèce centrale. Au programme : un site archéologique classé au patrimoine de l'Unesco, de charmantes villes côtières, des lagunes éthérées et des villages de montagne en pierre de taille. Au départ d'Athènes, l'itinéraire prend cinq jours. Quelques jours supplémentaires sont à prévoir pour ceux qui souhaiteraient s'attarder sur la route.

1 Delphes

Partez de Delphes (p. 188), qui fut le centre du monde antique pendant plus de mille ans. Admirez le tholos circulaire d'Athena Pronaia avant de pénétrer dans le site principal. Ne manquez pas le trésor des Athéniens et le temple d'Apollon. Depuis l'ancien stade, profitez de la vue sur les oliveraies et la baie d'Itea puis découvrez les trésors du musée (p. 190).

Sur la route : de Delphes, descendez la côte par l'E65 vers Galaxidi au sud-ouest. Veillez à bien ralentir dans les lacets.

2 Galaxidi

Prochain arrêt, la romantique Galaxidi (p. 196). Ce village côtier a des airs d'îlot, avec ses demeures de capitaines néoclassiques restaurées et ses églises aux toits ronds blotties sur la colline. Suivez la belle promenade qui vous mènera du port à une forêt de pins et d'eucalyptus puis à des plages de galets. Le Musée maritime est incontournable.

Sur la route : continuez sur l'E65 vers l'ouest, à travers les oliveraies, sur 66 km en direction de Naupacte. Arrêtez-vous pour une baignade à la plage de Sergoula.

VAGELIS PIKOULAS/SHUTTERSTOCK ©

Village de Galaxidi

3 Naupacte

En 1571, la bataille de Lépante se déroula dans les eaux de Naupacte (p. 196). De nos jours, cette ville du littoral attire les visiteurs grâce à son port vénitien constellé de statues et de monuments honorant ceux qui s'y sont battus. Parmi eux, l'écrivain espagnol Miguel de Cervantès. Les fortifications mènent à une tour de guet sur la colline, accessible à pied. La vue sur le golfe de Corinthe est imprenable depuis le château vénitien.

Sur la route : parcourez 43 km à l'ouest sur Ionia Odos, en direction de Missolonghi.

4 Missolonghi

Plus de 290 espèces d'oiseaux, y compris des flamants roses et d'autres espèces endémiques rares, vivent dans les environs de Missolonghi, attirés par ses deux lagunes paisibles. La population aviaire cohabite en harmonie avec les pêcheurs locaux, qui utilisent des méthodes traditionnelles pour attraper poissons et fruits de mer, servis dans les tavernes locales. Des visites guidées du jardin des Héros et du musée d'Art et d'Histoire permettent de mieux comprendre le passé tragique de cette petite ville.

Sur la route : faites le tour du lac Trihinida vers le nord-est en suivant l'E951 pendant 99 km jusqu'à Megalo Horio.

5 Megalo Horio

Garez-vous en bordure de Megalo Horio (p. 201), au pied de l'imposant mont Kaliakouda, puis arpentez ses rues pavées. Depuis la place du village, au milieu des maisons en pierre de taille, on peut apercevoir toute la vallée. Costumes et outils traditionnels sont à l'honneur au musée du Folklore. La coopérative agrotouristique vend de la pâte de châtaigne, de la confiture de canneberge et de la liqueur de mûre.

Environs de Delphes

Delphes est un point de départ idéal pour des activités de plein air aussi variées qu'exaltantes, entre lagunes et pistes de ski.

La station de ski d'Arachova (mont Parnasse) est la plus proche de Delphes. Fréquentée par des skieurs et des snowboardeurs de décembre à mars, le domaine est plus calme le reste de l'année.

À l'ouest, la station balnéaire de Galaxidi est l'une des destinations préférées des Athéniens pour un week-end tranquille. Son musée d'Histoire maritime mérite le détour.

Autre destination phare du golfe de Corinthe, l'historique Naupacte fait une parfaite escapade romantique. Une forteresse vénitienne y domine le bord de mer, et une tour fortifiée médiévale trône sur sa colline.

En continuant vers l'ouest, dans le golfe de Patras, les techniques de pêche ancestrales perdurent en harmonie avec la population aviaire des lagunes de Missolonghi.

Pour les infos pratiques, voir le Carnet d'adresses *p. 220.*

À SAVOIR

Ces destinations sont suffisamment proches pour être visitées au cours d'un même voyage, mais méritent toutes au moins un jour d'exploration.

Arachova

GEORGIOS KRITSOTAKIS/SHUTTERSTOCK ©

Plus grande station de ski de Grèce

SKI ET VIE NOCTURNE

Avec son sommet à 2 457 m d'altitude, le **mont Parnasse** est la plus vaste station de ski de Grèce. Proche de la capitale, elle est facile d'accès. La bourgade d'Arachova, au pied de la montagne, offre de nombreux hébergements dans une ambiance cosmopolite. On y arrive de Delphes en taxi (12 minutes) ou en bus KTEL en direction de l'est (15 minutes).

La route principale est bordée de bars, de restaurants ouverts toute la journée, de tavernes et de boutiques. Après 40 minutes de route au milieu des sapins, la **station de ski du Parnasse**, au nord d'Arachova, déploie 23 pistes, dont plusieurs noires, un parc de loisirs, des cafés et des restaurants. On peut y louer son équipement et prendre des leçons de ski et de snowboard.

En ville, gravissez la tour de l'horloge et visitez le **Musée ethnographique**, qui conserve des textiles traditionnels. À quelques pas, un escalier de 264 marches mène à l'**église Agios Georgios**, dont la cour offre une vue sur les montagnes Kirphis.

Ne partez pas sans avoir goûté aux spécialités culinaires, comme le *lathouri* (pois carrés) et le fromage *opsimotiri*.

Fête de la Saint-Georges

DANSER DANS LES RUES

La ville entière attend Panigiraki pour célébrer le patron d'**Arachova**, saint Georges. Née de traditions remontant à l'époque d'Homère, la fête dure trois jours et démarre à l'église Agios Georgios le 23 avril (quand cette date tombe pendant le carême, la fête est repoussée au mardi de la Pâque orthodoxe). Les habitants s'y régalent d'un festin d'agneau rôti et de vin et revêtent le costume traditionnel pour participer aux processions solennelles, danser au son des flûtes et des tambours et prendre part à des concours de lancer de pierres.

Monastère classé

EN HOMMAGE À L'ERMITE LOUKAS LE STIRIOTE

Inscrit au patrimoine mondial de l'Unesco, le magnifique **Moni Osios Loukas** domine une vallée isolée, à 23 km d'Arachova, entre les villages de Distomo (ancienne Distomon) et Kyriaki. Dédiée à l'ermite Loukas le Stiriote (Xe siècle), canonisé pour ses visions prophétiques et ses pouvoirs de guérison, son église principale, **Agios Loukas**, est une symphonie de marbre et de mosaïque à fond d'or caractéristique du deuxième âge d'or byzantin (XIe et XIIe siècles). Riche en icônes (XVIe siècle), le monastère abrite aussi la dépouille de l'ermite dans une crypte.

LES MEILLEURES TAVERNES D'ARACHOVA

Kaplanis
Sarmades (feuilles de vigne), beignets de fleurs de courgette et ragoût de coquelet pour skieurs affamés. **€€**

To Tsoukali
Les conseils de l'affable chef restaurateur sont imbattables, mais ne manquez pas les fèves à l'aubergine fumée. **€€**

Agnantio
Délicieux fromage *formaella* aux champignons et veau en cocotte. Vue sur la tour de l'horloge. **€€**

Dasargyris
Restaurant emblématique apprécié pour son *kokoretsi* (abats) aux herbes à la broche et son *kontosouvli* (porc).

Arhontiko
La tarte au fromage et au miel, et les côtelettes mijotées dans de la molasse aux raisins sont les stars du menu. **€€**

OÙ SE LOGER À ARACHOVA

Afanos
Pension accueillante plébiscitée par les skieurs pour sa position centrale. Chambres et suites rénovées. **€€**

Iresioni
Superbe pension en pierre, adaptée aux familles. Cheminée dans certaines chambres. **€€**

Paeonia
Un couple enjoué tient cette pension chaleureuse. Chambres immaculées et excellent café-bar. **€€**

HAUTS LIEUX GASTRONOMIQUES DE GALAXIDI

Ganimede
Chrisoula Papalexi sert un petit-déjeuner grec sensationnel (tartes généreuses, fromage local, chutney d'abricot, *piccalilli* au chou-fleur, confiture, etc.) dans le jardin fleuri de sa charmante pension. **€€**

Bebelis
On pourrait croire que Krystallia Koubli et Nikos Theoharis vous reçoivent directement chez eux. Le *kelemia* (oignons farcis de viande, riz, tomates et herbes), spécialité locale, et le porc braisé sont incontournables. Mini-exposition folklorique à l'étage. **€€**

Maritsa's
Très apprécié des habitués du week-end pour son design moderne et son menu, ce restaurant de fruits de mer sur le port sert un *risoni* aux moules, crevettes et saint-jacques absolument parfait. **€€**

Histoire maritime de Galaxidi

TERRE DE MARINS

Galaxidi n'est qu'à 35 minutes de route au sud-ouest de Delphes. Son ambiance rappelle celle d'une petite île, mais c'est bien un village côtier, qu'on parcourt aisément à pied. Dans son port exigu, les caïques traditionnels des pêcheurs côtoient les yachts. Les terrasses de café sur les quais et la plage de galets de Kentri sont très tentantes, mais n'oubliez pas de visiter le **musée d'Histoire maritime**. Malgré sa petite taille, Galaxidi joua un rôle décisif dans l'histoire maritime de la Grèce, notamment aux XVIIIe et XIXe siècles et pendant la révolution de 1821. Les guides du musée vous mèneront à travers des collections de registres, cartes, figures de proue et peintures de navires, la plupart provenant de dons des armateurs de Galaxidi. Les superbes **villas néoclassiques** de ces derniers émaillent encore le village. Certaines sont parfois ouvertes au public.

À quelques pas, l'**église Agios Nikolaos**, dédiée au saint patron des marins, est ornée de superbes iconostases. En suivant les ruelles vers le nord-ouest, on découvre le quartier d'**Hirolakka**, ou "abysse des veuves", qui rappelle la douleur subie par celles dont les époux périrent en mer.

Batailles de farine et voiliers

JEUX DE RÉGATE

Tous les ans, *Kathara Deftera* (Lundi pur) marque le début du carême orthodoxe grec, en février ou en mars. La jeunesse de Galaxidi s'y défoule à l'occasion de l'**Alevromoutzouroma**, une bataille de farine déchaînée où tout le monde est invité.

La **régate des îles Galaxidi** se déroule sur trois jours en septembre, proposant des courses de voiliers (traditionnels et contemporains), des circuits guidés et plusieurs activités.

Château vénitien de Naupacte

UN PORT HISTORIQUE

Les fortifications de Naupacte commencent avec son **château vénitien**. Accessible en voiture ou à pied, il offre une vue panoramique sur le golfe de Corinthe. De là, les murs de pierre dévalent la colline pour encercler les quartiers de Naupacte jusqu'au port vénitien. Déjà l'objet de toutes les convoitises sous l'Antiquité, il assura dès le Xe siècle un lien entre le Péloponnèse, la Méditerranée et la route terrestre pour Constantinople. Les cafés-bars sur les quais invitent les passants à admirer la vue. Sur le port, statues et monuments honorent les combattants de la bataille de Lépante, qui prit

OÙ SE LOGER À GALAXIDI

Galaxa Mansion
Villa d'Hirolakka transformée en hôtel et décorée avec goût. Sert le petit-déjeuner dans la cour, face à la mer. **€**

Nostos
Charmant hôtel haut de plafond dans une ancienne demeure d'armateur. Suites romantiques et florales. **€**

Archontiko Art Hotel
Chaque chambre arbore un thème fantaisiste, l'une d'elles proposant un lit en forme de bateau traditionnel. **€**

Port vénitien, Naupacte

BARS BRANCHÉS DE NAUPACTE

Hawaii Surfbar
Les kitesurfeurs adorent ce bar décontracté où résonnent rock et funk pendant que les mixologues s'adonnent à leur art.

Dr J. Spon
Ce lieu animé est très apprécié pour sa superbe vue sur le port et ses cocktails aussi improbables que délicieux.

place au large de Naupacte en 1571, lorsque la coalition chrétienne de la Sainte Ligue imposa une défaite décisive à l'expansion ottomane. Tous les ans, début octobre, la ville organise une reconstitution historique.

L'imposante **tour de Botzaris** (XVe siècle), proche du château vénitien, abrite un petit musée avec cartes et œuvres d'art consacrées à la bataille de Lépante. À 5 minutes à pied, la tour de l'horloge date de 1914.

Durant l'été, à l'est du port, rafraîchissez-vous à la plage de galets de **Psani**. À l'ouest, la plage de Gribovo, à l'ombre des platanes, dispose de pistes cyclables et de petits cafés. Les amateurs de kitesurf se dirigeront vers le **club nautique de Naupacte**, avant de glisser dans le golfe, avec le pont Rio-Antirrio en arrière-plan. Pour louer votre équipement et prendre des leçons, rendez-vous chez Wind Circus.

Missolonghi, la rebelle

LE COMBAT DES GRECS POUR LA LIBERTÉ

L'importance de **Missolonghi** pendant la guerre d'indépendance grecque ne peut être ignorée. À seulement 2 heures de route de Delphes, cette petite ville de Grèce occidentale fut le théâtre de

OÙ SE LOGER À NAUPACTE

Apollon Library Suites
Villa néoclassique abritant 12 suites à thème (Don Quichotte, notamment) et une cour extérieure. €

Pepo's Guesthouse
Chambres de caractère avec lits à baldaquins et rideaux fleuris. Les bars voisins peuvent être bruyants. €

Amaryllis
Central, connu pour son bar sur le toit et sa vue sur le port. Chambres simples et fonctionnelles. €

ORNITHOLOGIE À MISSOLONGHI

Sissia Roussi, géologue environnementaliste, partage ses coups de cœur sur la lagune.

Grand flamant rose
Les flamants gardent leurs distances, mais on peut les observer depuis la route du littoral.

Ibis falcinelle
Avec ses plumes vert iridescent et ses teintes rougeâtres, cet oiseau furtif arrive vers le printemps.

Aigle criard
Une espèce vulnérable. Les adultes sont brun foncé, avec de grandes ailes et une petite queue.

Pélican frisé
À ne pas confondre avec le pélican blanc, cette espèce quasi menacée présente des plumes blanches.

Avocette élégante
Un échassier facile à repérer grâce à son plumage noir et blanc et son bec effilé.

Courlis cendré
Grand limicole endémique, au plumage brun moucheté et au long bec fin. Dans les vasières et marécages en hiver.

Bateaux de pêche, Missolonghi

nombreuses batailles et d'une révolte populaire aussi vaillante que tragique. Le 22 avril 1826, la devise rebelle "la liberté ou la mort" prit tout son sens lorsqu'à l'occasion de la terrible "Sortie de Missolonghi", 7 000 des 9 000 hommes, femmes et enfants que comptait la ville tentèrent de fuir par un passage désormais appelé porte de l'Exode. Seuls 1 000 fugitifs survécurent. Des romantiques français, comme Victor Hugo, Rossini ou Eugène Delacroix (*La Grèce sur les ruines de Missolonghi*) prirent fait et cause pour la guerre d'indépendance grecque (1821-1830), mais le destin de la ville demeure indubitablement lié à celui de lord Byron. Le poète romantique anglais rejoignit Missolonghi dans l'espoir de mobiliser les puissances européennes, mais il y tomba gravement malade et mourut en avril 1824.

Sur Plateia Markou Botzari, le rez-de-chaussée de l'émouvant **musée d'art et d'histoire de Missolonghi** est partiellement consacré à Byron. L'excellent guide George Apostolakos propose des circuits du tout proche jardin des Héros, en forme de mémorial, où il révèle de poignantes anecdotes sur les héros grecs et philhellènes qui se battirent pour la liberté.

OÙ SE LOGER À MISSOLONGHI

Sealake View
Appartements lumineux bien rénovés, dont deux avec vue sur la lagune. €

Langi Apartments
Deux appartements à une chambre, propres et modernes. À quelques pas du centre-ville. €

Island Apartments
Chambres un peu datées, mais emplacement unique sur l'îlot de Tourlida. €

Lagunes jumelles

PÊCHEURS ET OISEAUX RARES

À la lumière de l'aube comme au coucher du soleil, la splendeur des eaux des lagunes jumelles de Missolonghi ensorcelle. Couvrant près de 150 km², ces eaux salées servent de zone de pêche où des coopératives de pêcheurs emploient des techniques d'aquaculture vieilles de plusieurs siècles. La délicieuse spécialité culinaire locale, l'*avgotaraho* (boutargue de mulet), daterait de la période byzantine. Ces œufs de poisson salés et épicés sont servis dans les restaurants, ainsi que sur les étals des poissonniers.

Les pêcheurs locaux vivent en symbiose avec les quelque 290 espèces d'oiseaux migrateurs qui fréquentent les lagunes tout au long de l'année. Missolonghi représente un habitat humide majeur de la Méditerranée, essentiel pour la reproduction et la migration des oiseaux. La meilleure période pour les observer est entre octobre et mars.

Pêcher comme un autochtone

LENTEMENT MAIS DURABLEMENT

Comme son père et son grand-père avant lui, Andreas Matzouratos utilise des méthodes de pêche traditionnelles et durables, mettant à profit les *ivaria* (casiers) des coopératives de Missolonghi. Il fait partie des pêcheurs proposant des sorties en bateau sur la lagune de Kleisova, organisées par l'association **Messolonghi By Locals**. Les participants découvrent ainsi les bateaux sans quilles *stafnokari*, *priari* et *gaita*, et apprennent des techniques de pêche uniques. Une fois leurs prises attrapées, ils peuvent les lever puis les saler. Le circuit se termine par une dégustation de poissons grillés dans une des *pelades* (cabanes sur pilotis) bordant la lagune. Ces circuits permettent d'assurer un revenu supplémentaire aux pêcheurs, dont la surpopulation de cormorans décime les réserves.

Collines de sel

L'OR BLANC DE MISSOLONGHI

En s'approchant des collines blanches qui émaillent le nord et le sud de Missolonghi, les curieux s'apercevront qu'il s'agit de monts de sel marin. La saliculture est une source de revenus de longue date pour la ville dont les marais salants sont exploités depuis le XIVe siècle. L'*afrina*, fleur de sel locale, est idéale pour assaisonner les plats. Une version fumée de celle-ci se vend au **musée du Sel**, sur l'îlot de Tourlida, consacré à l'histoire et aux variétés de ce condiment. En bonus, on peut admirer une belle collection de salières.

DU POISSON POUR TOUS LES GOÛTS

Chez **Dimitroukas**, taverne du centre de Missolonghi réputée pour ses délices de la mer depuis 1975, le menu séduit même les plus fins gourmets.

On y sert des spécialités propres à la lagune, comme le fameux *mexinari* (mulet salé en fines tranches) et la *ligda* (daurade royale). Les gastronomes aventureux tenteront l'*havara* (moule géante barbue) et l'anguille grillée au feu de bois.

En septembre, la plus belle prise est sans conteste le mulet cabot mâle, tranché à la *petali* et servi entier, intestins compris, avec du *gala* (millet). Votre serveur vous conseillera comme accompagnement une assiette de brocolis, betteraves et courgettes à l'huile d'olive.

Après cet inoubliable festin, trinquez à l'ouzo Trikéné, produit localement depuis 1901 et dont la recette se transmet de génération en génération depuis le XVIIIe siècle.

COMMENT S'Y RENDRE ET CIRCULER

Les bus intercités KTEL (www.ktel-aitolnias.gr ou www.ktel-fokidas.gr) vous mèneront à toutes les destinations citées ici depuis Delphes, mais la voiture reste le moyen le plus pratique d'explorer la région. Depuis Athènes, des bus desservent notamment Missolonghi (3 heures), Naupacte (3 heures) et Galaxidi (3 heures 30).

KARPÉNISSION

La région a de quoi ravir les amoureux de la nature entre ses montagnes striées de chemins de randonnée, ses épaisses forêts de sapins, ses platanes et noyers ou encore ses nombreux lacs, gorges et cascades. La ville de Karpénission (Karpenisi) est la capitale de la préfecture d'Eurytanie.

En hiver, la neige recouvre le mont Velouchi et sa station de ski. L'automne, les feuilles aux couleurs cuivre et bronze embrasent les arbres des villages comme Koryshades ou Megalo Horio. Le printemps résonne du chant des oiseaux, et l'été, les étranges phénomènes aquatiques de Panda Vrehi attirent habitants et visiteurs.

Datant du IXe siècle, le monastère byzantin de Panagia Proussos est une curiosité ; s'agrippant au flanc de la gorge de Proussiotis, entre les montagnes Kaliakouda et Helidona. L'église du monastère (*katholikon*) a été restaurée et les fresques conservées. Le site fut notamment le refuge de Georgios Karaiskakis (1782-1827), héros de la guerre d'indépendance. Son fez, son épée et son fusil ornent encore le musée.

Partisans du tourisme durable et du "slow travel", les habitants du Karpénission ont à cœur de préserver les traditions locales tout en en créant de nouvelles.

Pour les infos pratiques, voir le Carnet d'adresses *p. 222.*

À SAVOIR

Que ce soit pour un circuit privé d'une journée ou une visite de groupe, un guide professionnel vous fournira les informations pour apprécier pleinement ce qui s'offre à vos yeux, mais aussi vous régaler d'anecdotes en tous genres.

Koryshades

HERACLES KRITIKOS/SHUTTERSTOCK ©

Découvrir les villages de la région

UNE RIBAMBELLE DE BOURGADES

Situés à l'est et à l'ouest de la route Karpenisiou-Proussou-Kallitheas, les principaux villages du Karpénission sont faciles d'accès et permettent de découvrir la vie rurale de cette région.

Partez de **Koryshades**. L'architecture de ce petit village traditionnel au sud du Karpénission mélange influences épirotes et constantinopolitaines. Plusieurs de ses villas en pierre de taille, édifiées au XIXe ou au début du XXe siècle, sont devenues des pensions de famille. Sur la place du village, à l'ombre des platanes, on croirait que le temps s'est arrêté.

Plus au sud, **Megalo Horio** est l'un des plus grands villages du Karpénission. Depuis sa place principale, les visiteurs peuvent profiter d'une vue sur la vallée et la rivière en contrebas. À deux pas, un musée du folklore célèbre les costumes, instruments et outils traditionnels. Arrêtez-vous dans la cour de l'église Agia Paraskevi, pour admirer le **mont Kaliakouda** qui domine le paysage et faites le plein de spécialités locales avant de reprendre la route.

Poursuivez jusqu'à **Palio Mikro Chorio**, sur le mont Helidona. En 1963, un glissement de terrain détruisit la plupart des maisons du village et coûta la vie à 13 personnes. Les maisons

LES MEILLEURES TAVERNES DE KARPÉNISSION

Agios Athanasios
Avec du jazz en fond sonore, dégustez des côtelettes bien juteuses et de l'aubergine à l'ail. €

Spiti tou Psara
Plat du jour indétrônable : la truite frite au beurre. Taverne familiale en bord de rivière. €€

To Horiatiko
Blottissez-vous au coin du feu pour déguster *stifado* de sanglier et ragoût d'agneau. €€

Stin Poli
Établissement élégant et créatif. Essayez les *hilopites* aux orties et à la sauce tomate au basilic. €€

Mesostrati
Impossible d'être déçu par les savoureux *magirefta* (plats au four ou mijotés). €

OÙ SE LOGER AU KARPÉNISSION

Mythica Chalet
Au coin de la cheminée de ce ravissant chalet de bois, profitez de la vue sur la forêt de sapins. €€€

Anerada Inn
Hôtel à l'anglaise, digne d'un conte de fées avec suites romantiques ou maison de jardin. €€

Oichalia Guesthouse
Maison d'hôtes traditionnelle, installée dans un village reculé. €€

AVENTURE AU KARPÉNISSION

Panagiotis Hormovas, guide de la région, partage ses conseils pour profiter des activités de plein air en petit groupe dans le Karpénission.

Randonnée vers une cascade magique
Suivez la rivière Krikeliotis jusqu'à la gorge de Panda Vrehi. Ici, l'eau de source du mont Kaliakouda crée un phénomène ressemblant à un nuage de pluie. Les âmes courageuses tenteront un plongeon dans l'eau glacée.

Rafting pour tous les niveaux
La rivière Tavropos est idéale pour les débutants. Les plus expérimentés pourront attaquer la rude Trikeriotis.

Descente en rappel dans une grotte
Après une randonnée à travers les sapins, descendez en rappel dans la "grotte noire" avant de vous rafraîchir sous les cascades.

Canyoning dans les gorges
Descendez les parois de la gorge Vothonas puis plongez dans les eaux de la rivière Karpenisiotis.

PAUL SHARK/SHUTTERSTOCK ©

Mont Kaliakouda (p. 201)

qui restent ont été préservées avec soin, et le musée d'Histoire et de Folklore illustre bien les efforts fournit par cette petite (*mikro*) bourgade pendant la guerre. Sur la place principale, désaltérez-vous au sextuor de fontaines d'eau de source. Une partie des habitants s'est installée plus bas sur la montagne, fondant ainsi **Neo Mikro Horio** ("nouveau petit village") où l'on trouve de bonnes tavernes.

La dolce vita à Fidakia

AMBIANCE VILLAGEOISE

Vous ne regretterez pas d'allonger un peu votre trajet pour découvrir d'autres charmantes bourgades de la région. Ainsi, la délicieuse **Fidakia**, où les voitures sont interdites, est perchée sur les hauteurs du lac Kremasta. Après avoir quitté le parking, on peut déambuler dans ses rues pavées, entre les murs de pierre grise et les plantes grimpantes. La seule taverne de Fidakia se trouve en face de la place principale. Son chef gréco-américain, Christos Leris, prépare des *zimaropita* (tarte salée aux courgettes) et *tsalafouti* (fromage local), entre autres spécialités du coin. Ne manquez pas le point de vue sur le lac à la lisière du village.

Evora Suites
Suites aussi raffinées que confortables. Vue sur la rivière, Jacuzzis et petit-déjeuner traditionnel. **€€€**

Escapade Luxury Residences
Suites spacieuses et ultra-modernes. Vue imprenable sur les montagnes à travers les baies vitrées. **€€€**

Old Inn
Maison d'hôtes particulièrement douillette en hiver. Lits à baldaquin en bois sculpté à la main. **€€**

Dévaler les pentes du mont Tymfristos

SKI DANS LA POUDREUSE À TOUT ÂGE

La **station de Velouchi**, perchée sur le mont Tymfristos (plus communément appelé Velouchi), n'est qu'à 18 minutes de route du Karpénission. Avec une altitude maximum de 2 045 m, 16 pistes, 5 remontées mécaniques et un tapis roulant, elle attire les skieurs débutants et confirmés, avec du ski hors-piste, des pistes noires, un parc de snowboard ou encore un manège pour les plus petits.

Pour une randonnée à ski, les pistes du nord de Velouchi tracent un chemin couvert de poudreuse à travers les forêts de sapins. Les descentes au flambeau du week-end ont toujours du succès, notamment grâce à l'Ice Bar, qui sert des bols de soupe fumante entre deux soirées DJ. Un lac de montagne près de la station permet de se reposer, mais méfiez-vous des chiens de berger. Également sur le site : cours de ski et de snowboard, location d'équipement et possibilité de passer la nuit dans le refuge de Velouchi.

Le Karpénission des enfants

PROMENADES À CHEVAL ET ACTIVITÉS SCIENTIFIQUES

Proche de Koryshades, le **Saloon Park** de Konstantinos Kontopanos organise de superbes balades à cheval depuis 1999. Ses fils reprennent graduellement les rênes de ce ranch à l'américaine, qui propose également mur d'escalade, petit train et sorties en canoë.

Les enfants font le tour du parc à dos de poneys Haflinger, pendant que les adultes se promènent une petite heure dans les contreforts du mont Koniskos, en suivant le lit de la rivière Karpenisiotis et en passant sous un pont de pierre. La terrasse du Saloon Park, à l'ombre des platanes, est parfaite pour reprendre des forces et déguster des crêpes garnies de charcuterie et de fromage frais *klotsotiri* ou d'autres spécialités.

En conduisant cinq minutes vers le sud, vous arriverez au **Newton Park**. Ce parc à thème en plein air mise sur des jeux de toutes sortes basés sur les mathématiques et la physique. Les enfants peuvent ainsi découvrir le théorème de Pythagore ou la loi de Newton tout en s'amusant. Avec la grue d'Archimède du parc, ils pourront même soulever jusqu'à 100 kg sans sourciller. Une aire de jeux et une ferme complètent l'expérience. La pension **Ninemia Stay & Play** est pratique pour se loger. Pensez à vérifier les heures d'ouverture des établissements avant de vous y rendre.

SOUVENIRS DU KARPÉNISSION

Cleopatra Kitsiou, copropriétaire du chalet Mythica, suggère quelques spécialités à emporter dans vos valises.

Prosciutto à la grecque
L'*akrokolion* de la Grèce antique, précurseur du *prosciutto* moderne, a été ressuscité par le producteur Stremenos.

Truite fumée
Une truite arc-en-ciel fumée et marinée est vendue par l'équipe féminine de Fresko.

Pâte de châtaignes
Les châtaignes du Karpénission sont très recherchées.

Hilopites
Ces pâtes composées de semoule, œufs et lait se marient parfaitement avec le ragoût de coquelet.

Liqueur de mûre sauvage
Cette liqueur au parfum délicat est plutôt rare.

Trahana
Faite de farine et de lait de chèvre ou de brebis, cette base de soupe est délicieuse avec de la feta, du lait et du beurre.

COMMENT CIRCULER

La voiture reste le meilleur moyen d'explorer le Karpénission. On trouve des parkings dans les villages, mais ils se remplissent vite en été, le week-end ou les jours fériés. Demandez conseil aux habitants : par temps de pluie, certaines routes peuvent être dangereuses en raison de chutes de pierre.

Environs du Karpénission

Kremasta, le plus grand lac artificiel de Grèce, étend à perte de vue ses eaux d'un bleu cyan presque surréaliste.

Avec sa surface de 81 km^2, le lac Kremasta forme une frontière naturelle entre les préfectures d'Eurytanie et d'Etoloakarnania, reliées entre elles par le pont Episkopi. On peine à imaginer que cette étendue cristalline baignant collines et îlots n'est là que par la main de l'homme. Pourtant, en 1966, c'est ici que 20 villages furent ensevelis sous des tonnes d'eau pour alimenter un immense barrage hydroélectrique. Une église byzantine du VIIIe siècle repose encore sous les flots. Les habitants furent déplacés dans les villages alentour ou quittèrent la région, mais n'abandonnèrent pas leurs maisons sans se battre.

Confluent des rivières Trikeriotis, Tavropos, Acheloos et Agrafiotis, le lac Kremasta est le refuge de plus de 200 espèces d'oiseaux, de chats forestiers, de chevreuils et même de loups.

Pour les infos pratiques, voir le Carnet d'adresses *p. 222.*

À SAVOIR

Explorez le lac en canoë ou en kayak avec un prestataire local pour contempler ce paysage semblable à un fjord.

Pont d'Episkopi

KARDARASG/SHUTTERSTOCK ©

Lac Kremasta

Un tour du lac panoramique

PRENDRE DE LA HAUTEUR

L'opérateur F-Zein Active propose un circuit de 3 heures en 4×4 depuis les pentes couvertes de chênes et d'érables du **mont Helidona** jusqu'au **lac Kremasta**. Pendant que les guides manœuvrent sur 100 km le long des chemins de terre et des falaises, les passagers peuvent profiter des superbes paysages.

Le circuit passe par des villages isolés comme **Aspropyrgos**, où l'eau de source coule des fontaines. Avec un peu de chance, un détour par la petite **Helidona** en été vous permettra de prendre part aux *panigyria* (jours de fête) organisés au *kafeneio* (café) du village. En septembre, les habitants célèbrent les vendanges : on y déguste un excellent vin rouge, dont le cépage skylopnichtis qui reprend petit à petit ses lettres de noblesse. Ces fêtes dionysiaques peuvent parfois durer 24 heures.

Vers l'ouest, une plage de sable borde la rivière Krikeliotis, à **Agia Vlaherna**. Au beau milieu des montagnes, elle est entourée de parois rocheuses et de chênes kermès.

Non loin, le **pont d'Episkopi** est idéal pour une session photo. Le lac sert de refuge naturel à une grande variété d'oiseaux, comme la buse variable, le circaète Jean-le-Blanc et le faucon lanier. La faune locale n'est pas en reste avec des couleuvres d'eau, des furets et des blaireaux. À l'est, le **point d'observation Tsagalarona** offre une vue imprenable sur le lac. Passez par le village de Fidakia (p. 202) avant de revenir à Karpénission.

VESTIGES ENGLOUTIS

Sous la surface du lac Kremasta, les traces des villages et sites historiques engloutis subsistent encore. Un expert local, comme Panagiotis Makris, qui propose des circuits guidés en bateau toute l'année (lorsque la météo le permet), pourra vous aider à les retrouver.

Manolis, un ancien pont de pierre en arc portant le nom de son bâtisseur, fut construit en 1659 pour relier les berges de la rivière Agrafiotis. Il est le plus ancien de ce type en Eurytanie. Selon la quantité de pluie tombée et le niveau du lac, il arrive qu'il émerge des eaux et qu'on puisse passer dessous. Les ruines du château médiéval de Carlo Ier Tocco, au sommet de l'îlot Ai Nikolas, sont aussi en partie englouties.

Scannez ce code QR pour réserver un circuit en véhicule tout-terrain.

COMMENT CIRCULER

Évitez de conduire la nuit et fiez-vous aux conseils des habitants plutôt que sur Google Maps ou Waze dans les zones plus reculées : le réseau téléphonique y est très faible, voire inexistant.

LES MÉTÉORES

La forêt de pierres des Météores se dresse droit vers le ciel sur la plaine thessalienne, à l'est du massif du Pinde. Cette curiosité géologique sous forme de masse de roche, de sable et de sédiments sortie des eaux, est apparue voilà 11 millions d'années, sculptée par le vent, la pluie et les tremblements de terre.

Il est difficile de se figurer comment des monastères ont pu être construits au sommet de ces falaises escarpées. Au XIe siècle, les Météores accueillirent leurs premiers habitants lorsque des ascètes escaladèrent leurs parois à mains nues pour en investir les grottes. La réputation de ce site en tant que lieu saint se répandit rapidement, et les premières communautés monastiques orthodoxes s'y formèrent au XIIe siècle. À son apogée, les Météores comptaient 24 monastères, dont six sont encore ouverts aux visiteurs. Ce site classé au patrimoine mondial de l'Unesco et ses trésors byzantins ne peuvent qu'inspirer un profond sentiment de recueillement.

Pour les infos pratiques, voir le Carnet d'adresses *p. 222.*

À SAVOIR

Les monastères des Météores demeurent des lieux de culte : les manches cachant les épaules sont de rigueur pour les visiteurs. Pour couvrir leurs genoux, les hommes doivent porter un pantalon et les femmes une jupe, une robe, ou un châle (généralement vendu sur place) attaché autour de leur taille.

RANDONNÉE DANS LES MÉTÉORES

Les guides de Visit Meteora proposent un circuit pédestre pour admirer les Météores sous un autre angle.

Vous suivrez des chemins boisés au pied des monolithes et aurez une belle vue sur la plaine thessalienne et le massif du Pinde, avant de visiter le Grand Météore ou Varlaam.

Scannez le code QR ci-dessous pour réserver votre circuit.

Histoire des Météores

GÉOLOGIE ET SPIRITUALITÉ

Il y a dix millions d'années, des mouvements tectoniques verticaux soulevèrent toute la région. Avec l'érosion, il se créa des falaises et des rochers isolés, prenant les formes de gros rochers arrondis et de pics haut perchés. Là où l'érosion avait eu moins d'emprise, il se forma des grottes et des surplombs.

Au XIe siècle de notre ère, des ermites, dits anachorètes (par opposition aux moines cénobites vivant en communauté), s'installèrent petit à petit dans les grottes des Météores. Au XIVe siècle, lorsque les Ottomans disputaient ce territoire à un Empire byzantin sur le déclin, les moines orthodoxes trouvèrent refuge au sommet des rochers, difficiles d'accès.

À l'origine, l'ascension jusqu'aux monastères s'effectuait à l'aide d'échelles de corde amovibles. Par la suite, des treuils furent utilisés pour hisser les religieux dans des nacelles. Aujourd'hui, il suffit de monter les marches taillés dans la roche, ou d'emprunter la route qui grimpe jusqu'aux sites.

Monastère hautement vénéré

AU PLUS PRÈS DU CIEL

Les six monastères des Météores impressionnent chacun à leur manière. En une seule journée bien remplie, il est possible de tous les admirer de l'extérieur et de visiter jusqu'à quatre d'entre eux. Vérifiez les jours et heures d'ouverture, et préparez-vous à gravir entre 140 et 300 marches par monastère.

INCONTOURNABLES
1 Moni Megalou Meteorou

VOIR
2 Formation rocheuse d'Adrahti
3 Moni Agia Triada
4 Moni Agiou Nikolaou Anapafsa
5 Moni Agiou Stefanou
6 Moni Roussanou
7 Moni Varlaam
8 Musée de la Culture hellénique
9 Musée de Géologie
10 Musée mycologique et d'histoire naturelle

ACTIVITÉS
11 Bibliothèque de Kalambaka

Moni Megalou Meteorou (Grand Météore) est l'un des monastères les plus anciens et les plus vénérés de Grèce. En 1340, après avoir gravi le point culminant du site, saint Athanase décida d'y fonder un monastère qu'il baptisa *meteoron* (suspendu dans les airs). Le *katholikon* (église), surmonté d'une coupole à 12 pans, abrite des fresques de l'école crétoise admirablement conservées et une iconostase

OÙ SE LOGER PRÈS DES MÉTÉORES

Doupiani House
Hôtel familial accueillant à Kastraki. Petit-déjeuner servi dans un jardin bien entretenu avec vue sur les Météores. **€€**

Meteora Heaven and Earth
Suites avec cheminée ou Jacuzzi, décorées de détails inspirés de la vie monastique. À Kalambaka et Kastraki. **€€**

Archontiko Mesohori
Villa du XIXe siècle à l'ombre des rochers, au cœur de la vieille ville de Kastraki. Excellent accueil. **€€**

GRIMPÉE FESTIVE

Konstantina Tsiami vit à Kalambaka. Cofondatrice de Meteora Photo Tour, elle pratique le VTT de course. *@konstantina_tsiami*

En avril, pour la fête de la Saint-Georges, les célibataires escaladent une paroi vertigineuse près de Kastraki à l'aide d'une simple corde. Au sommet, la petite grotte Agios Georgios Mandilas abrite un ermitage abandonné du XIVe siècle.

Une tradition, qui remonte à l'occupation ottomane, veut que les grimpeurs y accrochent des *mandila* (foulards colorés), avant de danser et de chanter des chansons traditionnelles près du précipice. Jadis, les *mandilarades* espéraient ainsi attirer un bon parti. De nos jours, ils le font surtout pour s'amuser. Les foulards qui ornent le site depuis l'année précédente sont décrochés et offerts comme porte-bonheur aux proches bien-aimés. Ces derniers les gardent chez eux, dans leur sac à main ou leur voiture.

de bois parée de feuille d'or. D'inestimables manuscrits du IXe siècle sont exposés au musée ecclésiastique du lieu, aux côtés de rares icônes byzantines. Le réfectoire, également à coupole, jouxte les cuisines, inchangées depuis le XVIe siècle.

Fresques délicates et vie monastique

UNE COLLECTION HORS PAIR

À l'est du Grand Météore, le **Moni Varlaam** (monastère de Varlaam) tient son nom du premier ascète qui, en 1350, construisit une église sur un à-pic rocheux à 551 m d'altitude. Après sa mort, la structure resta à l'abandon pendant 200 ans, jusqu'à ce qu'elle soit réinvestie par deux frères moines, qui entreprirent sa rénovation en 1518. Trente ans plus tard, l'iconographe Frangos Katelanos réalisa les remarquables fresques de style athonite de l'**église d'Agion Panton**. Son **musée** présente des détails intéressants sur l'histoire du lieu et sur la vie monastique – vêtements sacerdotaux, bâtons pastoraux richement ornés, etc. Une nacelle en corde (utilisée jusque dans les années 1930 pour hisser les moines) est également visible depuis la tour.

Splendides icônes de l'école crétoise

SUJETS HORS DU COMMUN

Le **Moni Agiou Nikolaou Anapafsa** (monastère Saint-Nicolas Anapafsas) est le premier que l'on rencontre en arrivant aux Météores depuis Kastraki. Construit au XIVe siècle sur un pic perpendiculaire culminant à 419 m d'altitude, il abrite une petite chapelle, des cellules monastiques, un réfectoire et un *katholikon* (église) du XVIe siècle orné de fresques peintes en 1527 par le moine Théophanes Strelizas, fondateur de l'école crétoise. Ces chefs-d'œuvre atypiques représentent Adam nommant les animaux, notamment un éléphant, un lion et un ours dans le jardin d'Éden.

Deux couvents dans les Météores

TOUJOURS EN ACTIVITÉ

Au XIIe siècle, bien des cavités criblant la montagne au-dessus de Kalambaka étaient occupées par des ermites. Certaines de ces *askitiria* (ermitages dans les grottes) étaient encore habitées au siècle dernier. C'est là que le **Moni Agiou Stefanou** (monastère Saint-Étienne) fut construit, à 528 m d'altitude. Il est depuis devenu l'un des deux couvents des Météores. Saint-Étienne contient deux chapelles : la première date de 1545 et la seconde est un *katholikon* de style athonite de 1798.

OÙ SE RESTAURER VERS LES MÉTÉORES

Meteoron Panorama
Vue imprenable sur les Météores depuis Kalambaka. Porc noir et steak de bœuf podolique au menu. **€€**

Gousios
À 15 minutes à l'ouest de Kalambaka. Les côtelettes du très recherché agneau Kalaritiko valent le détour. **€€**

Efrosino
Taverne familiale de Kastraki. Moussaka, tourtes fumantes et spécialités véganes servies avec le sourire. **€**

PROSLGN/SHUTTERSTOCK ©

Moni Roussanou

Les nonnes tiennent une petite boutique sur place où on peut se prucurer marmelade, pâtes, huiles essentielles et autres fruits de leurs labeurs. Accessible en voiture et sans escaliers, ce site est le plus accessible des Météores.

Vers l'est, le **Moni Roussanou** (Moni Agia Varvaras Roussanou ; monastère Sainte-Barbe) occupe un piton escarpé culminant à 484 m. Les saints Joseph et Maxime le Grec eurent la tâche ardue d'y bâtir un *katholikon* en 1529. Cette chapelle renferme les superbes fresques de la Résurrection (à gauche) et de la Transfiguration (à droite) du peintre iconographe post-byzantin Tzortzis. En 1988, le monastère fut transformé en couvent où vivent désormais 15 nonnes.

Une vue rien que pour vos yeux

UN DÉCOR DE JAMES BOND, OU PRESQUE

Coiffant un imposant piton de 535 m, **Moni Agia Triada** (monastère de la Sainte-Trinité) renferme une petite chapelle taillée directement dans la roche, et un *katholikon* érigé en 1475. Les belles fresques de 1741 qui ornent ce dernier sont dédiées à la Sainte-Trinité. La pointe sud-ouest du monastère dévoile une vue exceptionnelle sur la plaine thessalienne, le mont Koziakas, le massif du Pinde et plusieurs monastères voisins. Si le James Bond *Rien que pour vos yeux* (1981) se

À L'AVENTURE DANS LES MÉTÉORES

Randonnée jusqu'aux ermitages troglodytes
Marchez dans les pas des moines d'autrefois en faisant le tour des *askitiria* et petites chapelles.

VTT
Pédalez sur les chemins forestiers entre parois rocheuses et vallée verdoyante.

Alpinisme
Certaines des voies d'escalade représentent un vrai défi. Gravissez-les avec un expert local.

Via Ferrata du Grand Saint
Comme les moines, utilisez l'étroit sentier sur la falaise pour accéder aux pitons rocheux du Grand Saint.

Parapente
Survolez les majestueuses Météores en tandem ou avec un paramoteur.

VIGNOBLES À VISITER PRÈS DES MÉTÉORES

Tsilili
Près de la grotte de Theopetra, les raisins limniona de ce vignoble familial produisent un vin rouge primé.

Meteoro
À Megarchi, la famille Tsinas, nouvelle dans le monde de la vigne, propose un excellent cabernet sauvignon-syrah.

Liakou
À Gavros, laissez-vous tenter par la saveur fruitée de l'Asproparis, produit du cépage grec magalouzia.

déroule ici, le film ne fut pas tourné sur place. Les moines obligèrent la production à construire une réplique du monastère un peu plus loin.

Circuit photo dans les Météores

LES TRÔNES DE PIERRE EN PHOTOS

S'il est interdit de prendre en photo les espaces sacrés dans les monastères, immortaliser les Météores reste possible.

Fondateurs enthousiastes de **Meteora Photo Tour**, les photographes Christos Karagelis et Konstantina Tsiami vous feront découvrir les meilleurs points de vue. Les circuits du lever et du coucher de soleil vous mènent dans des endroits souvent déserts face à de vastes panoramas ou des *skites* cachés dans les falaises. En plus de conseils pour réaliser les meilleures photos, les guides vous régaleront d'anecdotes historiques. Nul besoin d'être suréquipé pour participer : un téléphone suffit.

Points de chute pour visiter les Météores

MUSÉES, TRUFFES ET LITTÉRATURE

Pourquoi ne pas séjourner dans la petite ville de Kalambaka ou dans le village traditionnel de Kastraki ?

À **Kalambaka**, le **musée mycologique et d'histoire naturelle des Météores** présente près de 350 espèces animales, dont certaines en danger comme le vautour égyptien, et 250 types de champignons. Entre mars et octobre, il organise des expéditions truffières avec dégustation de plat à base de truffe.

Le **musée de la Culture hellénique** tout proche est parfait pour une visite en famille. Sa collection de manuels scolaires, sa salle dédiée aux fables d'Ésope et ses anciennes photos des Météores, prises au début du XXe siècle, sont un régal.

En partant vers le nord-ouest, on trouve l'innovante **bibliothèque de Kalambaka**. Fondée par la Gréco-Américaine Diana Demoulas Merriam, elle cherche à susciter la passion de la lecture chez les enfants de la région.

À **Kastraki**, promenez-vous dans le vieux quartier de Mesohori où les façades en stuc des villas sont peintes dans des tons ocre et jaune moutarde. De là, vous apercevrez l'étroite formation rocheuse de l'Adrahti qui s'élance vers le ciel au milieu des pilons.

Sur la place du village, le petit **musée de la formation géologique des Météores** (gratuit) est logé dans une jolie bâtisse rose qui servit un temps d'école. Vous y apprendrez tout sur le mystère de la formation des pitons rocheux.

MEILLEURS CAFÉS ET BARS PROCHES DES MÉTÉORES

Feel the Rocks
Avec les Météores en arrière-plan, testez les cocktails de ce café-resto-bar branché de Kalambaka.

Qahuww
Chocolat chaud au mastic et thé à la cerise dans ce joli café de Kalambaka.

Dal Inizio
Excellent expresso et belles tables de bois lustré à Kalambaka.

Franklin
Les habitants s'y attardent en dégustant un *cappuccino freddo* dans le centre de Kalambaka.

COMMENT S'Y RENDRE ET CIRCULER

Les trains et bus qui desservent les Météores s'arrêtent à Kalambaka. Une route bien entretenue relie les monastères entre eux, mais leurs parkings se remplissent vite. Si vous conduisez, essayez d'arriver tôt. La meilleure façon de se déplacer dans les Météores consiste à participer à un circuit guidé, mais des bus locaux permettent de rejoindre Kastraki et des bus KTEL Trikala circulent entre Kalambaka et les monastères.

Environs des Météores

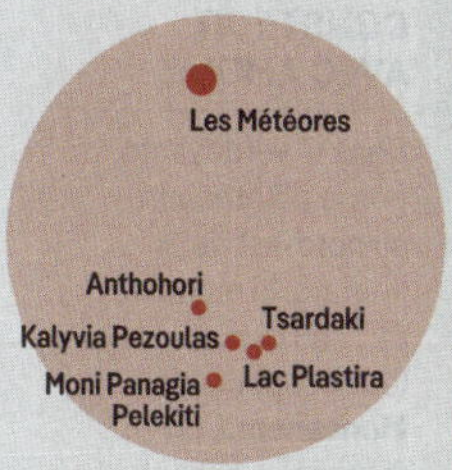

Au sud des Météores, des montagnes couvertes de sapins et émaillées de villages mènent aux eaux bleu-vert du lac Plastira, dans la région d'Agrafa.

Au sud du massif du Pinde, l'Agrafa fut le domaine de la tribu des Dolopes dans l'Antiquité avant que les Slaves, Albanais et Valaques n'y affluent au Moyen Âge. Cette région isolée, dont le nom signifie "non écrite", a abrité de nombreux opposants à la domination ottomane.

L'Agrafa a deux visages : l'un est doux, l'autre plus sauvage. Au nord-est, ses collines escarpées sont le domaine des sapins, noyers et cèdres, entre pics et prairies. Pourtant, c'est sa face la plus facile d'accès. Des chemins de randonnée traversent les gorges, en passant par des hameaux tels qu'Anthohori, connu pour les bienfaits de son eau de source. Au lac Plastira, les activités sont variées, du kayak à la balade à cheval.

Pour les infos pratiques, voir le Carnet d'adresses *p. 223.*

À SAVOIR

Faites connaissance avec les anciens postés au *kafeneion* des villages. Ils ne parlent généralement que le grec, mais ils sont très amicaux.

Barrage du lac Plastira (p. 212)

Activités en plein air au lac Plastira

SPORTS AQUATIQUES ET FRESQUES RELIGIEUSES

À 1 heure de route au sud de Kalambaka, les eaux tranquilles du **lac Plastira** brillent au soleil au milieu des chênes et des épicéas. Des petits hameaux comme Kalyvia Pezoulas en parsèment les rives où on peut louer kayak, canoës, pédalos et planches de paddle. Les visiteurs peuvent faire le tour du lac en VTT ou simplement pique-niquer au bord de l'eau avant de faire trempette.

Au sud-ouest du lac, le **Moni Panagia Pelekiti** (Sainte Vierge taillée dans la roche), un monastère du XVIe siècle, fut ciselé dans une paroi rocheuse à 1 400 m. Le sympathique père Ioannis renseigne sur les fresques de l'école crétoise qui ornent les mur et partage ses conseils pleins de sagesse sur les chemins de randonnée qu'il parcourt avec ses épagneuls.

En continuant vers le sud, une route de graviers ardue (plutôt réservée aux 4×4) mène à l'**observatoire du lac Plastira** et son point de vue panoramique.

Toujours vers le sud, en prenant la route périphérique, on arrive au **barrage du lac Plastira**. Traversez le pont vers l'est pour faire le plein de sucreries et confitures artisanales : les kiosques en bordure de route vendent de vraies raretés comme le *retzeli* de citrouille sucrée et le miel de chêne.

Tavernes traditionnelles

LES SAVEURS DE LA FERME

Chez **Tsardaki**, on déjeune avec vue sur les troupeaux de moutons. Ses propriétaires, Babis Tsilikas et sa femme Stavroula Korobila, cuisinent des spécialités montagnardes remises au goût du jour, telles que les pois chiches braisés à l'aubergine et les lentilles épicées avec poireaux et saucisse. **Floresi** est la seule taverne du village d'Anthohori. Eleni Bairami y sert des tomates fraîches de son jardin, et peut préparer une savoureuse *tiganopsomo* (tarte au fromage) en quelques minutes. Optez pour les côtes de *provatina* (mouton) si elles sont à la carte : les Thessaliens les préfèrent à l'agneau.

CONSTRUIT AVEC AMOUR

Dans la verdoyante gorge d'Anthohori, au nord-est de l'Agrafa, le murmure de l'eau berce les occupants de **Montanema**, un refuge aux accents durables. Cette eau de source alimente tout le village, favorisant une meilleure digestion et promettant une peau plus douce à ceux qui y séjournent.

Féru de randonnée, Christos Athanasiadis a délaissé sa carrière à Athènes pour s'adonner à sa *meraki* (passion) et créer le village de ses rêves avec son ami Dimitris Panagopoulos.

Perché à 1 000 m d'altitude, Montanema comprend 34 jolies villas de pierre, une ferme, des jardins, des vergers, un spa et un restaurant. Quasiment tout y est fait main – des tartes *batzina* du petit-déjeuner au gel douche.

Membre de l'équipe de Christos, Dinos Volotopoulos y partage son expertise de la nature à l'occasion de sessions de cueillettes de champignons ou de randonnées.

COMMENT CIRCULER

Louez une voiture, si possible un 4x4. Plutôt que d'utiliser Google Maps, préparez votre itinéraire avant de partir, suivez les panneaux et demandez votre chemin. Conduisez sans vous presser : beaucoup d'animaux s'aventurent sur la route.

PÉLION

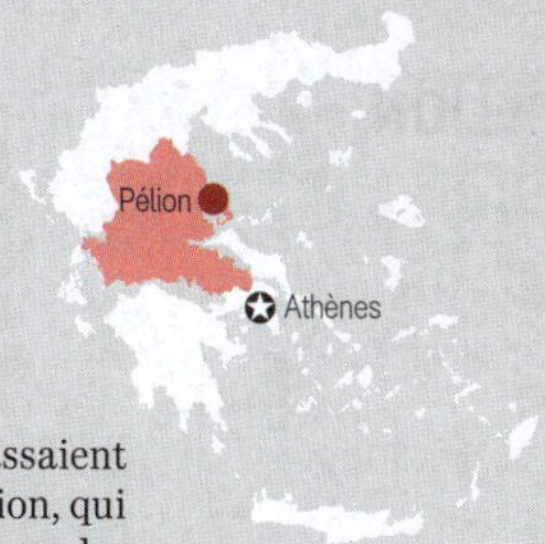

Selon la mythologie grecque, les dieux de l'Olympe passaient l'été dans les montagnes fertiles de la péninsule du Pélion, qui tirent leur nom du père d'Achille, le roi Pelée. Les centaures des légendes, créatures mi-homme mi-cheval, peuplaient également cette région de Thessalie.

Durant l'occupation ottomane, l'isolement du Pélion permit à ses habitants de vivre relativement libres. À la fin du XVIIIe siècle, la péninsule jouissait d'une économie florissante grâce à ses exportations de soie. Des artisans venus d'Épire introduisirent le style architectural emblématique de la région, tout de pierre et de poutres de bois.

La péninsule offre une surprenante diversité de paysages. De la végétation luxuriante et des plages aux eaux vert-bleu du nord-est, on passe aux pentes douces du nord-ouest puis à la mer dorée du golfe Pagasétique, au sud. Des sources de montagne y abreuvent sapins, platanes, hêtres et chênes tandis que les vergers croulent sous les pommes et que les oliveraies prospèrent. Divin en toutes saisons, le Pélion charme aussi par ses petits villages et ses spécialités culinaires.

Pour les infos pratiques, voir le Carnet d'adresses *p. 223.*

À SAVOIR

Parcourez la région sans vous presser. Selon la durée et la saison, concentrez-vous sur une partie de la péninsule (par exemple le nord-est en été, le nord-ouest en automne) puis choisissez quelques villages ou activités, à votre rythme.

Dans les villages du nord-ouest du Pélion

EAU DE SOURCE ET PETITS PLATS

Au départ de Volos, **Portaria** est le premier village du nord-ouest du Pélion que l'on traverse. Son sentier des Centaures remonte un ruisseau strié de petits ponts de bois au cœur d'une forêt de platanes. À son sommet, les marcheurs peuvent se désaltérer avec l'eau de la source **Mana Vrisi** puis, en redescendant par une route en boucle jusqu'à la place du village, passer devant de majestueuses villas du XIXe siècle. Attablez-vous chez **Kritsa**, un restaurant installé à l'ombre d'un platane vieux de 800 ans, pour déguster des classiques de la région comme la soupe de *trahana* (blé concassé) à la saucisse ou les pousses sauvages sautées aux œufs. Non loin, la **ferme Karaiskos** propose des leçons de cuisine et accueille le festival gastronomique du Pélion en octobre.

En continuant vers le nord, on découvre **Makrinitsa**, une bourgade historique réservée aux piétons. Ses *kalderimia*, de petites ruelles pavées construites pour le passage des chevaux et des ânes, sont bordées de jolies villas de style épirote. Beaucoup d'entre elles ont été transformées en pensions de famille. La place du village est surnommée "balcon du Pélion" en raison de la superbe vue qu'elle offre sur Volos et le golfe Pagasétique. Datant de 1806, l'**église Agios**

Ioannis Prodromos, flanquée d'un gigantesque arbre creux, impressionne malgré sa petite taille. Des escaliers mènent au **musée byzantin de Makrinitsa**, où sont exposées des pièces remarquables, dont une icône de marbre du XIIIe siècle provenant du couvent autour duquel se développa le village.

Baignades dans des cascades et kayak de mer

PLAGES ET FORÊTS LUXURIANTES AU NORD-EST DU PÉLION

De longues routes serpentent entre Volos et les villages du nord-est du Pélion. Deux itinéraires (un sur la côte, l'autre

OÙ SE LOGER À PORTARIA ET MAKRINITSA

Archontiko Melanthi
Villa de Makrinitsa digne d'un conte de fées, avec vue sur le golfe. Accueil très chaleureux. €€

Kritsa Gastronomy Hotel
Chambres simples au cœur de Portaria avec un petit-déjeuner gargantuesque. €

Archontiko Naoumidi
Mobilier antique et draps brodés complètent le décor raffiné de cette villa néoclassique de Portaria. €

passant par l'arrière-pays) mènent au village de **Tsagarada**, divisé en quatre quartiers. Reliés entre eux par des *kalderimia* (chemins) pavés, ils portent les noms des églises qui trônent sur leurs places respectives. Celle d'**Agia Paraskevi** est installée à l'ombre d'un platane millénaire. À **Agii Taxiarhes**, l'église éponyme date de 1746. On raconte qu'un seul artisan en a gravé toutes les iconostases à la main. Cet ouvrage finement détaillé et riche en symbolisme inclut une sirène à deux queues. Au nord-ouest d'Agios Stefanos, les **cascades de Kissos** garantissent une baignade vivifiante en été : leurs eaux restent très fraîches même par forte chaleur. Les experts de **Bike or Hike** organisent des expéditions d'une demi-journée pour les découvrir, cachées dans une forêt de hêtres touffue.

Zagora fait une excellente base pour explorer le nord-est. Plus grand village du Pélion, son économie a toujours reposé sur la culture des pommes plutôt que sur le tourisme. Un tiers de la récolte est exporté, notamment la goûteuse firiki, une variété AOP qui ne pousse qu'ici. Sur la place **Agios Georgios**, les gourmands peuvent se régaler de baklava à la coopérative agrotouristique féminine de Zagora (voir ci-dessous). La bibliothèque locale renferme l'une des plus importantes collections de livres et manuscrits rares du pays, notamment des ouvrages du Xe siècle. Quelques minutes de route vous mèneront au hameau côtier d'Horefto où Pelion Scout propose des sorties en kayak de mer en solo ou en famille, et un tour des plages en bateau : certaines scènes du film *Mamma Mia !* furent tournées à Damouhari.

Gourmandises pleines d'amour

UNE PAUSE SUCRÉE

À la **coopérative agrotouristique féminine Esperides Vyzitsa**, les visiteurs sont accueillis par un doux fumet et une ribambelle de sourires. Le succès de cette affaire est dû aux femmes qui la tiennent : on les retrouve souvent en train de remuer d'énormes chaudrons bouillonnants, remplis de fruits de la région (figues, cerises et pommes firiki, entre autres) dans une ambiance joyeuse. Âgées de 25 à 70 ans, les membres de la coopérative s'efforcent de préserver des recettes traditionnelles transmises de mère en fille. Goûtez le chutney de tomates, la confiture de baies de sureau et le *tsitsiravla* (cornichons de pousses de pistachier sauvage), utilisé dans les mezze de la région.

FONTAINES DU PEUPLE

Sur la péninsule du Pélion, les *vrises* (ou *krines*) sont partout. Ces petites fontaines de pierre alimentées en eau de source furent, pour la plupart, construites au XIXe siècle. Elles abreuvaient alors habitants et troupeaux.

C'est aux *vrises* que se retrouvaient les femmes du village pour échanger les dernières nouvelles en lavant le linge, mais aussi que l'on arrangeait les mariages et réglait les disputes. Ces sources sont installées sur les places, devant les églises, au coin des rues pavées et en bord de route. Selon la légende, boire l'eau de la jolie fontaine de marbre (1809) du village de Makrinitsa garantit la longévité.

Fontaine, Makrinitsa

OÙ SE LOGER À TSAGARADA ET ZAGORA

Amanita Guesthouse
Les hôtes de cette pension, Filaretos et Marianna, offrent une expérience culinaire hors pair. À Tsagarada. €€€

Archontiko Stamou
Un savoureux petit-déjeuner est servi dans la cour de cette ancienne demeure de 1863. €€

Hotel Maistra
Hôtel raffiné de Tsagarada. Jardins bien entretenus et vue imprenable sur la mer Égée. €€

LES PLUS BELLES PLAGES DU PÉLION

Mylopotamos
Son arche naturelle est splendide au lever de soleil, pour une baignade dans la mer émeraude sans la foule.

Agii Saranda
Venez tôt pour une place de choix sur cette grande plage de sable aux eaux céruléennes.

Fakistra
Plage de galets et eaux turquoise au pied d'une falaise escarpée.

Kalamaki
Appréciée des habitants, une plage sauvage et émaillée de "trônes" de pierre polis par les éléments.

Potistika
Une beauté égéenne faite d'impressionnantes formations rocheuses et de longs bancs de sable.

Platane inversé

LÉGENDE LOCALE

Au cœur d'une forêt de chênes et de platanes, Tsagarada englobe quatre localités. Dans celle d'**Agia Kyriaki**, sur une petite place bien cachée, un grand platane offre un peu de répit les jours d'été. En le regardant de plus près, on remarque quelque chose de curieux. Selon la légende, un armurier y planta une branche à l'envers il y a deux siècles. C'est pourquoi les branches du platane semblent pousser vers le sol plutôt que vers le ciel.

Quant à l'immense platane qui domine la grand-place d'**Agia Paraskevi**, la plus grande de ces localités, il serait le plus grand et le plus vieux de Grèce.

Ski de fond en forêt

ENTRE NEIGE ET MER

Une descente en ski ou en snowboard avec vue sur la mer ? Au Pélion, c'est possible. Perchée à 1 471 m d'altitude à Agriolefkes, la **station de ski du Pélion** est ouverte de fin décembre à fin mars. Par temps clair, on peut voir la mer Égée et le golfe Pagasétique pendant qu'on dévale les pistes. Six pistes de ski adaptées à différents niveaux sont desservies par cinq remontées mécaniques. L'une des pistes est destinée aux skieurs de fond : sur 5 km, elle passe au milieu d'une forêt de peupliers, de hêtres et de châtaigniers. Avant de vous y rendre, vérifiez qu'elle est bien ouverte sur snowreport.gr.

Retour aux sources dans le centre-ouest du Pélion

VILLAS ÉPIROTES ET CONTES POPULAIRES

L'eau de source coule à flots dans les montagnes verdoyantes du centre du Pélion. Dirigez-vous d'abord vers **Agios Georgios Nilias**, un village situé au cœur d'une forêt de hêtres, de cerisiers et de châtaigniers, à 35 minutes de Volos. Les traditions orales y sont toujours bien vivantes, et la municipalité organise un festival de mythologie et de contes populaires tous les ans en août.

Déambulez dans les ruelles pavées de **Pinakates**, au milieu des villas aux toits d'ardoise, dont certaines, abandonnées de longue date, sont recouvertes de lierre. Un platane vieux de 500 ans domine la seule taverne de la place principale, où l'on trouve une fontaine de marbre à colonnes doriques.

Vyzitsa incarne à la perfection la tradition architecturale du Pélion. Ses villas de style épirote, d'imposantes bâtisses

OÙ SE RESTAURER À TSAGARADA

Aggelika
Au-dessus de la plage Mylopotamos. Le poisson frais, comme le *gofari* (tassergal), y est grillé par des experts. **€€**

Itamos
Les audacieux goûteront le traditionnel *boubari* (foie enveloppé dans des intestins). À Agii Taxiarhes. **€€**

Anapodo Platani
Ouvert seulement en été, un bar à vins d'Agia Kyriaki mettant les vignerons grecs à l'honneur. **€€**

GEORGIOS TSICHLIS/SHUTTERSTOCK ©

Pinakates

des XVIIIe et XIXe siècles, furent construites en harmonie avec le paysage alentour. Les portes basses et étroites de leurs rez-de-chaussée auraient eu pour fonction de dissuader les envahisseurs. Au 2e étage, les villas ont un balcon fermé, ou *hayiati*. Nombre de ces bâtiments ont été reconvertis en pensions, en respectant des normes de conservation strictes.

Avant de conclure votre itinéraire, arrêtez-vous à **Milies**, au bout d'une route bordée d'arbousiers grecs. Sa place principale offre une vue imprenable sur le golfe Pagasétique. Découvrez l'histoire du village au musée de Milies, et à l'église Agii Taxiarhes (XVIIIe siècle), ornée de fresques, dont une supposée représenter le cercle de la vie. Profitez du Moutzouris, un train à vapeur historique qui relie Ano Lechonia à Milies le week-end. Enfin, les amateurs de balades à cheval contacteront l'Ippikos Fisiolatrikos Omilos Mileon (IFOM), pour vivre une expérience exceptionnelle : nager avec des chevaux.

POURQUOI J'AIME LE PÉLION

Helen Iatrou, autrice chez Lonely Planet *@heleniatrou*

Le Pélion représente pour moi la quintessence de la Grèce avec ses montagnes vertigineuses, ses plaines couvertes d'oliveraies et sa mer aigue-marine. Entre baignades à l'aube à Mylopotamos, randonnées dans la forêt et ski avec vue sur la mer, j'aime le Pélion toute l'année.

J'apprécie aussi son héritage architectural singulier et ses traditions culinaires. Mais le Pélion ne serait rien sans l'hospitalité de ses habitants. Passer du temps dans les villages, se désaltérer avec de l'eau de source et regarder jouer les enfants me redonne foi en l'humanité.

Enfin, le rituel gastronomique ancestral de Volos du *tsipouradhiko* est la définition même de la joyeuse spontanéité.

COMMENT CIRCULER

Conduire dans le Pélion peut être difficile. Les routes de montagne sont parfois tortueuses. Faites bien attention en traversant le centre de certains villages, dont les rues peuvent devenir très étroites. Des parkings publics sont parfois disponibles, mais ils ont tendance à se remplir vite l'été et le week-end. À pied, les rues pavées (*kalderimia*) peuvent être raides et glissantes par temps de pluie : n'oubliez pas vos chaussures de randonnée !

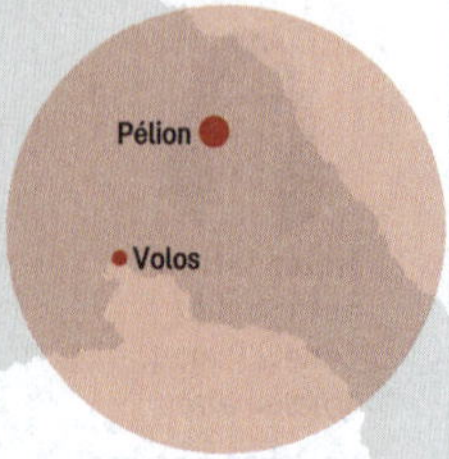

Environs du Pélion

Sur le chemin du Pélion, faites une longue pause dans la ville universitaire de Volos, connue pour ses légendaires *tsipouradhika*.

Pour les infos pratiques, voir le Carnet d'adresses *p. 223.*

À SAVOIR

Au détour des petites ruelles de Volos, vous tomberez sur d'anciennes ruines, des fresques de street art et une myriade de styles architecturaux. N'hésitez pas à demander conseil à la jeunesse de Volos, qui aime s'exercer à parler anglais.

Comptant parmi les grandes villes portuaires de Grèce, Volos est nichée au sein d'un port naturel du golfe Pagasétique. Ancien centre industriel, cette ville universitaire présente un mélange d'architectures néoclassiques et d'Art nouveau, de ruines de l'époque archaïque et d'usines réhabilitées.

Situé à 6 km à l'ouest de Volos, le site archéologique de Dimini a été identifié par les archéologues comme étant l'antique Iolcos, d'où partirent Jason et les Argonautes à la recherche de la Toison d'or. Les vestiges de ce village de la fin du néolithique occupent une hauteur cernée par plusieurs murs en terrasse.

Une réplique en bois du navire de légende de Jason, l'*Argo*, trône sur la promenade de bord de mer de Volos. Sa jumelle, plus petite et faite d'acier, orne le rond-point Dimarchiou. La gare du XIXe siècle vaut le détour tandis que le Musée archéologique de la ville expose une collection de stèles funéraires ainsi que des magnifiques poteries et figurines néolithiques exhumées sur les sites de Dimini et Sesklo.

Un autre site néolithique, Sesklo, a été identifié sur le flanc d'une colline à 14 km à l'ouest de Volos. Déjà habité en 6000 av. J.-C., il s'agit de la plus ancienne acropole de Grèce.

Gare ferroviaire, Volos

Tsipouro

Art du tsipouradiko

UNE TRADITION SOCIOCULTURELLE

À **Volos**, le *tsipouradiko*, une tradition gastronomique et socioculturelle qui dure depuis plus d'un siècle, est prise très au sérieux !

Relevant plus du bar que du restaurant, un *tsipouradiko* est un lieu où le *tsipouro* est servi avec un mezze. Le *tsipouro*, une boisson transparente à base de marc de raisin distillé, peut atteindre jusqu'à 45° d'alcool. Certains pensent qu'il aurait vu le jour en Crète vers 500 av. J.-C. À l'apogée de l'Empire ottoman, la région thessalienne de Tyrnavos en produisait la plus grande partie et le *tsipouro* était considéré comme l'alcool du pauvre.

Le rituel du *tsipouradiko* se développa en Asie Mineure lorsque des réfugiés grecs s'y installèrent en 1922. Les poissons et fruits de mer du golfe furent ainsi ajoutés au classique *tsipouromeze* en complément des tomates, concombres et olives qui en forment habituellement la base.

Les dockers se retrouvaient alors autour d'un *tsipouradiko* pour le plaisir de passer du temps ensemble avant de rentrer chez eux. Aujourd'hui, le *tsipouradiko* est une véritable institution à laquelle tout le monde peut participer. Chaque jour, vers 13h, travailleurs, étudiants et retraités investissent les quelque 200 *tsipouradika* de Volos, dont la plupart sont concentrées autour de Nea Ionia et Palia. Coude à coude, ils trinquent ensemble à l'amitié et aux petits plaisirs de la vie.

LES MEILLEURS TSIPOURADIKA DE VOLOS

Demiris
Les coquillages, dont la rare figue de mer, sont ici à l'honneur. Testez l'anémone de mer frite, une spécialité locale.

Kavouras
Impossible de faire plus classique. Au menu : foie de lotte arrosé de jus de citron, et chinchard séché.

Mezen
Le chef Grigoris Helmis est un pionnier de la nouvelle génération de *tsipouradika*, entre respect des traditions et avant-garde.

To Filaraki
Réservez pour déguster fruits de mer et poissons grillés à point, servis avec fèves, salade de pommes de terre et champignons sautés.

Nikos-Gianna
Apprécié des habitants pour son poisson blanc grillé, sa raie frite à la sauce à l'ail et sa seiche cuite avec son sac d'encre.

COMMENT S'Y RENDRE ET CIRCULER

La voiture est idéale pour se déplacer entre Volos et le Pélion. Si vous ne conduisez pas, les bus intercités KTEL relient régulièrement la ville et les nombreux villages de la péninsule. Sinon, Volos se parcourt facilement à pied ou à vélo.

Carnet d'adresses

DELPHES

Delphes antique
Voir p. 189 (226 508 2313 ; odysseus.culture.gr ; avec Musée archéologique tarif plein/réduit 12/6 €, gratuit pour résident de l'UE de -25 ans, tarif réduit pour les 6-25 ans, tarif réduit pour tous nov-mars, gratuit 1er dim nov-mars ; 8h-15h30 nov-mars, horaires plus étendus avr-oct)

Musée archéologique de Delphes
Voir p. 190 (226 508 2312 ; odysseus.culture.gr ; avec Musée archéologique tarif plein/réduit 12/6 €, gratuit pour résident de l'UE de -25 ans, tarif réduit pour les 6-25 ans, tarif réduit pour tous nov-mars, gratuit 1er dim nov-mars ; 8h-15h30 nov-mars, horaires plus étendus avr-oct)

Sanctuaire d'Apollon
Voir p. 190 (226 508 2313 ; odysseus.culture.gr ; entrée incluse avec Delphes antique ; 8h-15h30 nov-mars, horaires plus étendus avr-oct)

George Malissos
Voir p. 190 (694 818 1084 ; delphilocaltours.gr)

Penny Kolomvotsou
Voir p. 190 (694 464 4427 ; kpagona@hotmail.com)

Percy Jackson à Delphes
Voir p. 190 (210 956 7326 ; greekmythologytours.com)

Trekking Hellas Delphi
Voir p. 191 (226 703 1901 ; trekking.gr ; avr-nov)

Amalia
Voir p. 189 (226 508 2101 ; www.amaliahotels.com/delphi/hotel ; Apollonos 1)

Fedriades
Voir p. 189 (226 508 2370 ; www.fedriades.com ; Vasileon Pavlou et Friderikis 46)

Nidimos
Voir p. 189 (226 508 2056 ; www.nidimoshotel.gr ; Dimou Fragkou 10)

Dion
Voir p. 190 (226 508 2790 ; www.tavernadion.gr ; Apollonos 30 ; 12h-minuit)

To Patriko Mas
Voir p. 190 (226 508 2150 ; Vasileon Pavlou et Friderikis 69 ; 12h-23h30)

Vakhos
Voir p. 190 (226 508 3186 ; www.vakhos.com ; Apollonos 31 ; 12h-16h et 18h30-22h30 lun-jeu, 12h-22h30 ven-dim)

Café Apollon
Voir p. 191 (226 508 2842 ; Vasileon Pavlou et Friderikis 9 ; 7h30-2h)

Melopoleio
Voir p. 191 (226 508 3247 ; Vasileon Pavlou et Friderikis 14 ; 7h-0h30)

Mr Rose
Voir p. 191 (226 508 2061 ; mr-rose.4ty.gr ; Vasielon Pavlou et Friderikis 34 ; 18h-tard)

Phileo
Voir p. 191 (226 508 2262 ; Friderikis 7 ; 10h-22h lun et mer-ven, 9h-17h mar, 10h-23h30 sam, 10h-23h dim)

ENVIRONS DE DELPHES

Château vénitien de Naupacte
Voir p. 196 (Nafpaktos ; 3 € avr-oct, 2 € nov-mars, gratuit -25 ans ; 8h30-15h30 dim-lun et mer-jeu, 8h-15h30 ven, 8h-20h sam)

Église Agios Georgios
Voir p. 195 (226 703 2735 ; Arachova)

Église Agios Nikolaos
Voir p. 196 (226 504 1682 ; Galaxidi)

Musée ethnographique
Voir p. 195 (www.arachovamuseum.gr ; Livadias Amfissas, Arahova ; 9h30-18h)

Musée d'art et d'histoire de Missolonghi
Voir p. 198 (263 102 2134 ; Plateia Markou Botsari, Missolonghi ; entrée libre ; 9h-15h et 17h-21h mar-ven, 10h-15h sam-dim)

Tour de Botzaris
Voir p. 197 (musée ; 263 402 9779 ; Botsareon ; entrée libre ; 9h-13h30 lun-ven)

Musée du Sel
Voir p. 199 (690 662 4425 ; www.saltmuseum.gr ; Tourlida, Missolonghi ; entrée 3 € ; 10h-17h mer-dim)

Musée d'histoire maritime de Galaxidi
Voir p. 196 (226 504 1795 ; Mouseio 4, Galaxidi ; tarif plein/réduit 3/1 €, enfant gratuit ; 10h-15h mar-dim)

Messolonghi By Locals
Voir p. 199 (263 130 2048 ; messolonghibylocals.com ; Missolonghi)

GATSI/STOCK.ADOBE.COM ©

Village de Makrinitsa (p. 213), péninsule du Pélion

Station de ski du mont Parnasse
Voir p. 195 (223 402 2700 ; parnassos-ski.gr ; Polydrosos ; journée à partir de 21 € ; 9h-15h lun-ven, 9h-16h sam-dim)

Afanos
Voir p. 195 (226 703 1514 ; www.afanos.gr ; Plateia Afanos 1, Arahova)

Amaryllis
Voir p. 197 (263 402 5525 ; www.amaryllishotel.gr ; Plateia Liménos 3 , Naupacte)

Apollon Library Suites
Voir p. 197 (263 403 8615 ; www.apollonlibrarysuites.com ; George Athanasiadi Nova et Thermou 18, Naupacte)

Archontiko Art Hotel
Voir p. 196 (697 255 5488 ; archontikoarthotel.gr ; Eleftherias 80, Galaxidi)

Galaxa Mansion
Voir p. 196 (226 504 1620 ; www.galaxamansion.com ; Eleftheria et Kennedy, Galaxidi)

Iresioni
Voir p. 195 (226 702 9104 ; www.xenonas-iresioni.gr ; Kazantzakis, Arahova)

Island Apartments
Voir p. 198 (694 849 4048 ; islandapartments.gr ; Tourlida, Missolonghi)

Langi Apartments
Voir p. 198 (699 919 3131 ; Vlachopoulou 21, Missolonghi)

Nostos
Voir p. 196 (226 504 1266 ; www.nostoshotel.info ; Plateia Iroon et Papapetrou, Galaxidi)

Paeonia
Voir p. 195 (226 703 2177 ; paeonia.gr ; Agiou Iouanne, Arahova)

Pepo's Guesthouse
Voir p. 197 (263 403 8185 ; www.pepos-guesthouse.gr ; Formionos 7, Naupacte)

Sealake View
Voir p. 198 (697 677 7347 ; Malakasi, Missolonghi)

Agnantio
Voir p. 195 (226 703 2114 ; toagnantio.gr ; Delfon, Arahova ; 12h-minuit)

Bebelis
Voir p. 196 (226 504 1677 ; Nikolaou Mama 20-22, Galaxidi ; 13h-22h30)

Dasargyris
Voir p. 195 (226 703 1291 ; dasargyris.gr ; Delfon 56, Arahova ; plats 6,50-36 € ; 12h-minuit)

Dimitroukas
Voir p. 199 (263 102 3237 ; Razi Kotsika 11, Missolonghi ; 12h-1h mar-sam, 12h-0h30 dim)

Ganimede
Voir p. 196 (226 504 1328, 693 715 4567 ; Nikolaou Gourgouris 20, Galaxidi)

Kaplanis
Voir p. 195 (226 703 1891 ; kaplanis-taverna.gr ; Plateia Tropeon, Arahova ; 12h30-minuit)

Maritsa's
Voir p. 196 (226 504 1059 ; maritsa-galaxidi.gr ; Galaxidi ; 12h-23h)

To Tsoukali
Voir p. 195 (226 702 9248 ; Delfon, Arahova ; 18h-22h30 mar-sam)

Dr J. Spon
Voir p. 197 (263 450 0055 ; Papacharalampous 12, Naupacte ; 9h-tard)

Hawaii Surfbar
Voir p. 197 (693 724 3222 ; Kanavou Ioannou 10, Naupacte ; 18h-3h)

KARPÉNISSION

Newton Park
Voir p. 203 (223 702 4614 ; www.thenewtonpark.gr ; Km7 Karpenisiou-Prousou-Kallitheas ; 11h-15h sam-dim et jours fériés)

Saloon Park
Voir p. 203 (223 702 4606 ; saloonpark.gr ; Km40 Karpenisiou-Prousou ; 9h-22h)

Station de Velouchi
Voir p. 203 (station de ski ; 694 870 9301 ; www.velouchi4mount.com ; forfait journée à partir de 12 €)

Anerada Inn
Voir p. 201 (223 704 1479 ; www.anerada.com.gr ; Karpenisiou-Prousou-Kallitheas, Megalo Chorio)

Escapade Luxury Residences
Voir p. 202 (223 702 3105 ; escapadeluxuryresidences.com ; Km2, Karpenisi-Agrinio)

Evora Suites
Voir p. 202 (698 577 5692 ; Gavros)

Mythica Chalet
Voir p. 201 (694 761 2499 ; mythicachalet.gr ; Gorianades)

Ninemia Stay & Play
Voir p. 203 (223 702 4614 ; ninemia.gr ; Karpenisiou-Prousou-Kallitheas)

Oichalia Guesthouse
Voir p. 201 (223 702 4554)

Old Inn
Voir p. 202 (223 702 5201 ; www.oldinn.gr ; Koryschades)

Agios Athanasios
Voir p. 201 (223 704 1250 ; Megalo Horio ; 11h-minuit)

To Horiatiko
Voir p. 201 (223 704 1257 ; www.tohoriatiko.gr ; Neo Mikro Chorio ; 12h-22h dim-lun et mer-jeu, 12h-23h ven-sam)

Mesostrati
Voir p. 201 (223 704 1118 ; Km9 Karpenisiou-Prosou ; 9h-20h lun, 9h-22h30 mar-dim)

Spiti tou Psara
Voir p. 201 (223 704 1202 ; Gavros ; 8h-minuit)

Stin Poli
Voir p. 201 (223 704 1544 ; Palio Mikro Chorio ; 13h-22h ven-dim)

ENVIRONS DU KARPÉNISSION

F-Zein Active
Voir p. 205 (223 708 0150 ; active.com.gr)

Panagiotis Makris
Voir p. 205 (6973 585287 ; lac Kremasta ; toute l'année)

LES MÉTÉORES

Bibliothèque de Kalambaka
Voir p. 210 (243 202 3041 ; www.kalambakalibrary.org ; Rodou 9, Kalambaka ; 9h-17h lun et ven, 12h-20h mar et jeu, 9h-20h mer)

Musée de la formation géologique des Météores
Voir p. 210 (243 202 2523 ; dimosmeteoron.com ; Kastraki ; entrée libre ; 8h-15h lun-ven, 9h-16h sam-dim)

Moni Agia Triada
Voir p. 209 (243 202 2222 ; odysseus.culture.gr ; 9h-17h ven-mer avr-oct, 10h-16h ven-mer nov-mars)

Moni Agiou Nikolaou Anapafsa
Voir p. 208 (monastère Saint-Nicolas Anapafsas ; 243 202 2375 ; 3 € ; Kalabaka ; 9h-17h)

Moni Agiou Stefanou
Voir p. 208 (monastère Saint-Étienne ; 243 202 2279 ; 9h-13h30 et 15h30-17h30 mar-sam, 9h30-13h30 et 15h30-17h30 avr-oct, 9h-13h et 15h-17h mar-dim nov-mars)

Moni Megalou Meteorou
Voir p. 207 (Grand Météore ; 243 202 2278 ; www.meteoromonastery.gr ; 3 € ; Kalabaka ; 9h30-15h mer-lun avr-oct, 9h30-14h ven-lun nov-mars)

Moni Roussanou
Voir p. 209 (monastère Sainte-Barbe ; 243 202 2649 ; www.roussanou.gr ; Kalampaka ; 9h30-17h jeu-mar mai-oct, 9h-14h jeu-mar nov-avr)

Moni Varlaam
Voir p. 208 (243 202 2277 ; Kalabaka ; 9h-16h sam-jeu avr-oct, 9h-15h sam-mer nov-mars)

Musée de la Culture hellénique
Voir p. 210 (243 207 5219 ; www.bookmuseum.gr ; angle M Alexandros et Chatzipetrou, Kalambaka ; tarif plein/réduit 4/3 € ; 9h-14h lun-ven, 12h-17h sam-dim)

Musée mycologique et d'histoire naturelle
Voir p. 210 (243 202 4959 ; meteoramuseum.gr ; Pindou 20, Kalambaka ; adulte/enfant 5/4 € ; 9h-17h lun-ven, 10h-18h sam-dim)

Liakou
Voir p. 209 (697 973 7031 ; liakouwinery.gr ; Km24 Kalampakas-Deskates ; 12h-17h)

Meteora Photo Tour
Voir p. 210 (694 907 2539 ; meteoraphototour.com ; visite demi-journée à partir de 65 €)

Meteoro
Voir p. 209 (243 108 6662 ; www.meteorowinery.gr ; Megarchi-Trikala-Thessali)

Tsilili
Voir p. 209 (243 108 5885 ; www.tsililis.gr ; Trikalon-Rizomatos 31 ; 8h-16h lun-ven)

Visit Meteora
Voir p. 206 (243 202 3820 ; visitmeteora.travel ; Patriarhou Dimitriou 2 ; 8h-21h)

Archontiko Mesohori
Voir p. 207 (243 207 7125 ; www.archontikomesohori.gr ; Kastraki)

Doupiani House
Voir p. 207 (243 207 5326 ; www.doupianihouse.gr ; Kastraki)

Meteora Heaven and Earth
Voir p. 207 (697 230 6828 ; meteoraheavenandearth.gr ; Kastraki)

Efrosino
Voir p. 208 (243 207 8131 ; Patriarchou Dimitriou, Kalambaka ; 9h-23h)

Gousios
Voir p. 208 (243 208 8008 ; Klinou-Mourgkaniou, Kalambaka ; 12h-23h lun, 12h-23h30 mar, 12h-23h45 mer, 12h-22h45 jeu-ven, 11h-23h45 sam, 10h-22h dim)

Meteoron Panorama
Voir p. 208 (243 207 8128 ; www.meteoronpanorama.gr ; Patriarchou Dimitriou 54, Kalambaka ; 12h-21h)

Dal Inizio
Voir p. 210 (243 207 9022 ; Trikalon 32, Kalambaka ; 6h-22h)

Feel the Rocks
Voir p. 210 (243 207 9171 ; feel-therocks.gr ; Trikalon 100, Kalambaka ; 8h-3h)

Franklin
Voir p. 210 (243 202 3018 ; Trikalon 48, Kalambaka ; 6h30-22h)

Qahuww
Voir p. 210 (243 202 4090 ; qahuww.gr ; Trikalon 28, Kalambaka ; 7h-22h lun-sam, 8h-22h dim)

ENVIRONS DES MÉTÉORES

Moni Panagia Pelekiti
Voir p. 212 (224 109 4747 ; Nevropoli Agrafon ; 10h30-16h)

Montanema
Voir p. 212 (244 504 5220 ; www.montanema.gr)

Floresi
Voir p. 212 (244 504 1992 ; Anthohori ; 12h-18h lun-jeu, 12h-21h ven, 12h-22h sam, 12h-20h dim)

Tsardaki
Voir p. 212 (244 102 0024 ; Karditsas-Kastanias, Tsardaki ; 12h-19h mer-dim)

PÉLION

Musée byzantin de Makrinitsa
Voir p. 214 (242 809 0016 ; makrinitsamuseum.gr ; Makrinitsa ; 10h-16h lun-jeu, 10h-18h ven-dim)

Musée de Milies
Voir p. 217 (Agrias-Mileon 107)

Bike or Hike
Voir p. 215 (698 209 9620 ; www.bikeorhike.gr ; Portaria)

Ferme Karaiskos
Voir p. 213 (697 855 6347 ; www.karaiskosfarm.gr ; Portaria)

Ippikos Fisiolatrikos Omilos Mileon (IFOM)
Voir p. 217 (698 117 6160 ; www.ifom.gr/en ; Kala Nera-Milies)

Moutzouris
Voir p. 217 (Sooty ; www.hellenictrain.gr/en/pelion-train-mythical-route ; gare de Milies ; billet aller adulte/enfant 10-18/6-10 € ; week-end)

Pelion Scout
Voir p. 215 (698 697 4815 ; pelionscout.com)

Station de ski du Pelion
Voir p. 216 (www.facebook.com/PelionSki ; Zagora-Mouresi ; fin déc à fin mars)

Amanita Guesthouse
Voir p. 215 (242 604 9707 ; www.amanita.gr)

Anapodo Platani
Voir p. 216 (242 604 8886 ; www.anapodoplatani.gr ; Tsagarada ; été)

Archontiko Melanthi
Voir p. 214 (242 809 9977 ; Makrinitsa)

Archontiko Naoumidi
Voir p. 214 (242 809 9470 ; www.naoumidishotel.gr ; Portaria)

Archontiko Stamou
Voir p. 215 (242 602 3880 ; stamou-hotel.com ; Zagora)

Hotel Maistra
Voir p. 215 (242 604 9382 ; Mylopotamo, Tsagarada)

Kritsa Gastronomy Hotel
Voir p. 214 (242 809 0006 ; www.hotel-kritsa.gr ; Portaria)

Aggelika
Voir p. 216 (242 604 9588 ; Mylopotamos)

Kritsa
Voir p. 213 (24280 99121 ; www.hotel-kritsa.gr ; Portaria)

Itamos
Voir p. 216 (242 604 8969 ; Tsagarada ; 12h-22h dim-mar et jeu, 12h-23h mer, 12h-22h30 ven-sam)

ENVIRONS DU PÉLION

Demiris
Voir p. 219 (242 106 5559 ; Efremidou 23, Nea Ionia ; 11h30-1h mar et jeu-sam, 11h30-17h et 20h-1h mer, 11h30-18h30 dim)

Kavouras
Voir p. 219 (242 102 8520 ; Gatziagiri 8, Volos ; 8h-18h lun-sam)

Mezen
Voir p. 219 (242 102 0844 ; mezen.gr ; Alonissou 8 ; 12h30-minuit)

To Filaraki
Voir p. 219 (695 067 0794 ; Krokiou 54, Volos ; 13h30-19h mar-mer et sam-dim, 14h-18h et 21h-minuit jeu-ven)

YK/SHUTTERSTOCK ©

Ci-dessus : le mont Olympe (p. 245). À droite : Thessalonique (p. 230)

PRINCIPAUX SITES

THESSALONIQUE
Une perle cosmopolite. **p. 230**

CHALCIDIQUE
Plages et îles. **p. 239**

MONT OLYMPE
Des chemins luxuriants. **p. 245**

GRÈCE DU NORD

MONTAGNES ET MAGIE

Des plages secrètes, des lacs étincelants, des villages figés dans le passé, d'imposants sommets et des villes bouillonnantes d'énergie… Bienvenue dans la Grèce la moins connue – et peut-être la plus magique.

Depuis la deuxième ville de Grèce, Thessalonique, on a vue sur la mer et, au loin, le sommet enneigé du mont Olympe. Le point culminant de la Grèce domine autant le pays par son histoire que par son altitude : la montagne serait la demeure des douze dieux de l'Olympe et le trône de Zeus. Son sommet, même par temps dégagé, reste souvent noyé dans le brouillard ; cette bizarrerie météorologique (ou spirituelle ?) a conduit Homère à le décrire, dans *L'Odyssée*, comme baignant dans le "pur air supérieur".

K_SAMURKAS/SHUTTERSTOCK ©

"Pur", le mot convient bien à la Grèce du Nord. La région, qui s'étend sur environ 700 km d'ouest en est, de la côte ionienne puis de la frontière albanaise à la frontière turque, est la moins fréquentée du pays. Elle semble parfois figée dans le temps : il n'est pas rare que, dans un village de montagne, un patron de café vous accueille avec un verre de *tsipouro* (eau-de-vie) ou que vous parcouriez une section entière d'un itinéraire de randonnée sans croiser personne. C'est aussi une contrée variée, avec ses parcs forestiers entrecoupés de gorges profondes et de cascades, ses côtes aux eaux turquoise et l'animation cosmopolite de Thessalonique.

La Grèce du Nord est voisine de quatre pays et sa culture reflète cette diversité. Au cours des siècles, Macédoniens, Illyriens, Romains, Slaves et Ottomans l'ont traversée et ont laissé leur marque sur l'architecture, la culture et la cuisine de la région.

IOANNINA
Un lac plein d'histoire(s).
p. 250

MASSIF DU PINDE
Montagnes et villages.
p. 259

KAVALA
Porte de l'Europe
p. 267

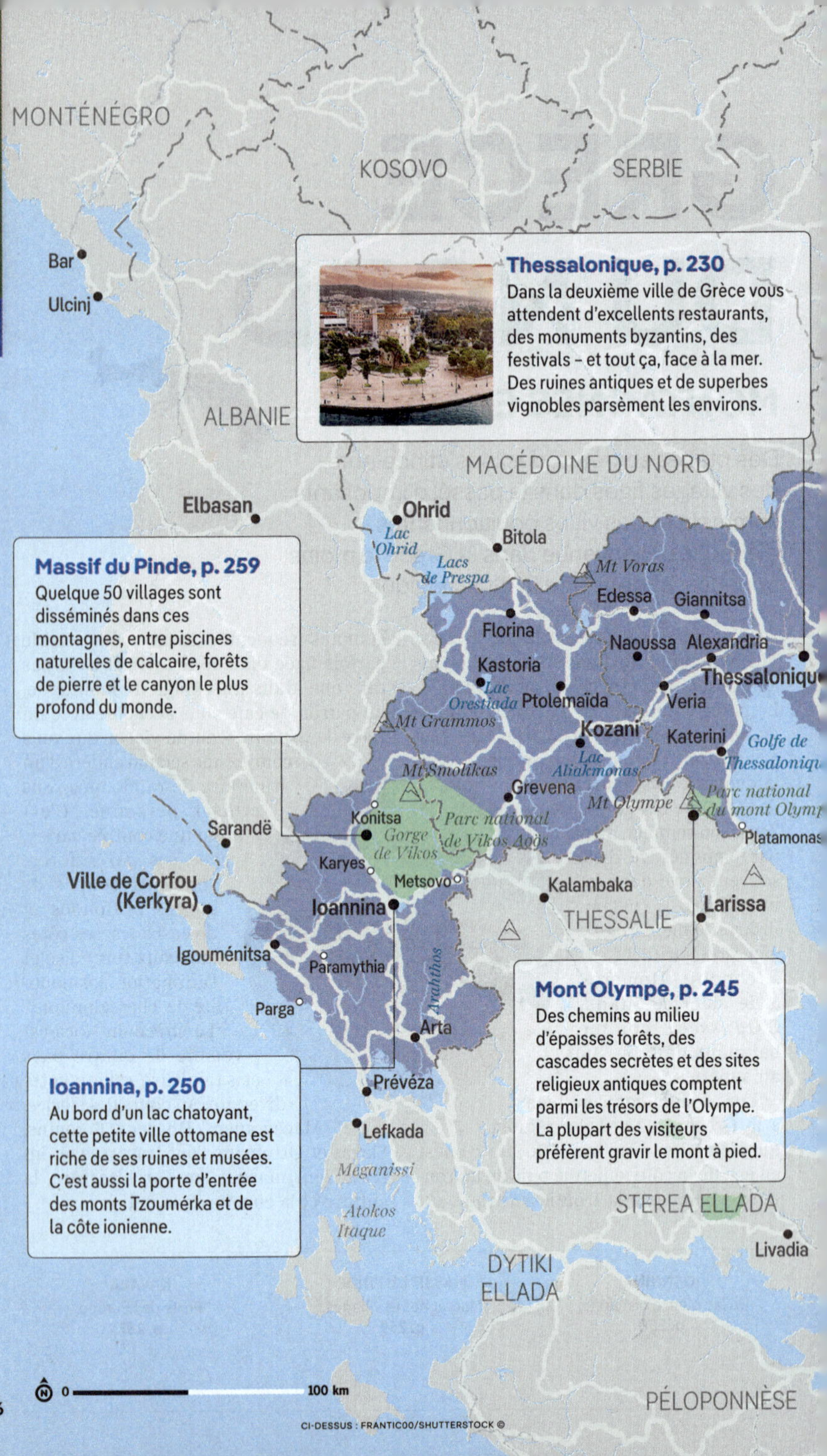

Thessalonique, p. 230

Dans la deuxième ville de Grèce vous attendent d'excellents restaurants, des monuments byzantins, des festivals – et tout ça, face à la mer. Des ruines antiques et de superbes vignobles parsèment les environs.

Massif du Pinde, p. 259

Quelque 50 villages sont disséminés dans ces montagnes, entre piscines naturelles de calcaire, forêts de pierre et le canyon le plus profond du monde.

Mont Olympe, p. 245

Des chemins au milieu d'épaisses forêts, des cascades secrètes et des sites religieux antiques comptent parmi les trésors de l'Olympe. La plupart des visiteurs préfèrent gravir le mont à pied.

Ioannina, p. 250

Au bord d'un lac chatoyant, cette petite ville ottomane est riche de ses ruines et musées. C'est aussi la porte d'entrée des monts Tzoumérka et de la côte ionienne.

CI-DESSUS : FRANTIC00/SHUTTERSTOCK ©

S'orienter

Frontalière de quatre États et vaste de 700 km d'est en ouest, la Grèce du Nord est l'une des plus grandes régions du pays. Chacun de ces sites est une excellente base pour partir à sa découverte.

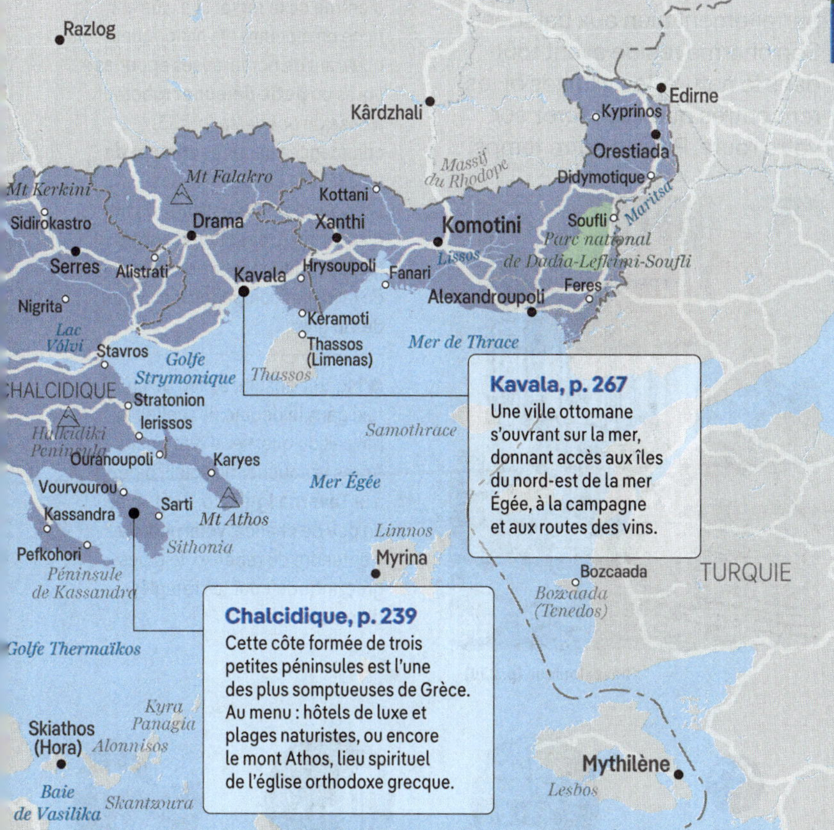

Kavala, p. 267
Une ville ottomane s'ouvrant sur la mer, donnant accès aux îles du nord-est de la mer Égée, à la campagne et aux routes des vins.

Chalcidique, p. 239
Cette côte formée de trois petites péninsules est l'une des plus somptueuses de Grèce. Au menu : hôtels de luxe et plages naturistes, ou encore le mont Athos, lieu spirituel de l'église orthodoxe grecque.

VOITURE

La voiture vous permettra de visiter un petit village de montagne, une plage secrète, un vignoble – le tout à votre rythme. Pour louer une voiture, contactez Avance Car Rental (www.avance.gr) ou Budget Rent a Car (www.budget.gr).

BUS

Les bus KTEL (www.ktelthes.gr, www.ktel-chalkidikis.gr) desservent les principales villes du nord de la Grèce ; des compagnies régionales relient les petites villes et les villages. Le bus est plus efficace que le train, mais le service reste limité, hors des grandes villes notamment.

TRAIN

Les trains grecs, lents et vétustes, ne sont à utiliser qu'en dernier ressort. En outre, toutes les villes ne sont pas desservies (www.hellenictrain.gr).

Planifier son séjour

La Grèce du Nord se prête parfaitement bien aux balades. Son charme réside avant tout dans la nature, les villages et les rencontres que vous ferez sur votre route. Prenez votre temps.

COLORMAKER/SHUTTERSTOCK ©

Thessalonique (p. 230)

Si votre temps est limité

- **Thessalonique** (p. 230), la capitale, est la meilleure porte d'entrée de la région. La ville est riche en monuments historiques couvrant de nombreuses époques : après un **petit-déjeuner** roboratif à base de *bougatsa* (p. 233), commencez par une **promenade** (p. 232) à la découverte des sites les plus intéressants. En fin d'après-midi, direction **Mourga** (p. 235) pour un repas de délices de la mer accompagné d'un verre de vin grec.

- Montez ensuite à pied ou en taxi dans le dédale de ruelles pavées du quartier d'Ano Poli. Après le coucher du soleil, dînez à la **Taverna Igglis** (p. 235). Avec un peu de chance, vous pourrez y entendre du rébétiko, le blues grec, introduit par les réfugiés d'Anatolie.

Au fil des saisons

L'été à Thessalonique est chaud et humide, tandis que la côte et les montagnes sont plus fraîches. Le printemps et l'automne sont idéals pour randonner, tandis qu'en hiver les villes ne manquent pas de charme sous la neige.

JANVIER

À **Metsovo**, une randonnée dans la neige, puis place à de roboratives côtelettes d'agneau grillées et à une soupe de haricots.

MAI

Le printemps est là. Fêtez la **Pâque** orthodoxe dans un village de montagne, ou profitez des tarifs hors saison sur la côte.

JUILLET

Un peu de bronzette en **Chalcidique** et des nuits de fête dans les bars de plage.

À PARTIR DE LA GAUCHE : DFLC PRINTS/SHUTTERSTOCK ©, ALEXANDROS MICHAILIDIS/SHUTTERSTOCK ©, NATALIYA NAZAROVA/SHUTTERSTOCK ©

Si vous avez trois jours

- Après un ou deux jours à Thessalonique, prenez la route du sud en direction du **mont Olympe** (p. 245), demeure des dieux grecs antiques. Admirez les vestiges du site antique de **Dion** (p. 246) avant une **randonnée en montagne** (p. 247) qui vous conduira à une cascade et à une piscine naturelle.

- La charmante petite ville de **Litochoron** (p. 248) est une bonne base si vous aimez marcher en montagne. Vous y trouverez des bars et des restaurants accueillants comme **Disko Romeiko** (p. 248). Puis retour au nord vers la merveilleuse péninsule de **Chalcidique** (p. 239), pour un bain de soleil ou une plongée dans des eaux cristallines. Le dernier jour, pourquoi pas une excursion en bateau vers le **mont Athos** (p. 239) ?

Si vous avez plus de temps

- Commencez par l'ouest, dans la charmante ville lacustre de **Ioannina** (p. 250). Deux à trois jours ne sont pas de trop pour découvrir son histoire étonnante, ses nombreux sites et musées, comme le **musée Ali Pasha** (p. 250). Le soir, laissez-vous enivrer par le son du *clarino* (clarinette) dans un **tsipouradiko** (p. 252).

- Partez à la découverte des Zagoria, dans le **massif du Pinde** (p. 259), où vous serez séduit par une cinquantaine de villages de pierre grise. Parcourez ensuite à pied les gorges les plus profondes du monde, avant une baignade dans une piscine naturelle, une excursion en rafting sur la rivière et, pour finir, une dégustation de succulentes grillades à **Metsovo** (p. 262).

AOÛT

Le mois le plus chaud et le plus fréquenté, mais aussi des fameuses *panagiri* (fêtes religieuses) dans les **villages des Zagoria**.

SEPTEMBRE

Il fait encore assez chaud pour bronzer sur les plages de **Chalcidique**. Partez en randonnée sur le **mont Olympe**.

NOVEMBRE

Profitez du climat encore clément pour assister au **Festival international du film de Thessalonique**.

DÉCEMBRE

Les températures chutent. Villes et villages arborent des illuminations de **Noël** et les rues sont en fête.

À PARTIR DE LA GAUCHE : VERVERIDIS VASILIS/SHUTTERSTOCK ©, CHRISTOPHER MOSWITZER/SHUTTERSTOCK ©, BESTRAVELVIDEO/SHUTTERSTOCK ©, BESTRAVELVIDEO/SHUTTERSTOCK ©

THESSALONIQUE

Comment ne pas tomber amoureux de Thessalonique ? La deuxième ville de Grèce s'étire le long de la mer, et on ne lasse jamais de la vue sur la mer et le sommet enneigé de l'Olympe. Partout, l'histoire est palpable : les *soutzoukakia* (boulettes de viande) au cumin sont un vestige de l'empire ottoman et les synagogues désertes rappellent que, jusqu'à la Seconde Guerre mondiale, la ville abritait la plus grande communauté juive du pays. Le passé et le présent cohabitent parfois dans un certain désordre : des barres résidentielles des années 1960 ont poussé au milieu des ruines d'une église byzantine, tandis que des hammam de l'époque ottomane ont été transformés en cafés ou en boutiques de fleuristes.

Mais Thessalonique n'est pas prisonnière du passé. La ville connaît une véritable renaissance, avec des restaurants innovants, des espaces d'art, des bars et des boutiques. Ne le dites pas aux Athéniens : avec sa population étudiante et son sens de la fête, Thessalonique pourrait bien être la ville la plus *cool* de Grèce.

Pour les infos pratiques, voir le Carnet d'adresses *p. 274.*

À SAVOIR

Nouez vos lacets et en route ! Conduire (et se garer) à Thessalonique n'est pas une partie de plaisir. La ville se visite d'ailleurs mieux à pied. Sinon, les taxis sont nombreux et bon marché.

LA TOUR BLANCHE

Symbole de Thessalonique, la **Tour blanche** dissimule cependant une histoire assez sombre. Construite par les Ottomans à la fin du XVe siècle en remplacement d'une tour byzantine de dimensions plus modestes, elle a aussi servi de prison et de lieu d'exécution.

L'histoire raconte qu'au XIXe siècle, un prisonnier aurait repeint la tour en échange de sa liberté ; c'est alors qu'elle aurait pris son nom actuel. On peut aujourd'hui visiter la tour, où des expositions artistiques sont présentés.

Marchés à ne pas manquer

ANTIQUITÉS ET CUISINE GRECQUE

Les Thessaloniciens ont la réputation d'aimer le shopping, mais les affaires ne se limitent pas aux rues principales, loin de là ! La **rue Tositsa** est ainsi le rendez-vous des antiquaires : on y trouve de tout, boucles de ceinture communistes ou bibelots de l'époque ottomane, disques, bijoux, meubles, livres, uniformes militaires, et bien d'autres choses encore. Ne vous étonnez pas des nombreux objets témoignant de l'occupation de la Grèce par les Allemands pendant la Seconde Guerre mondiale.

Les gourmets feront un détour par le **marché Kapani**, dans le centre, pour y faire le plein de thé des montagnes, de mastic de Chios et de miel de pin. Pour ce qui est des produits frais, explorez les sections du marché consacrées au poisson et à la viande. Ne partez pas sans avoir pris le temps de déjeuner au **Kafines Stou Mitsou** ; ce *tsipouradiko* propose de délicieux plats de grillades et de friture au beau milieu des étals.

Thessalonique juive

HISTOIRE ET MÉMOIRE

Jusqu'à la Seconde Guerre mondiale, Thessalonique abritait la plus importante communauté juive de Grèce. Au XVe siècle, l'empire ottoman avait accueilli les juifs séfarades expulsés d'Espagne ; par la suite, ceux-ci contribuèrent largement à la vie culturelle de la ville. En 1943, alors que la Grèce était occupée par l'Allemagne nazie, près de 50 000 juifs furent déportés à Auschwitz ; une grande partie des survivants

VOIR
1 Ladadika
2 Les Parapluies
3 MOMus Experimental Center for the Arts
4 MOMus Musée de la photographie de Thessalonique
5 Monastirioton
6 Musée archéologique
7 Musée de la Culture byzantine
8 Musée du cinéma de Thessalonique
9 Musée juif de Thessalonique
10 Plateia Aristotelous
11 Port de Thessalonique
12 Tositsa
13 Tour blanche

SE RESTAURER
14 Kafines Stou Mitsou
15 Trigona Elenidis

SHOPPING
16 Marché Kapani

émigrèrent en Israël. Thessalonique ne compte plus aujourd'hui qu'environ 1 200 juifs. Le petit **Musée juif** est une mine de renseignements sur cette communauté ; il sert aussi de base de données sur les familles. La principale synagogue de la ville, **Monastirioton**, se visite ; elle n'a survécu à la guerre que parce qu'elle servait de centre de la Croix-Rouge.

OÙ SE LOGER À THESSALONIQUE

Bahar Boutique Hotel
Un boutique-hôtel plein de charme dans un bâtiment néoclassique bleu, dans une rue arborée du centre. **€€**

Electra Palace
Cinq-étoiles rénové sur la Plateia Aristotelous avec deux piscines, restaurant sur le toit et vue magnifique. **€€€**

Zeus is Loose
Une auberge de jeunesse tendance avec grandes fenêtres, meubles stylés et bar sur le toit (p. 234). **€**

LES FANTÔMES DES EMPIRES DÉFUNTS

Pour s'imprégner de la riche histoire de la ville, rien de tel que de la découvrir à pied. Commencez à **1 Plateia Aristotelous**, le cœur de la ville. Descendez ensuite le front de mer jusqu'à l'emblématique **2 Tour blanche**. Puis retour dans le centre, où les édifices de l'époque ottomane se mêlent aux vestiges byzantins. Visitez **3 l'église Agia Sofia** afin d'admirer ses mosaïques étincelantes. Quelques minutes de marche vous conduiront ensuite à **4 l'arc de Galère** et à la **5 rotonde de Galère**, haute de 30 m, tous deux d'époque byzantine. Vers le nord, longez le **6 forum romain** avant de vous arrêter au **7 Yeni Hammam**, bain turc restauré du XVIIe siècle, coiffé d'une coupole rouge. Les passionnés d'histoire pourront aussi faire un crochet par la **8 maison d'Atatürk** (photo), où est né le fondateur de la Turquie moderne.

Attendez la fin de l'après-midi pour arpenter les rues pavées du quartier d'Ano Poli, autour de l'acropole. (Le chemin est raide ; prenez un taxi au besoin.) Arrêtez-vous aux ruines de la **9 tour Alysseos** (tour du Trigonion), entrée du quartier de **10 Kastro**. Vos pas vous conduiront tout droit à la forteresse byzantine **11 Heptapyrgion**, transformée en prison par les Turcs. Puis redescendez vers **12 l'église Osios David** (Ve siècle), classée à l'Unesco, avec ses splendides mosaïques et fresques. De là-haut, vous pourrez admirer le coucher du soleil.

Terkenlis

Musée archéologique

PRÉHISTOIRE, SITES ARCHÉOLOGIQUES

Ce merveilleux musée présente la préhistoire macédonienne ainsi que les périodes hellénistique et romaine de la province à travers des objets trouvés sur des sites archéologiques de toute la région. Ne manquez pas les objets en or provenant de trésors et de tombes, ainsi que le cratère de Derveni (IVe siècle av. J.-C.). Cet immense vase de bronze et d'étain finement ouvragé porte des représentations en relief de Dionysos. Le musée abrite aussi le papyrus de Derveni, le plus vieux de Grèce (350-320 av. J.-C.), reconnu par l'Unesco comme le plus ancien "livre" d'Europe.

Musée de la Culture byzantine

EMPIRE BYZANTIN, MOSAÏQUES

Ce musée captivant initie le visiteur à l'histoire du puissant Empire byzantin et à sa culture. On peut y admirer plus de 3 000 pièces : mosaïques, peintures de tombes, bijoux et objets en verre s'accompagnent de commentaires originaux sur la vie quotidienne. À l'issue de la visite, vous saurez différencier les icônes paléochrétiennes de celles précédant la fin de la période byzantine. Expositions temporaires intéressantes.

LES MEILLEURES PÂTISSERIES

Milano
Dans le quartier de Neapoli, sans aucun doute la meilleure *tyropita* (pita au fromage) de la ville. Et de loin !

Trigona Elendis
La *trigona* est un triangle de pâte feuilletée, fourré à la crème pâtissière et arrosé de sirop. C'est le dessert typique de Thessalonique. La boutique Elendis en confectionne depuis les années 1960.

Bougatsa Bantis
Des feuilletés au fromage ou à la crème pâtissière, coupés en carrés et servis chauds. Idéal pour le petit-déjeuner.

Terkenlis
Le *tsoureki* est l'équivalent grec de la 'hallah juive : un pain levé, légèrement sucré, moelleux et parfumé au mastic. À déguster nature ou nappé de chocolat et fourré à la purée de marrons, de noix ou de fruits secs.

OÙ SE LOGER À THESSALONIQUE

Antigon Boutique Hotel
Un hôtel chic au style urbain, où le petit-déjeuner est servi sur un sol de verre au-dessus de vestiges. **€€€**

The Triology House
Cet établissement des années 1920 mêle équipements modernes et lignes néoclassiques. **€€**

Little Big House
Une jolie petite pension éclectique à Ano Poli, qui propose des chambres doubles ou de petits dortoirs. **€**

PRENDRE UN VERRE À THESSALONIQUE

Vasileios Bakasis, ingénieur chimiste le jour et critique gastronomique le soir, nous dévoile ses endroits préférés pour boire un verre dans le centre-ville. *@vasileios.bakasis*

Alea
Envie d'un vin grec dans un millésime rare ou d'un bordeaux des années 1980 ? Faites un tour dans cet établissement rustique, qui fleure bon le liège et le jambon *ibérico*.

Nectar Distillery
Bar avec vue imprenable, sur le toit de la très design auberge de jeunesse Zeus is Loose (p. 231). Les cocktails maison honorent la mythologie grecque.

Gorilla
Le Gorilla se trouve à Valaoritou, le quartier le plus alternatif de Thessalonique. Des boissons très classe et une ambiance de fête, surtout le week-end.

PIT STOCK/SHUTTERSTOCK ©

Le quartier Ladadika

Festival international du film

SUR LE GRAND ÉCRAN

Thessalonique accueille le plus important festival de cinéma du pays. Fondé en 1960, il a d'abord été consacré au nouveau cinéma grec, il prend une orientation plus politique après la fin de la dictature militaire. Actuellement, c'est un festival d'art et d'essai, qui met en avant le cinéma des Balkans. En novembre, pendant 10 jours, la ville bourdonne de projections (filmfestival.gr).

Nea Paralia

MER, STATUES ET PANORAMA

Se balader sur le front de mer (de préférence au crépuscule), c'est une manière de vivre, appelée ici la *volta*. Commencez sur le port, où une foule de cafés et de restaurants ont ouvert. Dirigez-vous vers la Tour blanche (p. 230). Vous y trouverez des vendeurs de cacahuètes grillées et des guitaristes de rue. Plus loin, à votre gauche, vous tomberez sur une statue d'Alexandre le Grand. À droite, *Les Parapluies*, du sculpteur grec Georges Zongolopoulos, se détachent sur la ligne d'horizon. Si vous continuez jusqu'à la salle de concert de Thessalonique sans quitter le bord de l'eau, vous aurez parcouru 3,5 km.

OÙ BOIRE DE L'OUZO ET MANGER DES MEZZE À THESSALONIQUE

Stou Mitsou
Niché dans le marché Kapani, cet *ouzeri* (restaurant à ouzo) sert des plats de poisson frais. €

Lola
Un *ouzeri* dans l'esprit des Cyclades. Ne manquez pas le poulpe séché au soleil ! €

Karavokyris
Le chef syrien de cet *ouzeri* propose des mezze arabes, comme le *baba ganousch* et le taboulé. €

Port de Thessalonique

ART CONTEMPORAIN ET VIE NOCTURNE

Le port de Thessalonique a été fondé il y a plus de 2 300 ans par le roi Cassandre de Macédoine. Longtemps capitale de la province romaine de Macédoine, la ville était un important avant-poste stratégique, économique et militaire. Pendant des siècles, elle a subi les attaques et l'occupation de nombreux envahisseurs. Le port a fait peau neuve ces dernières années.

Le port est devenu un haut lieu de l'art contemporain, avec le **MOMus Musée de la photographie de Thessalonique**, le **MOMus Experimental Centre for the Arts** et le **musée du cinéma de Thessalonique**. C'est un des lieux de promenade les plus agréables de la ville. Le quartier de **Ladadika** surplombe le port, avec ses tavernes, ses cafés et ses bars installés dans d'anciens entrepôts en brique. Le soir, l'animation bat son plein.

Le spectacle de la rue sur la Plateia Aristotelous

MARBRE, CAFÉS ET BOULEVARDS

Le cœur de Thessalonique est sans aucun doute la **Plateia Aristotelous**. Les bâtiments néoclassiques pastel qui l'entourent ont été construits par des architectes différents, tandis que la *plateia* (place) de marbre est parcourue en tous sens par la foule. C'est la principale artère de la ville ; vous ne manquerez donc pas de la traverser. L'endroit est parfait pour prendre un café, à moins que vous ne préfériez grimper sur les toits pour apprécier la vue sur la place et la mer. N'oubliez pas de goûter au passage un *tsoureki* à la pâtisserie Terkenlis (p. 233).

La Macédoine est-elle grecque ?

HISTOIRE ET NATIONALISME

Quand arrive le sujet de la Macédoine, les Thessaloniciens sont intarissables. “La Macédoine, c'est la Grèce !” lit-on sur les murs. Vous entendrez rarement des Thessaloniciens appeler la Macédoine du Nord autrement que du nom de sa capitale, Skopje. Il y a plusieurs statues d'Alexandre le Grand et de son père Philippe II de Macédoine en ville, tandis que de nombreux hôtels et restaurants ont pris le nom de “Macédoine”. Le **musée de la lutte pour la libération de la Macédoine** vous fournira un résumé de l'histoire de la région – quelque peu orienté.

LES MEILLEURS RESTAURANTS DE THESSALONIQUE

Mourga
Le menu change chaque jour dans cet excellent restaurant. Spécialités de poisson et de produits locaux, et bonne carte de vins grecs.

Taverna Igglis
Une cuisine de taverne traditionnelle sur fond de rébétiko, dans un restaurant pittoresque d'Ano Poli.

Iliopetra
Cette adresse d'Ano Poli revisite des recettes traditionnelles, à partir d'ingrédients locaux. Le menu change tous les jours.

Deka Trapezia
Quelques tables dans un cadre chic pour des classiques de la cuisine grecque, servis en petites portions.

Katsamaka
Au centre-ville, des plats de taverne et de délicieux sandwichs de viande grillée (ne ratez pas le *pita gyro* et le *kontosouvli*, sorte de grand souvlaki).

COMMENT S'Y RENDRE ET CIRCULER

Thessalonique est le nœud des transports du nord de la Grèce. Des compagnies aériennes, y compris low cost, la desservent. La gare routière de Monastiriou (www.ktelthes.gr), à côté de la gare ferroviaire, dessert Athènes (6 heures). Sinon, la plupart des bus s'arrêtent à la gare routière de Macédoine (www.ktelmacedonia.gr), à 3 km du centre. Plusieurs trains circulent entre Thessalonique et Athènes (4-5 heures) chaque jour. Dans la ville, la circulation automobile est chaotique et le métro est en construction. À part le quartier d'Ano Poli, la ville est située au niveau de la mer, et se parcourt aisément à pied.

Environs de Thessalonique

Non loin de Thessalonique vous attendent des sources chaudes, des ruines antiques et une campagne vallonnée avec certains des meilleurs vignobles de Grèce.

Pour les infos pratiques, voir le Carnet d'adresses *p. 275.*

À SAVOIR

Une voiture s'avérera utile si vous prévoyez de gagner les vignobles ou vous arrêter dans les stations thermales, non desservis par les transports en commun.

Si Thessalonique est la capitale de la Macédoine, des sites historiques majeurs parsèment l'arrière-pays. Alexandre le Grand, sans doute le plus célèbre des Macédoniens, est né dans l'antique ville royale de Pella, à une heure de route, tandis que son père (un peu moins connu), le roi Philippe II, repose dans la nécropole royale de Vergina, quelque 11 km plus loin.

À l'ouest de la ville, vous trouverez une campagne prospère et certains des plus intéressants producteurs de vin naturel de Grèce. Plus au nord, près de la frontière avec la Bulgarie, des sources chaudes ont donné le jour à une activité thermale qui attire des visiteurs des deux pays et d'ailleurs.

Les sources chaudes de Pozar

© YANNISSCHEIDT/SHUTTERSTOCK

Spas naturels à Pozar

SOURCES CHAUDES SOUS LES ÉTOILES

Près de la frontière bulgare, des sources chaudes, des piscines naturelles et des rivières offrent une eau thermale à 37°C. Les bains sont depuis longtemps utilisés en Grèce pour soigner des maladies ; ceux de Pozar sont en fonction depuis les années 1960 et sont notamment utilisés contre l'hypertension.

À côté des bains en plein air, le site propose 48 bains individuels en intérieur. L'expérience est marquante la nuit, sous les étoiles et la pleine lune. **Pozar** se trouve à 105 km au nord-ouest de Thessalonique. On peut faire l'aller-retour dans la journée, mais il vaut la peine d'y passer la nuit.

Sites archéologiques de Vergina et Pella

TOMBES ROYALES ET CITÉS ANTIQUES

Roi de l'antique Macédoine au IVe siècle avant notre ère, Alexandre le Grand conquit en une dizaine d'années un immense territoire enveloppant l'Europe et l'Asie, et inscrivit la Grèce sur la carte du monde. Le lieu de sa sépulture reste un insoluble mystère archéologique. Peut-être est-ce pour cette raison que les tombes royales de **Vergina** jouissent d'un si grand prestige.

Le site, inscrit au patrimoine mondial de l'Unesco, et son musée, sont réellement impressionnants. Il s'étend sur plusieurs kilomètres. Citons le monumental palais de Philippe II à la décoration de mosaïques et de stucs peints (c'est l'un des bâtiments les plus vastes qui nous soit parvenu de la Grèce classique), le théâtre où le roi a été assassiné, les sanctuaires d'Eukléia et de la Mère des dieux, les murailles de la ville ainsi que la nécropole royale qui comprend plus de 500 tumuli (tertres funéraires), parmi lesquels 12 immenses tombes en forme de temple. La plupart de ces tombes ont été pillées au cours des siècles. Celle de Philippe, découverte inviolée en 1977, en est d'autant plus fascinante. Ce roi conquit l'ensemble des cités grecques, ouvrant la voie à son fils Alexandre et à l'expansion du monde hellénistique.

Le site archéologique de **Pella** se trouve à 40 minutes de route de Vergina. Cette cité au passé glorieux a été fondée par le roi Archelaos (413-399 av. J.-C.), qui en fit la capitale de la Macédoine. La plupart des remarquables objets découverts sur le site sont présentés dans le musée voisin. Le département le plus intéressant est celui des trésors funéraires, qui contiennent des casques, des épées ainsi que le costume mauve et les somptueux bijoux en or de la "Dame d'Aigai", épouse d'Amyntas Ier.

On peut tout à fait visiter les deux sites le même jour.

XINOMAVRO

Les amateurs de vin ne manqueront pas l'occasion de goûter le cépage le plus prestigieux de Grèce du Nord, le xinomavro. En grec, *xino* et *mavro* signifient "aigre" et "noir". Ce raisin aigre-noir, donc, est l'une des quatre variétés de "Vins Ambassadeurs grecs".

Originaire de Grèce du Nord, le xinomavro pousse particulièrement bien dans la région montagneuse de Pella et de Goumenissa, où il donne des vins multiformes et de caractère. Souvent comparé au nebbiolo ou au pinot noir, il présente une belle robe rubis et est riche en tanins à forte acidité.

OÙ SE LOGER DANS LES ENVIRONS DE THESSALONIQUE

Olympia Guesthouse
Une pension sans chichis à 5 minutes à pied des sites archéologiques de Pella. **€**

Pozar Salt Cave Hotel Spa
Un hôtel trois étoiles un peu kitsch comprenant des grottes à sel, près des sources chaudes de Pozar. **€€**

Varosi Guesthouse
Dans le village d'Edessa, une pension pleine de charme avec ses lits de cuivre et ses rideaux brodés. **€**

LES MEILLEURES CAVES DE PELLA ET GOUMENISSA

Domaine Tatsis
La famille Tatsis a fui la Turquie pour la Grèce lors des échanges de population de 1924. La culture de la vigne y est devenue une activité familiale. Tatsis est un pionnier du vin naturel en Grèce : dans les années 1990, la famille a été l'une des premières à utiliser les techniques naturelles et biodynamiques.

Domaine Ligas
Formé en France, Thomas Ligas s'est installé à Pella dans les années 1980 en utilisant la biodynamie. Ses enfants ont repris le domaine, qui se distingue par ses vins orange – et toujours naturels.

Domaine Hatzivaritis
À côté des cépages grecs, Hatzivaritis utilise aussi du merlot et du chardonnay. C'est l'un des plus grands domaines de la région. Ses méthodes de culture et de vinification sont 100% bio et naturelles.

LARS OVE JONSSON/SHUTTERSTOCK ©

Vignes, Pella

Visites et dégustations à Pella et Goumenissa

VIGNOBLES BIOLOGIQUES ET VINS DYNAMIQUES

Peu de régions semblent aussi admirablement destinées à la viniculture que celles de Pella et Goumenissa. Depuis l'Antiquité, cette contrée fertile est poétiquement décrite comme "la mère du vin, où le vin abonde". Appréciée pour ses vins rouges (à partir des cépages locaux xinomavro et negoska), on y trouve des domaines viticoles discrets qui produisent d'intéressants vins naturels de Grèce. La beauté du paysage – des collines vertes et bucoliques semées de vignes – ne fait qu'ajouter à son charme.

Prenez soin de réserver votre visite bien à l'avance, et évitez la période des vendanges, pendant laquelle personne ne sera disponible pour vous recevoir. Vous aurez droit à la visite des vignes et à la dégustation de quelques bouteilles, accompagnées d'un petit casse-croûte. Si vous êtes de passage le 1er février, vous pourrez fêter saint Tryphon, patron de la viticulture. Pour participer aux vendanges, contactez les vignerons pour savoir s'ils ont besoin de bras. Les vendanges ont lieu à la fin de l'été ou au début de l'automne, mais la date exacte dépend de la météo.

COMMENT CIRCULER

Ne comptez pas sur les bus. Pour circuler librement dans la région de Thessalonique, en particulier pour visiter les vignobles, la meilleure solution est de louer une voiture. Consultez les agences suivantes : Avance Car Rental (www.avance.gr) et Budget Rent a Car (www.budget.gr).

CHALCIDIQUE

"Rien ne vaut la Chalcidique" : même si les îles grecques accaparent l'attention des étrangers, ce proverbe grec témoigne de l'attachement des habitants envers le continent.

À 1 heure de route au sud de Thessalonique, cette péninsule ventrue (appelée aussi Halkidiki), à trois doigts, est une bouffée d'air frais – et un lieu de vacances très apprécié. D'odorantes forêts de pins (où l'on produit le meilleur miel de Grèce) y glissent doucement en direction de la mer d'un bleu caribéen, de plages blondes et d'îlots déserts. Les jours où le soleil tape trop fort, une escapade vers les villages qui ponctuent le paysage montagneux ou une randonnée dans des forêts de chênes denses traversées de ruisseaux et de cascades seront les bienvenues.

Et puis, bien sûr, il y a Ouranoupolis, porte du mont Athos, l'un des sites les plus sacrés du monde orthodoxe. Ce lieu de pèlerinage n'est ouvert qu'aux hommes – les femmes, interdites d'accès, se contenteront de l'observer d'un bateau.

Pour les infos pratiques, voir le Carnet d'adresses *p. 275.*

À SAVOIR

Chacune des trois petites péninsules a son caractère propre. Kassandra est la plus animée, avec ses hôtels, ses plages privées et sa vie nocturne. Sithonia, plus à l'écart, se prête mieux aux escapades dans la nature. Athos abrite le point culminant de la Chalcidique, le mont Athos, mais sa côte immaculée se distingue aussi par ses hôtels de luxe.

Prier sur le mont Athos

MONTAGNE, MOINES, MYSTIQUE

Avant de devenir un site majeur du christianisme orthodoxe, le **mont Athos** a également joué un rôle dans la spiritualité des Anciens. Selon la mythologie grecque, la montagne aurait été créée après qu'Athos, un des Géants de Thrace, eut jeté un énorme rocher sur Poséidon. Le rocher aurait atterri dans la mer Égée et serait devenu le mont Athos.

La montagne boisée, qui occupe l'extrémité sud de la péninsule la plus orientale, n'aurait été christianisée qu'au IVe siècle. Petit à petit, des ermites s'y installèrent, puis de plus en plus nombreux ; en 963, un premier statut reconnut leurs droits. Le mont Athos réunit aujourd'hui 20 monastères où plus de 2 000 moines vivent et travaillent dans la même temporalité qu'il y a onze siècles. La République monastique du mont Athos n'a jamais été envahie ; tous les occupants, des sultans ottomans aux généraux nazis, ont respecté sa quiétude.

Le mont est un territoire autonome dont l'accès est réservé aux hommes (voir p. 241). Un laissez-passer spécial doit être demandé longtemps à l'avance à Thessalonique ou Ouranoupolis. Les monastères sont tous différents ; le Moni Iviron, aux allures de forteresse, qui abrite l'icône Panagia Portaïtissa, et le **Moni Agiou Panteleimonos** (le monastère "russe") comptent parmi les plus impressionnants. Pour une visite plus inclusive, une excursion en bateau d'une journée longe la côte de l'Athos, et offre une belle vue sur les tours de pierre des monastères et la montagne en arrière-plan.

OLYNTHE

L'histoire d'Olynthe est bien sombre. Fondée par des réfugiés de Pereia (Bottiée) en 650 av. J.-C., la cité est détruite par les Perses 200 ans plus tard. Elle prospère ensuite quelque temps : ayant rejoint l'alliance athénienne, elle voit son territoire s'étendre pendant la guerre du Péloponnèse. Mais elle est détruite par Sparte puis à nouveau par Philippe II – et n'est jamais reconstruite. La plupart des objets mis au jour durant les fouilles se trouvent au musée archéologique de Thessalonique, mais le site conserve d'impressionnants remparts et des sols en mosaïque.

VOIR
1 Glarokovas
2 Mont Athos
3 Nea Potidea
4 Nikiti
5 Olynthe
6 Sani
7 Site antique d'Amphipolis
8 Stagire
9 Tour de Prosforio
10 Varvara

D'île en île

ÎLOTS DÉSERTS ET EAUX CRISTALLINES

La Chalcidique (Halkidiki) n'est pas une île. Elle compte pourtant une poignée d'îlots entre les péninsules de Sithonia et d'Athos, où vous aurez l'impression d'être seul au monde. À l'est de Sithonia, **Diaporos** est un petit archipel désert baignant dans une eau turquoise. On peut louer un bateau à Vourvourou, sur Sithonia, et découvrir les îles à son rythme en jetant l'ancre où le cœur nous en dit (aucun permis nécessaire). Prévoyez assez de nourriture et d'eau pour la journée.

OÙ SE RESTAURER EN CHALCIDIQUE

O Miltiadis
À Agios Prodromos, le meilleur souvlaki de la région. Venez tôt, il n'y en a pas pour tout le monde. **€**

Andromeda
Une cuisine raffinée avec des produits locaux, pour un somptueux dîner en bord de mer à Nikiti. **€€€**

Trizoni
Sur Kassandra, poisson frais et fromage local dans un jardin privé, à l'ombre des mûriers. **€€**

Monastère Agiou Panteleimonos (p. 239)

Depuis Ouranoupolis, des ferrys desservent tous les jours l'île d'**Ammouliani**, couverte de prairies qui ondulent en direction de plages de sable et d'un village (hébergement et restauration sur place). Pour plus d'intimité, il y a aussi **Drenia** et les cinq îlots (accessibles aux bons nageurs) qui l'entourent. Les habitants y emmenaient autrefois leurs ânes pour qu'ils s'y reposent ; la côte des “îles aux Ânes”, comme on les surnomme, est presque intacte. Une seule plage est aménagée, avec une buvette. Comme Diaporos, vous pouvez vous y rendre en bateau par vos propres moyens.

Stagire

SUR LES PAS DU PHILOSOPHE

L'un des plus grands philosophes d'Occident, Aristote, est né en Chalcidique, dans l'antique cité de **Stagire**, en 384 av. J.-C. Occupée et entièrement détruite en 348 av. J.-C. par Philippe II de Macédoine, père d'Alexandre le Grand, elle fut reconstruite pour accéder à la demande d'Aristote, qui consentit ainsi à devenir précepteur d'Alexandre.

Perchés à 500 m d'altitude, les vestiges (les remparts et les ruines d'une forteresse sont toujours visibles) offrent une vue saisissante sur la mer. Les touristes sont rares : vous pourrez

POURQUOI PAS LES FEMMES ?

Le mont Athos (p. 239) est réservé aux hommes depuis 1060, lorsque Constantin IX Monomaque en interdit l'accès aux femmes, et aussi aux animaux domestiques femelles, aux imberbes et aux eunuques. Aujourd'hui, seules les femmes et les créatures femelles (à l'exception des oiseaux) restent bannies.

La règle n'a pas toujours été respectée. En 1821, pendant la guerre d'indépendance, les monastères accueillirent les femmes et les enfants qui y cherchaient refuge. Dans les années 1930, l'ex-Miss Europe Aliki Diplarakou, alors qu'elle voguait sur son yacht au large d'Athos, emprunta un habit de marin, sauta du bateau et visita le mont Athos déguisée en homme.

UN PEU D'HISTOIRE ?

Pour en savoir plus sur Philippe II et son fils Alexandre le Grand, ne manquez pas le site archéologique de Vergina (p. 237).

Boukadoura
Sur Sithonia, des recettes traditionnelles parfois revisitées, à base de produits locaux tout frais. **€€**

Aristos
Une *taverna* de poissons typique, sur Sithonia depuis 1971. Menu variant selon la pêche du jour. **€**

Melia
Un décor minimaliste pour une cuisine grecque haut de gamme, dans une pinède à l'extérieur de Vourvourou. **€€**

LES PLUS BELLES PLAGES NON AMÉNAGÉES

Cap de Possidi (Kassandra)
Cette pointe de sable blanc et doré s'étend dans la mer, offrant une vue panoramique sur la Méditerranée. Le seul aménagement de la plage est son phare.

Kriaritisi (Sithonia)
Nichée dans les rochers, cette petite crique dorée est une discrète plage naturiste, où certains restent camper pendant des semaines.

Tigania (Sithonia)
Trois petites criques de sable avec une vue imprenable sur le mont Athos. On y trouve un bar de plage très décontracté, et quelques parasols en feuilles de palmier.

Kavourotrypes (Sithonia)
Pour changer du sable, essayez ces criques escarpées (dont le nom signifie "trous de crabe"). Le site n'est pas aménagé mais très fréquenté : arrivez tôt.

donc aisément vous imaginer la vie quotidienne dans la Grèce antique. Une randonnée de 17 km commence au parc d'Aristote. Ce complexe moderne présente des instruments tactiles – comme un compas ou un cadran scolaire – qui démontrent les lois naturelles fondamentales décrites par le philosophe dans sa *Physique*. Le chemin vous conduit en 6 heures environ jusqu'aux ruines de Stagire. Le site se visite également en voiture.

Plages de Chalcidique

SOLEIL, SABLE, SURF

Les plages de Chalcidique attirent la foule, et ce n'est pas étonnant : la péninsule compte 500 km de côtes et bien plus de plages de sable que la plupart des îles. Si vous préférez une plage aménagée (avec transats, bars, snacks, toilettes, vestiaires et souvent une musique bruyante), prenez la direction de Kassandra, le premier doigt de la Chalcidique. Sithonia est plus sauvage (vous y trouverez même des plages naturistes), mais il faudra apporter toutes vos affaires. Faites votre choix, et en route !

Sur Kassandra, **Glarokovas** est un port de sable naturel, très étendu. Vous y trouverez des bars de plage sympathiques et des *food trucks*, à moins que vous ne préfériez pêcher dans les rochers. **Sani** est l'une des plus grandes plages de Kassandra, et ses forêts de pins descendent en direction d'une plage de sable blanc labellisée "Pavillon bleu", aménagée pour les familles. Les amateurs de sports nautiques pourront aussi faire un détour par Nea Potidia, également sur Kassandra, et louer un large choix d'équipements.

La Chalcidique est tout aussi belle sous la surface de l'eau. Pour faire de la plongée, rendez-vous à **Nikiti**, sur Sithonia, où **Atlantis Diving Centre** (atlantis-scubadiving.com) organise des sorties à destination des enfants et des novices. Au programme : rascasses, bars et anémones ondulant au fond de l'eau...

Tours de pierre byzantines

GRATTE-CIEL HISTORIQUES

En voyageant en Chalcidique, vous tomberez sûrement sur des tours de pierre, vestiges de l'époque byzantine où elles servaient de monastères ou de fortifications. Certaines tombent en ruine mais d'autres sont bien conservées et méritent la visite – en particulier la **tour de Prosforio**, à Ouranoupolis. Construit au XIIe siècle, l'édifice entama une deuxième vie dans les années 1920 lorsqu'un couple anglo-australien, Joyce et Sydney Loch, l'acheta pour le transformer en lieu d'accueil pour les réfugiés grecs expulsés de Turquie au moment de la guerre gréco-turque. Le bâtiment est aujourd'hui un musée où sont présentées des expositions d'art.

OÙ SE LOGER EN CHALCIDIQUE

Sarti Vista B&B Resort
Sur Sithonia, une propriété rurale avec appartements indépendants et jolie vue sur le mont Athos. **€€**

Sani Resort
Un hôtel familial cinq étoiles, très bien équipé, sur Kassandra. Vous aurez du mal à en partir ! **€€€**

iCamp Max
Le camping chic à l'état pur, dans une pinède de Sithonia. **€€**

ARNAOUTIS CHRISTOS/SHUTTERSTOCK ©

Tour de Prosforio

Site antique d'Amphipolis

ANTIQUITÉ, FOUILLES ET CHAMBRES FUNÉRAIRES

À **Amphipolis**, entre Thessalonique et Kavala, se trouve un important site archéologique. En 2012, dans cette colonie athénienne fondée en 437 av. J.-C., a été mis au jour un mur entourant un gigantesque tombeau. C'est le plus imposant tertre funéraire antique jamais découvert en Grèce.

Trois chambres funéraires furent découvertes, ainsi qu'une superbe mosaïque de galets représentant l'enlèvement de Perséphone par Hadès et deux sphinx de marbre. Le colossal lion d'Amphipolis a été reconstruit à quelques kilomètres du site après sa découverte en 1912. Les fouilles sont toujours en cours ; visitez d'abord le très moderne Musée archéologique, non loin, où sont exposées des pièces trouvées sur le site.

Baignade en pleine nature à Varvara

FORÊTS MAGIQUES ET CASCADES ENCHANTÉES

À l'intérieur des terres, l'est de la Chalcidique offre des sites de baignade en pleine nature. Troquez donc l'eau salée de la Méditerranée pour des plans d'eau naturels, au pied de cascades secrètes ! Depuis le village d'Olympiada, prenez la

OÙ CAMPER SUR LA PÉNINSULE DE SITHONIA

Armenistis Camping
Sur une plage dorée au milieu d'une pinède, ce camping très prisé compte un restaurant, des bars, une épicerie, un cinéma, des terrains de sport et même un centre médical. Au choix : emplacements pour tentes, bungalows ou glamping (camping chic). Mémorables nuits de fête avec DJ en été.

Akti Oneirou
Camping de luxe sur une plage privée, Akti Oneirou évoque plutôt une station balnéaire. À louer, des bungalows et des camping-cars modernes, et un vaste espace où planter sa tente.

Areti Camping
Si vous recherchez le calme, ce camping sans prétention, au bout d'un chemin de terre, fera votre bonheur. Deux plages de sable sont accessibles à pied.

Blue Bay Hotel
Sur Kassandra, un hôtel familial aux chambres modernes, avec une piscine ornée de mosaïques. **€€**

Ekies All Senses
Cinq-étoiles de charme sur Sithonia aux nombreuses petites touches modernes, pour amoureux en lune de miel. **€€€**

Xenios Zeus
Une pension bon marché, propre et sans prétention bien qu'un peu démodée, au centre d'Ouranoupolis. **€**

RAWF8/SHUTTERSTOCK ©

Le mont Cholomon

L'ARCHITECTURE D'ARNAIA

Dans une région où de nombreuses constructions ont vu le jour pour les besoins du tourisme de masse, le village endormi d'**Arnaia** se distingue par son charme. Autrefois un haut lieu du tissage artisanal, il a avantageusement su préserver son architecture macédonienne. Construites au XIXe siècle, ces maisons de bois et de pierre à deux étages sont peintes de couleurs vives. Une balade dans ses rues pavées est un moment de pur plaisir.

direction de **Varvara** – le paysage est superbe. Une marche de 4 km dans la forêt vous conduira aux cascades de Varvara.

Mont Cholomon

AVENTURE DANS LA MONTAGNE

Le mont Cholomon (Holomontas) se dresse au-dessus des trois petites péninsules de la Chalcidique. Ses ruisseaux sinueux et ses sources jaillissent à l'ombre des châtaigniers, des chênes, des sapins et des champs de fleurs sauvages. Plusieurs espèces d'animaux sauvages y trouvent asile : renards, ours, loups, et de nombreux oiseaux qui en font le paradis des ornithologues.

Avec ses virages serrés et ses montées en pente raide, le mont Cholomon fait le bonheur des amateurs de VTT, en solo ou en excursion organisée avec le **Breakfree Mountain Biking Club** (facebook.com/breakfreemtb). Si vous préférez randonner, de nombreux itinéraires balisés parcourent la forêt.

COMMENT S'Y RENDRE ET CIRCULER

La Chalcidique se prête bien aux road trips. Une voiture vous permettra de découvrir les plages, les villages et les montagnes à votre rythme. Les bus partent tous de la gare routière KTEL de la Chalcidique à Thessalonique (www.ktel-chalkidikis.gr). Pour rejoindre la péninsule de Kassandra, prenez la direction de Kalithéa (2 heures) ou de Polyhrono (2 heures 45).

Vous pourrez aussi rejoindre les localités de la péninsule de Sithonia, notamment Nikiti (1 heure 45) ou Sarti (3 heures 15). Pour vous rendre sur la péninsule du mont Athos, prenez un bus en direction d'Ouranoupolis (3 heures 30) ; de là, embarquez sur un ferry pour Dafni, où des bateaux desservent les monastères de la côte ouest.

MONT OLYMPE

Souvent cerclé de nuages, le point culminant de la Grèce est aussi le royaume légendaire des douze dieux de l'Olympe ; c'est de là que Zeus jetait ses éclairs, tandis que les Grecs de l'Antiquité lui rendaient un culte au pied de la montagne. Aujourd'hui, vous y trouverez plus de champs de kiwis et de randonneurs que de pieux hellénistes (il en reste quelques-uns). Avec ses versants couverts d'épaisses forêts, le mont Olympe reste l'un des plus beaux sites du pays.

De magnifiques chemins de randonnée parcourent un paysage entrecoupé de rivières glacées, de piscines naturelles et de cascades. Les zones les plus intéressantes ne sont accessibles qu'à pied. Chaque année, un grand nombre de marcheurs escaladent ses sommets et remontent ses gorges à partir de Litochoron, le plus gros bourg de la région. Ajoutez des villages charmants, des tavernes rustiques, des églises byzantines et la proximité de la mer, et vous obtiendrez l'une des plus belles destinations de vacances de la Grèce du Nord.

Pour les infos pratiques, voir le Carnet d'adresses p. 276.

À SAVOIR

Pour profiter du beau temps tout en évitant la foule, grimpez jusqu'au sommet du mont Olympe de préférence à la fin du printemps ou au début de l'automne. La plupart des chemins de randonnée sont fermés en hiver par mesure de sécurité.

LES MORTELS DU MONT OLYMPE

À la fin du XIXe siècle, plus de 25 expéditions partirent à la conquête du mont Olympe (2 917 m). Toutes échouèrent. La météo, les questions de sécurité ou de géopolitique, les affrontements armés et une bureaucratie tentaculaire mirent un terme à ces tentatives.

En 1913, deux Suisses – le photographe Frédéric Boissonnas et l'écrivain Daniel Baud-Bovy –, se rendirent à Thessalonique, bien décidés à conquérir le point culminant de la Grèce. Ils engagèrent un gardien de chèvres, Christos Kakkalos, avec lequel ils prirent la route fin juillet. Kakkalos ouvrait la voie pieds nus, tandis que les deux explorateurs le suivaient attachés à une corde. Le trio atteignit le sommet le 2 août.

L'équipe eut les honneurs de la presse grecque et internationale, et l'audacieux Kakkalos devint le premier guide officiel du mont Olympe.

Dion antique

DES DIEUX ET DES HOMMES

Au pied du mont Olympe, la ville de **Dion** était sacrée pour les Macédoniens qui pensaient que les dieux de l'Olympe, et Zeus en particulier, résidaient au sommet de la montagne. Alexandre le Grand lui-même venait y pratiquer des sacrifices avant de se lancer à l'assaut du monde. Panneaux et dalles de pierre signalent de larges vestiges encore visibles.

On passe facilement des heures à déambuler dans les ruines. Tout d'abord, le **sanctuaire de Déméter** (VIe siècle), puis le verdoyant **sanctuaire de Zeus Hypsistos**, orné de copies de statues et de socles de colonne. Le **sanctuaire d'Isis** (normalement entouré d'eau) est le plus remarquable ; une statue de la déesse égyptienne de la fertilité s'y dresse parmi les bambous. Parmi les constructions plus récentes, on trouve les ruines d'une basilique du IVe siècle et des thermes chrétiens autrefois pavés de mosaïques.

Faites attention aux serpents (dans l'Antiquité, ils étaient censés protéger les temples), mais les oiseaux et les grenouilles sont nombreux aussi. N'hésitez pas à vous asseoir au bord de la rivière pour goûter au nectar des dieux dans ce lieu sacré : des figues cueillies sur les arbres. L'entrée au **musée archéologique de Dion**, à 10 minutes à pied du site et conservant de superbes statues et mosaïques, est comprise dans le tarif.

Monastère Agios Dionysios

ÉGLISES CACHÉES ET CHARGÉES D'HISTOIRE

Niché au milieu des pins, le monastère Agios Dionysios s'enorgueillit de la plus belle église de l'Olympe. Son histoire n'est qu'un long défi jeté à l'adversité. Construit en 1542 par l'ermite saint Denys, qui vivait dans une grotte voisine, le monastère prospéra sous l'occupation turque et se dota d'un atelier de copie de manuscrits et d'une bibliothèque d'une grande richesse. Pendant la guerre de 1821, ses moines participèrent à la révolution ; en 1873, le monastère devint un lieu d'asile pour réfugiés. Pendant l'occupation de la Grèce durant la Seconde Guerre mondiale, il servit à nouveau de refuge pour les résistants ; les Allemands bombardèrent deux fois la zone, et le détruisirent presque entièrement. Une partie du monastère a été reconstruite et est aujourd'hui ouverte aux visiteurs. La **grotte sacrée de saint Denys** (Agios Dionysos) se trouve à 30 minutes de marche du monastère ; il s'agit d'une petite église, nichée dans une anfractuosité du rocher.

OÙ SE RESTAURER SUR LE MONT OLYMPE

Papy's
Petit commerce très prisé des habitants, pour un *gyro* ou un souvlaki sur le pouce. **€**

Ambrosia
Excellent souvlaki d'agneau pour un repas rapide. **€**

To Pazari
Le seul restaurant de poisson de Litochoron. Produits de la mer frais, tous les jours. **€€**

VILIAM.M/SHUTTERSTPCK ©

Monastère Agios Dionysios

Grimper sur le mont Olympe

MONTÉES ET DESCENTES

Avec ses trois sommets, Mytikas, Skolio et Stefani, et 46 autres pics au-dessus de 2 000 m, le mont Olympe est le point culminant de la Grèce. Verdoyant et intact, il abrite plus de 1 700 espèces végétales, dont certaines rares et endémiques, ainsi que des loups, des chacals, des daims et plus d'une centaine d'espèces d'oiseaux. L'Olympe a été déclaré réserve de biosphère de l'Unesco en 1981.

Le **Mytikas** est le plus haut sommet (2 917 m), mais c'est le sommet du **Stefani** (2 909 m) qui est couronné par le trône de Zeus. Les amateurs de grimpette s'en donneront à cœur joie sur la face nord du **Skolio** (2 911 m). Mais quelle que soit votre forme physique, il y aura toujours un parcours adapté à

LES PLUS BEAUX HÔTELS DU MONT OLYMPE

Ktima Bellou
Cette pension écolo, sur le versant ouest (le moins touristique), dispose d'un jardin bio, d'une piscine et de matelas confortables. On vous renseignera volontiers sur l'agriculture, le miel et les huiles essentielles. Pas besoin d'être client pour profiter du restaurant : tous les produits sont locaux.

Robolo Boutique Hotel
Dans une maison de pierre rénovée avec meubles anciens, ce charmant trois-étoiles est l'hôtel le plus agréable de Litochoron. Certaines chambres ont une cheminée. Le petit-déjeuner est un régal.

Xenonas Papanikolaou
Cette pension romantique dans un jardin fleuri propose 18 chambres spacieuses avec kitchenette et une vue sur les toits en terre cuite de Litochoron. Salon avec cheminée et canapés.

Ktima Bellou
Cet hôtel-restaurant sert des plats classiques revisités, à partir de produits du jardin. €€

Stavros Refuge
Taverne de montagne avec soupes roboratives, viande grillée et belle vue sur la mer. €

MezeMeze
Un restaurant populaire pour dîner sans prétention à Litochoron. Vaste choix de plats grecs. €€

LES MEILLEURES TABLES DE L'OLYMPE

Gastrodromio en Olymbo
La carte la plus expérimentale de Litochoron n'oublie pas les classiques de la cuisine grecque, avec des plats comme les saint-jacques aux lentilles, crème de blé et œufs de poisson, ou la "bolognaise" de gibier avec pâtes au safran et fromage de brebis.

Disko Romeiko
Ce bar à mezze, près de la rivière, est ouvert toute la journée. Belle carte de vins et de rakis (eau-de-vie), et plats succulents de l'Olympe et de Crète. La musique est divertissante et le soir, les clients finissent souvent par danser.

Prionia Taverna
À l'entrée (ou à la sortie) du chemin de randonnée de Prionia, cette taverne propose une cuisine typique en portions copieuses, en extérieur. Ne manquez pas la soupe de haricots, servie avec du pain maison.

ADELLYNE/SHUTTERSTOCK ©; À DROITE : ANDREI NEKRASSOV/SHUTTERSTOCK ©

Palaios Panteleimonas

votre niveau. Parmi les itinéraires les plus populaires, citons le **chemin E4 Prionia**, qui conduit de Litochoron au Mytikas, en passant par le monastère Agios Dionysios et le refuge Spilios Agapitos. L'ascension complète du mont Olympe prend deux ou trois jours, avec une nuit dans l'un des six refuges. Le centre d'information du parc national de l'Olympe, ci-dessous, vous fournira les renseignements sur les randonnées possibles dans la région.

Litochoron

PORTE D'ENTRÉE DES MONTAGNES

Située à l'entrée des gorges de l'Enipeas, Litochoron est la plus importante localité du mont Olympe, et un agréable lieu de séjour. On y trouve une jolie place, bordée par une

OÙ SE LOGER SUR LE MONT OLYMPE

Olympos Beach
Camping bien tenu à l'ombre des pins, à Plaka Litochorou. Restaurant, supérette, bar et bungalows avec Wi-Fi. €

Spilio Agapitos
Ce refuge de pierre accueille jusqu'à 100 randonneurs sur le chemin E4 Prionia. €

Giosos Apostolidis
Sur le plateau des Muses, le plus haut refuge de toute la Grèce, pratique pour une pause avant le sommet. €

église et le centre d'information du parc national de l'Olympe (www.olympusfd.gr). Mais la plus belle partie de Litochoron se trouve le long de l'Enipeas, où une ribambelle de cafés et de restaurants servent jusque tard le soir. En remontant la rivière, à environ un quart d'heure de marche du centre, on accède aux cascades de l'Enipeas au moyen d'une plateforme de bois.

Une pause à la plage après la randonnée

MER ET SOLEIL

Depuis le mont Olympe, la mer est toute proche : rien n'est plus facile que de piquer une tête au retour d'une randonnée. La longue plage de sable de **Plaka Litohorou**, ponctuée de petites criques, est la meilleure des environs. Comme elle est bien aménagée, vous y trouverez facilement un endroit où louer un transat et boire un verre. En vous baignant, n'oubliez pas de vous retourner pour contempler l'Olympe qui domine le paysage.

Un moment de détente à Palaios Panteleimonas

ESCAPADE AU VILLAGE

Au début du XVIIIe siècle, une épidémie de choléra contraignit les habitants du village côtier de Platamon à fuir dans l'arrière-pays. Ils y construisirent une église dédiée à saint Pantaléon, qui les aurait aidés à échapper à la maladie. Le village de **Palaios Panteleimonas** existe toujours aujourd'hui ; il est niché au milieu de vertes collines, à 700 m d'altitude, avec vue à la fois sur la mer et sur les montagnes. Le vent s'engouffre dans ses rues pavées, d'immenses platanes ombragent sa *plateia*, et de nombreux restaurants et cafés donnent un cachet irrésistible à l'ensemble.

Sur la route de Palaios Panteleimonas, vous verrez les ruines bien préservées d'une citadelle qui se détache d'une impressionnante falaise. Construite par les croisés au XIIIe siècle, la **forteresse de Platamon** a survécu aux attaques de nombreux envahisseurs : Byzantins, Turcs, Vénitiens et Allemands. Les archéologues pensent que le site d'une cité de l'Antiquité tardive, Herakleion, serait ici. La citadelle accueille des concerts au cours du Festival Olympou de Litochoron (www.festivalolympou.gr), en juillet-août.

LE CULTE DE ZEUS

La religion hellénique de l'Antiquité a encore ses dévots en Grèce. De nos jours, environ 2 000 personnes observeraient le culte de Zeus et de son panthéon, et adhéreraient aux coutumes et aux pratiques de leurs ancêtres.

Leur religion étant païenne, les néohellénistes ont longtemps été persécutés et ont dû mener une existence largement clandestine. En 2017, ils ont fini par obtenir le statut officiel de religion d'État, et la protection légale qui l'accompagne. Les néohellénistes pratiquent parfois leur culte sur des sites antiques comme Dion et l'Olympe.

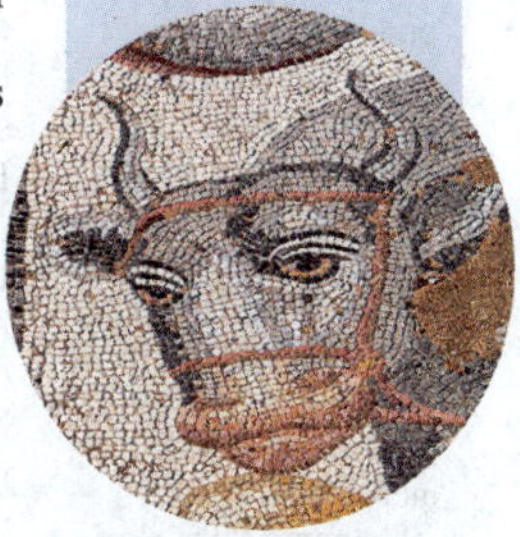

Mosaïque, Dion

COMMENT S'Y RENDRE ET CIRCULER

Des bus partent d'Athènes (7 heures 30 via Katerini) ou de Thessalonique (1 heure 15) en direction de la gare routière de Litochoron, la plus proche du parc national de l'Olympe. Des trains rejoignent Litochoron depuis Thessalonique (1 heure) plusieurs fois par jour.

À part la marche sur les chemins de randonnée, le meilleur moyen d'explorer librement les environs du mont Olympe est la voiture. Les routes sont extrêmement sinueuses, mais généralement en bon état.

IOANNINA

Bordant le lac Pamvotis, Ioannina, capitale de l'Épire, est une des plus belles villes du nord de la Grèce. Une couche de brouillard s'y dépose chaque matin, tandis qu'au crépuscule le lac se pare de reflets argentés et les montagnes au loin prennent une couleur pourpre. Ioannina est aussi une ville multiculturelle où juifs séfarades, musulmans et chrétiens ont longtemps cohabité. Ses monuments et ses vestiges, bien conservés, témoignent de sa riche histoire. Fondée au VIe siècle par l'empereur byzantin Justinien, la ville connaît son apogée sous les Ottomans ; c'est alors un haut lieu de l'orfèvrerie et un site d'une grande importance politique et stratégique.

Ioannina doit aussi sa notoriété à sa scène culinaire, l'une des meilleures de la région, à base de viande grillée, de salades de légumes frais et de fromages piquants, ainsi que de spécialités plus inattendues comme les grenouilles et les anguilles. C'est aussi une ville qui met à l'honneur le *tsipouro* (eau-de-vie) et la musique traditionnelle – des chants polyphoniques accompagnés d'instruments comme le *clarino* (clarinette grecque).

Pour les infos pratiques, voir le Carnet d'adresses *p. 277.*

À SAVOIR

Le charme d'Ioannina varie avec les saisons. Il pleut et il neige en hiver, tandis que les étés sont parfois chauds et humides. Pâques et Noël sont des moments privilégiés, avec des décorations lumineuses et des fêtes de rue sur fond de *clarino*. L'automne est une belle saison aussi, quand la ville se couvre de feuilles dorées et rouges.

Île d'Ioannina

BATEAUX, ÎLES ET HISTOIRE

Au milieu du lac émerge un coin de terre cerné de roseaux, que les habitants appellent simplement To Nisi ("L'Île", elle n'a pas d'autre nom officiel). D'un calme enchanteur, on découvre le lieu en bateau ou à la faveur d'une promenade dans ses rues sans voiture. Des bateaux partent fréquemment devant la Plateia Mavili ; la traversée dure environ 10 minutes.

L'île est surtout connue pour avoir été la résidence d'été d'Ali Pasha. Son palais est devenu le charmant petit **musée Ali Pasha**, ouvert en 2012 par un ancien boulanger qui collectionne les souvenirs liés au terrible gouverneur albanais. Ne manquez pas les impacts de balle dans le plancher : c'est ici qu'Ali Pasha se défendit les armes à la main jusqu'à sa mort. Sur l'île également, le monastère **Moni Filanthropinon** renferme une église byzantine du XIIIe siècle aux fresques remarquablement bien préservées. Une heure n'est pas de trop pour admirer toutes les scènes représentées. La plupart dépeignent des épisodes macabres de l'histoire chrétienne ; une petite section, ajoutée au XVIe siècle, rend hommage aux philosophes grecs Platon, Aristote et Plutarque.

Environ 200 personnes vivent sur l'île à l'année. Les restaurants, qui longent la côte de l'île, proposent ses spécialités : les grenouilles et les anguilles.

UNE VÉNÉRABLE AGORA

Le vieux marché d'Ioannina a été pendant des siècles le cœur de la ville, et les marchands y vendaient leurs produits sous les arcades de pierre. Aujourd'hui bien plus calme, il reste un charmant lieu de promenade l'après-midi, à l'heure où les restaurants et les bars à mezze ouvrent leurs portes.

Si vous êtes d'humeur à faire du shopping, Telis vend de très beaux couteaux et des outils spécialisés ; par exemple des forces, ciseaux à tondre les moutons.

Ioannina juive

UN MOMENT D'HISTOIRE

Ioannina abritait autrefois l'une des plus importantes communautés juives de Grèce. Mais cette population a cruellement souffert pendant la Seconde Guerre mondiale, qui a vu la majorité de ses membres déportés dans des camps de concentration – des 1 900 déportés, seule une centaine ont survécu. Une visite à la **synagogue Kahila Kedosha Yashan** suffit à donner une idée de sa grandeur passée. On l'appelle la Vieille Synagogue, peut-être parce qu'il s'agit de la plus grande et de la plus ancienne synagogue romaniote des Balkans. C'est aujourd'hui surtout un musée ; et il y a un cimetière attenant.

OÙ SE RESTAURER À IOANNINA

Souzi Trois
Cette néo-taverne sert d'excellents plats de viande et des salades fraîches. **€€**

Metsovitiki Folia
Petit restaurant très prisé, notamment pour son *kotosouvli* (grand souvlaki). **€**

Folk
Délicieux burgers et hot dogs à partir de viande locale (dont du mouton), grillée dans un four à bois. **€**

CUL SEC !

Entre Ioannina et le *tsipouro*, la symbiose est si complète qu'on n'imagine pas l'un sans l'autre. Le *tsipouro* est un alcool de marc de raisin distillé deux fois, servi froid dans de tout petits verres, ou chaud avec du miel (très agréable en hiver).

On trouve deux types de *tsipouradika* à Ioannina : soit dans de vieux restaurants où chaque verre est accompagné de mezze, soit dans des endroits plus modernes à l'esthétique recherchée. Attention : le *tsipouro* se boit presque comme de l'eau, mais c'est une boisson forte qui aura tôt fait de vous rendre très, très ivre.

Rakoumel est un *tsipouradiko* populaire et animé, au décor kitsch. Vous pouvez aussi essayer **Thomas**, ouvert en 1983 et plus vieillot, où le *tsipouro* est servi avec des mezze. **Oinopnevmata** est un autre lieu plein de cachet, aux assiettes copieuses et où le *tsipouro* coule à flots.

À l'extérieur du quartier de Kastro, rendez-vous à **Kourmanio**, où vivaient les plus riches familles juives d'Ioannina. Rue Soutsot, la **fondation Joseph et Esther Gani** présente des expositions temporaires et de nombreux livres sur l'histoire des juifs d'Ioannina.

Kastro

MOSQUÉES, TOMBES ET FORTERESSES

Le quartier de l'ancienne forteresse témoigne de la richesse de l'histoire d'Ioannina et recèle les monuments les plus remarquables de la ville : la mosquée Fethiye, la mosquée Aslan Pacha, le hammam, la madrasa (école religieuse) et la tombe d'Ali Pasha. Depuis 2022, le quartier est dans sa totalité accessible aux personnes à mobilité réduite.

Depuis les remparts en ruine, la vue donne sur le lac Pamvotis et les montagnes, avec les minarets qui se découpent sur la ligne du ciel. On y trouve aussi une petite buvette, où vous pourrez accompagner votre épais café grec par un verre de *tsipouro*.

Ne manquez pas le **musée de l'Orfèvrerie**. Installé sur plusieurs étages dans les remparts de la forteresse, cet espace d'exposition met l'accent sur l'importance de cette industrie à Ioannina à l'époque ottomane. Avec ses objets d'argent suspendus à un fil de couleur claire, le dernier étage est particulièrement intéressant. Le **Musée ethnographique municipal** vaut également la visite ; les coutumes et les objets propres à la région y sont présentés de manière captivante.

Lac Pamvotis

MOMENTS MAGIQUES EN PLEINE NATURE

Avec ses 8 km de long, le lac Pamvotis (Pamvotida) est le plus grand de la région de l'Épire ; il joue un rôle tout particulier dans la vie quotidienne à Ioannina. Les habitants aiment se balader, courir ou faire du vélo sur la promenade qui fait le tour du lac. Celui-ci est particulièrement agréable tôt le matin ou au crépuscule au gré d'une lumière qui transforme les paysages au fil de la journée.

Plusieurs statues bordent le lac, certaines en hommage à Ali Pasha et d'autres plus modernes. Vous ne verrez personne se baigner. En revanche, des pêcheurs passent la journée sur la rive, leurs épuisettes trempant dans l'eau. Une excursion d'une heure en bateau vous permettra de contempler Ioannina et les montagnes en arrière-plan depuis la surface chatoyante de l'eau.

OÙ SE RESTAURER À IOANNINA

Magazaki pou Legame
"L'endroit où on va" propose une cuisine imaginative. Originale, la carte change chaque jour. **€**

Fisa Roufa
Cette taverne à l'ancienne sert des plats de grand-mère dans un cadre sans prétention. **€**

Porikis Bakery
Dans cette antique boulangerie : pain au levain, tartes salées et petites douceurs du type *tsoureki*. **€**

YIANNISSCHEIDT/SHUTTERSTOCK ©

Musée de l'Orfèvrerie

Grotte de Pérama

UN CONTE DE FÉES SOUTERRAIN

Si vous êtes curieux des trésors qui reposent sous la surface du sol, faites un détour par la grotte de Pérama, au nord du lac. Avec ses 15 000 m², elle est la plus vaste et la plus impressionnante de Grèce. Le passé de la grotte est mouvementé. Découverte par hasard en 1940 par des habitants qui fuyaient les bombardements allemands, elle n'a été explorée que dans les années 1950 par un couple de spéléologues.

Ses couloirs humides sont accessibles dans le cadre de visites organisées qui ont lieu toutes les heures et durent 45 minutes. Les guides connaissent parfaitement la géologie des lieux et la faune endémique de cet habitat. Vous y découvrirez aussi pas moins de 19 différents types de stalactites et de stalagmites, des lacs souterrains, et des fossiles de dents et d'os d'animaux (dont ceux d'un ours des cavernes, espèce rare) découverts par les spéléologues. Habillez-vous chaudement, même en été : la grotte reste toujours fraîche.

LES MEILLEURES TABLES D'IOANNINA

Select
Cette pâtisserie familiale prépare depuis des décennies les meilleures *bougatsa* de la région. Optez pour la *bougatsa* à la crème pâtissière ou au fromage salé, coupée au hachoir berceuse et servie brûlante.

DuSel
Un restaurant gastronomique pour un dîner fin sur le lac, à base de cuisine épirote de haut vol. Le menu change en fonction des saisons, les vins sont grecs... et le service est parfait.

Hotel Kastro
Dans le Kastro, la partie ancienne de la ville, ce charmant restaurant sert une cuisine de taverne typique avec une touche rustique. Les soupes sont particulièrement délicieuses.

OÙ FAIRE DU SHOPPING À IOANNINA

Petridis Deli
Un commerce familial qui propose de la charcuterie, du fromage et autres spécialités de l'Épire.

Torréfacteur de café Kollias
Le meilleur endroit pour se procurer des cafés grecs pleins de saveurs et les petits extras qui vont avec.

Gianniotiko Kosmima
Cette bijouterie se distingue par ses répliques de boucles de ceinture et de colliers du XVIIIe siècle.

NOS HÔTELS PRÉFÉRÉS À IOANNINA

Its Kale Boutique Hotel Une pension trois étoiles dans un bâtiment en pierre avec un beau jardin, à l'intérieur de la forteresse. Décor moderne et sans prétention, largement baigné de lumière naturelle.

Ialna Boutique Hotel Un hôtel confortable et accueillant, dont le sol de certaines chambres est vitré et laisse apercevoir des vestiges archéologiques. La petite cour, où le petit-déjeuner est servi, participe du charme de l'endroit.

Hotel Kastro Ce manoir rénové, adjacent à la forteresse, est soigneusement décoré dans un style ancien, à la fois léger et aéré. Les 7 chambres donnent sur une cour tranquille.

Théâtre, Dodone

Dodone

UN JOYAU ARCHÉOLOGIQUE CACHÉ

Dans l'Antiquité, Dodone était la capitale spirituelle de la Ligue épirote. Ce vallon semé de fleurs sauvages est avant tout connu pour son immense théâtre, construit au IIIe siècle av. J.-C. Des vestiges de murs subsistent dans l'**acropole** du côté nord, tandis qu'à l'est du théâtre s'étendent les fondations du **bouleutérion** (salle du Conseil) et d'un petit **temple d'Aphrodite**. À en croire *L'Odyssée*, l'oracle de Dodone était le plus ancien de Grèce ; il se trouvait autour d'un chêne dont des prêtres interprétaient le bruissement des feuilles.

Le **théâtre** et ses gradins sont la partie la plus impressionnante du site – et un témoignage des talents des Grecs de l'Antiquité en matière d'acoustique : depuis les gradins, on entend le moindre chuchotement prononcé au milieu de la scène. Dodone est à quelques kilomètres d'Ioannina.

COMMENT S'Y RENDRE ET CIRCULER

Des bus KTEL (www.ktelioannina.gr) partent régulièrement de Thessalonique (3 heures 30), d'Athènes (5-6 heures 30), d'Igouménitsa (1 heure 30) ou de Prévéza (2 heures) pour Ioannina. Les liaisons vers les Zagoria sont limitées et changent selon la saison. La ville d'Ioannina se visite aisément à pied. Sinon, les villages et les sites des environs sont desservis par les transports en commun.

Environs d'Ioannina

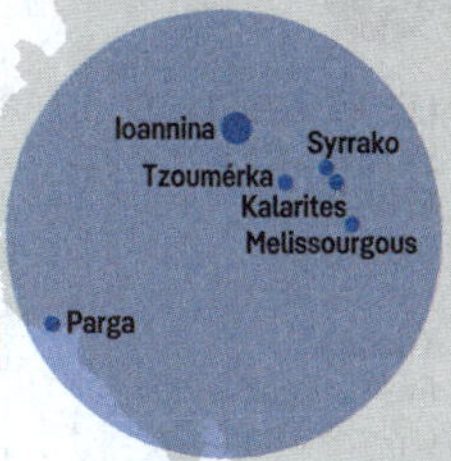

Les environs d'Ioannina sont synonymes de côtes turquoise, de villages de montagne figés dans le temps et d'activités trépidantes.

La capitale de l'Épire est aussi la porte d'entrée au reste de la région. De nombreux visiteurs viennent faire une escapade en altitude dans les villages des Zagoria (p. 260). Mais, juste au sud d'Ioannina, le massif des Tzouméрka fait partie d'un parc national peu fréquenté, qui ne manque pas d'itinéraires de randonnée, de ponts vertigineux et de sites de rafting parmi les meilleurs du pays. Vous découvrirez aussi de délicieux villages aux maisons de calcaire et d'accueillantes tavernes dont les propriétaires vous feront la conversation autour d'un verre de *tsipouro*.

À l'ouest, sur la côte ionienne, le sable de la rive est bordé par des eaux claires et azur. Moins touristique que les îles Ioniennes, elle recèle de merveilleux coins de baignade et de hameaux côtiers où l'on déguste la pêche du jour en terrasse.

Pour les infos pratiques, voir le Carnet d'adresses *p. 278.*

À SAVOIR

Si vous conduisez en montagne, prévoyez au moins le double du temps normal – les routes sont très sinueuses.

Les Tzouméрka

HERACLES KRITIKOS/SHUTTERSTOCK ©

LES PLUS BELLES PLAGES DES ENVIRONS DE PARGA

Krioneri
Avec ses parasols rayés, ses transats, sa belle vue sur l'îlot de Pangia, la plage de Parga a un petit air de Capri. La plage se remplit vite en été – venez tôt.

Agios Sostis
Difficile de trouver une plage non aménagée dans la région. Celle-ci se trouve au bout d'un chemin de terre qui traverse des champs d'oliviers. Un peu à l'écart du village d'Agios Sostis, une petite église immaculée se niche dans un rocher.

Sarakiniko
Cette longue bande de sable et de galets est moins fréquentée que d'autres plages, mais on y trouve néanmoins des parasols, des kayaks à louer et des buvettes ou *tavernas*.

Tzoumérka

MONTAGNES, VILLAGES ET PONTS

Les monts Athamaniens s'étendent entre Arta et Ioannina – à cet endroit, quelque 47 villages lovés dans les pentes granitiques et escarpées du massif portent le nom collectif de Tzoumerkohoria. Encadrés par le fleuve Arachtos, sommets et vallées sont parcourus de superbes chemins de randonnée ponctués de cascades, de ruisseaux, de plans d'eau naturels et de sources (l'eau est potable). Le site du parc national des Tzoumérka (visitsyrrako.gr) propose une liste à jour des randonnées de la région. L'une des plus belles relie le village de **Melissourgoi** à la cascade de **Kefalovrassi**, la plus haute de Grèce.

Plusieurs ponts vertigineux ont été édifiés dans le massif des Tzoumérka. Le plus célèbre est celui de **Plaka**, restauré en 2015 ; avec son unique arche de pierre qui enjambe l'Arachtos, c'est une prouesse du génie civil. La région a été sévèrement bombardée pendant la Seconde Guerre mondiale ; c'est pourquoi il subsiste peu de bâtiments anciens dans le district d'Arta. Dans ce domaine, vous trouverez votre bonheur à **Kalarites** et **Syrrako**, villages de pierre aux toits de lauze, dont le patrimoine est protégé au titre des monuments historiques. Les lauzes sont changées tous les 10 à 15 ans.

Le sinueux **Arachtos** est l'un des plus beaux cours d'eau de Grèce. Des prestataires proposent une sortie en rafting de 10 km, qui débute au pont de Politsa (entre les villages d'Ampelochori et Fortossi) ; enfilez un gilet de sauvetage et en route !

Parga

RUINES ANCIENNES SUR LA CÔTE

Le village de Parga, sur la côte ionienne, n'est pas situé sur une île, mais on s'y tromperait ! À 99 km au sud-ouest d'Ioannina, on prend grand plaisir à parcourir à pied ces rues pavées au fil de maisons colorées, bâties en amphithéâtre autour d'une baie turquoise, tandis que l'odeur entêtante de l'eau salée, mêlée à celle des pins, vient flatter nos narines.

Le **château vénitien**, dont les romantiques vestiges donnent sur la mer, est très intéressant. Si le site est fortifié depuis le XIe siècle, les remparts subsistants furent érigés au XVe siècle par les Vénitiens. En 1819, les Britanniques vendirent le château (et la ville entière) à Ali Pasha. Le troublant **nécromantéion de l'Achéron** est un temple consacré à Hadès et Perséphone. Dans l'Antiquité, selon Homère, un oracle (*nekromanteio*) entrait en contact avec des ancêtres défunts. Le site conserve un certain mystère, avec ses imposants remparts en rochers taillés et sa salle souterraine sombre et fraîche.

OÙ SE RESTAURER DANS LES ENVIRONS D'IOANNINA

Nektarios
Les habitants plébiscitent les *kokoretsi*, l'agneau et les *frigadeli* (foie d'agneau) de ce restaurant de Pramanta. €

Akanthos
Napoléon, le propriétaire moustachu, sert d'excellents plats de taverne sous une tonnelle, à Syrrako. €

Sfykas
Taverna familiale de Kryoneri, avec une cuisine grecque réalisée à partir de produits locaux. €

JOAN PHOTO/SHUTTERSTOCK ©

Nécromantéion de l'Achéron

Prévéza

UN PETIT AIR D'ITALIE

Dominant le bord du golfe Ambracique, Prévéza est, à l'instar de Corfou, une jolie destination aux airs vaguement italiens et au vaste port de plaisance international. La ville compte un front de mer piétonnier et un quartier ancien. La tour de l'horloge vénitienne de 1792 est la principale curiosité de la ville, qui compte trois forts anciens, tous en ruine. Non loin, se trouvent les imposantes ruines de **Nicopolis**, dans un beau paysage rural, que rien ne vient défigurer. Il reste aujourd'hui de la "cité de la Victoire", en grande partie détruite par les Bulgares au XIe siècle, des remparts romains, des fortifications et des églises byzantines, ainsi que deux théâtres. Commencez par la visite de l'excellent musée thématique, à 2 km du site.

Saint monastère de Kipinas

UNE ÉGLISE DANS LE CIEL

Près du village de **Kalarites**, à 65 km au sud-est d'Ioannina, le **monastère de Kipinas**, église du XIIIe siècle finement découpée dans la falaise, est l'un des sites les plus impressionnants du patrimoine religieux du pays.

BLANCHISSERIE À AGNADA

Vous n'aurez peut-être pas besoin de faire votre lessive si vous êtes de passage... Le village d'**Agnada** possède pourtant une lessiveuse alimentée par un moulin à eau. Les habitants (et quelques touristes !) y font laver leurs draps et leurs *flokatis* (vieux tapis de laine) à l'ancienne, à la seule force de l'eau. La lessive coûte 80 centimes, mais le spectacle est gratuit.

Eden
Des plats d'inspiration italienne servis avec le sourire, dans ce bistrot agréable et frais du vieux Parga. **€€**

Bostani
Des plats typiques, parfois revisités, servis sur une élégante nappe blanche. **€€**

Pappas Tavern
Taverne simple et populaire à Melissourgous, pour amateurs de viande. Délicieux ragoûts et tartes salées. **€**

DES PONTS QUI VALENT LE DÉTOUR

Neraidogefiro
Surnommé le "pont aux Fées", ce petit pont à arche unique se niche dans une forêt dense aux allures de conte de fées. Il se trouve juste à la sortie du village de Vourgareli.

Pont de Papastathis
Cet impressionnant pont à quatre arches, construit au XVIIIe siècle, a survécu aux bombardements de la Seconde Guerre mondiale. Il relie les villages d'Anatoliki et d'Arachthos.

Pont d'Arta
Construit au XVIIe siècle par les Ottomans, ce pont a inspiré une effrayante chanson populaire. Le pont s'écroulait tous les jours, raconte-t-elle, jusqu'à ce que son architecte sacrifie sa femme. Ainsi a-t-il fait, et le pont a tenu.

Monastère de Kipinas (p. 257)

Le monastère a été construit en 1212, à partir de matériaux locaux, par un groupe de moines en rupture avec leur abbé du monastère de Viliza, non loin, et décidés à fonder un nouvel ordre. Des ponts et de hautes murailles furent ajoutés au cours des siècles autour de l'église afin de dissuader d'éventuels assaillants. Pendant la Révolution grecque, le monastère servit de refuge.

L'église est ouverte au public, mais les clés du monastère sont à récupérer dans la dernière taverne de Kalarites (cherchez le panneau "Keys Here").

Musée d'Art contemporain Theodoros Papagiannis

UN MUSÉE D'ART INATTENDU

Dans le village **d'Ellion**, à 20 km au sud d'Ioannina, un petit musée d'art moderne rend hommage au fils prodigue du lieu, le sculpteur Theodoros Papagiannis. Ses œuvres, de grande taille, ornent des espace publics dans le monde entier, par exemple la monumentale sculpture *Les Coureurs* à l'aéroport international O'Hare de Chicago. Installé dans une ancienne école élémentaire, le musée présente des sculptures réalisées par Papagiannis à partir de matériaux recyclés ou de rebut ; les jardins paysagers exposent également quelques œuvres.

COMMENT S'Y RENDRE ET CIRCULER

Des bus partent d'Igouménitsa (1 heure 30), de Prévéza (2 heures) et de Thessalonique (7 heures) en direction de la gare routière de Parga. Peu de villages des Tzoumérka sont desservis par les transports en commun. Mieux vaut louer un véhicule. Toute la région se prête à de longues balades en voiture dans un paysage luxuriant.

MASSIF DU PINDE

"Épine dorsale de la Grèce", le massif du Pinde est une chaîne de montagnes entrecoupée de vallées qui se succèdent sur 160 km à travers la Macédoine et l'Épire, avant de franchir la frontière albanaise. Autrefois difficile d'accès, il est aujourd'hui desservi par une nouvelle autoroute, achevée en 2015.

Blottie au nord-ouest de l'Épire, la région des Zagoria comble les amateurs de nature. Cette magnifique zone de montagne, sertie dans deux parcs nationaux, abrite près de 50 villages traditionnels. Les paysages sont enchanteurs : des gorges spectaculaires, des forêts jonchées de pierres, des piscines naturelles, des rivières sinueuses et des collines de pins odorants. Cette région fertile est habitée et cultivée depuis la préhistoire ; la faune et la flore sauvages y sont particulièrement abondantes.

Pour les infos pratiques, voir le Carnet d'adresses *p. 278.*

À SAVOIR

Une voiture s'impose pour visiter les Zagoria, ainsi qu'une carte routière papier. L'est de la région n'est pas couvert par les réseaux de téléphonie mobile. Faites le plein à Ioannina. En hiver, n'oubliez pas vos pneus neige.

Gorges de Vikos

LE CANYON LE PLUS PROFOND AU MONDE

Le Voïdomatis (dont la racine slave signifie "bonnes eaux") a creusé durant des millions d'années les gorges de Vikos, principales curiosités des **Zagoria**. D'une longueur de 12 km et d'une profondeur de 900 m, c'est, selon le *Livre Guinness des Records*, le canyon le plus profond du monde – proportionnellement à sa largeur. Bien entretenus et marqués, les itinéraires de randonnée O3 entourent et traversent les gorges. L'itinéraire le plus populaire, assez exigeant, part de **Monodendri**, et descend en pente raide dans les gorges, avant de remonter vers la droite, au bout du canyon, à Mikro Papingo ; comptez plus de 6 heures. Le seul point d'eau est la **source de Klima**, à mi-chemin environ ; n'oubliez pas d'emporter de l'eau et de quoi manger.

Si vous désirez profiter du paysage, traversez en voiture la forêt de Pierre jusqu'au **belvédère d'Oxya**, plus facile d'accès que le point de vue du village de Vikos. Il n'y a pas de rambarde, donc soyez extrêmement prudent en approchant du bord.

UN ŒIL DE PRÈS

Le restaurant Stane (p. 262) expose des reproductions grandeur nature de huttes de Saracatsanes (bergers). Jetez-y un coup d'œil !

Au bord de l'Aóos

PALPITANTS SPORTS D'AVENTURE

L'Aóos prend sa source en Grèce et débouche quelque 100 km plus loin en Albanie ; c'est la principale artère des Zagoria. C'est aussi un formidable terrain pour les sports d'aventure.

LES MEILLEURES PENSIONS

Saxonis
Une jolie pension en pierre à Papingo, avec une vue magnifique sur la montagne, du *tsipouro* maison et un mobilier traditionnel. L'accueillant propriétaire organise aussi des randonnées avec guide dans les Zagoria.

Archontiko Dilofou
Ce manoir de 1693 est aujourd'hui une pension chaleureuse, dans le village paisible de Dilofou. Certaines des chambres sont équipées de cheminées ; on peut prendre le petit-déjeuner dans la cour.

Aristi Mountain
Hôtel de luxe au milieu de la verdure, avec piscine intérieure et restaurant gastronomique, sur un site superbe. C'est l'endroit idéal pour une escapade en pleine nature.

MASSIF DU PINDE

Dans le village de **Konitsa**, l'entreprise **No Limits** (nolimits.com.gr) et le guide Nikos Kyritsis organisent des excursions en monorafting et en "river trekking" sur l'Aóos, ainsi que d'autres activités palpitantes avec des tyroliennes et une via ferrata (équipée de câbles d'acier, d'anneaux et d'échelles fichés dans le roc), la plus longue et aussi la plus impressionnante de Grèce. En été, le niveau de l'eau est beaucoup plus bas ; c'est le meilleur moment pour visiter la vallée en compagnie de jeunes enfants.

D'un village à l'autre

DES VILLAGES DE CALCAIRE FIGÉS DANS LE TEMPS

L'un des grands plaisirs des **Zagoria** consiste à parcourir ses routes sinueuses en voiture, en s'arrêtant au gré de ses envies. Chacun des 47 villages (qui portent le nom collectif

OÙ SE RESTAURER DANS LE PINDE

5F
Grillades (goûtez aux *provotina* ou aux *kokoretsi*) et fromages du cru dans un joli patio, à Metsovo. €

Vika Giatoris
Cette taverne sert une cuisine maison et des tisanes de plantes sauvages. €

Kanela and Garyfallo
À "Cannelle et Champignon", à Vitsa, des champignons de la région sous toutes les formes possibles. €€

VERVERIDIS VASILIS/SHUTTERSTOCK ©

Drakolimni

de "Zagorohoria") possède un charme qui lui est propre. Ceux situés à l'ouest sont mieux conservés – les villages du versant oriental des Zagoria ne se sont jamais vraiment remis des bombardements de la Seconde Guerre mondiale. Tous les villages partagent cependant une certaine unité architecturale : des maisons de calcaire aux toits de lauzes, une place arborée que borde soit un *kafeneio* (café), soit une petite taverne, et un lacis de rues pavées envahies de ronce qui descendent dans la vallée.

Le village de **Dilofo**, d'un calme saisissant et peuplé d'une poignée d'habitants, est imprégné d'une atmosphère romantique ; on y trouve aussi une des meilleures tavernes de la région, Takis Place, et plusieurs pensions charmantes où passer la nuit. À l'entrée des gorges, **Monodendri** est traversé par plusieurs sentiers de randonnée et attire de nombreux voyageurs motorisés ; **Vitsa**, non loin, est une alternative plus paisible. En partant des gorges, franchissez une crête pour rejoindre **Elafotopos**, **Kato Pedina** et **Ano Pedina**, moins visités et lovés dans une vallée à part. Les deux Papingo – **Megalo Papingo et Mikro Papingo** – sont d'une beauté singulière, et une base parfaite pour visiter le Drakolimni (lac du Dragon), tout proche, et les **piscines naturelles de Papingo**, une série de bassins calcaires.

ACTIVITÉS DE PLEIN AIR DANS LE MASSIF DU PINDE

Vasilis Nasiakos est le propriétaire de l'hôtel Saxonis Houses, qui organise des activités de plein air.

Randonnée

Si tout le monde connaît les gorges de Vikos et Drakolimni, certaines parties reculées du Pinde sont désertes, et vous risquez d'avoir comme seule compagnie des chèvres sauvages et (peut-être) des ours. Passez ensuite la nuit dans une cabane de berger, avant d'avaler un petit-déjeuner de feta fraîche.

Canyoning

Ce spectaculaire paysage de montagne recèle quantité de petits canyons aux eaux cristallines, appréciés par les amateurs de grimpette et de baignade.

Ski et raquettes

Peu de gens savent qu'en hiver, il est possible de pratiquer le ski hors-piste dans le massif, ou de randonner en raquettes sur les pentes – pour tous les niveaux.

Sta Riza
Cette taverne de Vitsa existe depuis des années. Cuisine typique, avec des touches créatives. Vue à tomber. €€

Thucydides
Des plats de montagne roboratifs, servis dans une salle chaleureuse avec cheminée, à Ano Pedina. €€

Mikri Arktos
Une cuisine généreuse, à Tsepelovo. Essayez le "plat de l'ours" : porc braisé au miel, noix, fruits secs et pomme. €€

LES MEILLEURS RESTAURANTS DES ZAGORIA

Takis Place
Peut-être le plus charmant restaurant des Zagoria. On y sert des plats succulents : champignons grillés, ragoûts copieux et pain maison. La vue sur Dilofo est magnifique et le *tsipouro* maison est une institution.

Restaurant Virginia
Virginia a passé son enfance dans cette maison qu'elle a transformé en restaurant et où elle sert une excellente cuisine familiale. La pâte phylo est préparée au jour le jour (la tarte salée est un régal), la viande est du cru et le ragoût de haricots blancs inclut huit sortes d'herbes sauvages.

Stane
Ce restaurant prépare des steaks, saucisses et burgers cuits à la perfection sur un feu ouvert. Le tout est accompagné de salades croquantes, de patates coupées à la main et de fromages piquants.

ANDREI NEKRASSOV/SHUTTERSTOCK ©

Plat de viande de bœuf grillée, Metsovo

Metsovo

ODORANTES FUMÉES DANS LES MONTAGNES

Avant même d'y arriver, vous sentirez peut-être les effluves du village de Metsovo : un entêtant mélange de pin, de viande grillée et de feu de bois. Vous distinguerez ensuite les gracieux panaches de fumée s'élever au-dessus des toits de tuile avant de disparaître dans la dense forêt. Metsovo inspire aux Grecs (et à des étrangers de plus en plus nombreux) un soupir de nostalgie. Ce village touristique a su conserver un charme naturel, une population accueillante et une cuisine savoureuse, au milieu de paysages verdoyants de montagne. On y vient skier l'hiver et randonner l'été – mais, tout au long de l'année, on y passe volontiers une nuit ou deux afin de découvrir la culture locale, les fameux fromages et l'histoire de la région.

Les habitants sont en majorité des Valaques (Armani en grec), descendants d'un peuple de bergers nomades parlant l'aroumain, une langue romane. Pendant les siècles de domination byzantine et ottomane, ils étaient chargés de veiller sur le col de Katara (1 705 m), le seul point de passage à travers le massif du Pinde.

COMMENT S'Y RENDRE ET CIRCULER

Metsovo, proche du parc national du Pinde, est à 45 minutes de route d'Ioannina. Quelques bus partent de Ioannina en direction de Metsovo (1 heure 30). Sinon, les bus sont rares dans le Pinde et vous préférerez sans doute louer un véhicule. Attention, cependant, il s'agit de routes de montagne, et certaines sont mal entretenues.

Ailleurs dans le massif du Pinde

Les vallées du Pinde recèlent des lacs limpides, des villages pleins de charme et la principale région viticole grecque.

Au nord et à l'est du massif du Pinde, le paysage change peu à peu : les routes sont de moins en moins sinueuses, les sommets font place à la plaine et la forêt s'éclaircit, cédant la place aux lacs et aux vignobles qui s'étendent devant vous. Vous voilà dans une campagne peu visitée – ce qui signifie aussi que vous profiterez à vous seul de la nature et de villages presque déserts.

Au nord du Pinde, à la frontière de l'Albanie et de la Macédoine du Nord, les bambous tremblent dans le vent et les grenouilles sautent dans l'eau argentée des lacs de Prespa. Vers l'est, la montagne s'adoucit et parmi les collines se niche l'un des plus beaux villages de Grèce, Nymféo. Mais c'est aussi la région du village de Naoussa, où les viticulteurs produisent des rouges corsés et des vins pétillants à partir de cépages locaux.

Pour les infos pratiques, voir le Carnet d'adresses *p. 278.*

À SAVOIR

Mieux vaut éviter la région en plein été. Loin de la fraîcheur des montagnes et de la mer, il est difficile d'échapper à la chaleur et à l'humidité. Le printemps et l'automne sont particulièrement plaisants.

Agios Achillios (p. 264)

ARNAOUTIS CHRISTOS/SHUTTERSTOCK ©

Le plus vieux lac d'Europe

OBSERVATION DES OISEAUX DANS LES MARAIS

Dans le parc national éponyme, le **lac de Prespa** est considéré comme le plus vieux d'Europe. Le lac marque la frontière avec l'Albanie et la Macédoine du Nord, tout au nord de la Grèce. La région abrite une faune variée : plus de 275 espèces d'oiseaux (160 y nichent, dont le pélican frisé), 60 espèces de mammifères (ours bruns, sangliers et cerfs), dont 26 de chauves-souris, et 23 espèces de poissons. Plus de la moitié des papillons de jour et de nuit de Grèce y ont aussi été recensés, ainsi qu'un tiers de ses plantes endémiques. Historiquement, Prespa était connu pour la truite endémique du lac. Afin de protéger l'espèce, la pêche en est désormais interdite la moitié de l'année ; la truite fumée que servent les tavernes de la rive vient souvent d'ailleurs. Les savoureux haricots de Prespa, servis en salade froide marinée ou en soupe chaude, sont en revanche cultivés sur place. Les poivrons rouges de Florina sont une autre spécialité de la région.

Le bateau représente une des meilleures manières de découvrir le lac de Prespa ; **Vrakada Prespes** (varkadaprespes.gr) vous y conduira en excursion. On peut aussi faire le tour du lac à pied et à vélo, et partiellement en kayak. Ne manquez pas l'îlot **Agios Achillios**, qu'un pont flottant (et grinçant) d'un kilomètre de long relie au continent. Vous y trouverez les ruines d'une église du Xe siècle ; du toit, une vue magnifique embrasse les environs.

L'INTRIGANT CINÉMA DE THEO ANGELOPOULOS

Theo Angelopoulos (1935-2012) était le grand représentant du nouveau cinéma grec. *Le Voyage des comédiens* et *L'Éternité et un jour* (Palme d'or 1998) ont contribué à mettre la Grèce sur la carte du cinéma mondial.

Ses œuvres sont des enquêtes magistrales sur l'histoire et la politique grecques, le fascisme et la résistance, et les aspects les plus profonds et sombres du comportement humain. Contemplatifs, exigeants, voire déroutants, ses films sont souvent d'une lenteur hypnotique.

Beaucoup de ses longs-métrages ont été tournés dans des régions grecques reculées, notamment autour de Florina et du lac Prespa, et mettent à l'honneur leur paysage.

Traditions de Noël à Florina

FESTIVITÉS PAÏENNES SUR LA FRONTIÈRE

La petite ville de **Florina** est voisine de la frontière macédonienne. Beaucoup de bâtiments sont malheureusement délabrés ou fermés, mais la ville conserve néanmoins un certain charme, notamment à l'époque de Noël. Ne manquez pas les **feux de Noël**, quand 35 énormes feux sont allumés comme le veut la tradition. La ville entière devient une fête à ciel ouvert avec musique, danse, alcool et repas gratuits. Le reste de l'année, Florina est un endroit agréable où prendre un café ou déjeuner au bord de la rivière. Demandez à goûter les poivrons rouges de Florina, grillés ou en confiture.

Nymféo

LE PLUS BEAU VILLAGE DE GRÈCE

Il n'y a rien d'exagéré à dire que Nymféo (Nymfaio) figure parmi les plus beaux villages de Grèce – il a en fait été élu parmi les

VISITES CHEZ LES VIGNERONS

Ktima Alfa
Le plus grand domaine de Grèce et le plus connu, aux airs un tantinet industriel.

Ktima Karanika
Ce vignoble en biodynamie produit le seul vin pétillant grec en méthode champenoise.

Ktima Kyr-Yianni
Un domaine familial, très apprécié en Grèce pour ses vins épais.

LEFTERIS PAPAULAKIS/SHUTTERSTOCK ©

Ruines de l'église Agios Achillios

dix plus beaux villages d'Europe. Ce hameau aristocratique, de tradition valaque, accueillait autrefois plus d'une centaine de familles d'orfèvres ; son architecture témoigne encore de leur richesse. Les maisons, construites entre le XVIIe et le XIXe siècles (plusieurs ont été transformées en ravissantes pensions), évoquent des manoirs. Les rues pavées et les toits de lauzes participent au charme de l'endroit. L'hiver enfouit le village, niché entre deux montagnes, sous une couverture de neige ; les habitants se déplacent alors en ski de fond.

Tout près de Nymféo, dans l'épaisse forêt de hêtres qui entoure le village, se trouve le **sanctuaire des ours d'Arcturos**. Une vingtaine de discrets ours bruns y vivent ; on les aperçoit parfois à travers la grille.

Kastoria

VILLE HISTORIQUE AU BORD D'UN LAC

Sur la route du Pinde à Thessalonique, laissez-vous tenter par un après-midi à Kastoria, vieille ville macédonienne au bord du lac Orestiada. Aujourd'hui, Kastoria est populaire auprès de nombreux Russes en quête de fourrure (la ville est depuis longtemps connue pour ce commerce). Promenez-vous

LES PLUS BELLES PENSIONS DE NYMFÉO

Archontiko Athina
Dans un ancien manoir aristocratique orné de meubles et d'objets traditionnels, cette pension est la meilleure adresse de Nymféo. Le petit-déjeuner maison est servi dans la jolie salle à manger. Le sympathique propriétaire (qui ne parle pas anglais) vous offrira des en-cas pour le trajet du retour.

Argyro Guesthouse
Un décor néoclassique pour cette pension, également installée dans un manoir, à l'entrée du village. Vue magnifique sur Nymféo et les forêts de hêtres. Petit-déjeuner dans la salle à manger ou à l'extérieur.

OÙ SE RESTAURER

Del lago
Une étable à moutons transformée en restaurant ; riche carte de viande et de poisson. €€

Taverna To Prespeiou
Plantureuse cuisine maison (goûtez aux tartes), témoignant de l'opulence de la région. €€

Ntoltsó
Restaurant familial avec spécialités de Kastoria et vue sur la place, animée, de la ville. €€

LES MEILLEURS RESTAURANTS

Thomas Restaurant
Les gourmets grecs se rendent depuis belle lurette en pèlerinage dans ce restaurant de l'humble village de Sklithro afin d'y déguster une des meilleures cuisines du pays, à des prix tout à fait abordables. La viande est à l'honneur et la carte des vins est impressionnante.

Gentéki
Ce restaurant *slow food* en bord de rivière, à Florina, est le meilleur de la ville. Les plats sont généralement cuits sur un feu ouvert, avec des produits locaux, et la carte change régulièrement. *Tsipouro* excellent.

Ta Psaradika
Au bord du lac Prespa, ce restaurant moderne sert des spécialités locales comme une truite fumée aux oignons et une salade de haricots aux noix. Demandez une table en terrasse pour profiter de la vue.

TRABANTOS/SHUTTERSTOCK ©

Kastoria (p. 265)

dans le quartier ancien de **Doltso**, et admirez la remarquable architecture ottomane et les quelque 70 églises de l'époque byzantine.

Naoussa

VIGNES ET VINS

La Naoussa est située entre le Pinde et les plaines de Macédoine. Grande région viticole, la vigne y est cultivée depuis des millénaires, notamment le fameux cépage rouge xinomavro. Le domaine le plus intéressant à visiter est sûrement **Ktima Karanika**, dont les vignerons gréco-néerlandais produisent le seul vin pétillant grec utilisant la méthode champenoise. Appelez pour réserver une visite et une dégustation (en évitant la saison des vendanges). Sur les bords de route, on aperçoit un peu partout des stands proposant fruits et légumes frais, car ici les sols sont très fertiles. Pour goûter le xinomavro, direction le **domaine Dalamara**, qui propose également visites et dégustations.

COMMENT S'Y RENDRE ET CIRCULER

Au départ d'Athènes (10 heures) et de Thessalonique (3 heures 15), des bus rejoignent la gare routière de Florina (www.ktelflorinas.blogspot.com). Les bus pour le lac Prespa (1 heure) sont moins courants. Informez le chauffeur de votre destination en montant dans le bus, car il arrive que certains villages ne soient pas desservis. Des bus desservent la gare routière de Kastoria (www.ktel-kastorias.gr), au bord du lac Orestiada, à partir de Thessalonique (3 heures), Ioannina (2 heures 30) et Athènes (7 heures 30 via Kozani). Conduire est aisé dans cette partie de la Grèce : les routes sont plates et peu fréquentées. Attention à la neige en hiver.

KAVALA

Sur la route des îles du nord-est de la mer Egée (p. 471), les voyageurs négligent souvent cette ville bordant la mer de Thrace, sur la presqu'île de Panagia. Kavala a été fondée par des habitants de l'île de Thassos au VIIe siècle av. J.-C. Sa situation stratégique en a rapidement fait un port important ; c'est de là qu'était exporté par voie maritime l'or extrait des mines du mont Pangée, non loin.

Romains, Normands, Byzantins, Vénitiens et Ottomans ont tous laissé leur empreinte sur cette ville chargée d'histoire ; mais ce sont les derniers venus qui ont marqué le plus durablement la ville. Kavala possède en effet l'un des plus beaux patrimoines ottomans de la région ; c'est aussi la ville natale de Méhémet Ali, le fondateur de l'Égypte moderne. Une population jeune et sympathique, une ribambelle de nouveaux bars, d'excellents restaurants de poisson et plusieurs plages familiales en font un endroit idéal pour y passer quelques jours.

Pour les infos pratiques, voir le Carnet d'adresses *p. 279.*

À SAVOIR

Le coucher du soleil sur la mer Égée est spectaculaire depuis lechâteau de Kavala, ausommet de la colline dela vieille ville.

Kavala ottomane

HISTOIRE, ARCHITECTURE ET RELIGION

De 1387 à 1912, Kavala faisait partie de l'Empire ottoman. Ces cinq siècles ont laissé une trace indélébile sur l'architecture de la ville, en particulier dans la vieille ville, dans le quartier de Panagia. L'aqueduc de **Kamares**, construit par Ibrahim Pacha, grand vizir de Soliman le Magnifique, et long de 280 m, domine le centre de Kavala. Signalons aussi la mosquée **Palia Mousiki** (mosquée Halil Bey), construite par les Ottomans sur les fondations de l'église Agia Paraskevi ; on peut encore voir une partie de cette dernière à travers un sol en verre. Cependant, le plus beau site ottoman est sans aucun doute l'ancien séminaire **Imaret**, qui s'étend sur 4 200 m^2. En 2001, les 60 cellules voûtées ont été transformées en chambres luxueuses pour le grand hôtel de la ville ; si vous n'avez pas les moyens, pas d'inquiétude : l'hôtel Imaret organise des visites guidées de la mosquée et d'une partie du séminaire..

À ne pas manquer non plus, la maison natale du pacha Méhémet Ali, wali d'Égypte et figure majeure de l'histoire moderne de ce pays. Construite en 1770, la maison est aujourd'hui un musée sur deux étages. Les objets exposés reconstituent le mode de vie du pacha à la fin du XVIIIe siècle, avec la chambre des femmes, les appartements du pacha, nombre d'épées et de couteaux et de beaux tapis et objets sculptés en bois ottomans.

L'ARCHITECTURE OTTOMANE EN DÉTAIL

Sachnisi
Fenêtre traditionnelle en saillie, soutenue par des poutres de bois, généralement ornées de treillis ou de motifs décoratifs.

Bagdati
Originaire de Bagdad, la technique du torchis (où des bandes de bois, le clayonnage, sont enrobées dans un matériau collant) était utilisée pour la construction des murs.

Coupole
Utilisées dans l'architecture islamique et ottomane, les coupoles, ou dômes, symbolisaient la voûte céleste.

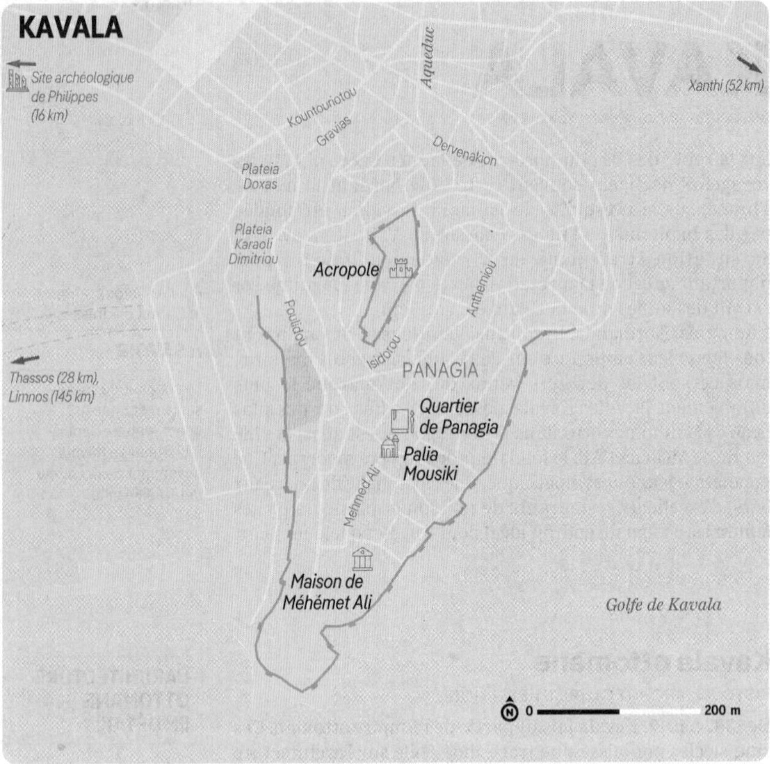

Site archéologique de Philippes

SITE ANTIQUE ET HISTOIRE

Fondée en 356 av. J.-C. par le roi macédonien Philippe II, père d'Alexandre le Grand, cette cité antique classée au patrimoine mondial de l'Unesco, se trouve à 16 km au nord-ouest de Kavala. Grâce à sa position stratégique sur une route commerciale majeure entre l'Europe et l'Asie, la cité gagna en puissance et en beauté pendant la période hellénistique, après la mort d'Alexandre. Cet apogée se poursuivit pendant les périodes romaine, byzantine et chrétienne post-byzantine, comme en témoignent les vestiges que l'on peut explorer aujourd'hui.

Ces vestiges comprennent un théâtre hellénistique posé à flanc de colline, un forum et les ruines plus tardives de

OÙ SE RESTAURER À KAVALA

Ferme urbaine Tsalapeteinos
Un restaurant concept dynamique servant une cuisine internationale sur une jolie terrasse. **€€**

Nafpigion
Cette taverne à l'ancienne propose poissons et *tsipouro* près des chantiers navals. **€**

Apiko
Des plats grecs sans prétention, notamment de poisson, dans un cadre moderne. **€€**

Site archéologique de Philippes

basiliques érigées lorsque la Philippes antique devint un important centre paléochrétien. L'intéressant musée, adapté aux personnes à mobilité réduite, renferme des objets délicats et permet de mieux comprendre l'histoire du site antique.

Acropole de Kavala

ARCHITECTURE HISTORIQUE ET VUE AU CRÉPUSCULE

Au sommet de la presqu'île de Panagia, dominant la vieille ville, se trouve l'acropole (ou *kastro*, c'est-à-dire château, comme on l'appelle aussi) de Kavala. Construit au début du XVe siècle sur les ruines de l'acropole byzantine de Christoupolis (l'ancien nom de Kavala), détruite en 1391, le château et ses environs ont été achevés et fortifiés par les Byzantins, les Vénitiens et les Ottomans.

On peut visiter l'intérieur du château, la grande tour circulaire, la citerne, la salle des gardes, l'arsenal et le garde-manger qui fut transformé en prison au XVIIIe siècle. Depuis les remparts et le sommet de la tour, la vue panoramique donne sur la ville et la mer ; le site est particulièrement agréable au coucher du soleil.

OÙ SE LOGER À KAVALA

Hotel Imaret
Ce cinq-étoiles de luxe, logé dans un ancien séminaire ottoman (p. 267), vaut largement la dépense. Le site est splendide et le service impeccable : vous vous y sentirez comme un pacha.

Lucy Hotel
Un hôtel élégant et moderne sur la plage, avec des équipements de luxe et des airs de station balnéaire (deux restaurants, piscine extérieure), à des tarifs assez abordables.

Old Town Inn
Idéalement situé en plein centre-ville dans un bâtiment néoclassique, cet hôtel dispose de chambres fraîchement rénovées. Parfois un peu bruyant la nuit.

COMMENT S'Y RENDRE ET CIRCULER

Depuis Athènes (8 heures 45), Xanthi (1 heure), Keramoti (1 heure), Alexandroupolis (2 heures) ou Thessalonique (2 heures 15), des bus rejoignent la gare routière de Kavala (www.ktelkavalas.gr). Kavala sert souvent de point d'accès aux îles du nord-est de la mer Égée (p. 471). Ainsi, les ferrys desservant Skala Prinos (1 heure 30), sur l'île de Thassos, partent du front de mer est de la ville. Vous pouvez accéder au site archéologique de Philippes par la route depuis Kavala (16 km, 25 minutes). Divisée entre une partie ancienne et une partie moderne, la ville de Kavala se parcourt aisément à pied. Prévoyez des chaussures confortables et préparez-vous à grimper dans des ruelles pavées polies par le passage des siècles. Il est très difficile de stationner dans le centre.

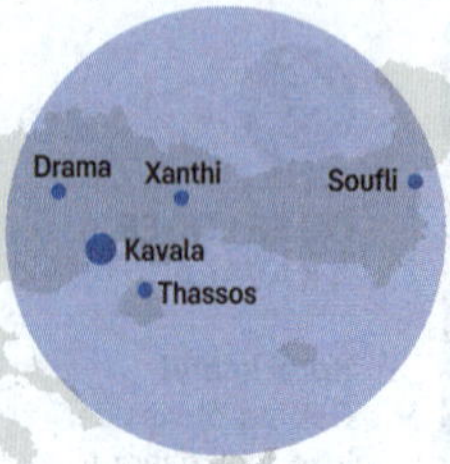

Environs de Kavala

C'est une des régions parmi les moins visitées de Grèce. Vous y découvrirez des îles, des routes des vins et des villes passionnantes marquées par l'influence musulmane. Les bonnes pâtisseries feront le bonheur des gourmands.

Pour les infos pratiques, voir le Carnet d'adresses *p. 279.*

À SAVOIR

Si les distances entre les différents sites sont assez courtes, il vaut mieux louer une voiture : les transports en commun sont rares et assez lents.

Kavala est l'entrée du long appendice qui prolonge la Grèce du Nord vers l'est. Plus on approche de la Turquie, plus les touristes et les étrangers se font rares ; en Thrace ou dans la vallée de l'Evros, vous serez souvent seul. Les paysages alternent entre prairies et marécages, sauf le long de la frontière bulgare où les monts Rhodopes s'étendent jusqu'à la Grèce.

Au nord-est de Kavala, l'influence de l'islam se fait sentir dans les charmantes petites villes de Drama et Xanthi : beaucoup de femmes portent le voile, les muezzins appellent à la prière et les commerces vendent des livres et des objets religieux. Le port de Kavala dessert par ailleurs certaines îles du nord-est de la mer Égée (p. 471), dont Thassos.

Xanthi

Xanthi

ENTRE ORIENT ET OCCIDENT

À 55 km au nord-est de Kavala, Xanthi abrite la plus importante communauté musulmane de Grèce, souvenir des échanges de population avec la Turquie dès 1923. Plusieurs cultures, Grecs, Bulgares, Pomaques, Turcs, Thraces, Arméniens y ont cohabité et travaillé ensemble pendant des siècles, faisant de la ville un véritable creuset multiculturel. Cette diversité est encore sensible de nos jours, lorsque l'on entend l'appel à la prière ou que l'on voit, le vendredi après-midi, les mosquées se remplir de croyants.

Le quartier historique est la partie la plus intéressante de Xanthi : les ruelles venteuses et les escaliers serpentent entre des maisons de bois pastel et de majestueuses demeures néoclassiques. Certains bâtiments sont en meilleur état que d'autres ; quoi qu'il en soit, on se laisse facilement tenter par un séjour de quelques jours dans la ville. Tous les samedis, un grand marché attire les habitants de toute la région et de l'autre côté de la frontière : on y trouve un peu de tout, des mûres à la dentelle turque.

Xanthi est un modèle de coexistence religieuse. En témoigne la sépulture d'un derviche de l'ordre bektachi – la principale mouvance musulmane en Thrace –, à l'extérieur de la ville. Le site mêle de manière étonnante islam et christianisme : l'antichambre contient des cierges et une icône de saint Georges, tandis que la pièce principale, couronnée d'une coupole, renferme la tombe du Baba, drapée dans un tissu vert.

Région viticole de Drama

UN PAYSAGE SPECTACULAIRE

Autour de **Drama**, neuf domaines viticoles, couvrant environ 500 ha, produisent quelques-uns des meilleurs vins grecs. Le terroir de Drama est connu depuis l'Antiquité ; sur ce sol fertile, au climat modéré, des cépages autochtones se mêlent à des variétés internationales comme le cabernet sauvignon et le merlot. Sept des neuf exploitations sont ouvertes aux visiteurs, dont six sont situées dans le même périmètre, à l'est de Drama. Le plus célèbre d'entre eux est le **domaine Costa Lazaridis** (domaine-lazaridi.gr), qui existe depuis des décennies et vend sa production à l'international. Appelez de préférence pour réserver, en particulier pendant la saison des vendanges. Le vignoble de Drama se trouve à 40 km au nord-ouest de Kavala. En voiture, prévoyez 50 minutes de trajet.

LES EXQUISES PÂTISSERIES DE XANTHI

Nea Ella
Cette boulangerie traditionnelle propose d'excellents desserts d'Asie Mineure. Les puddings sont très bons, notamment avec une tasse de café grec.

Kazani
Un couple de Pomaques gère cette merveilleuse pâtisserie à l'ancienne, où tout est fait maison. Le baklava est excellent, ainsi que le *kazandibi*, pudding turc traditionnel cuit dans un pot de cuivre puis caramélisé.

Papaparaskevas
Une boutique fondée en 1926, qui a aujourd'hui donné naissance à une petite chaîne. Ses *kariokes* (gâteaux fourrés aux noix) nappés de chocolat ont contribué à son succès.

OÙ SE LOGER AUTOUR DE KAVALA

Elisso Xenia Hotel du Nord
Soigneusement restauré, cet hôtel de Xanthi, au bord du Nestos, est l'un des premiers de la chaîne Xenia. **€€**

1905 Boutique Hotel
Dans la vieille ville de Xanthi, des chambres confortables dans un élégant bâtiment néoclassique. **€€**

Xanthippion
Proche de la vieille ville, cet hôtel milieu de gamme, rénové, affiche une ambiance feutrée. Bonnes prestations. **€**

OÙ SE RESTAURER DANS LES ENVIRONS DE KAVALA

Palia Polis
Cette taverne de Xanthi, en bois et en pierre, sert une cuisine thrace et moyen-orientale. Bonne carte des vins.

Pilima
À Xanthi, des plats mijotés et de la viande grillée d'inspiration turque.

Musée de la soie de Soufli

ARTISANS SUR LA FRONTIÈRE

Le **musée de l'art de la soie** est aménagé dans les ateliers de Tsiakiri, fabricant de soie depuis 60 ans. Le personnel, enthousiaste et polyglotte, vous fera découvrir l'histoire de la sériciculture et le processus de fabrication de la soie, depuis les minuscules vers se gavant de feuilles de mûrier jusqu'aux vers adultes bâtissant les cocons en fil de soie. La boutique attenante permet d'acheter des articles en soie. On peut voir notamment des métiers à tisser manuels, des machines à filer et des costumes traditionnels très élaborés. Le musée se trouve à environ 210 km à l'est de Kavala, sur la route de Xanthi. Le trajet en voiture prend un peu plus de 2 heures.

Parc national de Dadia-Lefkimi-Soufli

LA ROUTE DES OISEAUX MIGRATEURS

À **Dadia**, tout près de la frontière turque, cette vaste forêt protégée se trouve sur l'une des principales routes des oiseaux migrateurs d'Europe et compte trois des quatre espèces de vautours européens. Les meilleures périodes pour la visiter sont au printemps et en juillet, lorsque les bébés vautours émergent de leur nid. Le centre d'information (www.dadia-np.gr) propose une navette jusqu'à l'observatoire des oiseaux, équipé de télescopes permettant d'observer le repas des grands rapaces. L'excursion dure environ 1 heure. Vous pouvez aussi louer un VTT ou rejoindre l'observatoire à pied.

Plus au sud, près du village de **Lefkimi**, on découvre une petite forêt pétrifiée qui, contrairement à la plupart des formations de ce type, est cernée d'une forêt vivante ombragée ; on la rejoint par une balade brève et agréable (prévenez les gardiens ; renseignements au centre d'information). Dadia est une base agréable pour explorer les villages alentour. Si vous avez le temps, vous pouvez emprunter les sentiers forestiers menant aux villages les plus proches et atteindre Soufli en moins de 3 heures.

COMMENT S'Y RENDRE ET CIRCULER

Pour rejoindre la gare routière KTEL de Xanthi (www.ktelxanthis.gr), des bus partent de Komotini (1 heure), Alexandroupolis (1 heure), Thessalonique (2 heures 30) et Athènes (9 heures). Quelques bus desservent aussi des villages pomaques du nord de Xanthi, près de la frontière bulgare. À la gare ferroviaire, les trains desservent notamment Thessalonique (5-6 heures). Les environs de Kavala sont mal desservis par le bus et le train – mieux vaut louer une voiture.

Gorge de Nestos, près de Xanthi

Carnet d'adresses

THESSALONIQUE

Arc de Galère
Voir p. 232 (231 331 0400 ; Egnatia 144)

Maison d'Atatürk
Voir p. 232 (231 024 8452 ; Apostolou Pavlou 17 ; 10h-17h mar-dim)

Église Agia Sofia
Voir p. 232 (église Saint-Sophie ; 231 027 0253 ; Plateia Agias Sofias ; 7h-21h)

Église Osios David
Voir p. 232 (monastère de Latomou ; Epimenidou 17 ; 9h-15h30 lun-sam, 10h-13h dim)

Forum romain
Voir p. 232 (Agora antique ; 231 022 1266 ; entre Olimpou, Fillippou, Makedonikis Aminis et Agnostou Stratiotou ; tarif plein/réduit 4/2 € ; 8h-20h mer-lun)

Heptapyrgion
Voir p. 232 (Yedi Kule ; 231 331 0400 ; Eptapirgiou 130 ; 8h30-15h30 mer-lun)

MOMus Experimental Centre of the Arts
Voir p. 235 (231 059 3270 ; www.momus.gr ; entrepôt B1, port de Thessalonique ; tarif plein/réduit 3/2 €, gratuit 1er dim, billet combiné avec tous les MOMus 12/6 € ; 10h-18h mar-mer et ven-dim, 12h-20h jeu)

MOMus Musée de la photographie de Thessalonique
Voir p. 235 (231 056 6716 ; www.thmphoto.gr ; entrepôt A, port de Thessalonique ; tarif plein/réduit 3/2 €, gratuit 1er dim, billet combiné avec tous les MOMus 12/6 € ; 11h-19h mar-mer et ven-dim, 11h-20h jeu)

Monastirioton
Voir p. 231 (231 027 5701 ; jmth.gr ; Syngrou 35)

Musée archéologique
Voir p. 233 (2313 310 201 ; www.amth.gr ; Manoli Andronikou 6 ; tarif plein/réduit 8/4 €, 4 € nov-mars, gratuit 1er dim du mois nov-mars ; 8h-20h avr-oct, 9h-16h nov-mars)

Musée de la Culture byzantine
Voir p. 233 (2313 306 400 ; www.mbp.gr ; Leoforos Stratou 2 ; tarif plein/réduit 8/4 € avr-oct, 4 € nov-mars ; 8h-20h avr-oct, 9h-16h nov-mars)

Musée juif
Voir p. 231 (231 025 0406 ; www.jmth.gr ; Agiou Mina 11 ; 9h-14h lun-ven, 10h-14h dim)

Musée de la lutte pour la libération de la Macédoine
Voir p. 235 (231 022 9778 ; imma.edu.gr ; Proxenou Koromila 23 ; tarif plein/réduit 4/2 € ; 9h-14h lun-mar et jeu-ven, 9h-20h mer, 10h-14h sam)

Rotonde de Galère
Voir p. 232 (231 020 4868 ; Plateia Agiou Georgiou Rotonta 5 ; tarif plein 6/3 €, gratuit 1er dim nov-mars ; 8h30-15h30 mer-lun)

Site antique d'Amphipolis
Voir p. 243 (musée archéologique d'Amphipolis ; 23220 32474 ; odysseus.culture.gr ; Amphipoli ; tarif plein/réduit 6/3 € ; 8h-15h nov à mi-mai, 8h-20h fin mai-oct)

Musée du cinéma de Thessalonique
Voir p. 235 (231 037 8570 ; www.filmfestival.gr ; entrepôt A ; tarif plein/réduit 2/1 € ; 9h-15h lun-mar, 9h-19h mer-ven)

Tour Alysseos
Voir p. 232 (tour du Trigonion ; 231 331 0400 ; Agios Pavlos ; 7h30-15h30 lun-ven)

Tour blanche
Voir p. 232 (Lefkos Pyrgos ; 231 026 7832 ; www.lpth.gr ; Leoforos Nikis ; tarif plein/réduit 6/3 € avr-oct, 3 € nov-mars, gratuit 1er dim nov-mars ; 8h-20h avr-oct, 8h30-15h30 nov-mars)

Antigon Boutique Hotel
Voir p. 233 (231 052 3573 ; Adigonidon 15)

Bahar Boutique Hotel
Voir p. 231 (231 055 3433 ; baharboutiquehotel.com ; Edessis 10 et Katouni)

Electra Palace
Voir p. 231 (231 029 4040 ; www.electrahotels.gr ; Plateia Aristotelous 9)

Little Big House
Voir p. 233 (231 301 4323 ; www.littlebighouse.gr ; Andokidou 24)

The Trilogy House
Voir p. 233 (231 023 2305 ; www.thetrilogyhouse.gr ; Tsimiski 97)

Zeus is Loose
Voir p. 231 (231 111 8713 ; www.zeusisloose.com ; Klisouras 13)

Deka Trapezia
Voir p. 235 (231 025 1010 ; dekatrapezia.gr ; Kallari 4 ; 13h-1h)

Iliopetra
Voir p. 235 (231 405 5553 ; Eschilou 5 ; 14h-22h30 mar-sam)

Karavokyris
Voir p. 234 (231 093 4030 ; Katsimidi 12 ; 12h-minuit)

Katsamaka
Voir p. 235 (231 023 4177 ; www.katsamaka.gr ; Athonos 18-20 ; 11h-1h lun-sam, 11h30-20h30 dim)

Lola
Voir p. 234 (231 027 6201 ; Agapinou 10 ; 12h-minuit lun-sam, 12h-18h dim)

Mourga
Voir p. 235 (231 026 8826 ; Christopoulou 12 ; 14h-23h lun-sam, 14h-19h dim)

Stou Mitsou
Voir p. 234 (231 551 5504 ; Vlali 11 ; 10h-minuit lun-sam)

Taverna Igglis
Voir p. 235 (693 819 1439 ; Irodotou 32 ; 19h-minuit mer-ven, 15h-minuit sam, 15h-19h30 dim)

Alea
Voir p. 234 (231 028 1614 ; Isavron 12 ; 20h-3h)

Gorilla
Voir p. 234 (231 308 6274 ; Verias 3 ; 19h-tard)

Nectar Distillery
Voir p. 234 (231 111 8713 ; Zeus is Loose Hotel, Klisouras 13 ; 9h-1h dim-jeu, 9h-2h ven-sam)

Yeni Hammam
Voir p. 232 (231 305 9024 ; Agiou Nikolaou 3 ; 22h-5h mer et ven-sam)

Bougatsa Bantis
Voir p. 233 (231 051 0355 ; Panagias Faneromenis 33 ; 6h30-15h lun-sam, 6h30-13h dim)

Marché Kapani
Voir p. 230 (kapani.gr ; Vlali ; 8h-17h lun-sam)

MEHDI33300/STOCK.ADOBE.COM ©

Front de mer de Thessalonique (p. 230) en hiver

Milano
Voir p. 233 (P. Tsaldari 27 ; 7h-22h)

Terkenlis
Voir p. 233 (231 027 1148 ; www.terkenlis.gr ; angle Tsimiski 30 et Aristotelous 4 ; 7h-23h lun-jeu, 7h-minuit ven-dim)

Trigona Elendis
Voir p. 233 (231 025 7510 ; www.elenidis.gr ; angle Dimitriou Gounari et Tsimiski ; 9h-22h)

ENVIRONS DE THESSALONIQUE

Site archéologique de Pella
Voir p. 237 (238 203 1160 ; pella-museum.gr ; Pella ; tarif plein/réduit avec Musée archéologique 8/4 € ; 8h-20h mer-lun et 12h-20h mar avr-oct, horaires réduits nov-mars)

Domaine Hatzivaritis
Voir p. 238 (231 021 5259 ; chatzivaritis.gr ; Km6 Goumenissa Kilkis ; 9h-16h lun-ven)

Domaine Ligas
Voir p. 238 (238 202 4421 ; Km1 Giannitsa-Archondiko ; 9h-13h30 lun-sam)

Domaine Tatsis
Voir p. 238 (234 304 3060 ; Goumenissas-Filirias ; 9h-17h lun-ven)

Olympia Guesthouse
Voir p. 237 (233 106 8052 ; www.xenonasolympia.gr ; Aristotelous 30, Vergina)

Pozar Salt Cave Hotel Spa
Voir p. 237 (238 409 1357 ; www.pozarpallas.gr ; Loutraki Aridaias, Kato)

Varosi Guesthouse
Voir p. 237 (238 105 1440 ; www.varosi4seasons.gr ; Arhiereos Meletiou 45-47, Edessa)

CHALCIDIQUE

Moni Iviron
Voir p. 239 (237 702 3643 ; mont Athos ; www.imiviron.gr)

Monastère Agiou Panteleimonos
Voir p. 239 (9h-17h lun-ven, 12h-17h sam)

Tour de Prosforio
Voir p. 242 (Ouranoupoli ; 8h30-15h30 mer-lun)

Atlantis Diving Centre
Voir p. 242 (☎ 699 275 7107 ; www.atlantiș-scubadiving.com ; Nikiti ; 9h-19h30 mai-oct)

Breakfree Mountain Biking Club
Voir p. 242 (☎ 231 034 8073 ; (facebook.com/breakfreemtb ou rsv.breakfreemtb.com ; Kassandra ; 7h-20h)

Akti Oneirou
Voir p. 243 (☎ 231 041 9158 ; www.aktioneirou.gr ; Km12 Vourvourou-Sarti)

Armenistis Camping
Voir p. 243 (☎ 237 509 1487 ; www.armenistis.gr ; Sarti ; mai-sept)

Areti Camping
Voir p. 243 (www.areti-campingandbungalows.gr ; Sithonia ; mi-mai à sept)

Blue Bay Hotel
Voir p. 243 (☎ 237 409 ,1645 ; bluebayhalkidiki.gr; Afytos ; mai à mi-oct)

Ekies All Senses
Voir p. 243 (☎ 237 509 1000 ; ekies.gr ; Vourvourou ; fin avr à mi-oct)

Sani Resort
Voir p. 242 (☎ 237 411 0700 ; sani-resort.com ; Kassandra)

Sarti Vista B&B Resort
Voir p. 242 (☎ 237 509 4651 ; www.sartivista.com ; Sarti ; avr-oct)

Xenios Zeus
Voir p. 243 (☎ 237 707 1274 ; ouranoupoli.com/services)

Aristos
Voir p. 241 (☎ 237 503 1420 ; Ormos Panagias ; 12h-17h lun, 12h-minuit ven-dim)

Boukadoura
Voir p. 241 (☎ 694 454 7239 ; www.facebook.com/MpoukadouraAkteElias ; Sithonia ; mi-avr à oct)

Melia
Voir p. 241 (☎ 237 509 1067 ; meliarestaurant.com ; Vourvourou ; mi-mai à sept)

O Miltiadis
Voir p. 240 (☎ 237 109 6079 ; Agios Prodromos ; 9h-23h30 dim-mer, 9h30-23h30 jeu et sam, 9h-23h30 ven)

Trizoni
Voir p. 240 (☎ 237 405 1945 ; Kriopighi ; 14h30-23h lun-jeu, 14h30-23h30 ven, 14h-minuit sam, 14h-22h30 dim)

MONT OLYMPE

Dion antique
Voir p. 246 (☎ 23510 53484 ; Dion ; tarif plein/réduit avec Musée archéologique 8/4 € ; 8h-20h mer-lun et 11h-19h mar avr-oct, 8h30-15h30 nov-mars mer-lun)

Forteresse de Platamon
Voir p. 249 (☎ 232 504 4470 ; odysseus.culture.gr ; Platamon ; tarif plein/réduit 3/2 €, gratuit pour résident de l'UE de -25 ans, gratuit 1er dim nov-mars, tarif réduit 6-25 ans, tarif réduit pour tous nov-mars ; 8h30-15h mer-lun)

Monastère Agios Dionysios
Voir p. 246 (☎ 235 202 1125 ; Litochoron ; 8h-20h30)

Musée archéologique de Dion
Voir p. 246 (☎ 235 105 3206 ; odysseus.culture.gr ; Dion ; tarif plein/réduit avec le site antique 8/4 €, gratuit pour résident de l'UE -25 ans, gratuit 1er dim nov-mars, tarif réduit 6-25 ans, tarif réduit pour tous nov-mars ; 8h-20h mer-lun et 11h-19h mar avr-oct, 8h30-15h30 nov-mars mer-lun)

Centre d'information du parc national de l'Olympe
Voir p. 248 (☎ 235 208 3000 ; olympusfd.gr ; Litochoron ;

Bateau de pêche, Chalcidique (p. 239)

TILIALUCIDA/STOCK.ADOBE.COM ©

9h-18h lun-ven, 9h-16h sam-dim mai-oct, 9h-16h tlj nov-avr)

Giosos Apostolidis
Voir p. 248 (235 108 2840 ; www.apostolidisrefuge.gr ; Litochoron)

Ktima Bellou
Voir p. 247 (235 177 0021 ; www.ktimabellou.gr ; Agios Dimitrios)

Olympos Beach
Voir p. 248 (235 202 2111 ; www.olympos-beach.gr ; Plaka)

Robolo Boutique Hotel
Voir p. 247 (235 230 6715 ; Nikolaou Episkopou Kitrous, Litochoron)

Spilio Agapitos
Voir p. 248 (697 321 0687 ; www.mountolympus.gr ; Litochoron)

Xenonas Papanikolaou
Voir p. 247 (235 208 1236 ; www.xenonas-papanikolaou.gr ; Nikolaou Episkopou Kitrous 9)

Ambrosia
Voir p. 246 (262 402 3414 ; ambrosiagarden.gr ; Spiliopoulou 201, Olympe antique ; 9h-17h30)

Disko Romeiko
Voir p. 248 (235 208 2390 ; Rema Enipea, Litochoron)

Gastrodromio en Olymbo
Voir p. 248 (235 202 1300 ; gastrodromio.rocks ; Agiou Nikolaou 36 ; 13h-23h ven-lun)

MezeMeze
Voir p. 247 (235 208 2271 ; Agiou Nikolaou 40 ; 12h30-22h30 dim-ven, 12h30-23h sam)

Prionia Taverna
Voir p. 248 (693 248 4868 ; Litochoron ; 8-18h sam-dim)

Stavros Refuge
Voir p. 247 (693 922 5857 ; Litochoron ; 9h-19h sam-dim)

To Pazari
Voir p. 246 (235 208 2540 ; 25is Martiou 1, Litochoron ; 12h-minuit)

IOANNINA

Fondation Joseph et Esther Gani
Voir p. 252 (265 103 6517 ; www.idrimagani.gr ; Soutsou 26 ; 9h-14h lun-mar et jeu-ven, 9h-14h et 18h-21h mer)

Moni Filanthropinon
Voir p. 250 (île d'Ioannina ; 9h-14h, plus 17h-20h en été)

Musée Ali Pacha
Voir p. 250 (265 108 1791 ; museumalipasha.gr ; île d'Ioannina ; 3 € ; 9h30-19h30)

Musée de l'Orfèvrerie
Voir p. 252 (265 106 4065 ; Kastro ; tarif plein/réduit 4/2 € ; 10h-18h mer-lun mars à mi-oct, 10h-17h mi-oct à fév)

Musée ethnographique municipal
Voir p. 252 (265 102 6356 ; Alexandrou Noutsou 18, Kastro ; tarif adulte/étudiant 2/1 € ; 8h30-16h30 lun-sam-dim, 9h-20h en été)

Dodone
Voir p. 254 (265 108 2287 ; Dodoni ; billet avec Musée archéologique et Musée byzantin tarif plein/réduit 8/4 € ; 8h-20h été, horaires réduits le reste de l'année)

Synagogue Kahila Kedosha Yashan
Voir p. 251 (265 102 5195 ; jewishcomioannina.gr ; sur rdv)

Hotel Kastro
Voir p. 254 (265 102 2866 ; www.hotelkastro.gr ; Andronikou Palaiologou 57)

Ialna Boutique Hotel
Voir p. 254 (265 107 1181 ; www.ialnahotel.gr ; Paleologou 20-22)

It's Kale Boutique Hotel
Voir p. 254 (265 103 2777 ; itskale-hotel.gr ; Paleologou 64)

DuSel
Voir p. 253 (265 105 9100 ; Hôtel du Lac Congress Center & Spa ; Papoulia et Ikkou ; 13h-16h et 19h30-23h30)

Fisa Roufa
Voir p. 252 (265 102 6262 ; www.facebook.com/fysaroyfa ; Averof ; 7h-23h)

Folk
Voir p. 251 (265 107 8688 ; Zappa 3 ; 20h-0h30 mar-jeu et dim, 20h-1h30 ven-sam)

Magazaki pou Legame
Voir p. 252 (694 818 7769 ; tomagazakipoulegameioannina.gr ; Antistaseos 44 ; 14h-23h mar-sam, 13h30-18h dim)

Metsovitiki Folia
Voir p. 251 (265 102 2033 ; Averof 101 ; 12h30-23h lun-sam)

Porikis Bakery
Voir p. 252 (265 104 1635 ; Ari Velouchioti ; 6h-15h15 lun-sam)

Select
Voir p. 253 (265 107 1073 ; Averof 2 ; 7h-20h)

Souzi Trois
Voir p. 251 (694 455 6541 ; Giosef Eligia 13 ; 13h-minuit)

Oinopnevmata
Voir p. 252 (265 104 6044 ; Leoforos Dodonis 109 ; 19h30-3h)

Rakoumel
Voir p. 252 (693 616 0938 ; www.rakoumel-ioannina.gr ; Kallari 30 ; 12h-3h30)

Thomas
Voir p. 252 (265 104 0296 ; Leoforos Dodonis 109 ; 20h-2h dim-jeu, 20h-3h ven-sam)

Gianniotiko Kosmima
Voir p. 253 (265 108 1209 ; www.gianniotikokosmima.gr ; Spilaiou 102 ; 9h30-19h30)

Petridis Deli
Voir p. 253 (265 107 1171 ; Napoleontos Zerva 64 ; 8h-14h

et 17h30-21h mar et jeu-ven, 8h-14h30 lun, mer et sam)

Telis
Voir p. 250 (265 102 9166 ; telisgiannena.gr ; Zappa 1 ; 9h-14h lun et mer, 9h-14h et 18h-21h mar et jeu-ven, 10h-14h sam)

ENVIRONS D'IOANNINA

Parga
Voir p. 256 (château vénitien ; 268 403 1267 ; Parga ; 8h-20h été, horaires réduits sept-oct, fermé en hiver)

Monastère de Kipinas
Voir p. 257 (proche Kalarrites ; 10h-16h)

Musée d'art contemporain Theodoros Papagiannis
Voir p. 258 (26510 89220 ; theodoros-papagiannis.gr/en/museum, Ellion)

Nécromantéion de l'Achéronon
Voir p. 256 (268 404 1206, Preveza ; tarif plein/réduit 6/3 € ; 8h30-15h30 hiver, 8h-20h été)

Nicopolis
Voir p. 257 (26820 41336 ; odysseus.culture.gr ; Km 6, route E951 ; adulte/enfant 8/4 €, musée inclus ; 8h-20h mer-lun été, 8h-16h hiver)

Parc national des Tzoumérka
Voir p. 256 (265 104 3663 ; visitsyrrako.gr)

Akanthos
Voir p. 256 (697 226 5961 , Syrrako ; 10h-minuit)

Bostani
Voir p. 257 (268 502 2200 ; rouista.com/bostani-restaurant ; Artas Trikalon 19, Vourgareli ; 14h30-22h)

Eden
Voir p. 257 (268 403 1409 ; Vasila 26, Parga ; 9h-1h30)

Pappas Tavern
Voir p. 257 (265 906 1114 ; Melissourgou-Pramanton 392 ; 8h-23h)

MASSIF DU PINDE

Archontiko Dilofou
Voir p. 260 (265 302 2455 ; dilofo.eu ; Dilofou)

Aristi Mountain
Voir p. 260 (265 304 1330 ; www.aristi.eu ; Aristi)

Saxonis
Voir p. 260 (693 715 1624 ; saxonis-papigo.gr ; Papingo)

5 F
Voir p. 260 (265 604 1843 ; Averof 1, Metsovo ; 11h-minuit)

Kanela and Garyfallo
Voir p. 260 (265 307 1671 ; kanela-garyfallo.gr ; Vitsa ; 13h-21h mer-jeu et sam-dim, 13h-20h ven)

Mikri Arktos
Voir p. 261 (Petit Ours ; 265 308 1128 ; Tsepelovo)

Restaurant Virginia
Voir p. 262 (265 302 2628 ; virginiahouse.gr ; Asprangeli)

Stane
Voir p. 262 (693 670 6107 ; Gyftokampos ; 11h-19h sam-dim)

Sta Riza
Voir p. 261 (265 307 1550 ; Vitsa ; 13h-21h ven-mar)

Takis Place
Voir p. 262 (265 302 2600 ; lithos-dilofo.gr ; Dilofo ; 11h-20h jeu-mar)

Biscuits aux amandes, spécialité de Kavala (p. 267)

ESIN DENIZ/STOCK.ADOBE.COM ©

AILLEURS DANS LE MASSIF DU PINDE

Sanctuaire des ours d'Arcturos
Voir p. 265 (238 604 1500 ; www.arcturos.gr ; Nymféo ; adulte/enfant 8/5 € ; 10h-16h30 jeu-lun)

Ktima Alfa
Voir p. 264 (238 602 0111 ; www.alpha-estate.com ; Km2 Amyndeon-Saint-Panteleimon ; 9h-17h)

Ktima Karanika
Voir p. 264 (694 532 6267 ; karanika.com ; Km1 Vegora, Levea ; 10h-16h lun-ven, 10h30-15h30 sam-dim)

Ktima Kyr-Yianni
Voir p. 264 (☎ 233 205 1100 ; kiryianni.gr ; Naoussa ; 🕘 11h-18h)

Vrakada Prespes
Voir p. 264 (☎ 697 410 8433 ; varkadaprespes.gr ; Psarades-Prespon ; 🕘 9h-16h30 hiver, 9h-20h été)

Archontiko Athina
Voir p. 265 (☎ 693 258 8299 ; Nymféo)

Argyro Guesthouse
Voir p. 265 (☎ 238 603 1331 ; www.argyro.gr ; Nymféo)

Del lago
Voir p. 265 (☎ 238 604 1382 ; Limnohori, Florina)

Gentéki
Voir p. 266 (☎ 238 530 0599 ; Vasileos Georgiou 2, Florina ; 🕘 12h-2h mar-dim)

Ntoltsó
Voir p. 265 (☎ 246 702 3377 ; www.ntoltso.gr ; Tsakali 2, Kastoria ; 🕘 12h-minuit jeu-mar)

Taverna To Prespeiou
Voir p. 265 (☎ 238 505 1442 ; Agios Germanos ; 🕘 12h-minuit jeu-lun)

To Psaradika
Voir p. 266 (☎ 238 504 6803 ; Mikrolimni ; 🕘 10h30-23h)

Thomas Restaurant
Voir p. 266 (www.agonari.gr ; Aminteou-Kastorias, Sklithro ; 🕘 13h-23h mer-sam, 13h-22h sam-dim)

Domaine Dalamara
Voir p. 266 (☎ 233 202 8321 ; www.dalamara.gr ; Naoussa ; 🕘 11h30-14h lun-sam)

KAVALA

Acropole
Voir p. 269 (forteresse de Kavala ; ☎ 251 083 8602 ; Isidorou 28 ; tarif plein/réduit 2,50/1,50 € ; 🕘 8h-21h mai-sept, 8h-20h avr-oct, 8h-16h nov-mars)

Maison de Méhémet Ali
Voir p. 267 (☎ 251 062 0515 ; Plateia Mehmet Ali ; tarif plein/réduit 5/3 € ; 🕘 10h-14h jeu-dim)

Mosquée Palia Mousiki
Voir p. 267 (Mosquée d'Halil Bey ; ☎ 251 350 0100 ; Ali Mehmet 30)

Site archéologique de Philippes
Voir p. 268 (☎ 25105 16251 ; odysseus.culture.gr ; Krinides ; tarif plein/réduit 6/3 €, gratuit pour résident de l'UE -25 ans, gratuit 1er dim nov-mars, tarif réduit 6-25 ans, tarif réduit pour tous nov-mars ; 🕘 8h-20h avr-oct, horaires réduits le reste de l'année)

Hotel Imaret
Voir p. 269 (☎ 251 062 0151 ; www.imaret.gr ; Poulidou 30-32)

Lucy Hotel
Voir p. 269 (☎ 251 060 0060 ; www.lucyhotel.gr ; plage de Kalamitsa)

Old Town Inn
Voir p. 269 (☎ 251 021 1113 ; oldtowninn.gr ; Spetson 14)

Apiko
Voir p. 268 (☎ 251 022 7173 ; www.apiko.gr ; Erithrou Stavrou 2 ; 🕘 9h-1h)

Ferme urbaine Tsalapeteinos
Voir p. 268 (☎ 251 111 1073 ; tsalapeteinos.gr ; Plateia Karaoli et Dimitriou 36 ; 🕘 9h-1h)

ENVIRONS DE KAVALA

Musée de l'art de la soie de Soufli
Voir p. 272 (☎ 255 402 2371 ; www.silkmuseum.gr ; Vasileos Georgiou 199, Soufli ; entrée libre ; 🕘 9h30-20h30)

Domaine Costa Lazaridis
Voir p. 271 (☎ 252 108 2231 ; www.domaine-lazaridi.gr ; Platamona-Adrianis 47 ; 🕘 9h-15h lun-ven)

Parc national de Dadia-Lefkimi-Soufli
Voir p. 272 (centre d'information ; ☎ 25540 32202 ; www.dadia-np.gr ; Dadia ; 🕘 8h-16h)

1905 Boutique Hotel
Voir p. 271 (☎ 254 107 7362 ; www.1905.gr ; Hasirtzoglou 3, Xanthi)

Elisso Xenia Hotel du Nord
Voir p. 271 (☎ 254 108 4400 ; hotelelisso.gr ; Vasilissis Sofias 9, Xanthi)

Palia Polis
Voir p. 272 (☎ 254 106 8685 ; Hasirtzoglou 7, Xanthi ; 🕘 14h-22h30 lun-sam, 13h-19h dim)

Pilima
Voir p. 272 (☎ 254 102 4242 ; Xanthi ; 🕘 9h-20 lun, 9h-23h mar-dim)

Kazani
Voir p. 271 (☎ 254 106 5866 ; Hatzistavrou 278, Xanthi ; 🕘 9h-21h)

Nea Ella
Voir p. 271 (☎ 254 102 1095 ; Vasileos Konstantinou 8, Xanthi ; 🕘 8h30-22h30)

Papaparaskevas
Voir p. 271 (☎ 254 102 2677 ; www.papaparaskevas.gr ; 28is Oktovriou 186, Xanthi ; 🕘 8h30-21h30)

IMAGIN.GR PHOTOGRAPHY/SHUTTERSTOCK ©

Ci-dessus : Hydra (p. 292). À droite : port d'Égine (p. 286)

ÎLES DU GOLFE SARONIQUE

DES PORTS CHARGÉS D'HISTOIRE

Dans les eaux chatoyantes qui séparent Athènes du Péloponnèse, de petites îles invitent les voyageurs à des escapades pleines de charme.

Comme toutes les îles grecques, celles du golfe Saronique, très proches d'Athènes, se distinguent par leur atmosphère et leur culture bien particulières. En naviguant de l'une à l'autre, on alterne entre patrimoine historique, plages, architecture raffinée et évasion au vert.

Longtemps considérées comme stratégiques dans les conflits entre Sparte, Athènes, la Perse puis l'Empire ottoman, ces îles, qui se sont développées grâce au commerce maritime, à la piraterie et aux guerres navales, se distinguent par leurs beaux édifices, leurs solides traditions et leurs familles dont la fortune s'est accumulée de génération en génération. Ajoutez-y la proximité du continent (Athènes au nord, le Péloponnèse au sud), et vous obtenez un petit archipel bien dynamique.

ROMAN SIGAEV/SHUTTERSTOCK ©

Le port d'Égine s'anime le week-end avec la venue des Athéniens, tandis que ses collines imperturbables abritent un temple dorique spectaculaire et les vestiges d'un village byzantin. Les plages de sa voisine, Angistri, plantée de pins, sont très paisibles en dehors du pic estival.

Plus au sud, l'île de Poros, avec sa ville aux tons pastel et son intérieur boisé, se dresse à un jet de pierre du Péloponnèse. Joyau du golfe, Hydra est une île sans voitures et émaillée de maisons anciennes qui s'élèvent au-dessus d'un port chargé d'histoire.

À l'extrême sud, Spetsès, à l'architecture intéressante et à la douce odeur de pin, cache une histoire navale mouvementée ; ses nombreuses criques sont à quelques minutes du continent.

PRINCIPAUX SITES

ÉGINE
Port animé, temple antique et vestiges religieux. p. 286

HYDRA
Bijou pittoresque et sans voitures. p. 292

SPETSÈS
Port historique et criques à l'eau cristalline. p. 300

S'orienter

Les cinq îles habitées du golfe Saronique se succèdent du Pirée à la pointe est du Péloponnèse. Elles se prêtent facilement à des excursions d'une journée ou à de plus longs séjours, et font d'excellents points de départ pour explorer le Péloponnèse.

FERRY

Plusieurs ferrys et hydrofoils partant du Pirée vers les îles du golfe Saronique desservent aussi le Péloponnèse (Ermioni et Porto Heli). De petits bateaux relient Poros à Galatas, Hydra à Metochi, et Spetsès à Kosta. Aucun ferry ne relie directement Égine à Hydra et Spetsès : vous devrez passer par Le Pirée ou Poros. On peut faire des croisières d'une journée au départ du Pirée ou de Nauplie.

Égine, p. 286
Remontez le temps en visitant le superbe temple d'Aphaïa et le village byzantin de Paleohora, puis dégustez des cocktails sur le port ou la plage.

Angistri, p. 290
La moins touristique des îles du golfe fait un refuge de choix pour profiter de plages tranquilles (en dehors de juillet-août).

VOITURE

Quelques bus circulent sur Égine, mais le mieux reste de louer une voiture ou un scooter. Poros est sillonnée par des bus et taxis tandis que la plupart des plages sont proches de la ville. La route qui fait le tour de Spetsès se parcourt en scooter, quad ou vélo.

À PIED

Toutes les villes de ces îles s'explorent à pied ; certaines sont même interdites aux voitures, comme à Hydra et Spetsès. Angistri est parsemée de jolis sentiers.

Poros, p. 296

Perdez-vous dans des bois tranquilles et flânez dans les ruelles colorées de Poros (Hora), bordées d'excellentes tavernes et de cafés appréciés des marins.

Hydra, p. 292

Sur cette île hors du temps et sans voiture, profitez d'un joli port, de musées passionnants et d'une ambiance branchée. Des sentiers mènent à d'innombrables criques.

Spetsès, p. 300

Ses deux ports jumeaux ont des musées retraçant l'histoire de la région. À vélo ou en scooter, faites le tour de l'île jusqu'à des baies aux eaux miroitantes.

HAUT : YIANNISSCHEIDT/SHUTTERSTOCK © ; BAS : AERIAL-MOTION/SHUTTERSTOCK ©

Planifier son séjour

Le golfe Saronique s'apprécie le temps d'un séjour placé sous le signe du farniente ou d'une excursion d'île en île. Depuis Athènes, c'est la destination idéale pour prendre le large en se décidant au dernier moment.

AERIAL-MOTION/SHUTTERSTOCK ©

Plage de Plakes (p. 294)

Si vous avez peu de temps

- Prenez le ferry pour **Hydra** (p. 292), une île d'une grande richesse architecturale et où aucune voiture ne circule. Remettez-vous de la traversée en buvant un verre au **Pirate** (p. 293), puis visitez l'ensemble monastique **Faneromeni** (p. 295). Revenez au XVIIIe siècle avec la **maison de Lazaros Koundouriotis** (p. 295) puis faites un pèlerinage à l'**atelier du grand artiste Panayiotis Tetsis** (p. 296).

- Marchez jusqu'à la **plage de Plakes** (p. 294) où vous pourrez vous baigner et vous régaler de délices de la mer, ou alors regagnez la ville pour déjeuner au **Techne** (p. 293) et sauter dans l'eau depuis les rochers. Si vous avez le temps, finissez par l'excellent **musée des Archives historiques** (p. 296) ou la remarquable **fondation Deste** (p. 296), logée dans un ancien abattoir.

Au fil des saisons

En été, le golfe Saronique est pris d'assaut. La saison touristique est plus longue sur Hydra et Spetsès, dont l'attrait ne se résume pas aux plages. Le printemps et l'automne sont idéals pour sillonner les sentiers.

AVRIL

Pâques est célébré pendant toute une semaine. Une procession mène un "tombeau du Christ" orné de fleurs jusqu'au port de Kamini.

MAI

Les îles sortent de leur hibernation : les sentiers sont bordés de fleurs et les établissements rouvrent petit à petit.

JUIN

La **fête de Miaoulia** honore la contribution d'Hydra à la guerre d'indépendance avec un bateau enflammé et des feux d'artifice.

DE GAUCHE À DROITE : IMAGIN.GR PHOTOGRAPHY/SHUTTERSTOCK ©, IVAN BASTIEN/SHUTTERSTOCK ©, NETCRAWLERLR/SHUTTERSTOCK ©

En quelques jours

- Après un ou deux jours sur Hydra, poursuivez jusqu'à **Spetsès** (p. 300), une autre île à la longue tradition navale. Passez de boutiques en restaurants sur le **port de Dapia** (p. 301) puis allez admirer les yachts du **vieux port** en vous installant dans l'un de ses cafés. Visitez **le musée Bouboulina** (p. 302), consacré à une femme capitaine de marine et héroïne de la guerre d'indépendance.

- Louez un vélo ou un scooter pour découvrir quelques **plages** (p. 302). Commencez par la petite Xylokeriza, bordée de pins, puis enchaînez avec Agia Paraskevi et Agii Anargyri, également accessibles en bateau. Nagez jusqu'à la **grotte Bekiris** (p. 303) avant de retourner en ville pour un repas au **Patralis** (p. 301) et une soirée au **Bar Spetsa** (p. 302).

Si vous avez plus de temps

- Ajoutez Égine et Angistri à votre programme. Sur **Égine** (p. 286), grimpez sur la colline du superbe **temple d'Aphaïa** (p. 288), qui forme, avec le Parthénon et le Sounion, un “triangle sacré”. Visitez les chapelles en ruine de **Paleohora** (p. 288), de style byzantin et post-byzantin, puis offrez-vous un déjeuner et une baignade au village de pêcheurs de **Perdika** (p. 289), ou une virée sur l'îlot de **Moni** (p. 289).

- **Angistri** (p. 290) est un petit paradis de plages et de pinèdes émaillées de sentiers. Enfin, plutôt que de circuler d'île en île, vous pouvez aussi n'en choisir qu'une (Hydra, Spetsès, Angistri...) où poser vos valises et profiter du temps qui passe.

JUILLET ET AOÛT
Chaleur et fréquentation sont à leur comble autour de la **Dormition** (Assomption) fêtée le 15 août dans toute la Grèce.

SEPTEMBRE
Sur Spetsès, la célébration de l'**Armata** rejoue une bataille navale de 1822. Sur Égine, le Fistiki Fest met la pistache à l'honneur.

OCTOBRE
Ciel bleu, températures plus douces et touristes moins nombreux. Idéal pour partir en randonnée et se baigner.

DÉCEMBRE
Les traditions de **Noël** et du **Nouvel An** apportent une ambiance festive. Les Athéniens affluent le week-end.

ÉGINE

Au-delà de son port animé, Égine séduit par son atmosphère paisible et ses sites prestigieux, comme le temple d'Aphaïa (Ve siècle av. J.-C.) ou les vestiges de Paleohora, inspirés par l'art byzantin. Le week-end, les Athéniens viennent se mêler à la population locale et aux travailleurs qui font la navette entre l'île et la capitale.

Habitée depuis le néolithique, Égine devint la première puissance maritime du golfe Saronique au VIIe siècle av. J.-C. en développant ses relations commerciales et son influence politique. L'île joua un rôle essentiel dans la victoire des Grecs sur les Perses lors de la bataille navale de Salamine en 480 av. J.-C. Néanmoins, Athènes, sa voisine, l'attaqua et la colonisa vingt ans plus tard. Égine ne retrouva jamais sa gloire d'antan, mais joua un rôle important dans la guerre d'indépendance du pays, au début du XIXe siècle et servit même de capitale provisoire à une Grèce partiellement libre, de 1827 à 1829.

Pour les infos pratiques, voir le Carnet d'adresses *p. 304.*

À SAVOIR

La plupart des îles grecques sont approvisionnées en eau par bateau ou, plus récemment, par des usines de dessalement : l'eau des fontaines ou du robinet y est rarement potable. Égine fait figure d'exception, car elle vient d'être raccordée au réseau potable du continent.

MILAN GONDA/SHUTTERSTOCK ©

Front de mer du port d'Égine

Port et temple en ruine

EFFERVESCENCE INSULAIRE

Les eaux étincelantes du port d'Égine sont bordées par une promenade émaillée de cafés et de restaurants où se pressent passants et conducteurs de moto. Un rythme de vie plus tranquille règne dans les ruelles de la ville, où le linge sèche aux balcons et les enfants s'amusent à vélo.

Derrière le port, les rues parallèles d'Irioti et de Rodi débordent de boutiques en tous genres. Quelques édifices néoclassiques du XIXᵉ siècle s'y mêlent à des maisons chaulées, tandis que le **musée du Folklore** vous fera découvrir l'Égine d'antan, à travers le mobilier, les habits et les objets d'autrefois. Continuez à explorer la ville au-delà de ces deux artères.

Tout près du port, vers le nord, le **temple d'Apollon** comprend murs, citernes et piliers en ruine, dominés par une colonne solitaire. Érigé au Vᵉ siècle av. J.-C., le monument est le dernier vestige d'une acropole antique (elle-même construite sur un site préhistorique). Les pièces exposées au **Musée archéologique** sont accompagnées d'explications en anglais.

PISTACHES D'ÉGINE

La pistache d'Égine (*fistiki aeginis*) bénéficie d'une appellation d'origine protégée (AOP).

Importés sur l'île au début du XIXᵉ siècle, les pistachiers mettent environ huit ans à produire des fruits, mais connaissent une belle longévité. Les *fistiki* se vendent un peu partout en sachet et s'affichent au menu des restaurants dans de délicieux pestos, baklavas ou *pasteli* (barre au sésame et au miel).

En septembre, mois de la récolte, le Fistiki Fest célèbre le petit fruit à coque à grand renfort de spectacles, foires et concours culinaires.

PLUS DE SAVEURS LOCALES

Outre la pistache d'Égine, la liste des AOP grecques inclut 33 vins, plusieurs fromages et huiles d'olive, un miel de sapin, le mastic de Chios et le safran rouge. Pour en savoir plus sur la cuisine grecque, rendez-vous p. 42.

OÙ SE RESTAURER SUR ÉGINE

Le Café Aegina
Brunchez, dînez ou sirotez des cocktails face à la mer, près du port d'Égine. **€**

Miltos
Taverne populaire des quais de Perdika. Spécialités grecques, et bons poissons et fruits de mer. **€€**

O Thanassis
Sur la côte est, à Portes, une charmante famille vous accueille dans sa taverne fleurie sur le front de mer. **€**

SERGII FIGURNYI/SHUTTERSTOCK ©

Temple d'Aphaïa

CARTES TERRAIN

Les cartes des éditions Terrain (www.terrainmaps.gr) sont essentielles pour explorer les moindres recoins des îles grecques, à pied ou en véhicule. En effet, il est facile de se perdre sur les pistes, routes et sentiers de la région, car les cartes éditées localement sont de qualité inégale et le réseau mobile s'avère instable en dehors des villes.

Les cartes Terrain, régulièrement mises à jour, retracent aussi l'histoire et les mythes locaux, les sites touristiques, la topographie et les itinéraires de randonnée. On les trouve dans la plupart des librairies et des boutiques de souvenirs.

Temple antique et églises en ruine

LES PLUS BEAUX VESTIGES DU GOLFE

L'imposant **temple dorique d'Aphaïa**, érigé vers 500-490 av. J.-C. à l'emplacement d'un très ancien lieu de culte, est l'un des trois temples du triangle sacré comprenant également le Parthénon et Sounion. Il se dresse au sommet d'une colline couverte de pins, offrant une vue dégagée sur le golfe Saronique. Il s'agit du seul temple connu dédié à Aphaïa (Aphéa), une divinité préhellénique locale. Le site fut aussi utilisé pour le culte d'Athéna pendant la période classique. Les frontons est et ouest du temple, en marbre de Paros, sont décorés de superbes sculptures illustrant la guerre de Troie. La plupart, dérobées au XIXe siècle, sont exposées à la glyptothèque de Munich.

Rendez-vous ensuite à **Paleohora**, ancien village byzantin, qui fut capitale d'Égine entre le IXe siècle et son abandon dans les années 1820. Disséminées sur le versant d'une colline, ses ruines comptent une trentaine d'églises (restaurées pour certaines), sur les hauteurs rocheuses d'une ancienne citadelle. La plupart furent construites après le XVe siècle, mais certaines abritent des peintures murales datant du XIIIe siècle. Un réseau de sentiers, bordés de fleurs sauvages au printemps, les relie entre elles.

OÙ PRENDRE UN VERRE SUR ÉGINE

Tortuga Artcafé Winebar
À Égine (Hora). Parfait pour un café ou un verre de vin, à toute heure, avec de bons plats.

Retro Cafe-Bar
Boiseries et ambiance vintage pour ce bar d'Égine (Hora) qui accueille des concerts.

Kahlua Bar
À Agia Marina, bar rock décoré sur le thème de la moto. Excellents cocktails et whiskys.

Village de pêcheurs et îlot préservé

ESCAPADE CÔTIÈRE

Campée au pied d'un massif montagneux, Égine est une île à la végétation luxuriante, où les fleurs sauvages abondent au printemps. Les plages n'étant pas son point fort, c'est à **Agia Marina**, sur la côte est, que se concentre l'essentiel du tourisme balnéaire. Là-bas, une plage aux eaux peu profondes, idéale pour les familles, est ceinturée par une rue très passante. Quelques étroites plages de sable, dont celle de **Marathonas**, longent la route reliant Hora à Perdika.

Pour un séjour au calme, dirigez-vous vers **Perdika**, un charmant village de pêcheurs situé à 9 km au sud d'Égine (Hora), à la pointe sud-ouest de l'île. Le port est très peu profond : si vous voulez vous baigner, embarquez sur l'un des caïques (bateaux traditionnels) qui font la navette avec l'îlot de **Moni**, à quelques minutes au large. Dans cette réserve naturelle, vous profiterez d'une plage bordée d'arbres. Un café s'y installe en saison.

En été, sur la promenade surélevée du port de Perdika, la splendeur du soleil couchant fait place à l'effervescence nocturne lorsque les bars montent le son.

Maison-musée

TABLEAUX ET SCULPTURES

La maison et l'atelier du sculpteur Christos Kapralos (1909-1993), situés sur la côte près de **Livadi**, à 1,5 km au nord d'Égine (Hora), ont été transformés en musée. Nombre de ses œuvres y sont exposées, y compris des sculptures monumentales comme sa *Frise du Pindes*, de 40 m de long.

Sur les flots

LOUER UN BATEAU

Proche de plusieurs sites exceptionnels tels qu'Angistri, Hydra et le théâtre antique d'Épidaure, Égine fait un point de départ tout indiqué pour partir en excursion. Embarquez sur l'un des bateaux de **Christos** (www.aegina-cruise.com) ou louez-en un auprès de **Aegina Rent a Boat** ou **Blue Day**.

CHAMBRES AVEC VUE À ÉGINE (HORA)

Hotel Rastoni
Vastes chambres donnant sur un joli jardin et le temple d'Apollon. Personnel serviable et petit-déjeuner copieux. €€

Plaza Hotel
Sur le front de mer, chambres confortables et modernes dotées de balcons. €€

Fistikies Holiday Apartments
Appartements propres, idéals pour les familles, avec terrasse donnant sur la piscine centrale. €€

COMMENT S'Y RENDRE ET CIRCULER

Le port de la ville d'Égine (Hora) et, en haute saison, ceux d'Agia Marina et Souvala, sont desservis par des ferrys au départ du Pirée, à réserver en ligne (www.saronicferries.gr ou www.anes.gr). Les hydrofoils de Hellenic Seaways et Aegean Flying Dolphins font la liaison avec Le Pirée et Angistri. Les ferrys accostent au grand quai extérieur ; les hydrofoils au quai intérieur. Même l'hiver, les ferrys rapides partant du Pirée le week-end sont vite complets.

Agistri Express dessert Skala et Mylos, sur Angistri, plusieurs fois par jour en haute saison. Le départ se fait au milieu du port d'Égine, là où les horaires sont affichés.

Des bateaux-taxis peuvent vous emmener partout sur les côtes de l'île ou vers Le Pirée. Ils facturent à la course.

Des bus relient Égine (Hora) au reste de l'île. Les horaires sont affichés devant la billetterie (Plateia Ethnegersias) ; achetez vos billets avant de monter.

De nombreuses agences louent des véhicules, dont CarPlan et Avance.

Pour plus de détails sur les moyens de transport, consultez www.aeginagreece.com.

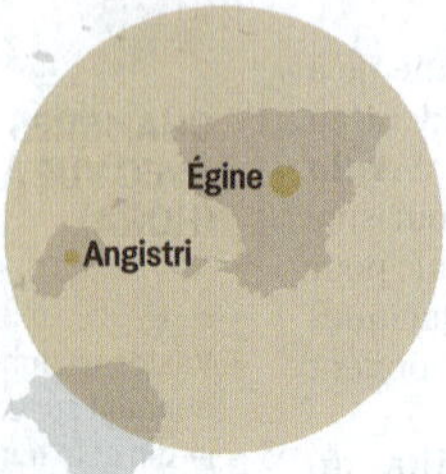

Angistri

Avec ses sentiers à l'ombre des pins, la petite île d'Angistri, à quelques encablures d'Égine, semble loin de tout.

Pour les infos pratiques, voir le Carnet d'adresses *p. 304.*

À SAVOIR

Réservez bien à l'avance, surtout en août et pendant les week-ends d'été. Vous trouverez une banque avec DAB dans la rue principale de Skala.

À quelques kilomètres à l'ouest d'Égine, cette toute petite île traversée de ruelles paisibles hors saison, de pinèdes et de criques bleu azur peut faire l'objet d'une belle excursion. En été, elle est assaillie par les amateurs d'eau cristalline.

L'histoire d'Angistri se mêle à celle d'Égine. Selon Homère, qui la désigne sous le nom de Kekryfalia, les deux îles auraient été alliées durant la guerre de Troie. Si on peut facilement faire l'aller-retour depuis Égine ou Le Pirée dans la journée, vous ne regretterez pas d'y séjourner un peu plus longtemps.

Skala, Angistri

AERIAL-MOTION/SHUTTERSTOCK ©

Angistri

Village central

PAISIBLE PORT

Ce ne sont pas les hôtels, résidences, tavernes et cafés qui manquent sur le port balnéaire de **Skala**, qui reste, la plupart du temps, assez calme. En venant du débarcadère, tournez à droite pour rejoindre la petite plage du port et une église perchée sur les hauteurs. Un peu plus loin, l'une des meilleures plages de l'île disparaît sous les serviettes en juillet et août.

Promenade et baignade

UNE ÎLE PLANTÉE DE PINS

Parcourez les ruelles et chemins de terre d'Angistri à pied. À environ 1 km à l'ouest de Skala se trouve l'autre port de l'île, **Mylos** (**Megalochori**), un village traditionnel où l'on trouve tavernes, chambres à louer et petite plage parsemée de transats.

Au niveau du débarcadère de Skala, un sentier côtier court vers le sud entre les pins. Il mène à une crique abritant la **plage de Skliri** et se poursuit jusqu'à la vaste **plage de Chalikadha**, une belle étendue de galets fréquentée par des nudistes.

Un autre sentier parcourt l'intérieur des terres depuis l'église de Metochi jusqu'à la **plage de Dhragonera**.

Dans le sud-ouest, Aponissos est une crique aux eaux turquoise d'où émerge une petite île. On y trouve une bonne taverne. Dans le sud-est, **Limenaria** compte aussi une taverne et, juste à côté, la **plage de Mariza**, aux eaux plus profondes.

BONNES ADRESSES D'ANGISTRI

Toxotis
Restaurant populaire de Skala servant des plats de viande et de poisson. Intéressante carte des vins et terrasse animée. €

A Bar
Délicieux cocktails, à côté d'autres bons bars donnant sur la plage de Skala.

Hotel Kekrifalia
À Skala, hôtel accueillant avec accès à la mer, à l'écart de la foule. €€

Rosy's Little Village
Maisonnettes chaulées, petite plage privée et restaurant servant des produits bio. €€

Saronis Hotel
Au cœur de Skala, un petit hôtel chaleureux à deux pas de la plage. €€

COMMENT S'Y RENDRE ET CIRCULER

Des hydrofoils et des ferrys (www.saronicferries.gr ou hellenicseaways.gr) desservent Skala et Mylos (hydrofoil 10 min ; ferry 20 min) depuis Le Pirée (hydrofoil 55 min ; ferry 1 heure 30) via Égine. Agistri Express fait la navette entre Angistri et Égine. Des bateaux-taxis relient aussi les deux îles. En été, des bus desservent Limenaria et Dhragonera au départ de Skala et Mylos. Louer un scooter ou un VTT permet d'explorer la route côtière (6,5 km).

HYDRA

La sublime Hydra fait partie des îles grecques interdites aux voitures et scooters : ici vous ne trouverez que des rues pavées, des ânes, des rochers et la mer. Lorsque son architecture admirablement préservée, ses sentiers et ses eaux claires et profondes vous auront suffisamment comblé, savourez un cappuccino sur le port en observant les passants. Hydra attire depuis longtemps les célébrités de tous horizons, comme les peintres Brice Marden, Nikos Hadjikyriakos-Ghikas et Panayiotis Tetsis, les musiciens Leonard Cohen et David Gilmour ou les actrices Melina Mercouri et Sophia Loren.

La ville d'Hydra (Hora) est plus qu'un simple port. Centre névralgique de l'île, elle recèle un patrimoine ancien, de belles demeures et de nombreux cafés animés. Les mules et les baudets sont le principal mode de transport sur cette terre à la fois rurale et follement chic.

Pour les infos pratiques, voir le Carnet d'adresses p. 304.

À SAVOIR

Sur Hydra, la saison touristique s'étire de mai à octobre. Réservez bien à l'avance et n'hésitez pas à louer un hébergement sur les hauteurs ; la vue en vaudra la chandelle et vos hôtes vous aideront à louer une mule pour porter vos bagages dans les rues escarpées.

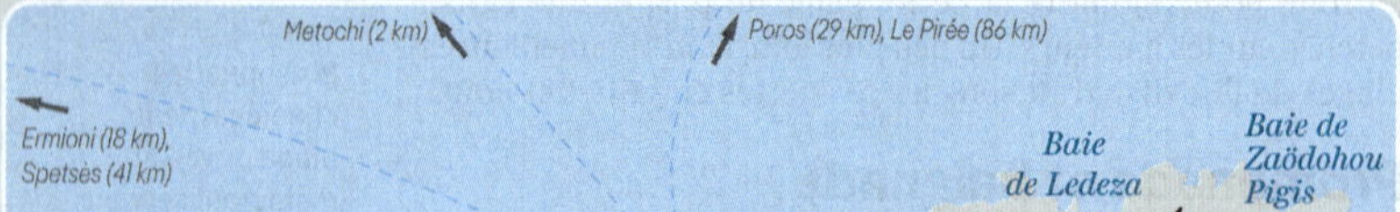

VOIR
1 Baie de Mandraki
2 Episkopi
3 Hydra (Hora)
4 Monastère de Zourva
5 Moni Agias Efpraxias
6 Moni Profiti Ilia
7 Mont Éros
8 Plage de Bisti
9 Plage de Limnioniza
10 Plage de Plakes

SE RESTAURER
11 Castello

Mules, Hydra

SPLENDEUR PORTUAIRE

LA DOUCEUR DE VIVRE À LA GRECQUE

Que l'on arrive en voilier ou en ferry, la vue du port d'Hydra et de ses maisons lumineuses et bien préservées est d'une beauté saisissante. En haute saison, un incessant ballet de yachts, de caïques et de bateaux-taxis se joue devant le quai de marbre où se pressent visiteurs et îliens savourant leur café et chauffeurs de bateaux-taxis courtisant les clients. Il n'est pas rare de voir des ânes aller et venir au milieu de tout ce beau monde. En soirée, ce décor se transforme en lieu de promenade, où l'on profite de la vie un verre à la main.

Pour voir la ville sous un autre jour, aventurez-vous dans le dédale de ruelles à l'écart du port et jusqu'aux chemins grimpant à flanc de colline. Dans les rues paisibles, de vieilles dames parlent cuisine et des chemins de terre partent à l'assaut de montagnes aux couleurs toujours changeantes.

HISTOIRE HYDRIOTE

Les premières véritables traces d'occupation sur Hydra remontent à l'époque mycénienne. Au XVIe siècle, elle devint un refuge pour les populations qui fuyaient les affrontements entre Ottomans et Vénitiens, notamment les habitants de l'actuelle Albanie.

Au XVIIIe siècle, ses résidents voyageaient jusqu'en Égypte et la mer Noire, franchissant la limite entre commerce et piraterie. Ainsi enrichie, l'île subit peu l'ingérence de l'Empire ottoman.

C'est au XIXe siècle qu'elle est devenue une grande puissance maritime et, en 1821, la population de l'île atteignit son pic avec 28 000 habitants. Son histoire navale et son rôle clé dans la guerre d'indépendance sont célébrés en juin lors de la **fête de Miaoulia** (voir p. 284). L'amiral Andreas Miaoulis (1769-1835), qui commandait la flotte contre les Turcs dans les années 1820, était originaire d'Hydra.

OÙ SE RESTAURER À HYDRA (HORA)

Techne
Plats légers le midi et gastronomiques le soir, avec vue sur la mer et le soleil couchant. **€€€**

Plakostroto
Dans une cour arborée, grande variété de plats internationaux sans prétention. **€€**

Giasemi
Grillades et autres classiques dans un quartier calme. Le propriétaire vous fera ses recommandations. **€€**

HYDRA PAR LE MENU

Presque tout ce qu'on mange à Hydra (hormis quelques fruits, légumes et produits de la mer) est importé, mais le front de mer de la ville n'en est pas moins bordé de restaurants et de cafés, dont les plus renommés sont l'**Oraia Hydra**, le **Psarapoula** et le **Sunset**.

Vous vous régalerez davantage dans les ruelles éloignées du port (le **Caprice** sert les meilleures pizzas), à Kamini (au **Pirofani** et au **Christina**) ou sur les plages (au **Marina** de Vlyhos, au **Four Seasons** de Plakes et au **Mandraki 1800** de Mandraki).

De manière générale, les prix sont élevés et la qualité assez moyenne. En haute saison, réservez pour dîner car les restaurants affichent vite complet.

PAUL SHARK/SHUTTERSTOCK ©

Avlaki

Plages et sentiers côtiers

PROMENADES SUR LES GALETS

Les plages de sable étant introuvables à Hydra, on se baigne autour des rochers, comme à **Spilia** et **Hydronetta**, ou en s'éloignant de la ville, sur des plages de galets. La route côtière se fond en un superbe sentier, en partie pavé, à 1,5 km à l'ouest du port, après la minuscule plage d'**Avlaki** et le port de pêche de **Kamini**.

Kamini possède de bonnes tavernes, des rochers qui permettent de se baigner, une petite plage et un élégant bar-restaurant, le **Castello**. Poussez jusqu'à **Vlyhos**, à 1,5 km de Kamini, et vous trouverez deux plages un peu plus grandes (celle de Vlyhos et celle, plus sauvage, de **Plakes**), des tavernes et un pont du XIXe siècle. Le chemin bifurque ensuite dans les terres au niveau du port à sec de **Palamida**.

Depuis Hydra (Hora), on peut aussi suivre la côte vers l'est pour rejoindre, à 2,5 km du port, la **baie de Mandraki**. Cette ancienne base navale abrite une plage de galets et une bonne taverne. Un peu plus bas apparaît un hôtel avec sa plage de sable (importé), ses transats et son restaurant où l'addition monte vite.

Des bateaux font la navette entre le port d'Hydra et toutes ces plages. Ils desservent aussi, dans le sud de l'île, les eaux

OÙ PRENDRE UN VERRE À HYDRA (HORA)

Pirate
Sur le port, pour un café à toute heure du jour ou un cocktail divin en soirée.

1821 Hydra
Délicieux cocktails et ambiance chaleureuse. Quartier très animé.

Hydronetta
Au-dessus de rochers d'où on peut se baigner. Cafés ou cocktails au crépuscule.

émeraude des **baies de Bisti** et **d'Agios Nikolaos**, plantées de parasols. Beaucoup de bateaux font payer l'aller-retour même si l'on fait l'un des trajets à pied. Des bateaux-taxis font le tour de l'île et vous pouvez louer votre propre embarcation auprès d'**Hydra Rent a Boat**.

Chemins de montagne

SUR LES HAUTEURS D'HYDRA

L'intérieur paisible d'Hydra tranche avec l'agitation du port. En ville, de nombreuses ruelles grimpent jusqu'à des chemins de montagne, à suivre à pied ou à cheval avec un guide de **Harriet's Hydra Horses**. Un plan sommaire est affiché sur le quai, et plusieurs sentiers balisés sillonnent l'île. Au-delà d'Hydra (Hora), Kamini et Vlyhos, vous ne trouverez aucun commerce : emportez suffisamment d'eau.

Monter jusqu'au **Moni Profiti Ilia** est une expérience inoubliable (comptez une bonne heure de marche au milieu des pins). Ce magnifique monastère recèle de belles icônes et offre un superbe panorama. En contrebas se trouve un petit couvent, le Moni Agias Efpraxias.

D'autres sentiers mènent au **mont Éros** (588 m), le point culminant de l'île. Ils courent vers l'est le long de la crête montagneuse jusqu'au monastère de Zourva et à un phare. Assurez-vous d'obtenir des indications claires des habitants avant de vous y aventurer. Près des monastères de Matrona, Triada et Nikolaos, un sentier descend à la plage isolée de **Limnioniza**. Depuis la côte ouest, un autre chemin conduit au hameau haut perché d'**Episkopi** (dépourvu de commerces) et au promontoire de Nisiza.

Musées, ateliers et expositions

ART D'HIER ET D'AUJOURD'HUI

Hydra (Hora) jouit d'un beau patrimoine artistique et historique. Commencez par le paisible ensemble monastique de **Faneromeni**, sur le port. Sa ravissante **cathédrale Kimisis Tis Theotokou**, du XVIIe siècle, arbore un clocher en marbre de Tinos tandis que le **Musée ecclésiastique** renferme icônes et vêtements liturgiques. Attention, vous devez avoir les épaules couvertes, porter une jupe longue ou un pantalon pour visiter le site.

Grimpez ensuite jusqu'à la **maison de Lazaros Koundouriotis**. Dominant le port, cette splendide *archontiko* (demeure de pierre) fut la résidence d'une grande figure de la lutte pour l'indépendance. Témoignant de l'architecture de la fin du XVIIIe siècle, elle renferme

POURQUOI J'AIME HYDRA

Alexis Averbuck, autrice pour Lonely Planet.
@alexisaverbuck

Hydra est une île hors du temps. On laisse derrière soi le bruit et le chaos de la vie moderne pour trouver une destination intemporelle. Ici, mon âme et mon esprit se libèrent, et je retrouve la peintre et l'écrivaine en moi. Je comprends pourquoi tant d'artistes se sont aventurés sur ces terres et je me sens privilégiée d'y vivre. J'aime bien la basse saison, quand je peux savourer sans entrave les chants, les paysages et la tranquillité de mon île.

PASSION CINÉMA

De nombreux films grecs et internationaux ont été tournés sur Hydra, comme le classique *Ombres sous la mer* (1957) avec Sophia Loren. Plus de renseignements sur le cinéma grec p. 650.

OÙ SE LOGER À HYDRA (HORA)

Cotommatae
Demeure ancienne au luxe subtil. Certaines suites disposent d'une terrasse ou d'un Jacuzzi. **€€€**

Hotel Sophia
Sur le port, superbes petites chambres (certaines avec balcon) et excellent petit-déjeuner. **€€**

Nereids
De charmants propriétaires tiennent ces très belles chambres. Rue calme bordée de pins. **€**

L'ÎLE AUX ARTISTES

Hydra a toujours exercé un attrait particulier sur les artistes, tel le peintre Nikos Hadjikyriakos-Ghikas (1906-1994) qui reçut de nombreux peintres et écrivains du siècle dernier, parmi lesquels Patrick Leigh Fermor, John Craxton et Henry Miller. Les restes de sa demeure, qui brûla en 1961, ornent encore les hauteurs de Kamini.

Le plus célèbre résident d'Hydra reste cependant Leonard Cohen (1934-2016), qui s'y installa à 26 ans. C'est là qu'il écrivit le recueil *Des fleurs pour Hitler* (1964) ainsi que les romans *Jeux de dames* (1963) et *Les perdants magnifiques* (1966) tout en expérimentant la mise en musique de ses poèmes. Le documentaire *Marianne & Leonard* (2019) s'attarde sur sa vie insulaire et le couple qu'il forma avec Marianne Ihlen, pour qui il composa la chanson "So Long, Marianne".

THEASTOCK/SHUTTERSTOCK ©

Musée des Archives historiques

du mobilier d'époque, des costumes et de l'artisanat local ; l'exposition annuelle est souvent intéressante.

Poursuivez jusqu'à l'**atelier de Panayiotis Tetsis**, l'un des plus grands peintres grecs, né sur Hydra en 1925. On y découvre sa maison familiale, le lieu où il peignait et la boutique que tenaient ses grands-parents exactement telle qu'elle était à l'époque.

De retour au port, visitez l'excellent **musée des Archives historiques**, dont la vaste collection de portraits et d'objets de marine souligne le rôle joué par l'île lors de la guerre d'indépendance. En haute saison, des expositions temporaires et des concerts ont lieu sur son toit-terrasse. À côté, la **salle d'exposition Melina Mercouri** accueille aussi des expositions et des concerts en saison tandis que l'Académie de marine présente les créations de l'Hydra School Projects.

Suivez la côte après les canons pour atteindre l'ancien petit abattoir qui abrite, face à la mer, la **fondation Deste**. Chaque été, de grands noms de l'art contemporain s'y succèdent, tels Kara Walker, Jeff Koons ou Matthew Barney.

COMMENT S'Y RENDRE ET CIRCULER

Des ferrys rapides d'Hellenic Seaways (www.hsw.gr) relient Hydra au Pirée, à Poros et à Spetsès, ainsi qu'à Ermioni et Porto Heli. Leur fréquence est très réduite en hiver. La navette Freedom (www.hydralines.gr) circule entre Hydra et Metochi (où l'on ne trouve guère plus qu'un parking) sur le continent (15 min).

Sur Hydra, on se déplace surtout à pied. L'île est exempte de tout véhicule motorisé. Mules et baudets constituent le principal moyen de transport. Sur le port, leurs propriétaires vous proposeront de porter vos bagages à votre hôtel ou de faire une balade. Les associations de défense des animaux appellent toutefois à s'assurer du bon traitement des équidés.

En été, des caïques font la navette entre Hydra (Hora) et les plages de l'île. Les bateaux-taxis vous mèneront partout sur ses côtes ; leurs tarifs sont affichés sur le quai.

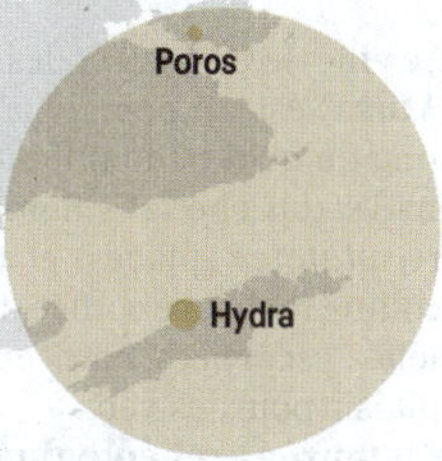

Poros

Entre Égine et Hydra, la petite île de Poros et son sympathique port s'éveillent avec l'arrivée des touristes.

Pour les infos pratiques, voir le Carnet d'adresses *p. 305.*

À SAVOIR

Des car-ferrys font la navette entre Poros et la ville de Galatas, qui se dresse juste en face, sur le continent. Poros constitue ainsi une bonne base pour explorer les sites antiques du Péloponnèse.

L'île de Poros est séparée des montagnes du Péloponnèse par un étroit bras de mer. Cette situation donne à la ville de Poros (Hora), aux maisons couleur pastel accrochées autour d'un clocher à flanc de colline, l'aspect d'une romantique cité lacustre.

L'île est en fait formée de deux terres reliées par un isthme étroit : Sferia, occupée essentiellement par la ville de Poros ; et Kalavria, la plus grande, en majeure partie boisée, dont la côte sud est jalonnée de plages et d'hôtels. À l'intérieur des terres, peu peuplé et couvert de forêts, il est possible de s'éloigner de l'agitation touristique.

Poros

MES BAIGNADES PRÉFÉRÉES

Née sur Hydra, la championne de natation **Margarita Kontzia** a contribué au développement du mouvement des bébés nageurs en Grèce et fondé l'hôtel Alkima, à Athènes. *www. alkimathens.com*

Hydronetta et Spilia (Hydra)
Le matin, j'adore nager depuis ces rochers au pied de la ville.

Limnioniza (Hydra)
J'y vais en bateau avec mes enfants pour pique-niquer et plonger au calme.

Plage de Chalikiada Beach (Angistri)
Une plage parfaite en septembre, lorsque l'île redevient tranquille.

Plage de Moni Eginas (Égine)
Prenez un petit bateau pour atteindre ces eaux d'un bleu transparent au soleil.

Plage de Ligoneri (Spetsès)
Une grande étendue de galets où s'assoupir sous les pins, au bord d'une mer azur.

Une ville à explorer

UN PORT PLEIN DE VIE

Installé en face de la petite ville de Galatas et des montagnes du Péloponnèse, **Poros (Hora)** est un port dynamique. Des voiliers sont amarrés le long du quai pendant que des ferrys se fraient un chemin dans l'étroit chenal sillonné de petits bateaux. Derrière le port, *plateies* (places) et tavernes se blottissent au pied d'une colline rocheuse coiffée d'un clocher. Se promener dans les ruelles escarpées bordées de vieilles maisons colorées est un plaisir pour les yeux.

Sur le front de mer, le petit **musée archéologique de Poros** est doté d'un bel ensemble de sculptures classiques provenant des environs. Non loin, la galerie **Citronne**, gaie et lumineuse, expose des œuvres d'artistes de tout le pays.

Les principaux bars et boîtes de nuit de Poros, le long des quais, s'embrasent les soirs d'été.

Plages et sports nautiques

PIQUER UNE TÊTE SUR KALAVRIA

Les plus belles plages de Poros se trouvent sur **Kalavria**, la plus grande de ses deux “îles”. La **plage de Kanali** et ses galets se situent à 1 km à l'est du pont, tandis que le ruban de sable de la **plage d'Askeli**, à 500 m encore plus à l'est, compte plusieurs hôtels et restaurants.

À 3 km à l'ouest du pont, la **plage de Néorion** attire les amateurs de ski nautique et autres loisirs aquatiques. Spécialiste de ce sport, **Passage** (qui dispose aussi d'un hôtel au Péloponnèse, à Drepani) propose des parcours de slalom et des cours pour débutants.

À 1,5 km de Néorion, la crique sablonneuse de **Russian Bay** reste la meilleure plage, malgré la musique du bar local parfois trop forte.

Monastère et vestiges de temple

POROS L'HISTORIQUE

Le **Moni Zoödohou Pigis** ou “monastère de la source de vie” trône depuis le XVIIIe siècle au sein d'une forêt dominant la mer. Suivez le chemin qui l'indique, à 4 km à l'est de Poros (Hora) et entrez épaules et genoux couverts pour y admirer une belle iconostase (panneau décoré d'icônes) d'Asie Mineure.

Il ne reste pas grand-chose du **temple de Poséidon** de Poros, mais la route qui y mène dévoile un superbe panorama sur le golfe Saronique et le Péloponnèse. Ce magnifique édifice du VIe siècle servit autrefois d'asile aux fugitifs et aux marins

OÙ SE LOGER SUR POROS

7 Brothers Hotel
Chambres confortables et joliment meublées, avec parfois un petit balcon ou la vue sur la mer. **€**

Sto Roloi
Location d'appartements ou de maisons propres et élégantes dans Poros (Hora). **€€**

Sirene Blue Resort
Belle piscine et literie impeccable pour un séjour de luxe sur la plage de Monastiri. **€€**

S.BORISOV/SHUTTERSTOCK ©

Temple de Poséidon

naufragés. C'est ici que l'homme politique athénien Démosthène (384-322 av. J.-C.), virulent opposant du roi de Macédoine Philippe II, et de son fils Alexandre le Grand, se réfugia pour échapper à la peine de mort réclamée par leur successeur, Antipater. Lorsqu'on le retrouva, Démosthène préféra se suicider dans l'enceinte du temple plutôt que de se rendre. L'édifice fut presque entièrement démoli au XVIIIe siècle et ses matériaux récupérés pour bâtir un monastère sur l'île d'Hydra.

Si vous avez un véhicule, faites le trajet entre Moni Zoödohou Pigis et les ruines du temple en passant par les terres. Vous pourrez ensuite regagner la ville par une boucle de 6 km.

BONNES ADRESSES DE POROS (HORA)

Taverna Karavolos
Outre les plats de viande traditionnels, la spécialité de cette accueillante taverne au charme ancien est le "gros escargot" (karavolos). €

Apagio
L'une des deux tavernes familiales bien-aimées du front de mer (classiques grecs et fruits de mer). €€

Serenità
Idéal pour savourer café, cocktail ou en-cas sur les quais.

Ampelos Wine Bar
Repaire chaleureux où boire de bons vins (dont la propre cuvée du bar), parfois devant un concert.

Regatta Cocktail Bar
Avec son balcon sur le port, ce bar est aux premières loges au coucher du soleil.

COMMENT S'Y RENDRE ET CIRCULER

Des ferrys (www.saronicferries.gr ; 2 heures 30) relient quotidiennement Poros au Pirée (service réduit en hiver) ; d'autres font la navette avec Égine (1 heure 15) et Méthanat. Des catamarans rapides circulent du Pirée à Poros (Hellenic Seaways ; www.hsw.gr ; 1 heure), puis desservent Hydra (30 min), Spetsès (1 heure 30), Ermioni et Porto Heli.

Des caïques font régulièrement la navette (5 min) entre Poros et Galatas. Ils partent du quai en face de la Plateia Iroön, à Poros (Hora). L'embarcadère des hydrofoils se trouve à 50 m plus au nord. Les car-ferrys pour Galatas partent d'un quai un peu plus au nord.

Vous pouvez aussi louer une voiture auprès d'une agence Pop's Car de l'aéroport d'Athènes, de Galatas ou d'Ermioni.

Les taxis et bateaux-taxis de l'île transitent tous par Poros (Hora). L'été, un bus circule de la gare routière KTEL Galatas (www.ktelargolida.gr) et repart vers l'ouest pour la plage de Néorion.

SPETSÈS

Spetsès se dresse à quelques kilomètres des côtes du Péloponnèse. Plus encore que sur d'autres îles du golfe, on ressent ici le rythme nonchalant de la vie insulaire. La vieille ville historique est l'unique bourg de l'île, ceinturée par une seule route. Partout ailleurs, Spetsès n'est que collines, pinèdes et criques aux eaux cristallines.

Bien que moins photogénique que d'autres villes, Spetsès (Hora) est une bourgade détendue, mais à la vie nocturne animée et qui bénéficie de superbes sites de baignade faciles d'accès. Dotée d'un riche passé maritime et d'une vie culturelle dynamique, l'île attire autant plaisanciers qu'artistes et fêtards.

Ce charme a séduit plusieurs écrivains, comme Michel Déon (1919-2016) dont on peut lire *Le Balcon de Spetsai* (Gallimard, 1961), ou Jacques Lacarrière (1925-2005), fin connaisseur de la culture grecque. Les forêts de pins d'Alep qui faisaient la fierté de l'île se remettent encore de plusieurs incendies destructeurs.

Pour les infos pratiques, voir le Carnet d'adresses p. 306.

À SAVOIR

Spetsès dispose d'hébergements de grande qualité, dont plusieurs petits établissements ravissants, un grand hôtel historique et de nombreuses pensions. La plupart proposent des réductions hors saison. Si vous avez des questions, rendez-vous au **kiosque d'information** sur le quai.

VOIR
1 Agia Marina
2 Agia Paraskevi
3 Agii Anargyri
4 Grotte Bekiris
5 Ligoneri
6 Spetsès (Hora)
7 Spetsopoula
8 Vrellos
9 Xylokeriza
10 Zogheria

APOSTOLIS GIONTZIS/SHUTTERSTOCK ©

Port de Spetsès (Hora)

Promenade en ville

D'UN PORT À L'AUTRE

La bourgade animée de Spetsès (Hora) s'étend le long d'une côte tortueuse, jalonnée de quais et de plages. Le grand **port de Dapia**, où accostent les ferrys, ainsi que les rues autour des places Limenarhiou et Orologiou (place de l'Horloge) sont bordés d'élégants cafés et boutiques.

D'anciens *archontikoi* (demeures de notables) témoignent de la prospérité passée (et présente) de Spetsès. Vous les trouverez dans les ruelles plus calmes, en retrait du front de mer, ou sur la gauche, le long de la route côtière de Sotiriou Anargyriou, après la plage et la Plateia Agiou Mama.

Dépassez l'église du **Moni Agios Nikolaos** pour découvrir le **vieux port** (Palio Limani) et la zone de Baltzia, utilisée pour le mouillage des yachts et les chantiers navals.

Au nord du port de Dapia, une promenade et une route conduisent au quartier de **Kounoupitsa**, en bord de mer.

HÔTELS DE CHARME DE SPETSÈS

Poseidonion Grand Hotel
Revivez le faste des Années folles dans cet hôtel ancien où le luxe s'affiche partout, des chambres chics au bar raffiné. €€€

Orloff Resort
Derrière de grands murs blancs, chambres élégantes, patios privés et piscine à l'eau cristalline. €€€

Armata Boutique Hotel
Au cœur de la ville, petites chambres (avec balcon pour certaines), généreux petit-déjeuner et piscine. €€

Kastro Hotel
Ensemble calme de studios et d'appartements avec piscine, près du centre-ville. €€

OÙ SE RESTAURER SUR SPETSÈS

Patralis
Depuis plus de 70 ans, on y mange de délicieux poissons et coquillages face à la mer, à Kounoupitsa. €€

Aldebaran Spetses
Sur le port, brunch et en-cas servis en journée et bons vins le soir. Service agréable. €

Vanilia
Pâtisserie accueillante avec petit patio. Bonbons et gâteaux à tomber. €

HISTOIRE DE SPETSÈS

Les traces d'un campement datant de l'helladique ancien (3000-2000 av. J.-C.) ont été retrouvées à proximité des deux ports de Spetsès (Hora). Des vestiges romains et byzantins ont également été mis au jour derrière le Moni Agios Nikolaos, situé dans la même zone.

L'île aurait ensuite été inhabitée à partir du Xe siècle et jusqu'à l'arrivée 600 ans plus tard de réfugiés albanais fuyant les affrontements entre Turcs et Vénitiens.

Tout comme Hydra, Spetsès prospéra grâce à la construction navale. Après avoir brisé le blocus britannique pendant les guerres napoléoniennes, ses capitaines remirent à l'eau leurs vaisseaux pour rallier la flotte grecque lors de la guerre d'indépendance. C'est là que se distingua l'héroïne locale Laskarina Bouboulina, commandante de navire et combattante intrépide.

STEFANOS KYRIAZIS/SHUTTERSTOCK ©

Musée Bouboulina

Héroïnes et héros historiques

LES GRANDS NOMS DE SPETSÈS

La maison d'une célèbre habitante de Spetsès, la capitaine de marine Laskarina Bouboulina (1771-1825), est devenue le **musée Bouboulina**. On peut le découvrir dans le cadre d'une visite guidée de 40 minutes. Une **statue de Bouboulina** se dresse sur le port, face au Poseidonion Grand Hotel.

Pour en apprendre plus sur le passé de l'île, poussez la porte du petit **musée de Spetsès**. Très intéressant, il occupe l'ancienne demeure de l'armateur Hatzigiannis Mexis (1754-1844), premier gouverneur de l'île. Il recèle essentiellement des objets artisanaux, des costumes traditionnels et des portraits des pères fondateurs de l'île.

Tour des plages

BAIGNADES LE LONG DE LA CÔTE

Le sublime littoral de Spetsès est ponctué de criques de galets et de petites plages plantées de pins. Pour les explorer, louez scooter, quad ou vélo et suivez la route goudronnée qui fait le tour de l'île. En haute saison, partez de bon matin pour

OÙ PRENDRE UN VERRE SUR SPETSÈS

Bar Spetsa
Ce petit bar à l'ambiance décontractée est une institution sur l'île.

Mourayo
Repas face à la mer, cocktails au soleil couchant et piste de danse en soirée.

Booze
Sur le vieux port, pour boire et danser jusqu'à l'aube au son des DJ.

être sûr d'avoir un transat ou une place à l'ombre des arbres. Pensez également à réserver une table dans certaines tavernes.

La minuscule **Xylokeriza**, sur la côte sud-ouest, est une ravissante plage où l'on trouve des transats et une buvette au service inégal. En été, elle est vite bondée.

Plus loin s'étendent deux autres belles plages, tout aussi populaires, avec bars et activités nautiques : la longue **Agia Paraskevi**, couverte de galets et l'**Agii Anargyri**, plus sablonneuse. En saison, elles sont desservies par des bus et des bateaux. En arrivant assez tôt à Paraskevi, vous pourrez vous installer au pied d'un pin et vous passer ainsi de la location d'un parasol. Tout au nord d'Anargyri, un petit chemin mène à la **grotte marine Bekiris**, où l'on peut se baigner.

Dans le nord de l'île, **Vrellos** et **Zogheria**, pourvues de transats et d'endroits où manger, méritent aussi le détour.

Près de la ville, il y a foule sur la petite **Agia Marina**, qui accueille une bonne part du tourisme balnéaire de l'île, et les transats sont hors de prix. La plage de galets de **Ligoneri**, à 2,5 km au nord-ouest de la ville, est atteignable en bus et reste sauvage.

L'îlot de Spetsopoula, au sud de Spetsès, appartient à l'influente famille Niarchos et ne se visite pas.

L'ÎLE À VÉLO

La route circulaire qui suit le littoral de Spetsès (26 km) peut être parcourue en scooter ou en quad, mais il serait dommage de ne pas la découvrir à vélo. Les habitants conseillent de la suivre dans le sens antihoraire, afin de gravir les montées au début du parcours, mais en commençant vers l'est vous garderez une belle descente pour la fin.

Art et shopping

DANS LES BOUTIQUES DE L'ÎLE

Les boutiques et galeries d'art de Spetsès rivalisent de créativité. Vous trouverez un peu de tout dans les rues proches du port de Dapia, des maillots de bain de chez **Monoi** aux œuvres de créateurs locaux proposées chez **Sox Art Shop** (bijoux, sculptures et tableaux, ainsi que belles affiches de la fête de l'Armata). La boutique Emon vend des vêtements de stylistes grecs.

HISTOIRE MARITIME

Spetsès et Hydra, îles d'armateurs, jouèrent un rôle décisif dans la guerre d'indépendance. Pour en savoir plus sur l'héritage maritime grecque, rendez-vous p. 647.

COMMENT S'Y RENDRE ET CIRCULER

Des navires rapides relient Spetsès à Hydra (40 min), Poros (1 heure 30) et Le Pirée (2 heures 10), ainsi qu'à Ermioni et Porto Heli dans le Péloponnèse. En été, des caïques et un car-ferry font la liaison avec Kosta, sur le continent.

Si vous avez une voiture, garez-la à Kosta, car les seules autorisées à Spetsès sont celles des résidents (et le centre-ville leur est interdit) ; consultez les règles en vigueur sur www.spetses.com.gr. Beaucoup de voyageurs se déplacent en scooter ; les loueurs de deux-roues et de quads abondent. Bike Center, derrière le marché au poisson, loue vélos et sièges pour enfants.

L'été, des caïques desservent les plages de l'île. Les tarifs des bateaux-taxis sont affichés sur le quai. Tous partent du quai en face de l'agence Bardakos Tours.

Deux lignes de bus fonctionnent dès Pâques. De juin à septembre, les bus circulent 3 ou 4 fois par jour. Les horaires sont affichés aux arrêts de bus et un peu partout en ville. L'une des lignes circule entre la Plateia Agiou Mama à Spetsès (Hora) et Agia Paraskevi (40 min) en passant par Agia Marina et Agii Anargyri. L'autre part de l'arrêt en face du Poseidonion Grand Hotel et dessert Vrellos via Ligoneri.

Des taxis circulent aussi sur l'île.

Carnet d'adresses

ÉGINE

Musée archéologique
Voir p. 287 (229 702 2248 ; odysseus.culture.gr ; Patriarchou Grigoriou E 1 ; tarif plein/réduit 4/2 €, gratuit pour résident de l'UE de -25 ans, gratuit 1er dim nov-mars, tarif réduit 6-25 ans, tarif réduit pour tous nov-mars ; 10h30-17h30 mer-lun, fermé jeu jan-mars)

Maison-musée de Christos Kapralos
Voir p. 289 (229 702 2001 ; Livadi, Égine ; 8h30-15h30 mer-ven, 9h30-16h30 sam-dim)

Musée du Folklore
Voir p. 287 (229 702 6401 ; Spyrou Rodi 16 ; entrée libre ; 10h-14h et 17h-19h mer-ven, 10h-14h et 18h-20h sam-dim)

Temple d'Aphaïa
Voir p. 288 (229 703 2398 ; odysseus.culture.gr ; Aphaïa ; tarif plein/réduit 6/3 €, gratuit pour résident de l'UE -25 ans, gratuit 1er dim nov-mars, tarif réduit 6-25 ans, tarif réduit pour tous nov-mars ; 10h30-17h30 nov-déc, 10h30-16h30 mar-dim jan-mars, 8h-20h mai-oct)

Temple d'Apollon
Voir p. 287 (Kolona ; 229 702 2248 ; Attiki ; tarif plein/réduit 4/2 €, gratuit pour résident de l'UE -25 ans, gratuit 1er dim nov-mars, tarif réduit 6-25 ans, tarif réduit pour tous nov-mars ; 10h30-17h30 mer-lun, fermé jeu jan-mars)

Aegina Rent a Boat
Voir p. 289 (697 216 9900 ; rentaboataegina.com ; port d'Égine 9h-19h)

Blue Day
Voir p. 289 (697 216 9900 ; bluedayboats.com ; port d'Égine)

Christos
Voir p. 289 (229 750 0078 ; aegina-cruise.com ; port d'Égine)

Fistikies Holiday Apartments
Voir p. 289 (229 702 3783 ; fistikieshotel.gr ; Logiotatidou 1)

Hotel Rastoni
Voir p. 289 (229 702 7039 ; www.rastoni.gr ; Stratigou Dimitriou Petriti 31)

Plaza Hotel
Voir p. 289 (229 702 5600 ; www.aeginaplazahotel.com ; Kazantzaki 4)

Le Café Aegina
Voir p. 287 (229 702 2228 ; Kazantzaki 4)

Miltos
Voir p. 287 (229 706 1051 ; miltosaegina.gr ; Perdika ; 10h-minuit)

O Thanassis
Voir p. 287 (229 703 1348 ; Akti Portes 33 ; 11h-19h ven-dim)

Kahlua Bar
Voir p. 288 (229 703 2639 ; Leoforos Aphaia, Agia Marina ; 8h-tard)

Retro Cafe-Bar
Voir p. 288 (229 702 3023 ; www.facebook.com/retrobaraegina ; Spyrou Rodi ; 7h30-2h lun-ven, 7h30-3h30 sam, 9h-2h dim)

Tortuga Artcafé Winebar
Voir p. 288 (229 702 2210 ; Plateia Irioti 43 ; 12h-minuit)

ANGISTRI

Hotel Kekrifalia
Voir p. 291 (229 709 1639 ; Skala)

Rosy's Little Village
Voir p. 291 (229 709 1610 ; www.rosyslittlevillage.com ; Skliri 1, Skala)

Toxotis
Voir p. 291 (229 709 1283 ; agistri-studios.gr ; Skala ; plats à partir de 7 € ; 12h30-16h30 et 19h30-23h30)

A Bar
Voir p. 291 (229 709 1646 ; Skala ; 10h-5h)

HYDRA

Atelier de Panayiotis Tetsis
Voir p. 296 (www.nhmuseum.gr ; adulte/enfant 4 €/gratuit, gratuit pour tous dim ; 10h-16h fin-mars à oct)

Fondation Deste
Voir p. 296 (210 275 8490 ; deste.gr ; Mandakiou-Molou ; 11h-13h et 19h-22h mer-lun juin-sept)

Musée des Archives historiques
Voir p. 296 (229 805 2355 ; www.iamy.gr ; Miaouli 454 ; adulte/enfant 5/3 € ; 9h-16h)

Cathédrale Kimisis Tis Theotokou
Voir p. 295 (cathédrale d'Hydra ; Métropolis ; port ; 7h-19h)

Maison de Lazaros Koundouriotis
Voir p. 295 (www.nhmuseum.gr ; adulte/enfant 4 €/gratuit, gratuit pour tous dim ; 10h-16h fin mars à oct)

Monastère de Triada
Voir p. 295 (229 805 2553)

Monastère de Zourva
Voir p. 295 (229 805 2715)

Harriet's Hydra Horses
Voir p. 295 (698 032 3347 ; www.hydradirect.com/harriets-hydra-horses-treks ; Mandrakiou-Molou 75 ; balade à cheval à partir de 30 €)

Hydra Rent a Boat
Voir p. 295 (697 764 9789 ; www.hydrarentaboat.gr ; port d'Hydra ; 10h-18h)

Cotommatae
Voir p. 295 (229 805 3873 ; www.cotommatae.gr)

Hotel Sophia
Voir p. 295 (229 805 2313 ; www.hotelsophia-hydra.eu ; Miaouli)

Nereids
Voir p. 295 (229 805 2875 ; www.nereids-hydra.com ; Mandrakiou-Molou)

Caprice
Voir p. 294 (229 805 2454 ; www.capricehydra.eu/Restaurant ; Sachtouri ; 18h-2h)

Castello
Voir p. 294 (229 805 4101 ; www.castellohydra.gr ; Kamini ; entrées 9-24 €, plats 25-38 € ; 8h-1h juin-sept)

Christina
Voir p. 294 (229 805 3516 ; Kamini ; 19h-23h été)

Four Seasons
Voir p. 294 (229 805 3698 ; www.fourseasonshydra.gr ; plage de Plakes ; plats 6-15 € ; Pâques-oct)

Giasemi
Voir p. 293 (229 805 2221 ; Néos kosmos ; 16h-minuit)

Mandraki 1800
Voir p. 294 (229 805 2112 ; été)

IORDANIS PALLIKARAS/STOCK.ADOBE.COM ©

Étals de marché, port d'Égine (p. 286)

Marina
Voir p. 284 (229 805 2496 ; Vlichos)

Oraia Hydra
Voir p. 294 (229 805 2556 ; port d'Hydra ; 11h-minuit)

Pirofani
Voir p. 294 (229 805 3175 ; pirofani.com ; Kamini ; plats 11-17 € ; 19h30-minuit mer-dim fin mai-sept)

Plakostroto
Voir p. 293 (229 805 4039 ; www.plakostrotohydra.com ; Mialouli ; petit-déj 4-16 €, plats 10-28 € ; 9h30-23h)

Psarapoula
Voir p. 294 (229 805 2573 ; psaropoula.org ; Miaouli 454)

Sunset
Voir p. 294 (229 805 2067 ; www.sunsethydra.com/the-restaurant ; Eparxiaki odos)

Techne
Voir p. 293 (229 805 2500 ; techne-hydra.com ; route côtière, Avlaki)

1821 Hydra
Voir p. 294 (698 733 8876 ; Tompazi)

Hydronetta
Voir p. 294 (229 805 4160 ; www.facebook.com/hydronetta ; Mandrakiou-Molou ; 10h-4h)

Pirate
Voir p. 294 (229 805 2711 ; Votsi)

POROS

Citronne
Voir p. 298 (697 998 9684 ; citronne.com ; Leoforos Papadopoulou ; 19h-23h mer-lun mai-sept)

Moni Zoödohou Pigis
Voir p. 298 (monastère de la Source de vie ; Poros ; 7h-13h et 17h-20h30)

Musée archéologique de Poros
Voir p. 298 (229 802 3276 ; odysseus.culture.gr ; front de mer, Plateia Koryzi ; tarif plein/réduit 3/2 €, gratuit pour résident de l'UE -25 ans, gratuit 1er dim nov-mars, tarif réduit 6-25 ans ;

tarif réduit pour tous nov-mars ; 8h30-15h30 mer-lun nov-mars, 8h30-16h mer-lun avr-oct)

Temple de Poséidon
Voir p. 298 (22980 23276 ; Poros ; 8h-17h lun-ven, 10h-17h sam, 9h-17h dim)

Passage
Voir p. 298 (229 804 2540 ; passage.gr ; plage de Néorion)

7 Brothers Hotel
Voir p. 298 (229 802 3412 ; www.7brothers.gr ; port de Poros)

Sirene Blue Resort
Voir p. 298 (229 802 2741 ; plage de Monastiri ; Poros)

Sto Roloi
Voir p. 298 (229 802 5808, 693 242 7267 ; www.storoloi-poros.com ; Kostelenou 34-36, Poros)

Apagio
Voir p. 299 (229 802 6219 ; apagiotavernaporos.gr ; 25is Martiou 4, Poros)

Taverna Karavolos
Voir p. 299 (22980 26158 ; Dalakou, Poros ; 19h-minuit lun-ven, 17h30-minuit sam-dim)

Ampelos Wine Bar
Voir p. 299 (694 554 0951 ; www.porouampelos.gr ; Mitropoleos, Poros ; 19h-3h)

Regatta Cocktail Bar
Voir p. 299 (229 802 5811 ; Poros ; 17h-3h)

Serenità
Voir p. 299 (229 802 3153 ; Dimitriou Douzeni, Poros)

SPETSÈS

Musée Bouboulina
Voir p. 302 (229 807 2077 ; bouboulinamuseum.com ; Spetsès ; adulte/enfant 6/2 € ; 10h30-18h mars-oct)

Musée de Spetsès
Voir p. 302 (229 807 2994 ; odysseus.culture.gr ; Spetsès ; tarif plein/réduit 4/2 €, gratuit pour résident de l'UE -25 ans, tarif réduit 6-25 ans, tarif réduit pour tous nov-mars ; 8h30-15h30 mer-lun)

Statue de Bouboulina
Voir p. 302 (port de Spetsès)

Armata Boutique Hotel
Voir p. 301 (229 807 2683 ; www.armatahotel.gr ; Enoria Agiou Antoniou, Spetsès)

Kastro Hotel
Voir p. 301 (229 807 5152 ; www.kastrohotel-spetses.gr ; Spetsès Hora)

Orloff Resort
Voir p. 301 (229 807 5444 ; www.orloffresort.com ; vieux port ; Spetsès ; mars-oct)

Île de Spetsès (p. 300)

STRATOS GIANNIKOS/STOCK.ADOBE.COM ©

Poseidonion Grand Hotel
Voir p. 301 (229 807 4553 ; www.poseidonion.com ; port de Dapia ; Spetsès)

Aldebaran Spetses
Voir p. 301 (229 807 2911 ; Spetson-Moni Agion Anargiron ; 8h-2h)

Patralis
Voir p. 301 (229 807 5380 ; www.patralis.gr ; Kounoupitsa ; plats 7-15 € ; 12h-minuit jan-oct)

Vanilia
Voir p. 301 (229 807 7170 ; Kiriakou)

Bar Spetsa
Voir p. 302 (229 807 4131 ; www.barspetsa.org ; Agios Mamas ; 8h-tard mars-oct)

Booze
Voir p. 302 (697 721 6862 ; 21h-5h)

Mourayo
Voir p. 302 (229 807 3700 ; Palio Limani ; 19h30-3h ven-dim)

Emon
Voir p. 303 (698 283 7950, 229 807 2857 ; @emonspetses)

Monoi
Voir p. 303 (229 807 5553 ; monoispetses.com ; Stavros Niarchos)

Sox Art Shop
Voir p. 303 (229 807 7166 ; soxartshop.com ; Agora ; 10h30-14h et 18h-22h30 avr-oct)

KITE_RIN/SHUTTERSTOCK ©

Naoussa (p. 369)

CYCLADES

PLAGES, PAYSAGES ET HISTOIRE

Mer turquoise, villages cubiques blancs comme neige, vestiges antiques et dynamisme d'aujourd'hui : bienvenue dans les Cyclades.

ÎLES PRINCIPALES

C'est aux Cyclades que commence la quête de l'île rêvée. Ces morceaux de terre âpres et rocheux, noyés de soleil et amarrés dans des eaux azur, parsemés de hameaux blancs et de dômes bleus, incarnent la Grèce à l'état pur.

Les Cyclades sont depuis le néolithique un carrefour de civilisations – cycladique, minoenne, délienne, vénitienne, ottomane... Elles possèdent des sites archéologiques remarquables tels Akrotiri (la Théra antique) ou Délos, et des villes-forteresses comme Naxos. Choisissez votre favorite parmi la pléthore de plages de cartes postales. Ajoutez une scène culinaire en plein essor, des lieux où la fête est reine et une bonne dose de sophistication, et vous avez un aperçu des charmes que vous réserve l'archipel.

Ces îles sont d'une diversité étonnante. Les hédonistes se retrouvent à Mykonos et à Ios, les férus d'histoire à Délos, les randonneurs à Andros. Vous êtes plutôt romantique ? Cap sur Santorin. Amateur de bonne chère ? Direction Tinos ou Amorgos. Ceux qui recherchent la montagne et la plage iront à Naxos ; la vie culturelle, à Paros. Lassé du monde moderne ? Rendez-vous à Donoussa, Iraklia ou Anafi.

À vrai dire, chaque île est multiple. Ne vous limitez pas aux plus célèbres. Il suffit d'embarquer sur un ferry pour se retrouver dans un havre de paix, à déjeuner dans une taverne au bord de l'eau ou à paresser sur une plage sublime.

S'orienter

Les 220 îles et îlots de l'archipel des Cyclades forment une constellation idyllique en mer Égée. Chacune des 24 îles habitées a un style qui lui est propre, et des particularités topographiques. Elles forment autant de terrains d'exploration, mais n'oubliez d'avoir une bonne carte en poche !

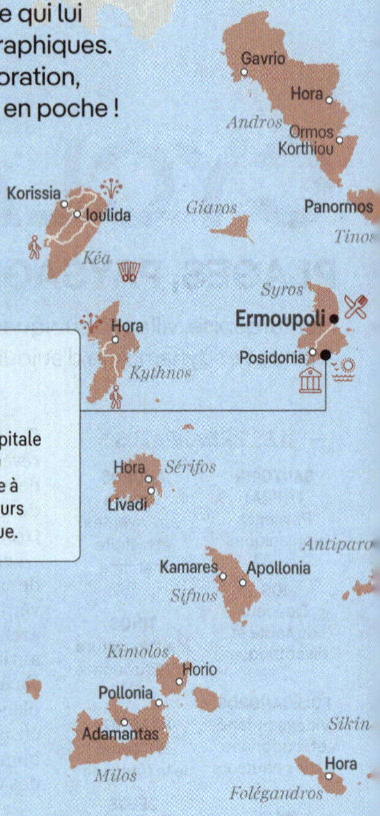

Syros, p. 348

C'est l'une des plus petites îles des Cyclades mais aussi la plus peuplée car Ermoupoli est la capitale administrative de l'archipel. Peu tournée vers le tourisme, animée à l'année, Syros réserve aux visiteurs toute la douceur de vivre grecque.

BATEAU

Fréquentes en juillet-août, les liaisons maritimes sont réduites, voire inexistantes, en hiver. Plusieurs compagnies assurent des traversées au départ des ports de l'Attique : Le Pirée (vers la plupart des îles des Cyclades), Rafina (pratique pour Mykonos, Andros et Tinos) et Laurion (Lavrio ; pour Kythnos et Kéa). Citons notamment : Blue Star (www.ferries.fr/blue_star_ferries.html) et Small Cyclades Line (www.smallcycladeslines.gr/en/home/). Pour des renseignements généraux, voir p. 614.

AVION

Les six aéroports des Cyclades (Mykonos, Syros, Paros, Naxos, Santorin et Milos) assurent chaque jour des liaisons avec Athènes, mais il y a peu de vols inter-îles. Les vols directs depuis/vers d'autres villes d'Europe n'ont lieu qu'en été. Parmi les compagnies aériennes : Sky Express (www.skyexpress.gr), Aegean Airlines (fr.aegeanair.com) et Olympic Air (www.olympicair.com).

SUR PLACE

Une fois sur l'île, le plus pratique est de se déplacer à pied, en scooter ou en voiture, véhicules qui se louent à des prix raisonnables excepté en haute saison. Les grandes îles sont dotées d'un réseau de bus (bondés en été). De petits bateaux desservent certaines plages.

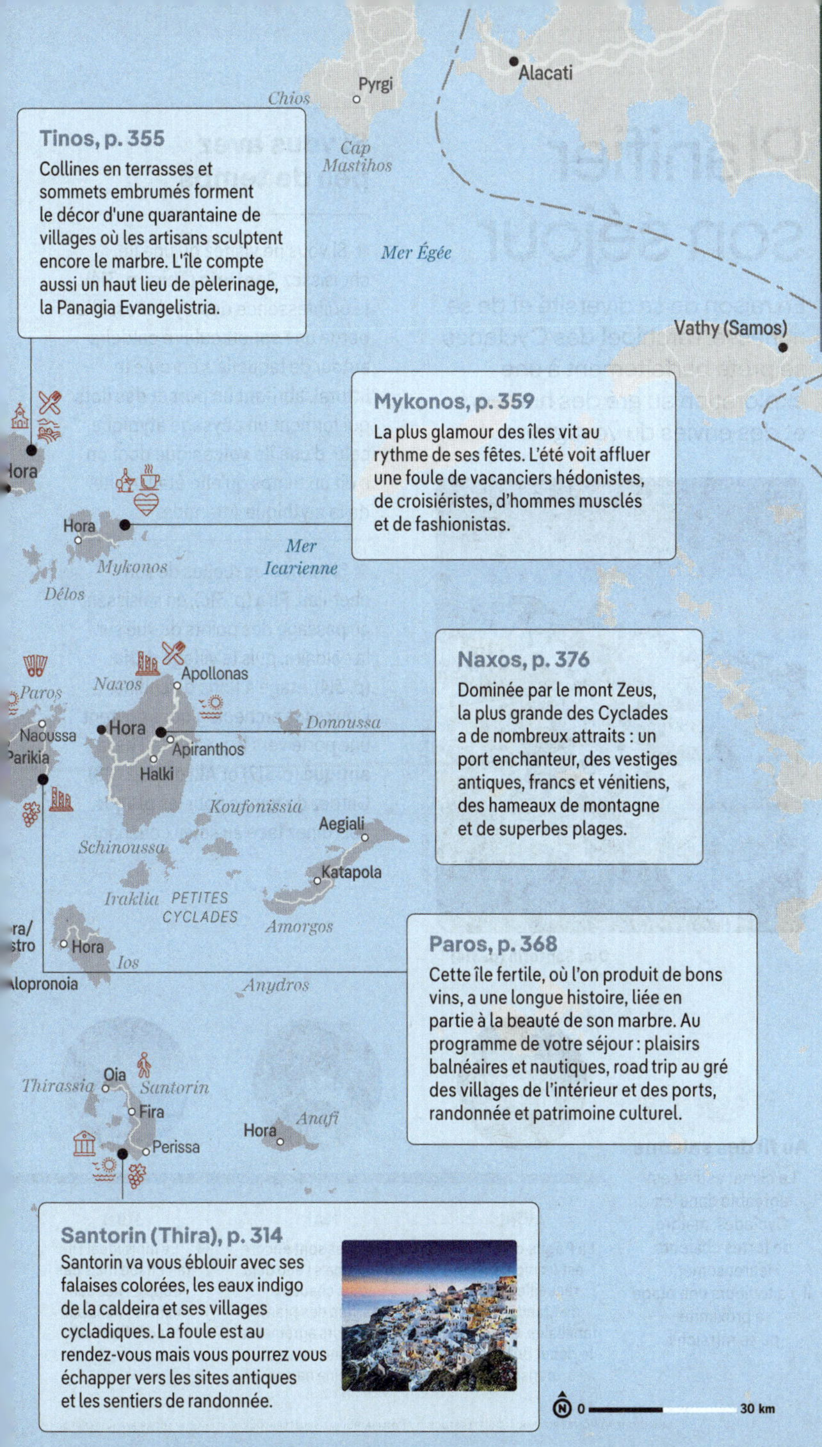

Tinos, p. 355

Collines en terrasses et sommets embrumés forment le décor d'une quarantaine de villages où les artisans sculptent encore le marbre. L'île compte aussi un haut lieu de pèlerinage, la Panagia Evangelistria.

Mykonos, p. 359

La plus glamour des îles vit au rythme de ses fêtes. L'été voit affluer une foule de vacanciers hédonistes, de croisiéristes, d'hommes musclés et de fashionistas.

Naxos, p. 376

Dominée par le mont Zeus, la plus grande des Cyclades a de nombreux attraits : un port enchanteur, des vestiges antiques, francs et vénitiens, des hameaux de montagne et de superbes plages.

Paros, p. 368

Cette île fertile, où l'on produit de bons vins, a une longue histoire, liée en partie à la beauté de son marbre. Au programme de votre séjour : plaisirs balnéaires et nautiques, road trip au gré des villages de l'intérieur et des ports, randonnée et patrimoine culturel.

Santorin (Thira), p. 314

Santorin va vous éblouir avec ses falaises colorées, les eaux indigo de la caldeira et ses villages cycladiques. La foule est au rendez-vous mais vous pourrez vous échapper vers les sites antiques et les sentiers de randonnée.

Planifier son séjour

En raison de sa diversité et de sa richesse, l'archipel des Cyclades se prête parfaitement à une exploration au gré des humeurs et des envies du voyageur.

ZEBRA-STUDIO/SHUTTERSTOCK ©

Oia, Santorin (p. 314)

Si vous avez peu de temps

- Si vous ne visitez qu'une île, choisissez **Santorin** (Thira, p. 314), la quintessence des Cyclades. Elle borde une spectaculaire caldeira autour de laquelle s'enroule le littoral, abritant un port et des îlots qui forment un paysage atypique, celui d'une île volcanique dont on a dit un temps qu'elle était le site de la mythique Atlantide.

- Sillonnez les ruelles de son chef-lieu, **Fira** (p. 316), en saisissant au passage des points de vue sur la caldeira, puis le village d'**Oia** (p. 314), étagé à flanc de colline. Deux sites archéologiques ouvrent une porte vers le passé : la **Théra antique** (p. 319) et **Akrotiri** (p. 318). Gardez du temps pour les **plages**, puis dînez face au soleil couchant.

Au fil des saisons

Le climat estival est agréable dans les Cyclades, malgré de fortes chaleurs. Heureusement, il y a toujours une plage à proximité où se rafraîchir.

AVRIL

La **Pâque orthodoxe** est un moment de recueillement et de grandes fêtes familiales. C'est aussi le début de la saison touristique.

MAI

Les plages sont encore calmes mais l'eau déjà plus chaude. Le parfum des plantes et des fleurs agrémente les randonnées en pleine nature.

JUIN

Le mois idéal : il fait chaud mais pas trop, les îles sont animées mais pas encore bondées.

DE GAUCHE À DROITE : PIT STOCK/SHUTTERSTOCK ©, PIOTR PIATROUSKI/SHUTTERSTOCK ©, STEFANO ZACCARIA/SHUTTERSTOCK ©

Si vous avez plusieurs jours

● Après Santorin, il est bon de choisir une île plus calme, proche de l'idéal de sérénité associé aux Cyclades. **Naxos** (p. 376), la plus grande île de l'archipel, procure une sensation d'espace propice à l'apaisement. Son port est séduisant, tout comme les villages de l'intérieur ; vous pourrez découvrir des vestiges antiques et paresser sur de superbes plages de sable blanc.

● Bien reposé ? Jetez-vous dans le tourbillon hédoniste de **Mykonos** (p. 359). Petit-déjeuner à 16h, fête jusqu'à l'aube, pause pour visiter l'île sacrée de **Délos** (p. 365), puis retour à l'ambiance survoltée des discothèques de plage.

Si vous avez plus de temps

● Appréciez la lenteur des ferrys et découvrez le kaléidoscope de merveilles que forme l'archipel. **Tinos** (p. 355) recèle davantage de magie que d'autres îles pourtant plus grandes. **Ios** (p. 325) allie trésors culinaires et beauté naturelle.

● Vous aurez peut-être envie de vous attarder sur des îles méconnues : **Sérifos** (p. 343), pleine de charme avec sa capitale perchée et ses plages isolées ; l'une des **Petites Cyclades** (p. 383), hors des sentiers battus, comme **Schinoussa** (p. 384) aux paysages incomparables ; **Milos** (p. 333), qui joue des contrastes entre falaises et étendues de sable idylliques ; ou encore **Sifnos** (p. 339) à l'architecture cycladique.

JUILLET

Pour : le soleil, la mer, le sable, les soirées douces et la compagnie. Contre : la foule et les prix.

AOÛT

L'**Assomption**, le 15 août, ajoute une touche mystique, surtout sur Tinos. À Mikonos, le festival **XLSIOR** bat son plein.

SEPTEMBRE

C'est la saison des vendanges et Sifnos célèbre le **Festival de la gastronomie des Cyclades**. Les touristes sont moins nombreux.

OCTOBRE

C'est la cueillette à la main des olives, pour fabriquer la fameuse huile. Le rythme hivernal s'installe.

SANTORIN (THIRA)

À qui arrive par la mer, Santorin (appelée aussi Thira) offre une vision spectaculaire. Des falaises vertigineuses se dressent au-dessus des eaux turquoise ; elles bordent en réalité le cratère immergé d'un volcan. Tout en haut, les maisons blanches des villages de Fira et d'Oia semblent dégringoler en cascade jusqu'aux rochers du littoral. Marcher à la lisière de cette caldeira est presque étourdissant, irréel. Et les crépuscules sont ici réellement magiques, au point que les spectateurs applaudissent lorsque le soleil disparaît à l'horizon.

Toute cette beauté explique la longueur de la saison touristique à Santorin, qui s'étend de mai à octobre. L'île est aussi un terrain de jeu pour les ultrariches, ce qui explique la présence de restaurants et de domaines viticoles haut de gamme. La pression exercée par cette forte fréquentation est indéniable. Il est toutefois possible de connaître à Santorin des instants de paix, en parcourant les sites antiques et les chemins de randonnée ou en plongeant sous les vagues.

Pour les infos pratiques, voir le Carnet d'adresses p. 392.

À SAVOIR

À l'extérieur de la caldeira, sur ses versants est et sud, l'île descend en pente douce vers des plages volcaniques de sable noir et de galets qui connaissent un développement touristique constant. Santorin est une île chère et très fréquentée qu'il vaut mieux visiter hors saison (évitez surtout juillet-août).

Port d'Ammoudi

Oia, la magie des Cyclades

VILLAGE EMBLÉMATIQUE ET PETITES RANDONNÉES

Accrochée à la pente à la pointe nord de la caldeira, la cité d'**Oia** resplendit. Cette multitude de façades blanches cache nombre de maisons creusées dans la roche volcanique. Ce cœur des échanges dans l'Antiquité est désormais célèbre dans le monde entier pour ses couchers de soleil, drainant l'après-midi des foules de touristes et de croisiéristes descendus des navires amarrés dans la baie. À défaut d'y dormir, arrivez tôt le matin pour profiter de sa belle architecture, de son étonnante topographie mais aussi de ses boutiques et restaurants.

Pour atteindre le minuscule **port d'Ammoudi** et ses bateaux de pêche, il faut descendre 300 marches depuis Oia. Évitez la route goudronnée et sa circulation cauchemardesque, si ce n'est tôt le matin avant que ne l'emprunte le flot de navettes menant les touristes à l'embarcadère des croisières dans la caldeira. La vue sur les falaises rouge sang, le port et un déjeuner de poisson ou fruits de mer dans une taverne au bord de l'eau fait vite oublier l'effort fourni. On peut aussi descendre à pied jusqu'à la **baie d'Armeni**, de l'autre côté du cap (à moins d'y aller en bateau depuis Ammoudi) ; le restaurant **Armeni Bay** est excellent.

VOIR	**5** Théra antique	**8** Katharos	**12** Plage de Kokkini (falaises rouges)
1 Agios Georgios	**6** Plage de Baxédes	**9** Plage de Paradisos	**13** Plage d'Aspri (falaises blanches)
2 Akrotiri	**7** Plage de Mesa Pigadia (sable noir)	**10** Perissa	
3 Plage d'Akrotiri		**11** Pori	
4 Phare d'Akrotiri			

Si Santorin n'est pas a priori un terrain de randonnée, plus d'une dizaine de sentiers plus ou moins difficiles la sillonnent. Le plus intéressant est peut-être le chemin qui longe la **crête de la caldeira entre Fira et Oia** (3 heures, 9,1 km, fatigant en plein soleil), en passant par Imerovigli et le **rocher de Skaros**, promontoire rocheux qui s'avance dans la caldeira. S'y dressait jadis l'un des cinq *kasteli* (forteresses) construits au XVe siècle pour protéger les îles

OÙ SE RESTAURER À SANTORIN

Aroma Avlis
Un excellent restaurant qui sublime les produits locaux. Rattaché au vignoble Artemis Karamolegos, à Exo Gonia. **€€**

Alisachni Art & Wine Gallery
Dans le paisible village de Megalohori, art, vin et succulente cuisine pour un plaisir de tous les sens. **€€€**

Fistikies
Produits de la mer, pâtes et spécialités grecques dans une cour élégante à Kamari, sur la côte est. **€€**

LES SAVEURS DE SANTORIN

La nature volcanique du sol de Santorin confère à ses produits des qualités uniques. La célèbre tomate cerise de l'île est souvent cuisinée en sauce avec des câpres et servie sur du pain, ou transformée en *pseudokeftedhès* ou *tomatokeftedhès* (des croquettes végétariennes à la tomate). Jusqu'à l'éruption volcanique de 1950, la tomate a été l'or rouge de Santorin, sa teneur en sucre favorisant la fabrication industrielle de sauce tomate. Une histoire que raconte le **musée industriel de la Tomate** installé dans l'ancienne usine de production devenue la Santorin Arts Factory, où sont présentés expositions et spectacles.

Les aubergines blanches, les câpres et les fèves ont aussi belle réputation, tout comme le *chlorotyri*, un chèvre crémeux remplaçant la feta dans la traditionnelle salade grecque.

Aux vins se sont ajoutées des bières de production locale, objet de dégustations. Aux très populaires bières Donkey de la Santorin Brewery Company, est venue s'ajouter la récente Ftelos Brewery Santorini.

YINGNA CAI/SHUTTERSTOCK ©

Plage de Kokkini

des attaques de pirates. L'instabilité du terrain a fini par faire fuir les habitants, qui se sont réfugiés à Fira.

Fira, la ville de la caldeira

CENTRE DE L'ANIMATION

Chef-lieu de Santorin, **Fira** bouillonne d'activité. Au bord de la caldeira s'étagent hôtels chics, habitations troglodytiques et piscines à débordement. En retrait de la crête, le lacis de ruelles recèle quantité de boutiques, de bars et de restaurants. La foule de visiteurs n'y est pas négligeable, surtout lorsqu'un navire est amarré au port. Situé à 220 m en contrebas, le **vieux port**, appelé Fira Skala, est principalement dédié aux escales de croisiéristes pour la journée.

Le confortable **téléphérique** (payant) de Fira relie le sommet de la caldeira au vieux port, 220 m plus bas, en 3 minutes.

OÙ SE RESTAURER À SANTORIN

Mylos
Restaurant glamour dans un ancien moulin à vent perché sur la crête de la caldeira, à Firostefani. **€€€**

Varoulko
Remarquables menus autour de saveurs marines par un chef étoilé au Michelin. Vue à couper le souffle. **€€€**

Veganissimo
Le restaurant végan le plus apprécié de Fira, dans la rue principale. **€**

Il est souvent assailli par les croisiéristes arrivant le matin pour repartir l'après-midi. À défaut, descendez les 587 marches menant au port avant de remonter en téléphérique.

La surfréquentation n'éteint pourtant pas la magie du paysage alentour. La vue sur les falaises multicolores est époustouflante, et tout le monde se masse au bord de la caldeira pour contempler le coucher du soleil, un spectacle qui brille de mille feux. Mais au-delà des falaises c'est une autre histoire : circulation automobile démente, piétons sur les routes (en l'absence de trottoirs) et toujours plus d'urbanisation.

Fira s'étire de plus en plus jusqu'à rejoindre les villages de **Firostefani** (15 minutes à pied au nord) et du plus huppé **Imerovigli** (30 minutes à pied), tous deux très touristiques : boutiques d'art, d'ébénisterie, de produits locaux, de mode, mais aussi de camelote. Fira est surtout le centre de la vie nocturne à Santorin. Quelques clubs ouvrent jusqu'à l'aube et l'on savoure très tard dans la nuit des cocktails en terrasse face à la caldeira.

QUAND SOUFFLE LE MELTEM

L'été, un vent sec du nord, le meltem, peut souffler plusieurs jours de suite sur la mer Égée. Cela a pour effet de bouleverser les horaires des ferrys, mais aussi de soulever des nuages de poussière susceptibles de ruiner vos espoirs de dîners en plein air.

Sur la mer Ionienne, le vent d'été dominant est le *maïstros*, un vent du nord-ouest léger à modéré qui se lève l'après-midi et retombe généralement au coucher du soleil.

Se baigner reste possible lorsque le meltem souffle, à condition de choisir une crique abritée qui ne soit pas tournée vers le vent.

Lointain et proche passé

MUSÉES DE FIRA

Entre autres vestiges mis au jour à Akrotiri, site occupé depuis le néolithique, les fresques minoennes font la gloire du **musée de la Thira préhistorique** (excellente introduction à la visite du site d'Akrotiri, p. 318). Ses céramiques de style géométrique et une superbe figurine de bouquetin en or du XVIIe siècle av. J.-C. attirent aussi l'attention, tout comme les feuilles d'olivier fossilisées provenant de la caldeira et datant de 60 000 av. J.-C.

Un lieu paisible dans la partie nord de Fira, le musée et centre culturel **Gyzi Megaron** montre Santorin avant et après le séisme de 1956 grâce à une superbe collection de clichés, mais aussi des cartes de l'archipel vieilles de plusieurs siècles, des peintures et des manuscrits du XVe siècle. Deux belles boutiques d'art y sont attachées.

Non loin de la gare du téléphérique, le **Musée archéologique** est en pleine rénovation pour mettre encore plus en valeur ses statues en marbre exhumées à Akrotiri et sur le site de la Théra antique (p. 319), tout comme nombre d'artefacts.

DE BONNES CARTES

Les cartes de Terrain Editions (terrainmaps.gr) sont une ressource incontournable sur les îles ; elles donnent des infos sur l'histoire, les mythes, les sites touristiques, la topographie et les sentiers de randonnée.

OÙ PRENDRE UN VERRE À SANTORIN

Oia Vineyart
Engagez-vous dans une ruelle d'Oia pour découvrir d'excellents vins assortis d'une superbe cuisine locale.

PK Cocktail Bar
Trois niveaux de terrasses pour déguster un cocktail en admirant le coucher du soleil sur la caldeira.

Iriana
Personnel sympathique et vue imprenable sur la caldeira. Le rêve pour un brunch ou un cocktail au crépuscule.

VIGNOBLES DE SANTORIN

Estate Argyros
Excellents *assyrtiko*, *nykteri* et *mavrotragano*, ainsi qu'un *vinsanto* exceptionnel, dans un magnifique vignoble de montagne avec vue sur la mer.

Hatzidakis Winery
Seul vignoble bio de Santorin, géré par la famille d'un œnologue crétois.

Art Space
L'un des plus anciens domaines viticoles de l'île. Avec une intéressante galerie d'art.

Vassaltis
Exploitation viticole moderne dotée d'une vue sur la mer.

Gaia
Domaine en bord de mer produisant un délicieux *assyrtiko* et des rouges de Némée.

Gavalas
Petite exploitation familiale produisant un *vinsanto* primé.

Canava Roussos
Le domaine le plus ancien de Santorin. On y déguste sous la treille des vins doux vieillis.

Rouge, blanc ou noir ?

COULEURS DES PLAGES VOLCANIQUES

Les plages de Santorin ont deux particularités : les falaises qui les bordent et l'impressionnante palette de couleurs de leurs sables et galets volcaniques. Au sud de l'île près du site d'Akrotiri, la célèbre **plage rouge de Kokkini**, ourlée de chaises longues et de restaurants, doit son nom aux impressionnantes falaises rouges qui la dominent. On y accède soit à pied – depuis le parking à son extrémité est –, soit en catamarans de croisière (affrétés d'un peu partout sur l'île), soit en caïques au départ de la charmante petite **plage d'Akrotiri**. Il en va de même pour gagner la crique abritée de la **plage blanche d'Aspri** (qui tient son nom de ses falaises, et non de son sable) et sur la **plage noire de Mesa Pigadia**, ponctuée de chaises longues et dotée d'une taverne

Pour ce qui est des plages de la côte sud-est, les longues étendues noires de sable, de galets et de pierre ponce sont les plus fréquentées à **Perissa**, puis l'affluence se calme à mesure que l'on descend au sud vers **Perivolos**, puis **Agios Georgios**. La paisible **plage de Vlihada**, adossée à des falaises érodées, est voisine d'un port de pêche photogénique ; le restaurant **To Psaraki**, perché sur les hauteurs, est excellent.

Si vous allez vous baigner au sud-ouest, faites un détour pour assister au coucher du soleil depuis le **phare d'Akrotiri**.

Sur le littoral oriental, **Kamari** est la station balnéaire la plus développée de Santorin, reliée à Perissa par bateaux. Sa longue plage de sable noir est bordée de nombreux bars et restaurants, très fréquentés en haute saison.

La côte nord est plus préservée. Ses étroites plages de sable et de galets commencent avec **Katharos** et **Baxédes**, puis se poursuivent avec la plage de **Paradisos** et autour du **cap Koloumpos**, jusqu'à la plage de **Pori**. Ces plages peu équipées sont de surcroît exposées au meltem (voir l'encadré), mais elles sont quasiment désertes.

Goûter les crus locaux

PARMI LES MEILLEURS VINS GRECS

En plus de bénéficier d'un microclimat volcanique sec propice à la production d'excellents vins, Santorin possède certaines des plus anciennes vignes d'Europe. Elles sont en effet résistantes au phylloxéra, dont l'invasion détruisit la majeure partie du vignoble européen à la fin du XIXe siècle. La plupart des domaines proposent des dégustations de leurs vins (à prix corrects), accompagnés d'un en-cas ou d'un repas.

OÙ PRENDRE UN VERRE À SANTORIN

Akrothiri Bistro & Cafe
Terrasse décontractée dans le village d'Akrotiri, pour une pause délicieuse dans le sud de l'île.

Kira Thira
Le plus ancien bar de Fira, tout de sombres boiseries et de plafonds voûtés, avec bons cocktails et jazz meilleur encore.

Volkan on the Rocks
Terrasse perchée balayée par la brise où déguster la bière Volkan maison, avec galerie d'art et projection de films en plein air.

DIMITRIS PANAS/SHUTTERSTOCK ©

Palia Kameni

Les agences **Santorin Wine Adventure** et **Santorin Wine Tour** organisent des circuits à thème.

Deux civilisations disparues

VESTIGES CYCLADIQUES

Perchée au-dessus de Kamari et de Perissa, la superbe **Théra antique** fut fondée par les Doriens au IXe siècle av. J.-C. et regroupe des vestiges d'époques hellénistique, romaine et byzantine. On y découvre des temples, des maisons ornées de mosaïques, une agora (place publique et marché), un théâtre et un gymnase, le tout accompagné de bonnes explications. Et ce dans un cadre naturel splendide. En voiture, prenez l'étroite route en lacets qui monte sur 3 km depuis Kamari ; elle est réservée aux piétons en juillet-août. Partant de Perissa, un chemin en terre abrupt y mène en un peu plus d'une heure de marche.

COMBIEN DE TEMPS ?

Certes, un jour ou deux suffiraient pour voir l'impressionnante caldeira, contempler le coucher du soleil et faire du shopping dans les boutiques bondées de Santorin. Mais prenez le temps de visiter ses deux sites antiques (au moins une demi-journée), de paresser sur ses plages de sable noir (impossible de s'en lasser !), de découvrir ses vignobles et ses brasseries, de faire une excursion en bateau ou une sortie plongée dans la caldeira (prévoyez une demi-journée ou une journée pour chaque activité).

Et si vous avez la chance de résider dans un hôtel avec vue sur la caldeira, gardez aussi du temps pour la simple contemplation des jeux de la lumière sur les roches et sur l'eau...

ŒNOPHILES

Pour vous informer sur les vins de Santorin et le vin grec en général, consultez notre focus p. 636.

OÙ FAIRE DU SHOPPING À SANTORIN

Holistic House
Produits respectueux de l'environnement (des cosmétiques au textile), massages et yoga, à Kamari.

Atlantis Books
Librairie d'Oia aux murs couverts d'étagères du sol au plafond. Concerts et événements sur le toit-terrasse.

Ceramic Art Studio
Le potier Andreas Alefragkis parfait son art depuis 30 ans. Vous serez séduit par les plats au vernis craquelé.

En 1967, des fouilles dans le sud-ouest de l'île ont mis au jour une cité minoenne enfouie sous les cendres volcaniques de l'éruption dévastatrice de 1613 av. J.-C. : **Akrotiri**. Protégé du soleil par un vaste auvent, le visiteur parcourt le site archéologique sur des passerelles en bois aménagées d'un bout à l'autre de l'ancienne ville. On y admire des édifices de trois étages encore debout, des rues, un réseau de drainage et quantité de poteries. La visite préalable du **musée de la Thira préhistorique** (p. 317) éclairera votre compréhension du site d'Akrotiri grâce aux intéressantes trouvailles, faites sur le site, qui y sont exposées.

UNE ÎLE VOLCANIQUE

Plus que les Doriens, les Vénitiens et les Turcs qui leur succédèrent sur l'île, ce sont les Minoens qui, arrivés de Crète entre 2000 et 1600 av. J.-C., ont profondément marqué cette terre. Leur civilisation était à son apogée lorsqu'ils s'établirent à Akrotiri. L'île, de forme arrondie à cette époque, s'appelait Strongili (la Ronde). Vers 1613 av. J.-C., l'explosion volcanique qui provoqua l'effondrement du centre de l'île rebattit les cartes. Santorin fut à nouveau colonisée au IIIe siècle av. J.-C. mais, au cours des deux mille ans qui suivirent, une activité volcanique sporadique créa d'autres bouleversements géophysiques, dont la formation des îlots volcaniques de Palia Kameni et de Nea Kameni, au centre de la caldeira. En 1956, un important séisme ravagea Oia et Fira.

La caldeira, au gré de ses îlots et sous l'eau

VOLCANISME ET PLONGÉE

Relativement épargnée par le tourisme, l'**île de Thirassia** (200 habitants) s'est séparée de Santorin lors de l'éruption de 236 av. J.-C. Perchée sur la falaise, sa principale agglomération, Manolas, réunit des tavernes et quelques *domatia* (chambres chez l'habitant), tout en restant très peu fréquentée.

Au milieu de la caldeira, les îlots inhabités qui surgissent conservent une activité volcanique. Quantité d'excursions mènent en bateau jusqu'à **Nea Kameni** et son cratère, ou encore aux sources chaudes de **Palia Kameni** (plus tièdes que chaudes, d'ailleurs) voire jusqu'à **Thirassia**.

La topographie sous-marine de Santorin n'est pas moins spectaculaire que celle des terres émergées. Grottes volcaniques, à-pics plongeant dans les profondeurs, récifs grouillant de vie et épaves (dont certaines, comme le MS *Sea Diamond*, déversent encore du carburant) font le bonheur des plongeurs. La visibilité, de 20 à 30 m, est excellente. Entre autres centres de plongée, adressez-vous à **Atlantis Oia**, qui participe au programme scientifique Cousteau Divers de préservation des océans, ou au **Navy's Waterworld Dive Center**.

Sorties en bateau dans la caldeira

TOUT LE MONDE À BORD

Très appréciées, les croisières d'une demi-journée (5-6 heures) en monocoque ou catamaran partent le matin (vers 10h) ou dans l'après-midi (vers 15h30) pour le coucher du soleil. La plupart permettent d'admirer les îles volcaniques de la

OÙ SE LOGER À FIRA

Kavalari Hotel
Situé au cœur de l'action et avec une telle vue, c'est une adresse d'un excellent rapport qualité/prix. **€€€**

Hotel Keti
Petit hôtel dans un coin paisible de la caldeira. Jolies chambres, certaines avec Jacuzzi, creusées dans la falaise. **€€€**

Aroma Suites
Hôtel de charme surplombant la caldeira au sud de Fira, plus au calme. Chambres modernes au décor traditionnel. **€€€**

Vestiges de la Théra antique (p. 319)

OÙ DORMIR

S'offrir un hôtel avec vue sur la caldeira a un prix. Les établissements milieu et haut de gamme sont majoritairement régroupés à Fira et à Oia, les plus chers étant situés sur la crête. Les plus abordables se trouvent près de Kamari, Perissa et Messaria. Si vous recherchez le calme, installez-vous dans un hameau ou dans le nord-est de l'île.

Le choix d'un hébergement en bord de caldeira n'a pas que des avantages ! Il vous faudra gravir de longs escaliers, voire demander l'aide d'un porteur pour vos bagages. Les rabatteurs sur le port peuvent avoir une fâcheuse tendance à faire la promotion d'un hôtel "en ville" : demandez à visionner sa position sur une carte. Le transfert depuis le port ou l'aéroport est parfois inclus.

caldeira, le phare de Santorin et les plages dites rouge et blanche de la côte sud. Les excursions d'une journée (9 heures) ajoutent généralement à cet itinéraire une escale à Thirassia et/ou au port d'Ammoudi, au sud d'Oia. En règle générale, moins la croisière est chère, plus le bateau est bondé et plus les escales sont courtes. Si votre budget le permet, optez pour une excursion privée. Avant de réserver, renseignez-vous sur ce qui est inclus (souvent un repas et des rafraîchissements) et sur le temps passé à chaque endroit.

Santorin Sailing, **Sunset Oia** et **Spiridakos Sailing Cruises** sont particulièrement appréciés.

D'ÎLE EN ÎLE

Les Cyclades sont l'archipel même où caboter, à bord d'un voilier ou en prenant un ferry puis un autre. Consultez notre guide des explorations insulaires p. 614.

Bourgs de charme et bons restaurants

AU CALME DANS L'ARRIÈRE-PAYS

Les villages de l'intérieur placés sous la protection de leur église abritent d'excellentes tables. C'est le cas de

OÙ SE LOGER AILLEURS À SANTORIN

Stelio Place
Ce petit hôtel géré en famille est bien situé à Perissa, à une rue de la plage. Chambres bien équipées, terrasse et piscine. **€**

Hipocampus Hotel
À deux pas du front de mer, cette adresse sympathique loue des chambres et des studios impeccables. **€€**

Villa Blanca
Villa de style cycladique (5 pers), près des vignobles de Megalohori. Du charme, mais voiture nécessaire. **€€€**

MICRO-BRASSERIES

Pol Emmanouilidis, qui possède une boutique de bières artisanales à Athènes, présente ses coups de cœur. *youtube.com/@beer_deli*

Nissos Beer (Tinos)
Excellentes lagers, sur une île idéale pour les vacances.

Ftelos Brewery Santorini (Santorin)
Un passage obligé de tout séjour à Santorin.

Mikònu Craft Beer (Mykonos)
De grandes bières, certaines vieillies en fûts.

Anastasiou Brewery (Athènes)
Lagers à l'allemande, IPA et ales à l'anglaise.

Paragon Brewery (Athènes)
Pour les fans d'IPA et d'APA.

DAVIDIONUT/ADOBESTOCK ©

Oia

Vourvoulos, au nord de Fira, et de **Megalohori** et **Exo Gonia**, au sud. Perché sur les hauteurs, **Pyrgos** a une belle réputation culinaire, grâce au **Capri** et à **Madame Sousou**, deux adresses qui bénéficient d'une superbe vue, ou grâce au **Rymidi** et au **Brusco**, au cœur des rues piétonnes. Le **Metaxi Mas** se trouve à flanc de colline. Le village troglodytique de **Finikia**, près d'Oia, est un endroit calme, parfait pour établir son camp de base ; il compte d'excellents restaurants à sa porte, tels le **To Krinaki** et le **Lefkes**.

COMMENT S'Y RENDRE ET CIRCULER

L'aéroport de Santorin (JTR ; ☎22860 28400 ; www.santoriniairport.com) assure des vols toute l'année avec Athènes (45 min) et, en haute saison, avec certaines villes européennes (Rome, Genève, Milan et Toulouse). Prévoyez large car c'est un petit aéroport, parfois un peu désorganisé.

Le Pirée (3 heures 45-9h selon le ferry ; 6-8 liaisons/jour en saison) et de nombreuses îles des Cyclades sont reliés chaque jour par ferry au départ de Santorin. Coincé entre les falaises, Athinios, le port principal de l'île, n'est pas un exemple d'organisation. Soyez patient ! Bus, taxis ou navettes de transfert présents à l'arrivée de chaque ferry vous font grimper une multitude de lacets jusqu'à Fira (à 5 km, 20 min). Ne tentez pas de monter à pied, c'est dangereux. Autre option : emprunter le téléphérique de Fira (p. 316).

La voiture est l'idéal pour explorer l'île, mais la circulation en haute saison est intense, voire cauchemardesque entre rues à sens unique, autour de Fira et d'Oia, et routes où les navettes filent à toute allure tout comme les scooters de location.

Tony's Rent a Car et Rousso's Rentals sont des agences reconnues. Il faut un permis moto pour louer un scooter. Consultez les pages dédiées du portail de l'île (santorini.com/rentals/motorbikes) pour plus d'information.

La station de taxis de Fira se trouve dans Dekigala, à l'angle de la gare routière. Santorini Transport propose un transfert à prix fixe depuis/vers l'aéroport ou le port d'Athinios.

Les bus KTEL (ktel-santorini.gr) indiquent en ligne horaires et tarifs, mais les tickets sont vendus à bord. Ils sont bondés de mai à septembre – difficile alors d'y trouver une place !

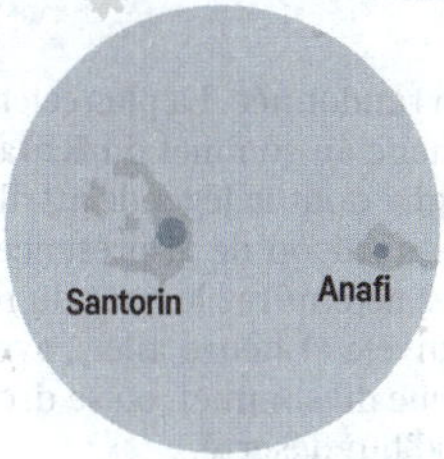

Anafi

Située en lisière septentrionale de la mer de Crète et proche de l'archipel du Dodécanèse, cette belle île forme un monde à part.

Pour les infos pratiques, voir le Carnet d'adresses *p. 394.*

À SAVOIR

Le port d'Agios Nikolaos se trouve sur la côte méridionale. On rejoint le village principal d'Anafi (Hora), 2 km plus au nord, par une montée sinueuse.

Merveilleuse escapade à quelque 22 km à l'est de Santorin, l'attachante Anafi figure parmi les moins visitées des Cyclades. Ses paysages de collines escarpées, parsemés de figuiers de Barbarie et de rares oliviers, sont dominés par l'imposant Kalamos (463 m, dit aussi Rocher du monastère), le deuxième rocher monolithique de Méditerranée après celui de Gibraltar. D'après la légende, l'île servit de refuge aux Argonautes, le groupe de héros de la mythologie, compagnons de Jason, épuisés par une violente tempête après que son emplacement leur fut révélé par Apollon. C'est aujourd'hui un havre pour les voyageurs en quête de quiétude et de randonnées solitaires.

Anafi

KOSTAS KOUTSAFTIKIS/SHUTTERSTOCK ©

Randonnées sur Anafi

À LA DÉCOUVERTE DE L'ÎLE

Anafi se prête parfaitement à la randonnée. La plus célèbre (et la plus abrupte) est celle qui mène au sommet du **Kalamos**. Passé le **Moni Zoodochos Pigi** – dont la légende attribue la construction aux Argonautes en raison de la présence d'un ancien temple d'Apollon –, vous atteindrez le haut du rocher après 2,5 km et 400 m de dénivelé (1 heure aller), avec des tronçons plus faciles à l'approche du sommet, où se dresse le **Moni Kalamiotissas**, aujourd'hui déserté.

La promenade de 7 km (2 heures 30 aller) menant du village principal à la **chapelle d'Aghia Irini** est plus accessible et permet d'apprécier la diversité topographique de l'île. Elle passe, dans la campagne, par des chapelles et des cultures en terrasses avant de s'achever sur une descente abrupte. On peut organiser le retour avec un véhicule.

La randonnée de 7 km (2 heures 30 à 3 heures aller) allant du monastère de Zoodochos Pigi jusqu'à la **baie d'Agios Nikolaos** par la côte sud est agréable, bien que le tracé de l'itinéraire ne soit pas toujours clair.

Un autre parcours relie le hameau de **Milies** au monastère de Zoodochos Pigi (7,5 km, 3 heures 30 aller). Cette randonnée assez éprouvante passe par les ruines de la **Kastelli antique** et le pic de Kastelli (325 m), d'où l'antique Voie sacrée mène à ce qui était le temple d'Apollon (aujourd'hui un monastère).

Plage après plage

AIR MARIN, BRONZAGE ET MARCHE

Plusieurs jolies plages s'égrènent le long de la côte sud à l'est d'Agios Nikolaos. La plus proche, et la plus fréquentée, est celle de **Klissidi**, 800 m à l'est du port (10 minutes à pied) ; on y recommande la **taverne Margarita**. À 2,4 km plus à l'est (40 minutes à pied), passé les criques de **Katsouni**, **Phlamourou**, **Exo Roukounas** et **Mikros Roukounas**, s'étend la plage de sable de **Roukounas**, cernée par les dunes et flanquée de bonnes tavernes. Plus loin encore, le sentier serpente autour de la merveilleuse crique de **Katalimatsa** et passe par trois autres petites plages avant de grimper vers le monastère depuis la plage de galets de **Prasies**.

COMMENT S'Y RENDRE ET CIRCULER

Isolée, Anafi est desservie par de rares ferrys hebdomadaires. L'île est dépourvue de baie abritée, aussi les bateaux ont parfois des difficultés à accoster lorsque la météo est mauvaise. Planifiez bien votre séjour – voir nos conseils p. 614. Achetez vos billets de ferry auprès de Roussou Travel (☎22860 61237 ; www.gtp.gr/RoussouTravel-Anafi) dans le village ou au port, une heure avant l'arrivée du bateau.

Du port d'Agios Nikolaos, une route sinueuse mène à Horan, principal bourg de l'île, en 10 minutes de bus ; à pied, le chemin est direct (2 km) mais abrupt. De mai à septembre, des bus gratuits desservent le port une heure avant le départ prévu des ferrys ; certains vont jusqu'au monastère. Consultez le portail www.anafi.gr pour des informations sur les transports.

En été, des caïques desservent plusieurs plages et des îles proches.

À Hora, des agences basiques, de même que certains hébergements, louent voitures et scooters.

IOS

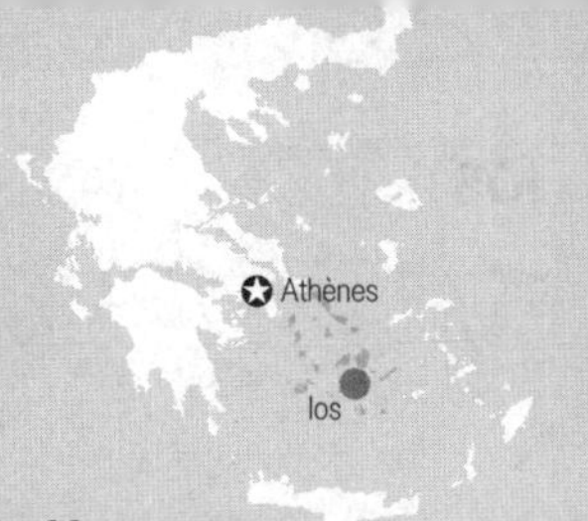

Pour les infos pratiques, voir le Carnet d'adresses *p. 394.*

Ios a longtemps eu l'image d'un lieu de fêtes interminables et fortement alcoolisées. Il y a là une part de vérité : de juin à août, l'île est le domaine privilégié de la jeunesse et des plaisirs. Mais elle a bien plus à offrir et nombre de ses sites, parmi les plus intéressants, sont exempts de bacchanales. En moyenne saison, l'ambiance moins trépidante gagne les faveurs des familles et des voyageurs d'âge mûr.

On peut passer ici ses journées à parcourir la vieille ville, perchée sur une colline, ou se prélasser sur le sable. Il est aussi facile d'explorer l'arrière-pays pour en apprécier les paysages spectaculaires et les vastes plages, comme celle de Manganari, au sud de l'île. Il suffit de louer une voiture et de s'aventurer dans la campagne. Ou de partir à pied sur les sentiers déserts menant aux monastères qui couronnent les collines ou jusqu'à la tombe supposée d'Homère, en croisant des troupeaux de chèvres et en faisant provision de miel auprès des apiculteurs.

À SAVOIR

Hora ne manque pas d'hébergements : une auberge de jeunesse réputée, des pensions et des hôtels de charme en périphérie. Campings, dortoirs et villas bordent la plage de Mylopotas. Le port d'Ormos offre en revanche peu de possibilités. Réservez tôt pour l'été.

Des plages à foison

DU SABLE POUR TOUS LES GOÛTS

Ios est réputée à juste titre pour ses plages, accessibles en partie par des routes goudronnées. Appréciée des amateurs de sports nautiques, la belle plage de sable doré de **Mylopotas**, aux eaux azur scintillantes, se trouve dans la crique juste au sud d'Hora, de l'autre côté de la colline.

Large bande de sable blanc sur la côte sud, **Manganari** est à 45 minutes en voiture d'Hora et desservie l'été par des bus et des caïques. Les eaux d'un bleu surréaliste d'**Agia Theodoti** ont les faveurs des familles grecques, tandis que la plage voisine de **Psathi**, plus calme et dotée d'une taverne, est un spot idéal pour la planche à voile.

Une myriade d'autres plages accessibles uniquement en caïque ou à pied offrent la joie de la découverte.

Se jeter à l'eau

SPOT DE SPORTS NAUTIQUES

Ios est prisée des amateurs de sports nautiques. C'est à la plage de Mylopotas que le choix d'activités est le plus étendu.

Essayez le **Meltemi Watersports & Dive Centre** installé au Far Out Beach Club. Fréquenté par un flot régulier de clients enthousiastes, ce club au nom venteux (meltem) propose mille façons de se jeter à l'eau : initiation à la plongée ou stages PADI, plongées sur épaves ou dans des grottes, plongées nocturnes. Apprenez la planche à voile, le ski nautique, le wakeboard ou le paddle, participez à un safari en kayak ou à un Hell Ride (une sortie en bouée tractée). On peut aussi louer des kayaks.

LE COUCHANT VU DE LA PANAGIA GREMIOTISSA

Les couchers du soleil observés depuis Ios, lorsque le ciel s'illumine de teintes pastel, sont légendaires. On peut les contempler depuis une route de montagne ou une plage retirée, mais l'un des meilleurs points de vue se trouve à Ios (Hora) même. Prenez la ruelle derrière le **Sally's Rooftop Garden** et grimpez les marches craquelées à travers d'antiques arches pour atteindre le point culminant du village et son église **Panagia Gremiotissa**. La vue est encore plus belle en grimpant jusqu'aux trois chapelles qui surplombent l'église.

Trajet homérique

LA PRÉTENDUE TOMBE DE L'AÈDE

Partant d'Hora, une belle route peu fréquentée serpente sur 13 km vers le nord-est de l'île et rejoint le site où reposerait, selon les habitants, la dépouille du créateur de *L'Iliade* et de *L'Odyssée*, Homère, le plus célèbre des poètes grecs. Plusieurs légendes établissent un lien entre l'aède et l'île d'Ios, surtout depuis les fouilles que fit en 1771 l'officier néerlandais Pasch Van Krienen, lequel déclara sans réel fondement avoir fouillé la tombe de l'aède. Parmi les vestiges mis au jour, on compterait des pièces de monnaie à l'effigie d'Homère. Si la tombe même a peu d'intérêt, la route et le site valent le déplacement.

POUR LES FÊTARDS

Les oiseaux de nuit combineront leur séjour à Ios avec une escapade à **Mykonos** (p. 359). Au programme : fête sur la plage avant d'aller s'amuser jusqu'au bout de la nuit dans les clubs les plus débridés qui soient.

Retour à l'âge du bronze

RUINES ET TROUVAILLES ARCHÉOLOGIQUES

Perché sur la colline, le site archéologique de **Skarkos**, au nord d'Hora, est un village du début de l'âge du bronze, l'un des sites protohistoriques les plus remarquables de la mer Égée du fait de son état de conservation. Bâti en terrasses – restaurées – qui épousent le relief de la colline, il a conservé les vestiges de plusieurs édifices de style cycladique.

OÙ SE RESTAURER À IOS

Polydoros
Excellente cuisine traditionnelle grecque servie sur une terrasse couverte, près de la plage de Koubara. **€**

Salt
Espace extérieur baigné de lumière abrité par une canopée de bambou chaulé surplombant la plage de Mylopotas. **€€**

Katogi
Comme l'impression d'arriver à une fête chez des amis... Recoins intimistes, cocktails et mezze. **€**

Skarkos

La visite préliminaire du **Musée archéologique** situé à Hora enrichira votre exploration des vestiges car y sont exposés de nombreux objets découverts à Skarkos : céramiques, figurines en marbre, objets en obsidienne, outils en os, stèles funéraires. Un aperçu fascinant de la civilisation du cycladique ancien et de sa structure sociale (voir aussi p. 374).

En voiture, prenez la bifurcation entre Ormos et Ios. À pied (15 minutes), suivez le chemin empierré qui part en retrait du village et offre un panorama splendide sur le site et ses alentours.

FAIRE LA FÊTE À LA NUIT TOMBÉE

Ios compte parmi les meilleures îles grecques pour faire la fête. Il suffit de se promener en soirée dans le centre d'Hora pour comprendre qu'on y trouve des bars et des clubs pour tous les goûts.

Jar Bar
Les meilleurs cocktails de l'île et un personnel sympathique.

Blue Bar
Lieu légendaire de la *plateia* (place) centrale où la fête bat son plein jusqu'au petit matin.

Astra
Décor à la scandinave et cocktails à base de fruits frais.

Helios Rock Music Bar
L'adresse incontournable pour le rock classique.

Free Beach Bar
Cabanes de plage, DJ et piscine entourée de banquettes et de lits suspendus, sur la plage de Mylopotas.

COMMENT S'Y RENDRE ET CIRCULER

Ios est desservie par les ferrys parcourant l'axe Mykonos-Santorin, ce qui est très pratique. Des ferrys réguliers font également la liaison jusqu'au Pirée. La durée des trajets dépend de l'itinéraire et du type de bateau. Plus d'infos auprès d'Acteon Travel (p. 394).

L'été, des bus bondés (www.ktel-ios.gr) font la navette, toutes les 20 minutes environ, entre Ormos, Ios (Hora) et la plage de Mylopotas.

Toujours l'été, certains rallient fréquemment Koubara et, moins souvent, les plages de la côte orientale : Agia Theodoti, Psathi et Manganari. Les principaux arrêts de bus du village affichent les horaires, également consultables en ligne.

En été, des caïques assurent la traversée Ormos-Manganari via Mylopotas.

Il y a de nombreux loueurs de deux-roues ou de voitures à Ormos, Ios (Hora) et à Mylopotas.

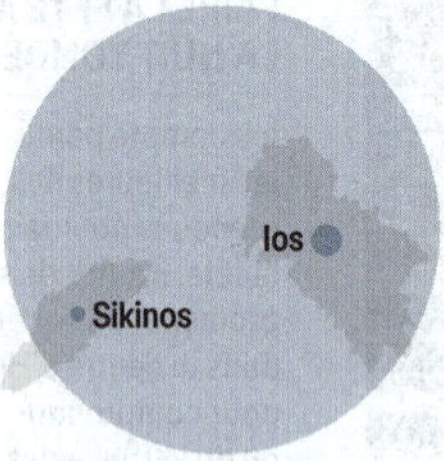

Sikinos

Antithèse de sa voisine Ios, Sikinos dessine un monde insulaire inchangé, avec sa charmante vieille ville et ses collines en terrasses sillonnées de sentiers.

Pour les infos pratiques, voir le Carnet d'adresses *p. 395.*

À SAVOIR

L'affluence touristique est maximale en juillet-août ; hors saison, sites et plages sont quasi déserts, et les restaurants ferment leurs portes.

D'après la légende, Thoas, roi de Lemnos, se réfugia à Sikinos caché dans une malle lorsque les femmes de son île se soulevèrent pour massacrer tous les hommes. Au fil des siècles, Sikinos accueillit les diverses civilisations – Mycéniens, Ioniens, Doriens, Vénitiens et Turcs –, avant qu'elle ne serve de refuge, à la fin des années 1930, aux communistes et socialistes grecs en exil.

Sikinos, avec ses 273 habitants, reste l'endroit idéal pour le voyageur qui aspire à une immersion insulaire, éloignée des infrastructures commerciales. Les habitations sont regroupées dans le port d'Alopronia et dans deux villages contigus de l'arrière-pays, Horio et Kastro, englobés sous le nom d'Hora.

Maisons de Sikinos

KATERINA ELEONORA RASSIA/SHUTTERSTOCK ©

Du village au monastère

IMMERSION DANS LA VIE LOCALE

Serpentez dans le dédale des rues d'Hora où se succèdent chapelles et habitations blanchies à la chaux. Le *kastro* du XIIIe siècle, une forteresse vénitienne, a conservé ce laçis et sa grand-place ourlée de demeures de marchands au décor sculpté, sous la protection de l'église Pantanassa. Trois minuscules cafés restent ouverts toute la journée. De là, une volée de marches chaulées grimpe au monastère fortifié de **Moni Zoödohou Pigis**, perché sur la hauteur en bord de falaise. Ce couvent pour femmes de 1690 a longtemps servi de refuge aux religieuses et aux villageois lors des attaques de pirates (remarquez les cordes pendues aux falaises à l'arrière, dernier recours des nonnes en cas d'urgence). Le couvent est ouvert aux visiteurs au crépuscule.

Eaux cristallines

BAIGNADES TRANQUILLES

Ombragée, la jolie petite plage de sable du port d'**Alopronia** fait face à Santorin, que l'on aperçoit au loin. De là, en marchant 20 minutes à travers la campagne en direction du nord, on rejoint une baie étroite mais magnifique, ourlée d'une langue de sable : la plage d'**Agios Nikolaos**. Un chemin continue jusqu'à **Agios Georgios**, également accessible par une route goudronnée. L'été, des caïques desservent les plages, telles celle de **Maltas** au nord (avec ses ruines antiques sur les hauteurs) et celle de **Kara** au sud.

Ruines et vignobles au couchant

PAYSAGES SUBLIMÉS

Prévoyez d'arriver une heure avant le coucher du soleil sur le site des remarquables vestiges du **Moni Episkopis**. Ce mausolée romain du IIIe siècle fut transformé en église au VIIe siècle avant de devenir mille ans plus tard le monastère trônant au sommet d'une colline d'où la vue est splendide.

Revenez en ville pour le coucher du soleil, à admirer depuis le **domaine viticole de Manalis**, un établissement familial accroché à flanc de colline face au couchant. Le vin y est produit selon des méthodes traditionnelles et durables, et la dégustation s'accompagne de plats insulaires typiques.

SIKINOS PAR SES SENTIERS

Sikinos a créé les sentiers culture, un réseau de sept itinéraires balisés à travers l'île. Terrain (p. 317) édite une excellente carte des randonnées de Sikinos.

1 D'Horio à Alopronia via le Moni Episkopis et la chapelle de Saint-Panteleimon (12,9 km, 4 heures 30)

2 Boucle au départ d'Horio via le Moni Episkopis et la chapelle de Saint-Panteleimon (14,3 km, 5 heures)

3 De Kastro à Alopronia (3,8 km, 50 min)

4 De Kastro à la plage de Maltas via le Moni Zoödohou Pigis (6,2 km, 2 heures 30 aller)

5 Boucle au départ de Kastro via le Moni Zoödohou Pigis (9,3 km, 3 heures 30)

6 Du Moni Episkopis à Aghia Marina (1,4 km, 30 min)

7 D'Horio à Alopronia via la chapelle de Saint-Dimitrios (8 km, 3 heures)

COMMENT S'Y RENDRE ET CIRCULER

Les billets de ferry peuvent être achetés au port auprès de Kountouris Travel. En dehors de la haute saison, les bateaux sont rares. Parmi les liaisons régulières figurent : Folégandros (45 min, 2/sem), Ios (25 min, 3/sem), Kimolos (2 heures-2 heures 30, 4/sem), Milos (3 heures 15, 3/sem), Naxos (3 heures, 3/sem), Paros (4 heures 15, 3/sem), Le Pirée (10 heures 15, 3/sem), Sérifos (4 heures 30, 2/sem), Sifnos (4 heures 45, 3/sem), Santorin (2 heures 15-2 heures 30, 3/sem) et Syros (5 heures 30-6 heures, 3/sem).

Un bus vient à la rencontre des ferrys et relie Alopronia à Horio/Kastro toutes les 30 minutes en août et dix fois par jour le reste de l'été ; il est moins fréquent le reste de l'année. Les horaires sont affichés au terminus, en retrait du port. Chaque jour, un bus continue de Kastro jusqu'à Agios Georgios et un autre part à 19h15 pour le domaine viticole de Manalis et le Moni Episkopis, pour repartir à 20h45.

Sur le port, Drosos et RaC louent voitures et scooters.

FOLÉGANDROS

Folégandros s'étend au sud de l'archipel des Cyclades, en limite septentrionale de la mer de Crète. L'immanente beauté de l'île est bien incarnée par son bourg principal campé sur la falaise, Folégandros (Hora), l'un des plus beaux des Cyclades.

L'île fait à peine 12 km de long sur 4 km de large, mais avec ses collines, ses champs en terrasses plongeant jusqu'à la mer, son arrière-pays verdoyant ponctué de chapelles et de vestiges et ses nombreuses plages (certaines sont accessibles au prix d'effort éreintants), Folégandros fait le bonheur des randonneurs.

Difficile d'imaginer dans ce cadre enchanteur que Folégandros a aussi une face sombre. Sa position isolée en a fait une terre d'exil pour les prisonniers politiques, de l'époque romaine à la dictature des colonels (1967-1974). Elle connaît aujourd'hui un fort développement touristique qui entraîne la construction de nombreux hôtels haut de gamme et de maisons de vacances.

Pour les infos pratiques, voir le Carnet d'adresses p. 395.

À SAVOIR

Hora est le lieu de séjour le plus agréable (la plupart des hébergements assurent le transfert depuis le port), bien qu'il y ait aussi d'excellents hébergements à Ano Meria et quelques options près de la plage d'Angali. Le port de Karavostasis est moins attrayant. Réservation impérative en juillet-août.

Église de la Vierge, Panagia

Kastro vénitien et église haut perchée

SITUATION THÉÂTRALE

Posé sur un plateau au bord d'une falaise qui plonge abruptement dans la mer, **Folégandros (Hora)** est un dédale de ruelles piétonnes flanquées de maisons et d'églises bleu et blanc typiques de l'architecture cycladique, où les bougainvillées apportent leurs touches de couleurs éclatantes. Sa rue principale serpente entre cinq places verdoyantes, occupées par des terrasses animées. Dans la partie est du village, une arche basse marque l'entrée dans le quartier résidentiel du **kastro** fortifié, qui date du règne du Vénitien Marco Sanudo (XIIIe siècle).

Depuis la Plateia Pounta, un impressionnant chemin, visible de loin, grimpe en zigzaguant jusqu'à la resplendissante **église de la Vierge, la Panagia**. Un endroit idéal pour assister au coucher du soleil (l'église ouvre alors ses portes) ou à son lever, tout aussi beau. On la rejoint aisément en 15 minutes de marche (sans escaliers). La vue sur Hora en contrebas, les falaises et les îles de Milos et de Sifnos au large est inoubliable.

ADRESSES GOURMANDES À FOLÉGANDROS

To Goupi
Excellents mezze dans cet *ouzeri* convivial d'Hora. €

Barbounaki
La meilleure table de poissons et fruits de mer à Hora. €€

Belegra Aegean
Pour un repas en amoureux à Hora : spécialités locales et raffinées. €€

To Zimaraki
Excellentes pâtes fraîches à Hora. €€

Sinadisi
Restaurant ouvert en 1920 à Ano Meria par le grand-père du propriétaire. Palme à la *matsata* (pâtes fraîches typiques) au fromage de Folégandros. €

Eirini's
Cuisine maison dans cette épicerie-restaurant d'Ano Meria. €

Chrisopsilia
Café et magasin de miel très populaire d'Ano Meria. Pause idéale après une randonnée. €

Sweet Chora
Café-pâtisserie pour les gourmands, à Hora. €€

OÙ SE LOGER À FOLÉGANDROS

Anemomilos
Élégantes chambres et suites indépendantes avec terrasses. Sublime vue sur la mer du haut de la falaise. €€€

Folégandros Apartments
Appartements gais dans un jardin bien entretenu avec piscine. À deux pas de la Plateia Pounta, à Hora. €€

Ampelos
Superbe établissement familial tenu par Theo et Areti : piscine, décoration colorée et chambres agréables. €€

CIRCUITS SUR L'ÎLE ET SORTIES EN MER

De nombreuses plages étant difficiles d'accès, l'excursion de 6 heures en bateau autour de l'île, avec déjeuner inclus et quatre pauses baignade minimum, remporte un franc succès (à réserver auprès de Diaplous Travel (p. 395).

Sea U Dive Centre
Spyros et son équipe d'instructeurs enthousiastes organisent toute une gamme d'excursions sur une dizaine de sites de plongée autour de l'île.

Local Path
Circuits variés en petits groupes, de l'excursion gastronomique à la randonnée nature.

Island Spirit Cruises
Excursions privées en bateau et transferts vers d'autres îles.

Plaisirs du palais

SPÉCIALITÉS LOCALES ET GRANDS CRUS

Folégandros est une belle destination culinaire où se fait sentir l'influence de l'Italie. La spécialité de l'île est la *matsata,* un plat de pâtes fraîches à la sauce tomate, généralement servies avec de la viande de chèvre, du coq, du porc ou du lapin, ou juste un peu de fromage émietté. Les fromages typiques de l'île sont le crémeux *souroto,* au lait de chèvre, et le *manoura,* à la pâte plus dure, principalement consommé au printemps.

Côté sucré, citons le *pasteli,* au sésame et au miel, et le *portokalopita,* un gâteau à l'orange souvent offert sous forme cubique pour clore le repas.

Perché au-dessus d'un vignoble, le sympathique bar à vins **Merkouri** ravira les œnophiles grâce à ses 40 grands crus grecs. Discutez avec le propriétaire tout en goûtant le vin du vigneron voisin, le **Domaine Paliomilos**. Les deux adresses servent une cuisine presque aussi bonne que leurs vins.

Randonnée des hauteurs à la mer

DES HAMEAUX JUSQU'AUX PLAGES

Ano Meria est constitué d'une succession de hameaux éparpillés le long de la route sur plusieurs kilomètres, sur la crête de l'île. Vous pourrez y aller à pied depuis Folégandros (Hora) pour profiter des superbes points de vue, puis rentrer en bus.

D'Ano Meria partent d'excellents sentiers de randonnée. L'un descend vers la **chapelle d'Agios Georgios** et la plage du même nom, sur la côte nord (2,6 km, 1 heure 15). On peut rejoindre au sud la **plage de Livadaki** depuis les imposants moulins à vent du centre d'Ano Meria (5,7 km, 2 heures 15) ou par le sentier qui part du bout du village et passe devant l'église d'Agii Anargiri.

D'autres plages magnifiques ne sont accessibles qu'à pied ou par bateau, comme la **plage de Katergo** à l'extrême sud (6,4 km, 2 heures 30) ou, dans la baie méridionale de Vathi, celle d'**Agios Nikolaos** via Angali (4,5 km, 1 heure 30, aller), dans une jolie crique aux eaux céruléennes, prisée des naturistes. La **plage d'Angali**, entourée de falaises multicolores, est également accessible en voiture ou en bus.

Ces sentiers sont balisés et numérotés ; informations détaillées sur www.folegandros.com/trekking. Terrain Editions (p. 317) vend une excellente carte de Folégandros.

COMMENT S'Y RENDRE ET CIRCULER

Folégandros est bien reliée au Pirée (du moins de mai à septembre) par la route des Cyclades occidentales, ainsi qu'à Santorin. Par ailleurs, les ferrys de la ligne Ios-Sikinos-Folégandros la desservent régulièrement.

Des bus font la navette entre le port des ferrys et Folégandros (Hora) à 3 km. En sens inverse, les bus pour le port partent une heure avant le départ de chaque ferry.

L'été, des bus assurent la liaison entre Folégandros (Hora) et Ano Meria, ainsi qu'avec la plage d'Angali. Il y a aussi des taxis sur l'île. Donkey Scooters et Tomaso, entre autres, louent voitures et motos.

Enfin, de petits bateaux assurent une navette estivale entre les plages, en particulier d'Angali à Agios Nikolaos et d'Angali à la plage de Livadaki.

MILOS

L'île volcanique de Milos, qui s'élève autour d'une caldeira centrale, est ourlée d'un littoral impressionnant, tout en formations rocheuses colorées. Son nombre de plages (paraît-il le plus large de toutes les Cyclades) répond à tous les goûts et à tous les temps. Elles sont faciles d'accès en majorité, mais il en est néanmoins aussi de quasi désertes, surtout à l'ouest, partie sauvage et faiblement peuplée – privilégiez l'accès en bateau plutôt qu'en 4x4. D'autres (Paleohori) sont accolées à des sources chaudes qui réchauffent encore le sable !

Seule une toute petite portion de l'île est construite. Elle est couronnée par le village de Plaka, idéalement situé pour les balades à pied. La plupart des visiteurs arrivent par le port d'Adamas, dont la vieille ville s'accroche à la colline. La promenade du front de mer est bordée de magasins, d'agences de location de voitures, de cafés, de bars, de tavernes et de glaciers. En été, des dizaines de voiliers s'amarrent dans le port et l'animation nocturne de l'île se concentre à Adamas.

Pour les infos pratiques, voir le Carnet d'adresses p. 395.

À SAVOIR

La couleur de votre séjour dépendra beaucoup de votre lieu de résidence. Adamas rassemble tavernes, bars et boutiques ; c'est un point de chute idéal si votre ferry part tôt le matin. La paisible Plaka offre de superbes points de vue. Pollonia bénéficie d'un accès rapide à la plage.

PLAISIRS NAUTIQUES

Nombre de prestataires organisent au départ du port d'Adamas des **sorties en mer** qui vous dévoileront des portions de littoral reculées de Milos ou encore les îles voisines de Kimolos (p. 337) et de Polyaigos, souvent avec pauses **snorkeling**. Côtes remarquables, reliefs surprenants, plages inaccessibles par la route sont ainsi au programme d'excursions de la journée. Au sud-ouest de Milos, Kleftiko est une destination privilégiée en raison de ses grottes et de ses arches rocheuses surgissant de l'eau.

Le choix d'embarcations est large : petits ou grands, hors-bord, bateaux en bois, catamarans, bateaux à voile... Pour une exploration en kayak, adressez-vous à **Sea Kayak Milos** dont les itinéraires sont accordés à la météo. Comptez environ trois heures de kayak et deux heures de pause pour nager, faire du snorkeling ou se reposer.

LEMONAKIS ANTONIS/SHUTTERSTOCK ©

Firopotamos

L'île des plages

DU SABLE POUR TOUS LES GOÛTS !

Plus de 70 plages sublimes, de sable ou de galets aux teintes variées ourlent les rivages de Milos et de son chapelet d'îlots. Quelle que soit la direction du vent, il est toujours possible de trouver une plage abritée. Mieux vaut être motorisé pour les rejoindre – louer un 4x4 pour celles de la côte escarpée de l'ouest est notamment nécessaire. Notre sélection :

Provatas, longue bande de sable doré encadrée par deux promontoires rougeoyants sur le littoral méridional, est l'une des plus belles de Milos. Quelques tavernes y côtoient des agences de location d'équipements de sports nautiques.

Plathiena est une plage de sable et de galets d'une beauté exceptionnelle, située au-delà de Plaka, dans le nord de l'île. L'été, il y a un bar de plage.

Firopotamos, crique paisible au nord de l'île, est enserrée entre des falaises calcaires. Ses *syrmata*, maisons de pêcheurs, ourlent le rivage.

Sarakiniko se distingue par ses grottes et ses formations rocheuses. La plage de sable est minuscule mais bordée d'un chenal profond invitant à la baignade, et il y a de la place pour s'allonger sur les rochers. Au creux de la baie nord.

Nerodafni et Trachilas, séparées par un promontoire à la pointe nord de l'île, sont deux plages de roche et de galets

OÙ SE RESTAURER À MILOS

De Milos
L'une des quelques tavernes haut de gamme du front de mer de Pollonia. Des tables jusque sur le sable. **€€**

Bakalikon Galanis
L'une des adresses à l'ancienne des ruelles de Plaka, où l'on sert un bon café et une excellente cuisine. **€€**

Akri
Niché au-dessus du port, un restaurant à la belle terrasse face à la mer. Les plaisanciers s'y attardent le soir. **€**

isolées. À Trachilas, de petits îlots et des arches rocheuses avancent dans la mer.

Mandrakia est un adorable port de pêche pris entre de petites plages de galets. La taverne Medusa, l'un des meilleurs restaurants du pays, jouit d'une vue splendide sur la mer Égée. Allez-y tôt pour avoir de la place.

Aghia Kyriaki, au sud, est une longue et belle plage de sable adossée à des falaises aux teintes ocre, rose et gris. Elle est partiellement ombragée et possède quelques tavernes.

Firiplaka, enfilade méridionale de criques cernées de falaises, est accessible depuis les parkings en haut de ces falaises. La plage principale est en grande partie occupée par les chaises longues d'un club chic.

Paléohori, au sud-est, est un long croissant de sable bordé de falaises. Quantité de tavernes et de pensions ont été construites juste derrière la plage, par ailleurs peu ombragée.

Les syrmata de Klima

MAISONS DE PÊCHEURS TYPIQUES

Port de la Milos antique, le charmant village de **Klima** conserve le plus bel exemple d'architecture maritime de Milos : ses *syrmata*. Ces maisons où le rez-de-chaussée, aux portes peintes de couleurs vives, était utilisé comme garage à bateaux en cas de gros temps, logeaient à l'étage les familles de pêcheurs. En bonne partie creusées dans la roche, elles font aujourd'hui office d'hébergements troglodytiques très appréciés. Le village compte de bons cafés avec vue sur la mer.

La Milos antique

THÉÂTRE ROMAIN, CATACOMBES ET MUSÉE

Accroché au flanc d'une colline plantée d'oliviers en contrebas de Trypiti, l'imposant **théâtre romain** a diverti les citoyens de la Milos antique du Ier au IVe siècle. En partie redécouvert en 1735, il n'apparaît que sous le dixième de sa surface. Il a été opéré une restauration partielle, notamment d'une partie du mur de scène en marbre sculpté qui faisait face à 8 000 spectateurs.

Le sentier menant au théâtre est bien balisé. Sur la droite, un panneau signale le lieu de découverte de la *Vénus de Milo*.

Les seules **catacombes** chrétiennes de Grèce sont creusées à flanc de colline en dessous de **Trypiti**. Datant du Ier siècle, elles servirent de sépulture à plus de 2 000 premiers chrétiens et forment un réseau de 183 m de tunnels.

LA VÉNUS DE MILO

La découverte en 1735 de vestiges de l'époque romaine draina des vagues d'"archéologues" amateurs venus "sauver", plus précisément piller, le site. Des Français (capitaines, délégués d'ambassade... au nombre desquels Dumont d'Urville) contribuèrent à remporter l'achat de cette statue découverte par un fermier en 1820 et convoitée. Marbre d'une grande beauté, la *Vénus de Milo* (IIe siècle av. J.-C.) fut dès lors exposée au Musée royal, futur musée du Louvre.

Cela fait deux siècles que les spéculations vont bon train sur la disparition des bras d'Aphrodite. La frénésie des pilleurs a contribué à effacer toute trace de sa niche originelle et plus personne ne sait où chercher...
Le **Musée archéologique de Plaka** (p. 336) en expose une réplique.

OÙ SE LOGER À MILOS

Studios Betty
Studios rudimentaires mais très avantageux sur la falaise de Plaka. Vue superbe sur mer, y compris au couchant. €

Captain Zeppos Boutique Suites
Chambres élégantes, proches de la plage, sur un petit promontoire à Pollonia. €€€

Aelia Suites Milos
Studios luxueux sur une colline derrière Adamas, avec vue imprenable sur la baie de Milos. €€€

9 000 ANS D'HISTOIRE

L'histoire de Milos remonte au néolithique, vers 7 000 av. J.-C., lorsque débuta sur l'île l'extraction d'obsidienne, plus tard exportée vers la Crète minoenne. À peine six millénaires plus tard, l'île était devenue une importante communauté du cycladique ancien. Temples et villes y apparurent dès 1400 av. J.-C.

Comme les autres îles de la mer Égée, Milos a été façonnée par les vagues successives d'invasions. Le toponyme de Kleftiko suggère, à l'extrême sud-ouest de l'île, la présence d'un repaire de pirates.

L'extraction minière perdure aujourd'hui. À Adamas, le musée des Mines de Milos retrace cette histoire et fournit des explications géologiques à son relief et aux teintes frappantes de ses falaises.

ALEKSANDRA TOKARZ/SHUTTERSTOCK ©

Catacombes

La visite du **Musée archéologique de Plaka** permet de remettre ces vestiges en contexte. Petit mais bien agencé, il présente notamment un émouvant *pithos* (jarre) en argile utilisé comme sépulture d'un enfant ; de petites pierres colorées, sans doute des objets qui lui étaient chers, se trouvaient aux côtés des ossements.

Plaka, Trypiti et Triovasalos

FLÂNERIES VILLAGEOISES

Ces trois villages presque contigus des hauteurs de l'île concentrent l'essentiel de sa population.

Le village de **Plaka**, quintessence de l'idéal cycladique, est un lacis de ruelles et de maisons blanches accrochées au bord d'un escarpement. La plage de l'église **Panagia Korfiatissa** (1840) réserve un panorama exceptionnel sur l'ouest et, de fait, se trouve envahie de touristes au coucher du soleil en été. Plus bas, le charmant village de **Trypiti** recèle églises et moulins à vent. **Triovasalos** est le moins touristique des trois villages et ses boutiques sont surtout fréquentées par les habitants.

COMMENT S'Y RENDRE ET CIRCULER

Milos possède un aéroport (milosairport.com/fr-fr/), de l'autre côté de la baie par rapport à Adamas. Il y a des liaisons depuis/vers Athènes avec Sky Express et Olympic Air (p. 310).

Adamas, principal port de l'île, se trouve sur l'itinéraire de la plupart des ferrys de l'ouest des Cyclades – voir nos conseils p. 614. À la saison haute, des ferrys partent pour Le Pirée (2 heures 45-6 heures 30), Sérifos (1 heure-2 heures), Sifnos (1 heure), Folégandros (1 heure) et Santorin (2 heures). Des bateaux effectuent également la liaison Pollonia-Kimolos.

Le réseau de bus, géré par Milos Buses (milosbuses.com), relie Adamas à Plaka et aux villages des collines de l'intérieur. D'autres desservent Pollonia et les plages populaires.

Pour véritablement explorer l'île, il faudra louer une voiture. Un véhicule ordinaire ne vous donnera accès qu'à la moitié orientale de l'île. L'ouest et certaines plages isolées ne sont accessibles qu'en 4x4, et encore !

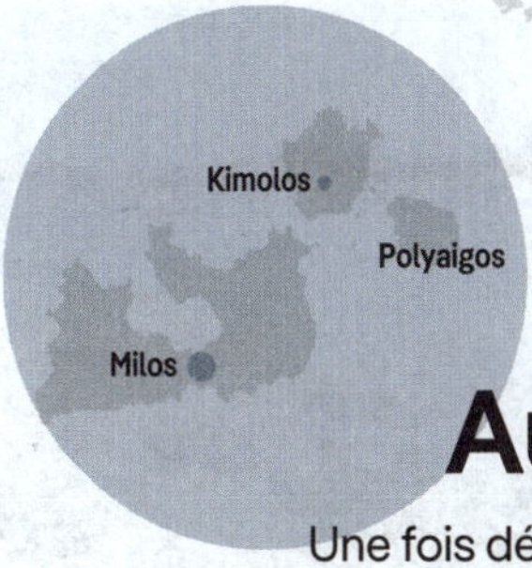

Autour de Milos

Une fois débarqué sur la petite Kimolos ou sur l'île déserte de Polyaigos, faites relâche. Les jours s'écoulent ici en toute sérénité.

Pour les infos pratiques, voir le Carnet d'adresses *p. 395.*

À SAVOIR

Renseignez-vous sur les horaires des ferrys, d'autant qu'il faut nécessairement passer par Milos pour quitter l'île.

Au large de la pointe nord-est de Milos, Kimolos, bordée au sud par Polyaigos, havre naturel, donne le sentiment de remonter le temps. De rares touristes viennent explorer le temps d'une journée sa vieille ville, ses baies étincelantes et ses pittoresques *syrmata* (maisons de pêcheurs). À l'arrivée de Milos, on accoste à Psathi, près d'une plage de galets bordée de cafés et de tavernes. Quelque 800 m plus haut sur la colline, se dressent les vestiges de la forteresse édifiée entre le XIVe et le XVIe siècle, le *kastro* au pied duquel la charmante capitale Kimolos (Hora) a tissé ses jolies ruelles et construit son église de la Nativité (1592), blanchie à la chaux. Si vous êtes à court d'exercice, grimpez jusqu'au point culminant de l'île (358 m) et à sa forteresse vénitienne, Paleokastro.

Kimolos (Hora)

TAVERNES ET CAFÉS

Si Kimolos compte quelques adresses correctes, ce n'est pas un haut lieu d'innovation culinaire. Il y a des tavernes familiales à Kimolos (Hora), à Psathi et le long des plages du nord et du sud. Quelques cafés servent des habitués, fins observateurs de la marée quotidienne des estivants.

De petites épiceries vendent toutes les provisions nécessaires à une randonnée ou à un séjour sur une plage isolée.

Les petits hôtels et pensions sont regroupés à la frontière entre Kimolos (Hora) et Psathi. Il est facile de dénicher une chambre avec balcon ou terrasse offrant une belle vue. Quelques appartements de vacances sont apparus au sud, vers la plage de Bonatsa.

ANDRONOS HARIS/SHUTTERSTOCK ©

Prassa

Plages de bout du monde

D'ISOLÉE À TRÈS ISOLÉE

Comme Milos, Kimolos décline toute une gamme de plages d'accès plus ou moins aisé, avec galets pour les unes, sable pour les autres. Comptez une heure de marche depuis Hora pour gagner le somptueux ruban de sable blanc de **Prassa**. Orientée à l'est, cette plage est aussi accessible par une route partiellement goudronnée. Pour atteindre les criques situées plus au nord et à l'ouest, la seule solution est le bateau.

Côté sud, une route rudimentaire partant de Psathi longe la côte sud-est jusqu'à la jolie **plage de Bonatsa**, fin croissant de sable blanc ombragé. Les plages plus à l'ouest comme **Ellinika** ne sont accessibles qu'à pied ou en bateau.

L'île sauvage de Polyaigos

VÉRITABLE ÎLE DÉSERTE

Petite dernière du trio, **Polyaigos** se situe au sud-est de Kimolos. Aujourd'hui inhabitée, cette terre aride fut occupée jadis par une communauté de fermiers et de moines. Des amoureux de plages immaculées et d'eaux céruléennes viennent pour la journée, notamment sur la **plage d'Ammura**. Des faucons planent dans les cieux, des phoques moines, espèce rare de Méditerranée, campent dans les criques les plus isolées. Vous pouvez y passer la nuit à la belle étoile, à condition de prévoir de quoi être autosuffisant. Le trajet en bateau s'organise depuis Milos ou Kimolos.

COMMENT S'Y RENDRE ET CIRCULER

Rejoindre Kimolos suppose de passer par Milos. Un petit car-ferry (kimolos-link.gr) relie Pollonia (Milos) à Psathi (Kimolos), jusqu'à huit fois par jour en été et trois fois par jour en basse saison (30 min).

En haute saison, des ferrys longue distance partent vers Le Pirée (7 heures), Sérifos (2 heures), Sifnos (1 heure), Paros (4 heures 15-6 heures 15) et Folégandros (1 heure 30).

Il est possible de louer une voiture sur Kimolos, mais il s'agira d'un arrangement de circonstance. Il peut être judicieux d'embarquer une voiture, un scooter ou un vélo sur le car-ferry venant de Milos.

Des caïques desservent les plages les plus reculées depuis Psathi ou Milos.

SIFNOS

Trois villages blancs, dont le chef-lieu Apollonia, posés telles des perles sur la crête de l'île. Une lumière changeante embrassant, dans les montagnes du centre, un paysage fertile d'oliveraies en terrasse, planté de lauriers-roses et d'herbes aromatiques. Des baies léchées d'eaux azur dévoilant un panorama éblouissant... Sifnos est une destination exquise !

Les mines d'or et d'argent apportèrent sa prospérité à l'île à l'époque archaïque (à partir du VIIIe siècle av. J.-C.), mais leur production diminua progressivement jusqu'au Ve siècle, époque où les mines se tarirent. La vie devint alors plus rude.

De nos jours, Sifnos est réputée pour sa cuisine et ses excellents restaurants, disséminés à travers l'île, qui mettent en valeur la générosité des produits locaux. Si les stations balnéaires attirent en nombre les visiteurs, ne manquez pas la visite du vieux bourg de Kastro et le monastère de Chrysopigi.

Pour les infos pratiques, voir le Carnet d'adresses *p. 395.*

À SAVOIR

Si votre temps est limité, vous pouvez opter pour Kamarès qui, bien qu'étant le principal port de ferrys de Sifnos, est une ville agréable. Apollonia, mais aussi Platys Gialos, Faros ou Vathy sont parfaites si vous aimez l'animation nocturne. Pour un séjour au calme, prenez une chambre à Kastro.

Kamarès, premier contact

PORTE D'ENTRÉE DE SIFNOS

Logé dans un écrin de montagnes, le port de **Kamarès** sent bon les vacances, avec son front de mer animé, ses églises et sa belle plage, idéale pour les familles avec de jeunes enfants.

Les ruelles d'Apollonia

LÀ OÙ TOUT SE JOUE

Semée d'églises, la labyrinthique **Apollonia**, chef-lieu de l'île, s'anime en été d'un défilé de visiteurs sur leur trente-et-un, déambulant le long d'Odos Prokou, surnommée à juste titre **Steno** ("étroit"). Toutes les routes de l'île mènent ici, au cœur de l'activité insulaire. Au-delà d'Apollonia, les maisons blanches se succèdent au nord jusqu'au village d'**Ano Petali**, puis jusqu'à **Artemonas**, bourg aux demeures élégantes, aux églises à dôme azur et aux oliveraies plantées en terrasses.

Le jour, tout est chic et cher : vêtements de créateur, artisanat fait main et en-cas typiques haut de gamme ! Le soir, les bars de Steno offrent des réductions sur les cocktails Sex on the beach, la musique retentit dans les clubs et une certaine frénésie règne dans les restaurants.

Incroyable Kastro

LE PLUS BEAU VILLAGE DE SIFNOS

Posé sur un piton rocheux dont les pentes vertigineuses plongent vers les eaux cristallines en contrebas, **Kastro** est

PAUSES GOURMANDES À SIFNOS

Camaron
Cette taverne est la meilleure raison de dîner à Kamarès. Nombreux ingrédients bio et pâte à pizza travaillée à la farine complète. €€

Drimoni
À Apollonia, profitez de la vue ou lézardez au bord de la piscine, tandis que le chef Giorgos Patriarchis souffle un vent nouveau sur les recettes typiques. €€€

Glykia Matia
Pains, craquelins, biscuits et gâteaux traditionnels pour une pause raffinée à Apollonia. €

To Steki
Une excellente taverne traditionnelle sur le front de mer de Platys Gialos. Terrasse en pierre sous les arbres. €€

Cafe Mosaic
À Artemonas, un menu changeant de mezze accompagnés de *rakomelo* (alcool chaud à base de miel, cannelle et clous de girofle). €€

la cité la plus envoûtante de l'île. L'ancien chef-lieu de Sifnos (jusqu'en 1836) est aujourd'hui un lieu assoupi où les chats paressent sur les perrons. Les rares ruelles se glissent par endroits sous les passages de maisons anciennes pour émerger sur des terrasses offrant un point de vue époustouflant sur la côte, la mer Égée et Paros au loin. S'enroulant progressivement autour du sommet du village, elles mènent jusqu'à son acropole antique où s'élevait un temple d'Athéna ou d'Aphrodite.

Le site est en effet habité depuis 1 000 av. J.-C. De l'époque romaine subsistent plusieurs sarcophages imposants, que l'on aperçoit facilement en se promenant dans le village. Et le modeste **Musée archéologique de Sifnos** expose quelques vestiges de la cité antique. Plusieurs tavernes tournées vers

OÙ SE RESTAURER À SIFNOS

Dipseli
Ce minuscule café-pâtisserie sur Steno sert une succulente *melopita*, tarte au miel et à la cannelle. €

Yalos Seaside Obsession
Tables sur le sable pour savourer au bord de l'eau des produits locaux : poissons, fruits de mer, fromages... €€€

Krypti
Minuscule boutique de Kastro vendant de délicieux *loukoumadhès* (beignets) et des confitures maison. €

Église des Sept Martyrs

l'intérieur des terres en découvrent les verdoyants coteaux en terrasses. En contrebas de Kastro, l'**église des Sept Martyrs** est délicatement posée sur un petit promontoire au beau milieu d'eaux d'un bleu saisissant. Ce cadre magnifique incite volontiers à grimper jusqu'à sa porte, hélas souvent fermée.

Faros et Chrysopigi

PLAGES ET MONASTÈRE EMBLÉMATIQUE

Le hameau de **Faros** est un petit port de pêche et de plaisance traditionnel et charmant. Les tables des tavernes et les chaises longues se disputent l'espace sur la plage principale, mélange de sable et de galets. Une courte marche par un sentier passant devant quelques tavernes permet d'accéder à la paisible plage ouest, ombragée de tamariniers et épargnée par les commerces.

Il suffit de contourner une petite colline pour rejoindre la belle **plage de Chrysopigi**, aux eaux turquoise, dotée de deux excellentes tavernes. Accessible à pied depuis la plage (on peut aussi s'y rendre en voiture), le **Moni Chrysopigi** perché sur un îlot est relié à la côte par un petit pont piéton en pierre. Ce monastère blanchi à la chaux serait le protecteur de Sifnos.

UNE FIGURE DE LA GASTRONOMIE INSULAIRE

La bonne renommée culinaire de Sifnos n'est pas une invention récente destinée à attirer les touristes. La tradition culinaire sifnienne remonte aux années 1930 et à l'histoire de l'un des grands chefs grecs, **Nikolaos Tselementes** (1878-1958).

Né à Sifnos, Tselementes se rendit aux États-Unis pour découvrir un nouvel univers culinaire, avant de revenir dans son pays natal avec l'ambition de révolutionner le palais des Hellènes, notamment en publiant plusieurs livres de cuisine qui ont ouvert de nouveaux horizons aussi bien en Grèce qu'à l'étranger. La relation privilégiée qu'il maintint avec son île natale est évoquée chaque année en septembre à Artemonas lors du **Festival de la gastronomie cycladique**.

OÙ PRENDRE UN VERRE À SIFNOS

Loggia
Par temps clair, on voit Paros depuis cet élégant bar à vins de Kastro.

Kavos Sunrise
Comme son nom l'indique, ce bar ne ferme qu'à l'aube. Une institution depuis des décennies.

To Kohyli
Bar accueillant en bord de plage, à Kamarès... une très bonne raison de rater le ferry !

LES JOYAUX MÉCONNUS DE SIFNOS

Sifnos ne se limite pas à Steno et à ses stations balnéaires. La campagne n'est jamais loin sur cette île !

On peut aisément passer l'embranchement de la petite route menant à l'**acropole d'Agios Andreas** sans y prêter attention. Pourtant, cette citadelle perchée sur la crête de l'île depuis l'époque mycénienne (XIIIe siècle av. J.-C.) présente des vestiges bien préservés. Le site surplombe Apollonia, les flots au loin, mais aussi le relief verdoyant et ponctué d'églises de l'arrière-pays. L'**église Saint-André** voisine date du début du XVIIIe siècle.

Au nord de l'île, la plage rocailleuse de **Vroulidia** se love dans une baie aux eaux cobalt tout en bas d'une route non goudronnée assez périlleuse (laissez la voiture de location en haut !). À la pointe nord, le **cap Heronisos** a un air de bout du monde : une plage de sable, de bonnes tavernes et la lumière du crépuscule.

AERIAL-MOTION/SHUTTERSTOCK ©

Kamarès (p. 339)

Construit en 650, il est dédié au “Printemps donneur de vie”, représentation de la Vierge dans la tradition orthodoxe. L'église renferme une très ancienne iconostase en bois sculpté. La vue sur la mer est superbe.

Détente privilégiée

LUXE ET VIE FACILE

Au sud de l'île, **Platys Gialos** se distingue par ses magasins et restaurants construits au bord de l'eau. Entre les bistrots se nichent des poches de sable fin. C'est une halte idéale pour un déjeuner raffiné. Niché au creux d'une baie arrondie de toute beauté sur la côte sud-ouest, le village touristique de **Vathy** dégage une atmosphère plus détendue. La plage est vaste et en partie ombragée. L'alignement de cafés, tavernes et boutiques construits au plus près de l'eau complique la promenade à marée haute, à moins d'enfiler son maillot de bain !

COMMENT S'Y RENDRE ET CIRCULER

Kamarès est le principal port des ferrys. Sifnos est sur le chemin des liaisons entre Le Pirée et l'ouest des Cyclades ; en été, de nombreuses traversées concernent Le Pirée (2 heures 30-5 heures 30), Sérifos (50 min), Paros (50 min-3 heures), Folégandros (1 heure 45) et Milos (1 heure). Les liaisons sont plus irrégulières l'hiver – voir nos conseils p. 614.

Les routes de Sifnos s'étirent vers les plages comme les tentacules d'une pieuvre dont Apollonia serait le corps. L'île est petite et les distances sont courtes. Les agences de location de véhicules sont nombreuses à Kamarès, près du port de ferrys. Des bus publics fiables relient entre eux les principaux villages, toujours via Apollonia.

Les routes en lacets sont un défi pour les cyclistes. On peut facilement circuler entre les principaux sites de l'île à pied, comme par le sentier bucolique menant à Kastro – munissez-vous d'une bonne carte et renseignez-vous avant le départ. The Book Shop, à Apollonia, vend des cartes pour circuler en voiture, à vélo ou à pied.

SÉRIFOS

D'une beauté rude avec leurs montagnes escarpées, les terres de Sérifos, où dit-on les Cyclopes auraient vécu, plongent dans des baies bleu outremer. Dans la mythologie grecque, Sérifos est aussi l'île où grandit Persée. Il y rapporta la tête de Méduse pour protéger sa mère des avances insistantes de Polydectès.

Aujourd'hui, en dehors de son chef-lieu perché sur la colline et du port de Livadi, l'île reçoit peu de visiteurs et la nature semble avoir repris ses droits. Les terres, ponctuées de vestiges d'extraction minière (rails rouillés, grues), peuvent être balayées par de violentes bourrasques. Que cela ne vous décourage pas, au contraire. De parfaites petites plages ourlent tout le littoral et, ces attraits restant encore confidentiels, vous profiterez à loisir de son charme intemporel. Le changement, cependant, est dans l'air du temps. Des maisons de vacances surgissent à flanc de colline. La vieille ville de Sérifos (Hora) s'est dotée d'un ou deux bars branchés. Et dans les collines surplombant Platys Gialos, le domaine de Chrysoloras produit en bio de bons vins blancs...

Pour les infos pratiques, voir le Carnet d'adresses *p. 396.*

À SAVOIR

La route principale dessine une boucle sur le pourtour de l'île. Pour la parcourir sur la journée, on adopte en général le sens horaire, ce qui permet d'atteindre le nord en fin de journée (beau point de vue sur le soleil couchant !), avant de regagner Livadi.

Se détendre à Livadi

PORT DE PLAISANCE ET STATION BALNÉAIRE

Port principal et plus grand village de Sérifos, Livadi est très apprécié des plaisanciers. Sans les ferrys accostant régulièrement le long de la longue jetée en pierre, on oublierait facilement qu'il s'agit d'un port, tant l'ambiance est celle d'une station balnéaire. Le front de mer est bordé d'excellents bars et tavernes ; des pensions discrètes surplombent la longue et étroite plage de sable de **Livadakia**.

Un peu plus au sud, celle de Karavi est bordée de vignes et... d'appartements de vacances. Au nord-est, la plus belle plage de l'île, **Agios Sostis**, est à 40 minutes de marche.

Pittoresque Hora

VILLAGE BLANC SUR LES HAUTEURS

Le hameau de **Sérifos (Hora)**, dont les maisons blanches descendent en cascade la colline rocheuse dominant Livadi, est l'un des plus saisissants de tous les chefs-lieux des Cyclades. Le parking principal se situe en haut, près des anciens moulins à vent. De là, des ruelles s'engouffrent dans la vieille ville labyrinthique.

Ruelles et escaliers bordés de rares boutiques mènent, en montant vers le sud-est, à l'acropole, aux vestiges du **kastro** vénitien (XVe siècle) et à une église blanche à la voûte en berceau, **Agios Konstantinos**. Parvenus ainsi au sommet du village, les regards des visiteurs portent jusqu'à Sifnos, au loin.

RANDONNER À SÉRIFOS

Tout un réseau de sentiers, de longueurs et de difficultés variées, et en partie balisés, sillonnent l'île. La page randonnée du site serifos-greece.com donne des indications détaillées, carte à l'appui. Prévoyez suffisamment d'eau et de provisions pour les trajets longs, car les commerces et les équipements sont rares hors des principaux villages.

Belle introduction à Sérifos, un sentier ancestral (2,5 km) relie Livadi à Sérifos (Hora). Vous pouvez le parcourir dans le sens de la montée ou de la descente et prendre un bus pour le retour.

Partant de Sérifos (Hora), un autre court vers le nord jusqu'à **Kendarhos** (ou Kallitsos ; 4,5 km). En continuant par la route principale qui serpente sur 3 km, on atteint le Moni Taxiarhon (voir p. 345).

Mentionnons également le chemin (parfois abrupt) qui descend du village de **Panagia** jusqu'à la plage isolée de Sykamia.

Un éclatant collier de plages

PLAGES POUR SOI

Ce petit vade-mecum des principales plages de l'île suit la côte dans le sens des aiguilles d'une montre.

Larges et sablonneuses, les belles plages de la côte sud sont désertes en dehors de la haute saison. Quelques installations minières abandonnées ponctuent ce paysage sauvage. Trois plages se partagent une vaste baie abritée. La plage de galets ombragée du petit village de pêcheurs de **Koutalas** possède une taverne à l'ancienne. Sur le sable doré de **Ganema**, bordée de tamaris, s'alignent les chaises longues du bar de plage. Quant au superbe croissant de sable doré de **Vagia**, ses eaux iridescentes ont suscité les envies et généré la construction de maisons de vacances.

En remontant vers le nord-ouest, la plage de **Megalo Livadi** est intéressante pour ses constructions néoclassiques en ruine, vestiges de l'exploitation minière du XIXe siècle, et ses tavernes de bord de mer, simples et familiales. C'est un lieu d'un autre temps. La plage est étroite, mais ombragée. Les édifices anciens du village sont en voie de restauration.

Sykamia est l'une des plus belles plages de l'île (et la compétition est rude !). On y accède par une route goudronnée spectaculaire qui traverse des collines cultivées en terrasses.

OÙ SE LOGER À SÉRIFOS

Amfitriti Studios
Un cadre apaisant avec vue sur la baie de Livadi, depuis le flanc d'une colline à l'extrémité est de la plage. **€€**

Ammòa Feelgood Boutique Houses
Un hébergement luxueux sur la plage de Vagia, les pieds dans le sable. **€€€**

Maistrali Hotel Sérifos
Hôtel discret d'une bonne douzaine de chambres propres avec balcon, donnant sur la plage de Livadi. **€€**

FEELMYTRAVEL/SHUTTERSTOCK ©

Monastère des Taxiarques

Située tout au nord, non loin de la route principale, **Platys Gialos** est une plage de gros sable disposant d'une bonne taverne saisonnière.

Mythologie et chrétienté

DES CYCLOPES AUX MOINES

Un peu à l'ouest de la plage de Platys Gialos se dresse le **monastère des Taxiarques** (Moni Taxiarhon ; titre désignant les archanges Michel et Gabriel). Cet édifice monastique fortifié (1572) devait pouvoir ainsi résister aux attaques des pirates et autres assaillants. Il renferme de remarquables fresques du XVIIIe siècle et possède un minuscule cimetière.

Juste au nord de la bifurcation pour Megalo Livadi, l'**Aspros Pyrghos** (tour blanche) trône, isolée, à un court trajet à pied de la route principale. Selon la légende, cette tour datant probablement de la période hellénistique aurait été bâtie par les Cyclopes.

BARS ET RESTAURANTS DE SÉRIFOS

Metalleio
Un peu en retrait de la plage de Livadi, une carte du jour courte à base de produits locaux. €€

Passaggio Cafe-Restaurant
Bonne taverne proposant notamment des spécialités de la mer, comme il y en a beaucoup sur le front de mer de Livadi. €€

Yacht Club Serifos
Une joyeuse foule polyglotte s'empare des terrasses de ce bar emblématique de la mer Égée. €

Basileas
Café animé au cœur de la vie locale, situé à un carrefour de Sérifos (Hora). €€

Grandma's Cafe Resto Bar
À Ganema, spécialités grecques et cuisine de plage (burgers) soigneusement préparées à partir de produits du jardin familial. €€

COMMENT S'Y RENDRE ET CIRCULER

Sérifos est située sur la ligne maritime Le Pirée-Cyclades occidentales. En haute saison, des liaisons régulières sont assurées, en particulier avec Le Pirée (2 heures-4 heures 30), Kythnos (1 heure 15), Sifnos (50 min), Milos (1 heure-2 heures) et Syros (2 heures 15). Pour plus d'informations, consultez le site www.ferries.gr. Des bus relient le port de Livadi à Hora. L'été, des bus font le tour de l'île plusieurs fois par jour.

Les cyclistes apprécieront Sérifos pour ses routes peu fréquentées. On peut louer des vélos à Livadi.

Au nord de Sérifos

À l'écart des circuits touristiques, Kythnos et Kéa, les voisines septentrionales de la belle Sérifos, valent amplement le détour.

Pour les infos pratiques, voir le Carnet d'adresses *p. 396.*

À SAVOIR

En été, mieux vaut éviter Kythnos et Kéa le week-end, lorsque les Athéniens affluent pour y faire la fête.

Destinations de fin de semaine pour nombre d'Athéniens, Kythnos et Kéa, les Cyclades les plus proches de la Grèce continentale, ne manquent pas d'attraits : plages, sentiers de randonnée, spots de plongée et traditions villageoises.

Sur la paisible Kythnos (dite aussi Thermia) se succèdent des plages agréables, des vallées verdoyantes et des collines semées d'abris de pierre sèche et striées d'anciens murets. Au port de Merihas, dans le beau village de Kythnos (Hora) comme à Dryopida, la vie s'écoule tranquillement. Kéa (ou Tzia) montre un autre visage, avec ses falaises escarpées, un littoral spectaculaire et des vallées fertiles plantées d'oliveraies et de chênes. Proche de l'Attique, l'île recèle aussi quelques sites historiques intéressants et de beaux sentiers de randonnée.

Loutra, Kythnos

STAMATIOS MANOUSIS/SHUTTERSTOCK ©

Vie villageoise à Kythnos

TRADITIONS ET CHARME

Capitale aux abords quelconques, **Messaria** (ou Hora) cache un charmant dédale de ruelles se dispersant autour d'une grand-rue flanquée d'églises blanches, de cafés, de tavernes et de boutiques. En dépit du développement touristique, la ville a conservé son caractère rural.

Posé au bord d'une baie venteuse, le village de pêcheurs de **Loutra** avec sa marina appréciée des plaisanciers devient en été le lieu le plus animé de l'île. Une courte marche le long de la côte nord permet de découvrir à **Maroula** des tombes datant du mésolithique. Au cœur de l'île, comme accroché de part et d'autre d'un ravin, **Dryopida** est le plus beau bourg de Kythnos. Un charme accentué par la quasi absence de voiture, la poignée de cafés et de tavernes, ainsi que les petits musées rassemblés autour de son imposante église. En basse saison, l'activité majeure se concentre plutôt sur le petit port de ferrys de **Merihas** qui donne accès à deux plages plaisantes à Martinakia et Episkopi, accessibles à pied au nord du débarcadère.

Plages de Kythnos

AU CHOIX : ANIMÉES OU ISOLÉES

Les plages les plus courues se situent au nord-ouest. Celle d'**Apokrousi** est une large bande de gravillons dotée de quelques tavernes. La sublime double baie de **Kolona** comprend une étroite bande de sable reliant un promontoire à l'île principale ; on y accède à pied depuis Apokrousi, ou en bateau.

La grande route intérieure file jusqu'à l'extrême sud de l'île et **Agios Dimitrios**, une plage abritée de sable gris et de galets. C'est sur la côte orientale que se trouvent les havres les plus cachés, la plus accessible et la plus jolie de ces plages étant la crique de sable qui jouxte le village de **Kanala**. Si vous aimez la randonnée, partez de Dryopida par les petites routes vers les plages moins visitées de **Lefkès**, **Kato Livadi** et **Liotrivi**.

EXPLORER KÉA

Korissia, le port de Kéa, est bordé de bars et de tavernes animées. Les plaisanciers accostent pour faire la fête à **Vourkari**. C'est à **Ioulida**, le chef-lieu, que l'on trouve les meilleures tables et, à 15 minutes de marche, le fameux **lion de Kéa**, une statue tout en rondeurs au sourire énigmatique, qui aurait été sculptée dans la roche entre le IXe et le VIe siècle av. J.-C.

La diversité des spots de **plongée** – plus d'une dizaine pour divers niveaux d'expérience comprenant parois rocheuses, épaves d'avions et de bateaux et grottes sous-marines – fait de Kéa l'un des meilleurs sites de Grèce. Il est facile d'organiser des excursions de plongée et de snorkeling.

Côté **randonnée**, 12 sentiers ont été aménagés (itinéraires décrits en anglais sur praktoreiokeas.gr/kea-diadromes). Les plages de **Spathi** et de **Koundouros** figurent parmi les plus belles de l'île.

COMMENT S'Y RENDRE ET CIRCULER

Kythnos et Kéa sont desservies par des ferrys réguliers en haute saison – de Kythnos, vous pourrez rallier Le Pirée (3 heures), Laurion (Lavrio ; 2 heures), Kéa (1 heure 15), Syros (2 heures 15) et Sérifos (1 heure 15). Au départ de Kéa, les seuls bateaux pour le continent desservent Laurion (Lavrio) ; les liaisons vers les autres îles concernent Kythnos (1 heure 15), Syros (4 heures), Tinos (3 heures 30) et Andros (5 heures 30). Réservez très tôt pour les week-ends d'été. Les liaisons maritimes sont moins nombreuses en hiver ; voir nos conseils p. 614.

Dans les deux îles, les trajets en bus sont limités aux bourgs principaux. Toutes deux sont agréables à parcourir à vélo.

SYROS

L'attachante île de Syros marie tradition et modernité. Capitale administrative de tout l'archipel, c'est la plus peuplée des Cyclades, mais l'une des plus petites par la superficie. Le tourisme prime moins à Syros du fait de ce statut administratif ; et ses quelques plages sont ainsi moins bondées que celles des îles voisines.

Plaque tournante des ferrys desservant les Cyclades du Nord, son chef-lieu Ermoupoli, la "ville d'Hermès", est aussi LA grande ville des Cyclades. Toute l'année, il y règne une joyeuse animation et une authentique douceur de vivre à la grecque. De surcroît, on y mange délicieusement bien.

En approchant par la mer d'Ermoupoli, on aperçoit d'abord les deux collines dominant la ville, chacune coiffée d'une église splendide, puis les reliefs plus hauts encore qui se dressent au-delà. Échappant au traditionnel blanc des Cyclades, les façades beiges, roses et abricot dévalent en cascade les versants bruns des collines arides.

Pour les infos pratiques, voir le Carnet d'adresses p. 396.

À SAVOIR

D'Ermoupoli, au centre de la côte est, on accède à tout point de Syros en moins de 30 minutes en voiture. Mais il suffit de 5 minutes pour se retrouver dans un paysage aride, strié de murets en pierre sèche. Les plus belles plages ourlent le littoral ouest et sud.

Vaporia, Ermoupoli

Ville d'Hermès, le dieu aux pieds ailés

ENTRE FRÉNÉSIE ET CHARME PITTORESQUE

Ermoupoli est un labyrinthe de ruelles, d'escaliers et de rues commerçantes. Les catholiques furent les premiers à s'installer sur l'île où ils fondèrent **Ano Syros** (Syros haute), au sommet de la colline couronnée par la **cathédrale Saint-Georges** – on peut y accéder en bus puis redescendre par le lacis des rues bordées de maisons chaulées et d'églises.

Lors de la guerre d'Indépendance, de nombreux réfugiés grecs fuyant les îles occupées par les Turcs fondèrent la ville moderne dans la partie basse avant de s'étendre sur les flancs de la seconde colline, **Vrondado**, que domine l'imposante **église de la Dormition de la Vierge**.

Au XIXe siècle, Ermoupoli était le principal port grec et la prospérité de ses armateurs reste bien visible dans le quartier de **Vaporia**, aux élégantes demeures et aux places plantées de palmiers. Son **église Saint-Nicolas** est surnommée localement "Saint-Nicolas-des-Riches".

Dans le centre, l'animation se concentre sur la place principale, **Plateia Miaouli**, sans doute le plus bel espace architectural des Cyclades. Chaque soir, les familles s'y retrouvent pour discuter et se divertir entre bars et cafés. Au centre se dresse la statue du célèbre amiral originaire de l'île d'Hydra, Andreas Miaoulis, qui lui a donné son nom.

MENUES DOUCEURS D'ERMOUPOLI

Les rues et quartiers piétons d'Ermoupoli sont aussi animés le jour que le soir, lorsque les affaires font place à la détente. Flâner dans les ruelles fleuries de bougainvillées, entre les marchés et les cafés, les bars et les stands de souvlakis, est l'un des plaisirs d'un séjour à Syros.

Chiou, qui relie le port à la Plateia Miaouli, est bordée de boutiques de spécialités culinaires locales où l'on trouve notamment les excellents fromages de l'île. Le **Corner Cafe** sert du café torréfié sur place entre des murs garnis d'étagères de livres. Envie d'une sucrerie à emporter ? La confiserie historique **Sykoutris** vend de succulents loukoums.

L'excellent glacier **Django Gelato** vous présentera en personne les parfums du moment à base de fruits de saison : l'éphémère figue fraîche est sublime !

OÙ SE RESTAURER À ERMOUPOLI

Street Food Stories
Version moderne et délicieuse du souvlaki, à manger sur le pouce dans une ruelle du centre. **€**

Avant Garden
Une table haut de gamme dans une cour retirée, où l'on se régale de spécialités grecques à base de produits locaux. **€€€**

Cantina Analogue
Petits-déjeuners roboratifs et carte de taverne inventive, dans une salle à haut plafond et décoration fantasque. **€€**

S'ATTABLER À SYROS

Allou Yialou
Un élégant restaurant au bord de la plage de Kini. Les produits de la mer sont à l'honneur (délicieuses crevettes à l'ouzo), ainsi que les viandes grillées. €€

Dioskouroi
Café décontracté de la plage de Kini : boissons et chaises longues le jour, repas de style taverne le soir. €€

Taverna Savvas
Une taverne de la plage de Galissas, à la délicieuse cuisine de saison en direct de la ferme et du potager. €€

Hygge Ano Syros
Doté d'une terrasse avec vue, un excellent restaurant d'Ano Syros préparant une cuisine méditerranéenne moderne. €€

Seminario
Excellent restaurant de spécialités, sur une grande place piétonne d'Ermoupoli. €€

PIT STOCK/SHUTTERSTOCK ©

Hôtel de ville, Ermoupoli

Côté nord de la place, l'**hôtel de ville** (1889) en impose. On peut y entrer librement pour voir ses fresques en trompe-l'œil, ses tableaux et sculptures d'artistes locaux, ainsi que les modestes collections du **Musée archéologique de Syros**, l'un des premiers fondés en Grèce. L'opulence du **théâtre Apollon** souligne également l'aisance d'Ermoupoli il y a deux siècles.

L'importance économique de la ville se révèle aussi dans la partie ouest de la zone portuaire que domine le colossal **chantier naval Onex Neorion**. L'industrie et les chantiers navals ont eu un rôle crucial dans le développement de Syros, une histoire que retrace le passionnant **musée de l'Industrie d'Ermoupoli**.

La longue jetée en pierre de la partie orientale du port est un lieu de promenade agréable offrant de beaux points de vue ; elle est bordée d'édifices du XIXe siècle, comme le bâtiment des douanes.

Les plages de Syros

DÉSERTES OU AMÉNAGÉES

Sur la côte ouest, de belles plages se nichent au creux de petites baies. D'autres bordent le littoral au sud-ouest. Leur proximité permet d'aller de plage en plage sur la journée. Notez les beaux lis maritimes qui poussent dans le sable.

La plage de **Kini** s'arrondit dans une baie en fer à cheval. Ce croissant de sable gris-brun que viennent lécher des eaux

OÙ SE LOGER À SYROS

Aktion Hotel
Hôtel du XIXe siècle sur le front de mer d'Ermoupoli offrant un accueil chaleureux et un excellent petit-déjeuner. €€

Hotel Ploes
Très bel hôtel raffiné dans une belle demeure du XIXe siècle face à la mer, à Ermoupoli. €€€

Syros Atlantis
Établissement accueillant et chaleureux tenu par deux frères, dans une ruelle paisible près de la plage de Vari. €€

peu profondes plaît aux familles, avec ses parasols, ses chaises longues et son petit alignement de bars et de tavernes. Passé le promontoire rocheux au sud, on trouve moins de monde sur la plage de **Lotos**.

En descendant bien plus loin au sud, la vaste plage de **Galissas** adossée à de petites dunes est propice à la pratique des sports nautiques et possède de bonnes tavernes. Cernée par les maisons de vacances, une jolie petite église blanche est campée sur le promontoire. Juste derrière part un sentier menant rapidement à **Armeos**, plage de galets nichée dans une petite crique et prisée des naturistes.

Plus au sud, **Finikas** s'enroule autour d'une baie avec d'un côté une marina et de l'autre une plage de galets et de sable. Les constructions y sont plus nombreuses qu'ailleurs et l'endroit manque de charme. Un peu plus loin sur la baie, près du village de Posidonia, s'étire la paisible plage de **Voulgari**, ombragée de tamariniers et appréciée des véliplanchistes.

Passé le promontoire qui suit, la petite plage d'**Angathopes** est prisée pour ses chaises longues et ses clubs de plage clinquants. Marchez encore 10 minutes vers le sud pour rejoindre la plage sauvage de Komito, dans une baie abritée et bordée d'oliveraies. Des sentiers sillonnent les promontoires arides.

San Michalis, hameau belvédère

VUE ET PLAISIR DES PAPILLES

Si vous êtes motorisé, ne manquez pas l'escapade le long de la ligne de crête qui parcourt Syros jusqu'à San Michalis, au nord de l'île. Planté au beau milieu des vignes, ce hameau de maisons en pierre offre un panorama spectaculaire : à l'ouest comme à l'est, des vallées sauvages et des îles à l'horizon : Kéa, Kythnos et au-delà.

Un chemin rocailleux mène à l'**église catholique Saint-Michel**. Faites ensuite une halte gourmande sur la terrasse en bois du **Plakostroto** : vous y dégusterez le meilleur de la cuisine de Syros – le célèbre fromage local et des viandes grillées au feu de bois – face au spectacle de la nature.

L'HISTOIRE DE SYROS

L'occupation de l'île est attestée dès la fin du néolithique au nord-est, où la nécropole de Kastri date de 2 800 à 2 300 av. J.-C.
Au VIe siècle av. J.-C., le philosophe présocratique Phérécyde y aurait construit un cadran solaire complexe.
Après en avoir délogé les Byzantins en 1204, les Vénitiens y restèrent jusqu'en 1522, convertissant la plupart des insulaires au catholicisme.

Lors de la guerre d'Indépendance, des milliers de réfugiés grecs orthodoxes fuyant les îles ravagées par les Turcs gagnèrent Syros. Ils y apportèrent un vent d'orthodoxie grecque et d'esprit d'entreprise qui fit de Syros le centre commercial, naval et culturel de la Grèce au XIXe siècle.

COMMENT S'Y RENDRE ET CIRCULER

Sky Express (p. 310) assure des vols entre Athènes et l'aéroport de l'île de Syros (35 min), situé 5 km au sud d'Ermoupoli. Il n'y a pas de transports publics sur place, mais de nombreux taxis y convergent lorsqu'un avion est attendu.

En tant que capitale de l'archipel, Syros bénéficie théoriquement de liaisons maritimes satisfaisantes toute l'année avec les îles des Cyclades et avec Le Pirée, sur le continent – voir nos conseils p. 614. En saison haute, on peut rejoindre Ermoupoli depuis Le Pirée (2 heures-3 heures 45), Kythnos (2 heures 15), Naxos (1 heure 15-2 heures 45), Mykonos (40 min) et Tinos (50 min).

Des bus de KTEL Syros (ktelbus.com/en/ktel-surou/) parcourent une boucle en 1 heure dans les deux sens à partir de la gare routière d'Ermoupoli, qui jouxte le quai des ferrys, desservant Galissas, Finikas, Posidonia, Megas Gialos, Vari et Azolimnos (au moins 3/jour, et jusqu'à 1/heure en saison haute).

En été, les plages principales sont desservies par des bus fréquents. Les routes sont très étroites ; les véhicules encombrants à la peine dans les virages occasionnent parfois des embouteillages. En dehors d'Ermoupoli, les routes sont peu fréquentées et agréables pour les cyclistes.

Pour louer voiture et scooter, poussez la porte d'une des agences situées sur le front de mer d'Ermoupoli. On peut randonner presque partout sur l'île. La librairie Bibliopontikas, à Ermoupoli, vend de bonnes cartes.

ANDROS

Riche d'un glorieux passé maritime, Andros, deuxième plus grande île des Cyclades, est un paradis pour les randonneurs. Les hauteurs sauvages tranchent sur la fertilité des vallées où courent de nombreux cours d'eau et où se dressent d'anciens moulins en pierre. Il n'est pas un village sans sa source, et l'eau dévale en cascades le flanc des collines presque toute l'année.

Pour profiter pleinement de cette nature somptueuse, colorée de fleurs sauvages au printemps, louez un véhicule, ce qui facilite l'accès aux sentiers. Essentiellement pavés et taillés de marches, ils vous mèneront jusqu'à des sites archéologiques datant pour certains du Xe siècle av. J.-C.

Dans la jolie ville d'Andros (Hora), principale bourgade de l'île, l'architecture néoclassique des riches demeures d'armateurs souligne cet héritage maritime. C'est ainsi un superbe endroit où flâner.

Quelques plages décontractées jalonnent la côte, mais Andros n'est pas l'île où l'on va faire la fête.

Pour les infos pratiques, voir le Carnet d'adresses *p. 397.*

À SAVOIR

La route principale longe la côte ouest jusqu'à la bifurcation pour Hora ; elle dessine alors une boucle délimitant le tiers sud de l'île, principalement rural. Une autre route, étroite et sinueuse, traverse l'île d'ouest en est, de la vallée luxuriante des environs d'Arni jusqu'au monastère Agios Nikolaou, où le point de vue est sublime.

Fascinante Andros (Hora)

À PIED

Perchée sur un spectaculaire promontoire rocheux, l'élégante capitale de l'île donne, par-delà les demeures néoclassiques, sur deux vastes baies sableuses de part et d'autre. La vieille ville doit à l'ancienne colonie vénitienne et aux armateurs qui s'y installèrent ses jolies places et maisons aux tons pastel. Un riche patrimoine dont témoigne l'excellent Musée archéologique (p. 353) et plusieurs églises remarquables.

La grand-rue, piétonne, file jusqu'au promontoire qui fait face aux ruines insulaires de la forteresse vénitienne érigée au début du XIIIe siècle par Enrico Dandolo. Les arches du pont de pierre qui menait à l'île ont subi les assauts des éléments et leur traversée est pour le moins périlleuse (à éviter !).

Des plages pour tous les goûts

POPULAIRES, RECULÉES, BRANCHÉES

Sur la côte ouest, trois plages agréablement épargnées par le développement touristique jalonnent la route principale entre Gavrio et Batsi : **Agios Petros**, **Golden Beach (Hrisi Ammos)**, reculée mais populaire, et la longue plage de sable de **Kipri**.

Côte est, légèrement au nord d'Andros (Hora), la plage de galets de **Gialia** est à la fois chic et détendue. Celle de **Niborio** donne sur Andros (Hora) et le phare ; son étroit ruban de sable fin est bordé de nombreux cafés.

Nombre des plus belles plages, comme **Vori**, **Vitali** et **Ahla** (souvent considérée comme la perle de l'île), au nord-est, sont accessibles uniquement en 4x4, à pied ou en bateau.

Batsi jour et nuit

LA GRANDE STATION BALNÉAIRE

À 6 km au sud-est de la porte d'entrée à Andros, le port de Gavrio, la principale station balnéaire de l'île borde le littoral ouest, au sud de la fameuse "plage dorée", Hrisi Ammos. Le front de mer de **Batsi**, avec ses restaurants, bars et cafés animés, s'enroule autour d'une jolie baie comprenant un port et une plage de sable clair.

La grande île antique

TRÉSORS DU PASSÉ

Comment en témoignent les vestiges exposés au **Musée archéologique d'Andros**, l'île était prospère à la période

NATURE FOISONNANTE

Les Cyclades abritent 1760 espèces végétales, dont 1046 sont présentes sur Andros. Le tiers nord-est de l'île, uniquement sillonné par quelques pistes non goudronnées, est resté presque entièrement sauvage.

Sur cette île arrosée de fortes précipitations, on dénombre 19 zones humides et 11 rivières, qui arrosent des forêts luxuriantes. La faune et la flore sont d'une grande richesse et les sources omniprésentes. De denses forêts d'aulnes occupent les vallées du nord-est débouchant sur les baies de Vori et de Lefka (golfe de Viali).

Des criques isolées abritent le phoque moine de Méditerranée, une espèce rare, et servent de lieu de nidification pour le tout aussi rare cormoran de Méditerranée.

Les associations Andros Routes (androsroutes.gr) et Life Andros Park (life-androspark.gr) œuvrent à la protection de l'environnement naturel unique d'Andros.

OÙ SE RESTAURER À ANDROS

Nostalgia 1950
Une taverne ancienne dont les tables s'étalent sous un gros arbre, dans la grand-rue d'Andros (Hora). **€**

Swell Cafe Bar
Un chouette café, comme son nom l'indique, sur la plage de Niborio. Vue, cuisine, boissons : tout est bon. **€**

Oti Kalo
Juste au-dessus du port, la terrasse de cette taverne est parfaite pour savourer des fruits de mer face au couchant. **€€**

RANDONNÉES À ANDROS

Plus de 150 km de magnifiques sentiers balisés sillonnent l'île, entretenus par la formidable association Andros Routes (androsroutes.gr) qui guide aussi des randonnées. Les itinéraires (descriptifs et cartes en ligne) vont de la demi-heure à plusieurs jours.
Au nord d'Hora, parcourez les sentiers qui traversent les bourgs de **Stenies** et **Apikia**. La courte balade de **Pithara**, une ravine ombragée, ponctuée de cascades, est accessible depuis Apikia. Au sud-est, l'impressionnante **gorge de Dipotamata**, fléchée depuis la route après Sineti, nécessite plus de temps mais vous serez bercé par le murmure de l'eau au cœur d'une végétation luxuriante. Le chemin en partie pavé passe par des ponts et des moulins.

Hora (p. 352)

classique (V^{e} et IVe siècles av. J.-C.). La pièce maîtresse de cet excellent petit musée situé à Hora est une copie en marbre (IIe siècle av. J.-C.) d'un bronze attribué à Praxitèle, l'*Hermès d'Andros*. Représenté grandeur nature, le dieu messager se tient debout, nu, un manteau jeté sur l'épaule.

Sur la côte ouest, le site de la **cité antique d'Hypsili**, ville fortifiée du Xe siècle av. J.-C., est toujours en cours de fouilles. Le parc archéologique créé autour permet d'explorer les fondations de cette cité bâtie sur un promontoire surplombant la mer Égée, et l'excellent musée de site retrace le contexte historique des trouvailles exposées, dont une tasse du VIIIe siècle av. J.-C. portant la lettre alpha, l'une des premières traces d'écriture grecque.

Non loin, le **Musée archéologique de Palaiopolis**, annexe du musée d'Andros (Hora), préserve les vestiges de ce que fut la capitale antique d'Andros du VIIe siècle av. J.-C. au VIe siècle de notre ère.

COMMENT S'Y RENDRE ET CIRCULER

Le port des ferrys est Gavrio. On compte jusqu'à 4 bateaux par jour à destination d'Andros depuis le port principal de Rafina (2 heures) ; ils poursuivent ensuite vers Tinos (1 heure 30) et Mykonos (2 heures 15), au sud. En haute saison, il y a aussi des bateaux directs pour Naxos (3 heures 15) et Paros (2 heures 30-4 heures).

Des agences de location de voiture et des magasins où acheter cartes de randonnée et provisions, ainsi que quelques cafés corrects où attendre son bateau ont pris place à Gavrio.

Des bus de KTEL Andros (ktelandrou.gr) relient au moins quatre fois par jour (55 min) Gavrio à Andros (Hora) via Batsi (15 min), au moins deux fois par jour Gavrio à Korthi (1 heure 15) et au moins deux fois par jour en semaine Andros (Hora) à Korthi (40 min). Les horaires sont affichés aux arrêts de bus de Gavrio et Andros (Hora) ; il y a de nombreuses liaisons supplémentaires en haute saison.

Mieux vaut louer un véhicule pour explorer l'île, restée largement rurale (parmi les agences, contactez Escape in Andros, www.escapeinandros.gr, ou Dino's Rent-a-Bike, rent-bike-andros.gr/) ; les distances sont trop importantes pour être parcourues facilement à pied. Cela dit, les cyclistes entraînés apprécieront la faible circulation sur les routes de campagne.

TINOS

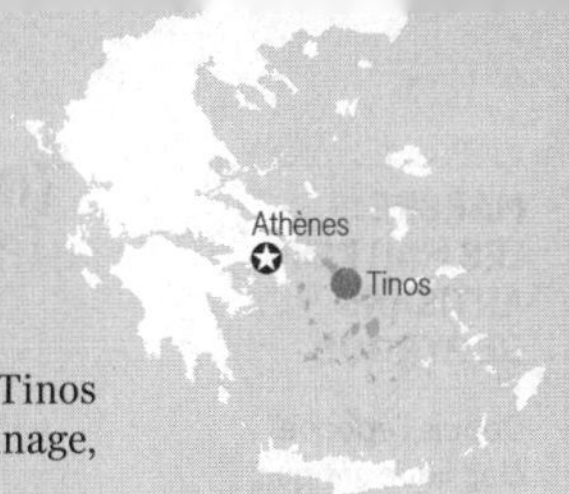

Du culte antique de Poséidon à celui de Notre-Dame de Tinos vénérée par les Grecs orthodoxes, l'île est terre de pèlerinage, mais aussi terre de bonne chère.

La beauté de ses paysages ne laisse pas non plus indifférent : des baies discrètes, des collines en terrasses, des sommets embrumés et plus d'une cinquantaine de villages aux beaux ouvrages de marbre, sans oublier les magnifiques pigeonniers vénitiens. Tous ces attraits ne vous privent pas pour autant d'occasions de respirer en toute tranquillité, comme le long de la route reliant Katapolioani à Aetofolia.

Il existe aussi sur l'île de Tinos une forte tradition artistique, notamment dans le travail du marbre. En témoigne le village de Pyrgos, dans le nord.

Quant à la cuisine de Tinos, elle se déguste dans des tavernes familiales. Préparée à base de produits locaux (fromages, saucisses, tomates, artichauts sauvages, miel), c'est l'une des plus savoureuses que vous aurez l'occasion de goûter en Grèce.

Pour les infos pratiques, voir le Carnet d'adresses *p. 397.*

À SAVOIR

Côté hébergement, le choix ne manque pas. Le front de mer d'Hora réunit des hôtels simples et confortables, dont l'Aegli 1876. La côte sud-est et ses plages disposent d'appartements de vacances. Sachez que certaines zones non abritées sont très venteuses.

Un lieu de pèlerinage

PIÉTÉ ET TAVERNES À SATIÉTÉ

Tinos (Hora) est le chef-lieu animé et le port de l'île. Les visiteurs apprécient le dédale de ruelles ponctuées de cafés et d'excellentes tavernes qui s'étend en retrait du front de mer. L'importance de Tinos n'en tient pas moins à son icône miraculeuse découverte au moment de la guerre d'Indépendance, d'où l'importance du pèlerinage orthodoxe à la **Panagia Evangelistria** (Notre-Dame de l'Annonciation), qui se dresse sur les hauteurs, un peu en retrait du centre. C'est l'un des principaux lieux de pèlerinage des Grecs orthodoxes.

Deux rues principales montent à l'église : **Evangelistria** regroupe des boutiques et des stands d'articles de piété, tandis que **Leoforos Megalocharis** est l'itinéraire que les pèlerins suivent en poussant de longs cierges devant eux (remarquez sur le côté la bande latérale caoutchoutée où ils cheminent à genoux). La ville est bondée les jours de grande fête religieuse.

La procession mène les pèlerins jusqu'à l'église où trône, cachée sous un amoncellement de bijoux, l'icône sacrée de **Notre-Dame de Tinos**. Découverte en 1823 dans les ruines d'une chapelle sous-jacente par sœur Pélagie, suite à une vision de la Vierge lui indiquant où la trouver, l'icône eut dès lors la réputation d'apporter la guérison, d'où ces centaines d'ex-voto suspendus au plafond : un navire, un berceau, un cœur, des poumons, une tronçonneuse…

Édifiée en 1830 et richement décorée de marbre provenant des carrières de Panormos, sur l'île, l'église est entourée d'une agréable cour. Sous l'église, les trois chapelles voûtées de la crypte du miracle forment ce qu'on appelle le **baptistère**. Notez le mémorial au croiseur grec *Elli*, coulé dans le port

BONNES TABLES

Mikro Karavi
Produits locaux travaillés avec soin et inventivité. Cadre sophistiqué. €€€

Botilia
Recettes classiques, préparées en famille, en toute simplicité au fond d'une ruelle. €€

To Koutouki Tis Elenis
Saveurs locales, cuisine rustique dans une allée couverte. €€

Mamadistiko
Excellente cuisine à emporter ou à déguster sur les tables posées sur le trottoir. Moins de choix après le déjeuner. €

MARBRE : LES MAÎTRES ARTISANS DE PYRGOS

Depuis l'époque classique antique, on sculpte le marbre strié blanc et vert (toujours) extrait sur l'île. En grande partie exporté, le marbre de Tinos est aussi utilisé sur place pour la construction et l'ornementation.

Le centre de l'industrie du marbre de Tinos est **Pyrgos**, l'un des plus beaux villages des Cyclades. Dans ce hameau constellé d'églises, d'étroites ruelles aux maisons blanches à entablements de marbre convergent vers une petite place bordée de cafés. Les pratiques ancestrales de sculpture sont transmises de maître à élève et ce sont aujourd'hui plus de sculptrices que de sculpteurs qui apprennent sagement les gestes.

Un excellent **musée de la Marbrerie** surplombe Pyrgos, consacré aux carrières d'extraction et aux techniques de sculpture utilisées sur l'île. Vous y verrez nombre d'objets et des vidéos sur les carriers.

pendant la Seconde Guerre mondiale. La vue est splendide depuis cet ensemble ecclésial qui compte plusieurs petits musées abritant des collections d'objets religieux, d'icônes et d'art profane.

Une constellation de villages

CHARME ET SÉRÉNITÉ

Patchwork de vastes collines cultivées en terrasses et de sommets pierreux, la campagne de Tinos compte plus d'une cinquantaine de villages au charme incomparable. D'un hameau à l'autre, on y voit toute cette constellation de points blancs, telle une sorte d'archipel à l'image des Cyclades. Entre autres architectures inoubliables, les immenses **pigeonniers vénitiens** à façade sculptée d'éléments géométriques servent toujours aujourd'hui. Les petites tavernes villageoises sont d'autres joyaux à ne pas manquer. Les collines ondulent à travers la campagne, striées de murets en pierre sèche, semées de vieux moulins à vent à l'abandon qui font penser de loin à des châteaux. Et l'été, elles se teintent de violet lorsque la bruyère est en fleur.

Au nord de Tinos (Hora), le beau village de **Ktikados** semble comme suspendu. Il abrite une excellente taverne et une jolie église coiffée d'une coupole bleue et d'un élégant clocher. Juché au sommet d'une colline entourée de champs, **Kampos** abrite

OÙ SE RESTAURER DANS LES VILLAGES DE TINOS

Akrogiali Taverna
Des plats de taverne à base de produits locaux, dans un jardin luxuriant en retrait de la plage d'Agios Romanos. €€

Dimitra
De délicieux classiques grecs (les boulettes de viande !) à savourer en terrasse dans le village pentu de Kardiana. €

Isternia
Dans le village éponyme, une terrasse avec vue et des ingrédients tout frais venus des champs de Tinos. €€

le **musée Costas Tsoclis**, où sont exposées les œuvres de cet artiste plasticien né à Athènes en 1930.

Ne manquez pas **Tarabados** et son lacis de ruelles bordées de maisons à volets bleus et sculptées de marbre. D'intéressants panneaux relatent l'histoire locale. Les pigeonniers vénitiens sont nombreux dans les vallées des environs, que surplombe l'un des sites les plus remarquables de Tinos : la colline rocheuse d'**Exobourgo** (voir aussi ci-contre) et les vestiges de sa forteresse vénitienne.

Loutra présente un étonnant mélange de zones bien entretenues et d'autres à l'abandon. Le village est dominé par le vaste **couvent des Ursulines**. Le hameau d'**Aetofolia** est accroché au versant d'une autre vallée verdoyante.

Un petit détour vous mènera jusqu'à **Agapi**, romantique village au cœur d'une vallée bien verte émaillée de pigeonniers. Non loin, **Volax** est lové au creux d'un amphithéâtre de petites collines parsemées d'amas rocheux aux teintes remarquables. On peut y faire de belles randonnées, courtes ou longues, et se restaurer ou s'approvisionner au village pour un pique-nique.

Le long de la côte nord-ouest, la route principale reste sur la hauteur, offrant de beaux points de vue en direction de Syros. Le charmant village de **Kardiani** est accroché à un versant abrupt. Empruntez ses ruelles qui serpentent jusque devant l'église, d'où la vue est superbe. Quant au ravissant village d'**Isternia**, il mériterait le surnom de "balcon de l'Europe".

La plage sans la foule

S'ISOLER AU BORD DE LA MER

Les plages de Tinos sont peu nombreuses, mais belles et peu fréquentées. Celle d'**Agios Romanos** est la plus belle de la côte nord-ouest. On descend par une route sinueuse vers cette plage de sable avec ombre et chaises longues.

Au nord de Pyrgos, la route principale aboutit à **Panormos**, dont le port de pêche photogénique est bordé de bonnes tavernes servant, évidemment, du poisson. La vue sur la petite île coiffée d'une église au large est charmante. La plage voisine de **Rochari** est une plage de sable où des arbres fournissent de l'ombre.

En continuant sur la côte nord, on parvient aux deux belles plages de **Kolimbithra** : l'une à l'ambiance plutôt bohème, l'autre nichée dans une adorable crique et dotée de plusieurs cafés. Leurs vagues commencent à attirer une communauté de surfeurs.

La plage reculée de **Livada**, sur la côte nord-est, est spectaculaire. Située à l'est de Tinos (Hora), la plage de sable fin d'**Agios Ioannis** est bien abritée et donne sur Mykonos. Les plages plus proches de la ville sont étroites et bordées de locations saisonnières.

À L'ASSAUT D'EXOBOURGO

Divers sentiers de **randonnée** parcourent Tinos – ils sont répertoriés (et brièvement décrits) sur le site tinostrails.gr. Un bon itinéraire pour commencer est l'ascension de l'éperon rocheux **Exobourgo** (640 m), repérable de Tinos (Hora) et d'une grande partie du sud de l'île. C'est le site emblématique de l'ancienne **forteresse vénitienne**, aisément accessible en partant du **Sacré-Cœur de Jésus**, un sanctuaire catholique au pied de la colline.

Les sentiers qui grimpent au point culminant de Tinos passent devant de petites **églises**, dont l'église Saint-Georges. Au fil de la montée, on mesure la difficulté qu'il y eut à hisser les énormes pierres de la forteresse qui a résisté à plusieurs sièges ottomans aux XVIe et XVIIe siècles, avant d'être abandonnée au XVIIIe siècle.

Kournaria
Dans l'unique ruelle d'Aetofolia, une table réputée pour sa *louza* (charcuterie marinée). Salle au chaud pour jours venteux. **€€**

O Rokos Myrsini
À Volax, d'excellentes spécialités servies sur une longue terrasse arborée avec vue sur les collines. **€€**

Tereza
Dans le dédale de Myrsini, une petite épicerie réputée qui sert désormais d'excellents plats pour déjeuner. **€€**

UNE ÎLE GOURMANDE

La qualité des produits cultivés dans la verdoyante campagne tiniote a contribué à la renommée de l'île.

À Hora, le **magasin de la Coopérative agricole de Tinos** est approvisionné au fil de la journée par les producteurs et un petit **marché** se tient également près de l'embarcadère du ferry, offrant ainsi chaque jour son lot de produits frais insulaires. À Pyrgos, une halte à la **maison du Miel** s'impose – goûtez au miel de thym, délicieux et bénéfique pour la santé. À Arnados, le **domaine viticole Ballis Tinos** produit d'excellents vins, alors que les bières de la brasserie **Nissos Beer** sont servies un peu partout sur l'île.

Pour plus d'infos, la brochure *Tama* recense chaque année producteurs et points de vente.

LEMONAKIS ANTONIS/SHUTTERSTOCK ©

Panormos (p. 357)

La Tinos antique

SITE HISTORIQUE EN BORD DE MER

Tout près de Tinos (Hora), le long de la plage de Kionia, les Anciens ont rendu un culte au dieu de la Mer et à son épouse. En fonction du IVe siècle av. J.-C. au IIIe siècle de notre ère, le vaste **sanctuaire de Poséidon et d'Amphitrite** reste connu par ses fondations : temples, autels, fontaines et thermes donnent un aperçu de la vie sur ce littoral à la période classique.

La maquette du site présentée dans le petit **Musée archéologique de Tinos** est instructive. On y remarque aussi une grande amphore du VIIe siècle av. J.-C. qui représente la naissance d'Athéna, sortie toute armée et casquée du front de son père, Zeus – c'est l'une des premières représentations de cette naissance.

COMMENT S'Y RENDRE ET CIRCULER

Toute l'année, des ferrys relient Tinos aux ports de Rafina (2-4 heures) et du Pirée (5 heures 45) sur le continent, ainsi qu'aux îles de Syros (50 min), Andros (1 heure 30) et Mykonos (30 min). En été, Tinos est desservie par les liaisons express qui partent de Rafina à destination des grandes îles comme Paros, Naxos, Ios et Santorin, au sud.

Tinos (Hora) compte deux embarcadères pour les ferrys. Le nouveau port, ou port extérieur (Outer Port), est situé à 300 m au nord de l'ensemble portuaire et prend en charge les ferrys traditionnels et les express (plus gros). Le vieux port, ou port intérieur (Inner Port), à l'extrémité nord de son pendant principal, est dévolu aux petits ferrys rapides. Notez à l'avance le quai de départ de votre ferry.

Il est essentiel d'avoir une carte de Tinos car les applications indiquent parfois des chemins impraticables. Vous pouvez vous en procurer une à la librairie Claudianos Christos de Tinos (Hora).

Depuis Tinos (Hora), des bus, dont ceux de KTEL Tinos (www.kteltinou.gr), desservent les principaux villages et les petites villes balnéaires de la côte nord. Les cyclistes avertis apprécieront les routes sinueuses et vallonnées qui sillonnent les beaux paysages de l'île. Une voiture de location ordinaire permet d'accéder à la plupart des sites de l'île.

MYKONOS

Ce n'est pas seulement parce que les dômes de ses églises sont rouges et non pas bleus que Mykonos se distingue de ses voisines des Cyclades. De mai à octobre, l'île se défait de son manteau de respectabilité pour devenir l'une des principales destinations festives du monde et le terrain de jeu des célébrités suivies de leur “cour”.

La fête n'est pas réservée aux ultrariches. L'énergie qui s'empare de l'île vient en partie de sa grande popularité auprès des hommes gays, venus festoyer ici jusqu'au bout de la nuit, faire des rencontres et retrouver chaque année des habitués.

Hors saison, de novembre à la Pâque orthodoxe, Mykonos présente un tout autre visage. L'hédonisme est en hibernation et 95% des établissements dont l'activité est liée au tourisme sont fermés. Mykonos revêt alors son habit de petite île conservatrice.

Si vous voulez vous caler sur les horaires d'été, c'est petit-déjeuner à 16h, déjeuner à 18h30, dîner à 23h et fête jusqu'à l'aube.

Pour les infos pratiques, voir le Carnet d'adresses *p. 398.*

À SAVOIR

Hora est au cœur de l'animation, surtout la nuit. Le jour, les plages attirent les touristes, celles de l'ouest et du sud étant dédiées à la fête. Des criques sont occupées par des clubs et des restaurants cotés. Le nord et l'extrême ouest restent plus à l'écart de l'agitation.

S'OXYGÉNER À MYKONOS

Lorsque le vent empêche toute excursion en bateau à Délos, la **planche à voile** est appréciée. Les agences de sports nautiques louent également des wakeboards, paddles, kayaks, etc.

Côté **plongée**, divers prestataires organisent des sorties permettant d'explorer les épaves, parois et grottes que recèlent les eaux bleues de Mykonos. Ils louent l'équipement et proposent des cours certifiés PADI.

Les cyclistes apprécieront les courtes, et étroites, routes de campagne. Si vous aimez pédaler, rejoignez à **vélo** les plages de l'île (elle en compte plus d'une vingtaine !). Il est aussi aisé d'organiser des itinéraires à vélo. Enfin, **louer un voilier** (avec skippeur ou sans) permet d'explorer pleinement le littoral découpé.

ALENA VEASEY/SHUTTERSTOCK ©

Mykonos (Hora)

Hora, là où tout se passe

L'EXCÈS VERSION XXL

Archétype du dédale cycladique, Mykonos (Hora) est bien sûr le cœur de tout. Coiffées par les ailes de ses fameux **moulins vénitiens**, ses étroites ruelles s'enchevêtrent entre les maisons cubiques chaulées de blanc. Dans ce labyrinthe d'origine médiéval fait pour dérouter les pirates, de minuscules églises fleuries côtoient des boutiques de luxe. Les bougainvillées descendent en cascades à tous les coins de rue.

Ce charme de carte postale a un prix : la foule. En haute saison, des groupes de touristes débarquent en continu des bateaux de croisière. Étroitesse des ruelles oblige, ils piétinent derrière les drapeaux de leur guide, et se mêlent à une foule branchée, de l'influenceur Instagram en devenir, aux chasseurs de célébrités en passant par les fêtards fatigués qui se pressent entre les boutiques chics, les cafés et les bars.

Les navires de croisière et autres cités flottantes accostant désormais dans le **nouveau port** au nord, le **vieux port** n'accueille plus que les petits navires d'excursion, les ferrys pour Délos et quelques bateaux de plaisance (les plus grands yachts jetant l'ancre au large des clubs de plage dans la tendance du moment).

OÙ SE RESTAURER À MYKONOS

To Maereio
Attendez sur un tabouret qu'une table se libère dans cette excellente taverne classique de Mykonos (Hora). **€€**

M-Eating
Vous n'avez pas réservé ? Revenez après 23h. Carte méditerranéenne renouvelée chaque jour. **€€**

Georgia's Garden
Excellent choix pour un brunch au calme que cette oasis en plein cœur de Mykonos (Hora). **€€**

Bâtie entre le XVe et le XVIIe siècle, la **Panagia Paraportiani**, célèbre église chaulée de Mykonos, semble avoir poussé spontanément de la roche. Elle jouxte les fondations d'un château du XIIIe siècle mais elle est malheureusement presque toujours fermée. Ce n'est que l'une des 70 églises et chapelles votives d'Hora...

La Petite Venise et les moulins

RECORD DE CLICHÉS ET DE SELFIES

Dans la partie ouest d'Hora, un passage étroit zigzague entre les bars et boutiques bondés de la Petite Venise, célèbre pour sa rangée de maisons dont les balcons et galeries s'avancent au-dessus de l'eau. Le seul endroit de la ville attirant une foule plus compacte au coucher du soleil est le sommet d'une colline voisine où se dresse une rangée de six moulins (le dernier n'a été qu'à moitié restauré), maintes fois photographiée.

Musées du passé

PIRATES, STATUES ANTIQUES ET NOSTALGIE

L'île n'est pas fermée au patrimoine bâti et à la culture ! Outre les amphores incrustées de bernacles, les cartes nautiques et les instruments de navigation, le **Musée maritime de l'Égée** expose une riche collection de maquettes de célèbres voiliers et de bateaux à aubes ; il vous apprendra également à distinguer la trirème athénienne du dromon byzantin.

Une agréable muséographie accompagne la modeste collection du **Musée archéologique de Mykonos**. Entre autres poteries et stèles funéraires, provenant majoritairement de Délos et de l'île-nécropole voisine de Rhénée (ou Rinia), c'est un Héraclès sans tête du IIe siècle av. J.-C., statue en marbre de Paros qui captivera votre attention.

La vie de Mykonos au XIXe siècle – à des années-lumière de celle du XXIe siècle – s'imagine assez bien au beau milieu du mobilier de **Lena's House** dont la dernière occupante, Lena Skrivanou, est morte en 1968.

Galeries d'art de qualité

INSPIRANTES ET NOVATRICES

Parmi les boutiques vendant les sempiternelles reproductions des Marilyn de Warhol, quelques galeries présentent des œuvres originales. Des peintures, des sculptures et des photographies contemporaines audacieuses sont ainsi exposées dans la très sophistiquée **Rarity Gallery**. Non loin, la **Galerie d'art municipale** accueille des expositions temporaires de qualité dans un édifice restauré de Kalogera.

DÎNER À MYKONOS

L'île glamour compte presque autant de chefs célèbres que de clients célèbres ! Il y a à Mykonos (Hora) des restaurants gastronomiques, des tavernes traditionnelles, des échoppes de souvlakis pour rassasier les fêtards et beaucoup de bons marchands de glaces. N'espérez pas dégoter une table le soir au débotté. Peu importe, rue bondée ou non, la réservation s'impose.

Excepté dans l'extrême est de l'île, presque toutes les plages un tant soit peu fréquentées abritent au moins une bonne taverne. Dans le sud flamboyant, vous n'aurez que l'embarras du choix entre les multiples tables haut de gamme et leurs célèbres chefs.

Pour ce qui est de l'alcool local, goûtez les vins bio du domaine **Vioma** et les excellentes bières **Mikònu**.

Funky Kitchen
Sur une placette aux tavernes quelconques, cette "cuisine funky" aux accents français et méditerranéens. **€€€**

Gioras Pastry Cafe
La mention "depuis 1420" est un peu hyperbolique, mais les pâtisseries et les en-cas y sont délicieux. **€**

Fokos
Grillades au feu de bois et délicieuses spécialités de style taverne, derrière la plage du même nom. **€€**

MYKONOS LGBTQI+

Mykonos est l'une des destinations balnéaires les plus prisées du monde par les gays. Il y règne une grande tolérance et presque tous les comportements y sont acceptés en public. Certains hôtels sont exclusivement réservés aux homosexuels.

En journée, la coutume est de draguer dans les clubs de plage chics. Après la sieste et le changement de tenue, vient l'heure des cocktails au crépuscule dans les bars mixtes de la Petite Venise. Le soir, place à la tournée des bars gays d'Hora, avant de rejoindre les clubs puis l'épicentre des festivités au petit matin : le légendaire **JackieO'**, situé juste sur le front de mer.

Fin août, le festival de clubbing gay **XLSIOR** (xlsiorfestival.com) attire 30 000 participants.

Plages festives

VOIR ET ÊTRE VU

La côte sud de Mykonos réunit certaines des plages les plus déjantées de Méditerranée. Les clubs chics côtoient les bars bruyants ouverts en continu, les chaises longues sont à touche-touche, l'ambiance oscille entre snobisme et promiscuité.

On se mettrait presque sur son trente-et-un pour fréquenter la **plage de Psarou** qui réunit une discothèque de luxe et un centre commercial haut de gamme. On y croise du beau monde.

L'une des plus prisées de Mykonos, **Platys Gialos** est couverte de monde – l'idéal pour se faire de nouveaux amis. Un conseil : optez pour le parking payant, les ruelles environnantes sont souvent complètement embouteillées. Connu pour ses fêtes, le croissant de sable de **Paraga** rassemble trois clubs de plage à l'ambiance différente, de décontractée à frénétique. Il faut batailler pour réussir à commander son martini à 20 €.

Bordée de bars de plage bruyants, dont le Tropicana, **Paradise** est couverte de parasols et de chaises longues. La fête s'arrête à peine quelques heures dans la matinée.

Quelle aventure que d'observer la foule clinquante et pétulante rassemblée à **Super Paradise** ! Choisissez entre les paillettes du (coûteux) **JackieO' Beach Club** et le bar de plage **Super Paradise**. Enfin, flanquée d'un imposant complexe hôtelier et couverte de chaises longues, la plage d'**Elia** a lafaveur des hommes gays. À l'extrémité ouest se trouvent une zone naturiste et une crique plus intimiste.

Plages détente

LE SABLE, LA MER, LE SOLEIL

Loin d'être toutes festives, les plages de Mykonos restent pour beaucoup aussi un espace où apprécier la beauté naturelle de l'île. La sublime étendue de sable blond d'**Agios Sostis**, au nord, attire bien moins de visiteurs que la côte sud. Il n'y a pas d'ombre, mais la très appréciée **Kiki's Tavern** y surplombe une crique abritée.

Un tout petit peu plus au nord encore, une série de minuscules criques découpées dans le littoral rocheux cache deux superbes plages voisines : **Kirkines** et **Majnona**. Dépourvues d'aménagements, elles ont conservé leur beauté sauvage.

Si une bonne portion de la magnifique plage de sable doré de **Panormos** a été cédée à un bar de plage prétentieux, il reste néanmoins beaucoup de place pour étendre sa serviette. On y trouve une bonne taverne sans prétention.

OÙ PRENDRE UN VERRE À MYKONOS

180°
On a effectivement vue à 180° depuis ce vaste bar-terrasse perché sur une colline derrière Hora.

Astra
La meilleure discothèque de Mykonos (Hora). Ne vous fiez pas à la petite façade extérieure : c'est immense à l'intérieur.

Skandinavian Bar
Ce club légendaire où se produisent les meilleurs DJ occupe tout un pâté de maisons de Mykonos (Hora).

FOKKE BAARSSEN/SHUTTERSTOCK ©

Plage d'Ornos

La péninsule qui s'étend à l'ouest d'Ornos recèle trois belles plages. La plus familiale, en raison de ses eaux calmes, est la **plage d'Ornos**, bordée de tavernes. Située à 30 minutes à pied d'Hora, elle est très fréquentée en été.

Plus discrète et plus proche d'Hora, la plage d'**Agios Ioannis** est une étroite bande de sable où des tavernes ombragées servent le déjeuner jusqu'au soir ; la baie compte certains des hôtels les plus agréables de l'île. Un court sentier part de l'extrémité ouest et mène au nord à la paisible crique de la plage de **Kapari**.

Plus éloignées d'Hora, les plages de l'est de l'île sont plus simples et moins fréquentées. Proche d'un spot prisé des véliplanchistes, le sable et les galets de **Kalafatis** ne drainent guère les foules. On s'y baigne en toute tranquillité et l'on peut y pratiquer le snorkeling.

Les plages du nord-est se distinguent par leur beauté et leur quiétude. **Fokos** attire peu de monde, mais la taverne éponyme qui s'y trouve justifie amplement le détour ; elle est d'ailleurs fréquentée tout l'été par une clientèle bohème. Un peu plus à l'est, de l'autre côté du promontoire, la plage de **Mersini** peut prétendre au titre de plage la plus calme de Mykonos. La mer et le sable compensent largement le manque d'équipements !

LES NUITS DE MYKONOS

Les fêtards du monde entier affluent sur l'île de mai à octobre. En juillet-août, la frénésie atteint son comble, Mykonos se prêtant largement à la débauche. Certaines discothèques de plage sont ouvertes tard dans la nuit, notamment sur la plage de Paradise. Toutefois, la vie nocturne reste globalement limitée à Hora.

Le coucher du soleil marque le coup d'envoi de l'animation et les bars de la Petite Venise se remplissent. Lorsqu'il fait nuit noire, la foule se déplace vers les rues chaulées de la ville et leurs bars, en majorité plutôt élégants. Une entrée modeste cache souvent un intérieur fastueux.

Passé 23h, on peut envisager d'aller en discothèque. Ces clubs, pour certains immenses, se cachent dans les ruelles mais accueillent nombre de DJ de renommée internationale passant par Mykonos. Ce n'est qu'à l'aube qu'un calme relatif s'installe.

OÙ SE LOGER À MYKONOS

Cali Mykonos
Nouveau complexe hôtelier surplombant les plages de l'est, avec piscines privatives et service impeccable. **€€€**

Kouneni Apartments
En plein cœur d' Hora, dans un environnement verdoyant, un hôtel raisonnable et accueillant. **€€**

MyCocoon
Auberge de jeunesse stylée, aux tarifs aussi élevés que son toit-terrasse. On est à Mykonos ! **€**

OÙ SE LOGER ?

Hora réunit l'offre hôtelière la plus variée, mais des hôtels, appartements et complexes de luxe sont disséminés un peu partout sur l'île. Quel que soit le style d'hébergement, les prix sont très élevés.

Question situation sur l'île, loger à Hora est un avantage pour les oiseaux de nuit, mais un inconvénient si l'on souhaite du calme pour dormir. Enfin les bords de l'eau se paient au prix fort. La location d'appartements se révèle avantageuse mais nécessite un moyen de transport.

Plage d'Elia

Enfin, havre de paix au milieu du tumulte, la plage d'**Agrari** n'est qu'à 15 minutes de marche (à l'ouest) de la frénétique plage d'**Elia**. Deux tavernes de plage vendent des boissons à siroter sur le sable blanc ou sur des chaises longues bien espacées.

COMMENT S'Y RENDRE ET CIRCULER

L'aéroport de Mykonos (www.mykonos-airport.com), à 3 km au sud-est de Mykonos (Hora), est desservi toute l'année depuis/vers Athènes par Aegean et Olympic Air (voir p. 310) et en saison depuis/vers Thessalonique. Plusieurs compagnies desservent également l'aéroport de mai à septembre, dont Alitalia, British Airways, EasyJet, Qatar Airways et Sky Express. Des bus relient l'aéroport à la gare routière Fabrika. Quelques hôtels et pensions offrent le transport depuis/vers l'aéroport. Si ce n'est pas le cas, demandez-leur de vous réserver une navette ou prenez un taxi.

L'île est bien reliée toute l'année aux ports du continent, Le Pirée (5 heures) et Rafina (2 heures 30-4 heures 30), ce dernier s'avérant généralement plus rapide lorsqu'on arrive directement de l'aéroport d'Athènes –, ainsi qu'à l'île voisine de Tinos (30 min). En haute saison, Mykonos est bien reliée aux îles voisines : Syros (40 min), Naxos (30 min-1 heure 45) et Santorin (1 heure 45-4 heures). Consultez les conseils généraux p. 40 et les sites des compagnies p. 310.

Mykonos possède deux débarcadères : celui du vieux port, à 400 m au nord de la ville, qui accueille certains petits ferrys rapides, et celui du nouveau port, à 2 km au nord de la ville et dévolu aux grands ferrys rapides et à tous les bateaux classiques. Quand vous achetez votre billet pour quitter Mykonos, vérifiez bien de quel embarcadère part votre bateau.

Les bateaux partant en excursion pour Délos quittent le quai jouxtant le front de mer d'Hora, pas très loin du vieux port.

Une voiture standard suffit pour gagner presque toutes les plages. Hormis la route principale qui suit la crête de l'île, les routes d'accès aux plages sont très étroites. Attendez-vous à des difficultés pour circuler – à moins que vous ne soyez à bord de l'un des yachts accostés au large...

En été, des bus réguliers circulent entre Mykonos (Hora), le nouveau port (embarcadère des ferrys, à 2 km au nord du chef-lieu), l'aéroport et les plages de la côte sud. La circulation est souvent dense. Les taxis ne manquent pas.

Le bateau est le moyen de transport le plus fluide ; des bateaux-taxis, tels ceux de Mykonos Sea Transfer (www.mykonosseatransfer.com) et de Sea Bus (www.mykonos-seabus.gr), circulent à des tarifs raisonnables entre le nouveau et le vieux port et vers les plus belles plages de l'île.

Délos

Au centre du culte d'Apollon dans l'Antiquité, l'île sacrée de Délos est aussi le cœur géographique de l'archipel cycladique.

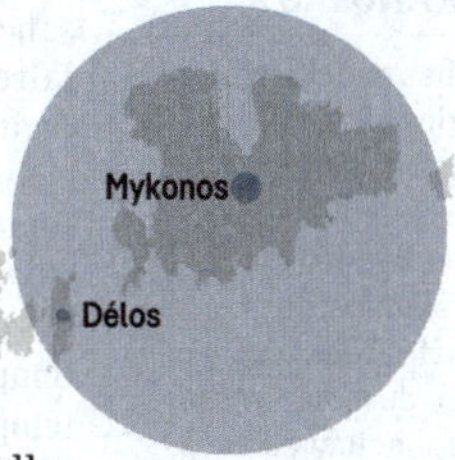

Les Cyclades doivent leur nom au cercle (*kyklos*) qu'elles forment autour de l'antique sanctuaire de Délos. Lieu de naissance mythique des jumeaux Apollon et Artémis, la Délos antique a été l'un des plus importants lieux du culte apollonien. Ce fut aussi le cœur marchand de la mer Égée et le siège du trésor fédéral de la Ligue de Délos, constituée par les Athéniens au Ve siècle av. J.-C. Classé au patrimoine de l'Unesco, le sanctuaire est l'un des plus beaux sites archéologiques de la Grèce.

Cette île si modeste par la taille (5 km sur 1 300 m) offre un contraste apaisant avec Mykonos, son point d'accès. Les horaires des bateaux détermineront votre temps de visite car il est interdit d'y passer la nuit. Selon vos souhaits et en fonction de vos centres d'intérêt, vous pouvez y consacrer une courte halte de 1 heure 30 comme la journée complète.

Pour les infos pratiques, voir le Carnet d'adresses p. 399.

À SAVOIR

Dirigez-vous d'abord vers le panneau situé devant l'entrée du musée, d'où vous verrez une grande partie du site.

Délos

LES SANCTUAIRES DES DIEUX ÉTRANGERS

Riches marchands, marins et banquiers venus d'aussi loin que l'Égypte ou la Syrie fréquentaient aussi Délos. Ils construisirent sur le flanc du mont Kynthos des sanctuaires dédiés aux dieux de leur pays d'origine, appelés **sanctuaires des dieux étrangers**. Les vestiges d'une synagogue du Ier siècle av. J.-C. ont même été mis au jour près du stade.

Dans le **Samothrakeion** étaient vénérés les Cabires, divinités mal connues de Samothrace auxquelles était rendu un culte mystérieux (voir p. 480).

Construit vers 150 av. J.-C., le **sanctuaire des dieux syriens** était dédié aux dieux syriens Atargatis et Hadad, qui avaient de nombreux fidèles dans le monde grec.

Le **sanctuaire des dieux égyptiens** honore, en particulier, Sérapis, dieu guérisseur, et Isis, déesse des mères, des enfants et de la magie.

La Délos antique

UN SITE CLÉ DE LA GRÈCE CLASSIQUE

La ville antique était un centre de commerce ainsi qu'un sanctuaire important pour les cités grecques. Il faut aujourd'hui faire preuve d'imagination pour déceler une ville prospère en contemplant cet immense site de vestiges antiques.

Ne manquez pas le **sanctuaire d'Apollon**, cœur spirituel de l'ensemble, à gauche de l'embarcadère des ferrys. Deux grandes *stoas* (portiques à colonnades) marquaient la Voie sacrée menant à des **propylées**, entrée monumentale d'un somptueux ensemble de temples et de trésors (où les cités déposaient leurs offrandes). Trois temples d'Apollon s'y dressaient côte à côte en face d'une colossale statue de 9 m du dieu grec. L'Artémision était un sanctuaire dédié à Artémis. Un peu plus loin se trouve la **terrasse des Lions**, très appréciée des visiteurs. Les imposants fauves de marbre furent offerts au VIIe siècle av. J.-C. par les habitants de Naxos pour monter la garde sur le Lac sacré (asséché dans les années 1925 pour tenter de prévenir la malaria) où, selon la légende, Léto aurait donné naissance à ses jumeaux.

À droite de l'embarcadère se tient le **quartier du théâtre**, où les habitants les plus fortunés résidaient dans des maisons à péristyle. Au-delà part le sentier abrupt menant au sommet du **mont Kynthos** (113 m), d'où l'on contemple les îles voisines.

Si bien des objets découverts à Délos se trouvent au musée national d'Archéologie d'Athènes (p. 87), le **musée** local est incontournable pour découvrir les fresques, les mosaïques et les statues d'origine, remplacées in situ par des copies. Le musée était en rénovation lors de nos recherches ; s'il est ouvert lors de votre venue, ne manquez pas les lions de Délos (les originaux) ni la mosaïque du Lion.

L'histoire de Délos

DIVINITÉS, ESCLAVES ET PIRATES

On voit les vestiges de la Délos antique d'un autre œil lorsque l'on connaît son histoire. Dans la mythologie grecque, c'est sur cette île que Léto trouva refuge pour donner naissance aux jumeaux Apollon et Artémis. Délos fut probablement habitée dès le IIIe millénaire av. J.-C. Au VIIIe siècle av. J.-C., elle devint un sanctuaire important du culte d'Apollon ; les temples les plus anciens datent de cette époque.

Au Ve siècle av. J.-C., les Athéniens affirmèrent leur contrôle sur Délos et l'ensemble de la mer Égée, notamment à travers la fameuse Ligue de Délos. Il s'agissait de constituer une force navale contre l'armée perse, et d'assurer la défense, en cas de nouvelle offensive médique. Les cités devaient faire allégeance

OÙ PIQUE-NIQUER SUR DÉLOS

Sanctuaire de Zeus et Athéna
Assez haut sur le flanc du mont Kynthos : beau point de vue sur les îles voisines et un peu d'ombre.

Salle hypostyle
Profitez au bord de l'eau de la brise marine et imaginez les bateaux qui passaient dans l'Antiquité.

Lac sacré
Aujourd'hui à sec, mais entouré d'ombre et de végétation.

Terrasse des Lions

à Athènes, et lui fournir une contribution annuelle, d'abord en navires, puis en argent. La Ligue de Délos dura tout le "siècle de Périclès" jusqu'à son abolition en 404 av. J.-C. sur ordre du général spartiate Lysandre, vainqueur de la seconde guerre du Péloponnèse.

Délos atteignit le faîte de sa puissance pendant la période hellénistique, devenant l'un des trois grands centres religieux de la Grèce et un lieu de commerce florissant.

En 167 av. J.-C., les Romains firent de l'île un port franc. Sa prospérité s'en trouva encore renforcée, notamment grâce à un marché aux esclaves où étaient vendus jusqu'à 10 000 individus chaque jour. Puis s'amorça un lent déclin. On voit encore aujourd'hui les traces des attaques de pirates qui culminèrent lors du sac de 69 av. J.-C. Les temples furent alors démantelés, leurs pierres réemployées dans la construction de murailles. Au fil des siècles, le site fut amplement pillé. Ce n'est qu'à la Renaissance que sa valeur historique et culturelle fut reconnue. Il fallut encore attendre quatre siècles pour que les premières fouilles, menées par l'École française d'Athènes, ne commencent.

CONSEILS POUR LA VISITE

Lorsque les bateaux laissent les visiteurs au Port sacré, c'est la ruée pour l'achat des billets. Si vous êtes plusieurs, il est préférable qu'un seul d'entre vous se jette dans la mêlée.

Les groupes ayant tendance à suivre le même circuit de visite, tracez le vôtre. Tous les itinéraires conseillés (3 en général) sont bons pour explorer Délos. Visiter le site en compagnie d'un guide certifié est enrichissant – réservez une visite guidée couplée avec la traversée.

Sur l'île, l'ombre est rare. Chapeau et crème solaire sont indispensables, tout comme de bonnes chaussures de marche. Et surtout emportez de l'eau – les distributeurs de boissons sont peu nombreux.

Les panneaux d'information du site sont bien conçus. Toutefois, mieux vaut disposer d'un guide ou en télécharger un. La librairie située à l'entrée du site est parfois fermée.

COMMENT S'Y RENDRE ET CIRCULER

L'accès à Délos se fait par bateau depuis le vieux port de Mykonos (30 min). Il y a plusieurs liaisons par jour en été : départ de Mykonos (Hora) à 9h, 10h, 11h30 et 17h de mai à octobre, et retour à 12h, 13h30, 15h et 20h. Tous les lundis de l'année, et tous les jours de novembre à avril, un seul bateau avec un départ à 10h et retour à 13h30 (permettant 3 heures de visite sur place).

En haute saison, réservez votre billet la veille au soir au guichet du port (au pied de l'embarcadère, à l'extrémité sud du vieux port de Mykonos) ou en ligne (delostours.gr). Le bateau de 10h est le plus emprunté : embarquez dès 9h30 si vous souhaitez une place assise. L'horaire du retour est souple : il faut se mettre d'accord avec l'équipage à l'arrivée sur Délos.

Aucun véhicule ne circule sur Délos.

PAROS

La vaste et fertile Paros résonne du tintement des cloches des chèvres et étincelle de l'aube au crépuscule dans la lumière changeante du jour. La route circulaire qui fait le tour du Profítis Ilías (le mont Marpessa de l'Antiquité), au centre de l'île, relie entre eux villages et plages appréciés des familles. La présence du meltem (p. 317) et du chenal entre Paros et Antiparos assure aussi de bonnes conditions pour le kitesurf et la planche à voile.

Occupée au fil des siècles par les Crétois, les Minoens, les Ioniens, les Arcadiens, les Macédoniens, les Romains et les Byzantins, Paros est surtout une star géologique. Son marbre blanc extrait des montagnes de l'intérieur assure la prospérité de l'île depuis le cycladique ancien et des chefs-d'œuvre de l'art occidental ont été sculptés dans ce noble matériau.

Paros ne manque donc pas d'attraits, entre un chef-lieu animé, Parikia, où des vestiges antiques côtoient boutiques et cafés, le charmant port de Naoussa et les jolis villages de l'intérieur d'où partent des sentiers de randonnée.

Pour les infos pratiques, voir le Carnet d'adresses p. 399.

À SAVOIR

L'île étant assez vaste et le réseau de bus surchargé, il est conseillé de disposer de son propre véhicule pour explorer plages et villages. La vie culturelle est ici intense toute l'année : consultez le calendrier des événements sur parosweb.com ou friendsofparos.com.

SAVEURS DE L'INTÉRIEUR

On déguste une excellente cuisine traditionnelle dans l'arrière-pays, souvent préparée avec des produits de la ferme. L'agence **Paros Hikes** organise des balades guidées dans la campagne méconnue de Paros et d'Antiparos, des plantes aromatiques, des vignobles...

Côté restaurants, on recommande **Santa Pacou**, accroché à flanc de colline à Kostos, **O Xilofournos** à Naoussa, pour son pain cuit au feu de bois et son choix de desserts, et **Halaris Ouzerie**, un restaurant de fruits de mer sur le port de Piso Livadi.

Dans le dédale de Parikia

ÉGLISES ET VESTIGES

Si petite soit-elle, **Parikia**, plaque tournante des ferrys et autres bateaux d'excursion, a plus d'un attrait. Très préservé, son centre historique est un labyrinthe de ruelles pavées bordées de cafés, restaurants et boutiques, et de chapelles d'un blanc étincelant, le tout drapé de fleurs.

De massives murailles enveloppent le **kastro franc**. C'est en 1260 que Marco Sanudo, duc vénitien de Naxos, fit ériger cette forteresse avec des pierres de réemploi provenant d'un temple à Athéna et d'un temple ionique du Ve siècle av. J.-C. qui se dressaient auparavant sur le site. Vous remarquerez ainsi en plein milieu d'un mur un entablement ou un tambour de colonne.

Au nombre des plus belles églises des Cyclades, la **Panagia Ekatontapyliani** (Notre-Dame aux Cent Portes) a été fondée en 326. La basilique paléochrétienne que l'on voit aujourd'hui regroupe en fait trois églises distinctes : Agios Nikolaos, la plus grande, dotée de superbes colonnes en marbre de Paros et d'une iconostase sculptée, à l'est ; Notre-Dame, richement ornée ; et enfin, l'ancien baptistère. Le **Musée byzantin** dans son enceinte expose des icônes et divers objets d'art sacré.

Remontez plus loin dans le temps encore au **Musée archéologique**, devant lequel trônent quatre sarcophages en pierre finement sculptés. Il renferme une Nikè (Victoire ailée) du Ve siècle av. J.-C., une gorgone du VIe siècle av. J.-C. et la première représentation grecque connue d'un personnage assis (VIIIe siècle av. J.-C.). Une des pièces maîtresses de la collection est un fragment de la **Chronique de Paros** (264 av. J.-C.), qui présente les personnalités et événements artistiques majeurs de la Grèce antique.

UN MARBRE SI LUMINEUX

Paros et Naxos (p. 376) sont toutes deux réputées pour la qualité de leur marbre, qui se distingue par la finesse de son grain, sa quasi-translucidité et sa blancheur éclatante. Il est utilisé depuis des milliers d'années pour la sculpture et l'architecture de prestige. La *Vénus de Milo* (p. 335) et la *Victoire de Samothrace* (p. 486) ont été sculptées dans ce marbre, largement utilisé également sur l'Acropole d'Athènes. Certaines carrières sont encore exploitées aujourd'hui et des sculpteurs travaillent toujours cette roche exigeante. Le Français **Jean-Baptiste Leullier** crée ici sculptures et bijoux, en vente sur l'île, animant par ailleurs des ateliers d'initiation l'été, dont les participants repartent avec leur création-souvenir. **Manolis Fokianos**, installé près de Marathi, se consacre à des réalisations de plus grande ampleur.

Port de charme

SHOPPING ET FRUITS DE MER

Perché en bordure de la vaste baie de Plastira, l'ancien petit village de pêcheurs de **Naoussa** s'est mué en station balnéaire chic et tendance. Les ruines du *kastro* vénitien (XVe siècle) semblent veiller sur les bateaux du petit port.

Prenez le temps d'explorer le dédale de ruelles chaulées qui s'étend derrière le front de mer et recèle bars, cafés et boutiques de mode. Les environs comptent quelques belles plages, d'excellents restaurants de fruits de mer et des hôtels chics de bord de mer toujours plus nombreux. Naoussa peut

OÙ SE RESTAURER À PARIKIA

Symposium
De succulents petits plats légers sous une énorme bougainvillée, sur fond de musique classique et de jazz. **€**

Koutouki
Une adresse très fréquentée pour ses mezze traditionnels, dans une petite rue en retrait du front de mer. **€**

Mira
Taverne du front de mer dont la longue carte affiche grillades, poissons, fruits de mer et fromages de Paros. **€€**

CÔTÉ BARS

Trickster et Kosmos
Ces deux bars en vis-à-vis dans une rue piétonne animée de Naoussa tendent à se fondre l'un dans l'autre.

Santé
Excellents cocktails et bonne musique d'ambiance à l'ombre d'un eucalyptus, à Naoussa.

Evinos
Cocktails sur un toit-terrasse avec vue sur la mer, à Parikia.

Sativa Music Bar
Excellent bar de Parikia où observer le va-et-vient de la rue autour d'un café le jour, d'un cocktail le soir.

Mikro Cafe
Un café ouvert toute la journée à deux pas de la charmante petite église de Pammegiston Taxiarchon.

Pirate Bar
Repaire dissimulé dans le dédale de Parikia, derrière une chapelle fleurie.

donc constituer un bon point de chute, d'autant plus qu'il s'agit du centre de la vie nocturne en été.

Si vous souhaitez éviter la foule en haute saison, privilégiez les visites et balades en début de journée.

De plage en plage

PAR LA ROUTE CIRCULAIRE

Où que vous soyez, la route circulaire vous mènera à une plage ou une autre de Paros. La plage vedette, c'est **Hrysi Akti** (ou **Golden Beach**, la "plage dorée"), au sud-est de l'île, un large croissant de sable doré présentant d'excellentes conditions pour la pratique de sports aquatiques divers. Si le meltem souffle, préférez au sud la plage de **Faragas**, plus abritée et dotée d'un petit bar de plage, ou **Tripiti**, à la beauté brute.

Sur le littoral septentrional, **Kolimbythres** se distingue par ses surprenantes formations rocheuses. Dans la **réserve côtière et culturelle de Paros** (parospark.com/), au nord, la plage de **Monastiri** se prête au snorkeling. Isolée au pied du promontoire au nord-est, **Lageri** mérite aussi un détour. Et sur la côte orientale du même promontoire, **Santa Maria** est un bonheur pour la pratique de la planche à voile. En juillet-août, des caïques vont de Naoussa à ces plages situées des deux côtés de la baie de Plastira.

Vignobles et bars à vins

DE LA VIGNE AU VERRE

La richesse des terres de Paros alimente la table de ses produits phares que sont les olives, les figues, les pommes de terre et les agrumes, mais aussi de vins meilleurs d'année en année.

Les Moraitis, dont le domaine se situe près de Naoussa, sont vignerons depuis 1910 et leur savoir-faire est reconnu. Accoudez-vous au bar du **vignoble Moraitis** pour déguster leurs vins, dont le plus demandé est le blanc de Paros, produit à partir d'un cépage endémique de l'île, le *monemvasia* (qui sert aussi à fabriquer le vin de dessert Malvasia). À défaut, dans Naoussa même, rendez-vous à la **Moraitis Vinothèque**.

Le **vignoble Myrsini** est l'un des derniers venus. Une Nantaise et son mari ont lancé leur propre production de vin de Paros dans le sud de l'île. Ils organisent des dégustations toute l'année, sauf pendant les vendanges (en août).

Le restaurant **Ela**, à Parikia, affiche une belle carte des vins en plus d'une excellente cuisine. Pour profiter d'un verre de vin avec vue sur le port de Naoussa, avisez la terrasse de **Koukos Paros Fine Wines & Delicacies**.

OÙ SE RESTAURER À NAOUSSA

Amalaya
Une excellente table en front de mer, bien différente des établissements bondés du port. €€

Daverona
Les grands classiques grecs revisités. €€

To Parodosiako
Halte nocturne incontournable pour goûter ses fameux *loukoumadhès* (beignets grecs). €

LEOKS/SHUTTERSTOCK ©

Lefkès

À la découverte de Lefkès

PAISIBLE VILLAGE DE L'INTÉRIEUR

Posé dans un amphithéâtre naturel entouré de collines couronnées de vieux moulins à vent, **Lefkès** était la capitale de l'île au Moyen-Âge. À 9 km au sud-est de Parikia par la route centrale, ce bourg charmant invite à la promenade dans ses ruelles, tout comme à partir randonner sur le chemin byzantin qui conduit vers Marpissa, à l'est.

Son impressionnante **cathédrale Agia Triada** aux clochers uniques en leur genre domine la place, où se tient un ravissant café rétro, **Kafeneio tis Marigos**, pour se régaler de boulettes de viande et de gâteaux maison. L'**Agiazi Cafe**, au mobilier dépareillé, sert un excellent café et des repas légers. Pour des spécialités des Cyclades plus substantielles préparées avec des légumes cultivés sur place, faites une halte chez **Aranto**. Les viandes grillées sont la spécialité du **Klarinos**.

Profitez de votre passage pour découvrir les belles créations minimalistes du céramiste **Todd Marshard** dans son atelier, ainsi que l'**atelier de céramique de Lefkès**, où Kostas Fifas crée des objets uniques.

UNE ÎLE D'ARTISANS

Originaires de Paros ou d'ailleurs, nombre d'artisans et d'artistes sont établis sur l'île.

En complément des céramistes de Lefkès, visitez l'**atelier de céramique Yria de Stelios Gika**, établi dans un cadre montagnard magique. Ses œuvres comme celles de Monique Mailloux et Ramona Gika sont en vente dans une boutique dynamique de Parikia, **Yria Ceramics**. La galerie **Cecelia Art** expose des créations diverses : tableaux, bijoux, objets en bois...

Installé au milieu des champs et des prairies dans le sud-est de l'île, près d'Aspro Chorio, **Noé Ceramics** présente les créations délicates d'un couple, aux motifs floraux et inspirés d'animaux marins.

OÙ FAIRE DU SHOPPING À NAOUSSA

All We See is the Sea
La mer, ses motifs et sa préservation sont la thématique de cette boutique-atelier d'artistes, à Naoussa.

Petra Farm Store
Minuscule boutique de Naoussa vendant plantes aromatiques, miel et autres douceurs de Paros.

To Melissi Delicatessen
Large choix de spécialités culinaires et de cosmétiques locaux, à la périphérie de Naoussa.

PLONGER À PAROS ET À ANTIPAROS

Les eaux azur entourant Paros et Antiparos dissimulent des grottes, des épaves et quelques récifs qui en font un formidable terrain d'exploration pour les plongeurs. Les environs de l'île comptent aussi quelques beaux lagons peu profonds adaptés aux débutants.

En mer Égée, les rencontres avec la faune marine restent plutôt rares. Toutefois, vous croiserez peut-être ici des barracudas, des anguilles, des poulpes, des sérioles ou encore des rascasses.

Kitesurf à Pounta

Planche à voile, kitesurf, bateau et plongée

AU PLUS PRÈS DES FLOTS

La côte ouest de Paros autour de **Pounta** est le domaine des sports aquatiques. Le long rivage aux eaux peu profondes conjugué au vent dominant offre les conditions idéales pour pratiquer la planche à voile et le kitesurf, quel que soit son niveau. Pour louer du matériel ou prendre des cours de kitesurf, rapprochez-vous de **Paros Kite**. Si vous préférez explorer les fonds marins (voir l'encadré ci-contre), adressez-vous à l'agence **Eurodivers**.

Sur la plage de Hrysi Akti, le sérieux **Force7 Surf Centre** assure des cours de planche à voile et loue planches à voile, kayaks, paddles et catamarans.

L'aimable Georgios de **G3 Boats** loue divers bateaux et organise des excursions en hors-bord, tout comme **Michael Zeppos**.

COMMENT S'Y RENDRE ET CIRCULER

L'aéroport de Paros (www.paros-airport.com), à quelques kilomètres au sud de Parikia, dessert plusieurs fois par jour Athènes (40 min) via Olympic Air et Sky Express. Un taxi de l'aéroport à Parikia/Naoussa coûte environ 20/35 €.

Parikia est une plaque tournante du trafic de ferrys (conventionnels et rapides) entre Le Pirée et de nombreuses îles de la mer Égée, y compris la Crète et le Dodécanèse – voir aussi p. 375.

Des bateaux-taxis partent de Parikia et Naoussa vers les plages de Paros et d'Antiparos. Bien que beaucoup de plages de l'île soient desservies par bus, ceux-ci sont insuffisants en été. Il est tout aussi difficile d'obtenir un taxi. Les agences de location de scooters et de voitures sont nombreuses dans les villes et à l'aéroport ; la plupart peuvent livrer le véhicule au domicile.

Antiparos

À peine débarqué sur l'île d'Antiparos, vous serez gagné par sa douceur de vivre, à quelques encablures à l'ouest de sa prestigieuse voisine.

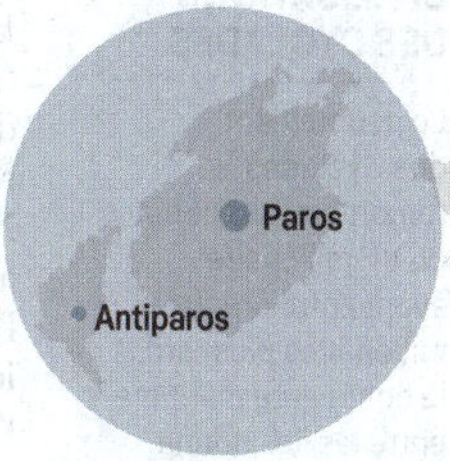

Pour les infos pratiques, voir le Carnet d'adresses p. 401.

Le village portuaire d'Antiparos (Hora) jouit d'un calme remarquable (sauf peut-être à l'heure du dîner en haute saison). Si le front de mer et la rue principale sacrifient à une ambiance touristique surfaite, le village se prolonge à l'intérieur des terres au gré de places tranquilles et de ruelles débouchant directement sur des champs.

Le reste de l'île, au sud du village, compose un paisible paysage champêtre bordé d'eaux d'un bleu céruléen. Après avoir connu, comme nombre d'îles des Cyclades, une succession de cultures à travers les millénaires (hellénique, vénitienne, ottomane, sans parler de la présence des pirates), Antiparos est devenue depuis peu un "coin secret" pour personnalités souhaitant passer des vacances à l'abri des regards : familles royales européennes, célébrités hollywoodiennes et rock stars...

À SAVOIR

Les hébergements offrent un meilleur rapport qualité/prix à Antiparos qu'à Paros. S'il est possible de visiter l'île sur la journée, elle gagne à être appréciée plus longuement.

Antiparos

LES CIVILISATIONS DES CYCLADES

Le peuplement des Cyclades remonterait au début du VIe millénaire avant notre ère. Trois millénaires plus tard, le commerce maritime entre les îles donna naissance à une civilisation homogène. Au cycladique ancien (3 000-2 000 av. J.-C.), les célèbres idoles cycladiques taillées dans le marbre de Paros offrent une épure du corps féminin (la Grande Mère du monde néolithique).

Au cycladique moyen (2 000-1 500 av. J.-C.), les Minoens venus de Crète ont occupé une bonne partie des Cyclades, avant que l'archipel ne passe sous l'influence des Mycéniens, venus du Péloponnèse, au début du cycladique récent (1 500-1 100 av. J.-C.). Enfin les Doriens, originaires du nord de la Grèce, prirent la relève au VIIIe siècle av. J.-C. Trois cents ans plus tard, le "siècle de Périclès" fut celui de l'Empire athénien, la capitale de l'Attique étendant son contrôle aux Cyclades et à la mer Égée.

Sérénité villageoise

LE CŒUR DE L'ÎLE

La longue rue piétonne du charmant village d'**Antiparos (Hora)** rassemble d'élégantes boutiques, des cafés de caractère, des bars et des restaurants. Suivez-la jusqu'au bout pour rejoindre l'incontournable platane géant de la **Plateia Agios Nikolaou**. De là, une ruelle franchit un passage voûté et mène aux vestiges du *kastro* vénitien (XVe siècle), qui protégeait l'île des attaques de pirates. Le panorama est superbe depuis le haut du donjon, surtout au coucher du soleil. Profitez de l'atmosphère détendue en prenant un café au coin d'une rue, avant de dîner dans l'un des excellents restaurants.

Une grotte longtemps visitée

DANS LES ENTRAILLES DE LA TERRE

Indiquée depuis la principale route côtière à 10 km au sud du port, cette **gigantesque cavité** demeure impressionnante malgré la disparition des nombreuses stalactites et stalagmites qui lui ont été arrachées au fil des siècles. La descente de plus de 400 marches vous fera par ailleurs des cuisses en béton !

En décembre 1673, le marquis de Nointel, ambassadeur de Louis XIV auprès de la Sublime Porte et grand amateur de curiosités, y célébra une messe de Noël. Lui et d'autre sommités (dont Othon Ier et la reine Amélie de Grèce) ont laissé au fil des siècles plusieurs inscriptions gravées dans la roche.

Joies du bord de l'eau

PLAGES, BAIGNADE ET CLIFF-JUMPING...

Les petites plages de la minuscule île d'Antiparos invitent à prendre le temps de vivre. Celle de **Psaralyki** se trouve tout près du village. Plus au sud, celles de **Glyfa** et **Soros** offrent une belle vue sur Paros. Certaines plages isolées sont principalement accessibles en 4x4 ou en bateau. Les excursions organisées par **Captain Sargos Boat Trips** mènent jusqu'à l'île de Despotiko et son site archéologique (page suivante) avec une pause baignade sur la spectaculaire plage de l'île, et prévoient aussi l'exploration de grottes marines.

Si vous faites partie des courageux adeptes du "cliff jumping" (le plongeon du haut des falaises), les abruptes parois blanches au nord de la **plage de Faneromeni**, sur la côte sud, constituent un excellent spot. Une route de terre mène au sommet d'une grotte marine d'où l'on peut sauter ; à moins d'inclure le saut dans une sortie en bateau, il vous

OÙ SE RESTAURER À ANTIPAROS (HORA)

Kalokeri
Versions modernes et inventives de spécialités grecques, à partir d'ingrédients de saison. €€

Lollo's
Pizzas bio cuites au four à bois et à déguster face au port. €

Vicky's
Grand choix de parfums pour ces crèmes glacées maison, concoctées dans une ruelle du village. €

Plage de Faneromeni

OÙ PLONGER ?

Installée sur la partie nord du front de mer d'Antiparos (Hora), Blue Island Divers est une agence fiable et reconnue. Ses instructeurs enthousiastes vous feront découvrir les principaux spots d'Antiparos ; ils proposent également des sorties nocturnes et des cours certifiés PADI. Voir aussi l'encadré p. 372.

faudra retrouver le sommet après votre plongeon.

Délicieusement désuète, la taverne de poissons **Captain Pipino's**, à Agios Georgios, a presque les pieds dans l'eau et jouit d'une vue sur Despotiko.

UN BRIN D'HISTOIRE

Les Cyclades sont depuis des millénaires un carrefour de civilisations. Pour mieux connaître les Minoens, les Mycéniens, la Ligue de Délos dominée par Athènes, les Vénitiens ou l'Empire ottoman, rendez-vous p. 435.

Vestiges sur un îlot inhabité

SITE ANTIQUE ISOLÉ

Le site archéologique méconnu de **Despotiko** se situe sur l'îlot éponyme, au sud-ouest d'Antiparos. Les fouilles en cours ont permis de mettre au jour d'intéressants vestiges datant de la préhistoire à la Grèce archaïque. Sans doute relié jadis à Antiparos par un isthme, Despotiko était un centre maritime prospère. Outre les ruines, la visite de l'îlot permet de voir au loin les îles d'Ios, Sikinos, Folégandros, Kimolos, Sifnos, Sérifos et Syros.

Des bateaux desservent l'îlot depuis Agios Georgios ; le tarif est raisonnable mais les liaisons peu fréquentes. Certaines excursions en bateau l'incluent dans leur circuit.

COMMENT S'Y RENDRE ET CIRCULER

En été, des caïques fréquents relient Parikia à Antiparos ; des prestataires organisent des croisières d'une journée sur les plages des deux îles, au départ de Parikia, Pounta, Aliki et Naoussa. Un car-ferry circule aussi entre Pounta, sur la côte ouest de Paros, et Antiparos.

En été, les bus Oliaris Tours relient le port d'Antiparos à la grotte et desservent les plages de la côte est jusqu'à Agios Georgios. Le plus simple est de circuler à vélo ou en voiture. Louez une voiture auprès de Dimitris Rent A Car ou apportez-la de Paros par le ferry. Les routes sont de bonne qualité ; il y a un parking à la limite du village, qui s'explore plutôt à pied.

NAXOS

La plus grande île des Cyclades est un concentré de bonheur. Les vestiges du temple d'Apollon qui accueillent les visiteurs à leur arrivée dans le port donnent un avant-goût de sa splendeur. Haut lieu de la Grèce classique puis du monde byzantin, Naxos a été aussi largement marquée par la présence des Vénitiens et des Francs.

La ville principale, Naxos (Hora), possède un superbe front de mer adossé à un dédale de ruelles pavées grimpant jusqu'au *kastro*, témoignage de trois siècles de domination vénitienne. L'île compte également de belles plages, de charmants villages de montagne, des sites antiques et d'ancestrales carrières de marbre.

Point culminant des Cyclades, le mont Zeus (ou mont Zas, 1 004 m) domine l'arrière-pays montagneux. Les nombreuses sources et le relief élevé qui augmente la fréquence des précipitations rendent Naxos plus fertile que la plupart des Cyclades. On y produit notamment des olives, du raisin, des figues, des agrumes, du maïs et des pommes de terre.

Pour les infos pratiques, voir le Carnet d'adresses *p. 401.*

À SAVOIR

Vu la taille de l'île, louer un véhicule est judicieux. Vous pouvez opter pour un road trip (p. 381) ralliant les bourgs de la région vallonnée de la Tragéa et ceux du nord de l'île, via les carrières de marbre et les sites des *kouroi*.

NAXOS, ARIANE ET DIONYSOS

Le nom de Naxos est lié à la légende du Minotaure : une fois le monstre crétois tué et Thésée sorti du labyrinthe grâce au fil d'Ariane, le héros enleva la fille du roi Minos qui s'était éprise de lui, mais il l'abandonna sur l'île de Naxos. Dionysos l'y découvrit endormie et l'épousa. Le dieu du Vin est d'ailleurs la divinité du panthéon grec la plus aimée à Naxos dont le vin passe pour le meilleur antidote au chagrin d'amour (même si on est plus proche du vin de table que du grand cru !).

Le Bourgos à l'ombre du kastro

LABYRINTHE VÉNITIEN

Il règne à **Naxos (Hora)** une atmosphère différente de celles des autres capitales cycladiques. Plus grande et plus animée, la ville et son front de mer sont dominés par les vestiges du **kastro vénitien**, bastion du Vénitien Marco Sanudo, qui fonda la ville au XIIIe siècle et en fit le centre du duché de Naxos, qui s'étendait sur une grande partie des Cyclades. La vieille ville est un entrelacs de venelles escarpées. Deux quartiers historiques coexistent, tous deux d'origine vénitienne : le Bourgos des Grecs orthodoxes et le *kastro* perché où vivaient les catholiques.

Le *kastro* conserve sa **tour de Sanudo**, vestige du château de Sanudo entouré de demeures vénitiennes.

Bien que relativement étendue, Naxos (Hora) se découvre agréablement à pied. En revanche, il est presque impossible de ne pas se perdre dans la vieille ville, même avec un plan. C'est aussi ce qui fait le charme de l'exploration !

Cultes, divinités et légendes antiques

RUINES CÉLÈBRES

Tout inachevé qu'il soit, le **temple d'Apollon** accueille les visiteurs avec grandeur dès leur entrée dans le port. La Portara, ou "la Porte", est le plus célèbre monument de Naxos et l'un des hauts lieux de l'Antiquité. Du temple classique, il ne reste qu'un portique, soit deux colonnes de marbre et un linteau, magnifiquement dressés face au couchant sur l'îlot de Palatia. On y accède par une jetée.

À 2 km au sud du village de Sangri, le **temple de Déméter** (VIe siècle av. J.-C. ; photo p. 380) se dresse au sommet d'un monticule utilisé comme lieu de culte depuis la préhistoire.

Modeste mais touchant, le site, au beau milieu d'une superbe vallée agricole, évoque les attributs de la déesse : moissons et fertilité. Le récent musée de site expose objets et statues mis au jour. Près de l'aéroport, il subsiste à Yria les vestiges d'un **temple de Dionysos**, divinité très vénérée à Naxos (voir l'encadré page ci-contre).

Le **Musée archéologique** occupe l'ancien collège jésuite de Naxos (Hora) installé au sein du *kastro*. Y sont conservés des objets des périodes ionique et dorique, des vases mycéniens et de superbes idoles cycladiques.

Sa visite peut être complétée par celle du **musée de Mitropolis**, qui abrite les vestiges mis au jour d'une cité mycénienne construite entre le XIIIe et le XIe siècle av. J.-C. et abandonnée par peur des inondations. Ce musée est situé

OÙ SE RESTAURER À NAXOS (HORA)

Avaton 1739
Cocktails et cuisine créative avec vue imprenable au crépuscule depuis le *kastro* de Naxos (Hora). €€

Doukato
Dans un ancien monastère, de succulentes spécialités de Naxos comme le *kalogeras* (bœuf, aubergine et fromage). €€

Barozzi
Menus dégustation de haute volée, avec vins associés et dans un cadre sophistiqué. €€€

en retrait du front de mer, au nord, quartier où se dressent plusieurs églises et chapelles.

Du sable à l'infini

PLAGES IDYLLIQUES ET SPORTS AQUATIQUES

Plus on file vers le sud de la plage de Naxos (Hora), **Agios Georgios**, plus les plages sont paisibles. Lovée dans une baie protégée, au sud du cap Mougkri, la première est la belle étendue de sable d'**Agios Prokopios**, baignée d'eaux peu profondes. Elle rejoint la plage d'**Agia Anna**, écharpe de sable blanc très fréquentée. De nombreuses constructions bordent ces deux plages.

De vastes écharpes de sable, d'un blanc parfois éblouissant (comme à **Glyfada**), se succèdent jusqu'à **Agiasos**, en passant par les eaux turquoise de la magnifique plage de **Plaka** et par de sublimes baies sablonneuses (certaines appréciées des naturistes) ponctuées d'affleurements rocheux. Restaurants, chambres à louer et arrêts de bus constellent la côte. L'idéal pour un séjour détente tourné vers la plage.

Scindée par des rochers de granit doré, la plage venteuse de **Mikri Vigla** est réputée pour le kitesurf. On pratique également la planche à voile et le kitesurf à **Pyrgaki**, accessible par une route non goudronnée qui traverse le promontoire d'Aliko. Au nord de ce dernier, la **plage de Hawaii** est bordée d'eaux bleues étincelantes.

Les plages des côtes septentrionale et orientale se nichent souvent dans de petites baies rocailleuses, tandis que les plages méridionales sont loin de tout.

Corne d'abondance

LE CŒUR FERTILE DES CYCLADES

Miel, fromages en tout genre (*graviera, xinomyzithra*...), fruits, saucisses, pommes de terre, plantes aromatiques... Naxos regorge de bons produits de la terre et de bonnes tables. Les montagnes de l'arrière-pays recèlent d'excellentes tavernes, telles : **Sta Kala Kathimena**, à Keramoti – près de la cascade Routsounas –, **Stou Vasilarakiu**, à Kinidaros, et la **Matina & Stavros Taverna**, à Koronos. Dans le sud-ouest de l'île, **Axiotissa** compte parmi les meilleures tables de Naxos.

Si vous souhaitez vous initier aux spécialités naxiotes, **Vioma Naxos** propose des cours de cuisine, tandis que **Naxos Truffle** organise des circuits guidés.

Pour vos emplettes, **Tziblakis** vend toutes sortes de produits locaux : fromages, vins, confiseries et bien d'autres

ART ET MUSIQUE À NAXOS

Domus Festival et Naxos Festival
Deux festivals ayant lieu en juin-septembre, dont les concerts et les manifestations ont lieu dans le *kastro*, la tour Bazeos (l'une des tours vénitiennes subsistant sur Naxos) et divers autres lieux de l'île.

Petalouda Art Gallery
Jeunes artistes montants et stars internationales, dans le passage menant au centre du *kastro* de Naxos (Hora).

Fish & Olive
Une galerie de Halki (p. 401) où sont exposées les créations de deux artisans de Naxos : la céramiste Katharina Bolesch et le créateur de bijoux Alexander Reichardt.

Penelope
Tisserande de la quatrième génération, à Halki.

Phos Gallery
À Halki, pour voir l'île à travers la lentille du photographe Dimitris Gavalas.

OÙ SE RESTAURER À HALKI ET À APIRANTHOS

Yannis Taverna
Taverne réputée pour sa cuisine traditionnelle (moussaka, souvlakis, *pasticcio*...). Entre Hora et Halki. €€

Taverna O Platanos
À l'ombre d'un platane, ce restaurant familial mérite son label "cuisine égéenne" : excellents burgers garnis de fromage de Naxos, frites de pommes de terre naxiennes, *platanos* (porc grillé) parfumé au thym et à l'origan... Le tout avec vue sur la vallée. €€

Naxos

choses, dont des loukoums bio à la lavande. Pour un large choix de fromages naxiotes, une adresse : **Naxos Cheese Koufopoulos**.

Entre les villages d'**Ano Potamia** et **Kato Potamia**, on peut faire visiter le **vignoble Saint Anna**, au cœur d'une vallée verdoyante plantée d'oliviers et sillonnée de sentiers historiques.

Tissage et traditions montagnardes

PARTICULARISME

Accroché au flanc du mont Fanari (883 m), **Apiranthos** est un village aux maisons de pierre brute et aux rues pavées de marbre qui ne manque pas de caractère, à l'image de ses habitants. La plupart descendent de réfugiés crétois ayant fui la répression turque. Fiers de leur particularisme et de leur riche dialecte, ils sont aussi réputés pour leur promptitude à embrasser les luttes politiques et populaires. Le village, d'où sont issus maints universitaires, compte trois musées remarquables, et se distingue depuis peu par son artisanat de qualité et ses excellentes tavernes.

LE KITRON

Si c'est l'écorce du cédrat que l'on consomme généralement, sous sa forme confite, à Naxos, les feuilles servent à fabriquer une liqueur produite depuis le XIXe siècle, le *kitron*. Cueillies entre octobre et février, elles sont séchées, humidifiées, puis distillées jusqu'à trois reprises et mises à macérer dans de l'eau et du sucre. La concentration en alcool varie, indiquée par l'ajout d'un colorant : jaune pour le plus fort, vert pour le plus léger et le plus sucré, clair pour l'entre-deux. Trois variétés à goûter à la **distillerie Vallindras** ou à son bar à cocktails, à Halki. À Hora, vous en trouverez à la boutique **Probona's** et au café **Kitrón**.

OÙ PRENDRE UN VERRE À NAXOS (HORA)

Rum Bar
Bar à cocktails à l'étage donnant sur le front de mer animé. Jolie vue sur le soleil couchant.

La Vigne Wine Bar
Dans une ruelle discrète, un bar à vins et une excellente cuisine fusion par deux sympathiques Françaises.

Oinochoros
Au calme dans une ruelle proche de la plage d'Agios Georgios, chaleureux bar à vins et à liqueurs aussi. Large choix.

UN PEU D'EXERCICE !

Les amateurs de kitesurf adorent les plages du sud, les randonneurs les sentiers ancestraux d'églises en villages.

Les librairies vendent guides et cartes de randonnée. Le site terrainmaps.gr est fort utile et l'éditeur vend une excellente carte de randonnée de Naxos. L'agence **Naxos Trekking** et Stella de **Naxos Hiking** proposent des balades à thème.

Vélos et casques sont à louer chez **Naxos Bike**, qui propose conseils, cartes et excursions guidées.

Kitesurfeurs et véliplanchistes pourront prendre des cours, ou louer du matériel auprès de **Naxos Kitelife**, **Kite Center Naxos** et **Flisvos Kite Centre.**

Des sorties plongée impeccables sont organisées par **Nima Diving Center** et **Blue Fin Divers**.

Quantité d'agences proposent des excursions en bateau d'une journée autour de Naxos et jusqu'aux Petites Cyclades.

Vestiges du temple de Déméter (p. 376)

Le tissage traditionnel sur un *argalio* ou *krevataria* (métier à tisser traditionnel) est à découvrir dans la boutique de l'**Association des arts traditionnels des femmes** (paradosiakaifanta.gr), où l'on peut aussi acheter des confiseries maison. Les tavernes suivantes sont excellentes : **Lefteris** pour les plats de viande, **Amorginos** pour la cuisine traditionnelle et la vue, **Bakalogatos** pour les mezze.

Sommet mythique

RANDONNÉE JUSQU'À L'ANTRE DE ZEUS

Dans les terres, l'agréable région de Tragéa est une vaste plaine plantée d'oliviers, dont les villages préservés abritent maintes petites églises byzantines et sont gardés par des tours vénitiennes en ruine. Un paysage que domine le **mont Zeus** (1 004 m), plus haut sommet des Cyclades. Sur ses contreforts, **Filoti** est le village le plus important de la région.

Pour faire l'ascension du mont Zeus depuis Filoti, montez à pied ou en voiture (à 800 m environ de Filoti sur la route principale, un panneau indique la bifurcation pour la source d'Aria et la grotte de Zeus) jusqu'à la **source d'Aria**, une fontaine entourée de verdure doublée d'une aire de pique-nique.

OÙ S'INFORMER À NAXOS

Naxos Tours
Agence du front de mer à Hora. Organise des circuits en bus sur l'île, des randonnées guidées ou des sorties en mer.

Zas Travel
Située sur le port, une agence fiable pour les billets de ferry ou pour louer un véhicule. Circuits organisés.

Kiosque d'information
Sur le port de Naxos (Hora) en haute saison.

De là, poursuivez à pied pendant 20 minutes pour rejoindre la **grotte de Zeus**, où le roi des dieux aurait passé une partie de son enfance, puis continuez jusqu'au sommet pour admirer le panorama à 360° sur les Cyclades.

Halki, la Naxos de jadis

À 20 minutes de voiture de Naxos (Hora), le patrimoine architectural de ce village aux jolies façades et aux maisons-tours reflète son passé florissant d'ancien chef-lieu de l'île, au cœur de la région montagneuse de Tragéa. Au nord du village, l'église Agios Giorgios Diasorites (XIe siècle) abrite des fresques splendides. Outre la Distillerie Vallindras et son précieux *kitron*, Halki conserve une tradition de tissage comme Aspiranthos et des artisans d'art, céramistes ou photographes (voir p. 378).

Le nord de l'île en voiture

ROAD.TRIP, CARRIÈRES DE MARBRE ET KOUROI

Partant de Naxos (Hora), longeons le littoral par la route qui file au nord (carte p. 382). Au ❶ **musée de l'Huile d'olive d'Engares**, une halte s'impose pour voir fonctionner le pressoir, déguster et faire quelques emplettes. La route continue à serpenter vers le nord jusqu'à la ❷ **tour d'Agia**, ruines majestueuses d'un château avec la mer en toile de fond.

À 9 km vous attend le village de pêcheurs ❸ d'**Apollonas**. Des panneaux vous mèneront jusqu'à une carrière antique sur les hauteurs où vous découvrirez le colossal ❹ **kouros d'Apollonas** (VIIe siècle av. J.-C.). Ce marbre de jeune homme grec (*kouros*) mesure 10,7 m de long et pèse quelque 80 tonnes. Prêt au transport après sa taille sur place, le plus grand des *kouroi* "allongés" de Naxos est resté là.

La plage de sable et de galets d'Apollonas invite à faire trempette avant de se restaurer à l'une des tavernes en bord de mer. Prenez ensuite la grande route partant d'Apollonas vers Apiranthos, au sud, en vous accordant un crochet par ❺ **Lionas**, d'où 8 km de route panoramique passant par d'anciennes mines d'émeri vous mènent à une belle plage rocailleuse et à la sympathique taverne ❻ **Delfinaki**. On y sert une excellente cuisine maison à base de produits frais de la ferme et de la mer.

De retour à Lionas, repartez vers l'intérieur des terres pour reprendre la route d'Apiranthos. Au sud, elle fait une fourche au niveau de l'église de Stavros Keramotis : prenez à droite pour rejoindre ❼ **Moni**, ses ateliers de sculpture sur bois, son panorama sur le mont Zeus et la ❽ **Panagia Drosiani**,

SOURCES D'INSPIRATION

Ingbert Brunk, sculpteur de marbre de Naxos, évoque les lieux qui l'inspirent. *ingbert-brunk.de*

Musée archéologique de Naxos (p. 377)
À mon arrivée sur l'île, je revenais chaque jour admirer les idoles cycladiques. Ils ont presque fini par me mettre dehors !

Temple de Déméter (p. 376)
Il suffit de flâner parmi ces ruines pour s'imprégner de leur beauté et de leur puissance.

Tour Bazeos
Théâtre, expositions, musique... La programmation estivale est exceptionnelle.

Paysages et villages
C'est comme si ces espaces m'enserraient dans leurs bras quand je m'y promène. Je n'ai jamais l'impression d'être un simple spectateur.

OÙ SE LOGER À NAXOS (HORA)

Hotel Grotta
Perché en surplomb de la plage de Grotta et non loin du *kastro*, un excellent hôtel familial avec bar-jardin sur le toit. €€

Hotel Glaros
Bien tenu , un boutique-hôtel de 13 chambres impeccables, à deux pas de la plage d'Agios Georgios. €€

Castle Houses
Hébergements de charme dans une belle demeure vénitienne restaurée, au cœur du *kastro*. €€

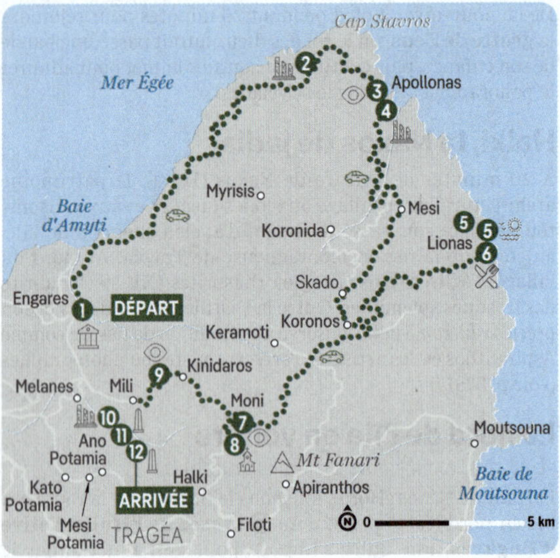

lieu de pèlerinage depuis le VIIe siècle. Vous pourrez faire une pause au café To Pefko ou à la taverne Kalliopi.

De Moni, regagnez Naxos (Hora) par la route qui passe au pied d'étincelantes 9 **carrières de marbre** entre Kinidaros et Melanes. À proximité de Mili, des panneaux fléchent la direction vers d'anciennes carrières où gisent deux *kouroi* allongés. Une fois visité le 10 **sanctuaire de la source sacrée de Flerio**, site de l'aqueduc antique qui conduisait l'eau jusqu'à Naxos (Hora), remontez le lit partiellement pavé d'un ruisseau menant jusqu'au 11 **kouros de Flerio** (570 av. J.-C.). En poursuivant sur le sentier fléché qui gravit la colline au milieu des terres agricoles, vous atteindrez le 12 **kouros de Faragi** d'où l'on aperçoit au loin des carrières toujours en activité.

COMMENT S'Y RENDRE ET CIRCULER

Il existe quelques liaisons aériennes quotidiennes entre le petit aéroport de Naxos (www.naxos-airport.com) et Athènes (40 min). Il n'y a pas de navette pour l'aéroport, à 3 km au sud de Naxos (Hora), mais les bus qui desservent les plages d'Agios Prokopios et d'Agia Anna passent à côté.

Le port de ferry de Naxos est très actif : de nombreux ferrys conventionnels et rapides circulent depuis/vers Le Pirée et Rafina (en Grèce continentale) – pour des renseignements généraux, voir p. 614.

Les bus partent de l'extrémité du quai des ferrys à Naxos (Hora). Les horaires sont affichés devant le bureau d'information des bus, situé de l'autre côté de la rue (à gauche en diagonale). Les billets s'achètent au bureau ou au distributeur à l'extérieur (et non auprès du chauffeur).

Des bus fréquents se rendent à la plage d'Agios Prokopios et à Agia Anna. Sept bus par jour desservent Filoti via Halki ; cinq se rendent à Apiranthos via Filoti et Halki ; et au moins deux vont à Apollonas, Pyrgaki et Melanes. Les liaisons vers les autres villages sont moins fréquentes.

Pour visiter l'île, le plus pratique est de disposer d'un véhicule et de le garer sur les parkings municipaux de la périphérie de Naxos (Hora), qui s'explore de préférence à pied. Les taxis peuvent être utiles pour de petits trajets uniquement.

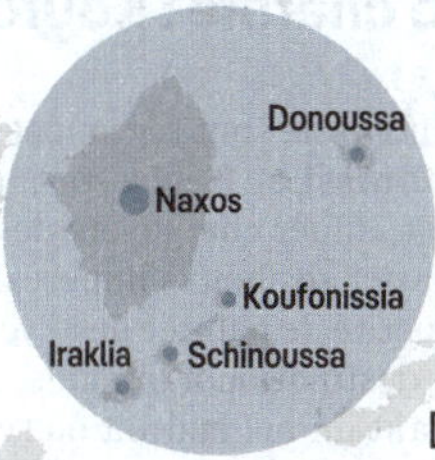

Petites Cyclades

Disséminées entre Naxos et Amorgos, ces petites îles isolées exhalent une sérénité incomparable. Profitez-en !

Pour les infos pratiques, voir le Carnet d'adresses *p. 402.*

À SAVOIR

Donoussa est la plus septentrionale des Petites Cyclades et la plus éloignée de Naxos. Les autres îles s'égrènent au large de la côte sud-est de Naxos.

Sur ces six petites îles (sans compter tous les îlots et rochers) à l'histoire mouvementée, seules quatre sont habitées à l'année : Ano Koufonissi (Koufonissia), Schinoussa, Iraklia et Donoussa, chacune différente par l'ambiance et le cadre naturel. Les amateurs de baignade et de bronzette apprécient le côté campagne chic d'Ano Koufonissi. Les randonneurs optent pour Schinoussa et les escarpements de Donoussa ; et les plus spirituels des visiteurs pour la grotte sacrée d'Iraklia.

Lieux d'échange densément peuplés dès l'Antiquité, les Petites Cyclades ont été muées en avant-postes fortifiés par les Vénitiens avant de devenir des repaires de pirates. Si, dans les années 1950, seule la pêche animait les villages, ce petit archipel devient aujourd'hui une destination en vogue.

Ano Koufonissi (p. 384)

GIOVANNI RINALDI/SHUTTERSTOCK ©

À L'ÉCART : KATO KOUFONISSI ET KÉROS

Au sud d'Ano Koufonissi s'étire le profil plat de **Kato Koufonissi**, île inhabitée. Un court trajet en caïque, avec **Prasinos Boat Tours**, permet de la rejoindre. Un sentier escarpé relie entre elles les plages immaculées du sud de l'île.

Les criques de **Laki** et **Panaghia** se partagent une taverne. La belle étendue de la **plage de Nero** est à 45 minutes de marche en passant par la crique de **Dhetis**. En continuant, on atteint la plage de **Pezoulia**.

Les hauteurs dénudées de **Kéros** dessinent un paysage spectaculaire. Inhabitée et en cours de fouilles, l'île est inaccessible pour cette raison, en sorte que ne se répètent pas les vols de figurines cycladiques perpétrés par le passé. Sur les centaines mises au jour, vous connaissez certainement le harpiste et le flûtiste exposés au Musée national archéologique d'Athènes.

Arpenter 3 îles de charme : Koufonissia

SÉJOUR CHIC AU BORD DES EAUX AZUR

Sous le nom pluriel de Koufonissia sont regroupées trois îles principales. Si **Kato Koufonissi** et **Kéros** sont inhabitées, l'île d'**Ano Koufonissi** voit affluer chaque été des touristes attirés par ses superbes plages, ses hôtels impeccables et ses restaurants chics. La plus petite île habitée des Cyclades s'est peu à peu transformée en destination à la mode, et les prix ont suivi. L'île reste pourtant un bel endroit où se détendre après un séjour à Mykonos ou à Santorin.

C'est un bonheur de se promener au milieu des bougainvillées dans l'unique bourgade de l'île, **Hora**, qui s'étend derrière l'embarcadère des ferrys. La grand-rue piétonne mène à l'ouest jusqu'au quartier de Loutro, avec sa belle crique de galets, son petit chantier naval, son moulin et son église blanche.

L'éclat du sable blanc des plages de Koufonissia n'a d'égal que celui du bleu des flots. La **plage d'Ammos**, à Hora, est abritée du meltem. En marchant 1,2 km vers l'est sur le chemin côtier sablonneux, on atteint après avoir passé quelques criques la **plage de Finikas**, ses eaux calmes et sa taverne. Continuez 5 minutes dans la même direction et, passé le promontoire, vous trouverez de l'ombre sur la **plage de Fanos**, assortie d'un bar de plage. Marchez encore 5 minutes pour atteindre la **plage d'Italihda**, protégée du meltem et appréciée des naturistes.

Au-delà d'Italihda, le chemin franchit un nouveau promontoire et passe par des lieux de baignade assez inouïs : plusieurs bassins rocheux aux teintes variées reliés à la mer, dont la **Piscina**. De là, il vous suffit de 10 minutes pour rejoindre le long croissant de sable de la **baie de Pori**, dont les eaux translucides, le bon restaurant face à la mer et le café sont appréciés des plaisanciers. Non loin se trouvent les **grottes marines de Ksylompatis**.

Prasino's Boat Tours propose en été de nombreux circuits depuis/vers les plages et Kato Koufonissi. **Koufonissia Tours** organise des excursions de bateau, plongée et kayak de mer.

Se baigner à Schinoussa

DE SENTIERS EN PETITES CRIQUES

Tout un patchwork de champs, d'anciens murs en pierre, de chapelles byzantines et de vestiges de fortifications vénitiennes dessinent le cadre paisible et vallonné de la petite **Schinoussa**. Pendant les trois siècles de l'occupation turque, l'île constituait un refuge pour les pirates du Magne (Péloponnèse). Aujourd'hui, les estivants en quête de calme viennent profiter de ses belles plages, moins fréquentées que celles des îles voisines, car plus nombreuses. Elles sont toutefois de plus en plus animées en juillet-août.

OÙ SE RESTAURER ET PRENDRE UN VERRE À KOUFONISSIA

Mikres Cyclades
Le meilleur des produits régionaux, des fèves aux fromages, dans la ruelle principale. **€€€**

Capetan Nikolas
Valeur sûre, cette joyeuse adresse pour amateurs de saveurs iodées sur le port de Loutro et face au couchant. **€€**

Scholio
Sorte de petite caverne douillette où s'attarder tard le soir pour explorer la longue carte de cocktails.

GIOVANNI RINALDI/SHUTTERSTOCK ©

Kéros

Le bourg, **Hora (Panagia)**, se déploie le long d'une rue qui suit la crête de l'île. Le soir, toute voiture y est interdite et elle redevient une promenade à l'ancienne bordée de cafés et de restaurants. Les ferrys accostent au port de Mersini, au pied d'Hora. La plupart des hébergements organisent le transfert.

Des pistes de terre mènent aux 16 plages de l'île, mais il est aisé de gagner à pied les plages les plus proches : le ruban de sable de **Tsigouri** (7 minutes) et la vaste étendue de **Livadi** (15 minutes), au sud d'Hora et quasi désertes, sauf en juillet-août. En descendant vers le sud-est, on rejoint en 20 minutes deux baies de sable et de galets aux eaux peu profondes : **Fountana** et **Almyros**. Vous trouverez des tavernes et/ou bars de plage à Tsigouri, Livadi et Almyros. Sur les hauteurs, le **restaurant Vrachos** sert une excellente cuisine grecque, vue panoramique en prime. Au nord d'Hora, à l'est de Messaria, la crique abritée de **Psili Ammos** (30 minutes à pied) possède deux établissements où se restaurer : l'**hôtel Harama** et la **taverne To Petrino**.

De juin à septembre, le capitaine Manolis organise des excursions à bord de l'**Aeolia** vers les plages, Iraklia, Kéros et Koufonissia.

OÙ SE LOGER

Chacune des Petites Cyclades réserve son lot de bons hébergements. Koufonissia réunit néanmoins trois avantages : la variété, le nombre et une récente hôtellerie de charme plutôt haut de gamme. Ils ouvrent en général mi-mai et facturent souvent 50% de plus les mois de juillet et août. Le transfert à l'arrivée du ferry est souvent proposé par les propriétaires. Voici quelques suggestions.

Sur Koufonissia : **Aeris Suites** (chic, service impeccable) et **Pyrthea** (moderne, face à la mer).

Sur Schinoussa : **Notos Studios & Villas** (studio sur la plage ou villa) et **Iliovaseilema** (discret, à Hora).

Sur Iraklia : **Alexandra Suites** (chaleureux, superbe vue) et **Speires** (chic, vue magnifique également).

Sur Donoussa : **Argalios Guesthouse** (convivial, éco-responsable) et **Pahivouni Studios** (moderne, face à la mer).

OÙ SE RESTAURER ET PRENDRE UN VERRE À SCHINOUSSA

Loza
Pizzas artisanales, spécialités grecques (dont le fameux chevreau rôti) et desserts raffinés. €

Okto Adelphia
Produits locaux et portions généreuses dans ce restaurant familial perché sur une terrasse d'Hora. €

Kafeneio Hara
Hara signifie "joie" et c'est le cas lors du brunch ou le soir, lorsque parfois des musiciens se produisent.

LES SENTIERS DE DONOUSSA

Ce petit bout du monde à 20 km au nord de Koufossini ou d'Amorgos possède cinq sentiers numérotés et bien balisés, des chemins ancestraux de village à village pour quatre d'entre eux.

1 Stavros-Kalotaritissa (4,4 km ; 1 heure 15). Le plus long et le plus difficile, il comprend des tronçons abrupts mais offre de beaux points de vue.

2 Kedros-Messaria (1,1 km ; 30 min). Relie la plage la plus populaire au hameau.

3 Mersini-Livadi (0,9 km ; 30 min). Sentier pentu menant à une plage charmante.

4 Kedros-Kato Mylos/ Vathy Limenari (2 km ; 45 min). Sentier côtier reliant la plage de Kedros à celle de Limenari en passant par un moulin à vent en ruine.

5 Kampos-Limni/ Aspros Kavos (2,1 km ; 40 min). Ce sentier part des environs de Stavros et se termine à la pointe d'un promontoire reculé.

En octobre, la **Donoussa Trail Run** réunit un bon nombre d'adeptes du trail.

DBDO/SHUTTERSTOCK ©

Stavros, Donoussa

Marcher et se baigner à Donoussa

MARCHES SUBLIMES ET BAIGNADES

Sur cette île isolée, Thésée ne risquait pas de retrouver la belle Ariane que Dionysos voulait épouser, si l'on en croit la légende. Principal bourg de l'île, **Stavros** se compose de maisons chaulées regroupées autour d'une belle église, face au quai des ferrys et à une agréable plage de sable.

En dehors de la haute saison, les amateurs de grand air auront pour eux seuls les criques de sable isolées et les sentiers rocailleux qui sillonnent les collines arides de l'île.

Parmi les superbes plages, le large croissant de sable de **Kedros**, léché par des eaux calmes et limpides, s'agrémente d'une taverne (en saison) et d'un camping gratuit. En longeant la côte sud-ouest, vous atteindrez la crique plus isolée de **Limenari** en 40 minutes depuis Kedros. Les deux sont

OÙ SE RESTAURER ET PRENDRE UN VERRE À IRAKLIA

Araklia
Cuisine cycladique inventive dans une atmosphère joyeuse, avec vue imprenable sur la mer. **€€**

Surfin Bird/Thymari
Restaurant et bar à cocktails d'où contempler le coucher du soleil sur les collines et la plage de Livadi. **€€**

En Lefko
Brunchs, cocktails et en-cas servis jusqu'au petit matin sur le bar en toit-terrasse de Nikos et Anna.

appréciées des naturistes. Plus au sud encore, la plage de sable blanc de **Livadi** voit passer encore moins de visiteurs.

Le long de la côte nord-est, la route se termine au hameau de **Kalotaritissa**, qui compte trois petites plages. Pour se restaurer, la **Taverna Mitsos** est une excellente adresse. On y accède en minibus, à pied ou, l'été, en embarquant sur le *Margissa*. Quelques grottes des environs sont aussi accessibles en bateau.

Respirer à Iraklia

DOUCE SOLITUDE

Avec ses 115 habitants, Iraklia vit dans le calme jusqu'en juillet-août, lorsque les bateaux de plaisance jettent l'ancre dans la **baie de Livadi**, apportant de l'animation au port d'**Agios Georgios**. L'histoire d'Iraklia se découvre au gré de balades entre les oliveraies, quand l'on observe les mystérieux *speires* (pétroglyphes en spirale) du IIIe millénaire av. J.-C., les ruines de temples hellénistiques et les fortifications vénitiennes.

Les collines où embaume le thym, qui descendent parfois dans des baies reculées, sont propices à la randonnée. Les restaurants locaux servent souvent du miel au thym d'Iraklia, mais aussi du fromage de chèvre et des fèves du coin.

L'île possède aussi de belles plages accessibles à pied. Depuis le débarcadère, une route goudronnée part à gauche et mène environ 1 km plus loin à **Livadi**, la plus belle plage de l'île. Cette large écharpe de sable blanc bordée d'eaux limpides et peu profondes est parfaite pour les enfants. Il y a une taverne de l'autre côté de la rue et un bar-restaurant en bord de plage. De là, une montée abrupte de 2,5 km conduit au hameau de **Hora** (Panagia). La route continue jusqu'à la **plage de Tourkopigado**, nichée dans une crique étroite et escarpée où sont amarrés des esquifs de pêcheur. En été, le petit bateau *Anemos* dessert la charmante **plage d'Alimnia** et Schinoussa. Achetez votre billet la veille au supermarché Perigiali.

À PIED VERS LA GROTTE MIRACULEUSE

Cinq sentiers de randonnée balisés sillonnent Iraklia. Procurez-vous une carte, mettez de bonnes chaussures de marche et emportez de l'eau ; le réseau mobile est peu fiable.

Au départ de l'église d'Agios Ioannis, juste à la sortie d'Agios Georgios, suivez plusieurs sentiers l'un après l'autre pour rejoindre en moins de deux heures la **grotte de l'icône sacrée d'Agios Ioannis**, aux nombreuses stalactites et stalagmites. L'itinéraire serpente entre les oliveraies jusqu'au **hameau abandonné d'Agios Athanasios** avant de grimper en pente raide jusqu'au sommet de la colline, d'où un sentier rocailleux descend jusqu'à la grotte.

COMMENT S'Y RENDRE ET CIRCULER

Plusieurs ferrys relient chaque semaine Le Pirée aux Petites Cyclades via Naxos, et il y a plusieurs liaisons quotidiennes entre Naxos et Koufonissia (départs moins fréquents pour les autres îles.

Les ferrys Blue Star (p. 310) desservent les Petites Cyclades toute l'année. Deux itinéraires, depuis Le Pirée, passent par Paros et Naxos. De Naxos, le ferry dessert parfois Donoussa, puis Amorgos (Aegiali), avec pour terminus Astypalée (dans le Dodécanèse). Il peut également selon les jours faire escale à Iraklia, Schinoussa et Koufonissia, avec pour terminus Amorgos (Katapola).

La Small Cyclades Line (p. 310) assure le service dans le petit archipel, hiver compris lorsque la météo le permet. Son solide petit ferry, l'*Express Skopelitis*, part de Naxos tous les après-midi du lundi au samedi et dessert les Petites Cyclades ainsi qu'Amorgos, où il s'arrête souvent aux deux ports, Aegiali et Katapola, avant de rentrer à Naxos tôt le lendemain.

Toutes ces îles s'explorent de préférence à pied, ou à la rigueur à vélo ou à scooter ; elles sont petites et les routes goudronnées sont rares (sans parler des bus). Des bateaux desservent les plages.

Pour louer un vélo, adressez-vous à Koufonissia à Koufonissia Bikes ; à Schinoussa à Faros Bikes, qui loue aussi scooters et voitures ; et à Iraklia à Iraklia Scooters.Sur Donoussa, il n'y a ni scooters ni voitures à louer. De début juin à fin août, un minibus relie Stavros au hameau de Kalotaritissa, de l'autre côté de l'île, en empruntant l'unique route de Donoussa.

AMORGOS

La splendide île d'Amorgos a la forme d'un hippocampe tourné vers l'est et le Dodécanèse. Offrant une vue à 360°, la route de crête entre les principaux villages est l'une des plus belles de toutes les Cyclades.

Amorgos est relativement isolée : comptez 7 heures d'Athènes par le ferry le plus rapide ! Les amateurs de plongée en apnée et autres fans du *Grand Bleu* (tourné sur l'île par Luc Besson) y viennent pour sonder les eaux de la mer Égée. Pour leur part, les randonneurs arpentent tout un réseau de sentiers qui serpentent entre coteaux escarpés, murets et terrasses en pierre délaissés, moulins en ruine et vestiges antiques, pour atteindre une plage isolée ou une autre sur la côte.

Des trois principaux villages, le port animé de Katapola est le plus apprécié des familles. Le port d'Aegiali attire une foule plus jeune, tandis qu'Amorgos (Hora), le chef-lieu, est un dédale enchanteur de ruelles pavées de marbre et fleuries de bougainvillées.

Pour les infos pratiques, voir le Carnet d'adresses p. 403.

À SAVOIR

Le grand port est Katapola, à 6 km d'Hora, plus haut dans les terres. Celui d'Aegiali est à 15 km au nord-est d'Hora. Les distances sont faibles mais le trajet sur les routes vertigineuses et venteuses donne l'impression que l'île est bien plus grande.

LEMONAKIS ANTONIS/SHUTTERSTOCK ©

Amorgos (Hora)

D'un bout à l'autre de l'île

PORTS, COLLINES ET PANORAMAS

Lovée autour de sa baie appréciée des plaisanciers, **Katapola** se situe dans la partie la plus verdoyante de l'île. Au-dessus du port s'étendent les vestiges de la cité antique de **Minoa**, accessibles par un sentier ou par une route goudronnée abrupte. Il n'y a aucun panneau d'information mais le site offre un panorama de toute beauté. De nombreux objets datant du cycladique ont été découverts à Amorgos et la plus grande idole cycladique exposée au Musée national archéologique d'Athènes provient des environs de Katapola.

Coiffé d'un *kastro* du XIIIe siècle et entouré de moulins à vent, **Amorgos (Hora)**, le chef-lieu historique, exhale un charme intemporel. Il y règne une ambiance raffinée grâce aux quelques bars et boutiques (vêtements, bijoux de créateurs locaux) à la mode qui bordent la principale ruelle piétonne. On peut aussi y acheter quelques spécialités culinaires et alcools locaux.

En voiture, ne manquez pas les 16 km séparant Amorgos (Hora) et Aegiali, l'une des **routes panoramiques** les plus spectaculaires des Cyclades. Elle serpente entre des montagnes plantées de broussailles d'un côté et des

POURQUOI J'AIME AMORGOS

Alexis Averbuck,
autrice Lonely Planet
@alexisaverbuck

Penser à Amorgos me donne envie d'y retourner. Je revois les chèvres cachées dans les interstices des falaises, les montagnes qui se reflètent dans le bleu toujours changeant de la mer – céruléen ? cobalt ? azur ? Je sens la fraîcheur de l'eau quand je fais la planche au pied du monastère dont la blancheur m'éblouit. Et la cuisine, incomparable ! Et les personnes rencontrées, toutes si aimables et détendues !

AVIS AUX CINÉPHILES

Amorgos n'est pas la seule à avoir été immortalisée sur grand écran. De Skopélos et Skiathos, décors de *Mamma Mia*, au Pirée de *Jamais le dimanche* (1960), découvrez la Grèce au cinéma p. 650.

OÙ SE RESTAURER ET PRENDRE UN VERRE À AMORGOS

Botilia
Ce bar est l'un des excellents établissements de la principale rue piétonne d'Amorgos (Hora). **€**

Liostasi
Excellente taverne et café de campagne du sud de l'île, comme cette région en compte beaucoup. **€**

Embassa Bar
Le meilleur bar à cocktails, en face du petit moulin à vent du quai d'Aegiali, avec vue imprenable sur le couchant.

LES SAVEURS INSULAIRES

FindinGreece vous initie, à travers cours et randonnées, à la cuisine locale, la cueillette des herbes... Tout cela avant de tester !

Ston Pyrgo
Un super *mezedhopoleio* tenu par le chef Vangelitsa : meilleures boulettes de viande des Cyclades, *patatato* (ragoût de pommes de terre et viande de chevreau) et légumes de la montagne.

Youkali
Face à Katapola sur l'autre côté de la baie, des ingrédients on ne peut plus locaux composent une carte inventive. Personnel sympathique et présentation impeccable.

Falafel
Dans une ruelle en retrait du front de mer d'Aegiali, installez-vous en plein air pour découvrir un patchwork de cuisines du monde, par exemple, des pâtes à la carbonara avec du porc de l'île fumé maison.

Moni Hozoviotissis

versants plongeant dans la mer de l'autre. Les îles inhabitées de Nikouria et Grabonisi resplendissent au loin.

Aegiali, le second port d'Amorgos, possède une belle plage de sable blanc et se prête idéalement aux sports nautiques. Le village sert de base aux randonneurs souhaitant rallier les charmants villages de Langada et Tholaria. À l'extrémité de la baie, un sentier franchit plusieurs promontoires et mène à trois plages de sable et de galets.

En descendant vers le sud et la **baie de Kalotaritissa** depuis Amorgos (Hora), les fans du *Grand Bleu* feront une halte dans pour voir l'épave de l'*Olympia*, qui gît dans les eaux peu profondes de la **baie de Liveros**. Située à la pointe ouest d'Amorgos, la plage de sable de Kalotaritissa (équipée de chaises longues) est la plus populaire de l'île et nombre de bateaux de plaisance et de pêche mouillent dans les eaux céruléennes de sa baie abritée. En juillet et en août, des excursions en bateau permettent d'explorer l'île inhabitée de **Kramboussa**.

Un monastère vu de la mer

BON POUR LE CORPS COMME POUR L'ESPRIT

Se détachant telle une tache blanche incrustée dans la falaise au-dessus des flots, **Moni Hozoviotissa**, remarquable

OÙ SE LOGER À AMORGOS

Aspes Village
Magnifiques studios en bord de mer, entourés de vignes et de montagnes, près de la belle plage d'Agios Pavlos. €

Emprostiada Traditional Guesthouse
Suites de charme et de caractère dans une demeure de marchand, à Hora. €€

Yperia
Chambres modernes avec piscine et vue imprenable sur la mer, au port d'Aegiali. €€€

monastère du XIe siècle, illumine la côte est, en contrebas d'Amorgos (Hora). Construit pour n'être visible que depuis de rares endroits, il se trouve soudain dans votre angle de vision si vous nagez dans les calmes eaux cobalt de la minuscule plage rocheuse d'**Agia Anna**. La toute petite chapelle blanche sur la plage a été immortalisée par Luc Besson dans *Le Grand Bleu*. De l'autre côté du parking, se trouve une autre plage de sable et de galets, plus grande. Centre de plongée réputé, **Amorgos Diving Center** pourra vous aider à atteindre les profondeurs.

Il faut grimper pas moins de 350 marches depuis le parking pour atteindre l'entrée du monastère. Veillez à respecter le code vestimentaire, strictement appliqué : pantalon pour les hommes, jupe ou robe longue pour les femmes, épaules couvertes pour tous.

Marcher entre terre et ciel

DE VILLAGE EN VILLAGE PAR LES SENTIERS

Accrochés aux versants escarpés qui dominent Aegiali, les villages de **Langada** et de **Tholaria** sont de pittoresques dédales de venelles chaulées où se nichent d'excellentes tavernes et des boutiques d'artisanat local. Les trois villages sont reliés entre eux (et à d'autres parties de l'île) par des sentiers de randonnée.

Les ruines de l'**Aegiali antique** ne sont guère qu'à 10 minutes de marche de Tholaria, mais le site reste encore à fouiller. Sur la minuscule place de Tholaria, les bons petits plats du **Kali Kardia** vous requinqueront avant d'aller rêver sous le ciel étoilé au bar à cocktails Seladi.

Une tour imposante

FORTIFICATIONS ANTIQUES

Un court détour entre Aegiali et Langada mène aux vestiges de la **tour d'Agia Triada**. Cet édifice fortifié du IVe siècle av. J.-C. fut occupé de l'Antiquité à la période moderne, notamment par les Grecs, les Romains et les Byzantins. Mais les tessons de poterie et lames en obsidienne retrouvés sur le site signalent une occupation dès le néolithique. L'occupation du site dans l'Antiquité classique est aussi largement attestée par la présence de nombreux *pithoi* (jarres) datant du IIe siècle av. J.-C. au IIIe siècle de notre ère et une statue en marbre d'Artémis (sans tête). Aujourd'hui, il est agréable d'explorer ces massives ruines de pierre, d'où le regard porte jusqu'à l'horizon.

LES SENTIERS D'AMORGOS

Amorgos et sa beauté brute sont prisées des randonneurs, qui y trouveront une douzaine de sentiers, dont huit numérotés et bien balisés. Les **itinéraires** sont détaillés sur le site amorgos.gr et Terrain (p. 317) publie une carte dédiée à l'île.

Le plus long (13,5 km, 4-5 heures), qui est aussi le plus spectaculaire, va d'Hora à Aegiali. Il descend jusqu'au Moni Hozoviotissa puis remonte en longeant la falaise, continue à travers des paysages rocailleux, passe par le hameau d'Asfodilitis (idéal pour la pause-déjeuner) et devant des moulins à vent à l'abandon, avant de redescendre doucement vers Aegiali via le bourg d'Apano Potamos.

COMMENT S'Y RENDRE ET CIRCULER

Amorgos est notamment accessible depuis Naxos avec la Small Cyclades Line (p. 310), qui dessert du lundi au samedi les deux ports d'Amorgos via les Petites Cyclades. D'autres ferrys desservent l'île plusieurs fois par semaine. Les ferrys Blue Star (p. 310) empruntent trois itinéraires intéressants : deux partent régulièrement du Pirée, passent par Paros, Naxos et les Petites Cyclades et arrivent au port d'Aegiali ou à celui de Katapola. La troisième option est un bateau hebdomadaire entre Le Pirée et Katapola, qui continue vers l'est jusqu'à Patmos, Léros, Kos et Rhodes.

Les bus de l'Amorgos Bus Company (amorgosbuscompany.com/en/) circulent régulièrement entre Katapola et Amorgos (Hora), Moni Hozoviotissa, la plage d'Agia Anna et, moins fréquemment, Aegiali. Des bus grimpent aussi depuis Aegiali jusqu'à Langada et Tholaria.

Louer un véhicule est le meilleur moyen d'explorer Amorgos.

Carnet d'adresses

SANTORIN (THIRA)

Akrotiri
Voir p. 318 (☎ 22860 81939 ; odysseus.culture.gr ; Akrotiri ; tarif plein/réduit 12/6 € ; 8h-20h mai-sept, 8h30-15h30 oct-avr)

Gyzi Megaron
Voir p. 317 (☎ 22860 23077 ; gyzimegaron.gr ; 25is Martiou 405, Fira ; tarif plein/réduit 3/1,50 € ; 10h-16h lun-sam mai-oct)

Musée archéologique
Voir p. 317 (☎ 22860 22217 ; odysseus.culture.gr ; Fira ; tarif plein/réduit 3/2 € ; 8h30-15h30 jeu-lun)

Musée de la Thira préhistorique
Voir p. 317 (☎ 22860 23217 ; odysseus.culture.gr ; Fira ; tarif plein/réduit 6/3 € ; 8h30-15h30 mer-lun)

Musée industriel de la Tomate
Voir p. 316 (☎ 22860 85141 ; www.tomatomuseum.gr ; Vlychada ; tarif plein/réduit 10/6 € ; 10h-18h mar-dim juin-sept, 10h-16h mar-dim avr-mai et oct)

Théra antique
Voir p. 319 (☎ 22860 81939 ; odysseus.culture.gr ; Perissa ; tarif plein/réduit 6/3 € ; 8h30-15h30 jeu-mar)

Vieux port
Voir p. 316 (☎ 22860 22239 ; www.santoriniport.com ; Fira ; téléphérique aller adulte/enfant 6/3 €, bagages 3 €/personne ; téléphérique 6h30-10h, ttes les 20 min)

Atlantis Oia
Voir p. 320 (☎ 22860 71158 ; atlantisoia.com ; Oia ; plongée à partir de 120 €, cours à partir de 130 € ; 8h-14h et 18h-21h)

Navy's Waterworld Dive Center
Voir p. 320 (☎ 22860 28190 ; navyswaterworld.gr ; Kamari ; plongée à partir de 120 €/pers, cours à partir de 390 €)

Santorin Sailing
Voir p. 321 (☎ 22860 21380 ; santorinisailing.com ; Fira ; croisière à partir de 120 €/pers ; 10h-coucher du soleil)

Santorini Wine Adventure
Voir p. 319 (☎ 22860 34123 ; www.winetoursantorini.com ; Firon-Ormou Perissis, Messaria ; visite guidée 4 heures à partir de 140 €/pers ; 9h-21h)

Santorini Wine Tour
Voir p. 319 (☎ 22860 28358 ; santoriniwinetour.com ; Firon-Ormou Perissis, Messaria ; visite guidée 4 heures à partir de 170 €/pers ; 9h-21h)

Spiridakos Sailing Cruises
Voir p. 321 (☎ 22860 23755 ; www.santorini-yachts.com ; 25is Martiou, Fira ; croisières à partir de 130 €/pers ; 8h-22h)

Sunset Oia
Voir p. 321 (☎ 22860 72200 ; sailing-santorini.com ; Oia ; crosières à partir de 110 €/pers ; 8h-30-22h)

Téléphérique de Fira
Voir p. 316 (scc.gr/cablecar.htm ; Fira ; aller 6/3 € adulte/enfant, 3 €/bagage ; 7h-22h40 juin-août, horaires réduits sept-mai)

Aroma Suites
Voir p. 320 (☎ 22860 32050 ; hippocampus-hotel.gr ; Kamari ; d/tr/qua 138/145/185 € ; mai-oct)

Hippocampus Hotel
Voir p. 321 (☎ 22860 32050 ; www.hippocampus-hotel.gr ; Kamari ; d/tr/qua à partir de 120/145/185 €)

Hotel Keti
Voir p. 320 (☎ 22860 22324 ; www.hotelketi.gr ; Agiou Mina, Fira ; d/ste à partir de 198/261 €)

Kavalari Hotel
Voir p. 320 (☎ 22860 22455 ; www.kavalarihotel-santorini.com ; Ypapantis, Fira ; s/d à partir de 145/202 €)

Stelios Place
Voir p. 321 (☎ 22860 81860 ; www.steliosplace.com ; Perissa ; d/tr/qua 80/100/120 €)

Villa Blanca
Voir p. 321 (☎ 22860 81860 ; villablanca-santorini.com ; Megalohori ; villa 300-350 €/nuit selon le mois ; juin-sept)

Alisachni Art & Wine Gallery
Voir p. 315 (☎ 22860 82267 ; www.alisachniartwine.gr ; Megalochori ; plats 17-32 € ; 8h-minuit)

Armeni Bay
Voir p. 314 (☎ 22860 71053 ; armenisantorinirestaurant.gr ; Armeni Bay ; plats 15-28 € ; 12h-21h)

Aroma Avlis
Voir p. 315 (☎ 22860 33794 ; www.artemiskaramolegos-winery.com ; Exo Gonia ; plats 11-30 € ; 13h-23h)

Brusco
Voir p. 322 (☎ 22860 30944 ; Pirgou Kallistis - Profiti Ilia, Pyrgos ; petit-déj 5-12 €, plats 16 € ; 9h-1h30)

Capri
Voir p. 322 (☎ 22860 31837 ; www.caprisantorini.com ; Pirgou Kallistis – Profiti Ilia, Pyrgos ; 18h30-2h)

Fistikies
Voir p. 315 (☎ 22860 32039 ; fistikies.com ; Kamari ; plats 11,50-19,50 € ; 12h-17h)

Lefkes
Voir p. 322 (☎ 22860 72211 ; lefkes.gr ; Finikia ; plats 13,50-23 € ; 13h-minuit)

Madame Sousou
Voir p. 322 (☎ 697 445 2360 ; Pyrgos ; plats 25-50 € ; 17h-minuit)

Metaxi Mas
Voir p. 322 (☎ 22860 31323 ; www.santorini-metaximas.gr ; Exo Gonia ; plats 13,50-26,50 € ; 16h-23h)

Mylos
Voir p. 316 (☎ 22860 25640 ; mylossantorini.com ; Firostefani ; plats 38-56 € ; 12h30-17h)

Rymidi
Voir p. 322 (☎ 22860 31040 ; rymidi.com ; Pyrgos ; plats 17,50-25 € ; 11h-23h)

To Krinaki
Voir p. 322 (☎ 22860 71993 ; krinaki.gr ; Finikia ; plats 12-17 € ; 9h-23h)

To Psaraki
Voir p. 318 (☎ 22860 82783 ; www.topsaraki.gr ; Vlihada Beach ; plats 14-24 € ; 13h-23h)

Varoulko
Voir p. 316 (☎ 22860 21300 ; aubergeresorts.com/gracehotel/dine ; Imerovigli ; plats déj 27-38 €, menus dîner 135-178 € ; 7h30-11h, 12h-18 et 19h-23h)

NICOLE KWIATKOWSKI/ADOBESTOCK ©

Chemin entre Fira et Oia, Santorin (p. 314)

Veganissimo
Voir p. 316 (☎ 22860 24180 ; veganissimo.gr ; Fira ; petit-déj 11-21 €, plats 11-17 € ; 9h-23h)

Akrothiri Bistro & Cafe
Voir p. 318 (☎ 22860 81457 ; akrothiri-cafe-wine-meze.business.site ; Akrotiri ; 7h30-1h30)

Art Space
Voir p. 318 (☎ 22860 32774; www.artspace-santorini.com ; Éxo Goniá ; 11h-coucher du soleil)

Canava Roussos
Voir p. 318 (☎ 22860 31278 ; www.canavaroussos.gr ; Episkopi Gonias ; 12h-17h lun-sam)

Estate Argyros
Voir p. 318 (☎ 22860 31489 ; estateargyros.com ; visite guidée et dégustation de vins 40 €/pers ; 9h-18h lun-sam)

Ftelos
Voir p. 322 (☎ 22861 86627 ; ftelosbrewery.com ; Karterádos ; 12h-23h ven-dim)

Gaia
Voir p. 318 (☎ 22860 34186 ; gaiawines.gr ; Exo Gonia ; dégustation 4/8 vins 14/18 € ; 11h-19h avr-oct)

Gavalas
Voir p. 318 (☎ 22860 82552 ; www.gavalaswines.gr ; Megalochori ; dégustation vins à partir de 16 €/pers ; 11h-19h avr-oct, 11h-16h nov et mars)

Hatzidakis (domaine)
Voir p. 318 (☎ 698 110 7180 ; www.hatzidakiswines.gr ; Pyrgos Kallistis ; visite guidée et dégustation vins à partir de 25 €/pers ; 10h30-15h lun-ven)

Iriana
Voir p. 317 (☎ 22860 22006 ; Ipapantis, Fira ; 9h-minuit)

Kira Thira
Voir p. 318 (☎ 22860 22770 ; Fira ; 20h-1h30 jeu-sam)

Oia Vineyart
Voir p. 317 (☎ 22860 72046 ; oiavineyart.gr ; Oia ; 17h-0h30)

PK Cocktail Bar
Voir p. 317 (☎ 22860 22430 ; paliakameni.com ; Fabrica Shopping Center, Caldera Street, Ipapantis 2, Fira ; 12h-16h et 18h-2h juin-sept, 16h-minuit oct-nov et mars, 16h-23h lun-sam fév, 17h-1h avr-mai)

Santorini Brewery Company
Voir p. 316 (22860 30268 ; www.santorinibrewingcompany.gr ; Episkopi Gonias ; 12h-17h lun-ven)

Vassaltis
Voir p. 318 (22860 22211 ; vassaltis.com ; Vourvoulos ; dégustation vins à partir de 40 €/pers ; 12h-21h)

Volkan on the Rocks
Voir p. 318 (22860 28360 ; Fira ; 9h-minuit)

Atlantis Books
Voir p. 319 (22860 72346 ; atlantisbooks.org ; Nomikos, Oía ; horaires variables)

Ceramic Art Studio
Voir p. 319 (22860 24750 ; Firostefani, Fira ; 10h-19h lun-sam, 10h-17h dim)

Holistic House
Voir p. 319 (698 119 5809 ; www.holistichousesantorini.com ; Kallisti Open Mall, Kamari ; 9h-minuit)

ANAFI

Margarita
Voir p. 324 (22860 61237 ; www.margarita-anafi.gr ; Klisidi, Anafi ; plats 8-25 € ; 12h-21h)

Anastasiou Brewery
Voir p. 322 (694 086 4443 ; Chaimanta 25, Chalándri ; 18h-2h)

Ftelos
Voir p. 322 (22861 86627 ; ftelosbrewery.com ; Karterádos ; 12h-23h ven-dim)

Nissos Beer
Voir p. 322 (22830 26333 ; nissos.beer ; Tinou-Ormou Agiou Ioannis, Tinos ; visite guidée 15 €/pers ; mi-juin à mi-sept, 17h et 18h mar et jeu, 11h et 12h sam)

Paragon Brewery
Voir p. 322 (698 194 7030 ; www.facebook.com/paragonbrewery ; Lemesou 3, Ilioupoli ; 17h-1h30 mar-dim)

IOS

Musée archéologique
Voir p. 327 (22860 91246 ; odysseus.culture.gr ; Ios ; tarif plein/réduit 4/2 € ; 8h30-15h)

Kimolos (p. 337)

DAVIDE D PHSTOCK/ADOBESTOCK ©

Skarkos
Voir p. 326 (22860 91246 ; odysseus.culture.gr ; Ios ; tarif plein/réduit 4/2 € ; 8h30-15h30 mer-lun)

Acteon Travel
Voir p. 327 (22860 91343 ; www.acteon.gr ; 8h-22h). Vente de billets de ferry sur le port.

Meltemi Watersports & Dive Centre
Voir p. 325 (697 347 9306 ; meltemiwatersports.com ; Ios ; visites guidées à partir de 59 €/pers, plongée à partir de 55 €/pers, cours à partir de 150 €/pers ; 9h30-20h)

Katogi
Voir p. 326 (698 344 0900 ; Ios ; plats 9,5-14 € ; 19h30-1h)

Polydoros
Voir p. 326 (22860 91132 ; Ios ; plats 10-15 € ; 12h-23h)

Salt
Voir p. 326 (22860 92217 ; www.facebook.com/SaltRestaurantBar ; Mylopotas ; plats 13-17 € ; 9h-2h)

Astra
Voir p. 327 (697 695 3624 ; www.facebook.com/Astra.ios.greece ; Ios ; 22h-3h30)

Blue Bar
Voir p. 327 (22860 91259 ; Ios)

Free Beach Bar
Voir p. 327 (698 017 2446 ; freebeachbar.gr ; Ios ; 10h-23h)

Helios Rock Music Bar
Voir p. 327 (698 981 8224 ; Ios ; 22h-5h)

Jar Bar
Voir p. 327 (694 998 2176 ; www.instagram.com/jarbarios ; Ios ; 19h30-3h30)

SIKINOS

Moni Zoödohou Pigis
Voir p. 329 (697 574 3928 ; Sikinos ; 11h30-13h30 mar-dim)

Manalis Winery
Voir p. 329 (699 667 0910 ; www.manaliswinery.gr ; Sikinos ; 18h-23h)

FOLÉGANDROS

Panagia (église de la Vierge)
Voir p. 331 (www.folegandros.gr ; Folegandros ; 18h-21h)

Diaplous Travel
Voir p. 332 (22860 41158 ; www.diaploustravel.gr ; Folegandros ; visite guidée adulte/enfant à partir de 50/25 € ; 10h-13h et 17h-19h lun, mer et sam, 10h-13h mar, jeu-ven)

Island Spirit Cruises
Voir p. 332 (693 251 1018 ; www.islandspirit.gr ; Agali, Folegandros ; 9h-21h)

Sea U Dive Centre
Voir p. 332 (22860 41624 ; sea-u.com ; Folegandros ; plongée à partir de 70 € ; 24h/24)

Ampelos
Voir p. 331 (22860 41544 ; www.ampeloshotel.com ; Folegandros)

Anemomilos
Voir p. 331 (22860 41309 ; Folegandros)

Folegandros Apartments
Voir p. 331 (697 321 6569 ; www.folegandros-apartments.com ; Folegandros)

Barbounaki
Voir p. 331 (22860 27686 ; Folegandros ; plats 13-17 € ; 16h-0h30)

Belegra Aegean
Voir p. 331 (22860 27623 ; Folegandros ; plats 8-10 € ; 18h-minuit)

Chrisopsilia
Voir p. 331 (22860 41117 ; chrisospilia-honey-coffee-and-shop.business.site ; Ano Meria ; 7h30-14h et 17h-21h jeu-mar, 7h30-14h mer)

Eirini's
Voir p. 331 (22860 41436 ; Ano Meria ; 12h-minuit)

Sinadisi
Voir p. 331 (22860 41208 ; Ano Meria ; plats 5,50-8 € ; 9h-23h30)

Sweet Chora
Voir p. 331 (Folegandros)

To Goupi
Voir p. 331 (22860 41057 ; Folegandros ; plats 6-12 € ; 18h-minuit)

To Zimaraki
Voir p. 331 (22860 41020 ; Folegandros ; plats 8-13 € ; 14h-minuit)

Domaine Paliomilos
Voir p. 332 (697 288 8764 ; www.domainepaliomilos.com ; Folegandros ; 11h-2h)

Merkouri Wine Bar
Voir p. 332 (694 280 8188 ; merkouriwine.gr ; Folegandros ; 19h-3h)

MILOS

Catacombes
Voir p. 335 (22870 21625 ; www.catacombs.gr ; Trypiti ; tarif plein/réduit 4/2 € ; 9h-18h45 mer-lun)

Musée archéologique de Plaka
Voir p. 336 (22870 28026 ; odysseus.culture.gr ; Plaka ; tarif plein/réduit 3/2 € ; 8h30-15h30 mer-lun)

Musée des Mines de Milos
Voir p. 336 (22870 22481 ; www.milosminingmuseum.com ; Adamas ; tarif plein/réduit 5/3 € ; 10h-14h mar-dim avr-mai, 10h-14h et 18h-21h mar-dim juin à mi-juil, 10h-14h et 18h-22h mar-dim mi-juil à août, 10h-14h et 18h-21h mar-dim sept, 10h-14h mar-dim oct)

Théâtre romain
Voir p. 335 (22870 28026 ; odysseus.culture.gr ; Milos ; 24h/24)

Sea Kayak Milos
Voir p. 334 (694 647 7170 ; www.seakayakgreece.com ; Triovasalos ; location kayak journée 90 €/pers)

Aelia Suites Milos
Voir p. 335 (693 722 2076 ; www.aeliasuites.gr ; Adamas)

Captain Zeppos Boutique Suites
Voir p. 335 (22870 41327 ; www.captainzeppos.com ; Pollonia)

Studios Betty
Voir p. 335 (22870 21538 ; www.studiosbetty-milos.com ; Plaka)

Akri
Voir p. 334 (694 542 3605 ; www.instagram.com/akribar_milos ; Adamantas ; 20h-4h)

Bakalikon Galanis
Voir p. 334 (22870 28163 ; Triovasalos ; en-cas 4-12 € ; 18h-1h lun-sam)

De Milos
Voir p. 334 (22870 41159 ; demilos.gr ; Pollonia ; plats 15-33 € ; 17h-minuit lun-ven, 13h-minuit sam-dim)

SIFNOS

Acropole d'Agios Andreas
Voir p. 342 (22840 31488 ; odysseus.culture.gr ; Apollonia ; tarif plein/réduit 3/2 € ; 8h30-15h30 mer-lun)

Musée archéologique de Sifnos
Voir p. 340 (22840 31022 ; odysseus.culture.gr ; Kástro ; tarif plein/réduit 3/2 € ; 8h30-15h30 mar-dim)

Cafe Mosaic
Voir p. 340 (22840 33562 ; Artemonas ; plats 7-12 € ; 7h-1h dim-jeu, 6h-12h et 19h-1h ven-sam)

Camaron
Voir p. 340 (22840 32378 ; Kamares ; plats 9-13 € ; 17h-23h45 ven-mer)

Dipseli
Voir p. 340 (22840 35377 ; Apollonia ; 10h30-14h et 19h-2h)

Drimoni
Voir p. 340 (22840 31434 ; www.drimoni.gr ; Apollonia ; plats 10-24 € ; 18h-minuit ven-sam, 13h-18h30 dim)

Glykia Matia
Voir p. 340 (22840 33332 ; www.facebook.com/glukiamatia ; Apollonia ; 7h30-14h et 17h30-21h dim-ven, 21h-minuit sam)

Krypti
Voir p. 340 (697 694 2137 ; www.facebook.com/kryptisifnos ; Kástro ; 18h-23h sam-lun et mer)

To Steki
Voir p. 340 (22840 71215 ; www.facebook.com/tostekisifnos ; Platys Gialos ; plats 9-15 € ; 12h30-23h30)

Yalos Seaside Obsession
Voir p. 340 (22840 71507 ; yalos-seaside-obsession.business.site ; Platys Gialos ; plats 12-23 € ; 9h-minuit)

Kavos Sunrise
Voir p. 341 (Kástro ; 18h-2h)

Loggia
Voir p. 341 (22840 31965 ; Kástro ; 19h-1h30)

To Kohyli
Voir p. 341 (22840 35393 ; Kamares)

SÉRIFOS

Amfitriti Studios
Voir p. 344 (697 217 7376 ; www.studiosamfitriti.gr ; Livadi)

Ammòa Feelgood Boutique Houses
Voir p. 344 (698 374 1006 ; ammoa.gr ; Vagia)

Maistrali Hotel Serifos
Voir p. 344 (22810 51220 ; www.hotelmaistrali.com ; Livadi)

Grandma's Cafe Resto Bar
Voir p. 345 (22810 51644 ; grandmas-cafe-serifos.business.site ; Ganema ; 9h-22h)

Metalleio
Voir p. 345 (22810 51755 ; Limani Livadiou-Megalou Livadiou, Livadi ; 19h-minuit)

Passaggio Cafe-Restaurant
Voir p. 345 (22810 52212 ; Livadi ; 7h-1h)

Basileas
Voir p. 345 (22810 51253 ; Serifos ; 24h/24)

Yacht Club Serifos
Voir p. 345 (22810 51888 ; www.facebook.com/YachtClubSerfios ; Limani Livadiou-Megalou Livadiou, Livadi ; 7h30-3h)

SYROS

Cathédrale Saint-Georges
Voir p. 349 (Ano Syros ; 8h30-21h)

Église de la Dormition de la Vierge
Voir p. 349 (Stamatiou Proiou 71, Ermoupoli ; horaires variables)

Église Saint-Nicolas
Voir p. 349 (Ladopoulou 10, Ermoupoli ; 7h-11h)

Hôtel de ville
Voir p. 350 (22813 61000 ; Plateia Miaoyli, Ermoupoli ; 8h-15h lun-ven)

Musée archéologique de Syros
Voir p. 350 (22810 88487 ; Emmanuel Benakis, Ermoupoli ; tarif plein/réduit 2/1 € ; 9h-16h lun et mer, 9h-21h ven-dim)

Musée de l'Industrie d'Ermoupoli
Voir p. 350 (22810 84762 ; www.ketepo.gr ; Georgiou Papandreou 11, Ermoupoli ; tarif plein/réduit 2/1,50 € ; 10h-15h30 dim-ven, 10h-15h30 et 18h-20h sam avr-août, 11h-13h lun, 10h-16h mar et jeu-sam, sept-mars)

Théâtre d'Apollon
Voir p. 250 (22810 85192 ; apollontheater.gr ; place Vardaka, Ermoypolis ; visite 10h-14h et 18h-21h lun-ven, 10h30-13h30 et 18h-21h sam, 10h30-13h30 dim)

Aktion Hotel
Voir p. 350 (22810 81701 ; www.aktaion-hotel.gr ; Petrou Ralli, Ermoupoli)

Hotel Ploes
Voir p. 350 (22810 79360 ; www.hotelploes.com ; Apollonos 2, Ermoupoli)

Syros Atlantis
Voir p. 350 (22810 61454 ; www.syrosatlantis.com ; Errikou Skasi, Vari)

Allou Yialou
Voir p. 350 (22810 71196 ; wwwalllouyialousyros ; Kini ; plats 12-24 € ; 12h-22h Pâques-sept)

Avant Garden
Voir p. 349 (22810 79416 ; avantgardensyros.business.site ; Place John Bardakas, Ermoupoli ; 20h-2h)

Cantina Analogue
Voir p. 349 (22813 02412 ; www.instagram.com/cantinaanalogue ; Ermoupoli ; tapas 6-9,50 €, plats 7,50-18 € ; 18h-2h jeu-ven, 6h-2h sam)

Dioskouroi
Voir p. 350 (697 864 9453 ; Kini ; plats 10-25 € ; 10h-23h)

Hygge Ano Syros
Voir p. 350 (22813 06819 ; Ano Syros ; plats 12-24 € ; 18h-minuit)

Plakostroto
Voir p. 351 (☎ 697 398 0248 ; plakostroto.com ; San Michalis ; plats 8-12 € ; 13h-23h30)

Seminario
Voir p. 350 (☎ 22813 01339 ; Kiparissou 7, Ermoupoli ; plats 11,50-18 € ; 10h-minuit)

Street Food Stories
Voir p. 349 (☎ 22814 08191 ; www.instagram.com/streetfoodstories_syros ; Parou 15, Ermoupoli ; plats 4-8 € ; 16h30-minuit)

Taverna Savvas
Voir p. 350 (☎ 22810 42998 ; Galissas ; plats 10-15 € ; 12h-minuit)

Corner Cafe
Voir p. 349 (☎ 22813 01887 ; cornercafesyros.business.site ; Vikela 3, Ermoupoli ; 8h30-22h lun-sam, 10h-22h dim)

Django Gelato
Voir p. 349 (☎ 697 288 5581 ; www.djangogelato.com ; Emmanouil Roidi 10, Ermoupoli ; 11h-1h)

Sykoutris Turkish Delights
Voir p. 349 (☎ 22810 81390 ; Mistra 8, Ermoupoli ; 10h-14h lun-ven)

ANDROS

Musée archéologique d'Andros
Voir p. 353 (☎ 22820 23664 ; odysseus.culture.gr ; Andros ; tarif plein/réduit 4/2 € ; 8h30-15h30 mer-lun)

Musée archéologique de Palaiopolis
Voir p. 354 (☎ 22820 41985 ; odysseus.culture.gr ; Palaiopoli ; tarif plein/réduit 3/2 € ; 8h30-15h30 mer-lun)

Nostalgia 1950
Voir p. 353 (☎ 22823 00550 ; Andros ; plats 6,50-10 € ; 9h-1h30)

KATE/ADOBESTOCK ©

Andros (p. 352)

Oti Kalo
Voir p. 353 (☎ 22820 41261 ; Mpatsi ; plats 10-14 € ; 12h-minuit)

Swell Cafe Bar
Voir p. 353 (☎ 22820 24353 ; Androu-Mpatsiou, Andros ; 24h/24)

TINOS

Couvent des Ursulines
Voir p. 357 (☎ 22830 23414 ; Loutra ; 10h-15h lun-sam)

église de l'Annonciation
Voir p. 355 (☎ 22830 22336 ; www.panagiatinou.gr ; Leoforos Megalocharis, Tinos ; 7h30-20h)

Musée archéologique de Tinos
Voir p. 358 (☎ 22830 29063 ; odysseus.culture.gr ; Leoforos Megalocharis, Tinos ; tarif plein/réduit 3/2 € ; 8h30-15h30 mer-lun)

Musée Costas Tsoclis
Voir p. 357 (☎ 22830 51009 ; www.tsoclismuseum.gr ; Kampos ; 10h-14h et 18h-21h juin-sept)

Musée de la Marbrerie
Voir p. 356 (☎ 22830 31290 ; www.piop.gr ; Pyrgos ; tarif plein/réduit 4/2 € ; 10h-18h mer-lun mars à mi-oct, 10h-17h mer-lun mi-oct à fév)

Sanctuaire de Poséidon et d'Amphitrite
Voir p. 358 (☎ 22830 22670 ; Kionia ; 2 € ; 8h30-15h mer-lun)

Akrogiali Taverna
Voir p. 356 (☎ 22830 24409 ; Agios Romanos ; 10h-minuit)

Botilia
Voir p. 355 (☎ 22830 21119 ; Malamatenias, Tinos ; plats 11-23 € ; 8h-23h45)

Dimitra
Voir p. 356 (☎ 22830 31937 ; Kardiani ; plats 9-12 € ; 10h-23h)

Isternia
Voir p. 356 (☎ 22830 31005 ; www.facebook.com/ysternia ; Isternia)

Kournaria
Voir p. 357 (☎ 22830 51777 ; kounaria.gr ; Aetofolia ; 14h-minuit)

Mamadistiko
Voir p. 355 (☎ 22830 25438 ; meal-takeaway-1409.business.

site ; Tinos ; plats 4-6 € ; 11h30-16h lun-sam)

Mikro Karavi
Voir p. 355 (22830 22818 ; www.mikrokaravi.com ; Trion Ierarchon, Tinos ; plats 20-40 € ; 12h-minuit)

O Rokos Myrsini
Voir p. 357 (22830 41989 ; Volax ; 11h-minuit)

Tereza
Voir p. 357 (22830 41320 ; Myrsini ; plats 7-12 € ; 9h-19h)

To Koutouki Tis Elenis
Voir p. 355 (22830 24857 ; koutoukielenis.com ; Gafou 5, Tinos ; plats 8-25 € ; 11h-0h30)

Boutique de la Coopérative agricole de Tinos
Voir p. 358 (22830 23289 ; agrotinos.gr ; Leoforos Megalocharis 22, Tinos ; 8h-14h lun-sam, 10h-14h30 et 16h-17h30 dim)

Ballis Tinos Winery
Voir p. 358 (www.ballistinos.com ; Arnados)

Maison du Miel
Voir p. 358 (22830 31407 ; tospititoumeliou.4ty.gr ; Pygros ; 10h-22h)

Nissos Beer
Voir p. 358 (22830 26333 ; nissos.beer ; Tinou-Ormou Agiou Ioannis, Tinos)

MYKONOS

Galerie d'art municipale
Voir p. 361 (697 339 2740 ; Matogianni 33, Mykonos ; 11h-14h et 19h-23h)

Lena's House
Voir p. 361 (22890 22390 ; Enoplon Dinameon, Mykonos ; don 2 € ; 18h30-21h30)

Musée archéologique de Mykonos
Voir p. 361 (22890 22325 ; odysseus.culture.gr ; Mykonos ; tarif plein/réduit 4/2 € ; 9h-16h dim, lun, mer et jeu, 9h-20h ven-sam avr-oct, 8h30-15h30 mer-lun nov-mars)

Musée maritime de l'Égée
Voir p. 361 (22890 22700 ; aegean-maritime-museum.gr ; Enoplon Dinameon 10, Mykonos ; tarif plein/réduit 4/2 € ; 10h30-13h et 18h30-21h avr-oct)

Rarity Gallery
Voir p. 361 (22890 25761 ; www.raritygallery.com ; Kalogera 20-22, Mykonos ; 10h-1h mar-dim, 10h-minuit lun)

Cali Mykonos
Voir p. 363 (21110 00022 ; www.calimykonos.com ; Kalafati, Mykonos)

Kouneni Apartments
Voir p. 363 (22890 79070 ; kouneniapartments.com ; Tria Pigadia, Mykonos)

MyCocoon
Voir p. 363 (22890 78924 ; www.hostelmykonos.com ; Mykonos)

Fokos
Voir p. 361 (694 464 4343 ; plage de Fokos, Ano Mera ; plats 15-25 € ; 13h-19h)

Funky Kitchen
Voir p. 361 (22890 27272 ; www.funkykitchen.gr ; Ignatiou Basoula, Mykonos ; plats 19-32 € ; 18h-minuit mai-oct)

Georgia's Garden
Voir p. 360 (Delou 5, Mykonos ; plats 10-15 € ; 7h-19h)

Gioras Pastry Cafe
Voir p. 361 (22890 27784 ; Agiou

Petite Venise, Syros (p. 348)

FREESURF/ADOBESTOCK ©

Efthimiou, Mykonos ; 8h30-15h et 16h-minuit)

JackieO' Beach Club
Voir p. 362 (697 301 0981 ; www.jackieomykonos.com/beach-club ; plage de Super Paradise, Mykonos ; plats 26-62 € ; 9h-1h)

Kiki's Tavern
Voir p. 362 (Agios Sostis ; plats 13-28 €)

M-Eating
Voir p. 360 (22890 78550 ; m-eating.gr ; Kalogera 10, Mykonos ; plats 30-60 € ; 19h-1h)

Super Paradise
Voir p. 362 (22890 26062 ; super-paradise.com ; plage de Super Paradise ; plats 10-15 €)

To Maereio
Voir p. 360 (22890 28825 ; Kalogera 16, Mykonos ; plats 16-33 € ; 19h-minuit)

180°
Voir p. 362 (695 195 6333; 180.bar ; Mykonos ; 18h30-23h)

Astra
Voir p. 362 (22890 24767 ; Enoplon Dinameon, Mykonos ; 20h-8h lun-sam)

JackieO'
Voir p. 362 (22890 77298 ; www.jackieomykonos.com/town-bar ; Mykonos ; 19h-5h dim-ven, 19h-6h sam)

Mikònu Craft Beer
Voir p. 322 (22890 77912 ; mikonu.gr ; Argyraina, Mykonos ; visite guidée et dégustation bières 20 €/pers ; 11h-17h lun-ven)

Skandinavian Bar
Voir p. 362 (22890 22669 ; www.skandinavianbar.com ; Mykonos ; 20h-6h)

Tropicana
Voir p. 362 (22890 23582 ; www.tropicanamykonos.com ; plage Paradise ; 11h-1h)

Vioma
Voir p. 361 (22890 71883 ; www.mykonosvioma.com ; Ano Mera ; 12h-18h mai à mi-oct, 13h30-16h30 avr et mi-oct)

DÉLOS

Musée
Voir p. 366 (22890 22259 ; odysseus.culture.gr ; Délos ; tarif plein/réduit 12/6 € ; 8h-20h avr-oct, 8h-14h nov-mars)

Sanctuaire de Délos
Voir p. 365 (22890 22259 ; odysseus.culture.gr ; 4 € ; Délos ; 8h30-15h30)

PAROS

Cathédrale d'Agia Triada
Voir p. 371 (Lefkés ; 11h-13h30 et 18h30-20h)

Musée archéologique
Voir p. 368 (22840 21231 ; odysseus.culture.gr ; Christoi Konstavtopoiloi 2, Parikia ; tarif plein/réduit 2/1 € ; 8h30-15h30 mer-lun)

Musée byzantin
Voir p. 368 (www.ekatontapyliani.gr ; Ekatontapiliahs, Parikia ; 2 € ; 7h-minuit)

Panagia Ekatontapyliani
Voir p. 368 (22840 21243 ; www.ekatontapyliani.gr ; Ekatontapiliahs, Parikia ; 7h-minuit)

Blue Island Divers
Voir p. 375 (22840 61767 ; blueisland-divers.gr ; Antiparos ; cours PADI à partir de 120 €, plongée à partir de 70 € ; 8h-20h)

Eurodivers
Voir p. 372 (698 502 3087 ; www.eurodivers.gr ; plongée à partir de 45 € ; Pounta)

Force7 Surf Centre
Voir p. 372 (22840 42189 ; force7paros.gr ; Hrysi Akti ; location à partir de 15 €, cours à partir de 35 €)

G3 Boats
Voir p. 372 (698 089 1313 ; www.g3boats.gr ; Voutakos ; 9h-18h)

Michael Zeppos
Voir p. 372 (694 781 7125 ; www.mzeppos.gr ; Aliki ; visite 7 heures adulte/enfant 150/110 € ; 9h-19h lun-ven)

Paros Hikes
Voir p. 248 (697 228 8821 ; paroshikes.com ; visites guidées à partir de 35 € ; 24h/24)

Paros Kite
Voir p. 372 (694 419 9666 ; www.paroskite.com ; Pounta ; location combinaison 35 €, planche à partir de 50 €)

Amalaya
Voir p. 370 (22840 52096 ; Naoussa ; plats 13-38 € ; 12h30-23h30)

Aranto
Voir p. 371 (22840 44070 ; Parikias-Marpissas, Lefkés ; plats 7-12 € ; 13h-23h)

Daverona
Voir p. 370 (22840 53333 ; www.facebook.com/daverona.paros ; Naoussa ; 18h30-minuit)

Halaris Ouzerie
Voir p. 368 (22840 43257 ; www.facebook.com/xalarisouzeriparos ; Piso Livadi ; plats 10-23 € ; 12h-1h)

Klarinos
Voir p. 371 (22840 41608 ; Lefkés ; plats 9-21 € ; 13h-23h30)

Koutouki
Voir p. 369 (22840 26460 ; Parikia ; en-cas 4-10 € ; 15h-1h)

Mira
Voir p. 369 (22840 22592 ; www.mira.gr ; Parikia ; plats 9-21 €)

O Xilofournos
Voir p. 368 (22840 52750 ; www.xilofurnos.gr ; Naoussas-Marpissas ; 7h-22h)

Santa Pacou
Voir p. 368 (697 242 4104 ; santapacou.gr ; Kostos ; plats 11-35 €)

Symposium
Voir p. 369 (22840 24147 ; www.cafesymposium.gr ; Mantws Mayrogenoys 28, Parikia ; plats 8,50-14 €)

To Parodosiako
Voir p. 370 (22843 01489 ; Naoussa ; 16h-1h)

Agiazi Cafe
Voir p. 371 (22840 44654 ; agiazi-cafe.business.site ; Lefkés ; 24h/24)

Domaine Myrsini
Voir p. 370 (698 286 2475 ; Marpissa)

Ela
Voir p. 370 (22840 26027 ; www.facebook.com/elaparos ; Manto Mavrogenis, Parikia ; 19h-23h30 mar-dim)

Evinos
Voir p. 370 (697 441 3232 ; Parikia ; 18h-3h)

Kafeneio tis Marigos
Voir p. 371 (22840 44014 ; Lefkés ; 8h-21h)

Koukos
Voir p. 370 (694 267 2827 ; www.koukosparos.com ; Naoussa ; 17h30-3h ven-sam)

Kosmos
Voir p. 370 (22840 53657 ; www.facebook.com/KosmosCocktailBar ; Naoussa ; 10h-4h lun-sam, 19h-4h dim)

Mikro Cafe
Voir p. 370 (22840 24674 ; Parikia ; 9h-14h30 et 18h-0h30 lun-sam)

Moraitis Winery
Voir p. 370 (22840 51350 ; moraitiswines.gr ; Naoussas-Marpissas, Naoussa ; 11h-17h lun-sam)

Naoussa (p. 369), Paros

AETHERIAL/ADOBESTOCK ©

Pirate Bar
Voir p. 370 (697 002 4122 ; www.facebook.com/pirate.bar.paros1983 ; Parikia ; 20h-3h jeu-sam)

Santé
Voir p. 370 (22840 51747 ; www.santecocktailbar.com ; Naoussa ; 10h-3h mer-lun, 18h-3h mar)

Sativa Music Bar
Voir p. 370 (22840 28307 ; www.facebook.com/sativaparos ; Parikia ; 10h-3h)

Trickster
Voir p. 370 (693 706 3460 ; www.facebook.com/TricksterBar ; Naoussa)

All We See is the Sea
Voir p. 371 (22840 52500 ; www.allweseeisthesea.com ; Naoussas-Marpissas, Naoussa ; 10h-15h lun-sam)

Atelier de céramique de Lefkès
Voir p. 371 (22840 43255 ; Lefkés ; 9h-19h30 lun, mer et sam, 9h-20h30 mar, jeu-ven)

Cecelia Art
Voir p. 371 (698 855 2831 ; www.ceceliaart.com ; Parikia)

Jb Leullier
Voir p. 369 (698 324 7531 ; www.jbsculptures.com ; Kampos ; 16h-20h30)

Manolis Fokianos
Voir p. 369 (694 508 4731 ; stoneworks-fokianos.gr ; Marathi)

Moraitis Vinothèque
Voir p. 370 (22840 55463 ; moraitiswines.gr ; Naoussa ; 11h-14h et 18h-1h30 lun-ven, 11h-23h sam, 18h-1h30 dim)

Noé Ceramics
Voir p. 371 (22840 42676 ; www.noeparos.com ; Aspro Chorio ; 10h30-20h30)

Petra Farm Store
Voir p. 371 (694 431 1988 ; www.petrafarm.gr ; Naoussa ; 11h-14h20 et 18h-minuit)

Stelios Gika's Yria Ceramics
Voir p. 371 (22840 29007 ; Kostos ; 9h-19h30 mar-ven, 9h-19h lun et sam)

To Melissi Delicatessen
Voir p. 371 (22840 55377 ; www.facebook.com/tomelissidelicatessen ; Naoussa ; 9h-21h lun-sam)

Todd Marshard
Voir p. 371 (22840 44150 ; Lefkés ; 10h-14h et 18h-20h)

Yria Ceramics
Voir p. 371 (694 240 9172 ; www.yriaparos.com ; Parikia ; 9h30-23h30 lun-ven, 10h-23h30 sam-dim)

ANTIPAROS

Grotte d'Antiparos
Voir p. 374 (697 487 0862 ; antiparos.gr ; tarif plein/réduit 6/3 € ; 10h-17h juil-août, 10h-15h avr-juin et sept)

Captain Sargos Boat Trips
Voir p. 374 (697 379 4876 ; sargosantiparos.gr ; Agios Georgios ; croisière 30 €/pers ; départ 11h30, 12h30, 13h30, 15h30, 17h et 18h30)

Captain Pipino's
Voir p. 375 (22840 21823 ; www.captainpipinos.com ; Agios Georgios ; plats 11-20 € ; 11h-22h)

Kalokeri
Voir p. 374 (22840 63037 ; www.facebook.com/kalokerirestaurant ; Antiparos ; plats 15-30 € ; 18h30-minuit)

Lollo's
Voir p. 374 (22840 61215 ; Antiparos ; pizzas 16-20 € ; 18h-23h30)

Vicky's
Voir p. 374 (22840 61012 ; vickys.gr ; Antiparos ; 16h-1h)

NAXOS

Musée archéologique
Voir p. 377 (22850 22725 ; odysseus.culture.gr ; Naxos ; 9h-14h mer-lun)

Musée de l'huile d'olive d'Engares
Voir p. 381 (22850 62021 ; www.olivemuseum.com ; Engares ; 10h-18h avr-sept)

Fish & Olive
Voir p. 378 (22850 31771 ; www.fish-olive-creations.com ; Halki ; 10h-16h30)

Panagia Drosiani
Voir p. 381 (www.naxos.gr ; Moni ; 11h-17h)

Petalouda Art Gallery
Voir p. 378 (695 042 7064 ; www.petalouda-art.com ; Naxos ; 10h-15h et 18h-22h)

Phos Gallery
Voir p. 378 (22850 31118 ; www.phosgallery.gr ; Halki)

Blue Fin Divers
Voir p. 380 (22850 42629 ; www.bluefindivers.gr ; Agios Prokopios ; plongée à partir de 60 € ; 8h-23h)

Flisvos Kite Centre
Voir p. 380 (22850 75490 ; www.flisvos-kitecentre.com ; cours 1 heure 65 €, location 1 heure 40 €)

Kite Center Naxos
Voir p. 380 (15224 366127 ; thalaseasports.com ; Mikri Vigla ; cours 1 heure à partir de 65 €, location équipement complet 1 heure 50 €)

Naxos Bike
Voir p. 380 (22850 25887 ; naxosbikes.com ; Naxos ; location vélo 1/2/3/6 jours à partir de 15/30/45/85 € ; 9h-15h et 18h-21h)

Naxos Hiking
Voir p. 380 (naxoshiking.com ; Naxos)

Naxos Kitelife
Voir p. 380 (690 620 5807 ; naxoskitelife.com ; Mikri Vigla ; cours 2 heures 150 €, location équipement complet 1 heure 40 € ; 8h-20h)

Naxos Tours
Voir p. 380 (22850 24000 ; naxostours.net ; Paralia ; 8h-22h)

Naxos Trekking
Voir p. 380 (695 544 5900 ; www.naxostrekking.com ; Naxos ; visite guidée 120 € ; 9h-17h lun-ven)

Naxos Truffle
Voir p. 378 (693 729 0964 ; naxostruffle.com ; Naxos ; cueillette et dégustation 180 €)

Nima Diving Center
Voir p. 380 (22850 44447 ; naxosdivingcenter.gr ; Agia Anna ; cours plongée à partir de 65 €, plongée à partir de 160 € ; 9h-21h)

Vioma Naxos
Voir p. 378 (697 975 3722 ; www.vioma.gr ; Halki ; cours de cuisine à partir de 90 € ; 10h-20h lun-ven, 10h-18h sam)

Zas Travel
Voir p. 380 (22850 23330 ; www.zastravel.com ; 9h-21h, horaires réduits en hiver).

Hotel Glaros
Voir p. 381 (22850 23101 ; www.boutiquehotelglaros.com ; Saint George, Naxos)

Hotel Grotta
Voir p. 381 (22850 22001 ; www.hotelgrotta.gr ; Kampanelli 7, Naxos)

Avaton
Voir p. 377 (22850 23160 ; 1739-terrasse-cafe.business.site ; Naxos ; en-cas 5,50-15,50 €, plats 15 € ; 8h-23h)

Axiotissa
Voir p. 378 (22850 75107 ; www.facebook.com/Axiotissa ; Kastraki ; plats 10-15 € ; 14h-23h)

Amorginos
Voir p. 380 (22850 61733 ; Apiranthos ; plats 12-38 € ; 11h-21h)

Bakalogatos
Voir p. 380 (Apiranthos ; plats 6-12 € ; 11h-2h)

Barozzi
Voir p. 377 (22850 27672 ; www.barozzinaxos.com ; Naxos ; menus dégustation 3/5/8 plats sans vin 85/105/125 €, 5/8 plats avec vin 175/215 € ; 19h-2h)

Delfinaki
Voir p. 381 (22850 51290 ; Lionas ; 9h-23h30)

Doukato
Voir p. 377 (22850 27013 ; www.facebook.com/doukatonaxos ; Naxos ; plats 9-25 € ; 18h-0h30 ven-dim)

Lefteris
Voir p. 380 (22850 61333 ; Apiranthos ; plats 13-45 € ; 12h-minuit)

Matina & Stavros Taverna
Voir p. 378 (22850 51243 ; Koronos ; 13h-23h)

Sta Kala Kathimena
Voir p. 378 (22850 51902 ; Keramoti ; 10h-23h sam-dim)

Stou Vasilarakiu
Voir p. 378 (22850 32088 ; www.vasilarakiou.gr ; Kinidaros ; plats 7-9,50 € ; 14h-22h jeu-lun)

Taverna O Platanos
Voir p. 378 (22850 61192 ; www.facebook.com/platanostavernapeiranthos/ ; plats 9-15 € ; 11h30-22h)

Yannis Taverna
Voir p. 378 (22850 32294 ; www.yannistavern.gr ; à 2 km de Halki ; plats 7-14 € ; tte l'année, 12h30-22h)

Kitrón
Voir p. 379 (22850 27055 ; Naxos ; 7h30-2h30)

La Vigne Wine Bar
Voir p. 379 (22850 27199 ; Naxos ; 19h-23h30)

Oinochoros
Voir p. 379 (22853 01507 ; Naxos ; 18h-1h mar-dim)

Rum Bar
Voir p. 379 (694 859 2718 ; www.facebook.com/therumbarnaxos ; Naxos ; 20h-4h)

Saint Anna Winery
Voir p. 379 (698 992 4945 ; www.saintannawinery.gr ; Kato Potamia ; visite guidée et dégustation vins à partir de 37 € ; 9h-22h)

Vallindras Distillery
Voir p. 379 (22850 31220 ; Halki ; 10h-17h)

Association des arts traditionnels des femmes
Voir p. 380 (22850 61436 ; paradosiakaifanta.gr ; Apiranthos ; 11h-18h)

Naxos Cheese Koufopoulos
Voir p. 379 (22850 26018 ; tyrokomia-naxou.gr ; Naxos ; 8h30-23h30)

Penelope
Voir p. 378 (697 929 9951 ; Halki ; 9h-23h55)

Probona's
Voir p. 379 (22850 22258 ; promponaskitro.com ; Naxos ; 8h30-23h)

Tziblakis
Voir p. 378 (22850 22230 ; tziblakis-local-products-of-naxos.business.site ; Naxos ; 8h-14h30 et 18h-21h lun-mar, jeu-ven, 8h-14h30 mer, 8h-15h sam)

PETITES CYCLADES

Aeolia
Voir p. 385 (6979618233 ; excursions en bateau 20-40 € ; juin-sept)

Koufonissia Tours
Voir p. 384 (22850 74435 ; koufonissiatours.gr ; Koufonissia)

Prasinos Boat Tours
Voir p. 384 (694 504 2548 ; Koufonissia ; billet journalier 5 € ; 9h30-20h20)

Aeris Suites
Voir p. 385 (697 762 6789 ; www.aerissuites.com ; Koufonissia)

Alexandra Suites
Voir p. 385 (22850 71482 ; myhotelstay.eu/alexandra-studios-irakleia-greece ; Iraklia)

Argalios Guesthouse
Voir p. 385 (698 295 3374 ; www.argaliosguesthouse.gr ; Donoussa)

Iliovaseilema
Voir p. 385 (22850 71948 ; www.iliovasilemahotel.gr ; Schinoussa)

Notos Studios & Villas
Voir p. 385 (697 663 8075 ; www.notostudios.gr ; Schinoussa)

Pahivouni Studios
Voir p. 385 (698 363 2314 ; pahivouni.gr ; Donoussa)

Pyrthea
Voir p. 385 (697 230 2029 ; pyrthea.gr ; Koufonissia)

Speires
Voir p. 385 (697 302 7104 ; www.speires.gr ; Iraklia)

Araklia
Voir p. 386 (22850 71570 ; www.yiannisgavalas.gr ; Iraklia ; plats 11-27 € ; 17h-minuit)

Capetan Nikolas
Voir p. 384 (22850 71690 ; Koufonissia ; plats 11-19 € ; 14h-minuit)

Hôtel Harama
Voir p. 385 (22850 76015 ; www.haramahotel.gr ; Messaria)

Loza
Voir p. 385 (22850 71864 ; Schinoussa ; plats 10-18 € ; 7h-2h)

Mikres Cyclades
Voir p. 384 (22850 74500 ; mikrescyclades.com ; Koufonissia ; 17h-minuit)

Okto Adelphia
Voir p. 385 (22850 76012 ; Schinousa ; 11h-minuit)

Surfin Bird/Thymari
Voir p. 386 (22850 77635 ; www.thymarirestaurant.gr ; Iraklia ; plats 9-20 € ; 12h-5h)

Taverna Mitsos
Voir p. 387 (22850 51522 ; Kalotaritissa ; 9h-minuit)

To Petrino
Voir p. 385 (22850 71164 ; Messaria ; plats 9-20 € ; 9h-minuit)

Vrachos
Voir p. 385 (22850 76024 ; Schinoussa ; plats 10-24 € ; 10h-20h)

En Lefko
Voir p. 386 (22850 77027 ; Iraklia ; 8h-2h)

Kafeneio Hara
Voir p. 385 (22850 72026 ; Schinoussa ; 7h-3h)

Scholio
Voir p. 384 (22850 71837; scholiobar.blogspot.com ; Koufonissia ; 19h-3h)

AMORGOS

Moni Hozoviotissis
Voir p. 390 (22850 71274 ; Hora ; 8h30-13h et 17h-19h)

Amorgos Diving Center
Voir p. 391 (22850 73611 ; www.amorgos-diving.com ; Aegiali ; plongée à partir de 60 € ; 8h-19h)

FREESURF/ADOBESTOCK ©

Amorgos (p. 388), vue sur la baie d'Aegiali

FindinGreece
Voir p. 390 (694 432 6036 ; www.findingreece.com ; Langada ; randonnées à partir de 40 €, visites guidées à partir de 110 €, cours de cuisine à partir de 55 €)

Aspes Village
Voir p. 390 (693 259 6859 ; amorgos-aspesvillage.com ; Agios Pavlos)

Emprostiada Traditional Guesthouse
Voir p. 390 (693 224 8867 ; emprostiada.gr ; Hora)

Yperia
Voir p. 390 (22850 73084 ; www.yperia.com ; Aegiali)

Botilia
Voir p. 389 (22850 72168 ; Hora ; 9h-1h)

Falafel
Voir p. 390 (22850 73553 ; www.facebook.com/falafel.amorgos ; Aegiali ; plats 4-9 € ; 11h-1h)

Kali Kardia
Voir p. 391 (22850 73347 ; Tholaria ; 18h-1h)

Liostasi
Voir p. 389 (697 327 1418 ; Arcesine ; 11h-0h30 ven-mer, 11h-1h jeu)

Ston Pyrgo
Voir p. 390 (22850 72258 ; Arcesine ; plats 8-12 € ; 11h-23h)

Youkali
Voir p. 390 (22850 71838 ; www.facebook.com/youkaliamorgos ; Katapola ; plats 8-15 € ; 13h-23h avr-oct)

Embassa Bar
Voir p. 389 (693 254 7187 ; Aegiali ; 9h-5h)

DODÉCANÈSE

DES ÎLES RESPLENDISSANTES AUX CONFINS DU PAYS

Ce fragment de Grèce intemporelle éblouit par ses richesses naturelles et culturelles.

Dans le sud-est de la mer Égée, près du littoral de la Turquie, l'archipel du Dodécanèse (littéralement "douze îles") abrite quantité de vestiges de l'Antiquité gréco-romaine, de l'Empire byzantin, des chevaliers de Saint-Jean du temps des croisés, puis de l'Empire ottoman et enfin de l'occupation italienne au XXe siècle. Outre Rhodes et Kos, bien connues, des îles plus mystérieuses attendent d'être explorées.

Randonneurs et amoureux de la nature affluent sur la verte Tilos, l'un des rares territoires insulaires de Méditerranée à avoir adopté un mode de développement entièrement durable, tandis que les férus d'escalade s'attaquent aux falaises calcaires de Kalymnos. Les esthètes tombent sous le charme des demeures néoclassiques de Symi, d'Halki et de Kastellorizo, destinations d'une beauté rassérénante. Karpathos est prisée des amateurs de kitesurf pour ses vents légendaires et ses escarpements rocheux impressionnants. Quant à la lointaine Astypalée, joyau de la couronne, elle séduit autant les marcheurs que les gourmets. Ailleurs, des épaves et des grottes sous-marines font le bonheur des plongeurs. Enfin, les adorateurs du dieu Hélios ont à disposition une myriade de plages épargnées par le tourisme de masse.

PRINCIPAUX SITES

TOM JASTRAM/SHUTTERSTOCK ©

Kalymnos (p. 443)

S'orienter

Situées dans la partie méridionale de la mer Égée, les îles du Dodécanèse sont les plus éloignées de la Grèce continentale, certaines à quelques encablures seulement de la Turquie. Chacune se distingue de ses voisines par un environnement naturel, une histoire et une architecture propres.

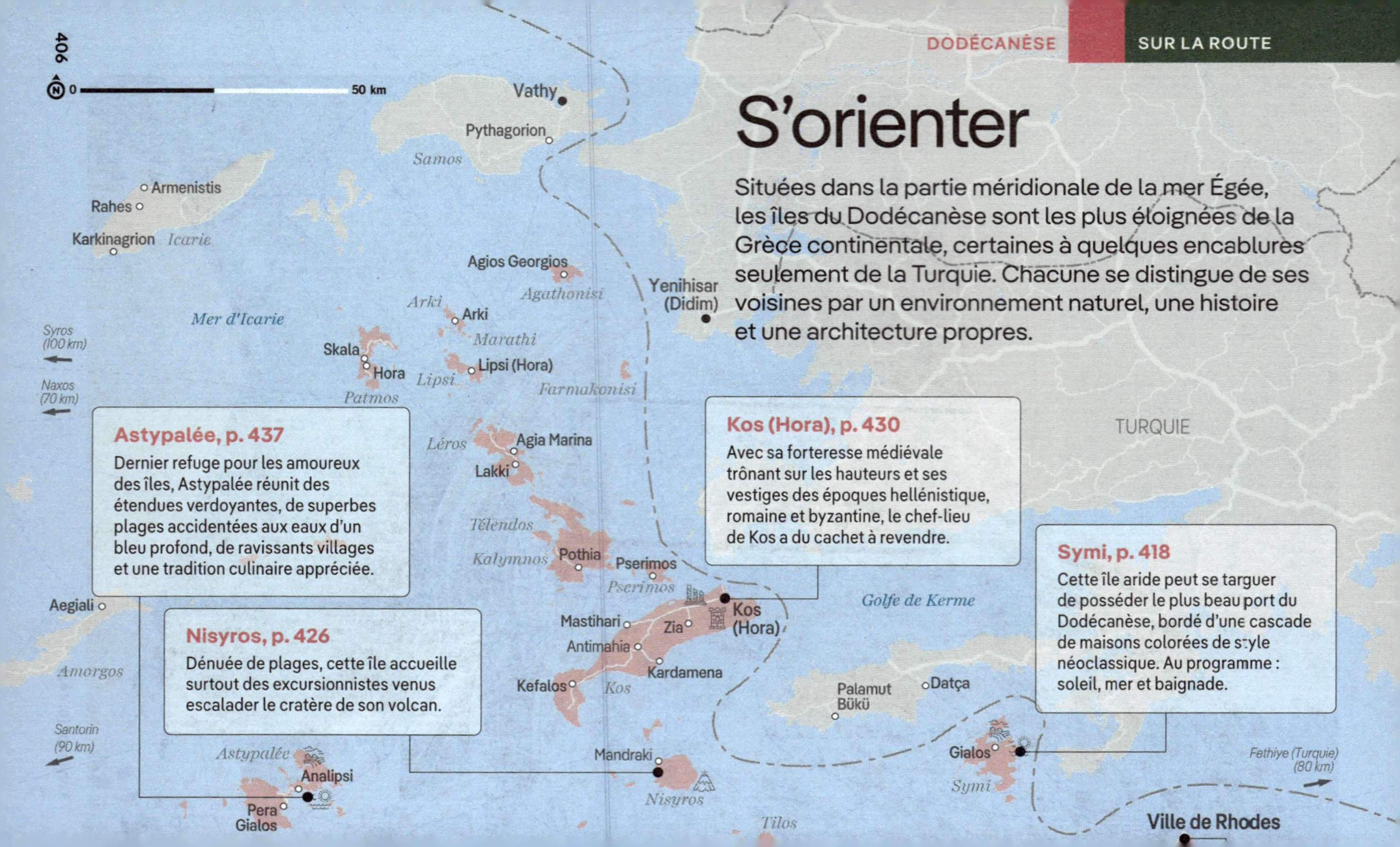

Astypalée, p. 437

Dernier refuge pour les amoureux des îles, Astypalée réunit des étendues verdoyantes, de superbes plages accidentées aux eaux d'un bleu profond, de ravissants villages et une tradition culinaire appréciée.

Nisyros, p. 426

Dénuée de plages, cette île accueille surtout des excursionnistes venus escalader le cratère de son volcan.

Kos (Hora), p. 430

Avec sa forteresse médiévale trônant sur les hauteurs et ses vestiges des époques hellénistique, romaine et byzantine, le chef-lieu de Kos a du cachet à revendre.

Symi, p. 418

Cette île aride peut se targuer de posséder le plus beau port du Dodécanèse, bordé d'une cascade de maisons colorées de style néoclassique. Au programme : soleil, mer et baignade.

AVION

Des vols en provenance d'Europe desservent le Dodécanèse. Compte tenu de la distance entre l'archipel et la Grèce continentale, l'avion constitue le moyen de transport le plus rapide. Parmi les compagnies ralliant le Dodécanèse, citons Aegean Airlines (aegeanair.com), Olympic Air (www.olympicair.com), Sky Express (skyexpress.gr) et Transavia (transavia.com).

BATEAU

Si vous avez l'intention d'aller d'une île à l'autre, optez pour le ferry, même si les traversées sont moins fréquentes hors période estivale. Pour des renseignements généraux, voir p. 614. Deux grandes compagnies maritimes, Blue Star Ferries (www.bluestarferries.com) et Dodekanisos Seaways (www.12ne.gr), couvrent l'archipel. Des bateaux de taille plus modeste relient les îles voisines.

SUR PLACE

C'est en louant une voiture – ou un scooter – qu'on explore le mieux chaque île, en particulier les endroits plus retirés que l'afflux touristique n'a pas encore dénaturés. Les routes sont habituellement bien entretenues.

Tilos, p. 422

La palme de l'écologie revient à cette île d'une incroyable biodiversité, tapissée de fleurs sauvages et peuplée d'oiseaux rares. Le Graal pour les randonneurs et les fous de nature en général.

Karpathos, p. 454

Caractérisée par des montagnes sauvages, des villages couronnés de nuages et des criques bleu pétrole, cette île escarpée et tout en longueur est un véritable bijou.

Vieille ville de Rhodes, p. 410

Mêlant les styles des périodes byzantine, ottomane et italienne, le centre historique du Dodécanèse présente une diversité architecturale unique dans l'archipel.

Kastellorizo, p. 441

Proche de la côte turque, la lointaine Kastellorizo dégage un parfum d'Orient. Son château en ruine, son minaret et ses maisons néoclassiques aux couleurs pastel, serrées autour d'une baie turquoise, dessinent un tableau idyllique.

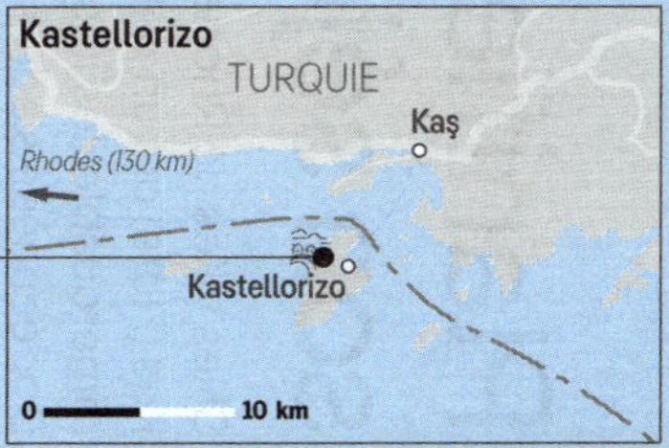

Planifier son séjour

Si les villes de Rhodes et de Kos (Hora) ont un patrimoine remarquable, les îles du Dodécanèse s'adressent dans l'ensemble aux amoureux de la nature et de plaisirs balnéaires.

MURAT AN/SHUTTERSTOCK ©

Ville de Rhodes (p. 410)

Si vous avez peu de temps

- Consacrez une journée à la **vieille ville de Rhodes** (p. 410), qui regroupe de magnifiques exemples d'architectures byzantine, ottomane et italienne.

- Après les édifices austères du **quartier des Chevaliers** (p. 410), construits au Moyen Âge pour accueillir les membres de l'ordre de Saint-Jean, direction **Hora** (p. 412), le quartier turc envahi de visiteurs, qui occupe le cœur historique de la cité. Enchaînez avec le **quartier juif** (p. 413), au sud-est, puis mettez le cap sur la plage. Terminez votre journée par un dîner grec dégusté au son du bouzouki.

Au fil des saisons

Le Dodécanèse connaît des étés torrides, mais le large éventail de plages permet de ne pas trop pâtir de la chaleur. Le printemps et l'automne offrent des conditions plus propices pour randonner.

AVRIL
Les fêtes de la Pâque orthodoxe et l'éclosion des fleurs sauvages marquent le milieu du printemps. Saison idéale pour la marche.

MAI
Les prix sont bas, les touristes peu nombreux et la mer se réchauffe. C'est une bonne période pour s'adonner à la marche.

JUIN
L'un des meilleurs moments de l'année, avec une mer rafraîchissante et des touristes encore rares.

DE GAUCHE À DROITE : KURBANOV/SHUTTERSTOCK ©, SAIKO3P/SHUTTERSTOCK ©, FLORIN CNEJEVICI/SHUTTERSTOCK ©

Si vous avez trois jours

- Après la ville de Rhodes, prenez le ferry pour **Halki** (p. 452) et son port splendide, suivi d'un bain de soleil sur la **plage de Pondamos** (p. 453). Visitez le village abandonné d'Horio, avant de rejoindre à pied la **plage de Ftenagia** ou de **Kania** (p. 453) pour une pause détente.

- Le dernier jour sera dédié à **Symi** (p. 418), où le port de pêche de **Gialos** (p. 419), réputé pour ses crevettes, brille aussi par son architecture. Grimpez les nombreuses marches du vieux village d'**Horio** (p. 420) et baignez-vous sur l'une des plages locales. Sinon, montez dans un bateau d'excursion à destination de **plages** (p. 420) plus éloignées.

Si vous avez plus de temps

- En disposant d'une semaine ou plus, vous pourrez passer au moins un autre jour à **Symi** (p. 418), partagé entre bains de mer et exploration des criques. Ralliez ensuite **Tilos** (p. 422) pour marcher au milieu de paysages incroyables, observer la faune aviaire, découvrir des villages fantômes et profiter de plages tranquilles.

- **Nisyros** (p. 426) mérite aussi une journée de votre temps afin d'entreprendre l'ascension du volcan et de dîner en admirant son cratère d'où s'échappent des fumerolles. Le reste du séjour peut se dérouler sur **Astypalée** (p. 437), entre plages et randonnée à travers collines et prairies.

JUILLET
Températures élevées et afflux touristique – pensez à réserver votre hébergement.

AOÛT
Chaleur et foule – choisissez une des îles les plus calmes et réservez. Lipsi organise sa fête du Vin.

SEPTEMBRE
Une période conseillée pour les tarifs et la fréquentation en baisse.

OCTOBRE
Le mois idéal : mer parfaite, prix bas et excellentes conditions de randonnée.

DE GAUCHE À DROITE : VILIAM.M/SHUTTERSTOCK ©, ROMANTIK89/SHUTTERSTOCK ©, MISTERVLAD/SHUTTERSTOCK ©, U. EISENLOHR/SHUTTERSTOCK ©

RHODES

Pour les infos pratiques, voir le Carnet d'adresses *p. 464.*

Cœur historique de l'archipel du Dodécanèse, l'île de Rhodes se caractérise par ses plages de sable, ses vallées boisées et son riche patrimoine. Que vous recherchiez un séjour empreint de culture, l'animation nocturne, le farniente au soleil ou un spot de plongée idéal, vous trouverez là votre bonheur.

À l'extrémité nord de l'île, la ville de Rhodes rayonne dans le monde entier pour son charme et la beauté de son patrimoine. Sa vieille ville, inscrite au patrimoine mondial de l'Unesco, forme un dédale de rues pavées renvoyant à l'époque de l'Empire byzantin, à celles des chevaliers croisés et du sultan ottoman. Une balade dans les ravissantes ruelles fait partie des expériences incontournables, particulièrement en soirée. Mais il y a foule en saison.

La ville nouvelle, une station balnéaire moderne construite autour du port de Mandraki, présente des plages fréquentées (la meilleure est la plage d'Elli, côté est), des bars touristiques sur le front de mer et une vie nocturne plus débridée.

À SAVOIR

Si vous ne séjournez sur l'île que quelques jours, concentrez-vous sur la vieille ville de Rhodes.

Notez que les taxis ne peuvent généralement pas pénétrer à l'intérieur des remparts et doivent laisser leurs passagers à la porte la plus proche de la destination souhaitée.

DORMIR DANS LA VIEILLE VILLE

S Nikolis Hotel
Ce bel établissement occupe plusieurs bâtiments restaurés donnant sur une cour fleurie. **€€€**

Marco Polo Mansion
Aménagé dans la demeure d'un pacha du XVe siècle, cet hôtel affiche un élégant décor ottoman. Certaines chambres se trouvent dans la maison même, d'autres s'ouvrent sur une cour végétalisée. **€€€**

April Luxury Suites
Cet accueillant édifice, avec toit-terrasse, dispose de chambres spacieuses et stylées. Petit-déjeuner de roi servi dans une jolie cour. **€€**

Monuments et trésors archéologiques

UNE PROMENADE À TRAVERS LE TEMPS DANS LA VIEILLE VILLE

Neuf portes donnent accès à la vieille ville, elle même partagée en trois secteurs – Hora, quartier juif et quartier des Chevaliers. C'est ce dernier, édifié par les chevaliers croisés, de l'ordre hopitalier de Saint-Jean, qui évoque l'intense passé médiéval de la ville. Petit rappel historique : lors du partage de l'Empire romain, Rhodes se joignit à la province byzantine du Dodécanèse. Elle retrouva son indépendance quand les croisés s'emparèrent de Constantinople (1204). Les Génois en prirent ensuite le contrôle. Les chevaliers de Saint-Jean arrivèrent en 1309 et régnèrent sur l'île pendant 213 ans. Ils en furent chassés par les Ottomans, lesquels durent céder la place aux Italiens près de quatre siècles plus tard.

La **porte de la Liberté**, du côté du port de Mandraki et de la station de taxis, débouche sur la principale zone touristique via un petit pont. La **porte d'Amboise**, vers l'intérieur des terres, traverse un tronçon de douves particulièrement plaisant pour rejoindre le palais des Grands Maîtres. Suivez Orfeos et tournez à gauche dans l'**avenue des Chevaliers** (Ippoton) où les Hospitaliers vécurent à partir du XIVe siècle. De robustes édifices en pierre jalonnent les artères rectilignes du **quartier des Chevaliers**. Ces austères "auberges des langues" hébergeaient les membres de l'ordre selon leur lieu d'origine, et donc la langue qu'il parlait (France, Angleterre, monde germanique, péninsule italienne, Aragon, Auvergne

Voir
1 Porte d'Amboise
2 Remparts
3 Hora
4 Musée juif de Rhodes
5 Quartier juif
6 Quartier des Chevaliers
7 Mosquée de Soliman
8 Bibliothèque musulmane
9 Douves
10 Palais des Grands Maîtres
11 Porte Saint-Antoine
12 Porte Saint-Jean

et Provence). Sur la gauche se dresse le magnifique **palais des Grands Maîtres** (XIVe siècle). Gravement endommagé par l'explosion d'une poudrière ottomane en 1856, l'intérieur fut refait de manière grandiose par les Italiens en "l'an 18 de l'ère fasciste" (1940). Les deux musées au rez-de-chaussée, consacrés à la Rhodes antique et à l'histoire médiévale de l'île, forment la partie la plus intéressante. Le premier présente, entre autres, de belles céramiques du VIe siècle av. J.-C., des objets domestiques et de la verrerie. Les mornes appartements du haut rassemblent des œuvres d'art pillées çà et là.

OÙ PRENDRE UN VERRE DANS LA VILLE DE RHODES

Raxati Cafe
Un endroit reposant dans la vieille ville, parfait pour s'attarder devant un café ou un cocktail le soir.

Mevlana
Un café de style ottoman à Hora, où siroter un café grec et fumer le narghilé.

Macao Bar
Un bar de la vieille ville à la mode et sophistiqué, qui sert notamment des cocktails aux herbes aromatiques.

LE COLOSSE DE RHODES

Immense effigie en bronze d'Hélios, dieu du Soleil, le *Colosse de Rhodes* fut érigé pour commémorer l'issue heureuse du siège de la ville. Après 12 ans de travaux, il fut achevé en 292 av. J.-C., mais resta debout moins d'un siècle avant d'être renversé en 227 av. J.-C. par un tremblement de terre.

La statue faisait partie des Sept Merveilles du monde antique. D'après la légende, ses deux jambes écartées reposaient sur deux piliers à l'entrée du port de Mandraki, assez haut pour que les trirèmes à grand mât puissent passer dessous.

Après être demeurés sur le front de mer pendant près de mille ans, les fragments du Colosse furent vendus par les conquérants arabes à un Juif syrien en 654.

THIRASIA/SHUTTERSTOCK ©

Dans le quartier juif

Continuez dans l'avenue des Chevalier pour atteindre Apellou puis l'ancien **hôpital des chevaliers de Saint-Jean** (XVe siècle). Un lion en pierre, érodé par le temps, visible depuis la rue, invite à entrer dans ce qui est désormais le **Musée archéologique**. Sa collection de trésors antiques, provenant de l'ensemble de la région, couvre une période de plus de 7 000 ans. Vous pourrez admirer de splendides céramiques et un dauphin sculpté. La fameuse *Aphrodite de Rhodes*, une statue en marbre du Ier siècle av. J.-C., le pavillon des mosaïques et la reconstitution d'un site funéraire de 1630 av. J.-C., où reposaient un guerrier casqué et son cheval, demeurent les pièces maîtresses. Une annexe évoque essentiellement la période mycénienne. Après la visite, promenez-vous dans les jardins alentour.

Au sud, Apellou conduit à la rue Sokratous et à **Hora**, le quartier turc. Épicentre de la vieille ville, ce lacis de ruelles pavées forme la principale zone commerçante, où boutiques et restaurants côtoient des mosquées à l'abandon et les monuments ottomans, envahis de monde en été. Parmi les églises converties en lieux de culte musulmans, la **mosquée de Soliman** au dôme rose, en haut de Sokratous, sort du lot. En face, la **bibliothèque musulmane**, fondée en 1793 par Hafiz Ahmed Agha, rassemble des manuscrits arabes et persans, parmi lesquels des exemplaires du Coran enluminés.

SHOPPING DANS LA VILLE DE RHODES

Échoppes de la vieille ville
Nombreux souvenirs de qualité (icônes, sandales ceintures et sacs en cuir, bijoux en argent, vin de Rhodes et miel de thym.

Natura Greca
Produits naturels de Grèce, dont des cosmétiques à base d'huile d'olive, d'amande et d'argan.

Gallery
Une caverne d'Ali Baba où dénicher objets d'artisanat, sculptures, peintures et bibelots.

Au bout de Sokratous, on rejoint le **quartier juif**, dans la partie sud-est. Organisée autour de la Plateia Evreon Martyron (place des Martyrs Juifs), cette enclave aux voies étroites comptait, il y a un siècle, quelque 5 500 habitants, dont la majorité périrent durant la guerre, et pour beaucoup après avoir été déportés à Auschwitz. Le **Musée juif de Rhodes**, accessible par la synagogue Kahal Shalom (1577), la doyenne de Grèce, raconte l'histoire de la communauté juive de Rhodes.

Remparts et jardins des douves

VUE SUR LA VIEILLE VILLE ET ESPACE VERT

La vieille ville de Rhodes a la particularité de posséder des fortifications quasiment intactes vieilles de cinq siècles. En semaine, les visiteurs peuvent apprécier l'ampleur des remparts en parcourant une large portion herbeuse de 1 km, pour l'essentiel dépourvue de rambarde, entre le palais des Grands Maîtres et la porte Saint-Jean, via le bastion de Saint-Georges. Il n'y a pas d'ombre, mais la vue splendide embrasse tous les monuments du centre historique.

Descendez à la **porte Saint-Antoine** et arpentez les pelouses et les massifs fleuris des douves, un fossé défensif qui ne fut jamais rempli d'eau. Vous remarquerez au passage, des piles de boulets de canon en pierre, tirés par les Ottomans lors des sièges de 1480 et 1522. L'espace paysager se prête à la promenade et au pique-nique – les habitants viennent ici pour assister à des cours de yoga, lire ou se détendre. On y accède par les jardins qui jouxtent la porte de la Liberté au nord, par la porte Akandia au sud-est, ou par les escaliers au niveau des portes Saint-Antoine et Saint-Athanase.

Escapade dans la ville moderne

RUINES DE LA CITÉ ANTIQUE ET ART MODERNE

La **cité hellénistique de Rhodes** déploie ses vestiges sur les pentes du Monte Smith, à 1 km à l'ouest de la vieille ville (bus n°6 ou à pied via Komninon et Diagoridon depuis la porte Saint-Athanase). Parmi les monuments restaurés figure le stade du IIe siècle av. J.-C. et le théâtre attenant, où se déroulaient les cours magistraux de l'école de rhétorique qui eut pour élèves Cicéron et Jules César. De là, un escalier monte jusqu'aux quatre colonnes subsistantes du temple d'Apollon pythien.

Autre site d'intérêt, le **musée d'Art moderne**, dans le nord de la ville nouvelle, expose des peintures, gravures et sculptures de grands artistes grecs du XXe siècle. Le dernier étage réunit les remarquables tableaux de Valias Semertzidis (1911-1983), dont les thèmes vont des affres de la guerre aux paysages de Rhodes.

OÙ SE RESTAURER DANS LA VILLE DE RHODES

Romios Restaurant
Des spécialités de Rhodes soigneusement présentées à déguster dans une cour de la vieille ville à l'ombre des arbres. €€

Marco Polo Cafe
Attablez-vous dans la cour-jardin aux parfums de citron pour vous régaler de longe de porc aux figues ou de poulpe. €€

Kelari Pantieras
Une sympathique taverne de quartier où grignoter des mezze au son du bouzouki. €

4 Rodies
Ce restaurant familial apprécié des habitants sert dans son jardin verdoyant des plats du cru préparés à la perfection. €€

Locanda Demenagas
Commandez du poisson frit accompagné de vin et contemplez la vue sur la mer. €€

COMMENT CIRCULER DANS LA VILLE DE RHODES

Les bus urbains partent de l'arrêt situé sur le port de Mandraki. Les billets s'achètent à bord (à partir de 2 €).

Si vous logez à Rhodes même, sachez que vous ne pourrez pas conduire dans la vieille ville. Mieux vaut donc louer une voiture uniquement pour les jours où vous l'utiliserez.

La principale station de taxis se tient juste à l'est de la Plateia Rimini, à la lisière nord de la vieille ville. Un panneau affiche les tarifs.

Ailleurs sur Rhodes

Cap sur l'acropole de Lindos, l'arrière-pays boisé et les plages ventées de la côte occidentale.

Pour les infos pratiques, voir le Carnet d'adresses p. 464.

À SAVOIR

Louer un vélo, un scooter ou une voiture est la meilleure façon de découvrir les merveilleux paysages de Rhodes.

L'attrait de l'île ne se résume pas à la ville de Rhodes. Plus au sud, les blanches maisons cubiques de Lindos s'étagent au-dessus d'une baie turquoise. Certes, les plages sont bondées et la circulation frénétique, mais l'acropole présente un état de conservation spectaculaire et permet d'embrasser du regard une vue imprenable. Riches de plages préservées, de châteaux forts surplombant la mer, de charmants villages et d'authentiques tavernes, le littoral et l'intérieur des terres tranchent par leur atmosphère paisible. Une virée en voiture permet notamment de découvrir des stations climatiques, dans le style architectural typique de l'Italie des années 1930, et des petites églises byzantines à l'écart de la cohue touristique.

Acropole de Lindos

FRANTICOO/SHUTTERSTOCK ©

PHILIPPOS PHILIPPOU/SHUTTERSTOCK ©

Cap Prasonisi

Acropole de Lindos

LE CŒUR ANTIQUE DE RHODES

Dominant le joli village éponyme envahi de vacanciers, l'**acropole de Lindos** fut aménagée au VIe siècle av. J.-C. sous le règne de Cléobule, l'un des Sept Sages de la Grèce antique. Un sentier pentu gravit les 116 m de la petite colline sur laquelle trône ce monument bien conservé. Les remparts érigés par les chevaliers de Saint-Jean ont remplacé les fortifications originelles du VIe siècle av. J.-C. L'enceinte sert d'écrin à de remarquables ruines antiques, dont le **temple d'Athéna** (fin du IVe siècle av. J.-C.) et une **stoa hellénistique** composée de 20 colonnes doriques, qui tranchent par leur blancheur sur le bleu du ciel et le panorama côtier de toute beauté.

Cap Prasonisi

UN HAUT LIEU DES SPORTS DE GLISSE

Si les plages autour de Lindos sont trop peuplées à votre goût, direction le **cap Prasonisi**, à l'extrémité sud de Rhodes (suivez la route au départ de Kattavia sur 10 km). Relié à l'île par une étroite bande de sable en été, il est isolé en hiver lorsque le niveau de l'eau monte. Point de rencontre de la mer Égée et de la Méditerranée, le site est connu pour ses vents et ses vagues favorables à la planche à voile et au kitesurf. En saison, des centres louent des équipements, dispensent des cours et assurent

LA TOMBE DE CLÉOBULE

Une marche de 5 km (2 heures) aller-retour, facile et agréable, mène à la tombe dite de Cléobule, au bout d'un promontoire plat et dénudé situé au nord de Lindos. Mieux vaut l'entreprendre en fin d'après-midi pour jouir de la vue panoramique sur la côte et l'acropole au soleil couchant.

Du parking 1 au-dessus de la plage principale, le sentier rejoint une butte rocheuse surmontée d'une sépulture circulaire construite au IIe siècle av. J.-C., soit postérieure de quatre siècles à la mort du philosophe et tyran de Lindos dont elle porte le nom. Il s'agirait en réalité de la dernière demeure d'une riche famille locale.

OÙ SE RESTAURER À LINDOS

Cesar Meze Bar
Ce restaurant avec toit-terrasse sert des plats traditionnels revisités comme le souvlaki de calmar, fenouil et ail noir. €€

Kalypso
Une ancienne maison de capitaine avec terrasse sur le toit. Goûtez le poulpe et les *makarounès* (pâtes maison). €€

Mavrikos
Une adresse appréciée – les sardines demi-sel à la salicorne ou le fenouil au vin doux sont à tomber. €€

PLONGÉE ET AUTRES ACTIVITÉS NAUTIQUES

Trident Scuba Diving School
Plongées sur divers spots du nord de l'île, cours pour débutants et stages certifiés PADI. Repérez le bateau *Armonia*, dans le port de Mandraki.

Waterhoppers Diving School
Opérant depuis Mandraki, ce centre propose des cours d'initiation d'une journée, des certifications PADI et des plongées pour pratiquants confirmés.

Paddle Paradise
Diverses formules de paddle, dont une de 3 heures incluant initiation et excursion vers une grotte voisine pour faire du snorkeling. Dans la localité balnéaire de Stegna sur la côte orientale, à 30 km au sud de Rhodes.

IAN WOOLCOCK/SHUTTERSTOCK ©

Baie de Saint-Paul

l'hébergement des véliplanchistes dans des sortes d'auberges de jeunesse rustiques.

Plages de Lindos

ATTIRANTES ET FRÉQUENTÉES

La plus grande des deux superbes plages de Lindos s'étend au creux de la baie, au nord de la localité. Connue sous le nom de **plage principale**, cette bande sablonneuse descend doucement vers la mer, ce qui la rend parfaite pour la baignade en famille, mais on s'y bouscule l'été. Il existe un parking sur le versant de la colline au-dessus.

En contrebas du village, la petite **plage de Pallas** bordée de tavernes est accessible par un sentier qui débute près du point de départ du chemin muletier montant vers l'acropole. On peut aussi s'y rendre depuis la plage principale via un sentier côtier. Ne vous baignez pas près de la jetée à cause des oursins.

À une courte marche de l'extrémité sud de Lindos, la **baie de Saint-Paul**, quasi circulaire, n'est reliée à la mer que par une mince ouverture entre les rochers. Sa plage abritée aux calmes eaux turquoise est un lieu de baignade pris d'assaut en haute saison. Saint Paul aurait trouvé refuge ici en 57 à la suite

OÙ SE RESTAURER DANS L'OUEST DE RHODES

Limeri
Un hôtel-restaurant en bord de route, doté d'une terrasse spacieuse, où manger une cuisine locale de qualité. €

To Stolidi Tis Psinthou
Cette adresse au décor rustique sert d'excellents plats et ne lésine pas sur la taille des portions. €€

Mylos
En-cas, vue sur le château de Kritinia et un musée privé du Folklore pour ce café le long de la route. €

d'une tempête. De l'autre côté du cap Lardos, la jolie **plage de Pefki**, couverte de sable et à l'ombre des pins, a beaucoup de succès. Un peu plus loin sur la route, la **plage de Glystra** est un endroit formidable, sans doute un peu moins fréquenté.

L'ouest et l'arrière-pays au volant

PINÈDES, VESTIGES ANTIQUES, CHÂTEAUX ET PLAGES

La partie occidentale de l'île fleure bon l'odeur des pins qui couvrent ses collines boisées. Le littoral est plus exposé au vent qu'à l'est et comporte essentiellement des plages de galets. Un circuit en voiture d'une journée permet d'explorer le secteur à un rythme décontracté.

Sur la côte ouest, arrêtez-vous pour voir les cités antiques d'**Ialysos** et, surtout, de **Kamiros**, à 34 km au sud-ouest de Rhodes. Fondée au Xe siècle av. J.-C. et mentionnée par Homère, la seconde atteignit son apogée au cours du VIIe siècle av. J.-C., avant d'être dévastée par des tremblements de terre en 226 et 142 av. J.-C. Inscrite dans un amphithéâtre naturel dominant la mer, elle conserve des rues, des temples, des thermes et des habitations qui forment un tissu urbain reconnaissable.

Au sud de **Skala Kamirou**, les ruines du **château de Kritinia** (XVIe siècle), sur un promontoire, offrent une vue panoramique dans un cadre propice à la méditation. En poursuivant vers le sud, le paysage devient sublime, avec de vastes perspectives montagneuses à l'approche de **Siana**, un village pittoresque au pied du mont Akramytis (825 m), et de **Monolithos**, 5 km plus loin. Un fort du XVe siècle, perché au sommet d'un piton rocheux de 240 m, se tient 2 km à l'ouest de Monolithos. On peut pénétrer librement à l'intérieur par une brèche dans les remparts et profiter de la vue, somptueuse au coucher du soleil. En descendant une route qui serpente sur 5 km, on atteint ensuite la **plage de Fourni**, terme balnéaire de votre périple.

OBSERVER LA FAUNE

Blutopia Marine Park
Ce parc marin privé, accessible en bateau depuis Skala Kamirou, offre la possibilité d'observer dauphins, thons, raies-aigles géantes et autres créatures avec des moniteurs qualifiés.

Vallée des Papillons
Destination prisée des groupes, cette gorge sillonnée de sentiers se couvre l'été de myriades d'"écailles chinées" (*Callimorpha quadripunctarea*), attirés par l'odeur de la résine des aliboufiers (styrax).

Farma of Rhodes Petting Zoo
Cette petite ferme abrite des animaux inattendus : paons, poneys et ânes y côtoient autruches, dromadaires, lamas et kangourous.

COMMENT S'Y RENDRE ET CIRCULER

L'aéroport de Diagoras se situe près de Paradisi, sur la côte ouest, à 14 km au sud-ouest de la ville de Rhodes. Aegean Airlines (p. 407) dessert notamment Athènes, Kastellorizo (Megisti) et Thessalonique. Olympic Air (p. 407) assure des vols fréquents pour Athènes, d'où l'on peut rejoindre d'autres destinations en Grèce, et Kastellorizo. Sky Express (p. 407) assure des vols d'une île à l'autre (Astypalée via Léros, Kalymnos et Kos ; Kassos via Karpathos ; Limnos via Mytilène, Chios et Samos).

Transavia (p. 407) propose 6-7 vols directs Paris-Rhodes/semaine (avr-oct), et 2 vols/semaine Nantes-Rhodes (avr à mi-oct).

Rhodes est le principal port du Dodécanèse. Trois compagnies couvrant les îles opèrent juste à l'extérieur des remparts de la vieille ville. Les catamarans rapides de Dodekanisos Seaways (p. 407) partent du port de Kolona – parmi les nombreuses destinations desservies, citons Symi (50 min, 1-2/jour) et Samos (10 heures, 2/sem). Les bateaux traditionnels de Blue Star Ferries (p. 410), moins chers mais plus lents, lèvent l'ancre du port de commerce – citons Symi (1 heure, 3/sem) et Lipsi (7 heures 30, 2/sem).

Des lignes de bus au départ de la ville de Rhodes couvrent toute l'île. Toutefois, seule la desserte de la côte nord-est entre Rhodes et Lindos est suffisamment fréquente pour convenir aux touristes.

Si vous souhaitez explorer l'île dans son entier, un véhicule s'impose. Toutes les grandes compagnies de location sont présentes à l'aéroport de Rhodes. S'y ajoutent de nombreux autres loueurs de voitures et de motos dans la ville de Rhodes et les localités balnéaires. Comparez les tarifs car la concurrence fait rage.

SYMI

La belle Symi suscite l'admiration des voyageurs avant même qu'ils ne débarquent du bateau. Il faut dire que le port de Gialos, cerné de maisons pastel, est un régal pour les yeux. On doit aux Italiens, qui colonisèrent le territoire il y a près d'un siècle, le style néoclassique adopté depuis dans l'architecture locale.

Essentiellement composée de collines et de falaises arides, l'île recèle des coins de baignade spectaculaires. Elle a pour seules autres localités le vieux village d'Horio, sur une crête derrière Gialos, et Pedi, plus loin dans la vallée. Une route conduit jusqu'au monastère de Panormitis, près de la pointe sud. Des criques bleues et des petites plages invitant à la baignade émaillent le reste de Symi. Sur le plan culturel, l'offre se résume peu ou prou au Musée archéologique, mais qu'importe.

Pour les infos pratiques, voir le Carnet d'adresses p. 465.

À SAVOIR

Si vous logez à Horio, prenez un taxi en arrivant au port car grimper à pied les nombreuses marches de Kali Strata avec des bagages est une épreuve.

ANDREI NEKRASSOV/SHUTTERSTOCK ©

Gialos

LES MEILLEURS RESTAURANTS DE GIALOS

Tholos
Un restaurant des plus romantiques où les convives sont aux premières loges pour contempler le coucher de soleil sur le front de mer. Au menu : bœuf sauce citron et poisson frais de premier ordre.

Meraklis
Nichée dans une petite rue, cette taverne à l'ancienne au décor bleu et blanc régale ses clients de souvlakis, d'agneau rôti et de crevettes de Symi.

Paradise Beach Bar
Ce bar possède des tables et des chaises d'un bleu égéen, ainsi que des chaises longues sur la plage de Nos. La carte comprend feuilles de vigne farcies, boulettes de poisson, poulpe, langouste et crevettes.

Gialos

UN PETIT PORT DE RÊVE

Avec ses maisons néoclassiques ocre et pastel qui s'étagent jusqu'au bord de l'eau, **Gialos** présente un tableau inoubliable. Les bateaux de pêche dansent dans des eaux cristallines, les vendeurs d'éponges exhibent leurs trésors des profondeurs, tandis qu'une poignée de boutique-hôtels et de restaurants haut de gamme attirent les stars d'Hollywood qui débarquent de temps en temps dans leurs yachts rutilants.

Attablez-vous dans l'un des nombreux cafés et tavernes le long du quai pour goûter les fameuses crevettes de l'île. En vous éloignant de la mer, vous trouverez dans les ruelles des magasins de fruits et légumes, des glaciers et des boulangeries aux effluves alléchants.

De la tour de l'horloge, le front de mer conduit au nord jusqu'à la petite **baie d'Harani**, siège traditionnel de la construction navale, qui possède aussi son lot d'établissement où boire un verre et se restaurer.

La plage la plus proche, **Nos**, entoure le promontoire suivant, à 500 m au nord de la tour de l'horloge. Elle est bordée par un restaurant. D'autres lieux de baignade, sans nom ni signalisation, se situent plus loin sur la route ; repérez les escaliers qui descendent vers le rivage.

OÙ SE LOGER À GIALOS

Old Markets
L'hôtel le plus chic de l'île loue des chambres somptueuses dans des demeures attenantes. Vue sur le port. **€€€**

Thea Apartments
Des studios clairs et spacieux avec balcons élégants. Délicieux petit-déjeuner en prime. **€€**

Hotel Aliki
Une adresse au charme d'antan, avec des chambres agrémentées de lits et objets anciens, sur le front de mer. **€€**

Icône du monastère de Panormitis

Horio

VILLAGE PERCHÉ À L'ARCHITECTURE ITALIENNE

La vertigineuse Kali Strata, une large voie de quelque 500 marches, grimpe derrière le port jusqu'à **Horio**. Elle passe entre de majestueuses villas bâties autrefois pour des capitaines de marine, certaines laissées à l'abandon, d'autres ayant recouvré leur splendeur initiale.

Accroché à flanc de coteau pour se protéger des pirates en maraude, le village forme un véritable dédale. Les bars et les tavernes se concentrent au sommet des escaliers. Au-delà, la plupart des maisons sont en ruine, tout comme le **fort des chevaliers de Saint-Jean** tout en haut, endommagé par une explosion de munitions allemandes durant la Seconde Guerre mondiale. Le secteur abrite aussi le petit **Musée archéologique** de l'île, où sont exposés une intéressante collection de trouvailles archéologiques, de belles icônes et des objets d'art populaire.

Plages de Symi

DOUCE ATMOSPHÈRE BALNÉAIRE

Nimborios est une étroite grève de galets, à 3 km à l'ouest de Gialos. Il s'agit d'un coin tranquille, doté d'une petite taverne.

LES MEILLEURS RESTAURANTS DE SYMI

Kali Strata
Ce restaurant d'Horio avec une jolie vue prépare des plats du cru d'une fraîcheur extra. L'*horta* (salade cuite de légumes sauvages), les *giapraki* (feuilles de légumes farcies) et le souvlaki se démarquent. €

Marathounda Taverna
Une taverne de plage typique où les chèvres sauvages de l'île viennent parfois fureter du côté des tables. Goûtez les crevettes de Symi et le poisson grillé. €€

Secret Garden
Cet endroit original a été aménagé dans la maison de son propriétaire. La famille y mitonne de savoureux mezze et de la musique live assure l'ambiance. €

OÙ SE LOGER À SYMI

Hotel Fiona
Meilleur rapport qualité/prix de Symi, ce charmant hôtel familial se tient à la lisière d'Horio. €

Niriides Apartments
Ces appartements tout confort et à la jolie décoration, avec kitchenette, donnent sur la mer à Nimborios. €€

Pedi Beach Hotel
Des chambres aux lits rayés aigue-marine et aux rideaux bleu cobalt dont les balcons ont vue sur la mer. €€

Devenu un port de plaisance et une station balnéaire discrète, l'ancien village de **Pedi** se tient juste en contrebas d'Horio. Les deux plages qui flanquent la baie de part et d'autre sont accessibles à pied depuis Pedi ou en bateau-taxi depuis Gialos. La crique d'**Agia Marina**, au nord, ressemble à un lagon et fait face à un ravissant îlot surmonté d'une chapelle au milieu des eaux turquoise. Elle connaît une très forte affluence l'été. **Agios Nikolaos**, au sud, est plus large et plus sablonneuse, offrant un couvert arboré et des conditions de baignade idéales.

Nanou et **Marathounda**, deux grandes baies au sud de Pedi, qui abritent des plages étendues et des tavernes, justifient l'excursion en bateau-taxi. Nous recommandons surtout Marathounda, adossée à une vallée luxuriante, où vagabondent des chèvres.

Des bateaux-taxis, basés dans le port de Gialos (plus un à Pedi), desservent régulièrement les plages de l'île. En haute saison, ils lèvent l'ancre au moins toutes les heures dès 9h, le dernier rentrant habituellement à 17h ou 18h.

Moni Taxiarhou Mihail Panormiti

MAGNIFIQUE MONASTÈRE ORTHODOXE

Près de la pointe sud de Symi, au-delà des pinèdes odorantes de l'intérieur montagneux, la baie spectaculaire de Panormitis sert d'écrin à ce grand monastère, dédié à saint Michel l'archange. L'édifice actuel, du XVIIIe siècle, s'élève sur le site d'un ancien monastère bâti au Ve siècle. L'église principale contient une iconostase en bois finement sculptée, des fresques et une icône de saint Michel, protecteur des marins et patron de Symi.

Les fidèles qui demandent une faveur au saint font souvent une offrande. Vous pourrez ainsi observer de nombreux ex-voto, ainsi que des prières glissées dans des bouteilles jetées à la mer depuis des bateaux.

Le vaste ensemble monastique comprend un Musée ecclésiastique, un musée des Arts populaires, une boulangerie fabriquant un excellent pain, un restaurant et un café. Une tenue vestimentaire décente est exigée des visiteurs.

Des bus au départ de Gialos, à 15 km, desservent l'endroit. Certains ferrys et des bateaux d'excursion quotidiens s'y arrêtent également.

HISTOIRE DE SYMI

L'Iliade mentionne que Symi envoya des vaisseaux pour participer au siège de Troie aux côtés d'Agamemnon. Dans la mythologie grecque, Glaucos, natif de l'île, construisit le navire *Argo*, sur lequel Jason et les Argonautes embarquèrent pour la Colchide en quête de la Toison d'or. Pendant la période ottomane, les Symiotes furent autorisés à pêcher des éponges dans les eaux turques. En échange, l'île fournissait au sultan des experts en construction navale. Cet arrangement assura la prospérité de Symi, où d'élégantes demeurent furent érigées. L'occupation italienne, l'apparition de bateaux à vapeur et le déclin du commerce de l'éponge mirent fin à cette période faste, avant la reconversion dans le tourisme.

COMMENT S'Y RENDRE ET CIRCULER

Dodekanisos Seaways (p. 407) assure au moins un catamaran quotidien entre Symi et Rhodes (50 min). La compagnie dessert aussi fréquemment Kos et d'autres destinations du Nord-Ouest. Blue Star Ferries (p. 407) fait halte à Symi 3 fois par semaine en allant à Rhodes (1 heure), ainsi que sur la ligne ralliant Tilos (1 heure 25), Nisyros (2 heures 30), Kos (4 heures), Kalymnos (5 heures) et Le Pirée (16 heures 15). En plus du catamaran rapide, des bateaux d'excursion au départ de Rhodes débarquent tous les matins un flot de visiteurs sur l'île.

Le bus circule toutes les heures entre le côté sud du port de Gialos et la plage de Pedi, via Horio. La compagnie locale, Lakis Travel (www.lakistravel.gr), peut vous faire faire le tour de l'île avec des haltes aux points de vue le long du parcours. Elle assure aussi les transferts depuis/vers le port, souvent à moindre coût que les taxis.

Les taxis stationnent à 100 m à l'ouest de l'arrêt de bus. Ils peuvent vous conduire partout où il y a des routes mais pratiquent des tarifs élevés.

Presque toutes les agences de voyages proposent des voitures. Il existe aussi des agences de location, toutes basées à Gialos.

TILOS

Si vous cherchez un paradis vert, Tilos comblera vos attentes. Des sentiers de bergers traversent des prairies, des monts et des vallées pour déboucher sur des plages désertes aux eaux peuplées de phoques moines et de tortues marines. La faible population et l'interdiction de la chasse ont favorisé la biodiversité du territoire, notamment la présence de nombreuses espèces d'oiseaux rares, attirant ornithologues et amoureux de la nature venus des quatre coins du globe. Tilos se targue en outre d'être la première île écologique de Méditerranée, qui fournit à ses habitants une énergie 100% renouvelable.

Megalo Horio, le minuscule chef-lieu de l'île, accroche à la colline ses ruelles aux habitations cubiques baignées de soleil, où déambulent des matous bagarreurs. Livadia est un désordre photogénique de maisons blanches massées autour de l'extrémité nord de la baie d'Agios Stefanos.

Pour les infos pratiques, voir le Carnet d'adresses p. 465.

À SAVOIR

Marchez jusqu'au village de pêcheurs d'Agios Antonios, dans le nord de l'île, pour prendre un café grec et un *galaktoboureko* (gâteau de pâte phylo fourré de crème pâtissière au citron) à l'ombre des arbres du jardin d'**O Gialos**.

DAVID FOWLER/SHUTTERSTOCK ©

Sentier entre Livadia et la plage de Lethra

Randonnée à Tilos

PLAGES, GORGES ET OISEAUX

Beaucoup de gens viennent et reviennent à Tilos pour marcher sur ses 54 km de sentiers plus ou moins balisés. Le site Internet de la municipalité (www.tilos.gr/fr/walks-trails/) décrit succinctement cinq parcours.

Au départ de **Livadia**, un itinéraire panoramique bien entretenu de 3 km mène au nord jusqu'à la **plage de Lethra**, une crique de sable et de galets non construite mais peu ombragée. Suivez la voie asphaltée derrière l'Ilidi Rock Hotel, à l'extrémité nord-ouest du port, pour trouver le début du sentier. Le chemin du retour, qui passe par les pittoresques **gorges de Potami**, débouche sur la route principale de l'île.

Un circuit plus long mène au village abandonné de **Yera** et à la plage voisine de **Despoti Nero**. De Livadia, prenez la route vers le sud qui fait le tour de la baie d'Agios Stefanos et continuez au-delà de l'église d'Agios Ioannis, à son extrémité est. Prévoyez une demi-journée pour effectuer les 6 km aller-retour.

Les ornithologues amateurs seront aux anges, car plus de 150 espèces d'oiseaux, sédentaires et migrateurs, ont été

L'ÎLE ÉCOLO

Au cours de la dernière décennie, Tilos s'est employée à devenir un modèle de tourisme durable. Il s'agit ainsi aujourd'hui de la première île "verte" de Méditerranée, dont l'énergie provient exclusivement de sources renouvelables, en l'espèce une unique éolienne isolée sur le cap Akri Punta et un petit parc photovoltaïque.

Tilos a également été la première île au monde à interdire les décharges en les remplaçant par un programme de gestion des déchets baptisé **Just Go Zero Tilos** (scannez le QR code pour en savoir plus, en grec et en anglais). Cette approche plus respectueuse de l'environnement, combinée aux options de randonnée, à la faune aviaire et aux superbes plages, en font une destination estivale des plus attirantes.

OÙ SE RESTAURER À TILOS

Gorgona
Un restaurant réputé de Livadia, avec toit-terrasse. Cuisine à partir de produits cultivés dans sa ferme. **€€**

Omonoia Cafe
Sur la place principale de Livadia, ce café fort apprécié convient idéalement pour tous les repas de la journée. **€**

Kastro Cafe
Une adresse de Megalo Horio dont la terrasse jouit d'une vue sur la baie. Commandez le porc élevé sur place. **€**

MIKRO HORIO

À 45 minutes de marche en amont de Livadia, le village médiéval de Mikro Horio constituait le principal lieu de peuplement de Tilos quand les pirates rôdaient dans le Dodécanèse. Définitivement abandonnées après la Seconde Guerre mondiale, ses maisons plus ou moins en ruine – l'une d'elles ouvre comme bar musical en été – composent un décor étrange et fantomatique, surtout au crépuscule.

Si vous êtes encore en forme, faites un saut au Mikro Horio Nightclub, un bar de nuit au centre du village, dont la véranda offre une vue splendide. Les oiseaux de nuit peuvent emprunter la navette gratuite (10 min) qui part de Livadia jusqu'à 1h (plus tard le samedi).

DAVID FOWLER/SHUTTERSTOCK ©

Moni Agios Panteleimon

recensées, dont 46 menacées d'extinction. On peut notamment observer l'aigle de Bonelli, le faucon d'Éléonore, la buse féroce, la fauvette mélanocéphale, le petit duc et le cormoran de Desmarest.

Plages de Tilos

UN HAVRE DE TRANQUILLITÉ

S'il existe des plages équipées près de Livadia, le nord-est de l'île en abrite de plus sauvages. La longue plage d'**Eristos**, à 2,5 km au sud de Megalo Horio, présente une large grève de sable gris ourlée de tamaris et des eaux couleur saphir.

Le paisible hameau d'**Agios Antonios**, dans une vaste baie à 1,5 km au nord-ouest de Megalo Horio, borde une étroite bande de galets avec une taverne à chaque bout. Beaucoup plus jolie, la plage de **Plaka** s'inscrit autour d'une crique à 3 km à l'ouest. L'eau y est légèrement plus chaude, il y a de l'ombre l'après-midi et l'on peut faire du snorkeling près des saillies rocheuses.

Cachée dans une petite baie du sud de l'île, la plage de **Kokkini** doit son nom à la couleur rouge du sable qui la recouvre, riche en fer et autres minerais. Plus loin, la plage de

OÙ SE LOGER SUR TILOS

Apollo Studios
D'agréables studios bien équipés à Livadia, avec balcon privatif et terrasse sur le toit. €

Eleni Beach Hotel
Un établissement au jardin luxuriant, dont les chambres impeccables donnent sur la mer. À Livadia. €€

Milios Studios
À Megalo Horio : chambres confortables, studios avec coin cuisine et vue sur la baie d'Eristos. €

Lethra borde une mer indigo. Enfin, les eaux claires autour de l'îlot rocheux de **Vrachonisida Prasouda**, à l'ouest de Tilos, invitent à des baignades prolongées.

À la découverte d'éléphants nains

ÉTONNANTS FOSSILES

Des éléphants peuplaient Tilos il y a 6 millions d'années, époque à laquelle l'île était encore rattachée à l'Asie Mineure. Lorsque la montée des eaux de la Méditerranée sépara le territoire du continent, l'absence de prédateurs naturels et la diminution des ressources alimentaires entraînèrent une réduction de la taille des pachydermes. Ces derniers s'éteignirent vers 4 000 av. J.-C., probablement à cause de l'arrivée des premiers habitants humains.

Le petit **musée des Éléphants** près de la grotte d'Harkadio, au sud-est de Megalo Horio, expose des ossements découverts en 1974.

Moni Agios Panteleimon

ART, NATURE ET PANORAMA

Après Plaka, la route côtière monte en pente abrupte, serpentant sur 3 km le long d'à-pics vertigineux pour atteindre le beau **monastère Saint-Pantaléon** (XVe siècle). Ce monument majeur du Dodécanèse renferme une remarquable iconostase (1714) en bois et des peintures religieuses de Gregorios de Symi. La fresque du Christ Pantocrator qui orne la coupole et celle représentant la Sainte Trinité sur l'arche intérieure datent de 1776.

À 270 m d'altitude, dans un environnement planté de cyprès, de platanes et de noyers où coule une source, le site offre une vue magnifique englobant les îles de Nisyros et de Kos. Pour les marcheurs, un sentier de randonnée descend jusqu'à Agios Antonios.

Le monastère se tient à 14 km au nord-ouest de Livadia. Consultez les horaires avant de venir, car il ferme l'après-midi pour la prière. Le bus local s'y rend les dimanches d'été.

OÙ PRENDRE UN VERRE À LIVADIA

Cafe Bar Georges
Ce vénérable bâtiment en pierre sur la place affiche un intérieur bleu rafraîchissant tapissé de vieilles photos de pêcheurs et de calendriers érotiques rétro. On y sert un café grec corsé.

Mikro Horio
Le bar de nuit du village abandonné de Mikro Horio, où l'on danse jusqu'au petit matin, possède une véranda à la vue imprenable.

Spitiko
L'enseigne est en grec, mais tout le monde saura vous indiquer cette adresse sur la place. Au menu : café, feuilletés au fromage et aux épinards, baklavas et autres pâtisseries.

COMMENT S'Y RENDRE ET CIRCULER

Tilos n'a pas d'aéroport et peu de ferrys la desservent. Le catamaran Dodekanisos Seaways (p. 407) s'y arrête deux fois par semaine sur la ligne reliant Rhodes (2 heures 30) et Halki (40 min) à Nisyros, Kos et Kalymnos. S'il rallie ces dernières le matin et retourne à Rhodes le soir, cela rend possible une excursion dans la journée. Chaque semaine, Blue Star Ferries (p. 407) effectue deux traversées vers Le Pirée, via Nisyros, Kos et Kalymnos, et deux autres vers Rhodes, dont l'une fait escale à Symi (2-3 heures). Cinq bus quotidiens relient Livadia à Megalo Horio, la plage d'Eristos et Agios Antonios. Aucun taxi ne circule sur l'île. Il est possible de louer une voiture ou un scooter à Livadia.

NISYROS

Pour les infos pratiques, voir le Carnet d'adresses p. 466.

Dénuée de plages, Nisyros est peu prisée des touristes, hormis ceux venus de Kos à la journée pour admirer le volcan. Pourtant, la beauté naturelle de l'île, ses prairies semées de ruches où broutent des chèvres, ses panoramas sur la montagne au-delà des champs en terrasses et ses tapis de fleurs sauvages raviront les voyageurs en quête de simplicité. Et puis, l'endroit recèle aussi des églises byzantines cachées, une imposante fortification antique et de quoi satisfaire les gourmets.

Mandraki, le chef-lieu de l'île, est un village blanchi à la chaux et rehaussé de tons pastel qui s'étire sur le rivage nord. Les superbes Nikea et Emborios trônent sur les hauteurs. Une randonnée ou un séjour dans un gîte rural vous donneront sans aucun doute envie de revenir.

À SAVOIR

Pour visiter la caldeira dans le calme, mieux vaut arriver avant 11h. Prévoyez des chaussures robustes pour marcher sur le sol meuble et chaud.

TAKIS BKS/SHUTTERSTOCK ©

Volcan de Nisyros

Cap sur le volcan

DESCENTE AU FOND DU CRATÈRE

Nisyros se situe sur l'arc volcanique égéen. À l'origine, son volcan culminait à 850 m, mais il s'est effondré et a perdu 100 m de hauteur à la suite de trois violentes éruptions il y a 30 000 à 40 000 ans. Il ne s'est pas manifesté depuis 25 000 ans, mais n'est pas considéré comme éteint. Des pierres ponce blanc et orange jonchent les flancs nord, est et sud de l'île, et une grande coulée de lave recouvre toute la partie sud-ouest autour de Nikea.

Les habitants appellent le volcan Polyvotis, du nom du Titan qui, selon le mythe, fut emprisonné sous un rocher arraché à Kos par Poséidon lors de la bataille opposant les dieux aux Titans. Les grondements de la terre traduisent ses cris de colère.

On peut se rendre en bus, en voiture ou à pied dans la caldeira, une vaste plaine lunaire où des vaches paissent parmi les vestiges d'antiques cultures en terrasses.

L'extrémité sud englobe plusieurs cratères. Un sentier descend dans le plus imposant, Stefanos, qui émet des fumerolles multicolores à 100°C, des sifflements et des vapeurs de soufre. Ne vous éloignez pas trop, car le terrain instable peut s'effondrer.

LES MEILLEURS RESTAURANTS DE NISYROS

Geusea
Des fruits de mer et plats carnés d'exception qui subliment les ingrédients du cru. Un must. €€

Balcony Restaurant
Renommé pour sa viande locale et sa vue inoubliable sur la caldeira. €

Apololi Kori
Les gourmets essayeront la *giouvarlakia* – soupe au citron et boulettes de viande – ou le hareng et sa salade à la pistache. €€

Irini
Une carte de classiques – feuilles de vigne farcies, chèvre à la tomate, souvlaki, *saganaki* (fromage frit)... – qui met l'eau à la bouche. €

OÙ SE LOGER SUR NISYROS

Melanopetra
Deux splendides appartements au décor minimaliste dont les chambres et la cuisine donnent sur la mer et la caldeira. €€€

Anthousa Houses
Trois jolies maisonnettes traditionnelles, bien équipées et entourées d'un jardin luxuriant. €€

Mammis' Apartments
Près de la marina, dans un jardin rempli de fleurs, ces studios disposent de balcons privatifs avec vue sur la mer. €€

NISYROS GOURMANDE

Largement marine, la cuisine du Dodécanèse utilise aussi des épices trahissant l'influence orientale de la Turquie voisine. Si chaque île a ses délices, c'est à Nisyros que l'on mange le mieux. Les restaurants les plus réputés se trouvent à Mandraki et certains ont vu sur le cratère du volcan. Parmi les spécialités locales figurent les *pitia* (boulettes de pois chiches), le *kapamas* (chevreau farci) et le *boukounies* (ragoût de porc). Sans oublier les fromages *mezithra*, *sakouliasti* et *trigias*, ce dernier cuit dans du vin rouge. Côté boissons, ne manquez pas le *soumad* (lait d'amande) et la *kanelada* (sirop de cannelle).

VIOLETA MELETI/SHUTTERSTOCK ©

Nisyros

Mandraki

BOURG DE PÊCHE, MUSÉE ET ANCIENNE ACROPOLE

Le village de pêcheurs de Mandraki, chef-lieu de l'île, s'étire sur le rivage nord de Nisyros. Son front de mer est jalonné de cafés et de tavernes. Derrière le château et le monastère trônant sur les hauteurs se cache la muraille bien conservée de l'acropole. L'embarcadère du ferry se situe à 500 m au nord-est de Mandraki. Pour rejoindre le centre, il suffit de longer le front de mer.

Dans la principale rue piétonnière, le **Musée archéologique**, dans un bâtiment moderne, montre une intéressante collection de céramiques et de sculptures gréco-romaines, ainsi que des objets plus anciens en obsidienne de Giali. La présentation chronologique aide à se repérer dans les différentes époques, du néolithique à la période hellénistique.

À l'extrémité ouest de Mandraki, la tour en ruine d'un fort des chevaliers du XIVe siècle trône au sommet d'une falaise. En contrebas, le Moni Panagias Spilianis (Vierge de la grotte), un monastère de la même époque, est accessible par un court escalier abrupt. Un sentier à travers champs derrière le monastère et le fort monte en 20 minutes jusqu'à

OÙ PRENDRE UN VERRE SUR NISYROS

Oxos
Au bout du port en contrebas du monastère. Terrasse ombragée, vue sur la mer et savoureuses spécialités.

Rythmos Bar
Un endroit fréquenté, parfait pour prendre un café frappé ou un apéritif sur le toit-terrasse.

Ta Liotridia Bar
Murs en pierre apparente, parquet, lumière tamisée et musique nostalgique.

cette **acropole mycénienne de Paléokastro**, vieille de 3 000 ans. Parmi les mieux conservés de l'époque classique, les remparts cyclopéens du IVe siècle av. J.-C. comportent des tours et des inscriptions antiques. Ils faisaient partie d'un système défensif mis en place par Mausole, satrape de Carie, qui contrôla brièvement Rhodes et Kos à partir de 355 av. J.-C. Franchissez la seule porte monumentale encore debout et gravissez les escaliers menant au sommet des énormes blocs de basalte (pas de rambardes) pour profiter d'un panorama à couper le souffle. Des panneaux explicatifs en anglais jalonnent le site.

Autres villages de Nisyros

POUR LES NOSTALGIQUES DE LA GRÈCE D'ANTAN

Emborios s'agrippe au flanc nord abrupt de la caldeira, 9 km en amont de Mandraki. Nombre de ses maisons en pierre jadis à l'abandon ont été restaurées par des étrangers. Le village compte également deux restaurants et plusieurs hébergements pleins de cachet. Mais hormis quelques chats paresseux, seule une petite dizaine de personnes y résident en permanence.

Nikea se situe au bord de la caldeira, à 4 km au sud d'Emborios. De la route, les visiteurs gagnent la petite place centrale en suivant un lacis d'étroites ruelles, bordées de maisons d'un blanc éclatant, où les véhicules ne peuvent circuler. Avec sa mosaïque de galets formant des motifs géométriques et sa ravissante église, celle-ci figure parmi les plus beaux sites du Dodécanèse. Des points de vue indiqués offrent des perspectives plongeantes sur l'intérieur du cratère. Près de la fin de la route, le moderne Musée vulcanologique, accessible aux enfants, retrace l'histoire du volcan et les mythes qui s'y rapportent, ainsi que son impact sur l'île. Le documentaire est intéressant.

Localité en bord de mer battue par les vents, **Pali** se tient à 5 km à l'est de Mandraki, juste après l'embranchement qui mène au volcan. Il s'agit aujourd'hui surtout d'un port de plaisance, dont le quai baigné de soleil accueille une poignée de tavernes. La route côtière rejoint ensuite **Liès**, la plage la plus praticable de Nisyros, à 5 km. De là, un chemin précaire de 1 km dessert **Pachia Ammos**, une étendue de sable volcanique grossier dépourvue d'ombre.

OÙ RANDONNER SUR NISYROS

Circuit de la caldeira
De Mandraki, un itinéraire d'environ 2 heures 30 permet de marcher jusqu'au cœur de la caldeira. On peut partir juste après le monastère Evangelistrias ou suivre le chemin plus long qui mène au côté sud, moins profond.

De Nikea au cratère Stefanos
Le parcours de 45 minutes débute derrière le Musée vulcanologique. Tenez compte des points de repère lors de la descente.

De Mandraki à Paleokastro
Cette marche de 20 minutes donne un magnifique aperçu de la Nisyros rurale.

COMMENT S'Y RENDRE ET CIRCULER

Des catamarans de Dodekanisos Seaways (p. 407) font escale à Nisyros le mardi et le mercredi en allant et en revenant de Kos (50 min) et de Rhodes (2 heures 45). Blue Star Ferries (p. 407) dessert aussi l'île deux fois par semaine dans chaque sens en route vers Kos (1 heure 20), Kalymnos (2-3 heures), Astypalée (5 heures 30) et Le Pirée (13 heures 30), ainsi que vers Tilos (1 heure), Symi et Rhodes (3 heures 30). En été, des bateaux d'excursion quittent le port de Mandraki pour l'îlot de pierre ponce de Giali et sa plage de sable, et rentrent vers 18h.

Des bus publics au départ du port effectuent un circuit dans l'île trois fois par jour en période estivale. Ils nécessitent toutefois une planification complexe si l'on n'a pas d'autre moyen de locomotion pour visiter.

On peut louer voitures et scooters à Mandraki.

KOS

Abritant certaines des plus belles plages du Dodécanèse, d'imposants rochers à pic et des vallées luxuriantes, Kos recèle une infinité de trésors. Pour un peu, on se lasserait presque des colonnes corinthiennes millénaires qui surgissent çà et là au milieu des fleurs sauvages. Même le chef-lieu éponyme de l'île possède des ruines grecques à chaque coin de rue et une forteresse médiévale domine son port.

La plupart des touristes s'intéressent surtout aux plages. Outre celles situées aux abords de Kos (Hora), il existe trois zones balnéaires principales. Kardamena, sur la côte sud, s'adresse essentiellement aux vacanciers en séjour organisé. Mastihari, sur la côte nord, et Kamari, à l'extrême sud-ouest, ont cependant bien plus d'attrait. L'île se distingue aussi par sa nature sauvage. Les monts Dikéos culminant à près de 850 m s'élèvent à quelques kilomètres à l'ouest du chef-lieu.

Pour les infos pratiques, voir le Carnet d'adresses *p. 466.*

À SAVOIR

La vie nocturne d'Hora se cantonne à un pâté de maisons le long de la plage de Kritika. La ville et ses environs se parcourent aisément à vélo – il existe une piste cyclable de 13 km et des pistes de VTT doivent être aménagées.

Rue de Kos

NEJDET DUZEN/SHUTTERSTOCK ©

Ville de Kos (Hora)

RUINES ANTIQUES ET FORTERESSE MÉDIÉVALE

Cette jolie ville portuaire décline un remarquable ensemble de vestiges des périodes hellénistique, romaine et byzantine à l'ombre d'un château médiéval. Sur la place principale, le **Musée archéologique** rassemble des sculptures allant de la période hellénistique à la fin de l'époque romaine. Une statue d'Hippocrate et une mosaïque du IIIe siècle constituent les pièces maîtresses. Le majestueux **château des Chevaliers** (XVe siècle) montre une certaine diversité de styles architecturaux car sa construction par l'ordre de Saint-Jean de Jérusalem s'étala sur quelque 130 ans. Au sud de la forteresse, l'**agora antique** formait jadis le centre politique, économique et religieux de la cité. Elle conserve une imposante *stoa*, un sanctuaire d'Aphrodite, un temple d'Héraclès (IIe siècle av. J.-C.) et une basilique paléochrétienne (Ve siècle). Au nord, la **Plateia Platanou** abrite le platane d'Hippocrate, sous lequel le praticien transmettait son savoir à ses élèves. Bâtie à la période hellénistique et remaniée jusqu'au IIe siècle, la **Casa Romana**, au sud du centre, évoque agréablement le mode de vie d'un dignitaire et de sa famille dans la Kos antique. Bordé de cafés et de tavernes, le port accueille des rangées de bateaux d'excursion, de pêche et de plaisance.

SE RESTAURER ET PRENDRE UN VERRE À HORA

Pote Tin Kyriaki
Ouvert le soir, ce bar à ouzo doté d'une cour charmante sert des plats typiques délicieux. €

Aegli
Une coopérative de femmes tient cette adresse de savoureuses spécialités du cru, sur la place principale. €

Ta Votsalakia
Un établissement recommandé pour la pêche du jour, situé sur la plage. €€

Kaseta
Parfait pour prendre un café sur le port.

Law Court Cafe
Face à l'arbre d'Hippocrate et pourtant à mille lieues de la scène touristique.

ENVIE DE PLAGE ?

Il est bien sûr possible de se baigner à Kos. Pour les plages proches d'Hora, voir p. 434.

COMMENT S'Y RENDRE ET CIRCULER

Le cyclotourisme étant très populaire, les vélos à louer abondent. Des pistes cyclables sillonnent Kos (Hora), la plus empruntée longeant le front de mer jusqu'à Lambi au nord et Psalidi au sud.

Des taxis stationnent du côté sud du port. Une ribambelle de bateaux amarrés à Kos (Hora) propose des excursions autour de l'île et de ses voisines.

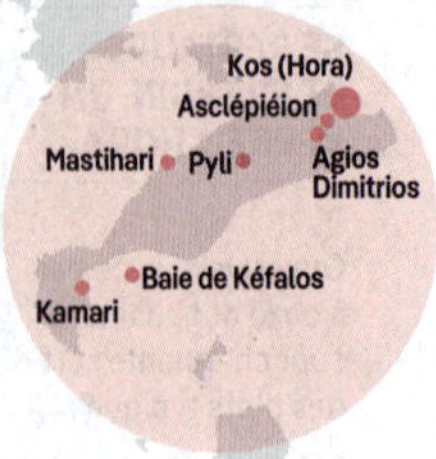

Ailleurs sur Kos

La côte sud-ouest forme une longue bande de sable ininterrompue.

Pour les infos pratiques, voir le Carnet d'adresses p. 467.

À SAVOIR

Les bus depuis/vers la ville de Kos (Hora) s'arrêtent au niveau de la plage de Kamari.

Adossée à de vertes collines broussailleuses et léchée par une mer tiède, l'immense baie de Kéfalos s'étire sur 12 km. Le long de la route principale, des chemins balisés conduisent à des plages aux noms distincts.

La discrète station de Kamari, autour d'une plage de galets noirs, comporte de nombreux cafés, tavernes et hébergements, et l'on peut y pratiquer des sports nautiques. Perché sur une falaise au-dessus, le village touristique de Kéfalos possède quelques adresses où se restaurer et se loger. Si vous souhaitez vraiment fuir la foule, poursuivez jusqu'à la pointe sud de l'île.

Baie de Kéfalos

OLESYA KUZNETSOVA/SHUTTERSTOCK ©

Asclépiéion

LE DODÉCANÈSE DANS LA MYTHOLOGIE

Rhodes
L'île appartenait à Hélios, le dieu du Soleil, représenté par le fameux Colosse de Rhodes.

Nisyros
Le volcan de Nisyros serait le Titan Polyvotis, emprisonné par Poséidon sous un rocher arraché à Kos.

Symi
Les insulaire auraient hérité de Glaucos, fils de Poséidon, leur capacité à plonger en apnée à de grandes profondeurs pour pêcher des éponges.

Kos
Hippocrate, le père de la médecine, fonda son école et le premier hôpital de l'histoire sur la terre sacrée d'Esculape.

Pour d'autres détails sur la mythologie et les dieux grecs, reportez-vous à la p. 642.

Asclépiéion

LE BERCEAU DE LA MÉDECINE

Principal site antique de l'île, l'**Asclépiéion** se tient au sommet d'une colline plantée de pins, à 3 km sud-ouest de Kos (Hora), d'où le panorama embrasse la ville et la Turquie au loin.

L'ensemble architectural comprend un sanctuaire religieux dédié à Asclépios (Esculape), le dieu grec de la Médecine, un centre de soins et une école de médecine. La légende veut qu'il ait été fondé au IIIe siècle av. J.-C. par Hippocrate en personne, natif de l'île, mais celui-ci était déjà mort et l'on se contentait d'y transmettre ses enseignements. Jusqu'au séisme qui le détruisit en 554, on venait de très loin pour être soigné à l'Asclépiéion.

Les ruines se déploient sur trois niveaux. Le **propylée** (porte monumentale), les **thermes romains** et les restes des chambres d'hôtes occupent le premier. L'**autel d'Apollon Kyparissios** (IVe siècle av. J.-C) s'élève au deuxième, avec, à l'est, le temple d'Apollon (Ier siècle av. J.-C.) et, à l'ouest, le **premier temple d'Asclépios** (IVe siècle av. J.-C.). Enfin, les

OÙ SE RESTAURER SUR KOS

Haihoutes
Dans le village abandonné éponyme, ce *kafeneio* propose du bon café et une cuisine traditionnelle (voir p. 436). €

O Makis
Une table accueillante, authentiquement grecque, qui sert des fruits de mer et des grillades à prix imbattables. €

Oria Taverna
Une taverne idyllique, accessible uniquement à pied (15 min), d'où l'on jouit d'une vue unique au coucher du soleil. €

OÙ SE BAIGNER AUTOUR DE KOS (HORA)

Lambi
La plage la plus proche de Kos (Hora), bordée d'hôtels et de restaurants, débute à 2 km au nord-ouest de la ville. Très fréquentée, elle a la faveur des véliplanchistes, tout comme celles décrites ci-dessous.

Therma Loutra
Au sud de Kos (Hora), cette plage dont les sources chaudes augmentent la température de l'eau attire un monde fou ; pour ne croiser personne, venez-y vers 6h.

Île de Psérimos
À quelques kilomètres de Kos, Psérimos est dotée d'une grande plage de sable. Des bateaux d'excursion au départ de Marmari la desservent en été.

ANDREAS_NAEGELI/SHUTTERSTOCK ©

Château de Pyli

vestiges du **second temple d'Asclépios** (IIe siècle av. J.-C.), jadis magnifique, trônent au dernier niveau. Grimpez ensuite jusqu'à la pinède afin de contempler la meilleure perspective. Sur le chemin qui descend, un petit **musée** moderne conserve des inscriptions antiques.

Montez à vélo ou prenez le bus n°3 qui part toutes les heures de Kos (Hora).

Kamari et baie de Kéfalos

PLAGES LOIN DE LA FOULE

En dehors de Kos (Hora), **Kavo Paradiso** est l'étendue de sable la plus prisée, **Magic Beach** la moins développée. Plus l'on va vers l'ouest, plus il y a du monde.

Xerocambos ("plage exotique"), à proximité, s'adresse aux nudistes. L'attrayante plage de **Lagada**, dite aussi Banana Beach, est également préservée.

La plage d'**Agios Stefanos**, à l'extrémité ouest de la baie, a hélas été défigurée par un énorme complexe hôtelier. Au large de ce petit promontoire, l'îlot de Kastri accessible à la nage abrite une basilique byzantine en ruine du Ve siècle.

OÙ SE RESTAURER ET PRENDRE UN VERRE SUR KOS

Restaurant Agios Theologos
Une taverne très appréciée, au-dessus de la plage d'Agios Theologos. Idéale pour voir le coucher de soleil. €€

Mylotopi
Ce café-bar-restaurant, qui s'enroule autour d'un moulin à vent, a fait revivre le site d'un ancien village. €€

Cavo Greco
La bonne cuisine et la vue sur la plage font de ce restaurant l'adresse parfaite pour un repas romantique. €

Sur la côte ouest, la plage d'**Agios Theologos** s'étire sur fond de dunes herbeuses plantées d'oliviers, à des années-lumière de l'agitation balnéaire.

À part manger, nager et prendre le soleil, il n'y a pas grand-chose à faire dans le secteur.

Villages de montagne

EXCURSIONS DANS L'ARRIÈRE-PAYS

Kos dissimule des villages enchanteurs disséminés dans les monts Dikéos. Rendez-vous d'abord à **Agios Dimitrios**, abandonné par ses habitants durant la Seconde Guerre mondiale, qui abrite une jolie église et le café Haihoutes.

À 14 km au sud-ouest de Kos (Hora), **Lagoudi Zia**, jadis l'un des plus beaux villages de Kos, se résume aujourd'hui à une seule rue aux allures de parc à thème. La vue sur la mer en contrebas éblouit toujours, mais des bus entiers de touristes envahissent sans cesse les boutiques de souvenirs et les tavernes.

Plus loin, **Asfendiou**, ne reçoit guère de visiteurs malgré ses charmantes églises et sa vue splendide. Environ 5 km à l'ouest, **Pyli** revêt un aspect moins mercantile. Juste à l'entrée, un embranchement à gauche mène au **Vieux Pyli**, le bourg médiéval d'origine perché au milieu de rochers imposants et de pins. Les ruines austères du **château de Pyli** qui se découpent sur ses hauteurs ajoutent une touche de magie au décor sauvage. Un sentier bien balisé montant du parking en bord de route bifurque à gauche vers le château, à droite vers le village ancien. Tous les bâtiments de ce dernier sont désaffectés, à l'exception de l'**Oria Taverna**, cachée dans les bois.

Deux à quatre bus quotidiens relient Kos (Hora) à Pyli mais pas au Vieux Pyli.

Mastihari

CHARMANTE DESTINATION BALNÉAIRE

À défaut de centre historique et d'intérêt architectural, cette petite station délicieusement rétro a tout ce qu'il faut pour passer d'honnêtes vacances en famille sous le soleil : une large bande de sable fin, plantée çà et là de tamaris, un groupe de studios à louer et d'hôtels de taille modeste, une rangée de tavernes alléchantes et de bars sur le front de mer. Vous n'y serez pas seul (de grands complexes hôteliers ont été construits derrière), mais elle reste moins tape-à-l'œil que certaines de ses voisines.

AU FIL DES SIÈCLES

Kos était si peuplée et si riche à la période mycénienne qu'elle aurait, dit-on, envoyé 30 navires participer à la guerre de Troie. En 477 av. J.-C., après avoir souffert d'un séisme et de son assujettissement aux Perses, l'île rallia la Ligue de Délos et connut une nouvelle période faste. Hippocrate (460-377 av. J.-C.), considéré comme le père de la médecine, naquit et vécut à Kos. Après sa mort, les habitants construisirent le sanctuaire d'Asclépios et une école de médecine, qui rendirent l'île célèbre dans tout le monde hellénique.

Le pharaon Ptolémée II, né lui aussi à Kos, plaça l'île sous la protection de l'Égypte et en fit un centre marchand prospère. En 130 av. J.-C., elle passa aux mains de Rome, avant d'être administrée par Rhodes à partir du Ier siècle. Elle partagea alors le destin de cette dernière et vit passer les chevaliers de Saint-Jean, les Ottomans et les Italiens. Aujourd'hui, son économie repose largement sur le tourisme.

OÙ SE LOGER SUR KOS

Albatross Studios
Onze studios sans chichis avec kitchenette, vue sur la mer et accès à une piscine, sur la plage de Kamari. **€€**

Katerina & Efi
Jouxtant la plage de Mastihari, ces studios bien tenus conviennent pour un séjour en famille. Animaux acceptés. **€**

Zeus Hotel
Loin de la foule dans le village de Kampos, près d'une taverne, d'une supérette et d'un arrêt de bus. Bon petit-déjeuner. **€**

HAIHOUTES

Le ravissant **café Haihoutes** remis en état témoigne de l'histoire du village fantôme du même nom, également appelé Agios Dimitrios, qui comptait jadis 450 âmes. Assis sur une jolie chaise vert olive devant une table traditionnelle, on se croirait dans un *kafeneio* d'il y a plusieurs décennies. Le soir, l'établissement se transforme en bar, avec parfois des concerts de rébétiko et autres musiques. N'oubliez pas de jeter un œil au "musée" attenant, réplique d'une maison typique, et aux photos d'antan à l'intérieur de l'église.

Restaurant, Mastihari

Médecine et plantes

SUR LES TRACES D'HIPPOCRATE

À 1 km avant l'Asklépiéion, la **Fondation hippocratique internationale** possède une modeste collection de plantes pharmaceutiques qui ne suscite pas d'emblée l'enthousiasme. Elle mérite toutefois le détour pour sa petite exposition riche d'explications sur le célèbre médecin de l'Antiquité et le serment qui porte son nom, ainsi que ses instruments médicaux anciens dont les modèles sont toujours en usage de nos jours. Partie la plus intéressante, son **jardin botanique** cultive des espèces végétales employées du temps d'Hippocrate dans les conditions de l'époque.

COMMENT S'Y RENDRE ET CIRCULER

L'aéroport de Kos se situe au milieu de l'île, à 24 km de Kos (Hora). Aegean Airlines (p. 407), Olympic Air (p. 407) et Sky Express (p. 407) rallient Athènes (1 heure 05) jusqu'à quatre fois par jour. Des vols réguliers desservent aussi Rhodes (30 min) et Léros (55 min). Les liaisons aériennes avec d'autres îles, dont Naxos, passent par Athènes.

Le principal port de ferrys de l'île se trouve dans la ville de Kos (Hora), devant la forteresse. Dodekanisos Seaways (p. 407) couvre l'archipel : ses catamarans se rendent au sud-est jusqu'à Rhodes via Nisyros (50 min, 2/sem), Tilos (1 heure 35, 2/sem) et Halki (2 heures 30, 2/sem), au nord jusqu'à Samos (Pythagorion, 4 heures, 3/sem), Kalymnos (35 min, 1-2/jour), Léros (1 heure 30, 1-2/jour) et Patmos (2 heures 30, 1-2/jour). Blue Star Ferries (p. 407) dessert également Rhodes (3-5 heures, 1/jour), ainsi qu'Astypalée (1 heure 30, 1/sem) et Le Pirée (10-12 heures, 1/jour) à l'ouest.

De la principale gare routière, très en retrait du front de mer de Kos (Hora), les bus KTEL desservent toute l'île, y compris l'aéroport et les plages de la côte sud.

Il y a des agences de location de voitures à l'aéroport, à Kos (Hora) et à Mastihari.

ASTYPALÉE

Perdue au milieu d'une mer turquoise, la lointaine Astypalée, une île évoquant les ailes d'un papillon, séduit les amateurs de randonnée, les campeurs mais aussi les passionnés d'histoire. Ce dernier refuge pour les amoureux des îles réunit des prairies alpines évoquées dans les récits d'Homère et des plages accidentées dont les eaux pourraient bien cacher des sirènes.

Les principales localités, Pera Gialos et Hora, se confondent en une cascade de maisons blanches aux portes et aux fenêtres pastel descendant de la forteresse médiévale vers le port. Malgré la présence de quelques excellents restaurants et hébergements, les infrastructures touristiques et les liaisons en ferry demeurent très limitées. La plupart des visiteurs sont des Grecs, suivis de Français et d'Italiens. Si vous souhaitez échapper à la foule des vacanciers, vous êtes sur la bonne île.

Pour les infos pratiques, voir le Carnet d'adresses p. 467.

À SAVOIR

Le Pardalo Katsiki Club organise une randonnée guidée à travers les merveilleux paysages de l'île chaque dimanche à 10h. Rendez-vous près des moulins à vent d'Hora pour y participer.

VOIR

1 Plage d'Agios Ioannis Makris
2 Plage d'Agios Ioannis Rihtis
3 Plage d'Agios Konstantinos
4 Musée archéologique
5 Plage de Ble Limanaki
6 Plage de Kaminakia
7 Kastro
8 Plage de Livadi
9 Plage de Plakes
10 Plage de Steno
11 Plage de Tzanaki
12 Plage de Vatses

POURQUOI J'AIME ASTYPALÉE

Vesna Maric, autrice Lonely Planet @vesnamarx

Je suis maintes fois retournée à Astypalée au fil des ans. Et toujours j'ai pu y apprécier la même atmosphère sereine. C'est un petit paradis égéen, lointain et battu par les vents mais, surtout, désert par endroits. On peut y goûter une cuisine remarquable, traîner dans les cafés, goûter la beauté des plages et se balader au gré des chemins. Astypalée garde son attrait en hiver. À vous, alors, la possibilité de faire de longues randonnées, de s'essayer à la céramique ou de simplement s'imprégner de la vie locale.

Pera Gialos et Hora

RUELLES PLEINES DE CACHET ET FORTERESSE IMPOSANTE

Principal centre habité d'Astypalée, **Pera Gialos** se tient sur la côte méridionale de sa partie ouest autour d'une jolie baie, et possède une petite plage de sable et de galets attrayante. Au début de la route qui monte à Hora, le **Musée archéologique** rassemble des objets découverts dans l'île allant de la période mycénienne au Moyen Âge. Admirez en particulier les offrandes provenant de deux tombes mycéniennes et la statue romaine d'Aphrodite en bronze.

Perché sur les hauteurs, le vieux **Hora** enchante les visiteurs avec ses maisons blanches étagées au pied de l'impressionnant **Kastro**. Bâti au début du XVe siècle par la famille vénitienne des Quirini, ce château fut agrandi et rénové au cours des trois siècles suivants. La population – jusqu'à 4 000 personnes – vivaient entre ses remparts pour se protéger des pirates qui sévissaient alors en mer Égée. Les derniers habitants quittèrent le fort en 1956, après qu'un séisme eut détruit leurs habitations en pierre. L'**église Notre-Dame-du-Fort** se dresse au-dessus de l'unique entrée en forme de tunnel ; l'**église Agios Georgios** à l'intérieur de l'enceinte.

En explorant le dédale de ruelles silencieuses, ne manquez pas la **bibliothèque d'Hora**, aménagée dans l'un des moulins à vent, qui réunit un excellent choix de livres en anglais et autres langues étrangères, notamment traduits d'auteurs grecs. Stella Papadopolou, la professeure d'anglais qui a créé et gère ce lieu, vous recommandera volontiers des ouvrages à emprunter.

Plages d'Astypalée

L'EMBARRAS DU CHOIX

Plage la plus prisée, **Livadi** se trouve à l'embouchure d'une vallée luxuriante, dans la première baie au sud d'Hora. On peut s'y rendre à pied en 20 minutes depuis le vieux village. En été, l'endroit devient une petite station balnéaire vivante, au front de mer bordé de bars et de restaurants à la mode.

L'isthme qui relie les deux "ailes" de l'île recèle certaines des plages les plus populaires. **Steno** allie sable, ombre et eaux peu profonde pour les baignades en famille.

La route à l'ouest de Livadi serpente au milieu de prairies montagneuses jusqu'à plusieurs plages retirées. Un bref détour conduit à la jolie **Agios Konstantinos** ombragée, du côté sud de la baie de Livadi. On accède aux splendides plages de **Kaminakia** et de **Vatses** par une piste de terre à l'extrémité ouest, là où se termine le sentier. Flanquée de

OÙ SE RESTAURER ET PRENDRE UN VERRE SUR ASTYPALÉE

Kantina Steno
Les insulaires ne jurent que par cette adresse pour son cadre – la plage de Steno –, sa cuisine et ses prix avantageux. **€€**

Krokodilos
Sur la plage de Livadia, régalez-vous de maquereau grillé et d'*horta* (salade cuite de plantes sauvage). **€€**

Barbarossa
Cette taverne accueillante, le long de la principale voie d'accès à Horta, prépare de délicieuses spécialités. **€€€**

Pera Gialos

rochers granitiques au bord d'une mer transparente laissant apparaître les galets au fond, Kaminakia est le meilleur endroit de l'île pour une séance de bronzage. Elle accueille en outre une taverne saisonnière de premier ordre. **Tzanaki** est réservée aux nudistes, tandis que **Ble Limanaki** et **Plakes** ont la faveur des habitants. Desservies par des sentiers, **Agios Ioannis Makris** et **Agios Ioannis Rihtis** permettent de s'isoler.

En juillet-août, des bateaux d'excursion au départ de Pera Gialos rallient les plages occidentales d'Agios Ioannis, Kaminakia et Vatses, ainsi que les îlots de **Koutsomytis**, aux eaux vert émeraude, et de **Kounoupa**.

Graffitis de Vathy

LES PLUS ANCIENNES INSCRIPTIONS HOMOÉROTIQUES AU MONDE

Des graffitis découverts près du village retiré de **Vathy** ont dévoilé aux archéologues de précieux détails sur la vie intime des Grecs aux périodes archaïque et classique. Gravées il y

OÙ FAIRE LA FÊTE À PERA GIALOS

Iannos Vogiatzis, architecte, potier et propriétaire du Kafeneio Oi Myloi, partage avec nous ses meilleures adresses festives sur Astypalée.

Artemis Bar
Un bar typiquement insulaire, avec une super ambiance dansante et une chouette terrasse panoramique, qui affiche complet après 3h. Je m'y suis beaucoup amusé toutes ces années.

Castro Bar
L'un des plus vieux bars d'Astypalée et le meilleur endroit pour prendre un verre tôt sur une charmante terrasse. Cocktails réussis et soirées animées par des DJ.

Mylos Bar
Un petit établissement qui organise parfois des fêtes géniales tard le soir.

Kafeneio Oi Myloi
Un *kafeneio* d'Hora joliment rénové où prendre un verre et se restaurer. €

Meltemi
Excellents petits-déjeuners, café et desserts, en face des moulins à l'entrée d'Hora. €

Archipelagos
Gâteaux et thés à déguster sur la terrasse, offrant une belle vue. À Hora. €

OÙ FAIRE DU SHOPPING À HORA

Deximi Art
Une boutique chic où dénicher des bijoux, vêtements et petits objets de décor conçus par des créateurs grecs.

Art in Pelago
Tuniques et robes vaporeuses aux imprimés originaux, bijoux de designers grecs et céramiques.

Aerino
Les bijoux faits main et les vêtements de stylistes grecs vendus par cette enseigne en face des moulins s'adressent aux adeptes de l'élégance classique.

LEOKS/SHUTTERSTOCK ©

Kounoupa (p. 439)

a 2 500 ans sur un affleurement de calcaire dolomitique le long du cap, ces dessins phalliques accompagnés de textes crus démontrent que l'homosexualité n'était pas une pratique taboue à l'époque. Selon certaines théories, une garnison aurait été cantonnée au point culminant du promontoire, site ad hoc pour un poste de guet militaire.

Au dire des épigraphistes, les auteurs des inscriptions maîtrisaient plutôt bien l'écriture, ce qui tend à prouver que les classes dirigeantes n'étaient pas les seules à être alphabétisées.

COMMENT S'Y RENDRE ET CIRCULER

L'aéroport se situe sur l'étroite partie centrale de l'île, 8 km au nord-est de Pera Gialos. En été, des bus coïncident avec les vols. Sky Express (p. 407) assure plusieurs vols hebdomadaires pour Astypalée au départ de Léros (25 min), Kalymnos (1 heure 45) et Kos (2 heures). Il y a aussi des liaisons quotidiennes depuis Athènes (1 heure).

En été, les bateaux Blue Star Ferries (p. 407) accostent dans le "nouveau port" isolé d'Agios Andreas, 6,5 km au nord de Pera Gialos. Un ferry en provenance du Pirée (11 heures), via Paros (5 heures 15) et Naxos (4 heures), passe quatre fois par semaine et repart en sens inverse quelques heures plus tard. Une fois par semaine Dodekanisos Seaways (p. 407) dessert l'île via Kalymnos (2 heures 25), Kos (1 heure 45), Tilos (3 heures 30) et Nisyros (2 heures 45).

Astypalée dispose d'un système de véhicules électriques partagés – voitures, scooters et vélos – auquel les visiteurs ont accès. Le prix est fonction de la durée d'utilisation. Il faut télécharger l'application astyMove et s'inscrire, éventuellement en scannant le QR Code sur le port ou à d'autres endroits de l'île.

Des agences de location de véhicules non électriques opèrent à Pera Gialos.

Des bus estivaux au départ de Pera Gialos desservent Hora et Livadi, à l'ouest, et Analipsi/Maltezana, à l'est, via plusieurs plages.

KASTELLORIZO

À seulement 2 km de la Turquie, Kastellorizo dégage un parfum d'Orient et éblouit par sa beauté. En arrivant en bateau, l'âme des voyageurs est ravie par ce décor reflétant l'histoire de l'île – château en ruine, minaret et maisons néoclassiques aux couleurs pastel. La promenade du front de mer (*kordoni*) forme l'épicentre de l'activité estivale. Grâce à son port, considéré comme le meilleur entre Beyrouth et Le Pirée, Kastellorizo eut la faveur des Doriens, des Romains, des croisés, des Égyptiens, des Turcs et des Vénitiens. Sous domination ottomane à partir de 1552, elle disposait alors de la plus importante flotte marchande du Dodécanèse. À la suite d'une révolte contre les Turcs en 1913, l'île devint une base navale française, avant de revenir à la Grèce. Jadis appelée "Megisti" (la Grande), l'île mesure cependant moins de 10 km². Si les plages de sable fin manquent à l'appel, des plateformes flottantes et des sites idylliques sont accessibles en bateau.

Pour les infos pratiques, voir le Carnet d'adresses p. 467.

À SAVOIR

Après l'échange de population organisé entre la Grèce et la Turquie en 1923, nombre d'insulaires émigrèrent en Australie, où vivent encore quelque 30 000 d'entre eux. Nombreux sont ceux qui reviennent sur l'île en été.

GROTTE BLEUE

Sur le rivage sud-est retiré de Kastellorizo, cette grotte exceptionnelle (entrée libre) est célèbre pour les jeux de miroir de ses eaux aux reflets d'un bleu intense. Pour s'y rendre, il faut prendre l'un des quatre bateaux-taxis (15 €/pers) de l'île. L'excursion dure 45 minutes, dont 30 minutes aller-retour et 15 minutes sur place. Les embarcations ne pénètrent à l'intérieur que si les conditions le permettent. L'entrée est si basse (2 m environ) que les passagers doivent se courber pour que le bateau puisse passer.

FOKKE BAARSSEN/SHUTTERSTOCK ©

Port de Kastellorizo

Du port au "Castello Rosso"

PATRIMOINE ANCIEN ET CADRE DE RÊVE

Le port de **Kastellorizo** constitue son artère vitale, vous y verrez des filets de pêche, posés près de demeures aux couleurs pastel. À l'est, de larges marches mènent à la localité perchée d'**Horafia**, avec au-delà la **baie de Mandraki**. Le long du chemin côtier qui contourne le cap en contrebas, un escalier précaire grimpe jusqu'à une tombe lycienne du IVe siècle av. J.-C., taillée dans la roche, qui présente une impressionnante façade de style dorique. Il existe plusieurs sépultures de ce type sur la côte anatolienne, mais très peu en Grèce.

On peut aussi rejoindre **Paléokastro**, l'ancien chef-lieu de l'île à 1 km, par les marches en béton qui montent juste après une guérite militaire sur la route de l'aéroport. Ses remparts hellénistiques renferment une tour, une citerne et trois églises.

Le **Musée archéologique** avec sa collection de pièces antiques, de costumes et de photos, donne un aperçu du riche passé de Kastellorizo.

Au sommet de la colline, un escalier branlant conduit aux ruines du **fort des chevaliers de Saint-Jean**. Sa position sur une falaise rouge lui a valu le nom de "Castello Rosso", d'où dérive le toponyme Kastellorizo. Vous profiterez en haut d'une vue splendide sur la Turquie.

MIGRANTS

Ces dernières années, l'île s'est trouvée sur la route de réfugiés (voir aussi p. 638) ; leurs aïeuls ayant eux aussi connu cette situation, les insulaires ont fait preuve d'une grande compassion envers les migrants.

COMMENT S'Y RENDRE ET CIRCULER

Le petit aéroport de Kastellorizo se situe sur le plateau central, à 2,5 km au-dessus du village. Le seul taxi de l'île vous y transportera depuis le port et vice versa. Olympic Air (p. 407) assure 5 vols hebdomadaires (4 en basse saison) entre Rhodes et Kastellorizo (40 min).

Un nombre restreint de ferrys accostent au port de Kastellorizo (hora). Blue Star Ferries (p. 407) rallie Le Pirée via Rhodes (3-4 heures, 2/sem). En été, Dodekanisos Seaways (p. 407) effectue l'aller-retour Rhodes-Kastellorizo (2 heures 30) dans la journée, ce qui permet de consacrer 4 heures à la visite de cette dernière.

Le réseau routier ne dessert que l'aéroport, mais on peut randonner.

KALYMNOS

D'une beauté sauvage, Kalymnos se caractérise avant tout par son relief escarpé de falaises et de montagnes qui attire les grimpeurs du monde entier. Le long de la côte occidentale, en particulier, le paysage revêt un aspect spectaculaire, avec ses rochers abrupts dominant une mer d'un bleu éblouissant. Pour autant, l'île recèle aussi plusieurs vallées fertiles, ponctuées de ruches et d'oliveraies.

Ajoutez à cela Télendos, un îlot interdit aux voitures à 10 minutes en bateau-taxi qui abrite une série de superbes plages tranquilles et de tavernes, et vous obtiendrez une destination des plus séduisantes.

Bien que l'âge d'or de la pêche à l'éponge soit depuis longtemps révolu, Kalymnos demeure indissociablement liée à l'élément marin, surtout à Pothia, où les statues de Poséidon et d'un plongeur gardent le port. Ces dernières années, des activités nouvelles se sont développées, dont la plongée et la randonnée.

Pour les infos pratiques, voir le Carnet d'adresses p. 467.

À SAVOIR

Les taxis collectifs qui attendent à la station de Pothia coûtent à peine plus cher que les bus. Les taxis privés demandent environ 10/10/17/30 € jusqu'à Myrtiès/l'aéroport/Vathys/Emborios.

OÙ SE RESTAURER À TÉLENDOS

Restaurant Cafe Rita
Accueil chaleureux et cuisine délicieuse. Au menu : souvlakis, agneau au citron et à l'ail et copieux *stifado* d'agneau. €

Cafe Nautikos
À l'ombre de tamaris du côté gauche de la jetée, c'est le lieu de rendez-vous favori des grimpeurs matinaux en quête d'un café, d'un petit-déjeuner ou d'en-cas. €

To Kapsouli
Viande et fruits de mer extra-frais pour cette taverne diablement pittoresque avec vue sur la mer. €

On The Rocks
Un café-bar-restaurant au décor nautique, dans un jardin sur le front de mer, qui sert une cuisine grecque pleine de fraîcheur et du bon vin. €

Télendos

UN ÎLOT ENCHANTEUR

Télendos surgit au large de la côte occidentale de Kalymnos. Couronné par une crête montagneuse culminant à 450 m, il se serait détaché du reste de l'île en 554 à la suite d'un tremblement de terre. C'est aujourd'hui une destination de rêve, interdite aux véhicules, pour une excursion ou un séjour plus long.

L'activité se concentre sur le front de mer, un bref alignement de maisons blanchies à la chaux, de tavernes et de cafés animés de part et d'autre de la jetée. Tournez à droite pour rejoindre les ruines de la **basilique d'Agios Vasilios**, d'époque paléochrétienne, puis empruntez le sentier qui grimpe jusqu'à celles de la basilique Palaiopanayia. En prenant à gauche, on peut franchir la crête étroite plantée de lauriers-roses qui mène à la plage d'**Hohlakas**, recouverte de petits galets et balayée par les vents, ou gagner **Paradise Beach**, la plage de nudistes située au-delà, dans une petite crique tranquille propice à la baignade. Explorez le promontoire sud peu élevé, qui abrite des tombes paléochrétiennes désormais habitées par des chèvres. Les falaises du rivage nord comptent plusieurs voies d'escalade très prisées. L'accès se fait en une heure de marche par un mauvais sentier exposé.

Escalade et randonnée à Kalymnos

FALAISES DÉSOLÉES ET SURPLOMBS VERTIGINEUX

Le relief calcaire de Kalymnos en fait la destination numéro un des grimpeurs en Grèce. L'île possède plus de 80 sites d'escalade et au total plus de 3 500 itinéraires balisés. La plupart se situent au-dessus de la route côtière occidentale, surtout autour et au nord d'**Armeos** (des bornes blanches les indiquent), mais les versants de l'îlot de Télendos, non loin au large, recèlent également certains des meilleurs spots.

La saison dure de mars à mi-novembre, avec une pointe de mi-septembre à fin octobre. Un **festival d'escalade** se déroule les dix premiers jours d'octobre.

L'essor de cette activité est largement dû à Aris Theodoropoulos, qui a écrit avec Katie Roussos le guide très complet *Kalymnos Rock Climbing Guidebook*, et qui gère le portail Internet climbkalymnos.com, incluant un forum.

Kalymnos connaît aussi un succès croissant auprès des randonneurs. L'excellente carte *Kalymnos* (1/25 000), éditée par

OÙ SE LOGER SUR KALYMNOS

On The Rocks
À Télendos, des studios tout confort, avec balcon, accueillant randonneurs et estivants. €€

Villa Melina
Des chambres élégantes au charme désuet, garnies de lits immenses, dans une villa de Pothia avec jardin et piscine. €

Hotel Porto Potha
Le seul hôtel de Télendos, à 5 minutes à pied du village, loue des chambres bien tenues. €

Randonnée à Kalymnos

Terrain Maps (terrainmaps.gr), décrit en détail les itinéraires établis. Les marcheurs aguerris peuvent entreprendre tout ou partie de l'exigeant **Kalymnos Trail** (100 km), qui fait le tour de l'île et celui de Télendos. À défaut, des parcours plus brefs conduisent à des églises et des monastères, sans oublier le château d'Hora.

Les grimpeurs d'expérience et les marcheurs moins expérimentés s'adresseront à **Kalymnos Expérience**. Il est également possible de pratiquer la plongée et le kayak.

LES MEILLEURS RESTAURANTS DE KALYMNOS

Mamouzelos
Sans conteste la meilleure taverne de poisson de l'île, à Pothia. Les prix sont un peu plus élevés qu'ailleurs, mais les pêcheurs réservent à l'établissement leurs plus belles prises. €€

Aegean Tavern
Un restaurant haut de gamme dans un bâtiment stylé face à la mer et l'îlot de Télendos. €€

Stukas Taverna
Cette adresse de Pothia, agrémentée d'une terrasse au bord de l'eau, propose une cuisine généreuse, dont des menus végétariens, à déguster sur des nappes à carreaux. €

COMMENT S'Y RENDRE ET CIRCULER

L'aéroport se situe à 6 km au nord-ouest de Pothia. Sky Express (p. 407) assure des liaisons 3 à 6 fois par semaine avec Athènes (à partir de 101,30 €, 1 heure), Léros (à partir de 161,29 €, 25 min) et Kos (67,30 €, 25 min).

Des catamarans de Dodekanisos Seaways (p. 407) effectuent des traversées 2 à 7 fois par semaine entre Pothia, principal port de Kalymnos, et Samos (44 €, 3 heures 15), Icarie (32 €, 2 heures 45), Patmos (32 €, 1 heure 45), Lipsi (24 €, 1 heure 15), Léros (22 €, 45 min) et Kos (22 €, 35 min). Une autre ligne couvre l'itinéraire Rhodes-Symi-Kos-Kalymnos-Léros-Lipsi-Patmos.

Blue Star Ferries (p. 407) relie 5 fois par semaine Pothia au Pirée (59 €, 10 heures 55), ainsi qu'à Kos (7 €, 45 min) et Rhodes (à partir de 22 €, 6 heures 15), une fois par semaine à Astypalée (13 €, 2 heures 20) et Symi (18 €, 3 heures 35).

En été, des bateaux d'excursion au départ de Pothia rallient la grotte de Kefalas, l'île de Psérimos et des plages. Des bateaux-taxis fréquents relient aussi Myrtiès à Télendos toute l'année.

Des bus circulent entre le port de Pothia et des villages de l'île. Voir le site www.kalymnos-isl.gr.

Des agences de location opèrent sur le port de Pothia.

LÉROS

On raconte que Léros aurait été le domaine d'Artémis. À l'image de la déesse de la Chasse, l'île dégage un charme sans fioritures, avec ses criques d'un bleu éblouissant, ses villages blanchis à la chaux et ses superbes églises orthodoxes. Chef-lieu surmonté d'une forteresse et de moulins à vent, Platanos est le joyau de la couronne. En contrebas se déploient les maisons de style italien et les tavernes du ravissant port de pêche d'Agia Marina, qui semble l'œuvre d'un peintre.

Les visiteurs viennent surtout pour adorer Hélios sur la plage de leur choix, se délecter de cuisine locale et s'imprégner de la magie du lieu.

Ceux qui souhaitent sortir des sentiers battus opteront pour une escapade jusqu'à trois îlots de charme, au nord de Léros sur la route de Patmos : Agathonisi, Arki et Marathi.

Pour les infos pratiques, voir le Carnet d'adresses p. 468.

À SAVOIR

De juin à septembre, un bus vert et beige traverse Léros sur toute sa longueur trois à six fois par jour, passant notamment par l'aéroport. Il s'arrête d'ordinaire n'importe où quand on lui fait signe.

Léros

LEOKS/SHUTTERSTOCK ©

Le charme de Léros

BAIGNADE, VESTIGES ET MOULINS

Le **port d'Agia Marina**, avec ses chats qui s'étirent au soleil, ses filets de pêche et ses tavernes, est un ravissement. Quelques demeures d'époque parsèment encore les coteaux de **Platanos** (à 10 minutes à pied en amont), et la rangée de moulins rénovés montant vers l'imposant château perché sur la falaise compose un magnifique spectacle. De Platanos, un escalier en pierre de 500 marches grimpe en zigzaguant jusqu'aux ruines du **Kastro Panteli**, vieux d'un millénaire. Les remparts furent ajoutés aux XIVe et XVe siècles par les chevaliers de Saint-Jean. Si peu de vestiges subsistent, le panorama à 360° du haut des murailles est à couper le souffle. On peut aussi gagner la forteresse en voiture par la route qui serpente depuis Pandéli (p. 448). Une église renfermant plusieurs icônes, dont une réputée miraculeuse de la Vierge, a été édifiée au XVIe siècle sur le flan ouest de la forteresse.

Le nord de Léros présente un relief accidenté, ponctué de localités de pêcheurs. À l'ouest de l'aéroport, le **temple d'Artémis** (IVe siècle av. J.-C.) n'a pas encore été fouillé. À l'est de celui-ci se déploie la **plage de Blefoutis**, une étroite bande de sable et de galets autour d'une baie assez fermée.

LES MEILLEURS RESTAURANTS DE LÉROS

El Greco
Cette taverne chic possède des tables sur la plage et en terrasse où savourer des produits de la mer parfaits tels que poulpe grillé, sardines ou maquereau salé sur un toast beurré. €€

Dimitris O Karaflas
L'enseigne dit "O Karaflas", mais tout le monde appelle "Bald Dimitri's" ("Chez Dimitri le Chauve") ce restaurant sur les hauteurs à la vue exceptionnelle. Les spaghettis aux oursins, les robustes saucisses locales et le carpaccio de poulpe s'accompagnent de musique grecque. €€

Bakaliko Me Tsipouro
Cette ancienne épicerie vend toujours de délicieux produits du cru et prépare en plus de copieuses spécialités traditionnelles. €

OÙ SE LOGER SUR LÉROS

To Archontiko Angelou
Une villa ocre rouge, débordante de lauriers-roses et de jacarandas, près de la plage. €€

Maison des Couleurs
Ce petit hôtel installé dans une villa à l'atmosphère surannée loue cinq chambres spacieuses. €€

Nefeli Hotel
De ravissants appartements rehaussés de mauve et de rose, avec balcon. €€

LES MEILLEURS BARS DE LÉROS

The View
Cet établissement installé dans l'un des six moulins à vent sur les hauteurs de Pandeli offre un cadre et une perspective de rêve pour l'apéritif du soir.

Cafe del Mar
Surmontant l'extrémité nord de la plage, ce bar lounge très sympa jouit d'une vue paradisiaque sur la mer. Terrasses à l'ombre des pins, canapés et transats blancs, musique d'ambiance et DJ.

Faros Bar
Aménagé dans une grotte sous le phare, d'où l'on peut voir nager des poissons, ce bar aux murs décorés d'accordéons et à l'éclairage tamisé programme de la musique live.

Le ravissant village de **Pandéli**, très fréquenté en été, se love autour d'une baie en croissant à 800 m au sud de Platanos. Dominées par quelques moulins sur les collines, ses maisons blanches dégringolent jusqu'à la plage de sable et de galets, et aux bateaux de pêche qui dansent dans le port. Quelques bonnes tavernes se tiennent au bord de l'eau.

Accessible à pied ou en traversant en voiture le promontoire situé juste au sud de Pandéli (il n'y a pas de chemin côtier), **Vromolithos** est une plage tout en longueur caressée par des eaux d'un bleu parfaitement égéen, émaillé de turquoise. Le village lui-même n'a guère d'intérêt.

À l'extrémité sud de Léros, la **baie de Xirokambos** comporte une plage de sable et de galets comptant plusieurs sites de snorkeling. Quelques maisons villageoises y côtoient une bonne taverne et des petits bateaux d'excursion s'y rendent depuis Kalymnos. Plus haut, à 1 km en direction de Lakki, un sentier grimpe au **Paléokastro**, une forteresse à la vue formidable.

Agathonisi, Arki et Marathi

LE TRIO GAGNANT DU DODÉCANÈSE

Ces îlots restent encore largement à l'écart des sentiers battus. Très peu peuplés à l'année, ils n'offrent guère d'activités, hormis la baignade, la lecture et l'exploration des grottes où les habitants se cachaient jadis des pirates.

À **Agathonisi**, le port d'Agios Georgios constitue la principale localité, avec sa poignée de tavernes et de pensions. Le rivage recèle de jolies plages, dont celles de **Spilia**, 900 m au sud-ouest de l'autre côté du cap, et de **Gaïdouravlakos**, où l'une des rares sources de l'île rejoint la mer. Citons également Tsangari, Tholos et Poros, la seule recouverte de sable. Une ascension de 1,5 km conduit au hameau de **Megalo Horio**, siège de plusieurs fêtes religieuses en été, près de l'église éponyme.

À **Arki**, l'église de la Métamorphose trône sur la colline derrière le port, tandis qu'un sentier longeant le côté nord de la baie débouche sur plusieurs criques sablonneuses.

Marathi possède une belle plage de sable. Le vieux village, avec son église immaculée, se dresse sur les hauteurs au-dessus du port. Seules quelques personnes y vivent, mais les familles reviennent l'été ouvrir leurs tavernes saisonnières, dont certaines louent des *domatia* (chambres d'hôtes) informelles.

COMMENT S'Y RENDRE ET CIRCULER

L'aéroport de Léros est implanté au nord de l'île, à 6 km d'Agia Marina. Olympic Air (p. 407) assure des liaisons quotidiennes avec Athènes (1 heure).

Des catamarans rapides de Dodekanisos Seaways (p. 407) font halte à Léros sur le chemin des îles voisines. Il en va de même des bateaux de Blue Star Ferries (p. 407) qui accostent à Léros deux à trois fois par semaine tard le soir. Vérifiez toujours le port d'arrivée/de départ du bateau (Agia Marina sur la côte est de l'île ou Lakki sur la côte ouest) en achetant votre billet et à nouveau le jour du départ pour savoirsi vous devez traverser l'île en catastrophe en taxi...

Pour rallier les trois petites îles, demandez à Léros si des capitaines assurent la traversée. À défaut, empruntez l'un des ferrys qui font halte une fois par semaine à Arki. Des catamarans de Dodekanisos Seaways assurent la liaison entre Arki, Agathonisi (30 min) et Léros (1 heure 15). Un caïque effectue la traversée entre Arki et Marathi plusieurs fois par semaine.

PATMOS

Pour les infos pratiques, voir le Carnet d'adresses p. 468.

Patmos reste empreinte de spiritualité et dégage une atmosphère envoûtante. C'est ici que saint Jean l'Évangéliste aurait écrit l'*Apocalypse* (ou *Livre de la Révélation*), dernier livre du Nouveau Testament, il y a quelque 2 000 ans. Des pèlerins du monde entier viennent se recueillir dans la grotte où il aurait vécu et dans le monastère édifié alentour, près d'Hora. Des visiteurs d'un genre différent, stars de cinéma et vacanciers, investissent l'île et cèdent au charme de son petit port de Skala, situé au creux d'une vaste baie de la côte orientale, et des plages de sable et de galets, sur fond de coteaux tapissés de pins et de bruyère. Il y règne une atmosphère calme et décontractée, exception faite lorsque des navires de croisière accostent.

L'absence d'aéroport a protégé Patmos du tourisme intensif, une tranquillité qui se reflète dans l'attitude des habitants, restés extrêmement hospitaliers.

À SAVOIR

Hora est accessible par la route, mais il est plaisant d'y grimper à travers bois. L'ascension du sentier byzantin, indiqué le long de la route à 10 minutes de marche en amont de Skala, prend 40 minutes. Prévoyez du temps en plus pour visiter le monastère de l'Apocalypse sur le parcours.

LES MEILLEURS RESTAURANTS DE PATMOS

Ktima Petra
Le long de la plage de Petra, ce restaurant dont la terrasse donne sur le potager est l'endroit où aller pour un repas sain, authentique et gourmand. €€

To Tsipouradiko Mas
Une adresse de Skala avec des tables sur la plage et une cuisine de premier ordre. Le poulpe caramélisé à la *fava* mérite à lui seul le détour. €€

Pantheon
Des chaises bleues sur fond de murs blancs, une vue imprenable sur Hora et des plats grecs au top. €

LEOKS/SHUTTERSTOCK ©

Vue du monastère de Saint-Jean-le-Théologien depuis Hora

Monastères de Patmos

ATMOSPHÈRE SPIRITUELLE ET VUES SPLENDIDES

La vue depuis Hora l'enchanteresse, au sommet d'une colline, embrasse toute l'île. Dans le dédale des maisons chaulées du XVIIe siècle, les effluves d'encens semblent ressusciter les démons boschiens de saint Jean, et on imagine aisément pourquoi le village attire toujours les foules.

Seule une petite partie de l'immense **monastère de Saint-Jean-le-Théologien** (XIe siècle), toujours en activité, est ouverte au public. Dans son enceinte fortifiée, la cour d'entrée débouche sur une chapelle richement ornée de fresques, dont la façade arbore des colonnes en marbre provenant d'un temple antique. Le musée du Trésor, à l'étage, expose l'édit de fondation du monastère signé par l'empereur byzantin Alexis Ier Comnène en 1088.

Niché au milieu des pins à mi-chemin de Patmos (Hora), le **monastère de l'Apocalypse** s'élève autour de la grotte où

OÙ SE LOGER SUR PATMOS

Byzance Hotel
Des chambres claires, chics et spacieuses à Skala, juste en retrait du front de mer. €€

Archontariki
Ces suites parfaitement équipées occupent une maison vieille de 400 ans près du monastère Zoödohos Pigi. €€€

Mathios Studios
Cinq studios et deux appartements rustico-chics, tous pourvus d'une kitchenette. €€

saint Jean aurait vécu en ermite et reçu la révélation divine. Pèlerins et croisiéristes se pressent pour voir dans la chapelle le rocher qui aurait tenu lieu d'oreiller au saint, la saillie sur laquelle il s'appuyait pour se relever de sa prière et le bloc de pierre qui lui servait d'écritoire.

Le **Saint Monastère Zoödohos Pigi**, un couvent orthodoxe de femmes, se cache dans les ruelles de Patmos (Hora). Les visiteurs ne peuvent dépasser sa charmante courette, où une petite église présente de remarquables fresques du XVIIe siècle.

Plages de Patmos

CRIQUES ET BAIES RETIRÉES

La plage la plus populaire du nord de l'île est celle de **Kambos**, large et sablonneuse, à 5 km au nord-est de Skala. En été, ses conditions de baignade sûres attirent en masse les familles des alentours.

Pour davantage d'isolement et de tranquillité, il faut se rendre en voiture un peu plus loin. Après la plage de Kambos, suivez à gauche la route qui descend des pentes verdoyantes jusqu'à l'impressionnante plage de **Lambi**, couverte de galets multicolores. La route littorale à l'est de Kambos conduit à la plage de **Vagia**, une petite crique abritée propice au snorkeling. Au-delà, les galets et les eaux turquoise de la plage de **Livadi Geranou** font face à un îlot surmonté d'une chapelle blanche.

Des vallées boisées et des plages pittoresques émaillent la partie méridionale de Patmos. Première localité au sud de Skala, **Sapsila** forme un havre de tranquillité.

Plus loin s'étire la plage de **Petra**, paisible et ombragée, d'où une langue de terre mène à l'étonnant **rocher de Kalikatsos**. Une mauvaise piste côtière partant de la plage et une route asphaltée plus longue provenant de Patmos (Hora) continuent jusqu'à **Diakofti**, le village le plus au sud de l'île. De là, un sentier ardu sur le versant rocheux mène en 30 minutes à la jolie plage de **Psili Ammos**, sablonneuse et arborée, dont la taverne ouvre en saison. L'endroit est enchanteur et tout à fait isolé ; avec des enfants, mieux vaut louer un bateau depuis Skala.

LES MEILLEURS LIEUX DE SHOPPING SUR PATMOS

Andreas Kalatzis Gallery
Des tableaux abstraits, des sculptures et des photos originales vous attendent dans cette galerie tenue par un peintre d'icônes byzantines.

Selene
Une boutique établie de longue date dont le choix éclectique comprend, entre autres, des céramiques et des bijoux.

Thanos One-off
Repérable par sa curieuse vitrine décorée de perruques colorées, cette bijouterie cachée dans une ruelle vend des créations en pierres et matériaux précieux.

COMMENT S'Y RENDRE ET CIRCULER

Tous les ferrys mouillent à Skala. Les catamarans de Dodekanisos Seaways (p. 407) se rendent presque chaque jour à Lipsi (1 heure 30), Léros (2 heures), Kalymnos (2 heures 40), Kos (3 heures 20), Rhodes (5 heures 30) et d'autres îles au sud. Ils effectuent également une traversée hebdomadaire entre Arki (20 min) et Agathonisi (1 heure) – voir aussi p. 448.

Blue Star Ferries (p. 407) fait halte à Patmos plusieurs fois par semaine, la première en traversant l'archipel du Dodécanèse vers le sud à destination de Rhodes (7 heures), la seconde vers Le Pirée (7 heures 50).

De Skala, des bus assurent sept liaisons quotidiennes avec Hora, quatre avec Grikos et Kambos. Le service est plus fréquent en juillet-août.

Skala compte plusieurs loueurs de voitures et de motos sur la principale artère du front de mer. En haute saison, mieux vaut réserver. Les taxis attendent à la station de Skala, en face du poste de police.

HALKI

Grâce aux splendides demeures italianisantes qui entourent le port, cette ancienne île de pêche à l'éponge séduit au premier regard. À peine débarqué du ferry, le voyageur y découvre un condensé de Grèce : un vieux pêcheur décortique des crevettes sous un figuier, un prêtre orthodoxe déambule dans une ruelle étroite et des bateaux colorés se balancent dans le port. Il n'y a pas grand-chose à faire, hormis se relaxer, profiter du soleil sur de petites plages léchées par des eaux bleu-vert et randonner le long de l'épine dorsale montagneuse de l'île pour visiter son monastère.

Aujourd'hui réduit à l'état de ruines pittoresques, le village d'Horio construit à l'abri des pirates était jadis le principal centre habité de Halki. Un sentier pavé monte aux remparts du fort des chevaliers de Saint-Jean qui le protégeaient. Franchissez la porte menaçante pour admirer la chapelle restaurée et le panorama étendu.

Pour les infos pratiques, voir le Carnet d'adresses p. 468.

À SAVOIR

Bien que Halki ne soit pas organisée pour les randonneurs comme d'autres îles du Dodécanèse, elle n'en possède pas moins de superbes itinéraires de marche, particulièrement agréables du fait de la rareté des routes et des voitures.

Port de Halki

JAROSLAV MORAVCIK/SHUTTERSTOCK ©

Halki balnéaire

PLAGES DE GALETS ET MER CRISTALLINE

Seule localité de Halki, la minuscule **Emborios** épouse une luxuriante baie turquoise abritée. Le large front de mer dallé, presque entièrement piétonnier, voit passer devant ses tavernes et cafés attrayants autant de chats que d'humains. Pas de plage, mais des échelles permettent aux baigneurs d'entrer dans l'eau.

En forme de croissant, **Pondamos** est la plus populaire des quelques petites plages de galets de l'île, à 15 minutes de marche à l'ouest d'Emborios, de l'autre côté de la colline. La seule façon de profiter d'un emplacement ombragé consiste à louer une chaise longue à côté de la Nick's Taverna (ci-contre).

Deux autres plages, pourvues de tavernes correctes et desservies par des bus en été, sont accessibles à pied depuis Emborios. **Ftenagia** s'étend à 500 m au sud du port, après le promontoire. Une plateforme équipée de chaises longues borde ses eaux claires.

Kania, agréable mais privée d'ombre, se situe à 2,5 km de marche au nord : prenez l'embranchement indiqué sur la route principale, à mi-chemin entre Emborios et Pondamos, ou le bus local qui effectue deux ou trois liaisons quotidiennes. Elle se distingue par sa mer limpide et la meilleure taverne de l'île, qui met gracieusement des chaises longues à disposition des clients.

LES MEILLEURS RESTAURANTS DE HALKI

Taverne de la plage de Kania
Cette adresse engageante sur le rivage sert du thon ou de la dorade grillés. €

Taverne de la plage de Ftenagia
Un petit établissement d'où s'échappent des odeurs de cuisine alléchantes et des -notes de bouzouki. Excellents fruits de mer et emplacement splendide sur une grève de galets aux eaux bleu-vert. €

Nick's Taverna
En plein sur la plage de Pondamos, cette taverne propose de savoureux plats de la mer, ainsi que des boissons et en-cas dans un coin séparé. €

COMMENT S'Y RENDRE ET CIRCULER

Le catamaran de Dodekanisos Seaways (p. 407) reliant Rhodes à Tilos (40 min), Nisyros (1 heure 30), Kos (2 heures 20) et Kalymnos (3 heures) s'arrête à Halki (port d'Emborios) le mardi.

En été, des minibus réguliers circulent entre Emborios et les plages de Pondamos, Ftenagia et Kania. Le vendredi, ils font aussi un aller-retour au monastère Moni Agiou Ioanni.

Un bateau d'excursion estival va jusqu'à l'île inhabitée d'Alimia.

KARPATHOS

Célébrée pour ses montagnes sauvages et ses criques bleues pétrole, cette île escarpée, tout en longueur, fait partie des moins touristiques de Grèce. Selon la mythologie, Prométhée et les Titans y seraient nés. Dans *L'Iliade*, Homère la décrit comme la terre des Léléges. Ses villages couronnés de nuages et sa beauté accidentée lui confèrent un aspect primitif.

Prisé des amateurs de sensations fortes, le sud de Karpathos accueille chaque été une compétition internationale de kitesurf. Le vent violent qui soulève vagues et embruns souffle jusqu'au nord montagneux, battant les pins et hurlant entre les maisons cubiques. Dans ce coin de l'île, les femmes portent encore la tenue traditionnelle, en particulier dans le village d'Olymbos, perché au sommet d'une crête.

Pour les infos pratiques, voir le Carnet d'adresses p. 468.

À SAVOIR

Presque tous les bars et cafés du front de mer sont plaisants pour prendre l'apéritif le soir et goûter la cuisine de l'île, en particulier les *makarounes* (pâtes aux oignons caramélisés).

Pigadia et la plage d'Apella

AUTHENTICITÉ, HOSPITALITÉ ET PLAGE INOUBLIABLE

Chef-lieu et principal port des ferrys de Karpathos, **Pigadia** entoure une longue baie sur la côte sud-est. En dehors des plages correctes sur fond de grands complexes hôteliers qui s'étendent vers le nord, la ville n'a pas le charme photogénique ni les jolies maisons cubiques blanchies à la chaux des autres capitales insulaires. Elle ne se préoccupe guère des touristes, et c'est tant mieux. Donnez-lui un peu de temps et son port, ses bars sur le front de mer et ses pâtisseries pourraient bien vous séduire ! Échangez quelques paroles avec les habitants, et vous serez vite convié à prendre un café !

Le long du littoral, au nord de Pigadia, commence une série de plages agréables. Empruntez la route vertigineuse qui plonge vers la mer depuis la route de la côte est, 17 km au nord de Pigadia. Suivez-la jusqu'à **plage d'Apella**, la plus éblouissante du Dodécanèse, adossée à des versants couverts de fleurs sauvages et flanquée de hautes falaises au nord et au sud. On la décrit souvent comme “sablonneuse”, mais nous n'y avons vu que des gravillons. Cela n'enlève toutefois rien à sa splendeur !

Sud de Karpathos

PLAGES ET VILLAGES

Dans le sud de l'île, des localités attrayantes dotées de plages de sable se sont tournées vers le tourisme balnéaire. Des villages se nichent dans les collines de l'arrière-pays, sillonné de sentiers.

INCONTOURNABLES
1 Plage d'Apella

VOIR
2 Plage dAgios Georgios
3 Agios Nikolaos
4 Basilique Agia Sophia
5 Plage de Vananda
6 Vroukounda

Menetès est juché sur les falaises battues par les vents en surplomb de Pigadia. Grimpez jusqu'à l'église avant d'explorer ses rues étroites blanchies à la chaux.

Sur la côte sud-ouest à 9 km de Menetès, **Arkasa** figure parmi les plus vieux sites de l'île. Le village d'origine, au-dessus de la mer, a vu se développer à ses pieds une station balnéaire aujourd'hui en plein essor. Un chemin partant du rivage conduit, 500 m plus loin, aux vestiges de la **basilique Agia Sophia** (Ve siècle), deux chapelles montrant encore des fragments de mosaïques et de colonnes, ainsi qu'à l'**acropole** antique qui couronne le cap. La plage de sable d'**Agios Nikolaos**, la plus belle du secteur et la seule où se pratique le surf (cours possibles), est accessible en voiture depuis le village.

LES MEILLEURS RESTAURANTS DE PIGADIA

To Ellenikon
"Le Grec" mitonne une cuisine locale typique. Goûtez le *saganaki* (fromage frit), les boulettes de viande, les crevettes et les calmars, servis dans la salle traditionnelle ou sur l'étroite terrasse. €€

Pantheon Cafe
Le meilleur des cafés fusion regroupés dans la même rue piétonne affiche un intérieur lambrissé imitant un *kafeneio* d'antan. €

Odyssey
Dolmades, aubergines grillées, pâtes et grillades assaisonnées d'herbes diverses à la mode macédonienne. €€

OÙ SE LOGER À PIGADIA

Atlantis Hotel
Établi sur les hauteurs du port, cet hôtel familial loue des chambres agréables, mais sans fioritures. €€

Nereides Hotel
Chambres élégantes avec balcon face à la mer, piscine et snack-bar. €€

Rose's Studios
Des logements tout simples d'un bon rapport qualité/prix, 300 m au-dessus du port. €

OÙ SE RESTAURER À OLYMBOS

Les formidables *kafeneia* d'Olymbos offrent l'occasion d'entendre des *mantinades* (chansons populaires improvisées).

Edem Garden
L'une des tavernes dotées d'une terrasse avec vue sur la mer, au cœur du village. €

O Mylos
Jouxtant un vieux moulin à vent toujours en activité, cette adresse sert des spécialités du cru cuites dans un four traditionnel. €€

Taverna Parthenon
L'endroit où goûter les *makarounes*, entre des murs bleu et blanc. €

KAREL STIPEK/SHUTTERSTOCK ©

Sentier entre Diafani et Avlona

Finiki se tient à 2 km au nord d'Arkasa, autour d'une baie en croissant orientée au sud. Des maisons blanc et bleu bordent le port assoupi et une petite plage de sable gris. La meilleure plage pour la baignade est celle d'**Agios Georgios**, non loin vers le sud en direction d'Arkasa.

À 20 km au nord de Finiki et 5 km de la grand-route littorale, **Lefkos** est la plus importante et la plus jolie des discrètes stations balnéaires de la côte occidentale, et ce grâce à sa superbe plage de sable en croissant. On peut facilement séjourner ici deux semaines sans voir le temps passer...

Diafani

RANDONNÉES PÉDESTRES

Balayé par le vent, **Diafani** est un bouquet de maisons blanches adossé à la montagne, face à une mer bleu cobalt. Hormis le fracas des vagues et les anciens qui jouent au backgammon, rien ne bouge vraiment. La plupart des visiteurs ne font que passer. Si vous choisissez de rester, il y a de grandes chances pour que les plages et les sentiers vous appartiennent.

Prenez vos précautions, car le village n'abrite ni banque, ni poste, ni station-service, mais dispose d'un DAB.

OÙ SE LOGER DANS LE SUD DE KARPATHOS

Arhontiko Finikes
Des appartements propres et spacieux jouissant d'une belle vue sur la mer. €

Glaros Studios
Donnant sur la plage d'Agios Nikolaos, ce complexe bien géré entouré d'un jardin possède des studios blancs impeccables. €€

Hotel Lefkorama
Ce bel hôtel, situé au cœur d'une oliveraie, dégage une atmosphère sereine. Une bonne adresse. €€

Diafani est un lieu réputé pour la **randonnée**. Des marques rouges ou bleues, ou des cairns, balisent les sentiers pédestres partant du village. L'itinéraire le plus fréquenté se dirige vers l'intérieur des terres et remonte la vallée jusqu'à Olymbos. Il demande environ 2 heures de marche, mais certains préfèrent monter en bus et descendre à pied. À défaut, un chemin côtier de 4 km (50 minutes) qui serpente à travers une pinède conduit à la **plage de Vananda** – une taverne ouvre ses portes en saison.

Un parcours plus ardu de 11 km (3 heures) mène au nord-ouest vers le site hellénistique de **Vroukounda**, via la localité agricole d'**Avlona**. Prévoyez eau et provisions, car il n'y a rien sur place.

Les conditions de randonnée changeant régulièrement, renseignez-vous auprès des habitants avant de vous lancer et munissez-vous d'une carte précise (la carte *Karpathos-Kasos* au 1/60 000, publiée par Terrain, p. 317, par exemple).

Olymbos

UN VILLAGE FIGÉ DANS LE TEMPS

Haut perché sur le flanc du mont Profitis Elias (716 m), au-dessus de la mer et souvent environné de brume, le fier village d'Olymbos a un charme fou avec ses maisons pastel et ses ruelles pavées réservées aux piétons.

Les premiers habitants se réfugièrent ici au VIIe siècle pour fuir les pirates. Ils parvinrent non seulement à survivre sur cette île désolée mais aussi à bâtir une société qui fonctionna en vase clos durant des siècles. Le bourg est considéré comme l'endroit le plus traditionnel de Grèce. Certains habitants parlent un dialecte conservant des traces du grec dorien et les femmes y portent toujours des vêtements chamarrés, de longs colliers dorés et des foulards fleuris.

Construite dans les années 1970, la route qui dessert Olymbos serpente sur la crête du massif montagneux septentrional, jalonnée de précipices et de points de vue à couper le souffle. Arrivez de préférence tôt le matin ou en fin d'après-midi pour éviter la foule.

COMMENT S'Y RENDRE ET CIRCULER

L'aéroport se trouve à 14 km au sud-ouest de Pigadia. Olympic Air (p. 407) assure des vols quotidiens pour Athènes (1 heure 20). Sky Express (p. 407) opère des vols quotidiens vers Rhodes (40 min) et Kassos (20 min). La compagnie couvre aussi Héraklion (Crète) via Rhodes (2 heures).

Le principal port, Pigadia, est desservi par Blue Star Ferries (p. 407), qui effectue des traversées hebdomadaires depuis/vers Rhodes (6 heures), Symi (7 heures 50), Kos (10 heures 30), Kalymnos (11 heures 35), Léros (13 heures 10) et Patmos (15 heures 05).

Des bateaux d'excursion vont quotidiennement de Pigadia à Diafani, d'où des bus rallient Olymbos ou poursuivent vers les plages du nord.

De la gare routière de Pigadia, KTEL couvre l'ensemble de l'île. En été, il existe un bus quotidien pour la plage d'Apella et environ quatre liaisons par semaine avec Finiki. Un service estival dessert aussi chaque jour les plages du sud, mais mieux vaut vérifier avant les horaires du retour. Enfin, deux à quatre bus hebdomadaires se rendent à Olymbos, tout au nord.

Outre les grandes compagnies de location de voitures présentes à l'aéroport, on trouve des agences locales à Pigadia et dans les stations balnéaires.

La station de taxis centrale de Pigadia affiche des tarifs plutôt élevés.

KASSOS

L'île la plus méridionale du Dodécanèse ressemble à une Grèce oubliée dans le passé. Séduisante l'été, avec ses plages sauvages, ses villages au charme suranné et ses paysages arides, elle est balayée par des vents violents et prisonnière d'énormes vagues l'hiver. Les oiseaux de mer forment l'essentiel des visiteurs : la plupart des Kassiotes sont des émigrés économiques, qui ne reviennent sur leur terre natale qu'en vacanciers. L'endroit exerce néanmoins un charme certain.

Les hébergements sont peu nombreux et le plus souvent assez sommaires. Quelques tables intéressantes, principalement à Fry et Agia Marina, préparent des spécialités insulaires comme la *pitia*, un friand fourré de riz et d'épinard sans rapport avec les boulettes de pois chiches éponymes de Nisyros, et le riz pilaf, surtout consommé lors des fêtes.

Pour les infos pratiques, voir le Carnet d'adresses *p. 469.*

À SAVOIR

La plupart des hébergements de l'île sont situés à Fry, sur la côte nord, mais ne vous attendez à rien de luxueux. Pour un séjour en août, il est conseillé de réserver tôt.

Fry

GIOVANNI RINALDI/SHUTTERSTOCK ©

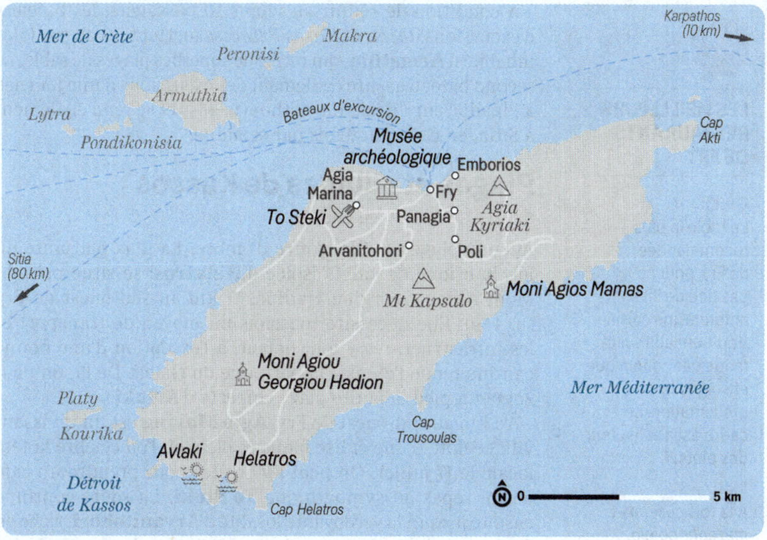

Fry

UN CHARMANT PORT EN ACTIVITÉ

Chef-lieu de l'île, **Fry** se tient sur la côte nord, adossé à une large vallée constituant la seule terre fertile. Les autres villages sont disséminés à flanc de colline.

Sur le vieux port de **Bouka**, très photogénique, de jolies maisons blanches aux portes et aux fenêtres bleues bordent le quai. Quelques cafés attendent le client et des pêcheurs grisonnants ramendent patiemment leurs filets, tandis que l'église Agios Spyridon se dresse en arrière-plan. Jusqu'en juin, Fry a des airs de ville fantôme.

Unique site culturel, le **Musée archéologique** ouvert en saison occupe une majestueuse villa du XIXe siècle au-dessus du port. Il expose des objets découverts dans des épaves, une collection de lampes à huile grecques et des pièces hellénistiques, dont des inscriptions gravées.

La plage la plus proche se trouve dans le petit port satellite d'**Emborios**, à 10 minutes de marche en suivant le rivage vers l'est. Ses eaux limpides et son emplacement abrité font oublier les parcelles de gravillons au milieu du sable.

LE MASSACRE DE KASSOS

En 1820, sous la domination turque, Kassos comptait 11 000 âmes et une importante flotte marchande. Mehmet-Ali, gouverneur ottoman de l'Égypte, considérait cette flotte comme un obstacle à son projet d'établir une base en Crète. Le 7 juin 1824, ses hommes débarquèrent et tuèrent près de 7 000 habitants. Chaque année, les Kassiotes du monde entier se rassemblent sur l'île pour commémorer ce massacre.

OÙ SE LOGER À FRY

Amfi Rooms
Sur la colline derrière Fry, ces studios en pierre et bois sombre profitent d'une vue splendide. **€€**

Angelica's
Des appartements au décor typique, plaisants quoiqu'un peu fonctionnels, dans une vieille maison villageoise. **€€**

Hotel Anagennissis
Un hôtel à l'ancienne, basique mais adéquat, devant le port. **€**

À condition de réunir au moins 10 passagers, les bateaux d'excursion *Athina* et *Kasos Princess* mettent le cap sur l'îlot inhabité d'**Armathia**, qui recèle de superbes plages de sable. Le second bateau assure également des excursions d'une journée à Pigadia, sur l'île de Karpathos (p. 454) et se rend également à Sitia, en Crète, une fois par semaine.

Plages et villages de Kassos

CRIQUES NUES ET VILLAGES DE CHARME

Aucune plage de l'île n'offre d'ombre. La plus plaisante du lot, la crique de galets isolée d'**Helatros**, se situe près du Moni Agiou Georgiou Hadion, 11 km au sud-ouest de Fry (p. 459). Elle nécessite toutefois un moyen de transport et les infrastructures y font défaut, à l'exception d'une bonne cantine tenue l'été par la patronne du Giaeli. De là, on peut gagner à pied la petite plage correcte d'**Avlaki**.

À 1 km au sud-ouest de Fry, **Agia Marina** est un ravissant village doté d'une église blanc et bleu, où l'on célèbre la fête locale le 17 juillet. On peut s'y arrêter pour prendre un café ou un repas au sympathique **To Steki**. La route continue ensuite jusqu'à la verdoyante localité d'**Arvanitohori**, riche en figuiers et grenadiers, qui abrite de jolies maisons restaurées et un chouette *kafeneio*. **Panagia**, 1 km au sud-est de Fry, se démarque par ses six églises byzantines au toit rouge reliées entre elles. Celles-ci sont fermées au public, mais le cadre justifie le détour. À 2 km dans la même direction, **Poli** s'élève sur le site de l'acropole antique, dont il reste peu de chose. Pour les vues les plus exceptionnelles, rejoignez **Agia Kyriaki**, à l'est de Poli, ainsi que le **Moni Agios Mamas**, où une fête se déroule le 2 septembre. Cette région incarne bien l'environnement rude et aride de Kassos dans lequel les insulaires ont dû apprendre à survivre.

LES MEILLLEURS RESTAURANTS DE FRY

Giaeli
La table la plus recommandée de Fry, pour ne pas dire de l'île, mitonne une cuisine traditionnelle sur le mode gastronomique et soigne la présentation. Le cadre est à la hauteur des plats. €

Meltemi
À la fois *ouzerie* et *mezedhopoleio*, cet établissement pittoresque au décor en bois et carreaux rehaussé d'objets typiques reste ouvert toute l'année. €€

Taverna Emborios
Ce coquet restaurant du front de mer propose en haute saison de savoureuses spécialités du cru, telles que poulpe et olives. €

COMMENT S'Y RENDRE ET CIRCULER

L'aéroport de Kassos est à 1 km à l'ouest de Fry. On peut s'y rendre à pied en 15 minutes par la route côtière ou commander un taxi. Des vols Sky Express (p. 407) couvrent Karpathos (20 min) et Rhodes (1 heure 20) tous les jours sauf le dimanche.

Chaque semaine, un bateau Blue Star Ferries (p. 407) dessert Rhodes (4 heures 20) et Le Pirée (21 heures 40) via Kassos.

Rien n'empêche les touristes d'emprunter le petit bus qui circule en semaine, mais gardez à l'esprit qu'il s'agit du seul mode de transport de nombreux habitants âgés.

Il existe des loueurs de voitures et de scooters à Fry.

Pour les excursions en bateau, voir plus haut sur cette page.

LIPSI

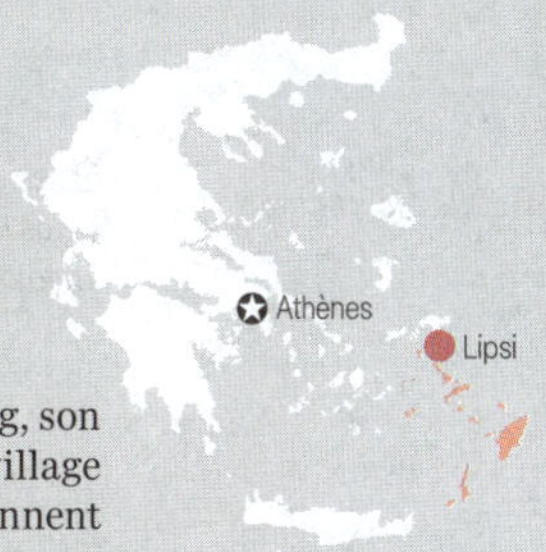

Lipsi (800 habitants) n'a beau mesurer que 8 km de long, son port, où s'entassent des filets de pêche jaunes, et son village blanc sur les hauteurs, couronné d'une église, impressionnent le voyageur. Elle se révèle aussi incroyablement verte pour une île du Dodécanèse. En ralliant à pied les plages plus éloignées, on découvre une campagne semée d'oliveraies et de cyprès. Si vous aimez les collines escarpées, les criques sereines et les plages désertes, cette destination vous ravira.

Dans *L'Odyssée*, Ulysse fut retenu ici pendant plusieurs années par la nymphe Calypso. En sacrifiant au culte du soleil et en arpentant les ruelles de Lipsi, vous risquez fort, comme lui, de ne plus vouloir repartir.

Les hébergements abondent, la plupart sur le front de mer. Lipisi possède par ailleurs une cuisine remarquable, sublimée par deux chefs de haut vol.

Pour les infos pratiques, voir le Carnet d'adresses p. 469.

À SAVOIR

Lipsi a pour spécialités le *myzithra*, un fromage à base de lait de chèvre et d'eau de mer, et le miel de thym. Elle produit également son propre vin.

Port de Lipsi (p. 462)

TOM JASTRAM/SHUTTERSTOCK ©

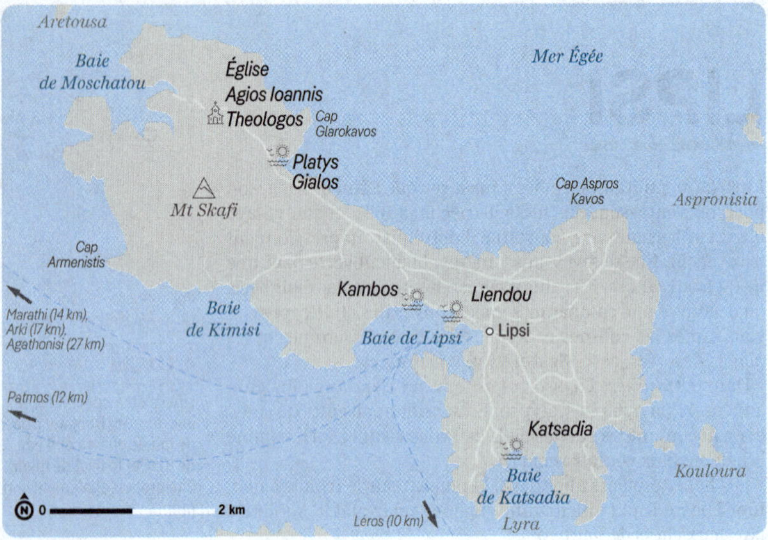

FÊTE DU VIN DE LIPSI

Autour de la troisième semaine d'août (renseignez-vous sur les dates exactes), les habitants célèbrent la tradition viticole de l'île à coup de libations gratuites et de danse. En dehors de cette fête dionysiaque de trois jours, on peut goûter le vin du cru dans toutes les tavernes et restaurants locaux. Si vous séjournez à Lipsi en basse saison, essayez le petit **Angela Cafe**, chic et intimiste, qui sert en-cas, café et cocktails dans un intérieur blanc et lavande, et sur une terrasse face à la mer.

Lipsi (Hora)

LA SEULE LOCALITÉ DE L'ÎLE

Lové autour d'un port profond, **Lipsi** présente des maisons typiques aux volets bleus qui escaladent la colline le long d'un lacis de ruelles. L'essentiel de l'activité se concentre sur le front de mer, où vous trouverez tout le nécessaire (DAB et bonne boulangerie notamment).

Pensez à visiter l'**église Agios Ioannis Theologos**, coiffée d'un dôme bleu, dont la terrasse a vue sur la baie. Chaque 22 août, les fidèles viennent y vénérer une icône de la Vierge et voir dans sa vitrine les lis coupés qui fleurissent miraculeusement malgré l'absence d'eau. Après la procession, qui se rend du village jusqu'à **Panagia tou Harou** où la peinture était initialement conservée (une copie la remplace), des festivités se déroulent toute la nuit sur la place inférieure.

L'offre culinaire est curieusement abondante pour une localité de cette taille, des en-cas rapides aux restaurants de fruits de mer en passant par une pléthore d'*ouzerie*. Le soir, le port s'illumine, jetant des reflets féeriques sur les eaux noires. De nombreux bars-restaurant le long du quai permettent de contempler le spectacle en sirotant une

OÙ SE LOGER DANS LE VILLAGE DE LIPSI

Nefeli Hotel
Boutique-hôtel en surplomb de la plage de Kambos. Appartements spacieux avec terrasse donnant sur la mer. **€€**

Michalis Studios
Option économique de premier ordre, ces grands studios comportent une kitchenette et un balcon. **€**

Angela Studios
Des studios nets avec coin cuisine étincelant, lits en fer forgé et balcon côté mer. **€€**

bière Mythos. Les hébergements ne manquent pas non plus, qu'il s'agisse d'élégants hôtels de charme ou de studios et autres appartements.

Direction les plages !

L'OCCASION DE BELLES BALADES À PIED

La **plage de Liendou**, la plus proche du bourg, se situe à quelques minutes de marche au nord du port des ferrys, au-delà d'un petit promontoire. Des eaux calmes et peu profondes baignent cette mince bande de sable.

À 1 km au nord du village, autour du promontoire après la plage de Liendou, l'étroite plage sablonneuse de **Kambos** s'étire à l'ombre des tamaris. Elle possède des eaux profondes au sol rocheux.

À Kambos, bifurquez vers l'intérieur des terres pour une agréable promenade de 2,5 km le long de l'épine dorsale de l'île jusqu'à la plage de **Platys Gialos**, où résonnent les cloches des chèvres. La mer limpide peu profonde convient aux enfants et une excellente taverne fonctionne l'été.

À 2 km au sud du village, la plage de **Katsadia** présente une grève de sable plus sauvage, surtout quand le vent souffle. Vaguement ombragée, on y trouve une taverne estivale dont la partie bar reste ouverte tard.

Les plages de la côte orientales sont plus difficiles d'accès. En raison du mauvais état des routes, les taxis et les bus ne les desservent pas. L'été, un bateau peut toutefois vous y déposer.

BONNES ADRESSES

Kalypso
Nicolas, le maître des lieux, prépare une cuisine à base de légumes 100% bio, et de viandes et de fruits de mer locaux. €€

Manolis Tastes
Dans un joli bâtiment du XIXe siècle, le chef Manolis cuisine des mets alléchants, comme les moules à l'ouzo. €€

Kairis Lipsi Bakery Shop
Cette boulangerie-café-glacier sur le front de mer est le pôle social de l'île. €

Plage de Katsadia

COMMENT S'Y RENDRE ET CIRCULER

Lipsi bénéficie de liaisons fréquentes avec ses voisines. Des catamarans Dodekanisos Seaways (p. 407) rallient Arki (50 min), Agathonisi (1 heure 15) et Samos (2 heures) au nord, Patmos (20 min), Léros (30 min), Kos (2 heures) et d'autres îles au sud. Blue Star Ferries (p. 407) effectue deux traversées hebdomadaires à destination de Patmos (30 min) et Léros (40 min).

Les ferrys accostent dans le petit port devant le village éponyme, d'où des bus fréquents rallient en été les principales plages. Un bureau sur la jetée vend des billets pour les traversées. Un unique taxi circule dans l'île. On peut louer scooters et vélos dans le bourg de Lipsi.

Carnet d'adresses

VILLE DE RHODES

Bibliothèque musulmane
Voir p. 412 (22410 38340 ; Sokratous ; 9h30-15h lun-sam mai-oct)

Musée archéologique
Voir p. 412 (22413 65257 ; odysseus.culture.gr ; Plateia Mousiou ; tarif plein/réduit 6/3 €, billet combiné palais des Grands Maîtres, église Panagia tou Kastrou et musée des Arts décoratifs 10 € ; 8h-20h tlj avr-oct, 8h-15h mar-dim nov-mars)

Musée d'Art moderne
Voir p. 413 (Nestoridio Melathro ; 22410 43780 ; www.mgamuseum.gr ; Plateia Haritou ; tarif plein/réduit 3 €/gratuit, avec les 4 sections 6 € ; 8h-15h mar-sam)

Musée juif de Rhodes
Voir p. 413 (22410 22364 ; jewishrhodes.org ; Dosiadou et Simiou ; tarif plein/-12 ans avec synagogue 6 €/gratuit ; 10h-15h dim-ven avr-oct)

Palais des Grands Maîtres
Voir p. 411 (22413 65270 ; odysseus.culture.gr ; Ippoton ; tarif plein/réduit 8/4 €, billet combiné avec Musée archéologique, musée des Arts décoratifs et église Panagia tou Kastrou 10 € ; 8h-20h avr-oct, 8h-15h nov-mars)

April Luxury Suites
Voir p. 410 (22410 26685 ; aprilluxurysuites.com ; Ippodamou 17)

Marco Polo Mansion
Voir p. 410 (22410 25562 ; marcopolomansion.gr ; Agiou Fanouriou 40-42)

S Nikolis Hotel
Voir p. 410 (22410 34561 ; www.s-nikolis.gr ; Ippodamou 61)

4 Rodies
Voir p. 413 (22411 30214 ; www.facebook.com/4rodies ; Kanada 29 ; plats 10-15 € ; 13h30-22h30 mer-lun)

Kelari Pantieras
Voir p. 413 (22411 30533 ; kelari-pantieras.business.site ; Damaskinou 87 ; plats 7-15 € ; 17h-1h30)

Locanda Demenagas
Voir p. 413 (22410 30060 ; www.locandarodos.gr ; Afstralias 16 ; plats 17-23 € ; 12h30-22h30 mar-sam, 12h30-17h dim)

Marco Polo Cafe
Voir p. 413 (22410 25562 ; www.marcopolomansion.gr ; Agiou Fanouriou 37 ; plats 17-26 € ; 19h-0h30)

Romios Restaurant
Voir p. 413 (22410 25549 ; www.romios-restaurant.gr ; Sofokleous 15 ; menus 29-35 €, plats 14,50-32 € ; 12h-minuit)

Macao Bar
Voir p. 411 (694 492 7026 ; www.macaobar.gr ; Plateia Mouson 14 ; 21h-3h)

Mevlana
Voir p. 411 (694 221 0846 ; turkish-coffee-rhodes.business.site; Sokratous 76 ; 10h-17h)

Raxati Cafe
Voir p. 411 (22410 36365 ; Sofokleous 1-3 ; 10h-tard mai-oct)

Gallery
Voir p. 412 (22414 22242 ; Omirou 45 ; 9h-21h)

Natura Greca
Voir p. 412 (Sokratous 78 ; www.naturagreca.com ; 9h-23h)

AILLEURS SUR RHODES

Acropole de Lindos
Voir p. 415 (22440 31258 ; lindos-rhodes.gr ; Lindos ; billet à partir de 8 € ; 8h-19h40 avr-oct, 8h-15h mer-lun nov-mars)

Farma of Rhodes Petting Zoo
Voir p. 417 (693 424 9366 ; farma-rhodes.com ; Epano Kalamonas ; tarif plein/réduit 12/8 € ; 9h-18h avr-oct)

Ialysos antique
Voir p. 417 (22410 92202 ; Ialysos ; tarif plein/réduit 6/3 € ; 8h-19h40 mai-oct, 8h30-15h nov-avr)

Kamiros antique
Voir p. 417 (22410 40037 ; Kamiros ; tarif plein/réduit 6/3 € ; 8h-19h40 mai-oct, 8h30-15h nov-avr)

Vallée des Papillons
Voir p. 417 (22410 82822 ; valleyofbutterflies.com ; Petaloudès ; tarif plein/réduit 5 €/gratuit ; 8h-18h mai-oct, 8h30-16h30 nov-avr)

Blutopia Marine Park
Voir p. 417 (694 362 6323 ; blutopia.gr ; Skala Kamirou ; plongée à partir de 80 € ; 9h-17h)

Paddle Paradise
Voir p. 416 (☎ 698 156 8798 ; paddleparadise.gr ; Stegna ; paddle à partir de 45 €, location équipement complet 1/3 heures 17,50/35 € ; 🕘9h30-15h lun-sam)

Trident Scuba Diving School
Voir p. 416 (☎ 694 436 8444 ; tridentdivingschool.com ; Plateia Eleftherias 47 ; plongée à partir de 48 €, cours à partir de 220 € ; 🕘9h-21h)

Waterhoppers Diving School
Voir p. 416 (☎ 22410 38146 ; www.waterhoppers.com ; Plateia Eleftherias ; plongée à partir de 50 €, cours à partir de 250 € ; 🕘8h-14h et 15h-20h)

Cesar Meze Bar
Voir p. 415 (☎ 22440 31410 ; www.caesarslindos.com ; Lindos ; déj 10-20 €, dîner 22-42 € ; 🕘10h-minuit)

Kalypso
Voir p. 415 (☎ 22440 32135 ; kalypsolindos.gr ; Lindos ; plats 14-25 ; 🕘11h30-23h30)

Limeri
Voir p. 416 (☎ 22460 61227 ; www.limeri.gr ; Monolithos ; plats 6,50-13 € ; 🕘petit-déj, déj et dîner)

Mavrikos
Voir p. 415 (☎ 22440 31232 ; Lindos ; plats 13-36 € ; 🕘9h-23h30)

To Stolidi Tis Psinthou
Voir p. 416 (☎ 22410 50009 ; Psinthos ; plats 9-25 € ; 🕘8h-23h)

SYMI

Moni Taxiarhou Mihail Panormiti
Voir p. 421 (☎ 22460 71581 ; panormitisymis.gr ; Panormitis ; musée 1,50 € ; 🕘aube-crépuscule)

Musée archéologique
Voir p. 420 (☎ 22410 71114 ; odysseus.culture.gr ; Horio, Giolas ; tarif plein/réduit 4/2 € ; 🕘8h30-15h30 mer-lun)

Vestiges de Kamiros, Rhodes

Hotel Aliki
Voir p. 419 (☎ 22460 71665 ; www.symi-hotel-aliki.gr ; Aggelidi, Gialos)

Hotel Fiona
Voir p. 420 (☎ 22460 72088 ; symiisland.business.site ; Horio, Gialos)

Niriides Apartments
Voir p. 420 (☎ 22460 71784 ; Nimborios)

Old Markets
Voir p. 419 (☎ 695 730 2565 ; www.theoldmarkets.com ; Menikidou, Gialos)

Pedi Beach Hotel
Voir p. 420 (☎ 22460 71981 ; bluesearesorts.gr ; Pedi)

Thea Apartments
Voir p. 419 (☎ 22460 72559 ; www.symi-thea.gr ; Gialos)

Kali Strata
Voir p. 420 (☎ 22460 71992 ; Gialos ; plats 18-23 € ; 🕘12h-minuit)

Marathounda Taverna
Voir p. 420 (☎ 22460 71425 ; Gialos ; plats 10-12 € ; 🕘10h-tard)

Meraklis
Voir p. 419 (☎ 22460 71003 ; www.omeraklis.com ; Protou Lochou, Gialos ; 8-12 € ; 🕘10h-23h30)

Paradise Beach Bar
Voir p. 410 (☎ 22460 71359 ; Gialos ; plats 10-20 € ; 🕘10h-18h)

Secret Garden
Voir p. 420 (☎ 22460 72153 ; Gialos ; menu 16 € ; 🕘18h-minuit)

Tholos
Voir p. 419 (☎ 694 099 7916 ; Aggelidi, Gialos ; plats 9-18 € ; 🕘12h-15h30 et 19h-0h30)

TILOS

Moni Agios Panteleimon
Voir p. 425 (☎ 22420 31676 ; sud de Plaka ; 🕘10h-14h lun-ven)

Musée des Éléphants
Voir p. 425 (Megalo Horio ; don apprécié ; 🕘9h-14h juin-sept)

Apollo Studios
Voir p. 424 (☎ 22460 44379 ; www.apollostudios.gr ; Livadia)

Eleni Beach Hotel
Voir p. 424 (☎ 22460 44062 ; www.elenihoteltilos.gr ; Tasos Aliferis, Livadia)

Milios Studios
Voir p. 424 (693 208 6094 ; milios-studios.gr ; Megalo Chorio)

Gorgona
Voir p. 423 (693 645 9168 ; Livadia ; plats 11-16 € ; 12h-minuit)

Kastro Cafe
Voir p. 423 (22460 44232 ; Megalo Horio ; plats 8-13 € ; 9h-2h)

Omonoia Cafe
Voir p. 423 (22460 44287 ; Livadia ; plats 8-13 € ; 8h-23h)

Cafe Bar Georges
Voir p. 425 (22460 44257 ; Livadia ; 7h-2h)

Mikro Horio
Voir p. 425 (22460 44204 ; Mikro Horio ; 23h-tard juil-sept)

NISYROS

Musée archéologique de Mandraki
Voir p. 428 (22420 31348 ; odysseus.culture.gr ; Mandraki ; tarif plein/réduit 4/2 € ; 8h30-15h30 mer-lun)

Anthousa Houses
Voir p. 427 (697 294 7320 ; Mandraki)

Mammis' Apartments
Voir p. 427 (22420 31453 ; mammis.com ; Pali)

Melanopetra
Voir p. 427 (697 806 0289 ; www.melanopetra.gr ; Emborios)

Apololi Kori
Voir p. 427 (22420 31024 ; www.apololi-kori.com ; Mandraki ; plats 9-16 € ; déj et dîner)

Balcony Restaurant
Voir p. 427 (22420 31607 ; Emborios ; plats 8 € ; 10h-minuit)

Geusea
Voir p. 427 (22420 31066 ; Mandraki ; plats 20-30 € ; 9h-23h30)

Irini
Voir p. 427 (22420 31365 ; Mandraki ; plats 9-13 € ; déj et dîner)

Oxos
Voir p. 428 (22420 31873 ; Mandraki ; 8h30-minuit)

Rythmos Bar
Voir p. 428 (22420 31463 ; Mandraki ; 9h30-4h30)

Ta Liotridia Bar
Voir p. 428 (Mandraki ; 9h-1h)

KOS (HORA)

Casa Romana
Voir p. 431 (Maison romaine ; 22420 23234 ; tarif plein 6 € ; 8h-19h30 mer-lun)

Château des Chevaliers
Voir p. 431 (22420 27927 ; odysseus.culture.gr ; 8h30-15h30 mer-lun)

Musée archéologique
Voir p. 431 (22420 28326 ; odysseus.culture.gr ; tarif plein/réduit 6/3 € ; Plateia Eleftherias ; 8h-20h mer-lun)

Aegli
Voir p. 431 (22420 30016 ; Plateia Eleftherias ; en-cas 4-7 € ; petit-déj, déj et dîner)

Pote Tin Kyriaki
Voir p. 431 (693 035 2099 ; www.facebook.com/NeverOnSundayPoteTenKyrake ; Pisandrou 9 ; mezze 2,50-8 € ; 19h30-2h lun-sam)

Ta Votsalakia
Voir p. 431 (22420 26555 ; Averof 10 ; plats 9-12 €, poisson 50 €/kg ; 11h-minuit)

Kaseta
Voir p. 431 (22420 22352 ;

Sentier dans la vallée des Papillons, Petaloudès

www.facebook.com/kaseta.kos ; Akti Miaouli 4 ; 8h-1h)

Law Court Cafe
Voir p. 431 (Plateia Platanou ; 7h30-tard)

AILLEURS SUR KOS

Asklépiéion
Voir p. 436 (22420 28326 ; odysseus.culture.gr ; Kos ; tarif plein/réduit 8/4 € ; 8h-20h)

Jardin botanique et Fondation internationale hippocratique
Voir p. 436 (22420 22131 ; hippocraticfoundation.org ; Platani ; 9h-16h lun-sam avr-oct, 10h-17h lun-jeu, 10h-22h ven, 10h-20h sam-dim nov-mars)

Albatross Studios
Voir p. 435 (22420 71981 ; Kamari)

Katerina & Efi
Voir p. 435 (693 752 9385 ; Mastihari)

Zeus Hotel
Voir p. 435 (22420 71590 ; www.zeushotel.gr ; Kampos)

Cavo Greco
Voir p. 434 (697 828 5702 ; Kéfalos ; plats 10-24 € ; 11h-23h mai-oct)

Haihoutes
Voir p. 433 (693 263 7905 ; Agios Dimitrios ; en-cas 5-12 €)

Mylotopi
Voir p. 434 (22420 73000 ; mylotopi.com ; Kéfalos ; plats 12-32 € ; 9h-1h30)

O Makis
Voir p. 433 (22420 59061 ; www.facebook.com/fishtavernomakis ; Mastihari ; plats 6-8 €, poisson autour de 40 €/kg ; 10h-minuit)

Oria Taverna
Voir p. 433 (697 440 8843 ; www.facebook.com/oriatavern ; Vieux Pyli ; plats 8-13 € ; 9h-21h)

Restaurant Agios Theologos
Voir p. 434 (697 450 3556 ; plage d'Agios Theologos ; plats 9,50-21 € ; 10h-21h30 fév-avr)

ASTYPALÉE

Musée archéologique
Voir p. 438 (22430 61500 ; odysseus.culture.gr ; tarif plein/réduit 3/2 € ; Pera Gialos ; 8h30-15h30 mer-jeu juin-sept)

Barbarossa
Voir p. 438 (22430 61577 ; www.facebook.com/Barbarossaastypaleagreece ; Hora ; plats 10-25 € ; 17h-minuit)

Kafeneio Oi Myloi
Voir p. 439 (22430 61409 ; Hora ; 7h-1h)

Kantina Steno
Voir p. 438 (698 069 9394 ; plage de Steno ; plats 7-14 € ; 7h-20h)

Krokodilos
Voir p. 438 (Livadia ; 11h-minuit)

Archipelagos
Voir p. 439 (22430 61889 ; www.facebook.com/archipelagoastipalea ; Hora)

Artemis Bar
Voir p. 439 (22430 61714 ; Pera Gialos)

Castro Bar
Voir p. 439 (694 676 1230 ; Pera Gialos ; 20h-6h)

Meltemi
Voir p. 439 (22430 61479 ; Hora ; 8h-3h)

Mylos Bar
Voir p. 439 (694 265 7247 ; www.facebook.com/mylosastipalaia ; Pera Gialos ; 21h-7h)

Aerino
Voir p. 440 (22430 62218 ; www.aerino.gr ; Hora)

Art in Pelago
Voir p. 440 (22430 61425 ; www.facebook.com/artinpelago ; Hora)

Deximi Art
Voir p. 440 (22430 62111 ; deximi.gr ; Hora ; 11h-14h et 18h30-1h)

KASTELLORIZO

Musée archéologique
Voir p. 442 (22460 49283 ; odysseus.culture.gr ; tarif plein/réduit 3/2 € ; Hora ; 8h30-15h30 mer-lun)

KALYMNOS

Kalymnos Experience
Voir p. 445 (694 630 2515 ; www.kalymnosexperience.gr ; Arginoda ; 8h30-14h et 17h30-22h)

Hotel Porto Potha
Voir p. 444 (22430 47321 ; www.telendoshotel.gr ; Télendos)

On The Rocks
Voir p. 444 (693 297 8142 ; Télendos.org ; Télendos)

Villa Melina
Voir p. 444 (22430 22682 ; www.villa-melina.com ; Pothia)

Agean Tavern
Voir p. 445 (22430 47146 ; Masouri ; plats 13-35 € ; 17h-23h)

Cafe Nautikos
Voir p. 444 (Télendos ; en-cas 2,50-6 € ; 8h-tard)

Mamouzelos
Voir p. 445 (22430 47809 ; Pothia ; plats 12-25 €, poisson 50 €/kg ; 13h30-16h et 18h30-23h mar-dim)

On The Rocks
Voir p. 444 (693 297 8142 ; Télendos.org ; Télendos)

Restaurant Cafe Rita
Voir p. 444 (22430 47914 ; www.facebook.com/ritatelendos ; Télendos ; plats 8-16 € ; 8h-minuit)

Stukas Taverna
Voir p. 445 (22430 51040 ; Pothia ; plats 10-15 € ; 10h-minuit)

To Kapsouli
Voir p. 444 (22430 47363 ; Télendos ; plats 8-15 € ; 8h-tard)

LÉROS

Maison des Couleurs
Voir p. 447 (22470 23341 ; Platanos)

Nefeli Hotel
Voir p. 447 (22470 24611 ; hotel-4450.business.site ; Agia Marina)

To Archontiko Angelou
Voir p. 447 (22470 22749 ; www.hotel-angelou-leros.com ; Alinda)

Bakaliko Me Tsipouro
Voir p. 447 (694 152 3999 ; www.bakalikoleros.com ; Lakki ; plats 5-8 € ; 8h-tard été, 8h-18h hiver)

Dimitris O Karaflas
Voir p. 447 (22470 25626 ; Agia Marina ; plats 18-25 € ; 13h-minuit)

El Greco
Voir p. 447 (22470 25066 ; Lakki ; plats 10-15 € ; 9h-minuit)

Cafe del Mar
Voir p. 448 (22470 24766 ; Vromolithos ; 10h-3h)

Faros Bar
Voir p. 448 (farosbar.business.site ; Agia Marina ; 22h-4h30)

The View
Voir p. 448 (690 645 4664 ; Pandéli ; 19h-tard juin-oct)

PATMOS

Monastère de l'Apocalypse
Voir p. 450 (22470 31234 ; Hora ; 2 € ; 8h30-13h30 tlj, plus 16h-19h mar, sam-dim)

Monastère de Saint-Jean-le-Théologien
Voir p. 450 (22470 31223 ; www.patmosmonastery.gr ; Hora ; 4 € ; 8h-13h30 tlj, plus 16h-18h mar, jeu et sam mars-oct, 8h-13h tlj nov-fév)

Saint Monastère Zoödohos Pigi
Voir p. 451 (22470 31991 ; Hora ; 8h-13h tlj, plus 14h-16h mar, jeu et dim)

Archontariki
Voir p. 450 (22470 29368 ; www.archontariki-patmos.gr ; Hora)

Byzance Hotel
Voir p. 450 (694 478 2878 ; www.byzancehotel.gr ; Skala)

Mathios Studios
Voir p. 450 (22470 32583 ; mathios.traveleto.com ; Hora)

Ktima Petra
Voir p. 450 (22470 33207 ; plage de Petra ; plats 7-12 € ; déj et dîner)

Pantheon
Voir p. 450 (22470 31226 ; giagkospantheon.business.site ; Hora ; plats 7-28 € ; 18h-0h30)

To Tsipouradiko Mas
Voir p. 450 (22470 32803 ; Skala ; plats 6-15 € ; déj et dîner)

Andreas Kalatzis Gallery
Voir p. 451 (22470 33209 ; Hora)

Selene
Voir p. 451 (22470 31742 ; Hora)

ThanosOne-off
Voir p. 451 (Hora)

HALKI

Ftenagia Beach Taverna
Voir p. 453 (22460 45384 ; www.ftenagia.gr ; plage de Ftenagia ; plats 12-20 € ; 8h-19h)

Kania Beach Taverna
Voir p. 453 (695 558 4593 ; plage de Kania ; plats 13-21 € ; 8h-20h)

Nick's Taverna
Voir p. 453 (22460 45295 ; www.facebook.com/nicks.taverna.pondamos.bay ; plage de Pondamos ; plats 10-22 € ; 9h-19h)

KARPATHOS

Arhontiko Finikes
Voir p. 456 (22450 61473 ; www.hotelarhontiko.gr ; Finiki)

Atlantis Hotel
Voir p. 455 (22450 22777 ; www.atlantishotelkarpathos.gr ; Pigadia)

Glaros Studios
Voir p. 456 (22450 61015 ; www.glarosstudios-karpathos.com ; plage d'Agios Nikolaos, Arkasa)

Hotel Lefkorama
Voir p. 456 (22450 71173 ; Lefkos)

Nereides Hotel
Voir p. 455 (22450 23347 ; Pigadia)

Rose's Studios
Voir p. 455 (22450 22284 ; Pigadia)

Edem Garden
Voir p. 456 (22450 51272 ; Olymbos ; plats 8-15 € ; 8h-23h)

Odyssey
Voir p. 455 (22450 23506 ; www.facebook.com/OdysseyRestaurantKarpathos ; Pigadia ; plats 8-15 € ; 11h-minuit)

O Mylos
Voir p. 456 (22450 51333 ; www.facebook.com/MilosTavernaKarpathos ; Olymbos ; plats 7-14 € ; 9h-23h)

Pantheon Cafe
Voir p. 455 (22450 22502 ; Pigadia ; en-cas 6-13 € ; 8h-tard)

Taverna Parthenon
Voir p. 456 (22450 51307 ; Olymbos ; plats 7-10 € ; 8h-23h30)

To Ellenikon
Voir p. 455 (22450 23932 ; Pigadia ; plats 8-24 € ; déj et dîner)

KASSOS

Musée archéologique
Voir p. 459 (odysseus.culture.gr ; Fry ; tarif plein/réduit 3/2 € ; 8h30-15h30 mer-lun)

Sorties en bateau
Voir p. 460 (22450 41047, 69779 11209 ; manousos-kassos.gr)

Amfi Rooms
Voir p. 459 (698 752 1801 ; Fry)

Angelica's
Voir p. 459 (22450 41268 ; www.angelicas.gr ; Fry)

Hotel Anagennissis
Voir p. 459 (hotel-renaissance.com.es ; Fry)

Giaeli
Voir p. 460 (22450 41779 ; Fry ; plats 5-9 € ; 10h-0h30)

Meltemi
Voir p. 460 (Fry ; Mezze 6-11 € ; 20h-2h)

Taverna Emborios
Voir p. 460 (22450 41586 ; Fry ; plats 8-10 € ; 10h-minuit)

FREESURF/ADOBESTOCK ©

Monastère de Saint-Jean-le-Théologien, Patmos

To Steki
Voir p. 460 (22450 41885 ; Agia Marina ; plats 3-10 € ; 10h-1h)

LIPSI

Angela Studios
Voir p. 462 (22470 41177 ; lipsiangela.eu ; village de Lispi)

Michalis Studios
Voir p. 462 (22470 41266 ; www.lipsimichalis.eu ; village de Lispi)

Nefeli Hotel
Voir p. 462 (22470 41120 ; village de Lipsi)

Kairis Lipsi Bakery Shop
Voir p. 463 (22470 41150 ; village de Lipsi ; douceurs 1-3 € ; 24h/24)

Kalypso
Voir p. 463 (22470 41242 ; village de Lipsi ; plats 8-12 € ; 12h-minuit)

Manolis Tastes
Voir p. 463 (22470 41065 ; manolistastes.com ; village de Lipsi ; plats 8-15 € ; 9h-23h30)

Angela Cafe
Voir p. 462 (22470 41177 ; village de Lispi ; 8h-3h)

LEOKS/SHUTTERSTOCK ©

Ci-dessus : Plage de Psili Ammos (p. 511). Page de droite : Château de Lykourgos Logothetis (p. 507)

ÎLES DU NORD-EST DE LA MER ÉGÉE

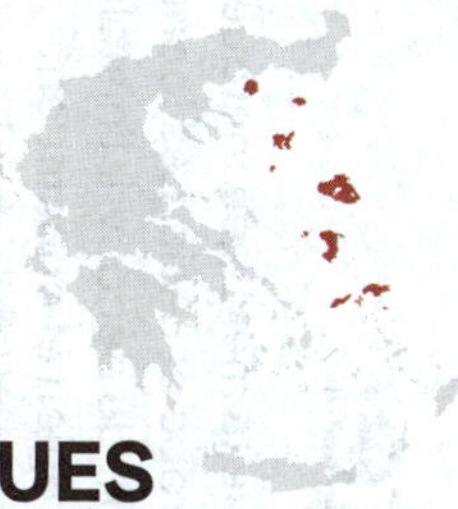

HISTOIRE MOUVEMENTÉE ET CAMPAGNES BUCOLIQUES

Vastes et verdoyantes, ces îles aux multiples facettes, proches de la Turquie et théâtre d'une histoire tumultueuse, vous réservent un accueil fier et chaleureux.

Quand on se retrouve sur une plage comme celle de Psili Ammos, sur Samos, la mer ressemble à une simple rivière que l'on serait tenté de traverser à la nage. Mais l'autre rive, si proche et pourtant si lointaine, c'est la Turquie, et ce bras de mer est l'une des lignes de fracture politique de l'Europe.

Le patron de la taverne Yianni, à Vathy, sur Samos, fait d'excellentes *soutzoukakia*, les boulettes de viande typiques de Smyrne. Un couple turc d'Izmir l'interrogeait sur sa recette lorsque l'auteur Lonely Planet passait par là, menant à un échange animé mais amical.

Cette scène enjouée résulte pourtant d'un contexte historique tragique. Smyrne est le nom grec d'Izmir. En 1923, il y a exactement un siècle, un échange de populations contraignit les Grecs d'Asie Mineure et les Turcs des îles de l'Égée à tout quitter (voir aussi p. 476).

Cet exode bilatéral a laissé des traces, mais il a également conféré à ces îles un charme singulier. On y trouve de nombreux vestiges de l'Empire ottoman, comme le château de Molyvos sur Lesbos. Des paysages ont été façonnés par l'agriculture traditionnelle, notamment autour des plantations de lentisques, dans les villages producteurs de mastic de Chios, ou des oliveraies, avec les cheminées de brique rouge des pressoirs émaillant l'île de Lesbos.

Les paysages fertiles de Samos et les étendues rocheuses d'Icarie sont d'une beauté à couper le souffle, tandis que la lointaine Limnos est entourée de plages paradisiaques et ponctuée de vignobles.

PRINCIPAUX SITES

MYRINA (LIMNOS)	MOLYVOS (LESBOS)	MASTIHOHORIA (CHIOS)	PYTHAGORION (SAMOS)	ARMÉNISTIS ET RAHES (ICARIE)
Un château perché sur un promontoire **p. 476**	Patrimoine ottoman et randonnée **p. 489**	Villages de contes de fées au passé douloureux **p. 498**	Le lieu idéal pour les vacances **p. 506**	Fêtes de villages et paysages sauvages **p. 515**

S'orienter

Les îles du nord-est de la mer Égée marquent la frontière entre l'Europe et l'Asie. Les localités ci-dessous permettent de découvrir l'histoire mouvementée de la région et constituent des bases idéales pour explorer chacune des îles.

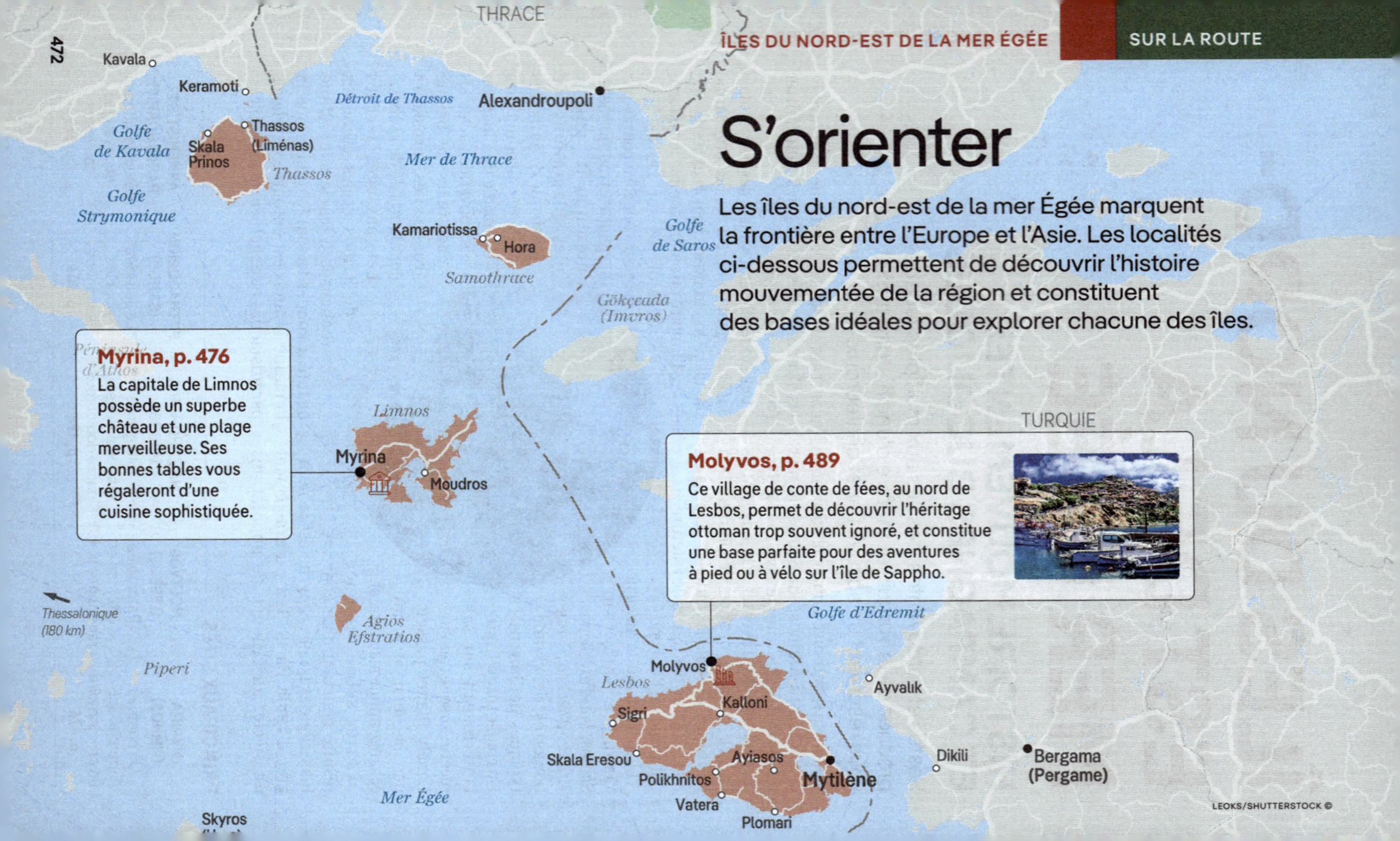

Myrina, p. 476

La capitale de Limnos possède un superbe château et une plage merveilleuse. Ses bonnes tables vous régaleront d'une cuisine sophistiquée.

Molyvos, p. 489

Ce village de conte de fées, au nord de Lesbos, permet de découvrir l'héritage ottoman trop souvent ignoré, et constitue une base parfaite pour des aventures à pied ou à vélo sur l'île de Sappho.

AVION

On peut rejoindre les aéroports de Limnos (p. 482), d'Icarie (p. 523), de Chios (p. 505), de Lesbos (p. 497) et de Samos (p. 514) depuis Athènes. Ils sont desservis par des compagnies grecques, telles Olympic Air (www.olympicair.com) et Aegean Airlines (www.aegeanair.com). En haute saison, il existe de rares vols directs depuis/vers quelques villes européennes.

BATEAU

Les îles sont accessibles en ferry depuis les ports du Pirée et de Kavala sur le continent ; le port de Laurion (Lavrio) est relié à Limnos. La principale compagnie maritime est Hellenic Seaways (hellenicseaways.gr), mais de nombreuses autres assurent des liaisons inter-îles. Les agences de voyages vendent les billets dans les îles. Voir aussi p. 614 pour les informations générales.

DANS LES ÎLES

Les réseaux de bus vont de performant (Lesbos) à peu commode (Limnos) voire quasi-inexistant (Icarie). Sur Lesbos, étudier les horaires des bus permet de planifier un itinéraire convenable. Ailleurs, cela relève du défi. Jetez alors votre dévolu sur un taxi, moyen de transport onéreux, à privilégier sur de courts trajets. À défaut, reste la location d'un vélo ou d'une voiture, choix le plus commode sur ces grandes îles.

Mastihohoria, p. 498

Sur Chios, les bourgs liés au mastic, avec leur architecture bien particulière, émaillent les collines baignées de soleil du sud de l'île donnant accès à de superbes plages, souvent désertes.

Pythagorion, p. 506

Cette station balnéaire de carte postale, sur l'île de Samos, est entourée des vestiges d'un grand sanctuaire antique et de montagnes verdoyantes invitant aux loisirs de plein air.

Arménistis et Rahes, p. 515

Une cité balnéaire et des bourgs perchés illustrent à merveille l'originalité d'Icarie, une belle île aux paysages vallonnés, propice à la randonnée et où ont lieu des fêtes traditionnelles réputées.

Planifier son séjour

Ailleurs en Grèce, on file souvent d'île en île sans trop s'attarder, mais ici les îles sont vastes, et il faut prendre son temps pour en découvrir toute la singularité.

PABLO JOANIDOPOULOS/SHUTTERSTOCK ©

Arménistis (p. 515)

Si vous avez une semaine

- Installez-vous à **Arménistis** (p. 515) sur l'île d'**Icarie**. Profitez des plages et des dîners tardifs des **bourgs perchés de Rahes** (p. 517), et visitez le **vignoble Afianes** (p. 523), si possible un soir de concert. Explorez à pied les alentours de Christos Rahes et gardez du temps pour lézarder au soleil dans la superbe crique de **Nas** (p. 517). Passez les deux derniers jours sur la côte méridionale. Piquez une tête à la **plage de Seychelles** (p. 522) avant de filer vers **Agios Kirykos** (p. 522). Immergez-vous dans les eaux riches en radon de la **source thermale de Spilaio** (p. 519) et arpentez le sentier menant à la grotte de Dionysos, sur la **plage d'Iero** (p. 522).

Au fil des saisons

Le printemps et l'automne sont les meilleures périodes pour visiter les îles du nord-est de la mer Égée. Les hivers sont ici plus rudes qu'au sud du pays.

MARS

Une douce folie s'empare de Chios lors des **fêtes du carnaval** ; l'événement le plus festif, la Mostra, se déroule à Thymiana.

AVRIL

Molyvos se pare d'un manteau violet de glycine tandis qu'oiseaux migrateurs et ornithologues débarquent à **Skala Kallonis**.

MAI

Toutes les îles se couvrent de coquelicots rouges et d'autres fleurs sauvages. Les rhododendrons sont en fleurs le long des sentiers de **Lesbos**.

DE GAUCHE À DROITE : CEM OZER/SHUTTERSTOCK ©, ANJO KAN/SHUTTERSTOCK ©, ASAKOULIS/SHUTTERSTOCK ©

Si vous avez deux semaines

● Filez d'Evdilos, sur l'île d'Icarie, à Karlovasi, sur **Samos**, à seulement 20 km. Arpentez le **sentier de Megalo Seitani** (p. 512) et goûtez au vin de Samos chez **Hippy's** (p. 512) avant de continuer vers Pythagorion via le village enchanteur de **Manolatès** (p. 513). De là, partez explorer les vestiges antiques de Samos : le site de l'**Héraion** (p. 508), l'ancien sanctuaire dédié à Héra, et le tunnel d'**Eupalinos**. Consacrez une journée à randonner de plage en plage le long de la superbe **côte orientale de Samos** (p. 511) – emportez masque et tuba pour un peu de snorkeling ! Une excursion sur les **îles Fourni** (p. 513) permet de passer la journée sur la superbe **plage de Kampi** (p. 514) avant de savourer les spaghettis au homard de la **Psarotaverna O Miltos** (p. 514).

Si vous avez trois semaines

● Prenez le ferry de Vathy, capitale de Samos, à **Chios**. Installez-vous près du joli village de **Pyrgi** (p. 498), aux maisons peintes. Jetez un œil à l'église Agios Apostolos avant de partir explorer les bourgs au milieu des plantations de lentisques. Arpentez le **monopati** (sentier ancestral, p. 498) reliant Olymbi et Mesta et attardez-vous dans chacun des hameaux. Montez en voiture jusqu'au **musée du Mastic de Chios** (p. 499) et baignez-vous sur la belle plage de Mavra Volia (p. 500). Aventurez-vous parmi les plantations d'agrumes de la **région de Kampos**, ne serait-ce que pour visiter le **musée Citrus Memories** (p. 502). Passez les derniers jours à Avgonyma pour explorer le village fantôme d'**Anavatos** (p. 504), témoin silencieux du massacre de Chios.

JUILLET

Il fait chaud – mettez le cap au nord. Limnos accueille pendant une semaine le Festival de la gastronomie et du vin **Lemnos Philema**.

AOÛT

C'est la saison des *panigyria* (fêtes de villages) à **Icarie** : on festoie tous les jours et on dort sur la plage lorsque les pensions affichent complet.

SEPTEMBRE

Il y a moins de monde et la météo est idéale. Sur Lesbos, Skala Eresou accueille pendant deux semaines le **Festival international des femmes d'Eresou**.

NOVEMBRE

Il fait frais mais le soleil brille encore – un temps idéal pour randonner. Sur Lesbos, la **fête de la Noix** bat son plein à Agiassos

DE GAUCHE À DROITE : YIANNISSCHEIDT/SHUTTERSTOCK ©, JIM POLAKIS/SHUTTERSTOCK ©, YIANNISSCHEIDT/SHUTTERSTOCK ©, IREMT/SHUTTERSTOCK ©

MYRINA (ÎLE DE LIMNOS)

Pour les infos pratiques, voir le Carnet d'adresses p. 524.

Limnos, isolée dans le nord-est de la mer Égée avec la proche Agios Efstratios, séduit ceux qui recherchent de beaux paysages sur une île encore épargnée par la foule. Son enchanteresse capitale, Myrina, occupe une bande de terre dominée par un château médiéval perché sur un promontoire. La ville est cernée par les eaux : au sud, le vieux port où se côtoient bateaux de pêche et yachts, au nord la promenade du front de mer. Un peu plus loin, la belle plage de Riha Nera est investie par les familles en journée et par les fêtards la nuit. Les vacanciers grecs affluent à Myrina en août, mais l'endroit conserve une ambiance décontractée aux antipodes de la frénésie qui règne ailleurs. Malgré le côté "brut" de l'île, sa capitale respire l'élégance, avec ses cafés chics du front de mer et ses tavernes originales qui en font une destination gastronomique réputée dans toute la mer Égée.

À SAVOIR

Si vous cherchez un hébergement paisible près de Myrina, essayez la plage de Platy, à 2,5 km du centre. Cette vaste étendue de sable est bordée d'une poignée d'hôtels et de tavernes, et le village vaut également le détour pour ses adresses de qualité et la vue sur le soleil couchant.

LE TOP DES BARS DE MYRINA

Karagiozis
Café chic en journée et bar animé le soir.

Manos Bar
Centre de gravité de la plage de Riha Nera, ouvert toute la journée. Concerts le soir.

To Podilato Snack Bar
Sur la plage, un lieu paisible, idéal pour un petit verre ou un déjeuner sur le pouce.

To Sokaki
Café branché rue Kyda, qui se mue en bar avec DJ à la nuit tombée.

Isalos
Cocktails avec vue sur le couchant et le mont Athos vous attendent dans ce bar du front de mer au cadre élégant.

Château de Myrina

UN BASTION IMPOSANT

Lorsque le soleil commence à se coucher et que le mercure baisse, grimpez le rocher dominant Myrina (comptez 20 à 25 minutes) pour découvrir l'imposant **château** et admirer un panorama à 360° sur la mer et la côte. Côté mer, la vue porte jusqu'au mont Athos, tandis que, le soir venu, les lumières des cafés illuminent la côte La construction de la forteresse a débuté à l'apogée de l'Empire byzantin, mais l'essentiel des édifices visibles aujourd'hui date des périodes vénitienne et ottomane. C'est l'une des forteresses les mieux conservées de l'Égée, et pourtant elle n'est guère fréquentée que par les chevreuils qui vont et viennent en liberté.

Grand-rue de Myrina

LÈCHE-VITRINES ET PATRIMOINE

En partie abritée par un toit de vigne et bordée de boutiques, la **rue Kyda** existe depuis l'époque romaine. À la période ottomane, elle délimitait une frontière ethno-politique entre Romeïkos Gialos et Tourkikos Gialos, les quartiers grec et turc de la ville. En plein milieu, la **chapelle de la naissance de la Vierge** se dresse sur le site d'une ancienne mosquée en bois, convertie en cinéma après l'expulsion des Turcs en 1923, puis détruite par un incendie qui fit 63 victimes, en majorité des réfugiés grecs aisés venus d'Égypte.

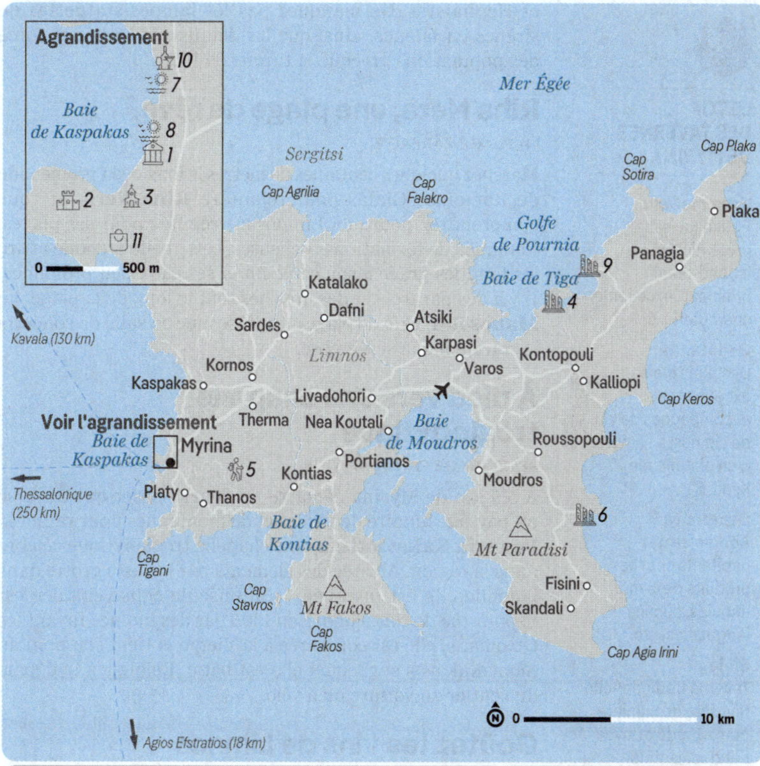

VOIR
1 Musée archéologique
2 Château de Myrina
3 Chapelle de la naissance de la Vierge
4 Hephaistia
5 Sentier de Panagia Kakaviotissa
6 Poliohni
7 Riha Nera
8 Plage de Romeïkos Gialos
9 Sanctuaire des Cabires

PRENDRE UN VERRE ET FAIRE LA FÊTE
10 Manos Bar

SHOPPING
11 To Kelari

Trésors antiques

UN PASSÉ DOULOUREUX

Aménagé dans une belle demeure néoclassique, le **Musée archéologique** surplombe la **plage de Romeïkos Gialos**. Il expose des objets des VIIIe et VIIe siècles av. J.-C. en provenance des trois sites majeurs de Limnos (voir aussi p. 480) : Poliohni, le sanctuaire des Cabires

Port et château de Myrina

OÙ SE LOGER À MYRINA

To Arhontiko
Manoir rénové de 1851 avec d'impressionnantes chambres et cheminées. €

Limnia G
Hôtel bon marché avec des chambres confortables en plein cœur de l'action, près du marché de Myrina. €

Vicky Studios
Hébergement économique très propre avec un joli jardin, à une courte marche de la plage de Riha Nera. €

LE TOP DES TAVERNES DE MYRINA

Grammofono
Petit bijou sans prétention, sur le rond-point principal ; excellente charcuterie. €

O Platanos
Des plats maison exceptionnels accompagnés de vins de Limnos, à l'ombre d'un platane rue Kyda. €

Ouzerie To 11
Appréciée des habitants pour ses produits de la mer (moules, oursins, langoustes, etc.). €

Sinialo
Taverne traditionnelle revisitée de manière peu orthodoxe, avec patio romantique dans une rue secondaire. €€

To Limanaki
Produits de la mer à prix doux, viande grillée jusque tard dans la nuit, bons vins de Limnos et vue sur le port. €€

et Hephaistia. Ne manquez pas les lampes-statuettes de sirènes en faïence, ainsi que les détails sur l'échange forcé des populations grecque et turque de 1923.

Riha Nera, une plage de rêve

LA PLAGE PARFAITE

Marchez quelques centaines de mètres le long de la promenade de Romeïkos Gialas pour rejoindre **Riha Nera**, et vous comprendrez pourquoi Limnos est réputée pour ses plages. Flanquée de formations rocheuses, cette belle étendue attire les familles grâce à son sable fin et ses eaux peu profondes. Il y a des parasols et des douches tout le long de la plage. Le **Manos Bar**, café de plage animé, se mue en salle de concerts le soir de mai à septembre.

À pied vers une chapelle troglodytique

PÈLERINAGE PANORAMIQUE

À 5,5 km de Myrina démarre un court sentier qui traverse un paysage lunaire de roches et de montagnes pour rallier la **Panagia Kakaviotissa**, une chapelle troglodytique célèbre dans la région. Abritée des éléments par la vaste grotte dans laquelle elle est installée, la minuscule église chaulée est dépourvue de toit. Fondée en 1305 par des moines fuyant les Ottomans, elle est consacrée à la Vierge et tient son nom du mont Kakavos sur lequel elle est bâtie. Rejoignez le départ du sentier en voiture ou à vélo.

Goûtez les vins de Limnos

ÉLOGE DU CIRCUIT COURT

Pour découvrir les vins qui font la réputation de l'île, cap sur le caviste **To Kelari**, près du port de Myrina. On se croirait dans un film de pirates au milieu d'antiques bouteilles couvertes de poussière et de toiles d'araignées. Le sympathique propriétaire produit de bons vins rouges secs et du *tsipouro* (eau-de-vie servie en apéritif qui ressemble à la grappa italienne) dans son petit domaine près de Myrina.

COMMENT CIRCULER

Myrina s'explore aisément à pied, même pour rejoindre le nouveau terminal des ferrys, à 1 km du centre. L'aéroport (voir p. 482), plus éloigné du centre, est moins accessible.

Les lignes de bus partant du rond-point de Myrina répondent surtout aux besoins des villageois se rendant au marché principal, et sont peu pratiques pour explorer l'île. Voir aussi p. 482.

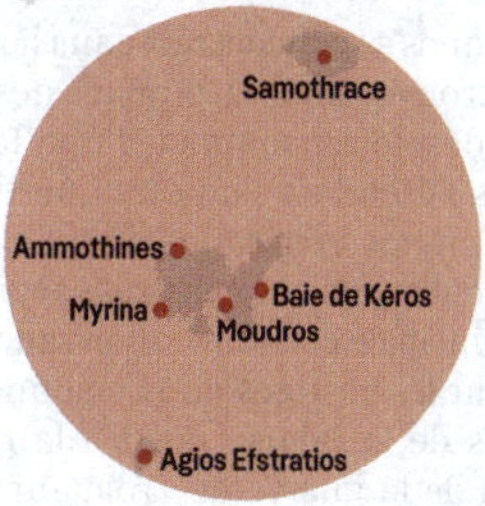

Ailleurs sur Limnos

Assez peu fréquentée par les vacanciers, Limnos n'est pourtant pas avare en sites historiques et en plages de rêve.

Pour les infos pratiques, voir le Carnet d'adresses *p. 524.*

À SAVOIR

Le vélo est un moyen agréable d'explorer la partie basse de l'île, où se trouvent la plupart des sites d'intérêt.

Si vous partez de Kavala, dans la région de Macédoine, Limnos sera la première des îles du nord-est de la mer Égée que vous découvrirez. Vous ne serez pas dépaysé car, à l'est de l'île, les douces plaines agricoles et les marais peuplés d'oiseaux migrateurs font penser aux contrées macédoniennes. Au printemps, on peut être témoin de spectaculaires envolées de flamants roses. L'autre moitié de l'île, rocailleuse et aride, est plus typique de la région. Partout s'étendent de superbes plages. D'après la légende, c'est à Limnos qu'échoua Héphaïstos, le dieu du Feu et de la Forge, après avoir été précipité au bas du mont Olympe par sa propre mère. Recueilli par les insulaires, il leur apprit l'art de la métallurgie pour les remercier. Trois sites archéologiques majeurs témoignent de ces temps glorieux où dieux et hommes se côtoyaient.

Myrina

Sociétés antiques

DIVINITÉS ET DÉMOCRATIE

Dans l'Antiquité, la vie à Limnos se concentrait dans la partie orientale de l'île, où l'on trouve donc la plupart des sites archéologiques. Beau site désolé au sommet d'une falaise, le **sanctuaire des Cabires** s'étend sur la pointe nord de la lointaine baie de Tigani. Limnos vénéra les dieux Cabires (divinités mineures objets d'un culte à mystères) avant l'île voisine de Samothrace. La principale curiosité est un sanctuaire hellénistique dont subsistent les vestiges de 11 colonnes. Un sentier descend vers le bas de la falaise jusqu'à la **grotte de Philoctète**, où le héros de la guerre de Troie aurait été abandonné le temps que guérisse son pied gangrené suite à une morsure de serpent.

De l'autre côté de la baie, le théâtre reconstruit du Ve siècle av. J.-C. marque le site de l'ancienne capitale de l'île, **Hephaistia**, qui fut habitée depuis l'époque mycénienne au moins. Elle prit le nom d'Héphaïstos car la légende voulait que le dieu du Feu ait atterri sur Limnos après que sa mère Héra l'eut précipité au bas du mont Olympe.

Sur la côte sud-est, **Poliohni** est considéré comme le premier peuplement préhistorique de la mer Égée (voir p. 632). L'intéressant site archéologique et son petit musée sont fermés pour rénovation à l'heure où nous écrivons ces lignes ; renseignez-vous à Myrina avant de partir le visiter.

DÉJEUNER AU PIED DES RUINES

Sur la route du sanctuaire des Cabires et d'Hephaista, le village de **Kotsinas** est l'endroit le plus logique pour s'arrêter déjeuner. On y trouve une belle plage, l'excellente taverne **Giannakaros** et un point d'observation panoramique jouxtant la **chapelle Zoodochos Pigi**, édifice de la période byzantine tardive érigé au sommet d'une colline près d'une source sacrée. Vous y verrez une saisissante statue de Maroula, figure féminine portant l'épée et regardant vers les côtes turques d'un air de défi. Héroïne locale, elle aurait pris l'épée de son père mourant pour aller combattre les Ottomans en 1478.

En mémoire de Gallipoli

BATAILLE DES DARDANELLES, CIMETIÈRES MILITAIRES

C'est à la position stratégique qu'elle occupe, près du détroit des Dardanelles, à mi-chemin entre la péninsule du mont Athos et la Turquie, que Limnos doit son histoire mouvementée. Elle garde encore en son sein une garnison et tous les jours les avions de chasse de l'immense base aérienne de l'armée de l'air grecque viennent rappeler bruyamment leur présence.

La **baie de Moudros** servit de base au corps expéditionnaire franco-britannique pendant la campagne de Gallipoli (ou bataille des Dardanelles, 1915-1916) lors de la Première Guerre mondiale. Malgré cet échec pour les alliés, dont les troupes furent décimées par les Turcs, le port resta une base alliée, notamment pour bloquer l'accès au détroit. Les Français l'utilisaient comme base arrière pour la flotte de Méditerranée, comme lieu d'hospitalisation et comme base aérienne. À la fin du mois d'octobre 1918, l'armistice entre les Alliés et l'Empire ottoman fut d'ailleurs signé à Moudros.

OÙ SE RESTAURER SUR LIMNOS

Ennia Po'chs
Gastronomie moderne avec des touches locales, dans le village de Lychna. Réservation indispensable. **€€**

Flomari
Pour un festin de mets iodés après une journée à la plage de Gomati et un coucher de soleil à Ammothines. **€€**

Galazio Limani
Taverne sur le front de mer de Moudros ; délicieuse soupe de poisson et classiques de produits de la mer égéens. **€€**

HERACLES KRITIKOS/SHUTTERSTOCK ©

Gomati

Pour l'Australie et la Nouvelle-Zélande, l'assaut sur Gallipoli reste à ce jour une tragédie nationale, commémorée lors de la Journée de l'ANZAC, chaque 25 avril.

Les pelouses du **cimetière militaire de Moudros Est** sont parsemées des tombes des quelque 800 soldats de l'Empire britannique ayant succombé à leurs blessures dans un hôpital militaire voisin. Un autre cimetière militaire, celui de **Portanos**, est situé dans le village de Portianou.

Coucher de soleil à Ammothines

DUNES ET DOLMENS

Ce mini-désert au nord de l'île est une sorte de rendez-vous ésotérique où se rassemblent au crépuscule des gens venus fouler pieds nus les dunes de sable, construire des dolmens et admirer le coucher du soleil. Ce rituel est généralement précédé d'une journée à la plage de Gomati et suivi d'un dîner dans une taverne de **Flomari** ou de **Mantella**.

Planche à voile à Keros

TOUTES VOILES DEHORS !

Couverte d'une myriade de voiles multicolores lorsque le vent est de la partie, la **baie de Keros** est appréciée des amateurs de

LIMNOS DE PLAGE EN PLAGE

Andreas Toppos, patron du restaurant Gramophono, nous parle de ses plages préférées à Limnos.

J'aime beaucoup la **plage de Keros** lorsqu'il n'y a pas de vent. Je ne fais pas de planche à voile, je préfère me baigner ou louer un jet-ski. Je vais souvent aussi à la **plage d'Evgati**, qui est très belle. Non loin il y a **Karavi**, où je fais aussi du jet-ski avec mon enfant. Une autre de mes plages préférées est celle de **Gomati**, où nos amis tiennent la **taverne Flomari** et qui borde **Ammothines**, le Sahara de l'Europe.

Certaines familles de Myrina viennent à Gomati en caravane pour leurs vacances. J'aimerais aussi m'acheter une caravane pour me garer sur la plage et y rester seul.

Poseidoni
Tenue de main de maître par un truculent personnage, cette taverne de plage sert de bons poissons et fruits de mer. **€**

Mantella
Plats de viande traditionnels, *moustoukoulika* (pâtes sucrées) et fromages savoureux dans un village de montagne. **€**

Giannakaros
Taverne haut de gamme du front de mer, bondée le week-end pour les méchouis d'agneau ou de chèvre. **€€**

L'ÎLE DU VIN

Le Limnio (ou *kalabaki*), un vin rouge sec issu d'un cépage indigène, est fabriqué depuis l'Antiquité, et fut même mentionné par Aristote. Mais c'est son muscat blanc, introduit sur l'île par des Grecs venus d'Alexandrie, en Égypte, qui vaut à Limnos sa renommée dans l'œnologie mondiale.

Pour habituer vos papilles aux tanins locaux, visitez l'une des nombreuses caves de l'île ouvertes au public. Non loin de Myrina, **Savvouglu & Tsivolas** produit du muscat et du *kalabaki*. **Ktima Hatzigeorgiou**, à côté de l'aéroport, propose également des dégustations et des visites du domaine.

LEV PARASKEVOPOULOS/ADOBESTOCK ©

Moulins à vent, près de Kontias, Limnos

kitesurf et de planche à voile pour ses vents du nord réguliers et ses eaux peu profondes, idéales pour les débutants. Plusieurs clubs nautiques sur la côte proposent des cours et louent du matériel, dont des planches de paddle ; tous sont dotés de bars de plage branchés. Des hébergements sont disponibles sur la plage et dans les villages voisins.

Agios Efstratios l'isolée

TERRE D'EXIL

Agios Efstratios est un îlot au sud de Limnos, dont plusieurs gouvernements autoritaires grecs se sont servis au cours du XXe siècle comme camp d'internement à ciel ouvert pour opposants communistes, dont des figures notables comme le célèbre compositeur Mikis Theodorakis. Le souvenir de ces exilés est bien vivant au **musée de la Démocratie**, inauguré en 2007. L'île ne compte que 270 habitants, mais on y trouve une poignée de tavernes et de *domatia* (chambres chez l'habitant).

COMMENT S'Y RENDRE ET CIRCULER

L'aéroport se situe à 22 km à l'est de Myrina avec des comptoirs d'Aegean Air et de Sky Express (p. 473). Taxis et bus desservent l'aéroport, mais les horaires des bus ne correspondent pas au départ des vols. L'île est reliée à Athènes par des vols quotidiens (environ 1 heure).

Des ferrys vont et viennent entre Limnos, les autres îles du nord-est de la mer Égée et Kavala, sur le continent. Limnos est le dernier port d'escale vers Kavala (4 heures 30) et le premier en allant vers Lesbos (6 heures). Une ligne supplémentaire relie Limnos au port de Laurion, sur le continent, près d'Athènes, via Agios Efstratios. Cette dernière est également desservie depuis Limnos par un bateau quasi-quotidien. Un bateau relie Limnos à Samothrace (p. 486) une fois par semaine en été.

Louer une voiture, un scooter ou un vélo s'avère essentiel pour explorer l'île.

SAMOTHRACE

Oubliée par la plupart des voyageurs, Samothrace est isolée au nord-est de la mer Égée. Cette île luxuriante et boisée possède l'un des plus importants sites archéologiques de Grèce : le sanctuaire thrace des Grands Dieux. Ici se dresse également le point culminant de l'Égée, le mont Fengari (1 611 m), d'où, selon Homère, Poséidon, le dieu de la Mer, suivit le déroulement de la guerre de Troie.

L'intérieur montagneux de l'île, couvert de chênes et de platanes noueux, est idéal pour la randonnée à pied ou à VTT. Des cascades plongent dans de profonds bassins limpides, qui apportent une fraîcheur bienvenue en été. Les plages isolées du Sud-Est sont immaculées, tandis que des sources bienfaisantes ont fait de Loutra (Therma) une cité thermale. Dans les terres, derrière le principal port de pêche de Kamariotissa s'étend l'ancienne capitale, Samothraki (Hora), avec des rues fleuries et de jolies maisons, qui surplombent la mer au loin.

Pour les infos pratiques, voir le Carnet d'adresses p. 524.

À SAVOIR

Loutra (ou Therma), à 14 km à l'est de Kamariotissa, est le lieu de séjour le plus populaire de Samothrace. Ce village verdoyant et sillonné de cours d'eau s'anime en soirée quand les habitants se retrouvent à la terrasse des cafés.

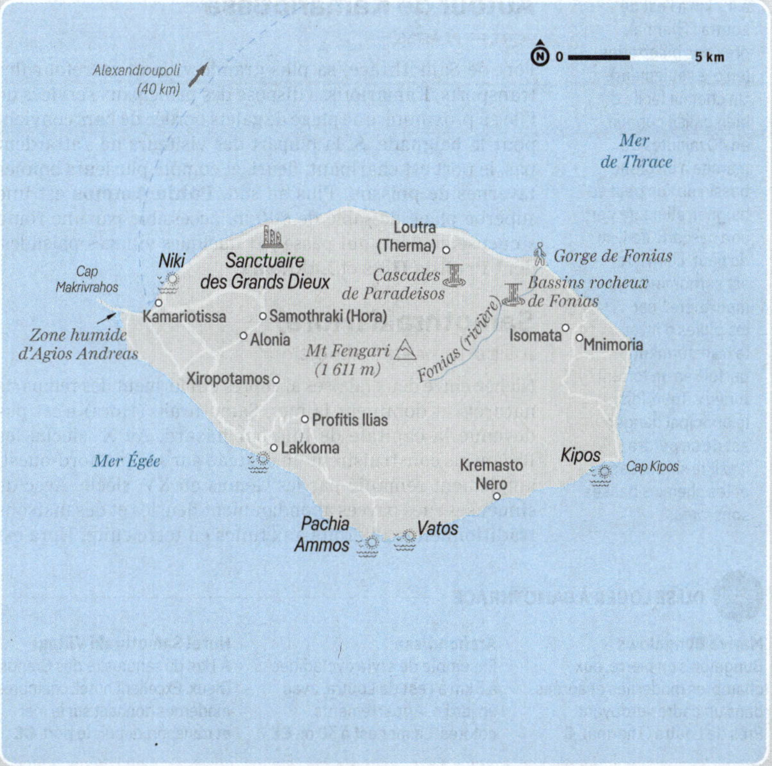

NIKOLAY KOSTADINOV/SHUTTERSTOCK ©

Sanctuaire des Grands Dieux

À PIED VERS LES BASSINS DE FONIAS

Sur la côte nord-est, à l'est de Loutra, se trouvent la rivière Fonias et les fameux bassins rocheux de Fonias. La randonnée commence au pont à 4,7 km à l'est de Loutra (Therma), près des billetteries (en été seulement). Un chemin facile et bien balisé conduit en 40 minutes de marche à un grand bassin où l'on peut se baigner, alimenté par une cascade de 12 m de haut. La rivière est surnommée "la meurtrière", car les pluies d'hiver la transforment parfois en un torrent furieux. Toutefois, le principal danger est de se perdre : il existe six cascades et les chemins balisés sont rares.

Autour de Kamariotissa

PORT ET PLAGES

Port de Samothrace, sa plus grande ville et carrefour des transports, Kamariotissa dispose des principaux services de l'île ; à proximité, une plage de galets bordée de bars convient pour la baignade. Si la plupart des visiteurs ne s'attardent pas, le port est charmant, fleuri, et compte plusieurs bonnes tavernes de poisson. Plus au sud, **Pahia Ammos** est une superbe plage de sable de 800 m, accessible par une route sinueuse de 8 km qui passe par quelques villages paisibles, dont **Profitis Ilias** et **Lakkoma**.

Samothraki (Hora)

JOLIE CITÉ, KASTRO GÉNOIS

Nichée entre deux falaises abruptes qui forment des remparts naturels et dominent la mer, Samothraki (Hora) n'est pas devenue la capitale de l'île par hasard. Au Xe siècle, les Byzantins construisirent un château sur son pic nord-ouest, amplement remanié par les Génois au XVe siècle. Avec de sinueuses rues pavées abondamment fleuries et des maisons traditionnelles aux toits aux tuiles en terre cuite, Hora est

OÙ SE LOGER À SAMOTHRACE

Mariva Bungalows
Bungalows en pierre, aux chambres modernes et aérées, dans un cadre verdoyant. Près de Loutra (Therma). **€**

Archondissa
Ensemble de style cycladique à 3 km à l'est de Loutra, avec un jardin. Appartements colorés. La mer est à 30 m. **€€**

Hotel Samothraki Village
À 1 km du sanctuaire des Grands Dieux. Excellent hôtel, chambres modernes donnant sur la mer et transport depuis le port. **€€**

parfaite pour flâner et s'attarder devant un déjeuner ou un café. En été, une agréable vie nocturne s'organise dans les petites rues et les bars sur les toits.

Récemment aménagé pour les touristes, avec panneaux explicatifs en anglais, le **Kastro** fut construit en 1431-1433 par Palamede Gattilusio, un noble génois qui avait reçu l'île de l'empereur byzantin en échange de son aide dans une guerre fratricide. Les blasons des deux hommes sont gravés sur une plaque de marbre à l'entrée. Outre de remarquables points de vue, vous découvrirez une grande citerne en pierre utilisée pour collecter les eaux de pluie et un trou où l'on jetait ceux dont le gentilhomme italien n'appréciait guère la compagnie.

Loutra (Therma)

SOURCES CHAUDES, CASCADES ET PLAGE SECRÈTE

Les thermes de la ville donnent accès à de bienfaisantes **sources chaudes**, riches en minéraux, dont les vertus thérapeutiques sont censées guérir tous les maux, des problèmes de peau à la stérilité. Le grand bâtiment blanc à côté de l'arrêt de bus abrite les bains officiels. Vous pouvez toutefois vous baigner gratuitement dans deux petits bassins en plein air, 75 m plus haut.

À quelque 500 m du Kafeneio Ta Therma, un chemin boisé (100 m) conduit aux **cascades de Paradeisos**, une série de bassins rocheux et de cascades, dont la plus haute dévale sur 30 m. Le cadre est somptueux, planté de platanes vieux de 600 ans, noueux et couverts de mousse qui surgissent du brouillard au-dessus d'un sol forestier de fougères géantes et de rochers saumâtres. Préparez-vous à plonger dans une eau glacée, un bonheur en plein été !

Pachia Ammos est la meilleure plage de sable, en demi-lune, de l'extrémité sud de l'île, avec une taverne et des chaises longues. Aucun transport ne la dessert ; il faut se débrouiller pour la rejoindre mais cela ajoute encore à son charme !

Sanctuaire des Grands Dieux

RELIGION À MYSTÈRES ET SAMOTHRACE LA VICTORIEUSE

À 6 km au nord-est de Kamariotissa, le sanctuaire des Grands Dieux est l'un des sites archéologiques les plus mystérieux, et intéressants, du pays. Les Thraces construisirent ce temple dédié à leurs divinités de la Fertilité vers 1000 av. J.-C. Au Ve siècle av. J.-C., les rites et les sacrifices liés au culte attirèrent ici des pèlerins fameux, dont la reine égyptienne Arsinoé, Philippe II de Macédoine (père d'Alexandre le Grand) et l'historien grec Hérodote. Le sanctuaire resta un lieu de culte jusqu'à l'interdiction du paganisme, au IVe siècle.

QUI ÉTAIENT LES GRANDS DIEUX ?

Ces divinités, restées mal connues puisque les initiés devaient se taire, sont identifiées comme des dieux Cabires, vénérés dans les cultes à mystères, dans des sanctuaires panhelléniques. Principale divinité, la déesse de la Fertilité Axiéros (Grande Mère) fut plus tard assimilée aux trois déesses olympiennes Déméter, Aphrodite et Hécate. Les autres divinités vénérées dans le sanctuaire étaient l'époux de la Grande Mère, le jeune et viril Kadmilos (dieu du Phallus), assimilé par la suite à Hermès, et les jumeaux Cabires, Dardanos et Aétion, fils de Zeus et de Léda. Les Grands Dieux de Samothrace étaient révérés pour leurs immenses pouvoirs, bien supérieurs à ceux des dieux de l'Olympe, considérés comme querelleurs et frivoles...

OÙ SE RESTAURER À SAMOTHRACE

Synantisi
Taverne accueillante, à Kamariotissa. Excellents poissons (le propriétaire pêche au harpon) et viande. **€€**

Fournello
Pour ceux qui veulent faire une pause, se régaler d'une pizza ou d'un plat de pâtes, tout en dînant en bord de mer. **€**

Taverna Akrogiali
Près de la plage de Lakkoma, voici l'endroit idéal pour goûter la pêche locale, sur une agréable terrasse fleurie. **€€**

LA VICTOIRE DE SAMOTHRACE

Cette statue de la déesse de la Victoire (Nikè), représentée sous la forme d'une femme ailée, a été réalisée en marbre de Paros, sans doute vers 220-185 av. J.-C. pour commémorer une bataille navale. Elle avait toute sa place à Samothrace, où les Grands Dieux protégeaient notamment les navigateurs.

La Victoire a été découverte en 1863 par Charles Champoiseau, diplomate français et archéologue amateur, qui l'a fait envoyer au Louvre, où elle se trouve encore.

Haute de plus de 5 m, dépourvue de tête et de bras qui n'ont pas été retrouvés, cette statue est en fait une figure de proue, posée sur un monument évoquant un navire de guerre. Allez la voir au Louvre et remarquez le drapé de ses vêtements – le sculpteur a su rendre l'effet du vent qui colle les plis du tissu sur les jambes de la déesse !

Le **Musée archéologique** du sanctuaire des Grands Dieux offre une vue d'ensemble du site. Prenez la carte gratuite du musée avant d'explorer le site. Parmi les objets exposés figurent une superbe frise en marbre de danseuses, des figurines et des amphores en terre cuite, des bijoux, et des lampes en argile, indiquant la nature nocturne des rituels. Les fouilles archéologiques ont révélé l'existence d'une initiation à deux niveaux : d'abord, l'invocation des Grands Dieux afin d'opérer une renaissance spirituelle intérieure, puis l'absolution des transgressions. Ils étaient ouverts à tous – hommes, femmes, citoyens, serviteurs et esclaves. Puisque divulguer les secrets du sanctuaire était passible de mort, les principales exigences du lieu semblent avoir été de venir et de se taire. Dans le musée, une reproduction en plâtre remplace la célèbre *Victoire de Samothrace* (voir ci-contre) découverte dans le sanctuaire.

À 75 m au sud du musée se tient l'**Arisinoéion** (rotonde), cadeau de la reine égyptienne Arsinoé. L'autel en pierre d'origine du sanctuaire fut découvert à proximité. Il jouxte l'**Anaktoron** rectangulaire, où se déroulaient les premières initiations, le **Téménos**, une salle où se tenait un festin de célébration, et le **Hiéron**, site des initiations supérieures où avait lieu le rite de l'absolution – ses colonnes sont les vestiges les plus photographiés du sanctuaire. En face du Hiéron se dressent les vestiges d'un **théâtre**.

À proximité, un chemin monte vers le **monument de la Nikè** (*nikè* signifie "victoire" en grec), où se tenait jadis l'impressioinnante *Victoire de Samothrace*, qui faisait face à la mer au nord. Elle fut sans doute dédiée aux dieux après une bataille navale victorieuse.

CULTES À MYSTÈRES

Les divinités honorées à Samothrace sont assimilées aux dieux Cabires, également glorifiés à Limnos (p. 477).

COMMENT S'Y RENDRE ET CIRCULER

Les mois d'été, un bateau hebdomadaire relie Myrina (Limnos, p. 476) à Samothrace. On peut aussi rejoindre l'île via Alexandroupolis, ville du continent voisine de la frontière turque. Les ferrys SAOS Lines (www.saos.gr) relient Samothrace à Alexandroupolis, 2 fois/jour en été, moins souvent hors saison (2 heures). Voyager avec sa voiture revient cher et les ferrys manquent souvent de place. Billets vendus au kiosque sur le port. Depuis Kamariotissa, il y a 6 bus quotidiens pour Samothraki (Hora) et Paléopolis, 5 pour Profitis Ilias via Alonia et Lakkoma, et 2 pour Loutra.

Il est possible de louer une voiture ou une petite jeep à Kamariotissa.

Il y a peu de taxis sur l'île. Leurs numéros sont affichés sur le panneau de l'arrêt de bus de Kamariotissa.

THASSOS

Parmi les îles les plus vertes du pays, Thassos s'étend sur 380 km² et se situe à 10 km du port de Kavala, sur le continent. Son climat et sa végétation rappellent le nord de la Grèce ; l'île se targue néanmoins de belles plages de sable, en particulier sur la côte orientale, tandis que dans l'arrière-pays s'étendent des montagnes couvertes de forêts. Moins chère que d'autres destinations insulaires, c'est une île prisée des familles et des étudiants de Bulgarie et d'ex-Yougoslavie.

Pour les visiteurs, les principales richesses de l'île sont sa beauté naturelle, ses plages, ses villages et ses sites historiques. À l'excellent Musée archéologique de la capitale, Thassos (Liménas), s'ajoutent le Moni Arhangelou, un couvent d'époque byzantine, perché sur une falaise, et le site archéologique d'Aliki, le joyau de la côte sud-est.

Pour les infos pratiques, voir le Carnet d'adresses p. 525.

À SAVOIR

Si vous prévoyez de ne passer qu'une journée sur l'île, il est plus simple de circuler en taxi, au départ de la station présente sur le front de mer de Thassos (Liménas), à côté du principal arrêt de bus.

BONNES ADRESSES

Masabuka
Cet établissement contemporain et sympathique, sert des souvlakis (brochettes de viande) avec toute une gamme de sauces et d'accompagnements. Dans la rue piétonne entre le centre et le port de Liménas. €

Limanaki
Une *ouzerie* à la pointe nord de Hrysi Ammoudia (la plage d'Or). On aime s'y détendre après la plage en grignotant des mezze. €

Taverna Grill Elena
Une taverne classique, installée sous un patio ombragé non loin de la plage, à Panagia. Ses spécialités sont l'agneau et la chèvre rôtis à la broche. €€

Archodissa
Ce restaurant familial mitonne une cuisine succulente – mezze, poissons frais, plats mijotés sur la braise... Vue superbe sur la mer dans la péninsule d'Aliki, au bout d'une voie escarpée. Pension sur place. €€

Thassos (Liménas)

MUSÉE, VESTIGES ANTIQUES ET SORTIE EN MER

Animé toute l'année, ce port de pêche mérite votre attention pour ses vestiges antiques et son **Musée archéologique** où vous serez accueilli par un *kouros* (statue masculine) du VIe siècle av. J.-C., haut de 3,5 m. Tout près, vous verrez les ruines des fondations de l'ancienne agora puis celle du théâtre antique, signalé depuis le port. Ne manquez pas les **croisières d'une journée**, avec baignade et pause-déjeuner, au départ du vieux port. Tout près, l'élégant et original hôtel A For Art fait un bon point de chute.

Cap sur la côte est

PLAGES, COUVENT, PANORAMA ET PRESQU'ÎLE D'ALIKI

Les plages sont ici superbes et moins bondées en été que celles de la côte ouest. D'épaisses forêts descendent des montagnes jusqu'à la mer, créant un spectaculaire paysage côtier. Panagia et Potamia (ci-dessous) sont à 4 km à l'ouest des plages les plus appréciées : **Hrysi Ammoudia** (plage d'Or) et **Skala Potamia**, à son extrémité sud.

Un peu plus au sud-est, la **presqu'île d'Aliki** cache le joyau de l'île : les importants vestiges d'un sanctuaire antique où les dieux étaient invoqués pour protéger les marins. Suivez le beau sentier qui longe le cap et passe près d'une carrière de marbre en partie submergée, exploitée jusqu'au VIe siècle. Le départ du sentier est tout au bout de la plage bordée de tavernes.

Après la **plage de Thymonia**, encore plus au sud, le **Moni Arhangelou**, un couvent dédié à l'archange Saint-Michel, est perché sur une falaise. Il mérite la visite pour son église vieille de 400 ans et la vue sur la péninsule de Chalcidique. À 1,5 km du couvent, un chemin de terre mène à la **plage de Livadi**, où les flots bleu-vert sont cernés de falaises et de forêts.

Dans l'arrière-pays

RANDONNÉE, ARCHITECTURE RURALE ET ICÔNES

Ne manquez pas **Panagia** pour son architecture de pierre et d'ardoise et sa belle Kimisis tou Theotokou (église de la Dormition de la Vierge) où sont conservées de nombreuses icônes. **Potamia**, en retrait de la plage de Skala Potamia, constitue une bonne base pour l'ascension du point culminant de l'île, le **mont Ypsario** (1 206 m). Un chemin, à l'ouest du bourg, continue jusqu'au bout de la vallée, puis des flèches et des cairns indiquent la voie le long d'un chemin escarpé. Cette marche de 3 heures est classée moyennement difficile.

COMMENT S'Y RENDRE ET CIRCULER

Thassos est accessible des ports de Kavala et de Keramoti sur le continent. Des ferrys circulent entre Keramoti et Liménas toutes les 30 à 45 minutes et 6 ferrys par jour relient Kavala et Skala Prinou (1 heure 15). Les horaires sont affichés dans les billetteries à Thassos (Liménas). Un excellent réseau de bus facilite l'exploration, avec une desserte fréquente vers Hrysi Ammoudia et les bourgs perchés depuis Liménas, ainsi qu'un bus quotidien pour Aliki.

MOLYVOS (ÎLE DE LESBOS)

Troisième plus grande île du pays (et l'une des mieux organisées), Lesbos compte des plaines désertiques à l'ouest, qui cèdent la place à des plages de sable et à des marais salants dans le centre. À l'est se dressent des montagnes couvertes de forêts et d'oliveraies. Capitale et port, Mytilène (p. 493) est une ville animée toute l'année, dotée d'*ouzeria* et d'hôtels aux prix raisonnables, tandis que, sur la côte nord, Molyvos (Mithymna) séduit par ses maisons en pierre et ses ruelles qui surplombent la mer. Un château byzantin couronne le sommet de la montagne, tandis qu'en contrebas les yachts et leurs occupants profitent de l'élégante marina. Les terrasses des cafés et des tavernes bordant la rue principale du marché offrent une vue panoramique sur le bleu intense de la mer Égée.

Pour les infos pratiques, voir le Carnet d'adresses *p. 525.*

À SAVOIR

Certains des meilleurs hébergements de Molyvos se trouvent dans les hauteurs et ne sont pas accessibles en voiture, ce qu'il faut prendre en compte lorsque vous réservez. Les plus haut perchés, en revanche, jouxtent le parking du château.

Molyvos

PASSÉ BYZANTIN, PATRIMOINE OTTOMAN ET PANORAMA

Molyvos forme un labyrinthe de rues pavées, bordées de maisons en pierre. Elle existe depuis des millénaires, mais la plupart des édifices datent de la période de domination turque (1463-1912), ce qui en fait l'un des ensembles d'architecture ottomane les mieux conservés de la région égéenne.

L'imposant **château byzantin**, construit au XIVe siècle en pierres trachytiques rouges et brunes, monte la garde sur Molyvos. Il servit pendant cinq siècles de quartier général à l'administration militaire ottomane. La montée abrupte est récompensée par une vue panoramique sur la ville, la mer, et la Turquie au loin. En été, le château accueille plusieurs festivals. La taverne-bar de l'entrée principale, judicieusement appelée **Byzantino**, a beaucoup de succès.

Les vestiges de l'époque ottomane se font discrets dans cette ville privée de sa population turque depuis l'échange de 1923. Commencez par visiter le **musée des Bains ottomans** aménagé dans des bains restaurés utilisés par les résidents de la ville jusque dans les années 1960. Les expatriés bénévoles qui gèrent l'endroit présentent les détails de l'intérieur d'origine, assez bien conservé, avant d'emmener les visiteurs sur le toit, admirer les dômes chaulés percés de puits de lumière.

Quelques mètres au-dessus de la rue principale, la **maison Komminaki-Kralli**, aujourd'hui résidence d'artiste, a conservé son luxueux décor du XIXe siècle (pour réserver une visite : www.asfa.gr). La **salle de conférence** était jadis la mosquée principale. Il subsiste aussi à travers la ville les belles fontaines de l'ère ottomane.

LE TOP DES BARS ET DES TAVERNES

Tropicana Platanos
Une taverne toujours bondée installée sous un grand platane de la place principale. **€€**

Maistrali
Produits de la mer et classiques grecs à deux pas des bateaux de pêche et de la marina. **€€**

Misirlou
Bar à cocktails élégant, qui sert aussi tortillas et pizzas. **€**

Blue Fox
Délicieux desserts sur une terrasse avec une vue à couper le souffle sur la baie. **€**

Molly's Bar
Étoiles bleues au plafond, rideaux de perles, pichets de sangria et balcon avec vue sur le soleil couchant.

INCONTOURNABLE
1 Bains minéraux d'Eftalou

VOIR
2 Anaxos
3 Château byzantin
5 Salle de conférence
6 Maison Komminaki-Kralli
7 Musée des Bains ottomans
8 Panagia Glykofilousa
9 Petra
10 Skala Sykaminia
11 Vafeios

PRENDRE UN VERRE ET FAIRE LA FÊTE
4 Byzantino

Plages autour de Molyvos

PLAGES TOURISTIQUES ET ÉTENDUES SAUVAGES

Des bus municipaux desservent efficacement les plages de l'est et du sud de Molyvos. La plus proche, celle de **Petra**, est une longue bande de sable doré bordée de formations rocheuses étonnantes, entièrement recouverte de chaises longues et flanquée sur tout son long de tavernes. Le principal site culturel du lieu, situé au-dessus de l'énorme rocher en surplomb dont

OÙ SE LOGER À MOLYVOS

Nadia's Apartments
Chambres de style motel autour d'une vaste cour ombragée ; accueil chaleureux. €

Pineloph
Petite pension au pied du château, louant des chambres spacieuses avec balcons et vue sur la mer. €

Schoolmistress with the Golden Eyes
Chambres basiques avec vue à couper le souffle sur la mer, et un nom aux accents littéraires. €

PNIKOL/SHUTTERSTOCK ©

Château byzantin (p. 489)

le village tient son nom (*petra* signifie "pierre", "rocher" en grec), est la **Panagia Glykophilousa** (église de la Vierge-au-Doux-Baiser, XVIIIe siècle), accessible par un escalier de 144 marches taillées dans la roche. Remarquez les figurines au-dessus de la porte principale, qui évoquent les statues de l'île de Pâques.

Depuis Petra, le bus continue vers **Anaxos**, plage prisée quoique légèrement moins fréquentée. À l'est de Molyvos, la ligne de bus s'achève à Eftalou, où se trouvent les **bains minéraux d'Eftalou** (p. 496). Au-delà des sources s'étend une longue succession de plages de galets multicolores quasi-désertes, baignées d'eaux cristallines.

Sentiers de montagne

À LA RECHERCHE DU PANORAMA PARFAIT

Un petit parc bordant la rue principale en face de la vieille ville est le point de départ de plusieurs boucles pédestres et cyclables à travers l'amphithéâtre de montagnes encerclant Molyvos. Le sentier principal grimpe au bourg de **Vafeios** et à l'excellente taverne éponyme. Les parcours cyclables permettent de s'aventurer plus loin et d'explorer par exemple le ravissant port de pêche de **Skala Sykaminia**. Le lieu a pour spécialité les *astakomakaronada* (pâtes et homard).

LA PLUS BELLE RUE DU MONDE

Robin Sanders, britannique vivant à Molyvos et bénévole au musée des Bains ottomans, nous révèle la meilleure période pour visiter le village.

Le bonheur d'être à Molyvos réside en partie dans les rues secondaires, surtout si vous venez en avril, lorsque la glycine fleurit. Ses fleurs violettes colorent tout le village, dégageant une odeur tout simplement enivrante. C'est de toute beauté. Il a d'ailleurs suffi d'une seule photo signée Konstantinos Stamatelis pour que www.boredpanda.com décerne à l'Agora, la rue du marché de Molyvos, le titre de plus belle rue du monde en 2017.

COMMENT CIRCULER

Pour savoir comment arriver sur Lesbos, voir p. 497. Molyvos est éloignée du port et de l'aéroport de Mytilène. En taxi, vous en aurez pour 70 € environ. En transports en commun, notez que plus aucun bus ne part après le déjeuner. Vous pouvez aussi louer une voiture à Mytilène. Un réseau de bus efficace relie Molyvos aux plages des environs.

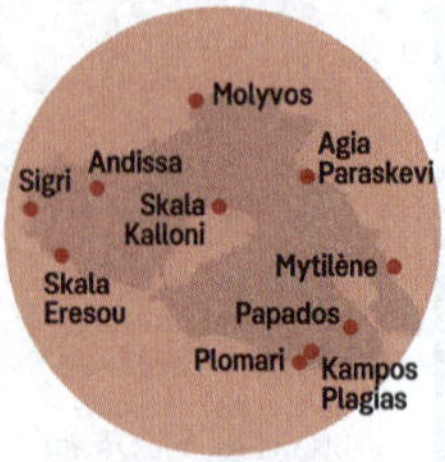

Ailleurs sur Lesbos

Il y en a pour tous les goûts à Lesbos, île étendue, aux paysages variés, lieu de naissance de Sappho et berceau de l'ouzo.

En forme de papillon, l'île de Lesbos est trop vaste pour que l'on puisse la résumer à un lieu ou une caractéristique uniques. On dirait presque un archipel – le sud couvert de pins, le nord rural et l'ouest plus lunaire qu'aurait rassemblés à la va-vite une main divine –, y laissant pénétrer deux sortes de mers intérieures, les golfes de Gera et de Kalloni. Une visite express serait largement insuffisante pour tout voir : flamants roses et oiseaux migrateurs, distilleries d'ouzo, sources chaudes, séquoias pétrifiés, édifices religieux, sentiers de randonnée, et bien sûr de superbes plages. Prenez le temps de savourer pleinement chaque instant, chaque odeur, chaque délice.

Pour les infos pratiques, voir le Carnet d'adresses *p. 526.*

À SAVOIR

Logez à proximité des lieux que vous souhaitez explorer, et changez d'hébergement si vous décidez de découvrir une autre partie de l'île.

Skala Eresou

GEORGIOS TSICHLIS/SHUTTERSTOCK ©

L'artistique capitale de Lesbos

ART INSOLITE DANS UN ÉCRIN URBAIN

À la différence d'autres capitales insulaires de Grèce, **Mytilène** est une ville à proprement parler, avec des embouteillages et une population étudiante dynamique. Porte d'entrée de Lesbos pour la plupart des visiteurs, c'est ici que se trouvent l'aéroport et le principal port de l'île. Mais il serait dommage de ne pas consacrer quelques heures au moins à son exploration. Dominant le port, l'imposante **forteresse byzantine** fut rénovée au XIVe siècle par le seigneur génois Francisco Gatelouzo, puis agrandie par les Turcs. Entourée de pins, elle constitue un lieu de promenade prisé et offre une belle vue. Le **Musée archéologique** voisin retrace la vie insulaire à l'époque romaine, du IIe siècle av. J.-C. au IIIe siècle. Vous pourrez découvrir de superbes mosaïques au sol en vous promenant sur la surface vitrée qui les protège.

La **Galerie d'art municipale**, installée dans une belle demeure ottomane, mérite le coup d'œil, mais les véritables merveilles artistiques de la capitale se trouvent dans la banlieue résidentielle de Varia, au **musée-bibliothèque Tériade**. Ce musée, installé dans une demeure de style néoclassique, expose des lithographies, dessins et collages de Picasso, Chagall, Miró ou encore Matisse qui illustraient des textes littéraires signés notamment André Malraux, Albert Camus, André Gide ou Paul Valéry de la magnifique revue *Verve* créée à Paris en 1937 par Tériade, alias Stratis Eleftériadis – né à Varia en 1897 et mort à Paris en 1983 –, critique d'art passionné et l'un des plus grands éditeurs d'art moderne du XXe siècle. Vous pourrez également découvrir l'œuvre d'artistes grecs comme Theophilos (1867-1934), un peintre naïf très apprécié, également natif de l'île. Fondé par Tériade en 1964, le **musée Theophilos** voisin compte 86 œuvres du peintre. Vénéré aujourd'hui, cet artiste vécut pourtant dans la misère, déménageant fréquemment et peignant des scènes inspirées de sa vie et de ses rencontres sur des façades de café pour survivre. Varia est à 4 km au sud de Mytilène.

Détente à Skala Eresou

DÉTENDEZ-VOUS, VILLAGE GAY-FRIENDLY

À l'opposé de la capitale, ce paisible village balnéaire de la côte ouest de Lesbos, cerné d'un amphithéâtre de collines, serait le lieu de naissance de Sappho, qui y aurait vu le jour vers 630 av. J.-C. Une dynamique communauté lesbienne perpétue l'héritage de Sappho en conférant à **Skala Eresou** son charme

SAPPHO

Sappho, poétesse grecque de l'époque classique, est connue pour ses vers lyriques, qui parlent de passion et d'amour. La clarté du langage et la simplicité du style équilibrent l'émotion de l'auteure. Bien qu'il ne reste que des fragments de son œuvre, nous savons qu'elle est née à la fin du VIIe siècle av. J.-C., fut mariée, qu'elle eut une fille et fut exilée un temps en Sicile, peut-être à cause de ses opinions politiques. Ses poèmes et ses chansons d'amour semblent avoir été adressés à un cercle restreint d'admiratrices. Elle fut l'une des premières à défendre la voix des femmes, et la sienne continue de résonner. La chanteuse-compositrice Angélique Ionatos (1954-2021) est notamment l'autrice de l'album *Sappho de Mytilène* (1992), pour lequel elle a mis en musique des vers de la poétesse.

OÙ SE LOGER À SKALA ERESOU

Eressian Hamam
Hôtel particulier du village d'Eresou converti en un hôtel-spa primé. **€€**

Heliotopos
Appartements bien meublés avec cuisines au cœur d'une palmeraie ; vélos gratuits. **€**

Kyma
On pourrait presque plonger dans l'eau bleu sombre de la mer depuis les balcons des chambres de cette charmante pension. **€**

particulier et son audace artistique. Un lieu autosuffisant, si agréable qu'il peut être difficile de repartir.

La **plage** de sable, peu fréquentée mais bien organisée, possède une section naturiste à son extrémité. Le long de la promenade du front de mer se côtoient bars new age et tavernes. La partie la plus paisible de la promenade, qui mène à un joli port de pêche, est ornée de **sculptures de Sappho**. Un **sentier en boucle** bien balisé fait le tour de la vallée et permet de découvrir les sites historiques des collines environnantes.

En septembre, Skala Eresou revêt pendant deux semaines ses habits de fête avec le **Festival international des femmes**. La programmation comprend concerts, cinéma en plein air, danses et poésie, beach-volley, sports nautiques, yoga, méditation… le tout dans une ambiance gay-friendly, sous le soleil et les étoiles.

LE TOP DES RESTAURANTS ET BARS DE SKALA ERESOU

Passioni
Pâtes et escalopes superbement préparées, servies dans un agréable petit jardin. €€

Soulatso
Ouzerie et taverne animée du front de mer, spécialisée dans le poisson frais et servant d'excellents mezze. €€

Sam Restaurant
Taverne d'inspiration libanaise sur la place principale en haut d'Eressos, à 4 km de la plage. €

Avatara
Tout au bout de la promenade du front de mer, idéal pour boire un cocktail et bavarder au calme.

Notia Jazz Bar
Venez pour les cocktails, restez pour la musique.

En route pour Sigri !

MAISONS CHAULÉES ET MONASTÈRE ORTHODOXE

À 26 km de route de Skala Eresou, Sigri est un village de maisons chaulées dont le joli château ottoman domine un vaste port. Il abrite également le musée dédié à la forêt pétrifiée. Sur la route, ne manquez pas **Moni Ypsilou**, monastère du VIIIe siècle coiffant un pic isolé au cœur d'une plaine volcanique. Ce lieu chargé d'histoire possède une cour fleurie à arcades et un petit musée où sont exposées de remarquables icônes et des manuscrits byzantins. Avant d'arriver à Sigri, faites également une pause à **Andissa**, village rural aux rues étroites, et buvez un café frappé en écoutant chanter les criquets à l'ombre des deux platanes de la place du village.

Forêt pétrifiée

DES SÉQUOIAS ET DU MAGMA

On peine à imaginer qu'il y a 20 millions d'années, une luxuriante forêt subtropicale tapissait ces collines écrasées de soleil, et pourtant les arbres fossilisés émaillant l'ouest de Lesbos en sont la preuve irréfutable.

Cette forêt pétrifiée résulte de l'intense activité volcanique dans le nord de la mer Égée durant le miocène. De soudaines coulées de cendres chaudes recouvrirent branches, racines et fruits. Dans une seconde phase, des fluides chauds riches en pyrite émanant du magma en fusion fossilisèrent les fibres végétales, remplaçant molécule par molécule la matière organique par des minéraux et préservant ainsi les textures d'origine. Les exemples les plus frappants comprennent des troncs de séquoias géants pétrifiés et de minuscules fossiles de pistaches et de feuilles d'olivier.

OÙ SE RESTAURER LORS D'UNE EXCURSION À SIGRI

Kafestiratorio Plaza
Taverne de plage sans prétention servant une excellente cuisine – le caviar d'aubergine ! €

Cavo Doro
Cap sur cette taverne animée pour déguster spaghettis au homard, calmars et gambas. €€

To Kati Alo
La meilleure taverne d'Andissa, idéale pour un simple café ou un copieux dîner. €

Mytilène (p. 493)

Pour vous familiariser avec ce phénomène, visitez à Sigri le **Muséum d'histoire naturelle de la forêt pétrifiée de Lesbos**, qui comprend une petite portion de forêt. Un autre site appelé **Plaka** se trouve 500 m plus loin sur la route. Le principal site de **forêt pétrifiée** est à 11 km – sortie bien indiquée sur la route principale de Sigri. Mais le moyen le plus agréable pour découvrir ce phénomène est de réserver auprès du muséum une croisière dans le **parc marin de Nissiopi**, vers l'île constituant la partie extérieure du port de Sigri.

Oiseaux de Skala Kallonis

FLAMANTS, OÙ ÊTES-VOUS ?

Au printemps et à l'automne, les zones humides près de **Skala Kallonis**, dans le golfe central de l'île, attirent plus de 130 espèces d'oiseaux, des flamants et des rapaces aux pics et chevaliers stagnatiles, suivis de près par une colonie d'ornithologues du monde entier venus assister au spectacle. Le **Centre d'information environnementale de Kalloni** est une première étape pour quiconque est intéressé, mais les experts aguerris tendent à se retrouver autour du bar du **Pasiphae Hotel** pour comparer leurs observations. Les simples amateurs apprécieront les deux tours d'observation bordant la route de

LE TOP DES RESTAURANTS ET DES BARS DE MYTILÈNE

Kastro
Mezze d'exception signés George, également magicien. **€€**

Nan
Spécialités arabes et africaines savoureuses dans une ruelle, à côté d'un centre artistique pour réfugiés. **€**

Polytechnos
Incontournable pour ses *gyros* et ses souvlakis, servis en un clin d'œil au bord du port. **€**

Loksa
Plats grecs et fusion bon marché mettant l'accent sur les produits locaux. Idéal pour le petit-déjeuner. **€**

Mousiko Kafeneio
Repaire d'étudiants décoré de peintures éclectiques et de vieux miroirs.

OÙ SE RESTAURER AU SUD DE LESBOS

Ouzeri to Stavri
Institution locale en haut d'Agiasos, sur la route de Stavri. **€**

Ammoudeli
Taverne chaleureuse perchée au sommet d'une falaise vertigineuse à Plomari. **€**

Sunset
Cuisine et service haut de gamme, avec couchers de soleil sur la plage d'Agios Isidoras. **€€**

JOYAUX ORTHODOXES

Comme partout ailleurs en Grèce, la vie à Lesbos est intimement liée aux rites orthodoxes ; églises et monastères abondent.

Le ravissant village de montagne d'Agiassos, dans le sud, abrite un lieu de pèlerinage d'importance nationale, l'**église de la Panagia Vrefokratousa**. Le 15 août, l'icône de la Vierge qu'elle renferme est transportée à travers le village au cours d'une procession haute en couleur, à laquelle participent des milliers de pèlerins.

Ne manquez pas non plus l'imposant monastère de **Moni Taxiarhon**, datant du XVIIe siècle, dans le village de Mantamados, sur la route entre Mytilène et Molyvos. Bastion d'orthodoxie, de mysticisme et de militarisme, l'édifice est flanqué d'un avion de chasse rappelant aux fidèles que l'archange Michel est le saint patron de l'armée de l'air grecque.

Forêt pétrifiée

Mytilène, en périphérie de **Kalloni**, légèrement à l'intérieur des terres, pour admirer les flamants roses qui peuplent les marais salants toute l'année. Apportez vos jumelles.

Sources chaudes de Lesbos

CHALEUR DES ENTRAILLES DE LA TERRE

À Lesbos, le manteau terrestre bouillonne juste sous la surface, et les sources chaudes prolifèrent. Tout près de Molyvos (p. 489) vous attendent les thermes ottomans traditionnels des **bains minéraux d'Eftalou**, gratuits. L'eau à 46,5°C du petit bassin vous fera du bien. Immergez-vous quelques minutes (vous ne tiendrez pas beaucoup plus !) sous les dômes percés d'hypnotisants puits de lumière. Plus haut de gamme, l'établissement thermal **Therma Spa**, le long de la route principale non loin de Mytilène (p. 493), possède des thermes de l'époque ottomane et une piscine extérieure avec une grande terrasse ensoleillée face au golfe de Gera.

L'huile d'olive, un trésor local

UNE INDUSTRIE ANCIENNE

Sur Lesbos se dressent un peu partout des cheminées de brique rouge, attribut indissociable des pressoirs à huile

OÙ SE LOGER À MYTILÈNE

Theofilos Paradise Boutique Hotel
Demeure centenaire bien restaurée, avec équipements modernes et hammam. **€€**

Porto Lesvos Hotel
Hôtel chaleureux et bien géré en retrait de l'extrémité du front de mer. **€**

Hotel Lesvion
Hôtel moderne et bien situé, en plein sur le port que l'on peut contempler des balcons. **€**

d'olive qui opéraient par dizaines sur l'île durant tout le XXe siècle. Généralement la propriété des communautés locales, on les appelait alors les "machines du peuple". Une de ces installations, située au sud de Molyvos dans le village d'Agia Paraskevi, abrite aujourd'hui le **musée de la Production industrielle de l'huile d'olive**. Joliment restauré, le moulin à huile est rempli d'outils d'époque et d'expositions bien expliquées.

Dans le sud de Lesbos, le petit **musée du Pressoir à olives de Vrana** s'est modestement installé dans le village de Papados, à mi-chemin entre Mytilène et Plomari, sur la côte. On y découvre des pressoirs à vapeur du XIXe siècle et des peintures d'une époque révolue. L'édifice fut construit par Nicholas Vranas, grand-père du poète grec Odysseus Elytis, lauréat du prix Nobel de littérature en 1979.

Ouzo de Plomari

À LA SANTÉ DE LA GRÈCE !

L'autre produit phare de Lesbos, c'est l'ouzo, dont la capitale nationale est le ravissant village de **Plomari**, sur la côte sud de l'île. Le **musée de l'Ouzo Varvagianni**, où la famille produit le célèbre alcool depuis cinq générations, propose des visites de sa distillerie toute en cuivre suivie de dégustations comparatives de différents types d'ouzo. Un peu avant Plomari sur la route principale, dans le village de Kampos Plagias, vous attend une autre distillerie-musée réputée, **The World of Ouzo**. Après la dégustation, allez récupérer sur la jolie plage de galets ronds d'Agios Isidoras.

HUILE ET OUZO EN FORCE

Oliveraies et pinèdes couvrent le sud de Lesbos, des versants du mont Olympe (968 m) jusqu'à la mer. Dans cette région agricole, les industries de l'huile d'olive, du vin et de l'ouzo éclipsent le tourisme.

SE BOUGER SUR LESBOS

Le réseau de **sentiers de randonnée pédestres et cyclables** de Lesbos est le plus dense et le mieux organisé de tout le nord de la mer Égée. Des cartes avec les différents itinéraires sont disponibles presque partout où il y a des touristes. Outre les boucles autour de Molyvos et Skala Eresou, un sentier apprécié fait une boucle à travers les oliveraies et les villages des environs de **Plomari**, avec détours possibles vers les plages de Melinda et Vatera.

Au sud de l'île, le charmant village de montagne d'**Agiassos** sert de point de départ pour de nombreux sentiers autour du **mont Olympe** (968 m), le point culminant de la région.

COMMENT S'Y RENDRE ET CIRCULER

Avec son port animé et son aéroport, à 8 km, Mytilène est la porte d'entrée de Lesbos pour la plupart des visiteurs. Des vols quotidiens relient l'île à Athènes (55 min). Jusqu'à 3 bateaux par jour partent pour Le Pirée (11 heures 15) en passant par Chios (3 heures 45).L'été seulement, un ferry relie également Sigri, dans le sud de l'île, au Pirée et à Mesta sur Chios. En théorie, il est possible de rejoindre Petra en bateau depuis Küçükkuyu, en Turquie (pratique pour visiter le site de l'ancienne Troie), mais la ligne est fréquemment à l'arrêt ; renseignez-vous auprès des agences de voyages à Petra ou Molyvos.

Le réseau de bus de Lesbos, qui couvre toute l'île, est efficace et facile à utiliser (horaires sur www.ktel-lesvou.gr). Les longues distances rendent les déplacements en taxi onéreux.

MASTIHOHORIA (ÎLE DE CHIOS)

Les collines ensoleillées du sud de Chios sont couvertes de plantations de pistachiers lentisques (arbres à mastic) dont la résine est transformée en gomme à mâcher. Si cet arbre pousse ailleurs dans la région égéenne, le lentisque de Chios fut pendant des siècles le seul à être exploité commercialement pour sa résine, et le goût des sultans ottomans pour le mastic fit la fortune de la région du Mastihohoria (villages du mastic), qui le produisit pendant des siècles. Cette contrée rouge et fertile possède un charme singulier. Les bourgs ont ici une architecture unique : conçus comme des forteresses, ils protégeaient les agriculteurs des envahisseurs et des pirates. Leurs maisons peintes et décorées, pour beaucoup converties en hôtels et en pensions, comptent aujourd'hui parmi les hébergements insolites des îles du nord-est de la mer Égée, à une courte distance d'une dizaine de plages superbes.

Pour les infos pratiques, voir le Carnet d'adresses *p. 527.*

À SAVOIR

Pour vous imprégner de l'ambiance singulière du Mastihohoria, arpentez les 3,5 km du *monopati* (chemin de pierre traditionnel) reliant Mesta à Olymbi. L'itinéraire commence au parking de Mesta, où vous trouverez des réclames pour une compagnie de taxis locale qui peut vous ramener à Mesta si vous ne voulez pas faire l'aller-retour.

Villages-forteresses

JOYAUX RURAUX DU MOYEN ÂGE

Pyrgi

Des merveilles architecturales subsistent à Pyrgi et à Mesta. Les charmantes maisons de **Pyrgi**, à 24 km au sud-ouest de Chios, ont des façades ornées de motifs gris et blanc, géométriques, floraux ou animaliers. La technique, appelée *xysta*, utilise en quantités égales du ciment, du sable volcanique et de la chaux, ainsi qu'un bon coup de patte et un œil artistique pour réaliser les motifs.

Sur la place centrale de Pyrgi, bordée de tavernes et de boutiques, vous découvrirez la petite **église Agios Apostolos** du XIIe siècle. Sortez de l'église par la porte de droite pour vous retrouver face à une maison où les habitants jurent qu'est né Christophe Colomb. Si rien ne confirme cette théorie, on peut noter que le nom de famille de l'explorateur est en effet très répandu dans le village.

Mesta est tout aussi inoubliable. Sillonné de ruelles pavées de pierre et agrémenté de fleurs et de balcons ouvragés, le village est entièrement fortifié. Les seigneurs génois de Chios le firent entourer d'épais remparts au XIVe siècle pour repousser pirates et envahisseurs. Il constitue un exemple ingénieux d'architecture défensive à structure pentagonale, doté de doubles murailles et de quatre portes. En son centre se trouve la plus grande des deux **églises des Archanges**.

Depuis Mesta, un joli *monopati* (chemin en pierre ancestral aujourd'hui emprunté par les randonneurs) mène à **Olymbi**, village fortifié plus petit mais doté d'une poignée de tavernes de qualité.

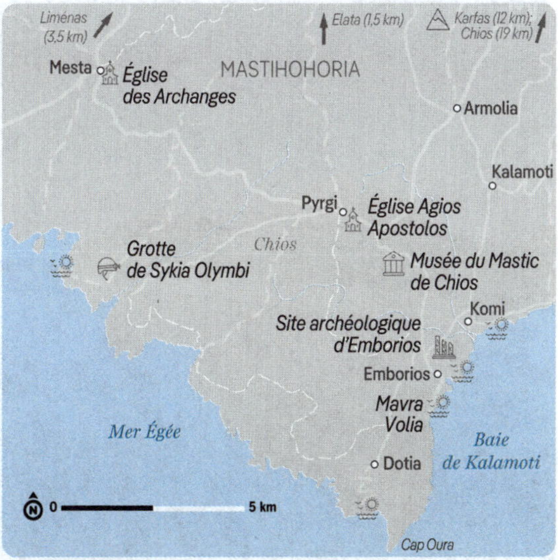

Musée du Mastic

ARCHITECTURE AUDACIEUSE ET PASSÉ DOULOUREUX

Inspiré de l'architecture traditionnelle des villages du mastic, l'impressionnant édifice ultramoderne du **musée du Mastic de Chios** domine les plantations de lentisques et les vieilles maisons en pierre de la vallée, tel un citadin venu contempler le pays de ses ancêtres. L'excellent musée retrace l'histoire souvent tragique de l'industrie du mastic à travers une série d'images et de sons. Vous entendrez d'émouvantes chansons évoquant les "larmes" du mastic, surnom que donnaient les fermiers au fruit de leur labeur. Ne manquez pas les expositions temporaires à l'étage inférieur, souvent tout aussi fascinantes. Le musée possède son propre jardin de lentisques et une bonne boutique de souvenirs. Il se trouve à mi-chemin entre Pyrgi et la plage de Mavra Volia.

Emborios, port du mastic

TEMPLE EN RUINE ET FESTINS DE POISSON

Emborios était le port du Mastihohoria à la grande époque du commerce du mastic. L'endroit est bien plus calme aujourd'hui, même si d'excellentes tavernes de poisson attirent les baigneurs

PAROLE D'ARCHITECTE

Manolis Vournous, architecte du musée du Mastic et ancien maire de Chios, nous révèle les trésors du Mastihohoria qu'il ne faut pas manquer.

Église Agios Apostolos
Cette église de Pyrgi illustre la manière dont les traditions architecturales ont été constamment revisitées à Chios. Si sa forme évoque le XIIe siècle, l'édifice correspond davantage à l'architecture du XVIe siècle.

Réfectoire de village
Le graffiti du réfectoire d'Olymbi recense tous les mariages qui s'y sont déroulés. Demandez aux habitants de vous laisser jeter un œil.

La vieille église des Archanges
Cette église est intégrée dans un rempart extérieur du village de Mesta et s'étend au dehors, protégée par une seconde muraille.

OÙ SE LOGER DANS LA RÉGION DU MASTIHOHORIA

Xysta Manor House
Dormez dans une maison aux airs de coffret à bijoux à Pyrgi. €

Medieval Castle Suits
Établissement de 20 chambres disséminées dans Mesta, avec pierres traditionnelles et salles de bains modernes. €€

Louiza Apartments
Chambres spacieuses avec terrasses dans un complexe charmant face à la baie de Karinta, près de Pyrgi. €€€

LE TOP DES PLAGES DU MASTIHOHORIA

Mavra Volia
La plus célèbre des plages de l'île est composée de galets noirs qui lui confèrent une aura de mystère.

Lithi
Plage de sable agréable aux eaux peu profondes, bordée de bonnes tavernes de poisson.

Broulidia
Superbe crique où un câble achemine des rafraîchissements depuis le bar perché en haut de la falaise calcaire.

Agia Dynami
Ravissante crique de sable avec une église au bout du promontoire. Pas de bar de plage.

Karinta
L'une des rares plages du Mastihohoria proposant des hébergements, mais pas de tavernes.

KADAGAN/SHUTTERSTOCK ©

Mavra Volia

de la fameuse plage de galets noirs de **Mavra Volia**, toute proche. Le **site archéologique d'Emporios**, qui domine la baie au sommet du mont du Prophète-Élie, contient les vestiges d'un temple d'Athéna et offre un panorama splendide.

Grotte multicolore

ESCAPADE SOUTERRAINE

Vieille de 150 millions d'années, la **grotte de Sykia Olymbi**, à 7 km d'Olymbi, a été découverte par accident en 1985. Profonde de 57 m, elle est constellée de stalactites et formations rocheuses multicolores aux noms fantaisistes tels que l'orgue, le cactus et la méduse. La grotte est éclairée par des projecteurs et équipée de plateformes et d'escaliers. Une température constante de 18°C est maintenue et l'humidité est de 95%. Les visites guidées sont obligatoires (☎22710 93364) et ont lieu toutes les 30 minutes.

COMMENT CIRCULER

Pour arriver sur Chios, voir p. 505. Les villages du Mastihohoria sont desservis par des bus fréquents depuis Chios (Hora), mais pour plus de liberté entre les villages il faut louer une voiture, un scooter ou un vélo. Il y a une compagnie de taxis à Mesta.

Ailleurs sur Chios

Chios ne se résume pas au mastic. Habitée depuis au moins trois millénaires, elle possède un patrimoine intéressant. Sans compter une tradition maritime partagée par les deux îlots voisins, Psara et Inoussès.

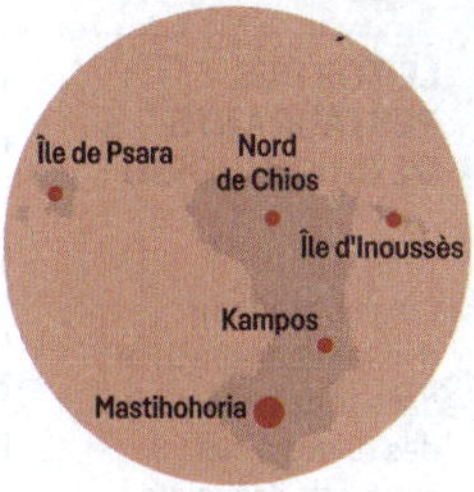

Pour les infos pratiques, voir le Carnet d'adresses *p. 527.*

Il n'y a pas deux îles grecques semblables, et Chios se distingue de ses voisines par ses plantations de lentisques, mais aussi par la production d'agrumes et la construction navale. La géographie de l'île varie, des montagnes escarpées au nord à la fertile Mastihohoria au sud (p. 498), en passant par les plantations de citronniers de Kampos dans le centre, près de sa capitale portuaire, Chios (Hora). Les îles satellites de Psara et d'Inoussès, peu visitées, partagent l'héritage de grandeur maritime de Chios. L'île reste marquée par un passé douloureux et le massacre de Chios en 1822. Une tragédie dont on peut s'imprégner en visitant un village fantôme et le monastère voisin, le Néa Moni.

À SAVOIR

Ne manquez pas le Rouketopolemos (guerre de fusées), qui a lieu le jour de la Pâque à Vrontados, au nord de Chios (Hora). Il s'agit d'un gigantesque feu d'artifice que se livrent deux églises rivales en visant leurs clochers respectifs.

Psara (p. 505)

MILAN GONDA/SHUTTERSTOCK ©

LE TOP DES RESTAURANTS DE CHIOS (HORA)

Vradipus
Cuisine moderne d'inspiration grecque dans le cadre superbe des ruines à ciel ouvert de l'enceinte du *kastro*. €€

Kechribari Ouzerie
Choisissez entre viande et poisson, et laissez-vous guider à travers un dîner dégustation composé de nombreux plats. €

Kafenes
Taverne accueillante préparant du poisson frais à mesure qu'il est livré au port. €€

Pastards
Pâtes, risottos et risonis faits maison, tous agrémentés d'un produit local. €

À la découverte de l'histoire d'Hora

TÉMOINS D'EMPIRES DISPARUS

Port principal et capitale, **Chios (Hora)** abrite près de la moitié des habitants de l'île, et se distingue des autres capitales insulaire par son atmosphère résolument urbaine. Derrière son port animé s'étend un vieux quartier plus calme et inattendu, où les murailles d'un *kastro* byzantin, génois puis ottoman entourent d'anciennes maisons turques traditionnelles et un **hammam** que l'on peut visiter. Ces bains, dotés de dômes percés de puits de lumière, datent du début du XVIIIe siècle. Ce fut d'abord une institution charitable construite par les Ottomans pour la population turque du château.

Pour un aperçu de la période génoise de l'île, faites un tour au **musée du Palais Giustiniani**, près de l'entrée principale du *kastro*, pour voir les expositions tournantes d'objets provenant du **Musée archéologique**. Ce dernier, situé dans la partie moderne de la ville, renferme des trésors préhistoriques et archaïques mis au jour par l'École britannique à Emporios, ainsi qu'une impressionnante collection de monnaies, sculptures et poteries néolithiques et classiques.

D'autres périodes majeures de l'histoire de l'île sont présentées au **Musée byzantin**, curieusement aménagé dans une mosquée ottomane du XIXe siècle, la Medjitie Djami. On peut y voir de vieux canons et de belles icônes ainsi que des stèles juives, musulmanes et arméniennes.

Terre d'agrumes

LA MANDARINE À L'HONNEUR

En prenant la route au sud de Chios (Hora), vous ne tarderez pas à vous perdre dans le labyrinthe complexe de murs de pierre du **Kampos**, derrière lesquels se cachent de luxuriants vergers d'agrumes et les splendides demeures où de riches marchands grecs et génois venaient passer l'été avec leurs familles à partir du XIVe siècle. Certaines de ces maisons ont été converties en luxueux hôtels, d'autres tombent en ruine. La plus facile à visiter est celle du domaine Lykiardorpoulos/Karalis. Elle abrite le **musée Citrus Memories**, qui présente de manière instructive l'histoire de la culture des agrumes dans le Kampos, notamment la mandarine de Chios. On peut également déguster un jus d'orange fraîchement pressé dans la cour ombragée. Hormis les hôtels, peu d'autres de ces demeures sont accessibles au public. Parmi les exceptions, citons celle d'**Antouaniko**,

PANORAMA CULTUREL

En explorant la région du **Kampos**, prenez le temps de visiter les superbes expositions du monastère d'Agios Minas, et profitez du panorama depuis le sommet de la colline.

OÙ SE LOGER À L'OUEST DE CHIOS

Spitakia Cottages & Suites
Appartements haut de gamme dans des maisons médiévales en pierre, gérés par un spécialiste des orchidées à Avgonyma. €€

Avgonyma All Seasons
Hébergement de charme à Avgonyma dans une maison en pierre reconvertie. €€

Zorba's
À Volissos, chambres agréables sans chichis, avec vue sur la mer, tenues par un amateur de randonnée. €

HERACLES KRITIKOS/SHUTTERSTOCK ©

Anavatos

magnifiquement restaurée, qui ouvre ses portes pour une journée plusieurs fois l'année. Renseignez-vous à l'office du tourisme de Chios (Hora).

Route panoramique

HOMÈRE ET MILLIONAIRES

La superbe route côtière filant au nord de Chios (Hora) permet de découvrir des sites et des villages intéressants. Après 4 km, on arrive à **Vrontados**, où se dresse la chaise de pierre d'Homère, la **Daskalopetra** ("pierre du professeur"), un rocher proche de la mer idéal pour donner un cours. Plus au nord, **Langada** est pourvue d'une crique tranquille bordée de pins, de maisons, de *domatia* et de tavernes. Viennent ensuite les villages de **Marmaro** et **Kardamyla**, qui abritent les maisons ancestrales de nombreuses riches familles d'armateurs.

À **Nagos**, la route continue vers le nord-ouest, contourne le **mont Pelineo** (1 297 m), puis serpente jusqu'à **Kambia**, haut perché sur une crête qui surplombe la mer. Dans le nord-ouest, le camping sauvage est autorisé autour d'**Agio Galas**, où l'on peut visiter la **grotte d'Agio Galas** où se cache une église troglodytique du XIIe siècle.

LA BIBLIOTHÈQUE KORAIS

À Chios (Hora), la **bibliothèque Korais**, avec le **musée folklorique Argenti** situé à l'étage, est un hommage à Adamantios Korais, figure de la renaissance culturelle grecque. Il fonda la bibliothèque en 1792 et la réapprovisionna après sa destruction lors du massacre de Chios en 1822. Filippos Argenti, né en France, fut un important bienfaiteur de la bibliothèque et effectua de nombreuses recherches sur l'histoire de Chios. La bibliothèque possède notamment des textes médicaux du XVe siècle. Le musée montre des objets d'art et d'histoire populaires – chaise d'accouchement du XIXe siècle, outils de berger, broderies, costumes traditionnels –, ainsi que des portraits de la riche famille Argenti.

OÙ SE LOGER À CHIOS (HORA)

Chios City Inn
Appartements bien équipés dans une élégante maison au cœur du centre-ville. €

Castro Rooms Chios
Chambres contemporaines dans une maison médiévale dans l'enceinte du château. €

Chios Chandris
Bon hôtel du front de mer, avec des chambres modernes et bien équipées. €

RANDONNÉE À CHIOS

À Chios, cinq patrons d'hôtels (dont la plupart s'appellent George !) ont décidé de prendre en main l'entretien et le balisage du vaste réseau de sentiers traditionnels de l'île, les *monopatia*. Leurs établissements – **Spitakia Cottages & Suites** (Avgonyma), **Zorba's** (Volissos), **Spilia** (Kardamyla), **Aeriko Benovias** (Karfas) et **Perleas** (Kampos) – sont donc un choix logique d'hébergement pour les amateurs de randonnée.
Ce sont d'excellents boutiques-hôtels aménagés dans des maisons traditionnelles en pierre ou des domaines agricoles. Le très charismatique George Missetzis, de Spitakia Cottages, propose aussi des visites pour voir la floraison des orchidées, d'avril à mai. Le fils de George travaille au **City Inn** de Chios, un bon endroit pour commencer à s'informer sur le sujet.

CHIOSPHOTOGRAPHER/SHUTTERSTOCK ©

Mandarinier à Chios

En mémoire du massacre de Chios

VILLAGE FANTÔME ET MÉMORIAL

Les troupes ottomanes massacrèrent en avril 1822, durant la guerre d'Indépendance (1821-1829), près de 25 000 îliens et en vendirent 45 000 comme esclaves. Cette tragédie définit encore aujourd'hui le paysage culturel de l'île.

Pour vous en rendre compte par vous-même, visitez le village d'**Anavatos**, à 20 km à l'ouest de Chios (Hora). Le village de maisons en grès abandonnées et de venelles en escaliers est perché au sommet d'une falaise vertigineuse d'où les habitants préférèrent se jeter plutôt que se laisser massacrer ou réduire en esclavage.

Autre site lié au massacre, sur la route d'Anavatos, le monastère du XIe siècle de **Néa Moni** est inscrit au patrimoine mondial de l'Unesco. Jadis l'un des plus riches du pays, il attira d'éminents artistes byzantins pour réaliser les mosaïques de son *catholikon* (église principale). La table à manger du réfectoire est un autre chef-d'œuvre de cette époque. Pendant le massacre, quelque 3 500 personnes, essentiellement des

HÔTELS DANS LES MAISONS DE MAÎTRE DU KAMPOS

Mouzaliko Traditional Hotel
La Cerisaie de Tchekhov version agrumes, tenue par une gréco-québécoise d'Avgonyma. **€€**

Perleas Mansion
Sept appartements élégants et bien équipés plus un restaurant dans un domaine agréable datant de 1640. **€€**

Voulamandis House
Demeure convertie d'un riche commerçant, entourée d'un vaste verger de mandariniers. **€**

femmes et des enfants, y trouvèrent refuge, mais le statut sacré des lieux ne suffit pas à les soustraire aux tueries. Leurs crânes sont conservés dans une vitrine à l'intérieur d'une chapelle à gauche de l'entrée principale.

Non loin de là, **Avgonyma**, village perché en haut d'une montagne constitue une base idéale pour explorer les deux sites, ainsi que quelques excellentes plages. Le village possède quelques belles pensions aménagées dans des maisons médiévales en pierre.

Embarquement pour Inoussès et Psara

ÎLE DES ARMATEURS VS ÎLE DES HÉROS

Au nord-est de Chios, l'île d'**Inoussès** est la patrie d'environ un tiers des grands armateurs grecs (les *arhontes*), dont les descendants fortunés installés partout dans le monde reviennent passer l'été sur leur île ancestrale. Le **Musée nautique d'Inoussès** présente la collection du riche armateur Antonis Lemos. Nombre des maquettes exposées ont été réalisées par des prisonniers de guerre français pendant les guerres napoléoniennes. En juillet-août, les agences comme **Sunrise Tours** proposent des excursions à la journée sur Inoussès depuis Chios (Hora).

Minuscule point dans la mer à 16 km au nord-ouest de Chios, **Psara** tient pourtant une place importante dans la culture grecque. Les clans psariotes prospérèrent grâce au transport maritime et à leur participation à la guerre d'Indépendance (1821-1829) – un enfant du pays, Constantin Kanaris (1793-1877) fit tant d'exploits qu'il gagna le statut de héros national et fut Premier ministre à six reprises.

Psara (Hora) se niche dans une longue baie au sud-ouest de l'île. En débarquant du ferry, vous ne pourrez pas manquer le **Mavri Rachi** (Épaule noire), le rocher escarpé d'où des milliers de Psariotes se seraient jetés durant l'attaque des Ottomans en 1824. Sanctuaire local, le **Moni Kimisis Theotokou** (monastère de la Dormition de la Vierge), à 12 km au nord du village, est une chapelle entourée de murs défensifs qui conserve de rares écritures hiératiques provenant du mont Athos et une icône sacrée, transportée en procession dans le village la nuit du 4 août. L'île compte 67 chapelles, chacune entretenue par une famille de l'île.

SAVEURS DE CHIOS

Le mastic est partout, et l'on ne s'en plaint pas. La résine des lentisques, surnommée "larmes de Chios", est présente dans la gastronomie méditerranéenne (bonbons, desserts, boissons) depuis des siècles. Douceur par excellence, le "sous-marin" est une sorte de sucette à base de résine de mastic servie dans un verre d'eau fraîche. Ce n'est qu'un exemple de la multitude de sucreries que vous pourrez goûter lors d'un séjour sur l'île. Ne manquez pas la glace au mastic de **Kronos**, qui possède des adresses à Chios (Hora) et sur la place du village de Mesta. La limonade au mastic, servie dans toutes les tavernes, est la boisson idéale pour accompagner vos repas.

COMMENT S'Y RENDRE ET CIRCULER

Chios est une île assez petite, dotée d'un bon réseau de bus centré sur la gare routière du front de mer de Chios (Hora). Le petit aéroport est à 4 km du centre-ville. Il est desservi par trois bus chaque jour au départ de la gare routière. Des vols quotidiens relient l'île à Athènes (50 min)

Outre les ferrys desservant régulièrement Chios (Hora), un autre ferry relie le port de Mesta, au sud de Chios, à Psara (2 heures 40) puis au Pirée (6 heures).

Psara et Inoussès sont desservies par de petits ferrys locaux. Une ligne supplémentaire relie parfois en été Volissos à Psara. Le *Psara Glory* quitte Chios (Hora) en fin d'après-midi la semaine et revient le lendemain. L'*Express Pegasus*, plus grand, s'arrête régulièrement à Psara en rentrant de Chios ou en route vers Limnos et le port principal de Laurion (Lavrio). Renseignez-vous auprès des agences situées sur le front de mer de Chios (Hora).

PYTHAGORION (ÎLE DE SAMOS)

Au large de la côte turque, Samos est l'une des plus connues des îles du nord-est de la mer Égée. Au-delà des discrètes stations balnéaires et de Vathy, sa capitale, l'île dispose de nombreuses plages hors des sentiers battus et d'endroits paisibles dans les fraîches montagnes boisées de l'intérieur, où la vie traditionnelle suit son cours.

Sur la côte sud-est en face de la Turquie, la jolie Pythagorion doit son nom au mathématicien Pythagore (580-495 av. J.-C.), né ici. La cité a été le témoin d'une riche histoire et les principales découvertes archéologiques de l'île ont été faites sur le site de l'Héraion ou dans le tunnel d'Eupalinos, inscrit sur la liste du patrimoine mondial de l'Unesco. D'un blanc étincelant, la cité possède aussi une belle marina où se côtoient toute l'année yachts et bateaux de pêche et sur laquelle donnent la moitié des chambres d'hôtels de la ville. Une longue plage de sable s'étend jusqu'à l'aéroport de Samos. D'autres plages superbes vous attendent à quelques minutes de route.

Pour les infos pratiques, voir le Carnet d'adresses p. 528.

À SAVOIR

Si vous souhaitez visiter le Musée archéologique de Pythagorion, l'intrigant tunnel d'Eupalinos et le temple à ciel ouvert de l'Héraion, consacré à Héra (compagne de Zeus), juste à l'ouest de l'aéroport, économisez en achetant un billet combiné donnant accès aux trois sites, disponible dans chacun des sites.

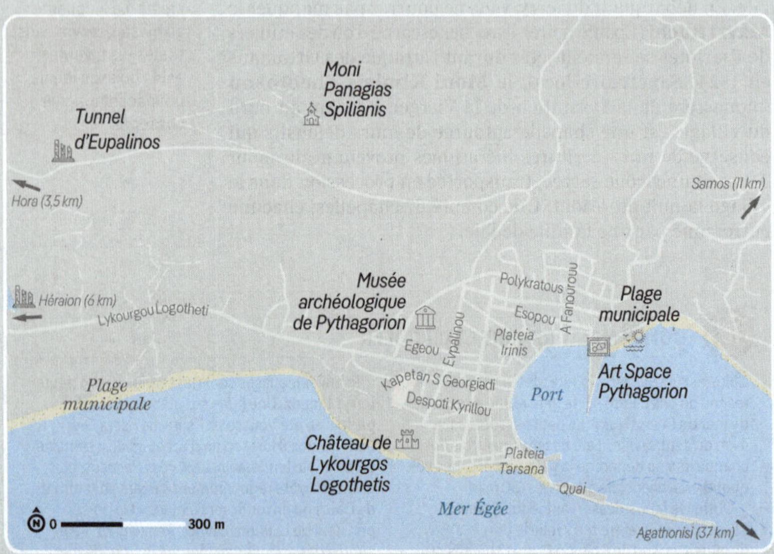

ART OF LINE/SHUTTERSTOCK ©

Pythagorion

Balade à pied à Pythagorion

ART ET COUCHERS DE SOLEIL

Pythagorion vit surtout la nuit. Au crépuscule, les vacanciers affluent au château pour voir le ciel et la mer se parer de teintes dorées et contempler les montagnes à l'horizon. Une fois le soleil couché, **Lykourgou Logotheti**, la promenade principale, se remplit de badauds cheminant vers les tavernes animées de la marina. Sur place, l'**Art Space Pythagorion** reste ouvert tard et permet de voir des œuvres contemporaines.

Revenez visiter en journée le **château** pour découvrir l'intéressante exposition dédiée à son histoire mouvementée. Les Samiotes (ou Samiens) prirent le contrôle de leur île lors de la guerre d'Indépendance de 1821 et ce château, bâti en 1824 par le chef de la résistance Lykourgos Logothetis, témoigne de cette période troublée. Moins de 1 km à l'ouest du centre vous attend l'étincelante **plage municipale de Pythagorion**, dotée de parasols et de toilettes. La baignade est agréable, mais il faut prévoir de quoi boire et manger.

Samos antique

VESTIGES DE L'HÉRAION ET TUNNEL D'EUPALINOS

Les alentours de Pythagorion sont émaillés de monuments antiques. Samos devait sa puissance politique et commerciale à

LE TOP DES RESTAURANTS DE PYTHAGORION

To Tigani tis Platias
Excellents classiques grecs appréciés des résidents comme des visiteurs, notamment pour les options végétariennes. €€

Chalara
Boulangerie ouverte 24h/24 vendant de grandes tartes, du jus d'orange et du café. €

Evrepides
Bonne taverne avec jardin et ambiance douillette. Livraison possible. €

Faros
Bistrot contemporain minimaliste servant d'énormes salades et d'excellentes variations de plats traditionnels. €€

Taverna Maritsa
Poisson frais au kilo, soupes et salades copieuses, vin en pichet. €€

OÙ SE LOGER À PYTHAGORION

Belvedere
Pension impeccable et joliment meublée, dans un quartier calme à proximité du front de mer. €

Zorbas Hotel & Studios
Hôtel familial avec des chambres de toutes tailles, propres et bien équipées. Terrasse splendide. €

Samaina Hotel
Chambres douillettes, mobilier et éléments en bois, dans une maison jaune facile à repérer. €

LES TRÉSORS ANTIQUES À PIED

Manolis Dzeretas, entraîneur du Polycrates, club amateur de football de Pythagorion, partage son admiration pour les sites antiques de la Samos antique.

J'adore le sentier numéro 31. Il débute au tunnel d'Eupalinos, longe la montagne jusqu'à son entrée nord et aboutit de l'autre côté de la ville. On peut voir l'aqueduc romain et des portions de remparts antiques. Le parcours permet d'imaginer à quoi ressemblait la cité antique, où vivaient plus de 70 000 personnes (700 aujourd'hui à Pythagorion), et qui comptait 6 km de murailles et 40 fortins.

Découvrez d'autres itinéraires de randonnée sur l'île sur www.samoshikes.com, en anglais.

son sanctuaire de la déesse Héra, qui aurait été quatre fois plus grand que le Parthénon. Les vestiges épars sont visibles au **site archéologique de l'Héraion**, à 4 km à l'ouest de Pythagorion.

L'Héraion fut édifié au VIe siècle av. J.-C., au-dessus d'un temple mycénien antérieur. Les pillages et les tremblements de terre n'ont épargné qu'une seule colonne, mais les vastes fondations subsistent. La "Voie sacrée", jadis flanquée de milliers de statues en marbre, reliait la cité au temple, construit sur le lieu de naissance légendaire d'Héra, fille du titan Cronos et épouse de Zeus. Parmi les autres vestiges figurent une *stoa* (portique), une basilique chrétienne du Ve siècle, et les statues sans tête d'une famille, le groupe de Généléos. Le site, classé au patrimoine mondial de l'Unesco, fait toujours l'objet de fouilles.

Situé au nord de Pythagorion, le **tunnel d'Eupalinos** est un autre site antique majeur. En 524 av. J.-C., quand Pythagorion était la capitale de l'île et comptait 70 000 habitants, assurer l'alimentation en eau potable était indispensable. Le tyran Polycrate réquisitionna des ouvriers pour creuser la montagne selon les plans de l'ingénieux Eupalinos. Nombre d'entre eux périrent durant le dangereux forage, première étape de la création de cet aqueduc, long de 1 036 m. À l'époque médiévale, les habitants s'y cachaient lors des attaques des pirates. Le tunnel est en fait constitué de deux conduits : un de service et, en dessous, une canalisation visible depuis la passerelle. Descendez les escaliers pour entrer ; il faut se mettre en file indienne, car les premiers mètres sont très étroits. Ensuite, vous avez trois possibilités : une section de 185 m (sans compter le retour), un parcours plus long, et le chemin complet de 1 km. Les visites guidées (sur réservation) ont lieu toutes les 20 minutes. Les enfants de moins de 14 ans ne sont pas admis dans les tunnels.

De nombreux artefacts mis au jour dans la région sont visibles dans les excellents **musées archéologiques de Vathy** (p. 510) et **de Pythagorion**, sur l'avenue principale de la ville. Les expositions bien scénographiées permettent d'admirer des statues grecques et romaines, ainsi que de splendides poteries datant du IXe siècle au Ve siècle av. J.-C.

À 1,5 km au nord-ouest de Pythagorion, la route bifurque vers la droite et longe les ruines d'un théâtre antique, avant de rejoindre le **Moni Panagias Spilianis**, un monastère troglodytique, qui renferme une icône connue sous le nom de "Vierge de la grotte" – un répit bienvenu dans la chaleur estivale et une belle vue sur la côte turque.

COMMENT S'Y RENDRE ET CIRCULER

Pour savoir comment rallier l'île de Samos, voir p. 514. Pythagorion n'est qu'à 4 km de l'aéroport et à 12 km du terminal des ferrys de Vathy. Des bus y mènent, ainsi qu'à d'autres destinations, depuis l'arrêt situé au bout de la promenade. Aucun bus ne circule le dimanche. Il y a une station de taxis non loin.

Le catamaran *Dodekanisos Express* relie Pythagorion aux îles du Dodécanèse, jusqu'à Kos (1/sem, 3 heures 55). Il dessert également deux fois par semaine Fourni et Agios Kirykos (Icarie) en chemin vers Patmos (1 heure 35) et revient le soir par la même route. Les bateaux amarrés au port proposent des excursions vers des plages isolées et des îlots autour de Samos. Certains sont spécialisés dans le snorkeling ou la pêche.

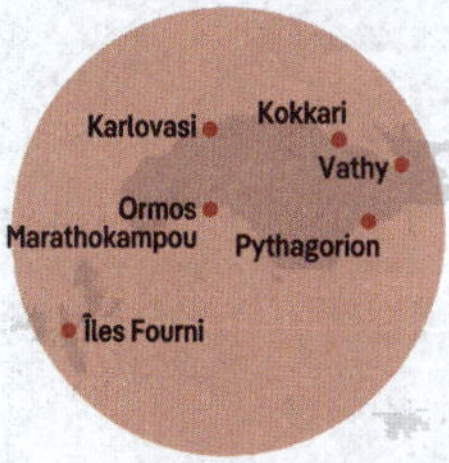

Ailleurs sur Samos

Réputée pour son vin doux et ses vestiges antiques (p. 507), l'île vous séduira aussi par ses plages de toute beauté, ses fonds marins et ses sentiers forestiers.

Pour les infos pratiques, voir le Carnet d'adresses p. 528.

À SAVOIR

Après une randonnée sur le sentier de Megalo Seitani, offrez-vous une dégustation de vin au bar Hippy's, sur la plage de Potami.

Verdoyante, décontractée et agréable de bout en bout, Samos est peut-être la plus accueillante des îles du nord-est de la mer Égée. C'est une terre de plaisirs simples, dans la lignée des principes philosophiques développés par Épicure, né ici. L'attrait principal de l'île consiste en des plages splendides. Ses forêts ombragées sont sillonnées de sentiers et découpées de gorges au fond desquelles des cours d'eau fraîche filent vers la mer. Ses villages de montagne attirent les visiteurs grâce à des panoramas d'exception, mais aussi grâce à leurs tavernes de qualité. Une excursion d'une journée permet d'explorer les île Fourni, méconnues et pourtant somptueuses.

Plage du nord de Samos

PALÉONTOLOGIE À MYTILINII

Un musée de cette taille dans un village de montagne traditionnel comme **Mytilinii** peut paraître incongru. Pourtant le **Musée d'histoire naturelle de la mer Égée** est bien là, avec ses collections paléontologiques et zoologiques, notamment d'os d'animaux du miocène, ancêtres des girafes et des lions, trouvés sur Samos.

Les animaux naturalisés font un peu peine à voir, surtout la panthère décrépite vieille de 135 ans, qui inspira le roman d'Alki Zei *Le Tigre dans la vitrine* ; le panneau jouxtant la vitrine explique d'ailleurs que sa présence dans l'exposition est due à cette référence littéraire plutôt qu'à son intérêt scientifique.

Mytilinii est à quelques minutes de route de Pythagorion et de Vathy.

PIXELCI/SHUTTERSTOCK ©

Musée des Vins de Samos

Vathy (Samos)

FRONT DE MER VIVANT ET GÉANTS ANTIQUES

Vathy (également appelée Samos), la capitale de l'île, bénéficie d'un cadre splendide au creux d'une baie profonde ; son front de mer incurvé est bordé de bars, de cafés et de restaurants. **Ano Vathy**, la charmante vieille ville, se compose d'étroites ruelles abruptes jalonnées de maisons du XIXe siècle coiffées de tuiles rouges, construites à flanc de colline.

Dominant le centre-ville, l'**église Agios Spyridonas**, bâtie il y a un siècle, présente d'impressionnantes colonnes en marbre d'Izmir et un étonnant candélabre en argent provenant d'Inde. Les colonnes décoratives de l'iconostase sont inspirées de motifs anciens grecs et byzantins.

Également dans le centre, à côté de la mairie, le **Musée archéologique**, aménagé dans deux bâtiments adjacents, renferme des trouvailles archéologiques découvertes dans l'Héraion (temple d'Héra ; p. 508), près de Pythagorion, dont les plus anciennes datent du règne du tyran Polycrate (VIe siècle av. J.-C.). La plus célèbre est l'imposant *kouros*, haut

OÙ SE RESTAURER À VATHY ET MYTILINII

Pera Vrehi
Grands bols de salades créatives et assortiments de mezze grecs. **€**

Yianni's Ouzerie
Ornée d'art naïf, cette taverne accueillante prépare des classiques grecs sans chichis. **€**

Magazaki pou Legame
Taverne haut de gamme quasi-branchée du centre de Mytilinii, avec de bons vins de Samos. **€€**

de 5,5 m. La collection comprend bien d'autres statues provenant pour la plupart de l'Héraion, mais aussi des sculptures en bronze, des stèles, des poteries et des pièces en bois encore intactes. Billet combiné possible avec le tunnel d'Eupalinos (p. 508) et l'Héraion.

Vins de Samos

DOUX RÊVES DE SAMOS

Pour imaginer quel goût pouvait avoir le nectar des dieux de l'Olympe, le muscat de Samos, au goût naturellement sucré, est un bon point de départ. Célèbre depuis des millénaires, il fut encensé par lord Byron et faisait partie des rations des soldats grecs pendant la guerre d'Indépendance. Un bel édifice en pierre, le **musée des Vins de Samos**, en face du terminal des ferrys de Vathy, vous fera découvrir l'un des meilleurs viticulteurs de Samos. Les visites sont généralement organisées lorsque des visiteurs se présentent, et comprennent une dégustation gratuite. Plusieurs vins à prix raisonnables sont en vente.

Plages orientales

EAUX CRISTALLINES ET RANDONNÉES D'EXCEPTION

L'est de Samos, nez à nez avec l'Asie Mineure et délicieusement épargné par le tourisme de masse, se compose de collines verdoyantes, de falaises abruptes et de criques paisibles idéales pour la baignade et le snorkeling. Des sentiers de randonnée bien balisés bordent presque tout le littoral.

À seulement 10 km de Pythagorion, la **plage de Psili Ammos**, avec ses eaux peu profondes et quelques tavernes, est idéale pour les familles. On pourrait presque toucher du doigt la masse sombre des montagnes de la côte turque. Un excellent sentier permet d'atteindre la paisible plage de **Kerveli** via le village de pêcheurs de **Posidonio**.

Plus au nord, le **monastère de Zoodochos Pigi** vaut surtout pour le panorama exceptionnel qu'offre le point d'observation en contrebas, à côté d'une statue guerrière. Admirez le trône épiscopal en bois sculpté et les superbes fresques avant de passer par la petite boutique où des nonnes vendent des bocaux de "bonbons à la cuiller" (fruits et légumes au sirop) et d'autres produits locaux. En contrebas, la belle plage de **Mourtia** s'étend à côté d'un petit port de pêche.

À l'extrême nord-est de Samos, une piste de terre part de la route venant de Vathy vers la **plage de Livadaki**, où une mer azur lèche le sable fin dans une crique aux airs de fjord donnant sur quelques îlots. L'eau est chaude et peu profonde, et les fêtes qui ont lieu l'été sur la plage voient souvent les participants finir dans la mer.

PLONGÉE À SAMOS

Les eaux limpides et l'abondante faune marine font de l'est de Samos un lieu idéal pour la plongée et le snorkeling. Le **Kerveli Dive Centre**, sur la plage du même nom, propose une gamme complète de cours allant du niveau débutant à quasi-professionnel. Le centre organise aussi des excursions de snorkeling pour les groupes à partir de cinq personnes. À Pythagorion, un autre bon club de plongée, **Samos Diving**, propose des cours PADI, des plongées guidées et des excursions de snorkeling.

OÙ SE RESTAURER DANS LA RÉGION DE KARLOVASI

Hippy's Restaurant et Café
Institution de la plage de Potami spécialisée dans une cuisine fusion accompagnée des vins d'un vignoble voisin. **€€**

Archontissa Potami Adventure Cafe
Il faut monter des escaliers en bois quasi verticaux pour se restaurer et profiter de la vue… **€**

As Aei
Bonne table du front de mer, idéale pour attendre le départ de votre ferry du port de Karlovasi. **€**

LA GROTTE DE PYTHAGORE

Sur la route panoramique reliant Pythagorion à Karlovasi, faites un détour pour voir la grotte où, selon certains, Pythagore dut se réfugier suite aux persécutions de son grand rival politique, le tyran Polycrate. L'endroit fut instantanément converti en salle de cours pour ses disciples. L'étroite route secondaire partant du village de Marathokampos offre des panoramas encore plus merveilleux sur la côte sud de l'île depuis les pentes du mont Kerkis. Un escalier vertigineusement vertical part du parking vers la grotte, gardée par la chapelle Panaghia Sarandaskaliotisa (XIe siècle). Il faut escalader un rocher de 3 m pour atteindre la grotte de Pythagore, juste au-dessus. L'été, un café sert des rafraîchissements sur le parking.

Environs de Karlovasi

PLAGES ET RANDONNÉE

La pointe nord-est de Samos, autour de **Karlovasi**, compte d'excellentes plages et d'intéressants itinéraires de randonnée. La ville ordinaire de Karlovasi possède un **musée de la Tannerie** qui retrace l'évolution de cette industrie à travers les siècles.

À 3 km après Karlovasi s'étend la plage de sable et de galets de **Potami**, dotée d'un bar de plage exceptionnel, **Hippy's**, qui collabore avec un vignoble local pour servir d'excellents vins de Samos. Dressée telle une voile au-dessus de la plage, la moderniste **chapelle Agios Nikolaos** est l'endroit idéal pour prendre des photos du panorama.

Depuis la plage, traversez la route et marchez 1,5 km sur un sentier boisé pour rejoindre une série de cascades. Plongez dans l'eau fraîche et nagez 30 m environ pour une douche naturelle sous la cascade de 2 m de hauteur. Ensuite, des escaliers en bois presque verticaux grimpent vers l'excellent **Archontissa Potami Adventure Cafe**, et le sentier continue vers de nouvelles cascades.

À l'est de Potami, la route côtière se transforme en chemin de terre et un sentier fréquenté mène aux plages superbes de **Micro Seitani** et **Megalo Seitani**. Le sentier longe un rivage escarpé couvert de pins jusqu'à la première, une ravissante petite crique, avant de poursuivre vers la seconde, une longue plage de sable. Le parcours, magnifique, prend environ deux heures. Emportez de l'eau et un casse-croûte.

Plages et villages du nord de Samos

ROAD TRIP ET RANDONNÉE

Au nord de l'île, la route côtière reliant Vathy à Karlovasi passe par plusieurs plages et stations balnéaires, dont certaines sont très belles mais bondées en haute saison. Le tourisme gravite autour de **Kokkari**, une longue plage étroite bordée de tavernes. La partie ouest historique de cet ancien village de pêcheurs n'est pas sans intérêt, mais l'endroit est surdéveloppé. Préférez les plages voisines de **Limanaki**, **Tsamadou** et **Tsambou**, nichées dans de belles criques de sable et couvertes de chaises longues.

Les deux villages de montagne perchés au-dessus de la route côtière sont bien plus pittoresques. Les maisons aux volets multicolores de **Vourliotès** entourent la jolie place du village. Un sentier, l'un de ces *monopatia* (chemins) magiques où l'on se rend à peine compte des efforts fournis pour grimper, fait une boucle de 8 km entre Vourliotès et Kokkari à travers des oliveraies et de belles forêts.

OÙ SE RESTAURER À L'EST DE SAMOS

Vrahos
Au bord des vagues, cette minuscule adresse de Psili Ammos est très relaxante. €

Livadaki Beach Bar
Bols de quinoa et autres délices diététiques, qu'on vous apporte jusqu'à votre chaise longue. €

Marien Tavern
Taverne modeste mais très appréciée du port de Posidonio. €

Manolatès

De retour sur la route côtière, repérez l'embranchement signalé vers le joli village de **Manolatès**, 5 km plus haut sur les pentes du mont Ampélos. Parmi d'épaisses forêts de pins et d'arbres à feuilles caduques, Manolatès possède de superbes maisons traditionnelles. Pratiquement encerclé par les montagnes, il offre une agréable fraîcheur après la moiteur de la côte. L'artisanat y est en plein développement ; on y trouve d'excellentes bijouteries et boutiques de souvenirs.

Les bonnes tavernes abondent, et Vourliotès et Manolatès, bien que le second soit plus marqué par le tourisme, permettent de découvrir un aperçu de la Samos d'autrefois.

Cap sur les îles Fourni

DE PLAGE EN PLAGE

Facile à explorer en une journée depuis Pythagorion, cet archipel est l'un des joyaux méconnus de la Grèce. Une végétation arbustive couvre les collines alors que le littoral voit se succéder de multiples baies ourlées de plages de sable et de petits ports. Cet ancien repaire de pirates est particulièrement beau au crépuscule, quand le soleil couchant pare les îles de tons roses, violets et noirs. Le nom de la capitale de

SHOPPING

Outre ses agréables tavernes, **Manolatès** offre aussi l'occasion de faire de jolis achats. À la bijouterie **Kerannymi**, sur la petite place du village, on peut voir le duo d'artistes locales créer des bijoux d'une beauté envoûtante, au style préhistorique, alliant l'argent à des matières minérales et organiques variées. En retrait de la place, la **boutique du musée** vend de merveilleuses peintures naïves représentant navires et sirènes. Nikitas Kiparisos, propriétaire des lieux, a converti une partie de la maison en musée de la Vie villageoise au XXe siècle. Le propriétaire d'origine partit pour l'Amérique, s'enrichit et put ainsi épouser une femme venant d'une famille fortunée, qui lui apporta la maison en dot.

OÙ SE RESTAURER DANS LES VILLAGES DU NORD

Kallisti taverna
Taverne de Manolatès servant un excellent *kleftiko* (agneau et légumes) et des desserts inhabituels. **€€**

Loukas taverna
Le patron de cette taverne de Manolatès sert des plats généreux accompagnés de ses propres vins. **€**

Pera Vrisi
Taverne samienne à l'ancienne de Vourliotès. Cuisine villageoise exceptionnelle et vin de barrique maison. **€**

LE TOP DES RESTAURANTS DE FOURNI

Psarotaverna O Miltos
Homards et poissons sont préparés à la perfection dans cette taverne légendaire du front de mer. **€€**

Psarotaverna Nikos
Une adresse sûre en matière de produits de la mer, juste à côté du restaurant jumeau O Miltos. **€€**

Taverna Almyra
Taverne au charme subtil, avec un vaste choix de plats de poissons, située au bord de l'eau à Kamari. **€**

Arhontiko
Venez ici pour les superbes desserts après avoir savouré du homard dans une taverne du port. **€**

O Kolokotiris
Le seul restaurant sur l'île de Thymena. Heureusement, il est excellent. **€**

ANTONIADIS DIMITRIOS X/SHUTTERSTOCK ©

Petrokopio

l'archipel, Fourni Korséon, tirerait son nom du mot corsaire. Le *Dodekanisos Pride*, un bateau rapide, passe deux fois par semaine à Fourni en venant de Pythagorion le matin, revenant le soir par le même itinéraire. Les plages superbes et peu fréquentées sont l'attrait principal de Fourni. Dès le débarquement à **Fourni Korséon**, prenez le *monopati* (sentier) bien entretenu qui grimpe en pente douce derrière l'église principale vers de jolis moulins perchés au sommet de la colline. Derrière les moulins, un escalier descend en pente raide vers la **plage de Kampi**, petit paradis où sont amarrés des bateaux de pêche tanguant doucement au soleil sur une eau turquoise. Revenez à Korséon pour déjeuner. Commandez des spaghettis au homard (les moins chers de toute la mer Égée, paraît-il) puis rejoignez la ravissante place du village pour une pause à l'ombre d'un platane. Sur l'île principale, vous pourrez aussi visiter la jolie **plage de Petrokopio**, au pied d'une carrière de marbre ponctuée de colonnes et de stèles inachevées, et manger dans l'excellente **Taverna Almyra**, sur le front de mer du village de Kamari.

COMMENT S'Y RENDRE ET CIRCULER

Samos a deux ports principaux, à Vathy et Karlovasi, d'où partent des bateaux pour les autres îles du nord-est de la mer Égée (Chios, 2/sem, 3 heures) ainsi que vers le Pirée (5/sem, 8 heures), les Cyclades (Mykonos, 5/sem 3 heures 30) et les îles du Dodécanèse (Rhodes, 2/sem, 10 heures 05). Pythagorion n'est desservi que par le catamaran Dodecanese Pride, qui relie Samos aux îles du Dodécanèse et s'arrête à Fourni et Agios Kirykos (Icarie) deux fois par semaine.

Un ferry local fait également la traversée entre Karlovasi et Fourni, desservant Agios Kirykos et Thymena – l'autre île habitée de l'archipel de Fourni.

L'aéroport de Samos est à 4 km à l'ouest de Pythagorion. Des vols quotidiens relient l'île à Athènes (1 heure 05).

Avec un peu d'efforts et de chance, vous pourrez explorer l'île en bus, mais il est largement préférable de louer une voiture.

ARMÉNISTIS ET RAHES (ÎLE D'ICARIE)

Icarie, 20 km à l'ouest de Samos (p. 506), vous séduira par son littoral et son arrière-pays boisé, mais surtout par sa culture originale. La vie nocturne et les *panigyria*, les fêtes traditionnelles réputées dans tout le pays, sont une résurgence de siècles d'isolement, lorsque les insulaires vivaient sous la menace constante des pirates et des armées étrangères. Arménistis et Rahes sont ainsi les deux facettes d'une même personnalité – une pour la journée, l'autre pour la nuit. Quand le soleil brille, la vie est simple à Arménistis, entre la plage, quelques balades à pied et la terrasse ombragée donnant sur la mer Icarienne. Mais lorsque la nuit tombe, on met le cap vers Rahes, nom collectif des villages perchés dans les montagnes, où les habitants envahissent cafés et tavernes à partir de 23h – une tradition toujours respectée même si les pirates ne rôdent plus dans la mer Égée...

Pour les infos pratiques, voir le Carnet d'adresses *p. 529.*

À SAVOIR

Réservez vos hébergements longtemps à l'avance si vous prévoyez de venir à l'apogée de la saison des *panigyria* (fêtes de villages) ; l'île attire alors les vacanciers en nombre.

Arménistis

TOM JASTRAM/SHUTTERSTOCK ©

LE TOP DES RESTAURANTS D'ARMÉNISTIS ET DE NAS

Marymary
À Arménistis, ce restaurant associe la cuisine traditionnelle de l'île à des modes cosmopolites. **€€**

Syntages tis Giagias
Succulents desserts grecs et glaces aux fruits de la région. **€**

Anna's
Haut perchée sur une falaise de Nas, une taverne réputée pour ses poissons et son homard. **€€**

Thea's
Mezze exceptionnels, viandes grillées et une moussaka végétarienne parfaite, à Nas. **€€**

Plages de rêve à Arménistis

DÉTENTE OU SURF ?

Arménistis, à 15 km à l'ouest d'Evdilos (p. 520), est l'humble version icarienne d'une station balnéaire. Elle compte deux longues plages de sable, séparées par un étroit promontoire, un port de pêche et un réseau de rues pentues à explorer à pied. Des cafés et des tavernes longent la plage. Une vie nocturne relativement animée égaie la bourgade en été ; les habitants en profitent tout autant que les touristes grecs et étrangers.

Sur cette île en grande partie rocheuse, les deux plages d'Arménistis sont une agréable surprise. La superbe **plage de Livadi** est alimentée en sable fin par une rivière de montagne. Dotée d'un bar de plage et de chaises longues, elle est suffisamment grande pour vous garantir un bon bout de sable doré pour poser votre serviette. Observer les tortues barboter dans la rivière (sans les déranger !) et tenter le bodysurf lorsque la mer est agitée – ce qui arrive souvent, méfiez-vous des courants – sont les deux activités principales sur cette plage dont la tranquillité n'est perturbée par aucun service superflu.

De l'autre côté d'un étroit promontoire, la **plage de Mesahti**, légèrement plus sophistiquée, s'étend également autour d'un estuaire alimenté par une rivière de montagne à l'eau fraîche

OÙ SE LOGER À ARMÉNISTIS ET RAHES

Koimite
Ces chambres accrochées à la falaise ont de grands balcons avec vue sur le coucher du soleil. **€€**

Artemis Studios
Lieu familial prisé perché au bord du spectaculaire canyon de Chalaris, au-dessus de la plage de Nas. **€**

Estia
Près de la route de Christos Rahes, cette pension loue des chambres décorées avec goût, avec balcon sur la mer. **€**

aux reflets verts. Plage la plus longue et la mieux agencée d'Icarie, elle compte plusieurs bars, un terrain de beach-volley et l'**Ikaria Surf School**, qui propose des sessions "surf et yoga" et autres activités plus classiques.

À 3,5 km d'Arménistis, la petite plage de galets de **Nas** bénéficie d'un emplacement exceptionnel à l'embouchure d'une rivière flanquée de forêts, derrière les ruines éparses d'un temple d'Artémis. On y trouve d'excellentes tavernes et des hôtels.

Rahes, les villages noctambules

UNE VIE NOCTURNE ANCESTRALE

Le soir, c'est dans la fraîcheur des hauteurs d'Arménistis que bat le cœur d'Icarie. Les villages que l'on appelle Rahes (le bourg principal est **Christos Rahes**) s'éveillent à la tombée de la nuit ; les enfants jouent dans les rues pendant que les adultes dégustent un café ou un verre d'ouzo. Ces habitudes nocturnes remontent à l'époque où Icarie tentait de passer pour inhabitée par crainte des pirates installés sur les îles Fourni voisines. Les toits dissimulés sous des blocs de pierre sont un autre vestige de ce temps où les habitants essayaient de faire passer leurs habitations pour des tas de pierres inhabités.

Les grandes dalles de pierre marquant l'entrée de Christos Rahes évoquent le village des Pierrafeu. La petite place centrale est remplie de tables, et le nombre de cafés, restaurants et boutiques parvenant à s'y serrer est véritablement étonnant.

Juste en dessous de Christos sur la route d'Arménistis, le village d'**Agios Dimitrios** possède une place bien plus vaste où se côtoient deux tavernes exceptionnelles.

À pied dans les gorges d'Icarie

RANDONNÉES, DÉGUSTATIONS

En journée, Christos Rahes et d'autres villages brisent la tradition et servent de points de départ pour des randonnées dans les hauteurs d'Icarie, couvertes de forêts de pins, de vergers et de vignes – en particulier celles de l'excellent petit domaine familial Afianes (voir aussi p. 523), niché au-dessus de Christos Rahes et qui a remporté plusieurs récompenses pour ses vins produits en culture biologique.

Côté balades, on vous recommande la descente vers la plage de Nas par les **gorges de Chalaris** et le superbe sentier menant à **Manganitis**, de l'autre côté de l'île. Des cartes des sentiers de randonnée sont en vente dans les boutiques touristiques.

LE TOP DES RESTAURANTS DE RAHES

Platanos
Bien plus qu'une taverne standard, cette adresse d'Agios Dimitrios met à l'honneur les produits de la région. **€€**

Sto Kampi
Taverne insolite d'Agios Dimitrios avec une carte inventive inspirée des traditions culinaires locales. **€**

Ma'Mu
Grill villageois de Christos Rahes servant de copieux plateaux de viande avec côtelettes et kebab. **€**

CousinA
Cuisine de village icarienne élevée à un niveau gastronomique. **€**

Sotiris
Dans cette taverne d'Agios Polikarpos, c'est tous les jours les *panigyria* grâce à des concerts et une cuisine revigorante. **€€**

COMMENT CIRCULER

Il n'y a quasiment pas de transports publics sur Icarie. Louer une voiture ou un scooter s'avère indispensable, sauf si vous êtes assez courageux pour grimper d'Arménistis à Rahes à pied ou assez riche pour utiliser les taxis d'Icarie, pas donnés. L'auto-stop est une pratique commune en été.

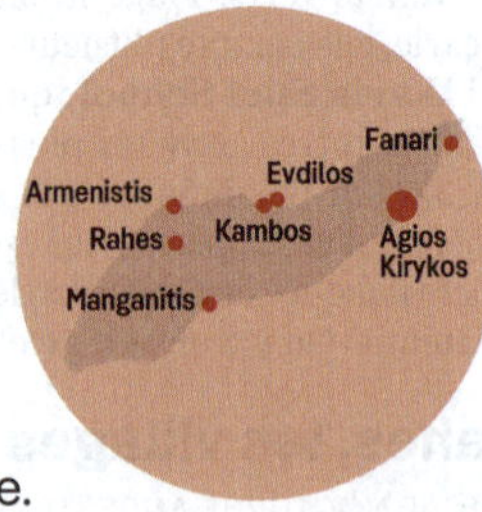

Ailleurs sur Icarie

Beauté sauvage, randonnées et sens de la fête.

Si les îles grecques étaient humaines, Icarie serait la plus charismatique. La main de l'homme semble avoir peu entaché les paysages où subsistent gorges boisées, roches lunaires et plages secrètes aux eaux bleu-vert, et l'île est propice à de belles randonnées.

Le nom d'Ikaria évoque le mythe d'Icare, qui aurait chu dans la mer au large d'Icarie après avoir volé trop près du soleil. Mais le véritable héros local, c'est Dionysos, dieu du Vin et de la Fête, qui fit d'Icarie son domaine pour y célébrer la beauté de l'existence. Les *panigyria* d'août attirent une foule d'Athéniens et de visiteurs étrangers, mais on peut en toutes saisons goûter la sérénité d'Icarie et la vision très *carpe diem* de ses habitants, dont la longévité est nettement au-dessus de la moyenne mondiale.

Pour les infos pratiques, voir le Carnet d'adresses *p. 530.*

À SAVOIR

Il vaut mieux loger près d'Agios Kirykos plutôt que d'y venir pour la journée. Vous gagnerez du temps et éviterez des déplacements.

Agios Kirykos

LGIEGER/SHUTTERSTOCK ©

HOLGERMISCHKE/SHUTTERSTOCK ©

Icarie, terre de vignoble

Agios Kirykos, port et capitale

SOURCES CHAUDES, CURES, PLAGES ET BONNES ADRESSES

La capitale d'Icarie est un agréable port, avec un labyrinthe de petites rues bordées de bons restaurants, d'hôtels et de *domatia*, et un front de mer flanqué de cafés animés. Certes, les plages sont plus belles au nord de l'île (p. 516), mais les sources thermales radioactives réparties sur la côte attirent des curistes de toute l'Europe.

Pour profiter des meilleures sources chaudes d'Icarie, voire de toute la mer Égée, il suffit de se jeter à l'eau sur la **plage de Therma**, à 2 km d'Agios Kirykos, et de nager 30 m environ vers la **source thermale de Spilaio**, à l'intérieur d'une vaste grotte du côté sud de la baie. Vous sentirez les courants chauds de l'eau riche en radon bien avant d'entrer dans la grotte. À l'intérieur, de larges rochers forment un amphithéâtre improvisé. Pour une cure supervisée par des professionnels, rendez-vous au **spa thermal municipal**, sur le front de mer. **Therma** est une station balnéaire agréable comptant de nombreux hébergements et quelques tavernes.

POURQUOI J'AIME ICARIE

Leonid Ragozin, auteur Lonely Planet. *@leonidragozin*

Quand j'étais plus jeune, je passais mes vacances à Ios pour faire la fête. Un jour, j'ai demandé à mon hôte grec quelle était son île préférée. Il m'a répondu Icarie. Ce fut un coup de foudre immédiat pour les montagnes escarpées, sauvages et verdoyantes, les maisons en pierre et les histoires étonnamment compliquées des familles locales avec qui j'ai eu la chance de sympathiser. L'île comblait toutes les passions et les goûts que j'avais développés en mûrissant.

OÙ SE LOGER À EVDILOS ET KAMBOS

Hotel Atheras
À Evdilos, un hôtel accueillant et moderne avec bar en plein air à côté de la piscine. €

Ikaria Utopia – Cusco Studios
Appartements joliment décorés, dotés de grandes terrasses, en surplomb de la plage de Kambos. €

Rooms Dionysos
Chambres simples, lits sur le toit et ambiance magique. À Kambos. €

LE TOP DES RESTAURANTS ET DES BARS DES ENVIRONS D'EVDILOS

Restaurant Koralli
Taverne du front de mer spécialisée dans le poisson et les frites, servant également d'excellentes viandes grillées et des salades végétariennes. €

Kozy Blu
Cuisine traditionnelle revisitée à la sauce hipster, avec une vue superbe sur le port. €

Slow Down Brew Bar
Cette microbrasserie en lisière d'Evdilos sert d'excellentes bières et de petits en-cas. €

Sta Perix
Un restaurant chic à Akamatra, à 6 km au sud d'Evdilos, réputé pour ses recettes traditionnelles icariennes. €€

Mantouvala
Excellente taverne de poisson perchée au-dessus de la plage dans le village de Karavostamo. €€

LGIEGER/SHUTTERSTOCK ©

Forteresse de Drakanos

La **source thermale de Lefkada**, située sur la plage à 2,5 km à l'ouest d'Agios Kirykos, est également curative, relaxante et libre d'accès. Sur la route principale, un panneau indique le chemin vers une plage rocailleuse. Marchez sur de gros rochers jusqu'à un cercle irrégulier de rochers rougis par les eaux riches en fer de la source. Attention, les rochers sont glissants et la température directement au-dessus des sources thermales peut être brûlante.

Evdilos, Karavostamo et Kambos

PASSÉ GLORIEUX, PRÉSENT TRANQUILLE

Second port d'Icarie, **Evdilos** borde une petite baie incurvée et s'étage à flanc de colline. De majestueuses maisons anciennes jalonnent les rues sinueuses et l'attrayant front de mer. L'un des plus grands villages côtiers d'Icarie, **Karavostamo**, est situé à 6 km à l'est d'Evdilos. De la route principale, le village dévale le long de chemins tortueux, parsemés de jardins

OÙ SE RESTAURER DANS LES ENVIRONS DE KAMBOS

Pashalia Taverna
Mezze maison savoureux dans la plus traditionnelle des tavernes d'Arménistis, sur la route vers Kambos. €

Kalypso
Taverne de plage réputée pour sa cuisine – axée sur le poisson – et son ambiance festive. €€

Popi's
Popi prépare et sert joyeusement une belle cuisine de taverne. Entre Kampos et Evdilos. €

fleuris, d'églises, de potagers, de poules et de chèvres, qui rejoignent une jolie place et un petit port de pêche. À 3 km à l'ouest d'Evdilos, **Kambos** est un bourg tranquille avec des hébergements de qualité et quelques tavernes authentiques ; ce fut jadis la puissante Oinoé (du mot grec qui signifie "vin"), capitale d'Icarie. De sa gloire passée subsistent un palais byzantin en ruine, l'**église Agia Irini** – la plus vieille de l'île – et un petit **Musée archéologique**. La plage de sable et de galets et les belles randonnées en montagne (voir ci-dessous) constituent les autres attraits de Kambos.

Randonnées sur Icarie

DES MONTAGNES AUX PLAGES

Sa tranquillité et ses paysages remarquables font d'Icarie un paradis pour la randonnée, et des efforts sont entrepris par des insulaires motivés pour baliser et défricher les sentiers, même si leurs ressources sont limitées. Des cartes des itinéraires de randonnée sont en vente dans les boutiques touristiques de l'île.

L'un des sentiers les plus fréquentés, le "**chemin des elfes**", mène de Kambos au **monastère de Mounte** (voir l'encadré ci-contre). Cette randonnée d'une journée forme un parcours en boucle à partir de Kambos vers le sud ; elle passe par Dafni, les vestiges du château byzantin de Koskinas (Xe siècle), puis les ravissants villages de Frandato et de Maratho. Vous pourrez faire cette randonnée sans guide, et sans trop de fatigue. Arrivé à Pigi, repérez le panneau Frandato et continuez à marcher pour découvrir la chapelle de Theskepasti, nichée dans un surplomb de granit. Vous pourrez également visiter le Moni Thoktistis, voisin, et voir ses fresques réalisées en 1686.

Le col de montagne séparant les parties nord et sud d'Icarie est le point de départ d'une boucle splendide à travers la **forêt de chênes de Rantis** qui tapisse le sommet de l'île.

Un point de départ apprécié des randonneurs est également Christos Rahes (p. 517).

À l'extrémité est de l'île, les alentours de **Fanari** se prêtent aussi à une découverte à pied. Situé dans les plaines à côté d'une belle plage de galets proche de l'aéroport, Fanari est le point de départ d'une boucle assez facile (2 heures, pause baignade comprise), ponctuée de sites saisissants et de panoramas sur la mer et les îles voisines. À l'est du village, un chemin en terre monte sur le flanc de la colline jusqu'à un croisement où un panneau indique la **forteresse de Drakanos**, du IVe siècle av. J.-C, qui accueillait des rites dédiés à Ilithyie, déesse de l'Enfantement. Le site comprend

LE ROCHER ROUGE

Après la Seconde Guerre mondiale, les gouvernements successifs du pays exilèrent des milliers de sympathisants communistes, des intellectuels pour la plupart, sur Icarie. Parmi ces exilés se trouvait notamment le compositeur Mikis Theodorakis, auteur de la bande originale du film *Zorba le Grec*.

Débarqués sur l'île sans aucun moyen de subsistance, les exislés devaient survivre dans des conditions sordides, mais les habitants d'Icarie les aidèrent autant qu'il le purent. Avec le temps, les liens entre ces citadins exilés et les insulaires se renforcèrent, et ces derniers adhérèrent volontiers au marxisme-léninisme.

Cet héritage a valu à Icarie le surnom de "Rocher rouge". Le lieu de mémoire le plus saisissant de cette époque est le **monastère de Mounte**, à Rahes, où l'armée incarcéra des exilés atteints de tuberculose dans des conditions inhumaines.

OÙ SE LOGER SUR LA CÔTE SUD

Pension Plumeria Flowery
De chaleureuses hôtesses gèrent ces chambres impeccables aux noms tels que Bougainvillier ou Hyacinthe. €

Evon's Rooms
Suites de haute qualité avec kitchenettes, près de la plage de Fanari, certaines avec escaliers en colimaçon. €

Akti Pension
Bonne adresse pour petits budgets, très bien située à Agios Kirykos. €

MES PANIGYRIA PRÉFÉRÉES

Hristos Pittakas, propriétaire de l'hôtel Utopia à Kambos, nous parle de ses *panigyria* favorites.

Droutsoula (juin)
Ce village est resté hors des sentiers battus, et n'a pas changé depuis des siècles. On se croirait dans l'Icarie d'antan. Tous les enfants de l'île viennent à sa *panigyri*, car c'est la première des vacances d'été.

Exoplaya (14 juillet)
Cette *panigyri* est à l'origine celle d'un village abandonné suite à des glissements de terrain. Les participants se rassemblent désormais en pleine nature, dans une oliveraie, et font la fête. Excellent vin.

Agios Dimitrios, Rahes (premier week-end d'août)
L'espace est immense... une vaste place joliment éclairée. Une grande fête où l'on mange particulièrement bien.

une tour d'observation haute de 13 m, avec des panneaux d'information. En chemin, vous pourrez faire un détour par la chapelle d'Agios Georgios, proche de la plage reculée du même nom. De Drakanos, un sentier balisé mène jusqu'à la **plage d'Iero** en passant par des terres couvertes d'arbustes. C'est une baie agréable à l'eau cristalline où se trouve une caverne dans laquelle Dionysos s'amusait avec ses Ménades et satyres, comme la légende le prétend. Pour rentrer à Fanari, il faut prendre le chemin en terre longeant la clôture de l'aéroport.

Vers le sud sauvage

AMBIANCE DU BOUT DU MONDE

L'une des plus belles routes d'Icarie traverse l'île du nord au sud. Partant d'Evdilos, elle grimpe à travers une série de villages jusqu'à un col de montagne ouvrant l'accès à la côte sud. Ensuite, la route se sépare pour filer vers la capitale **Agios Kirykos** (à 41 km) vers l'est, et vers l'ouest jusqu'à **Manganitis**. Avec son joli petit port, Manganitis est un village paisible aux airs de bout du monde, où débarquent des randonneurs épuisés partis de Christos Rahes (p. 517).

Manganitis attire les foules à chaque pleine lune d'été, lorsque le bar-restaurant **Sto Gialo** organise ses fameuses “Full Moon Party” ; consultez le site Internet pour les autres événements musicaux (concerts, sets de DJ) qui s'y tiennent.

L'atout principal du coin est la superbe **plage de Seychelles**, petite mais magnifique, à 3 km à l'est de Manganitis. Ses galets de marbre, son eau émeraude et ses rochers polis par les vagues vous donneront l'impression d'avoir été téléporté dans l'océan Indien – d'où le nom. Pour y arriver, suivez un chemin non balisé depuis le parking près du tunnel sur la route de Manganitis, en restant toujours à gauche du ravin.

Villages en fête

PANIGYRIA : DANSES, MUSIQUES ET LIBATIONS

Les fêtes estivales appelées *panigyria* sont officiellement célébrées en l'honneur des saints patrons des différents villages. Elles commencent en réalité début mai, et la saison, qui atteint son apogée en août avec des festivités quasi-quotidiennes, se prolonge jusqu'à fin septembre. Les fêtes durent toute la nuit, rythmées par des danses effrénées, des plats délicieux que l'on se passe sur de grands plateaux en bois et des verres du vin rugueux d'Icarie. Il n'existe pas de meilleure façon de s'immerger dans la culture insulaire ! N'oubliez pas votre porte-monnaie : les *panigyria* constituent une source de revenus importante pour les villages.

OÙ SE RESTAURER SUR LA CÔTE SUD

Aroudou
Taverne d'un excellent rapport qualité/prix avec une belle vue, dans le village de Xilosirtis, à l'ouest d'Agios Kirykos. €€

Sto Gialo
Excellent bar-restaurant au cœur des paysages lunaires de Manganitis. €€

Leonidas
Taverne de poisson traditionnelle, sur la plage de Fanari. €

TOM JASTRAM/SHUTTERSTOCK ©

Plage de Seychelles

CALENDRIER DES PANIGYRIA

Kambos
5 mai

Arménistis
40 jours après la Pâque orthodoxe

Agios Giannis (Rahes)
24 juin

Karavostamo
1er juillet

Agios Kirykos et fête de l'Indépendance d'Icarie
17 juillet

Arethousa
17 juillet

Christos Rahes et Dafni
6 août

Akamatra
15 août

Vignobles d'Icarie

À LA SANTÉ DES ANCÊTRES !

La toute première mention d'Icarie est une sorte de réclame pour son vin, rédigée par un certain Éparchidès vers 350 av. J.-C. Trois domaines maintiennent cette tradition. Sur une colline au-dessus de Christos Rahes (p. 517), le **vignoble Afianes** propose dégustations, visites du domaine et concerts de musique classique à la lueur des étoiles dans un théâtre à ciel ouvert. Le **vignoble Karimalis**, près du village de Pigi, au-dessus de Kambos, loue des chambres dans des maisons en pierre et possède un restaurant qui propose un menu à la carte renouvelé quotidiennement. Perdu dans les étendues sauvages de la côte nord-ouest, au-delà de Nas, l'excentrique **vignoble Tsantiris** permet de déguster un verre de Fokiano blanc de noirs devant un extraordinaire coucher de soleil.

COMMENT S'Y RENDRE ET CIRCULER

Icarie compte deux ports, à Evdilos et Agios Kirykos, d'où l'on peut rejoindre les autres îles du nord-est de la mer Égée (Samos, 1/jour, 1 heure), le Pirée (6/sem, 6 heures 30), les Cyclades (Mykonos, 6/sem, 2 heures) et les îles du Dodécanèse (Patmos, 4/sem, environ 1 heure 30).

Des vols quotidiens relient l'aéroport, situé près d'Agios Kirykos, à Athènes (55 min).

Louer une voiture est indispensable pour explorer Icarie – il n'y a pas d'autre choix. Vous aurez autant de chance d'apercevoir un bus que de voir voler Icare, et les taxis coûtent cher compte tenu des longues distances. Louer une voiture ou un scooter (dans les ports, à Arménistis ou à Nas) revient bien moins cher. La route côtière reliant Evdilos et Karkinagri, sur la côte sud, peut se faire à vélo (si vous venez avec), mais ailleurs sur cette île de roche les ascensions sont brutales.

Carnet d'adresses

MYRINA (LIMNOS)

Château de Myrina
Voir p. 476 (Kida 26, Myrina ; 9h-21h)

Musée archéologique
Voir p. 477 (22540 22990 ; odysseus.culture.gr ; Romeïkos Gialos, Myrina ; tarif plein/réduit 3/2 € ; 8h30-15h30 mer-lun)

Limnia G
Voir p. 477 (22540 24928 ; limniagihotel.gr ; Garoufallidou 1, Myrina)

To Arhontiko
Voir p. 477 (22540 29800 ; www.arxontikohotel.gr ; angle Sahtouri et Filellinon, Myrina)

Vicky Studios
Voir p. 477 (22540 22137 ; www.vickystudios.com ; Mitropoleos 31, Myrina)

Grammofono
Voir p. 478 (22541 11841 ; Plateia Eleftheriou Venizelou 3, Myrina ; plats 6-10 €; 10h-16h et 19h30-minuit lun-sam)

O Platanos
Voir p. 478 (22540 22070 ; Kyda, Myrina ; plats 5-8 € ; 11h-23h lun-sam)

Ouzerie To 11
Voir p. 478 (22540 22635 ; Glinou 6, Myrina ; mezze 6-12 € ; 12h-16h et 20h-minuit mer-lun)

Sinialo
Voir p. 478 (22540 22811 ; Glinou, Myrina ; plats 7-12 € ; 12h-16h et 20h-23h30 mar-dim)

To Limanaki
Voir p. 478 (22540 23744 ; Arvanitaki, Myrina ; plats 12-17 € ; 11h-minuit)

Isalos
Voir p. 476 (697 271 5780 ; Myrina ; 9h-3h)

Karagiozis
Voir p. 476 (698 038 1050 ; www.facebook.com/KaragiozisClub ; Myrina ; 8h-3h)

Manos Bar
Voir p. 476 (2254 022833 ; www.facebook.com/Manosbeach ; Myrina ; 9h-23h lun-sam, 11h-23h dim)

To Podilato Snack Bar
Voir p. 476 (22540 26271 ; topodilato.eu ; Myrina ; 9h-1h)

To Sokaki
Voir p. 476 (22540 27117 ; www.facebook.com/sokakilemnos ; Kyda 95, Myrina ; 8h-3h)

To Kelari
Voir p. 478 (22540 23261 ; Myrina ; 8h-13h30 et 18h-21h)

AILLEURS SUR LIMNOS

Musée de la Démocratie
Voir p. 482 (21032 40645 ; mouseiodimokratias.gr ; Agios Efstratios ; 9h-17h mer-lun)

Poliohni
Voir p. 480 (22540 91249 ; odysseus.culture.gr/h/3/eh351.jsp?obj_id=2534 ; Poliohni ; tarif plein/réduit 3/2 € ; 8h30-15h30 mer-lun)

Sanctuaire des Cabires
Voir p. 480 (22540 22990 ; odysseus.culture.gr ; Ta Kaviria ; tarif plein/réduit 3/2 € ; 8h30-15h30 mer-lun)

Ennia Po'chs
Voir p. 480 (22540 71742 ; www.facebook.com/EnnoiaPoXs ; Lychna ; plats 7-14 € ; 17h-minuit)

Flomari
Voir p. 480 (697 614 4381 ; plage de Gomati ; plats 15-20 € ; 11h-minuit)

Galazio Limani
Voir p. 480 (22540 71041 ; www.facebook.com/galaziolimani ; Moudros ; plats 15-20 €)

Giannakaros
Voir p. 480 (22540 41744 ; www.facebook.com/giannakaros.kotsinas ; Kotsinas ; plats 6-14 € ; 13h-23h lun-ven, 13h-0h30 sam-dim)

Mantella
Voir p. 481 (22540 61349 ; mantella.gr ; Sardes ; plats 9-18 € ; 12h-23h mer-lun)

Poseidoni
Voir p. 481 (694 516 2262 ; Moudros ; plats 10-15 € ; 10h-1h)

Ktima Hatzigeorgiou
Voir p. 482 (22540 31082 ; chatzigeorgioulimnos.gr ; Karpasi ; 8h-16h lun-ven, 8h-14h sam)

Savvouglu & Tsivolas
Voir p. 482 (22540 22270 ; www.limnosorganicwines.gr ; Kaspakas ; 9h30-14h lun-ven, 11h-14h sam)

SAMOTHRACE

Sanctuaire des Grands Dieux
Voir p. 485 (25510 98059 ; odysseus.culture.gr ; Paleopoli ; 3 € ; 8h30-15h30)

ERENITY-H /ADOBESTOCK ©

Liménas (p. 488), Thassos

Mariva Bungalows
Voir p. 484 (25510 98230 ; www.mariva.gr ; près de Loutra ; d avec petit-déj à partir de 50 €)

Archondissa
Voir p. 484 (6942210527, 25510 98098, 694221052798098 ; www.archondissa.gr ; Therma Samothraki ; d/tr 80/95 €)

Hotel Samothraki Village
Voir p. 484 (6982303396, 25510 42300 ; www.samothrakivillage.gr ; Paleopoli ; s/d/tr 65/70/90 €)

Fournello
Voir p. 485 (fournelo.com/ ; Kamariotissa ; plats 5-10 € ; déj et dîner)

Synantisi
Voir p. 485 (25510 41308 ; Kamariotissa ; poisson 6-12 € ; déj et dîner)

Taverna Akrogiali
Voir p. 485 (25510 95123 ; akrogialisamothraki.gr/en/ ; plage de Lakkoma ; plats 6-15 € ; déj et dîner)

THASSOS

Moni Arhangelou
Voir p. 488 (monastère de l'archange Michel ; www.archangelmichaelthasos.com ; Thassos ; h8h-14h et 16h-19h30)

Musée archéologique
Voir p. 488 (25930 22180 ; odysseus.culture.gr ; Alexandrou 2, Limenas,Thassos ; tarif plein/réduit 4/2 €, gratuit pour résident de l'UE -25 ans, gratuit 1er dim nov-mars, tarif réduit 6-25 ans, tarif réduit pour tous nov-mars ; 8h30-15h30 mer-lun nov-mars, 8h-20h avr-oct)

Temple antique d'Aliki
Voir p. 488 (Alyki, Thassos ; 8h30-15h30 nov-mars, 8h-20h avr-oct)

A For Art
Voir p. 488 (259 305 8405 ; www.aforarthotel.gr ; Limenas, Thassos)

Masabuka
Voir p. 488 (25930 23651 ; www.masabuka.com/en/ ; Oktovriou 18, Thassos ; en-cas 2-8 € ; 13h-minuit)

Archodissa Restaurant
Voir p. 488 (25930 32 098 restaurant ; archodissa.gr ; Aliki ; plats 15-20 € ; déj et dîner)

Taverna Grill Elena
Voir p. 488 (25930 61709 ; www.facebook.com/TavernGrillElena/ ; Panagia ; plats 6,50-12 € ; 12h-minuit)

Limanaki
Voir p. 488 (69495 51875 ; Hrysi Ammoudia ; mezze 4-12 € ; déj et dîner)

MOLYVOS (LESBOS)

Bains minéraux d'Eftalou
Voir p. 491 (22530 71245 ; plage d'Eftalou ; bains en groupe/privé 4/6 € ; 10h-18h)

Bains ottomans
Voir p. 491 (hammam.molyvos.eu ; Molyvos ; horaires variables été)

Château byzantin
Voir p. 489 (22530 71803 ; odysseus.culture.gr ; Molyvos ; tarif plein/réduit 3/2 € ; 8h-15h30 mer-lun)

Nadia's Apartments
Voir p. 490 (22530 71345 ; www.apartmentsnadia-molivos.com ; Molyvos)

Pineloph
Voir p. 490 (22530 71087 ; Molyvos)

Schoolmistress with the Golden Eyes
Voir p. 490 (697 282 7616 ; www.molivos.gr ; Molyvos)

Blue Fox
Voir p. 489 (694 209 1898 ; www.facebook.com/bluefoxmolyvos ; Molyvos ; douceurs 5-9 € ; 9h-23h30)

Maistrali
Voir p. 489 (22530 72160 ; mistral.molivos.net ; Molyvos ; plats 7-16 € ; 11h-tard)

Misirlou
Voir p. 489 (22530 72388 ; misirlou.business.site ; Molyvos ; plats 7-12 € ; 12h-1h lun-mar et jeu-sam)

Tropicana Platanos
Voir p. 489 (22530 71869 ; www.unique-molivos.com ; Molyvos ; plats 20-30 € ; 9h-minuit)

Vafeios
Voir p. 491 (22530 71752 ; vafios.com ; Vafeios ; plats 10-12 € ; 11h-23h mi-avril à mi-sept)

Byzantino
Voir p. 489 (Molyvos ; 8h-2h)

Molly's Bar
Voir p. 489 (22530 72556 ; Molyvos ; 18h-6h)

Molyvos (p. 489), Lesbos

YIANNISMANTAS/ADOBESTOCK ©

AILLEURS SUR LESBOS

Bains minéraux d'Eftalou
Voir p. 491 (22530 71245 ; plage d'Eftalou ; bains en groupe/privé 4/6 € ; 10h-18h)

Centre d'information environnementale de Kalloni
Voir p. 495 (22530 28091 ; www.lesvosbirds.gr ; Skala Kallonis ; 10h-15h mar-sam été)

Forteresse
Voir p. 493 (22510 21365 ; odysseus.culture.gr ; Mytilène ; tarif plein/réduit 3/2 € ; 8h30-15h30 mer-lun)

Galerie municipale
Voir p. 493 (22510 28501 ; Mikras Asias 11, Mytilène)

Musée archéologique
Voir p. 493 (22510 40223 ; Noemvriou 8, Mytilène ; tarif plein/réduit 4/2 € ; 9h-16h mer-lun juin-oct, 8h-15h nov-mai)

Musée-bibliothèque Tériade
Voir p. 493 (22510 23372 ; Varia ; 3 € ; 9h-14h mar-dim)

Musée de l'Ouzo Varvagianni
Voir p. 497 (22520 32741 ; www.barbayanni-ouzo.com ; Plomari ; 9h-16h lun-ven avr à mi-oct, 10h-14 h lun-ven mi-oct à mars, sur rdv sam-dim)

Musée de la Production industrielle de l'huile d'olive
Voir p. 497 (22530 32300 ; www.piop.gr ; Agia Paraskevi ; tarif plein/réduit 4/2 € ; 10h-18h mer-lun mars à mi-oct, 10h-17h mer-lun mi-oct à fév)

Musée du Pressoir à olives de Vrana
Voir p. 497 (22510 82007 ; vranasmuseum.gr ; Papados ; 1 € ; 9h-19h mar-dim mars-oct)

Musée Theophilos
Voir p. 493 (22510 41644 ; Varia ; 3 € ; 8h30-14h30 lun-ven, 9h-13h30 sam-dim)

Muséum d'histoire naturelle de la forêt pétrifiée de Lesbos
Voir p. 495 (22530 54434 ; www.lesvosmuseum.gr ; Sigri ; musée 5 €, Nissiopi Marine Park 12 € ; 9h-17h tlj juil-sept, 8h30-16h mar-dim oct-juin)

Therma Spa
Voir p. 496 (22510 41503 ; thermaspalesvos.com ; km 7 rte Mytilène-Kalloni ; bains à partir de 3 €, Jacuzzi privé 8 €/pers pour 45 min ; 9h-21h)

World of Ouzo
Voir p. 497 (22520 31450 ; www.theworldofouzo.gr ; Plomari ; 2 € ; 10h-15h mar-sam juin-oct)

Eressian Hamam
Voir p. 493 (698 700 3086 ; www.eressian.com ; Eressou)

Heliotopos
Voir p. 493 (694 851 0527 ; www.heliotoposeressos.gr ; Skala Eresou)

Hotel Lesvion
Voir p. 496 (22510 28177 ; www.lesvion.gr ; Pavlou Kountourioti 27a, Mytilène)

Kyma
Voir p. 493 (☎ 22530 53555 ; www.facebook.com/eresoskyma ; Skala Eresou)

Pasiphae Hotel
Voir p. 495 (☎ 22530 23212 ; www.pasiphae.gr ; Skala Kallonis)

Porto Lesvos Hotel
Voir p. 496 (☎ 22510 37171 ; Komninaki 21, Mytilène)

Theofilos Paradise Boutique Hotel
Voir p. 496 (☎ 22510 43300 ; www.theofilosparadise.gr ; Skra 7, Mytilène)

Ammoudeli
Voir p. 495 (☎ 22520 32257 ; Plomari ; plats 7-15 € ; 12h-tard)

Cavo Doro
Voir p. 494 (☎ 22530 54221 ; Sigri ; plats 25-30 € ; 9h-0h30)

Kafestiratorio Plaza
Voir p. 494 (☎ 22530 54418 ; Sigri ; plats 9-23 € ; 11h-2h)

Kastro
Voir p. 495 (☎ 22510 22149 ; Ermou 326, Mytilène ; plats 6-10 € ; 10h-2h)

Loksa
Voir p. 495 (☎ 22510 55665 ; Chrysostomou Smyrni, Mytilène ; plats 5-10 € ; 8h-3h)

Nan
Voir p. 495 (☎ 22510 20250 ; www.facebook.com/nanrestaurantlesvos ; Komninaki 30, Mytilène ; plats 4,50-11 € ; 13h-minuit mar-sam)

Ouzeri to Stavri
Voir p. 495 (☎ 22520 22936 ; Agiasos ; plats 9-13 € ; 9h-23h lun-ven, 9h-2h sam, 9h-1h dim)

Passioni
Voir p. 494 (Skala Eresou ; plats 13-20 €)

Polytechnos
Voir p. 495 (☎ 22510 44128 ; Ilia Iliou 5, Mytilène ; en-cas 3,40-4,20 € ; 12h-1h30)

Sam Restaurant
Voir p. 494 (☎ 22530 53355 ; cafe-restaurant-the-tradition-sam.business.site ; Eressou ; plats 10-15 € ; 8h-minuit)

Soulatso
Voir p. 494 (☎ 22530 52398 ; Skala Eresou ; plats 6-12 € ; 12h-minuit)

Sunset
Voir p. 495 (☎ 22520 32740 ; www.facebook.com/sunsetplomari ; Agios Isidoros ; plats 8-16 € ; 16h-minuit)

To Kati Alo
Voir p. 494 (☎ 22530 56636 ; Andissa ; plats 10-15 € ; 7h-1h)

Avatara
Voir p. 494 (Skala Eresou ; 9h-3h)

Mousiko Kafeneio
Voir p. 495 (☎ 22510 28827 ; www.facebook.com/MousikoKafenio ; angle Komninaki et Vernardaki ; 8h-3h)

Notia Jazz Bar
Voir p. 494 (☎ 22530 52303 ; www.facebook.com/Notiamusicbar ; Skala Eresou)

Festival international des femmes d'Eresou
Voir p. 494 (☎ 22530 52140 ; www.womensfestival.eu ; Skala Eresou ; billets 30-65 € ; sept)

MASTIHOHORIA (CHIOS)

Église Agios Apostolos
Voir p. 498 (Pyrgi ; 8h30-15h30 mer-lun)

Grotte de Sykia Olymbi
Voir p. 500 (☎ 698 693 3541 ou 22710 93364 ; Olymbi ; 5 € ; 11h-18h mai-nov)

Musée du Mastic de Chios
Voir p. 499 (☎ 22710 72212 ; www.piop.gr ; Rachi, Pyrgi ; tarif plein/réduit/-18 ans 4/2 €/gratuit ; 10h-18h mer-lun mars à mi-oct, 10h-17h mer-lun mi-oct à fév)

Site archéologique d'Emporios
Voir p. 500 (☎ 22710 71113 ; odysseus.culture.gr ; Emporio ; tarif plein/réduit 3/2 € ; 8h30-15h30 mer-lun)

Louiza Apartments
Voir p. 499 (☎ 22710 72004 ; www.chioslouiza.com ; Karinta)

Medieval Castle Suits
Voir p. 499 (☎ 22710 76345 ; www.mcsuites.gr ; Mesta)

Xysta Manor House
Voir p. 499 (☎ 694 662 3788 ; xista-manor-house.business.site ; Konstantinou Alivizatou 63, Pyrgi)

AILLEURS SUR CHIOS

Musée archéologique
Voir p. 502 (☎ 22710 44239 ; odysseus.culture.gr ; Mihalon 10, Chis (Hora) ; tarif plein/réduit 3/2 € ; 8h30-15h30 mer-lun)

Musée byzantin
Voir p. 502 (☎ 22710 26866 ; odysseus.culture.gr ; Plateia Vounaki, Chios (Hora) ; tarif plein/réduit 4/2 € ; 8h30-15h30 mer-lun)

Musée Citrus Memories
Voir p. 502 (☎ 22710 31513 ; www.citrus-chios.gr ; Kampos ; 10h-21h juin-sept, 10h-18h oct-mai)

Musée du Palais Giustiniani
Voir p. 502 (☎ 22710 22819 ; odysseus.culture.gr ; Chios (Hora) ; tarif plein/réduit 3/2 € ; 8h30-15h30 mer-lun)

Musée nautique d'Inoussès
Voir p. 505 (☎ 22710 55182 ; Stefanou Tsouri 20, Inoussès ; 2 € ; 10h-14h dim-ven)

Néa Moni
Voir p. 504 (☎ 22710 79391 ; odysseus.culture.gr ; 9h-13h et 17h-20h été, 9h-13h et 16h-17h30 hiver)

Sunrise Tours
Voir p. 505 (☎ 22710 41390 ; www.sunrisetours.gr ; Kanari 28, Chios (Hora))

Aeriko Benovias
Voir p. 504 (☎ 22710 32336 ; www.benovias.gr ; Karfas)

Avgonyma All Seasons
Voir p. 502 (☎ 694 794 1810 ; www.avgonima.gr ; Avgonyma)

Castro Rooms Chios
Voir p. 503 (☎ 697 785 5586 ; Zachariou 24, Chios (Hora))

Chios Chandris
Voir p. 503 (☎ 22710 44401 ; www.chandris.gr ; Eugenia Chandris 2, Chios (Hora))

Chios City Inn
Voir p. 503 (☎ 22710 80062 ; www.chioscityinn.com ; Kountouriotou, Chios (Hora))

Mouzaliko Traditional Hotel
Voir p. 504 (☎ 22710 31624 ; www.mouzalikohotel.gr ; Chalkousi Maria 52 et Irini Paidousi, Kampos)

Perleas
Voir p. 504 (☎ 22710 32217 ; www.perleas.gr ; Vitiadou 8, Kampos)

Spilia
Voir p. 504 (Kardamyla)

Spitakia Cottages & Suites
Voir p. 502 (☎ 22710 81200 ; missetzi@spitakia.gr ; Avgonyma)

Voulamandis House
Voir p. 504 (☎ 22710 31733 ; chioshotel.gr ; Dimarchou Kalvokoresi 117, Kampos)

Zorba's
Voir p. 502 (☎ 22740 21436 ; chioszorbas.gr ; Volissos)

Kafenes
Voir p. 502 (☎ 22710 42242 ; Agiou Georgiou Frouriou 12, Hora ; plats 6-13 € ; 🕒 10h-minuit)

Kechribari Ouzerie
Voir p. 502 (☎ 694 242 5459 ; Agion Anargyron 7, Hora ; repas 15 € ; 🕒 12h30-17h et 20h30-minuit lun-sam)

Kronos
Voir p. 505 (☎ 22710 22311 ; pagotakronos.gr ; Philipou Argenti 2, Hora ; glaces 2-6 € ; 🕒 9h-minuit lun, 9h-0h30 mar-jeu et dim, 9h-1h ven, 9h30-1h30 sam)

Pastards
Voir p. 502 (☎ 22710 81466 ; www.facebook.com/thepastards ; Michael Livanou 13, Hora ; plats 6-10,50 € ; 🕒 13h-1h été, horaires restreints hiver)

Vradipus
Voir p. 502 (☎ 22710 40607 ; www.facebook.com/vradipus.chios ; Agiou Georgiou Frouriou 18, Hora ; plats 9-18 € ; 🕒 13h-2h lun-ven, 20h-2h sam)

PYTHAGORION (SAMOS)

Art Space Pythagorion
Voir p. 507 (www.schwarzfoundation.com ; 🕒 10h-13h et 19h-22h)

Moni Panagias Spilianis
Voir p. 508 (☎ 22730 61361 ; www.samosin.gr ; 🕒 9h-14h et 17h-20h)

Musée archéologique de Pythagorion
Voir p. 508 (☎ 22730 62813 ; odysseus.culture.gr ; Polykratous ; tarif plein/réduit 6/3 € ; 🕒 8h30-15h30 mer-lun)

Site archéologique de l'Héraion
Voir p. 508 (☎ 22730 62813 ; odysseus.culture.gr ; tarif plein/réduit 6/3 € ; 🕒 8h30-15h30 mer-lun)

Tunnel d'Eupalinos
Voir p. 508 (☎ 22730 61400 ; www.eupalinos-tunnel.gr ; tarif plein/réduit 8/4 € ; 🕒 8h30-15h30 mer-lun)

Belvedere
Voir p. 507 (☎ 22730 61218 ; www.belvedere-samos.com ; Aisopou 6)

Samaina Hotel
Voir p. 507 (☎ 22730 61024 ; www.samaina-hotel-samos.com ; Damous)

Zorbas Hotel & Studios
Voir p. 507 (☎ 22730 61009 ; zorbas-samos.com ; Damous)

Chalara
Voir p. 507 (Lykourgou Logotheti ; en-cas à partir de 0,50 € ; 🕒 24h/24)

Evrepides
Voir p. 507 (☎ 22730 61010 ; Aigaiou Pelagous ; plats 8-15 € ; 🕒 13h-23h30)

Faros
Voir p. 507 (☎ 22730 62464 ; faros-restaurant.net ; plats 12-17 € ; 🕒 11h-minuit)

Taverna Maritsa
Voir p. 507 (☎ 22730 61957 ; plats 15-20 € ; 🕒 16h-minuit)

To Tigani tis Platias
Voir p. 507 (☎ 22731 04500 ; to-tigani-tis-plateias-restaurant.business.site ; Plateia Irinis ; plats 8-11 € ; 🕒 11h-minuit)

AILLEURS SUR SAMOS

Église Agios Spyridonas
Voir p. 510 (☎ 22730 89270 ; Vathy (Samos) ; 🕒 7h-10h30 et 18h-19h30)

Musée archéologique
Voir p. 510 (☎ 22730 27469 ; odysseus.culture.gr ; Gimnasiarchou Katevaini 24, Vathy, Samos ; tarif plein/réduit 4/2 €, gratuit 1er dim du mois nov-mar ; 🕒 8h30-15h30 mer-lun)

Musée d'histoire naturelle de la mer Égée
Voir p. 510 (☎ 22730 52055 ; www.nhma.gr ; Mytilinii ; tarif plein/-12 ans 4 €/gratuit ; 9h-14h mar-sam et 10h-14h dim mi-mai à mi-oct)

Musée de la Tannerie
Voir p. 512 (☎ 22730 79137 ; karlovasi.wordpress.com ; Karlovasi ; 9h-13h mar-sam)

Musée des Vins de Samos
Voir p. 511 (☎ 22730 87510, poste 548 ; www.samoswine.gr/fr ; Vathy, Samos ; 2 € ; 10h30-17h mar-ven, 10h-17h sam-dim mai-oct)

Kerveli Dive Centre
Voir p. 511 (☎ 697 848 1554 ; samos-scuba.com ; plage de Kerveli ; cours de plongée à partir de 55 € ; 9h-16h)

Samos Diving
Voir p. 511 (☎ 697 299 7645 ; www.samosdiving.com ; Konstantinou Kanari 1, Pythagorion ; cours de plongée à partir de 50 € ; 9h-19h)

Archontissa Potami Adventure Cafe
Voir p. 511 (Potami ; plats 8-10 € ; 10h-19h)

Arhontiko
Voir p. 514 (☎ 22750 51268 ; Fourni ; en-cas 2-3 € ; 8h-minuit)

As Aei
Voir p. 511 (☎ 22730 30833 ; port de Karlovasi ; plats 10-16 € ; déj et dîner)

Hippy's Restaurant & Cafe
Voir p. 511 (☎ 22730 33796 ; hippys-beach-bar-restaurant.business.site; plage de Potami, ; plats 8-16 € ; 9h30-21h)

Kallisti taverna
Voir p. 513 (☎ 22730 94661 ; Manolates ; plats 9-16 € ; 11h-20h)

Maisons peintes à Pyrgi (p. 498), sur l'île de Chios

Livadaki Beach Bar
Voir p. 512 (☎ 693 826 3497 ; www.facebook.com/LivadakiBeachBarSamos ; plage de Livadaki ; plats 7-8 € ; 10h-21h)

Loukas taverna
Voir p. 513 (☎ 22730 94541 ; Manolates ; plats 8-12 € ; 10h-22h)

Magazaki pou Legame
Voir p. 510 (☎ 22730 51264 ; www.facebook.com/magazakipoulegame ; Mytilinii ; plats 14-21 € ; 13h-23h45)

Marien Tavern
Voir p. 512 (☎ 22730 28538 ; Poseidonio ; plats 10-15 € ; 8h-1h)

O Kolokotiris
Voir p. 514 (☎ 22750 32221 ; Thymena ; en-cas 2-8 €)

Pera Vrehi
Voir p. 510 (☎ 22730 27965 ; www.peravrechi.com ; Logotheti, Vathy ; salade et en-cas 4-7 €, plats 7-10 € ; 18h-2h mar-sam)

Pera Vrisi
Voir p. 513 (☎ 22730 93277 ; Vourliotès ; plats 7-15 € ; déj et dîner avr-nov, 12h-19h sam-dim déc-mars)

Psarotaverna Nikos
Voir p. 514 (Fourni ; plats 8-11 € ; déj et dîner)

Psarotaverna O Miltos
Voir p. 514 (☎ 22750 51407 ; Fourni ; plats 8-11 € ; déj et dîner)

Taverna Almyra
Voir p. 514 (☎ 22860 30208 ; Kamari ; plats 6-10 € ; 12h-23h30)

Yianni's Ouzerie
Voir p. 510 (☎ 22733 00939 ; www.facebook.com/yiannis.ouzeri ; Vathy (Samos) ; plats 7-13 € ; 11h30-23h30 mar-dim)

Kerannymi
Voir p. 513 (☎ 694 428 2526 ; www.facebook.com/kerannymi ; Manolates ; 9h-18h)

Boutique du musée
Voir p. 513 (☎ 22730 94025 ; Manolates)

ARMENISTIS ET RAHES (ICARIE)

Ikaria Surf School
Voir p. 517 (☎ 697 459 1674 ; www.ikariasurfschool.com ; plage de Mesahti ; juin-sept)

Artemis Studios
Voir p. 516 (☎ 22750 71485 ; www.artemis-studio.gr ; Nas)

Estia
Voir p. 516 (☎ 22750 41007, 697 983 5757 ; evgeniaporis@gmail.com ; Christos Rahes)

Koimite
Voir p. 516 (☎ 697 489 3877 ; www.ikariarooms.gr ; Arménistis)

Anna's
Voir p. 516 (☎ 693 214 9155 ; Nas ; plats 7,50-11 € ; 🕘 11h30-minuit)

CousinA
Voir p. 517 (☎ 22750 41374 ; Christos Rahes ; plats 7-12 € ; 🕘 déj et dîner)

Ma'Mu
Voir p. 517 (☎ 22750 41459 ; mamu-ikaria.business.site ; Christos Rahes ; plats 5-7 € ; 🕘 18h-2h lun-sam)

Marymary
Voir p. 516 (☎ 22750 71595 ; marymaryikaria.com ; Arménistis ; plats 9-13 € ; 🕘 13h-minuit)

Pashalia Taverna
Voir p. 520 (☎ 22750 71302 ; Arménistis ; plats 5-8 € ; 🕘 10h-minuit)

Platanos
Voir p. 517 (☎ 22750 41151 ; www.platanosikaria.gr ; Agios Dimitrios ; plats 8-12 €)

Sotiris
Voir p. 517 (☎ 22750 40033 ; Agios Polikarpos ; plats 7-9 € ; 🕘 9h-minuit)

Sto Kampi
Voir p. 517 (☎ 22750 41641 ; Agios Dimitrios ; plats 8-22 € ; 🕘 10h-1h)

Syntages tis Giagias
Voir p. 516 (☎ 22750 71150 ; Arménistis ; desserts 3-4 € ; 🕘 déj et dîner)

Thea's
Voir p. 516 (☎ 22750 71491 ; www.theasinn.com ; Nas ; plats 14-21 € ; 🕘 9h-minuit)

AILLEURS SUR ICARIE

Forteresse de Drakanos
Voir p. 521 (Fanari ; 🕘 8h-15h mar-sam)

Musée archéologique
Voir p. 521 (☎ 22750 32935 ; Kambos ; 🕘 8h30-15h mer)

Bains Spilaio
Voir p. 519 (☎ 22750 24048 ; Therma ; hammam 3 €, Jacuzzi 4,50 € ; 🕘 9h-16h)

Akti Pension
Voir p. 521 (☎ 22750 23905 ; www.pensionakti.gr ; Agios Kirykos)

Evon's Rooms
Voir p. 521 (☎ 22750 32580 ; evonsrooms.gr ; Faros)

Hotel Atheras
Voir p. 519 (☎ 22750 31434 ; ikariahotels.com/atheras ; Evdilos)

Ikaria Utopia – Cusco Studios
Voir p. 519 (☎ 22750 31900 ; ikariautopia.com ; Kambos)

Pension Plumeria Flowery
Voir p. 521 (☎ 22750 22742 ; plumeriaikaria.gr ; Therma)

Rooms Dionysos
Voir p. 519 (☎ 22750 31688 ; www.ikaria-dionysosrooms.com ; Kambos)

Aroudou
Voir p. 522 (☎ 22750 22700 ; www.facebook.com/arodouikaria ; Xilosirtis ; plats 7-13 € ; 🕘 14h-23h mar-dim)

Icarie (p. 515)

THOMAS JASTRAM/ADOBESTOCK ©

Kalypso
Voir p. 520 (22750 31387 ; Kambos ; plats 8-16 € ; 24h/24, seulement en été)

Kozy Blu
Voir p. 520 (22750 32266 ; Evdilos ; plats 7-15 € ; 14h-23h30 mar-dim)

Leonidas
Voir p. 522 (22750 32202 ; Fanari ; plats 8-12 € ; 11h-1h dim-ven, 9h-1h sam)

Mantouvala
Voir p. 520 (22750 61204 ; Karavostamo ; plats 14-22 € ; déj et dîner)

Popi's
Voir p. 520 (22750 31928 ; plage de Fytema ; plats 9-12 € ; dîner)

Restaurant Koralli
Voir p. 520 (22750 31924 ; Evdilos ; plats 9-14 € ; 13h-23h30 lun, 12h-2h mar-dim)

Sta Perix
Voir p. 520 (22750 31056 ; Akamatra ; plats 6-12 € ; déj et dîner)

Sto Gialo
Voir p. 522 (22750 32636 ; www.stogialokaneifourtouna.gr ; Manganitis ; plats 8-12 € ; 10h-23h30)

Slow Down Brew Bar
Voir p. 520 (22750 32463 ; slowdownbrewing.gr ; Evdilos)

Vignoble Afianes
Voir p. 523 (22750 40008 ; afianeswines.gr ; Christos Rahes ; visite guidée et dégustation à partir de 11,50 €/pers ; 12h30-22h30)

Vignoble Karimalis
Voir p. 523 (22750 31945 ; www.ikarianwine.gr ; Pigi)

Vignoble Tsantiris
Voir p. 523 (22751 10275 ; www.tsantiriswines.gr ; Proespera)

EUBÉE ET LES SPORADES

DES ÎLES COMME AUTANT DE JOYAUX

Quittez la grande île d'Eubée pour partir à la découverte des Sporades, ces quatre îles situées loin de tout mais pleines de charme, avec leurs villages accrochés aux collines, leurs plages magnifiques et leurs églises pluricentenaires.

Les quatre îles montagneuses des Sporades ("éparses", "dispersées"), si charmantes, semblent s'être détachées de la péninsule boisée du Pélion, en Grèce continentale. Toutes sont vertes, et bordées par des eaux étincelantes. Skopélos, la discrète, séduit par ses baies intactes, son port, sa tradition musicale, ses prairies et ses forêts. Sur Alonissos, la plus éloignée, se trouvent un parc marin et une belle capitale atypique. Vrais temps forts, les sorties en bateau vous donnent l'occasion de voir dauphins, phoques et baleines en pleine migration.

Skiathos, la plus développée des îles, possède les plages les plus sablonneuses de la mer Égée. Skyros, la plus méridionale, est réputée pour sa gastronomie et ses traditions artistiques remontant à l'époque byzantine, lorsque ces îles abritaient des repris de justice et des pirates. Elle a récemment pris du galon en devenant un lieu de retraite holistique.

L'Eubée, deuxième île grecque par sa taille, est séparée du continent par le détroit de l'Euripe, face à la ville d'Halkida. Elle est là, sous les yeux des visiteurs, qui la boudent pourtant souvent. L'île, avec ses paysages vallonnés, ses monastères, ses plages secrètes et ses vignobles, est un havre de paix à l'écart de l'agitation urbaine. La plupart des visiteurs ne traversent l'Eubée que pour rejoindre les splendides Sporades – mais c'est dommage car elle a de vrais atouts !

PRINCIPAUX SITES

SKOPÉLOS
Collines de pins et plages de galets p. 538

SKIATHOS
Des résidences hôtelières, du monde et des plages de sable p. 546

SKYROS
Historique, artistique, loin de tout p. 550

JIRI VAVRICKA/SHUTTERSTOCK ©

Ci-dessus : Agios Ioannis (p. 542), Skopélos. Ci-contre : Eubée

S'orienter

En haute saison, les traversées en ferry sont fréquentes pour aller d'île en île ou venir du continent. Il est assez magique d'arriver en bateau au port, cœur des îles, où l'aventure peut commencer dès que vous posez pied à terre.

Skopélos, p. 538

Vieux villages aux murs blancs, sentiers dans les forêts de pins, superbes églises et plages qui donnent le sourire : Skopélos marie la joie des rencontres au plaisir de la nature sauvage.

Alonissos, p. 543

La moins touristique de l'archipel. Alonissos abrite une surprenante faune marine, mais elle compte également de belles plages et de bonnes tables.

Skyros, p. 550

Skyros a de l'âme et du caractère. La plus éloignée des Sporades séduit par son architecture, ses traditions et sa nature.

Skiathos, p. 546

Avec le port très animé de son chef-lieu et ses plages au sud, Skiathos semble avoir été pensée pour les plaisirs estivaux. Dans les terres, les sentiers de randonnée et les monastères sont propices à des instants plus contemplatifs.

Eubée, p. 554

Si Eubée sert souvent de point de départ pour rayonner dans les Sporades, cette île recèle des vestiges et des forêts pleins d'attraits qui méritent un plus long séjour.

AVION

Seules Skiathos et Skyros possèdent un aéroport dans lequel opèrent les compagnies Olympic Air (www.olympicair.com) et Sky Express (www.skyexpress.gr).

BATEAU

Le bateau est le meilleur moyen de se rendre dans les Sporades et de passer d'une île à l'autre. Les liaisons sont limitées hors saison (voir aussi p. 614). Parmi les principales compagnies, citons Hellenic Seaways (hellenicseaways.gr), Anes Ferries (anes.gr), Blue Star Ferries (www.bluestarferries.com) et Aegean Flying Dolphins (www.aegeanflyingdolphins.gr).

BUS

Les liaisons en bus sont elles aussi "sporadiques", mais en étudiant les horaires de près, vous pourrez vous passer de voiture. Comme pour les ferrys, le service est très limité hors saison.

VOITURE ET MOTO

Vous n'aurez aucun mal à louer une voiture ou une moto. Circuler sur les étroites routes de montagne n'est pas de tout repos, surtout l'été quand il y a du monde. En basse saison, le trafic est bien plus fluide.

Planifier son séjour

Quoi de mieux que de passer d'une île à l'autre ? Les Sporades s'y prêtent particulièrement bien : chacune a son caractère, sa belle nature et ses sites remarquables. Avec un peu de temps, vous saurez apprécier les qualités intrinsèques de chaque île.

LEOKS/SHUTTERSTOCK ©

Plage de Stafylos (p. 540)

Si vous avez peu de temps

- Si vous avez peu de temps, choisissez **Skiathos** (p. 546), île des Sporades la plus facilement accessible. Explorez les ports, l'ancien et le nouveau, avant de vous plonger dans la culture locale au **Skiathitiko Spiti** (p. 547), une propriété familiale transformée en musée d'histoire. Envie de vous offrir un bijou fait main ou une pièce d'antiquité ? Rendez-vous à la **Galerie Varsakis** (p. 547). Depuis la tour de l'horloge, admirez la vue en compagnie de chats alanguis. Descendez ensuite la colline pour vous attabler chez **O Batis** (p. 547), une institution, pour savourer la pêche du jour.

- Qui dit Skiathos, dit **plages** (p. 549) : prenez le bus et filez vers l'une des 26 plages, dont les accès sont numérotés le long de la côte sud.

Au fil des saisons

Le printemps et la fin de l'été affichent un calendrier festif plaisant, des températures agréables et moins de monde. Les traversées en ferry sont limitées à partir d'octobre.

JANVIER

Avant le Carême, Skyros est le théâtre d'un carnaval, où les hommes portent des masques caprins et un pelage.

MARS

À partir de la fin mars, la nature se pare de fleurs sauvages, et les températures remontent.

AVRIL

La **fête d'Agios Giorgios (Saint-Georges)** est l'occasion de festoyer, notamment à Skiathos, où ont lieu des courses de chevaux.

DE GAUCHE À DROITE : ROGER CRACKNELL 01/CLASSIC/ALAMY STOCK PHOTO ©, GIOVANNI RINALDI, PIT STOCK/SHUTTERSTOCK ©

Si vous avez trois jours

● Après une journée à Skiathos, prenez le ferry au petit matin vers **Skopélos (Hora)** (p. 539). Poussez la porte des boutiques, des élégants cafés et du musée du manoir de **Vakratsa** (p. 539). Traversez l'île pour rejoindre la **plage de Stafylos** (p. 540) pour une baignade dans l'après-midi, puis arpentez les vestiges du ***kastro* vénitien** (p. 539) au soleil couchant, avant de descendre vers le front de mer pour dîner au **Ta Kymata** (p. 39).

● Le troisième jour, prenez le bateau pour explorer les richesses du **parc marin** (p. 544) qui entoure l'île d'**Alonissos**. Ouvrez l'œil pour apercevoir des dauphins et, si la chance est avec vous, des phoques moines.

Si vous avez plus de temps

● Si vous avez le temps de ralentir le pas et d'explorer davantage l'île de Skopélos, elle tiendra ses promesses. Entre son chef-lieu et les deux jolis villages voisins de **Glossa** et de **Loutraki** (p. 541), vous allez découvrir des sentiers de randonnée dans la montagne, des plages secrètes et la **chapelle Agios Ioannis** (p. 542), la star éblouissante du film *Mamma mia !*

● De là, partez pour **Alonissos** (p. 543) pour des joies simples et la beauté de ses fonds marins, avant de rejoindre **Skyros** (p. 550), plus isolée. Son chef-lieu illustre toute l'esthétique de la vie insulaire. Ailleurs dans l'île, découvrez les baies en croissant de lune et les **chevaux de Skyros** (p. 553), une espèce rare.

JUILLET

La saison des concerts estivaux est lancée sur l'îlot de Bourtzi (Skiathos) et Skopélos organise son **festival de rébétiko**.

AOÛT

Le 15 août, l'**Assomption** est célébrée par des danses et des processions, à Alonissos.

SEPTEMBRE

Le temps d'un week-end, Glossa fête les **vendanges** : foulage du raisin, poésie, chansons.

OCTOBRE

Fermeture de nombreux commerces destinés aux touristes et moins de services. Le calme s'accompagne d'un court été indien.

SKOPÉLOS

Couvertes de forêts de pins, d'oliveraies, de vignobles, de vergers de pruniers et d'amandiers dont les fruits agrémentent les mets locaux, Skopélos est une île superbe, plus sauvage que sa voisine Skiathos, plus décontractée et amatrice d'art aussi.

Connu notamment depuis le film *Mamma Mia !* (2008), Skopélos est parvenue à conserver son charme. La côte sud-est de l'île, bien abritée, jouit de belles plages de sable et de galets. La côte nord-ouest est toute en falaises livrées aux éléments.

Il y a deux villages : Skopélos (Hora), sur la côte sud-est, très séduisant avec son port, et le tout aussi charmant village de Glossa, au nord-ouest, à 2 km au nord de Loutraki, deuxième port de l'île. Entre les deux, vous trouverez des chemins de randonnée, des monastères isolés et des plages méconnues : de quoi placer vos quelques jours sur place sous le signe de la détente et de la découverte.

Le festival de rébétiko (www.rembetikoskopelosfestival.com), en juillet, est un événement festif à ne pas manquer.

Pour les infos pratiques, voir le Carnet d'adresses p. 558.

À SAVOIR

Les allées de Skopélos (Hora) comptent certains des bars les plus originaux (traditionnels comme contemporains) des Sporades. Il est tout aussi plaisant de partir à la rechercher de clubs et de salles de concerts intimistes, notamment lorsqu'on y joue du rébétiko.

GEORGIOS TSICHLIS/SHUTTERSTOCK ©

Skopélos (Hora)

Art, architecture et folklore

MARCHEZ AU GRÉ DE L'HISTOIRE DE SKOPÉLOS (HORA)

Face à l'embarcadère du ferry, prenez à gauche, là où **Skopélos (Hora)** déroule ses chapelles anciennes et ses maisons blanches aux volets bleus et aux balcons fleuris. Au nord-ouest, les vestiges d'un **kastro** vénitien du XIIIe siècle et une grappe d'églises. Grimpez les marches des allées étroites menant au fort pour une vue panoramique sur la mer. De là, redescendez au port par les ruelles et repérez **Ploumisti**, où Kostas et Voula Kalafatis vendent depuis 40 ans chemises et écharpes en lin, tableaux, tapis et céramiques, ainsi que les bijoux qu'ils fabriquent.

Montez ensuite jusqu'au **musée du manoir Vakratsa**. Installé dans la demeure d'un médecin, c'est une fenêtre sur la vie de la classe moyenne grecque au XIXe siècle. À environ 200 m au sud, le joli **musée d'Art populaire** présente une chambre de mariés typique de l'île, avec tenue de noces et lit nuptial, ainsi qu'une collection de broderies et de sculptures sur bois.

Descendez sur le front de mer et tournez à droite pour rejoindre **Rodios Pottery**, une boutique connue pour ses céramiques en argile noire. Les Rodios, famille de potiers, sont établis à Skopélos depuis 1900.

LES MEILLEURS RESTAURANTS D'HORA

Ta Kymata
Depuis 1896, cette taverne du port sert des grillades en portions généreuses et des *mayirefta* (plats traditionnels). €€

Juices & Books
Une superbe adresse pour petit-déjeuner face à la mer, doublée d'une librairie. Café bio et option sans produits laitiers. €

To Rodi
Restaurant romantique et cuisine raffinée, à l'ombre du grenadier. €€

To Perivoli
Excellentes spécialités grecques dans un jardin. Légumes et aromates du potager. €€

ARGILE NOIRE

Les poteries et céramiques de Rodios ne sont pas sans rappeler les modèles antiques exposés dans de nombreux musées grecs. Celles du **musée national d'Archéologie** (p. 87), à Athènes, valent particulièrement le détour.

OÙ SE LOGER À SKOPÉLOS (HORA)

Pension Sotos
Chacune des 12 chambres de cette demeure du XIXe siècle, face à la mer, a son propre caractère. Ouvert à l'année. €

Thea Home Hotel
Établissement familial. Belle vue depuis la piscine, les chambres et les appartements. Délicieux petit-déjeuner. €

Ionia Hotel
Bâtiment classique, distribué sur 4 niveaux, avec une piscine au milieu. Les chambres ont un style plutôt rustique. €€

AVENTURE AQUATIQUE À SKOPÉLOS

Sorties en bateau
Excursions à la journée pour voir le parc marin d'Alonissos avec déjeuner, baignade et une bonne chance de croiser des dauphins.

Sporades SUP
Des excursions en paddle, des cours ou de la simple location.

Skopelos Dive Center
Sorties vers différents sites de plongée, dont l'épave du *Christoforos*.

Kayaking Greece
Sur la plage de Milia, un service de qualité pour tout type de sortie, que ce soit une session en mer au coucher du soleil ou une aventure complète de 6 jours.

GEORGIOS TSICHLIS/SHUTTERSTOCK ©

Agnontas

Baignades à Skopélos

SABLE ARGENTÉ ET TRANSATS

La plage de Skopélos (Hora) détonne et déçoit par sa pollution. Pour une baignade plus agréable, suivez les marches sous le *kastro* pour rejoindre un bout de plage rocailleuse, avec de forts courants. Les plus belles plages de l'île se trouvent à l'abri des côtes ouest et sud-ouest. La jolie **Stafylos**, à 5 km au sud de Skopélos (Hora), est facilement accessible en bus. Depuis son extrémité est, un chemin mène à **Velanio**, une plage naturiste au sable argenté, plus tranquille, qui constitue aussi un bon spot de snorkeling – un bar complète le tableau.

Au port de pêche d'**Agnontas**, à 4 km à l'ouest de Stafylos, les pins semblent courir vers l'eau turquoise pour y plonger. La minuscule plage de sable et galets est bordée de tavernes.

On peut aisément passer une journée complète au **cap Amarandos**, au sud d'Agnontas. Prenez la route partant à gauche, 75 m après la sortie est d'Agnontas, à l'endroit où part une piste rocailleuse et pentue. La route mène à des plages de galets isolées, parfois privées, et entourées de pins. Prenez le virage serré sur la gauche, environ 1,3 km après vous être engagé sur cette route. La paroi rocheuse s'ouvre de manière spectaculaire. Un petit sentier longe alors la falaise jusqu'à la mer, où une grotte et des pins permettent de contempler ce paysage incroyable à l'abri du soleil.

MAMMA MIA !

Il va sans dire que le 7e art en Grèce ne se cantonne pas à ce succès hollywoodien ! Pour vous en convaincre, rendez-vous p. 650.

OÙ PRENDRE UN VERRE À SKOPÉLOS (HORA)

Ouzerie Anatoli
Une *ouzerie* en plein air au-dessus du *kastro*, avec des musiciens de rébétiko.

Hidden Door
Pour des cocktails aussi bons qu'à Athènes, avec des tables éclairées à la bougie, près du restaurant To Rodi.

Vrachos
Grimpez les marches chaulées menant à ce café idéalement placé, au calme, sur une terrasse plantée d'arbres.

La plage de **Kastani**, qui apparaît dans le film *Mamma Mia !* ne manque pas d'attraits, avec ses pins, son sable argenté et ses galets. Elle est à 13 km à l'ouest de Skopélos (Hora). La baignade y est très agréable et il y a un grand bar de plage.

Au nord, Glossa et Loutraki

SENTIERS PAVÉS ET BAINS ROMAINS

Accroché à la pente raide d'une colline dans l'extrême nord-ouest de Skopélos, **Glossa**, deuxième plus gros village de l'île, flatte d'emblée le regard avec la blancheur de ses maisons et ses étroites allées partant de la place de l'église. Il y a quelques boutiques, cafés et restaurants. Poussez la porte du **Centre culturel et artistique de Glossa**, dont les expositions et les activités visent à valoriser les savoir-faire artisanaux de la région (voir l'encadré ci-contre).

Une route de 2 km serpente jusqu'au port décontracté de **Loutraki** ("Glossa" sur les horaires des ferrys). Un *kalderimi* (sentier empierré) plus court relie aussi les deux villages. À Loutraki, le front de mer et ses bâtiments historiques méritent un peu (ou beaucoup) de votre temps. Prenez la direction du sud, passez devant les jolies pensions et vous pourrez admirer les vestiges des **bains romains**.

À environ 800 m à l'est de Glossa, repérez le panneau juste après la station-service signalant l'**Antoniou Family Olive Press**. Cette presse à huile de 130 ans, dans la famille Antoniou depuis trois générations, produit une huile d'olive extra-vierge de qualité. Profitez de la visite avec audioguide et dégustation. Appelez avant de vous déplacer.

Sur le chemin des monastères

SITES SACRÉS DE SKOPÉLOS

L'île compte plus de 40 églises et monastères. Les plus importants sont ouverts à la visite. Il faut suivre la route panoramique ou partir en excursion pédestre d'une journée vers l'est, au départ de Skopélos (Hora) et remonter le mont Palouki.

La route des monastères commence à 2 km à l'est d'Hora. Continuez tout droit puis prenez un chemin de terre, en montée sur 2 km, pour atteindre le **Moni Evangelistrias** (XVIIIe siècle), dont la superbe iconostase du XIe siècle présente une belle icône de la Vierge. En prenant à droite à la fourche direction le sud-ouest, on rejoint le **Moni Metamorfosis Sotiros** (1,7 km), le plus ancien monastère de l'île (XVIe siècle), le **Moni Varvaras** (4 km), un édifice du XVIIe siècle d'où l'on voit la baie en contrebas, et le **Moni Prodromou** (4,2 km) du XVIIIe siècle. À pied, il faut compter près de 2 heures pour

CENTRE CULTUREL ET ARTISTIQUE DE GLOSSA

Tom Amygdalitsis s'est associé à l'artiste George Calis pour créer ce centre en 2020. *facebook.com/artatSkopelos*

Le centre est ouvert à tous : nous avons des ateliers santé et bien-être, d'autres sur l'artisanat ou la culture, des formations en navigation pour débutants, des cours de maçonnerie à pierres sèches et sur les énergies renouvelables... En septembre, le temps fort est la fête des vendanges, sur tout un week-end. Et en octobre, place à la cueillette des champignons. Nous partons aussi en balade avec des bénévoles pour remettre en état les *kalderimia* (sentiers empierrés), laissés à l'abandon et envahis par la végétation. Nous prévoyons aussi de construire un hameau de maisons en terre battue... Les projets ne manquent pas !

OÙ SE LOGER ET SE RESTAURER À GLOSSA ET LOUTRAKI

Petrino
Agréable café familial, avec terrasse face à la mer, à Loutraki – café, jus de fruits, salade et plats sur le pouce. **€**

Pansion Platana
Chambre d'hôtes confortable et impeccable à Glossa. Balcons donnant sur Loutraki, en contrebas. **€**

Natura Hotel Skopélos
Minimaliste, élégant et cher. Descendez à pied plus au sud pour trouver des chambres avec vue sur mer moins chères. **€€€**

LES FLEURS SAUVAGES DE SKOPÉLOS

Skopélos compte, dit-on, 700 espèces de fleurs sauvages endémiques : un paradis pour les amoureux de la nature. En avril, l'île se pare de leurs couleurs, le rouge des coquelicots, le rose des mauves et le bleu électrique des grands iris. Il y a aussi les délicates orchidées, telle que l'ophrys jaune. Ouvrez-bien les yeux pour en profiter pleinement.

Au printemps, Skopélos se pare de ces beaux atours, mais exhale aussi le délicieux parfum de ses aromates qui poussent dans la nature, comme le thym, le fenouil, l'origan et la sauge. En automne, le paysage floral se fait plus subtil mais n'en demeure pas moins séduisant, avec les cyclamens dardant leurs sommités fleuries entre les herbes hautes et le crocus jaune en fleur.

Agios Ioannis

grimper du village de Skopélos au Prodromou (6,2 km). Sachez que le sentier coupe régulièrement la route principale.

Perchée sur un piton rocheux à 5,5 km de Glossa et surplombant la mer Égée, la petite chapelle **Agios Ioannis**, célèbre pour la scène du mariage du film *Mamma Mia !* Pour vous y rendre, il faudra gravir 200 marches. En bas, vous pourrez acheter les huiles d'olive et savons à l'huile d'olive de la famille Grypiotis.

Rando et vélo en pleine nature

PARTEZ À LA CONQUÊTE DES PENTES BOISÉES

Si, pour l'heure, la différence entre la nymphale de l'arbousier et l'orchidée léopard vous échappe, partez à l'aventure avec Heather Parsons, à la tête de **Skopélos Walks**. Elle habite l'île à l'année et propose une randonnée de 4 heures d'une côte à l'autre. L'itinéraire suit un *kalderimi* qui traverse l'île de part en part. Au bout du chemin vous attendent une taverne de plage et une vue superbe sur Alonissos et Eubée. Son livre en anglais, *Skopélos Trails*, détaille les parcours par niveaux de difficulté. Heather et sa joyeuse bande de bénévoles continuent de dégager, baliser et géolocaliser les sentiers de l'île.

Il est aussi possible de découvrir l'intérieur boisé de l'île à vélo, avec **Skopelos Cycling**, qui propose, entre autres, un circuit au clair de lune, et une sortie au petit matin sur les versants du mont Delphi.

COMMENT S'Y RENDRE ET CIRCULER

Dans les deux ports, Skopélos (Hora) et Glossa/Loutraki, vous trouverez des bateaux pour Volos (3 heures 30) et Agios Konstantinos (3 heures 20), sur le continent, et les îles de Skiathos (30 min), Alonissos (25 min) et Eubée (Mantoudi ; 25 €, 1 heure 30). En saison haute, jusqu'à 10 bus par jour partent de Skopélos (Hora) et font le tour de l'île jusqu'à Glossa/Loutraki (55 min), avec des arrêts réguliers. Les agences de location de voitures ne manquent pas, mais, pour une alternative plus verte, optez pour des modèles électriques (voitures et vélos) chez Skopelos Cycling (www.facebook.com/skopelos.cycling/).

Alonissos

Prenez le ferry direction les villages d'Alonissos côté terre, ses dauphins, ses phoques et ses belles plages côté mer.

Pour les infos pratiques, voir le Carnet d'adresses p. 559.

À SAVOIR

Se rendre à Alonissos hors saison est un peu une gageure. Beaucoup de ses habitants filent à Athènes pour l'hiver, étonnamment rude sur l'île. Tout s'éveille et s'anime en juillet-août.

Couverte d'un manteau de pins d'Alep, de chênes kermès, d'arbousiers et de pistachiers lentisques, Alonissos est la plus sauvage des îles habitées de l'archipel des Sporades. À l'approche en bateau, on devine les vignes et les oliviers, les vergers et les jachères. Les côtes nord et ouest sont rocailleuses et pentues. La côte est montre un joli chapelet de baies aux eaux indigo, avec leurs plages de sable et de galets, placées sous la protection du parc national marin d'Alonissos (2 260 km²).

En 1965, un violent séisme ravagea le chef-lieu de l'île, Paléa Alonissos, la vieille ville, à présent restaurée, située sur la colline. Les habitants furent relogés à Patitiri ("pressoir à vin"), devenu depuis un port pittoresque. La seule autre localité de l'île est le village de Steni Vala, à 11 km au nord-est de Patitiri.

Côte près de Patitiri (p. 544)

LES PHOQUES MOINES

Les phoques moines peuplaient autrefois la mer Noire, la Méditerranée et la côte atlantique africaine. On n'en compte plus aujourd'hui que 500, dont la moitié vit autour de la Grèce.

Le phoque moine de Méditerranée figure dans la vingtaine d'espèces les plus menacées sur notre planète. Largement victimes des pêcheurs jusqu'à récemment, ils sont aujourd'hui davantage protégés, notamment pour leur rôle dans la reconstitution des stocks de poissons pour la pêche côtière. Les efforts de protection se multiplient et, en 2015, l'Union internationale pour la conservation de la nature, a passé l'espèce de "en danger critique" à "en danger", mais le chemin à parcourir est encore long.

Patitiri, un port attachant

DÉCOUVERTES NAUTIQUES ET NATURE

Principal port d'Alonissos, **Patitiri** est encadré par deux falaises de grès parsemées de pins à l'extrémité sud de la côte est. Cafés, boutiques, agences de voyages et tavernes du front de mer en font un bourg moderne, mais sans grand charme.

L'excellent **Musée municipal** conserve d'anciennes cartes nautiques, des costumes traditionnels, une collection d'armes et d'outils d'abordage de pirates, ainsi que des outils traditionnels. Ne manquez pas non plus la visite du **centre d'information MOM**, sur le front de mer, consacré au phoque moine de Méditerranée, une espèce protégée.

L'ancien village d'Alonissos

MAISONS HISTORIQUES ET BAIGNADES AU CALME

Accroché à la pointe sud-ouest de l'île, détruit par séisme puis restauré, **Paléa Alonissos** enchante l'œil avec sa vue panoramique sur la côte, ses habitations traditionnelles et ses allées pavées distribuées autour de la place principale.

Un peu à l'est, une descente raide mène, 2 km plus bas, à **Megalos Mourtias**, jolie crique de galets bien abritée et très appréciée, avec une vue imprenable sur l'Eubée. Une piste de 2 km et un sentier piétonnier partent au sud du village et mènent à la plage de sable et de galets de **Mikros Mourtias**. On y est au calme, loin de tout et certains y pratiquent le naturisme.

Parc national marin d'Alonissos

PROTECTION DU PHOQUE MOINE

Le **parc national marin d'Alonissos-Sporades du Nord**, créé en 1992, est le plus grand d'Europe (2 260 km^2). Son objectif premier : protéger le phoque moine de Méditerranée et plusieurs oiseaux marins rares. En été, il est possible de participer à des excursions à la journée en bateau au départ d'Alonissos et de Skopélos dans le parc aux fonds marins tapissés de posidonies (plantes à fleurs sous-marines). Vous ne verrez sans doute pas le timide phoque moine, mais vous apercevrez peut-être l'une des trois espèces de dauphins présentes dans ces eaux, ou encore les tortues, le faucon d'Éléonore et quelques baleines de Méditerranée. Le parc marin est divisé en deux zones, A et B. Alonissos appartient à la zone B, tout comme les îlots de **Peristera** et **Dio Adelphi**. L'accès à la zone A est plus restreint : les bateaux ne sont pas autorisés à s'approcher à plus de 400 m de la plupart des îlots, à l'exception de **Kyra Panagia**, sur laquelle on peut visiter un magnifique monastère du XIIIe siècle. Il est

OÙ SE LOGER SUR ALONISSOS

Hotel Liadromia
Rideaux brodés à la main, mobilier rétro : cet hôtel de Patitiri a bien du caractère. **€€**

Konstantina Studios
Sympathique adresse de Paléa Alonissos : des studios parmi des jardins, dans la partie basse du village. **€€**

Iya Suites
Sur la plage de Glyfa. Intérieur blanc, poutres apparentes et cuisine épurée, donnant sur une terrasse face à la mer. **€€€**

MILAN GONDA/SHUTTERSTOCK ©

Paléa Alonissos

interdit de s'approcher à moins de 5 km de l'îlot de **Piperi**, car c'est un important lieu de reproduction de phoques, qui abrite en outre une forte population de rapaces.

Baignade et plongée à Alonissos

LES MEILLEURS SPOTS

L'ancienne cité d'Ikos, aujourd'hui submergée, se trouvait sur le sable blond et les galets de la **plage de Kokkinokastro**, à 6 km au nord-est de Patitiri. On peut d'ailleurs toujours en deviner les remparts. Léchée par une eau turquoise, la plage de galets blancs de **Leftos Gialos** (7 km au nord-est de Patitiri) est nichée dans un écrin vert et rocailleux. **Agios Dimitrios**, dessine un triangle à 5,5 km au nord-est de Steni Vala.

L'**épave du Peristera** compte parmi les anciens navires découverts au fond des eaux peu profondes de l'île. Le *Peristera*, qui a fait naufrage à la fin du Ve siècle av. J.-C, contenait 3 000 amphores, un record. Lors d'une session de plongée, ouvrez l'œil : dauphins, poulpes, mérous et dorades roses, notamment, ne sont jamais bien loin. Le **Triton Dive Center** et **Ikion Diving** sont deux écoles de plongée réputées.

LES MEILLEURS RESTAURANTS D'ALONISSOS

Archipelagos
Une taverne dans le port de Patitiri, où visiteurs et gens du coin viennent partager de bons mezze. €

To Kamaki Ouzerie
Très apprécié à Patitiri. Poissons frais, assiettes végétariennes et mezze servis en toute simplicité. Concerts de bouzouki le week-end. €€

Hayiati
En journée, jolie terrasse pour ce *glykopoleio* (pâtisserie) ; le soir, piano-bar. Tout au sud de Paléa Alonissos. €

Astrofegia
En haut d'une allée à l'entrée de Paléa Alonissos : nappe à carreaux, vigne et accueil souriant. €€

Dendrolimano
Ambiance élégante pour des plats d'inspiration gréco-italienne, avec une jolie terrasse sur la colline dominant les eaux azur de la baie de Votsi. €€

COMMENT S'Y RENDRE ET CIRCULER

Patitiri, le port principal, est relié par bateau à Volos, sur le continent, à ses voisines Skopélos et Skiathos et, de mi-juin à mi-septembre, à Skyros et l'Eubée (Kymi). Services réduits d'octobre à avril environ. Billets disponibles en ligne ou à Patitiri. Il existe des liaisons en bus depuis/vers Paléa Alonissos (10 min) au moins toutes les heures de juin à septembre : l'arrêt est sur le port. Il est aussi possible de monter à pied (2,5 km, 40 min). Le bus de plage estival, qui dessert une destination différente chaque jour au nord de l'île, quitte Patitiri vers 10h et revient vers 16h.

SKIATHOS

Ses plages de sable blanc comptent parmi les plus exquises de la mer Égée, ses collines fleurent bon le pin et les oliviers : Skiathos la séduisante est aussi la plus bétonnée des Sporades. La côte sud n'est que plages, villas protégées par de hauts murs, hôtels et appartements. L'été voit affluer les vacanciers grecs et autres Européens : les prix grimpent, les disponibilités chutent. Pourtant, si vous allez visiter les élégants monastères de l'île et ses églises cachées, ou arpenter les sentiers des collines, vous apercevrez un fragment de l'âme de Skiathos.

Étalée sur des collines basses de la côte sud-est, Skiathos (Hora) est le centre névralgique de l'île, et son port le point de rendez-vous des ferrys. Les rues sont bordées d'hôtels, de galeries d'art, d'agences de voyages, de tavernes, de boutiques et de bars, face à la mer ou dans la rue piétonne, Papadiamanti. Loin de cette artère passante, les choses se calment : la vieille ville, entièrement piétonne, domine le vieux port, face à l'îlot Bourtzi, coiffé de pins. On apprécie son charme presque intact, ses venelles aux maisons blanches, ses placettes et ses portes aussi bleues que le ciel.

Pour les infos pratiques, voir le Carnet d'adresses *p. 559.*

À SAVOIR

Pour un tour en voilier autour de Skiathos et d'Alonissos (buffet inclus pour le déjeuner), montez à bord de l'*Argo III*, aux côtés de George et de Dina. Vous pourrez faire du paddle, sortir masque et tuba pour une séance de snorkeling ou admirer les dauphins depuis leur bateau de 12 m.

Port de Skiathos

CARA-FOTO/SHUTTERSTOCK ©

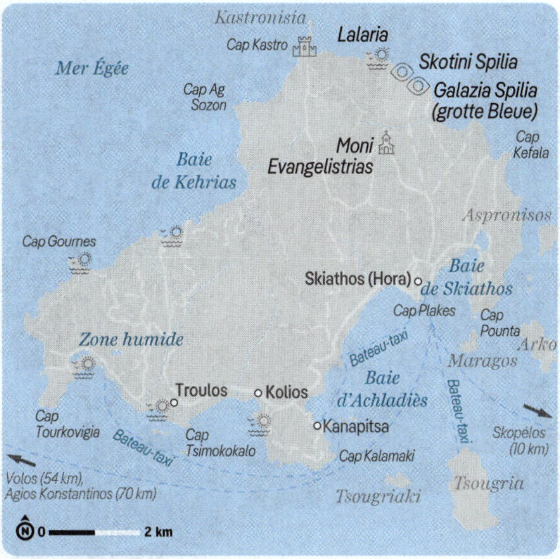

Art et patrimoine

DÉCOUVREZ SKIATHOS CÔTÉ TRADITIONS

La découverte de l'âme de Skiathos commence au **musée Skiathitiko Spiti**, dans la vieille ville, à deux pas au sud de Papadiamanti. Cette demeure aux murs de pierre du début du XXe siècle expose, intelligemment mis en scène par la famille Papadopoulis, des objets et des œuvres illustrant le quotidien sur l'île depuis des générations. La visite guidée est comprise, le verre de vin aussi.

Vient ensuite le patrimoine littéraire de Skiathos, qui vit naître au XIXe siècle Alexandros Papadiamantis (1851-1911), considéré comme le père de la littérature grecque moderne, et dont les écrits s'inspirent de la vie difficile des insulaires parmi lesquels il a grandi. Sa modeste maison chaulée (1860) abrite aujourd'hui le beau petit **musée Papadiamantis** où l'on peut voir livres, tableaux et photos de l'écrivain et de sa famille. Les *Petites Filles et la mort* (Actes sud, 2003), ballade sombre et mélancolique se déroulant à Skiathos, est son roman majeur. On accède à pied au musée en quelques minutes en prenant à l'est depuis Skiathitiko Spiti.

Poursuivez vers le sud, vers le front de mer, où se trouve une intéressante boutique, la **Galerie Varsakis**. Bijoux faits main et objets anciens insolites, tels que des fuseaux du XIXe siècle

LES MEILLEURS RESTAURANTS DE SKIATHOS (HORA)

Kaburelias
Taverne du vieux port, établie de longue date, très appréciée, avec un service efficace. L'excellente sélection de mezze va très bien avec les nappes bleues. €

O Batis
Il y a souvent du monde dans cette bonne taverne sur le chemin partant du port. On y vient de partout pour son bon poisson frais. €

Marmita
Saveurs méditerranéennes créatives, pain frais livré dans des caisses en bois, bons vins grecs et belle dose d'élégance. €€

Ergon
Petits-déjeuners cosmopolites avec une touche grecque et café de barista, dont tout le monde dit du bien. €€

Taverna Akrogiali
Perchée au-dessus de l'eau à 300 m à l'est du nouveau port, Akrogiali donne envie avec son emplacement et ses produits de la mer frais. €€

OÙ SE LOGER À SKIATHOS (HORA)

Skiathos House
Maison de village restaurée avec soin. Jardin à l'ombre de palmiers et emplacement central. €

Mouria Hotel
Joli hôtel central, bien géré, autour d'une cour fleurie. Bonne taverne en terrasse. €€

Bourtzi Boutique Hotel
Cet hôtel plutôt chic dispose de chambres contemporaines épurées, en surplomb d'une piscine. €€€

CHAT VA BIEN À SKIATHOS

Olivia Tessier, bénévole auprès de la Skiathos Cat Welfare Association, livre ses adresses *cat-friendly* préférées. *skiathos-cats.org*

Admiral Benbows
Bar accueillant pour les humains, généreux avec les chats : il vous suffit de glisser votre petite monnaie dans la boîte à dons.

Ammos by Kitty
Bijoux faits main, avec le plaisir gratuit de caresser les chats installés sur le pas de la porte.

Taverna Anemos
Taverne avec une vue spectaculaire sur le vieux port et des gamelles où viennent boire les chats errants de Skiathos.

Anemoni Beach Hotel
Sur le front de mer à Megali Ammos, un établissement familial qui soutient les programmes de stérilisation des chats.

DEBORAH BENBROOK/SHUTTERSTOCK ©

Moni Evangelistrias

réalisés par les futurs mariés pour leurs promises, sont exposés ici. On découvre à l'étage une série de peintures à l'huile sur feuilles d'or du défunt propriétaire, Harris Varsakis (1947-2019), commencée dans les années 1970.

Bateau, plongée, rando

DANS LES PROFONDEURS ET SUR LES HAUTEURS

De mai à octobre, des bateaux proposent des excursions d'une demi-journée ou d'une journée autour de l'île, pour admirer le plus souvent Kastro, la plage de **Lalaria**, **Trypia Petra** ("rocher percé") et les deux *spilies* (grottes) de **Skotini** ("grotte sombre") et de **Galazia** ("grotte bleue"), avec un arrêt baignade. Les bateaux poussent généralement jusqu'à Skopélos et, parfois, Alonissos – consultez les panneaux au vieux port. Vous pouvez aussi monter à bord d'un bateau-taxi depuis le vieux port pour rejoindre **Koukounariès**, la **baie d'Achladies** et **Kanapitsa**, ainsi que l'îlot de **Tsougria**. Pour une excursion privée, les bateaux sont amarrés au nouveau port.

Les îlots au large de la côte méridionale sont parfaits pour la plongée et le snorkeling. Les centres de plongée locaux proposent des cours d'initiation et des cours PADI open-water, des excursions pour plongeurs certifiés et des sorties snorkeling. Parmi les centres réputés et fiables, citons **Skiathos Diving**

OÙ SE RESTAURER À SKIATHOS

Johnny's Skiathos
Taverne familiale à Kanapitsa, dont le jardin cache quelques confortables cabanes à chats. €

Little Balcony
Authentiques souvlakis et *gyros*, servis dans un restaurant avec balcon. Don possible pour le bien-être des matous. €€

Exantas
Un restaurant de cuisine grecque innovante. Belle terrasse avec vue sur les plages de Megali Ammos. €€€

Center (Koukounariès), **Dolphin Diving** (plage de Tzaneria) et **Octopus Diving Centre**, affilié PADI, (Skiathos Hora).

Faire de la **randonnée** sur Skiathos, c'est découvrir des endroits méconnus. Au moment où nous écrivons, 26 itinéraires ont été cartographiés, numérotés et balisés. Ortwin Widmann, habitant de Skiathos, a écrit en anglais un guide utile, *Skiathos: Hiking in the Aegean Paradise* (disponible dans les boutiques de l'île) et propose lui-même des visites guidées.

La boucle de 12 km (4 heures) qui suit l'itinéraire 38, depuis le Moni Evangelistrias jusqu'au **cap Kastro**, avec un retour via Agios Apostolis, est tout aussi exigeante qu'appréciée.

Ailleurs sur Skiathos

PLAGES DE SABLE ET SITES HISTORIQUES

L'île compte 65 plages, toutes desservies sur la côte sud par des bus qui s'arrêtent près des points d'accès. La première qui mérite une halte est la plage de **Vromolimnos**, large et bordée de pins. Le terminus est la plage de **Koukounariès**, depuis laquelle plusieurs étendues ravissantes sont accessibles, dont les plages jumelles de Banana. La plupart des plages du sud louent des transats et sont bien pourvues en tavernes et bars de plage. Moins fréquentées et quasi intactes, les plages du nord-ouest sont néanmoins exposées l'été au meltem. Les belles plages des îlots des alentours, notamment **Tsougria**, sont facilement accessibles en bateau-taxi depuis Skiathos (Hora).

À 5 km au nord de Skiathos (Hora), le **Moni Evangelistrias**, monastère du XVIIIe siècle centré sur son église à trois dômes, fut un refuge pour les combattants de la liberté durant la guerre d'Indépendance ; c'est ici que fut hissé le premier drapeau grec, en 1807. De nos jours, plusieurs moines sont chargés de l'entretien, de la fabrication de vin, de confitures et d'huile d'olive. Dans le musée sont exposés un mobilier ancien et des documents datant de la guerre des Balkans.

Perchée sur une péninsule rocheuse surplombant le littoral nord, à 9 km au nord de Skiathos (Hora), **Kastro**, cité fortifiée à l'épreuve des attaques de pirates, fut la capitale de l'île de 1540 jusqu'en 1829. À son apogée, elle abritait 20 églises et quelque 500 maisons. Aujourd'hui, sont visibles une mosquée ottomane, des réservoirs à eau et quatre églises, dont celle de **Christos** (XVIIe siècle), dans laquelle on peut admirer de belles fresques. Accessible en voiture ou à pied via une route goudronnée escarpée, ou en bateau d'excursion qui accoste sur la plage.

ICI AUSSI SOUFFLE LE MELTEM...

Il doit probablement son nom au *mal tempo* ("mauvais temps") italien : le meltem (voir aussi p. 36) peut faire pire qu'envoyer du sable dans votre cocktail, à savoir interrompre les traversées en ferry sur la mer Égée.

Provoqué lorsqu'un anticyclone se forme au-dessus des Balkans et une dépression au-dessus de la Turquie, le meltem, un vent frais, se fait plus fortement ressentir en été et dans l'après-midi. Les bourrasques peuvent durer toute une journée, voire se prolonger une semaine durant.

Pour voir le verre à moitié plein, précisons qu'il offre de belles sessions de planche à voile ou de kitesurf, et rafraîchit l'air étouffant l'été.

COMMENT S'Y RENDRE ET CIRCULER

L'aéroport de Skiathos est à 2 km au nord-est d'Hora. En été, Olympic Air (p. 535) fait régulièrement la navette depuis/vers Athènes (45 min). La liaison entre l'île et la Grèce du Nord est aussi assurée par Sky Express (p. 535).

Skiathos (Hora) est le principal port de l'île, avec des liaisons vers Agios Konstantinos (juin-sept ; 2 heures 15) et Volos (2 heures 45), sur le continent, et vers Skopélos (30 min), Alonissos (1 heure 35) et, durant les mois d'été, Mantoudi (Eubée, via Skopélos ; 2 heures 15). ; liaisons beaucoup moins fréquentes d'octobre à avril.

En juillet-août, une ligne de bus permet de rejoindre la plage de Koukounariès en 30 minutes tous les quarts d'heure, de 7h à 23h. Le reste de l'année, les horaires sont affichés sur les arrêts. Le bus marque l'arrêt aux 26 points d'accès aux plages (numérotés) le long de la côte sud.

SKYROS

Plus grande île des Sporades, Skyros se divise en deux parties distinctes : au nord, de petites baies, des terres cultivées, des pinèdes et une base aérienne ; au sud, des collines arides et une côte rocheuse. Elle rappelle davantage les îles des Cyclades que ses voisines plus boisées.

Dans la mythologie grecque, Skyros servit de cachette au jeune Achille, qui aurait plus tard rejoint Troie sur un cheval de Skyros. Si vous avez de la chance, peut-être apercevrez-vous à l'état sauvage ces petits chevaux menacés d'extinction.

Skyros est également appréciée des ornithologues, qui tentent d'y apercevoir la fine silhouette du faucon d'Éléonore. Comme en équilibre sur un piton rocheux, Skyros (Hora) est un chef-lieu où il fait bon vivre. Preuve en est : le nombre d'Athéniens et de Thessaloniciens qui viennent y passer le week-end ou des vacances.

Pour les infos pratiques, voir le Carnet d'adresses p. 560.

À SAVOIR

Chrysanthi Zygogianni, le propriétaire de Feel Ingreece, fait tout pour préserver l'île, sauvegarder son artisanat et son environnement naturel. Au programme : randonnées (vous apercevrez des chevaux de Skyros), sorties ornithologiques, plongée et sorties en bateau, mais aussi cours de yoga, sculpture sur bois, poterie, cuisine, broderie ou danse grecque.

AERIAL-MOTION/SHUTTERSTOCK ©

Plage de Magazia

Skyros (Hora) et ses plages

MAISONS BLANCHIES À LA CHAUX ET RIVES DE SABLE

Enroulée autour d'un piton rocheux, Hora est couronnée par une forteresse, place forte byzantine puis vénitienne. Ses rues aux pavés polis par le temps invitent à la flânerie. C'est oublier que ce dédale visait jadis à la protéger des éléments et des pirates. L'**Agoras**, l'artère principale animée, est bordée de tavernes, de bars, de boutiques et d'ateliers artisanaux.

Fondé en 962, le **Moni Agios Georgios**, monastère byzantin encore en activité (les cloches vous réveilleront à coup sûr si vous logez en ville), se trouve au sommet d'Hora, à l'intérieur des murs inférieurs de la forteresse. Vous pouvez visiter sa chapelle du XVIIe siècle, qui abrite une belle iconostase et des fresques à demi effacées du XVIIIe siècle.

Environ 100 m après la Plateia (place principale), l'Agoras bifurque à gauche et zigzague jusqu'à deux petits musées jouxtant la Plateia Rupert Brooke, d'où un large chemin de pierre descend sur 1 km jusqu'à **Magazia** et sa plage.

Station balnéaire qui s'étend à l'extrémité sud cette longue plage de sable, **Magazia** est une bourgade tranquille aux ruelles pavées fleuries de jasmins, de bougainvillées et de lauriers-roses. Non loin de l'extrémité nord de la plage, **Molos** compte aujourd'hui plusieurs tavernes, bars et chambres. Vous pourrez aussi y voir son moulin à vent (transformé en bar) et une église taillée dans la roche. Les plages s'animent en été.

POURQUOI J'AIME SKYROS

Helena Smith, autrice Lonely Planet
helenasmith.co.uk

Il y a quelque chose de sauvage, une ouverture d'esprit et une atmosphère bohème sur cette île, qui m'a saisie dès que j'ai posé le pied à Skyros (Hora). Le bourg est perché sur une improbable colline. Je séjournais alors dans une toute petite maison de conte de fées, avec un balcon en bois sculpté. Je me suis entichée du folklore local au musée Faltaïts, si plein de charme. J'y ai acheté un coussin avec l'emblème traditionnel de la grenade, auquel je tiens toujours autant. Si l'on ajoute à cela les magnifiques plages, les bonnes tables et les petits chevaux sauvages, la séduction est complète.

OÙ SE LOGER ET SE RESTAURER À SKYROS (HORA)

Nicolas Pension
Sympathique pension à 5 minutes à pied du centre. Certaines chambres ont une mezzanine en bois. **€**

Nefeli Hotel
Chambres épurées ou version skyrienne revisitée avec balcon, autour d'une piscine d'eau de mer. **€€**

O Pappous Kai Ego
Connu pour ses *dolmadès* (feuilles de vigne farcies au riz), et ses autres mezze délicieux. **€**

LE TOP DES RESTAURANTS DE SKYROS

Stefanos Taverna
Terrasse face à la mer au sud de Magazia. Poisson frais et plats régionaux. €

Oi Istories Tou Barba
Panorama sur Hora et le nord de Magazia. Une taverne avec terrasse très courue. €

Marigo
Élégante table sur le port de Linaria. Plats typiques tels que les *dolmadès* et la *fava*. €

Stamatia's Taverna
Parcourez du regard toute la baie de Pefkos, en dégustant un bon plat du jour. €

Taverna Mouries
Délicieuse cuisine insulaire, avec les produits bio de la ferme familiale. €

Taverna Agios Petros
Taverne donnant sur les pins et les vignes, près de la plage d'Agios Petros. €

Ktima Atsitsa
Recettes délicieuses, vue sur la mer et ombre des pins : ce café-resto branché a tout pour plaire. €

DINOSMICHAIL/SHUTTERSTOCK ©

Linaria

Les maisons d'artistes de Skyros

DES ÉTAGÈRES CHARGÉES DE TRÉSORS

Il existe à Skyros une communauté prospère d'artistes, allant des peintres et potiers aux sculpteurs et tisserands. La tradition artistique de l'île date de l'époque byzantine, lorsque les pirates de passage œuvraient de concert avec les receleurs du coin, dont les maisons gardaient le butin des pillages de navires marchands. Elles abritaient ainsi assiettes en céramique et autres décorations en cuivre venues d'Europe, du Moyen-Orient et d'Asie Mineure. Aujourd'hui, des objets similaires ornent presque toutes les maisons de Skyros, fièrement exposés sur des étagères en bois sculpté, et les artisans de l'île œuvrent pour préserver cette tradition.

L'exceptionnel **musée d'Art populaire Faltaïts** a pris place dans une demeure du XIXe siècle appartenant à la riche famille Faltaïts. Sur plusieurs étages, vous découvrirez la mythologie et le folklore de Skyros. Vous verrez notamment costumes, broderies, mobilier ancien, céramiques, ustensiles de cuisine, documents et photographies d'époque. Une boutique vend des céramiques, des gravures et d'autres objets de belle facture.

Du côté du **Musée archéologique** : collection de poteries et de bijoux mycéniens trouvée près de Magazia, récipients

OÙ SE LOGER AILLEURS SUR SKYROS

Antigoni Studios
Studios plutôt élégants, avec cuisine. À 3 minutes de la plage sur la pointe sud de Magazia. €

Perigiali Hotel
Chambres décorées avec des broderies, dans l'écrin verdoyant de Perigiali, près de Magazia. €€

Pegasus Studios & Apartments
Résidence d'appartements confortables à Linaria, avec palmiers et gazon. €

découverts à Skyros (Hora) et objets de l'âge du bronze (2800-1900 av. J.-C.) en provenance de fouilles à Palamari (ci-dessous) – une coupe en céramique à deux anses et la tête sculptée d'une ancienne idole cycladique valent particulièrement le coup d'œil. Ce musée intéressant présente aussi une reconstitution d'un intérieur traditionnel de Skyros, intégralement transféré depuis la maison du donateur.

Ailleurs sur Skyros

PORT, SITE ANTIQUE ET CHEVAUX

À 10 km au sud-ouest de Skyros (Hora), **Linaria** est le port plutôt moderne de l'île. Il est blotti dans une petite baie où les bateaux de pêche vont et viennent. Son front de mer compte quelques tavernes discrètes et *ouzeria*. À chaque accostage du ferry *Achilleas*, le port, que domine une ravissante église blanche, est pris d'assaut par les visiteurs. Au creux de la **baie de Pefkos**, à 6 km au nord-ouest de Linaria, la jolie plage de Pefkos, en forme de fer à cheval, abrite la très populaire taverne **Stamatia**.

Vous pouvez voir des skyros à la **Mouries Farm**, à l'est de l'île, et déjeuner dans l'excellente taverne juste en face (voir l'encadré page ci-contre). Les propriétaires se sont donné pour but de recréer un troupeau de skyros de pure race (ils en ont 65) et animent un programme de bénévolat.

À la pointe nord-est de l'île, le **site archéologique de Palamari**, peu visité, s'étend au bord d'une belle plage de sable. Au bout d'une piste de terre a été mis au jour un village de l'âge du bronze (2500-1650 av. J.-C). Les fouilles, commencées en 1981, ont permis de découvrir des objets servant à la chasse et à la pêche, des murs de pierre et même des gouttières et des allées pavées. Le site, dont on peut aujourd'hui faire le tour sur des allées piétonnes, est la preuve qu'une colonie fortifiée existait dès la préhistoire sur cette côte au croisement des premières routes commerciales de la Méditerranée. D'autres trouvailles mises au jour sont exposées au Musée archéologique de Skyros (Hora).

Des visiteurs viennent se recueillir sur la **tombe du poète anglais Rupert Brooke** (1887-1915), près de la baie de Tris Boukes, à 11 km au sud-est de Kalamitsa. Engagé dans la marine anglaise, il mourut au large de l'île et fut enterré sur place. Sur la pierre tombale est gravé un sonnet de Brooke, *Le Soldat*.

LES PETITS CHEVAUX DE SKYROS

Intelligent, beau et docile, l'*Equus caballus Skyriano* recueille tous les suffrages. Très répandues dans l'Antiquité – les chevaux de la frise du Parthénon seraient des skyros et ces braves équipés auraient aussi tiré le char d'Achille –, ces créatures seraient aujourd'hui moins de 30, dont un groupe vit sur le versant sud du mont Kochilas à Skyros. Les croisements avec des ânes et la disparition de leur territoire au profit des élevages de chèvres et brebis menacent la race. Pour plus de renseignements, contactez la Skyrian Horse Society (facebook.com/theskyrianhorse).

CARNAVAL DE SKYROS

Lors du carnaval de Skyros, les jeunes hommes revêtent un masque de chèvre, une veste à poils et des cloches de cuivre, puis dansent dans les rues, avec pour partenaire un homme déguisé en mariée. Pour en savoir plus sur ce carnaval et d'autres festivités, rendez-vous p. 646.

COMMENT S'Y RENDRE ET CIRCULER

À l'aéroport de Skyros, 11 km au nord-ouest de Skyros (Hora), des vols de la compagnie Olympic Air (p. 535) partent pour Athènes (à partir de 35,50 €, 45 min), tandis que des vols Sky Express (p. 535) font la liaison avec Thessalonique (à partir de 49,30 €, 50 min), plusieurs fois par semaine dans les deux cas.

Linaria, sur la côte ouest, est le port principal de Skyros. Des ferrys assurent toute l'année la liaison avec Kymi, sur l'Eubée, (12 €, 1 heure 50, tlj). De mi-juin à septembre, la même compagnie dessert Skopélos (21 €, 6 heures, 3/sem) et Alonissos (19 €, 5 heures 15, 3/sem).

Les horaires des bus reliant Linaria à Skyros (Hora), Magazia et Molos, sont calés sur les départs et arrivées des ferrys. Idem pour la ligne entre Skyros (Hora) et l'aéroport. Voitures et motos en location chez Anemos Rent a Car-Bicycle à Skyros (Hora) et Molos.

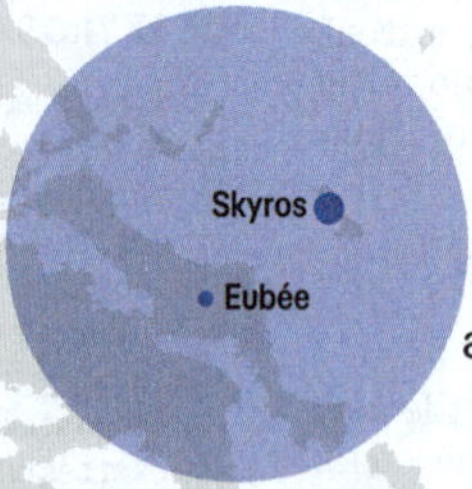

Eubée

Randonnées en montagne, plages et sites antiques : l'Eubée est bien plus qu'un point de transit à destination des Sporades.

Pour les infos pratiques, voir le Carnet d'adresses *p. 561.*

À SAVOIR

Paralia Kymis, à 3,5 km à l'est de Kymi, est le point de départ des ferrys à destination de Skyros et, en été, Alonissos et Skopélos. Les bus vers/depuis Halkida sont programmés selon les horaires de départ et d'arrivée des ferrys.

Encore boudée par les touristes, l'Eubée, deuxième île grecque par la taille, est délaissée au profit des Sporades, au charme plus évident. Séparée du continent par le détroit de l'Euripe qui borde la ville d'Halkida, l'île, avec ses paysages vallonnés, ses monastères, ses plages secrètes et ses vignobles, est un havre de paix. Si vous vous y arrêtez, vous serez vite séduit : superbes routes de montagne et circuits de randonnée, vignobles, sites archéologiques majeurs et plages désertes, l'Eubée a tout pour plaire. Une arête montagneuse nord-sud sépare l'est de l'île, aux falaises abruptes, de la côte ouest, plus douce et accueillante avec ses cités balnéaires. Une seule route principale relie le nord, le centre et le sud de l'île. En 2021, le nord de l'île (principalement) a été ravagé par des feux de forêt sous des températures étouffantes. Il lui faudra du temps pour retrouver un visage plus verdoyant.

Érétrie

CHRISTOS SALLAS/SHUTTERSTOCK ©

Maison des Mosaïques

Érétrie, entre passé et présent

TRÉSORS DE TEMPS RÉVOLUS

À 20 km au sud-est d'Halkida, Érétrie est la première étape intéressante sur l'Eubée, avec son petit port de pêche et sa promenade en planches bordée de tavernes animées, de cafés en plein air et de bars de plage ; on y trouve également d'importants vestiges archéologiques.

Grande puissance maritime et réputée pour son école de philosophie, l'**Érétrie antique** fut détruite en l'an 87 av. J.-C. par le général romain Sylla. Pour voir les vestiges disséminés un peu partout en ville, procurez-vous une carte au Musée archéologique. Au sud-ouest de l'ancienne acropole, vous trouverez les ruines d'un théâtre du Ve siècle av. J.-C et d'un temple du IVe siècle av. J.-C. Profitez-en aussi pour visiter la superbe **maison des Mosaïques** (370 av. J.-C.), où sont représentées des scènes mythologiques.

Dans le **Musée archéologique d'Érétrie** sont exposés des objets découverts grâce aux fouilles commencées au XIXe siècle (panneaux en grec et en français). Les pièces phares du musée sont une représentation en terre cuite du IVe siècle av. J.-C. de Méduse (dont les cheveux furent changés en serpents par

LES VINS D'EUBÉE

Les vins eubéens, de plus en plus appréciés, mettent en avant des cépages insulaires assez rares, dont certains ont d'ailleurs été sauvés in extremis. Plusieurs domaines viticoles s'ouvrent à l'œnotourisme, proposant visites et dégustations. À Érétrie, l'agence **Evia Adventure Tours** organise des circuits sur plusieurs domaines. Chaque année, en été, a aussi lieu la fête du vin à **Karystos**. Nos recommandations : **Lukas Winery** (Malakonta), **Avantis Wine Estate** (Mytikas), **Vriniotis Winery** (Gialtra) et **Montofoli Estate** (Karystos).

L'AUTRE ACROPOLE

Acropolis signifie "ville haute". Celle d'Érétrie est une illustration de ces cités édifiées sur des collines, bien que le nom fasse aujourd'hui référence à la plus connue d'entre elles : l'**Acropole d'Athènes** (p. 58).

OÙ SE RESTAURER SUR L'EUBÉE

La Cubana
Installez-vous face à la mer ou dans l'élégante salle de ce restaurant gréco-cubain à Érétrie. **€**

Taverna Kissos
L'un des jolis restos en bord de ruisseau à Steni. On y sert des champignons rôtis et de la *tyropita* (tarte au fromage). **€€**

Cavo d'Oro
Dans une petite allée, un joyeux restaurant à deux pas de la mer, où vous joindre aux habitants de Karystos. **€**

VIVRE EN SIFFLANT

Perdu dans les collines à 35 km au nord-est de Karystos, le village d'Antia (37 habitants) a conservé un moyen ancestral de communiquer d'une montagne à l'autre : le langage sifflé des bergers, le *sfyria*. Ce type de communication, plutôt rare, fut inventé à l'époque byzantine pour avertir du danger et des attaques de pirates. Chaque tonalité correspond à une lettre de l'alphabet. Encore très utilisé jusque dans les années 1980, le langage sifflé n'est plus pratiqué que par les anciens. Cependant, des mesures sont en cours pour le sauver. Tendez l'oreille...

HERACLES KRITIKOS/SHUTTERSTOCK ©

Gorges de Dimosari

Athéna, jalouse de son union avec Poséidon), et une figurine en argile datant du Xe siècle av. J.-C.du centaure de Lefkandi.

Randonnée sur Eubée

SOURCES DE MONTAGNE ET MAISONS DU DRAGON

Steni est un village de montagne bucolique, avec ses sources joyeusement bruyantes, ses espaces ombragés et ses châtaigniers, à 30 km au nord-est de Halkida. C'est le point de départ de plusieurs circuits à pied ou à vélo, dont l'ascension du point culminant de l'île, le **mont Dirfys** (1 743 m), généralement coiffé d'un peu de neige au printemps. Depuis le **refuge de Dirfys** (1 120 m, accessible depuis une route sinueuse à 9 km au nord-est de Steni – les deux derniers kilomètres ne sont pas bitumés), il reste une pente raide de 7 km pour rejoindre le sommet et en redescendre. Les randonneurs chevronnés doivent compter environ 6 heures pour faire l'aller-retour.

Le joli **sentier des gorges de Dimosari** (10 km), bien entretenu, débute dans le village de Petrokanalo (950 m d'altitude) et passe par celui de Lenosei jusqu'aux plages de Kallianos. En grande partie sur un chemin pavé, vous

RANDONNER SUR LES ÎLES

Pour lire nos conseils sur la randonnée, et découvrir d'autres itinéraires, rendez-vous p. 47.

OÙ SE LOGER SUR L'EUBÉE

Diamanto Rooms
À Érétrie. Dix chambres à prix mini, colorées et un peu désuètes, très bien tenues par la sympathique Athina. **€**

Mousiko Pandoxeio
Dix chambres joliment décorée (deux avec Jacuzzi). Le propriétaire, compositeur, donne des concerts. **€€**

Montofoli Estate
Quatre villas pleines de caractère, sur une propriété historique. Une adresse de choix sur l'île. **€€**

passerez par des criques ombragées, des fougères géantes et des forêts. Comptez 4 heures (et une baignade !).

Le sommet du **mont Ohi** (1 398 m), troisième point culminant de l'Eubée, est couronné par de mystérieuses *drakospita* (maisons du dragon) : ces étonnantes constructions mégalithiques, datant du VIIe siècle av. J.-C., sont formées de blocs rocheux, assemblés sans mortier. Depuis le village le plus proche, **Myli**, il faut compter 7,6 km pour rejoindre le sommet (3-4 heures). Il est possible de passer la nuit dans le refuge à 1 000 m d'altitude, puis de terminer l'ascension pour voir le soleil se lever (30 min).

Rapprochez-vous d'**Eubée Adventure Tours** (eviatours.com) à Érétrie, une valeur sûre pour organiser vos randonnées.

Karystos et ses environs

STATION BALNÉAIRE ET VILLAGES ISOLÉS

Installée au pied du mont Ohi dans la grande **baie de Karystos**, bordée par deux plages de sable gris-brun, cette station balnéaire toute simple est le centre névralgique du sud de l'Eubée. Les habitants, fort sympathiques, y vivent un quotidien paisible – on peine à croire qu'Athènes n'est pas bien loin.

Il ne reste aujourd'hui plus grande trace de la puissante cité qu'elle fut durant les guerres du Péloponnèse, mais **Karystos** est le point de départ de randonnées au mont Ohi et aux gorges de Dimosari. La **Plateia Amalias**, très animée, fait face au port scintillant de lumières le soir venu, où les bateaux se balancent lentement. Vous trouverez aussi plusieurs plages de sable et de galets au sud-est et au sud-ouest de la baie. Le petit **Musée archéologique de Karystos**, en face du Bourtzi, valorise la riche histoire de la région et sa puissance passée. Le musée présente des collections de minuscules lampes en argile du néolithique, de sculptures et objets votifs en provenance de temples et une Aphrodite datant du IVe siècle av. J.-C.

Si vous êtes véhiculé, vous pourrez partir à la découverte des magnifiques villages du Cavo d'Oro (cap Kafireas), isolés à l'est de Karystos, sur les contreforts sud du mont Ohi. Il y a le joli Platanistos (avec sa cascade et son pont en pierre), Potami (qui a une plage et un camping) et Antia, connu pour sa langue sifflée.

INCENDIES

En août 2021, le nord de l'Eubée a connu le pire incendie de son histoire, sous 45 °C. Une épaisse fumée orange a recouvert l'île et 2 000 personnes ont dû être évacuées des plages.

On estime que 50 000 ha de forêt ont été détruits au cours de cette catastrophe naturelle due au changement climatique. La région, fragilisée, est depuis davantage sous la menace d'inondations. L'incendie a aussi durement touché les nombreux villageois qui récoltent la résine des arbres pour fabriquer du *retsina* (vin à base de résine de pin) et le miel des ruches de forêt.

Il va falloir au moins 10 ans à la forêt pour repousser, et 20 ans avant que les pins puissent de nouveau offrir leur résine.

COMMENT S'Y RENDRE ET CIRCULER

Des ferrys font la liaison entre Kymi, sur la côte orientale d'Eubée, et l'île de Skyros toute l'année (1 heure 50, tlj). De mi-juin à mi-septembre, des ferrys desservent aussi Skopélos (3 heures, 3/sem) et Alonissos (2 heures 15, 3/sem). Au nord-est, le port de Mantoudi dessert Skiathos (1 heure 45, 1-2/jour) et Skopélos (1 heure 30-3 heures 30, 1-2/jour). Services réduits d'octobre à avril. Des ferrys relient l'Eubée et le continent.

Il y a deux ponts à Halkida, perchés au-dessus du passage le plus étroit du détroit de l'Euripe.

Depuis la gare routière KTEL d'Halkida, à 2,5 km à l'est du vieux pont, départs pour différentes destinations sur l'île et au-delà. Les horaires des bus entre Halkida et Paralia Kymis, d'où partent les bateaux pour les Sporades, sont calés sur les horaires de départ et d'arrivée des ferrys (2 heures, 8 à 10 par jour).

Carnet d'adresses

SKOPÉLOS

Agios Ioannis
Voir p. 542 (aube-crépuscule)

Antoniou Family Olive Press
Voir p. 541 (skopelosoliveoil.gr ; Loutraki ; 10h-20h)

Moni Evangelistrias
Voir p. 541 (24240 22394 ; Palouki ; 9h30-13h et 16h-20h mai-oct)

Moni Metamorfosis Sotiros
Voir p. 541 (24240 22560 ; Palouki ; 8h30-13h30 et 17h-20h environ lun-sam juin-oct)

Moni Prodromou
Voir p. 541 (24247 70532 ; Palouki ; 8h30-13h30 et 17h30-20h30)

Moni Varvaras
Voir p. 541 (Palouki ; 9h-14h et 17h-20h environ juin-oct)

Musée d'Art populaire
Voir p. 552 (Skopélos (Hora) ; 3 € ; 10h-14h et 19-22h lun-ven juin-sept, horaires variables)

Musée du manoir Vakratsa
Voir p. 539 (24240 23494 ; vieux port, Skopélos (Hora) ; 2 € ; 10h-15h avr-sept)

Centre culturel et artistique de Glossa
Voir p. 541 (24240 33737 ; www.facebook.com/artatSkopelos ; Glossa ; 17h-20h lun-ven, 12h-15h sam)

Kayaking Greece
Voir p. 540 (697 429 9055 ; kayakinggreece.com ; Milia ; kayak 3h 40-50 €/pers ; 9h-22h)

Skopelos Cycling
Voir p. 542 (www.facebook.com/skopelos.cycling ; Doulidou, Skopélos (Hora) ; location vélo 10-25 €/24h ; 9h-14h et 18h-22h lun-sam mai-oct, 10h-14h lun-sam nov-avr)

Skopelos Dive Center
Voir p. 540 (694 044 8000 ; sporadesdiving.gr ; Skopélos (Hora) ; plongée simple 80-95 € ; mai-sept)

Skopelos Walks
Voir p. 542 (694 524 9328 ; skopelos-walks.com ; visites guidées à partir de 10 €/pers ; sur rendez-vous)

Sporades SUP
Voir p. 540 (694 044 8002 ; sporadessup.com ; front de mer, Skopélos (Hora) ; 10h-20h juin-sept)

Ionia Hotel
Voir p. 539 (24240 22568 ; www.ioniahotel.gr ; Skopélos (Hora) ; juin-sept)

Natura Hotel Skopelos
Voir p. 541 (24240 34198 ; www.naturahotelskopelos.gr ; Loutraki)

Pansion Platana
Voir p. 541 (24240 33188 ; pansionplatana.wixsite.com/pansion-platana- ; Glossa ; avr-oct)

Pension Sotos
Voir p. 539 (24240 22549 ; www.skopelostravel.net/sotos ; front de mer, Skopélos (Hora))

Thea Home Hotel
Voir p. 539 (24240 22859 ; theahomehotel.com ; rocade, Skopélos (Hora) ; Pâques-sept)

Juices & Books
Voir p. 539 (2424023343 ; www.facebook.com/juicesandbooks ; front de mer, Skopélos (Hora) ; plats 4-7 € ; 8h-1h juil-août, 9h-14h et 18h-tard mai, juin et sept)

Petrino
Voir p. 541 (24240 34055 ; petrinocafe.wordpress.com ; Loutraki ; plats 9-18 € ; 8h30-1h)

Ta Kymata
Voir p. 539 (24240 22381 ; vieux port, Skopélos (Hora) ; plats 8-16 € ; 12h-23h Pâques à mi-déc)

To Perivoli
Voir p. 539 (24240 23758 ; au-dessus de la Plateia Platanos, Skopélos (Hora) ; plats 8-15 € ; 19h-minuit)

To Rodi
Voir p. 539 (24240 24601 ; Chimou, Skopélos (Hora) ; plats 12-15 € ; 19h-minuit)

Hidden Door
Voir p. 540 (697 825 2848 ; Chimou, Skopélos (Hora) ; 19h-tard mai-sept)

Ouzerie Anatoli
Voir p. 540 (24240 22851 ; kastro, Skopélos (Hora) ; 19h30-2h30 juin-sept)

Vrachos
Voir p. 540 (24240 29141 ; www.vrachosevents.com ; vieux port, Skopélos (Hora) ; 10h-tard mai-sept)

Ploumisti
Voir p. 539 (24240 22059 ; front de mer, Skopélos (Hora) ; 10h-21h30)

Rodios Pottery
Voir p. 539 (24240 23605 ; Skopélos (Hora) ; 10h-15h et 18h-23h30 mai-oct)

ALONISSOS

Centre d'information de la MOM
Voir p. 544 (www.mom.gr ; front de mer, Patitiri, Alonissos ; 10h-22h juin-sept)

Musée d'Alonissos
Voir p. 544 (24240 66250 ; www.alonissosmuseum.com ; Patitiri, Alonissos ; tarif plein/réduit 4/3 €, jeune 2 €, gratuit -8 ans ; 11h-18h mai et sept, 11h-20h juin-août)

Parc national marin d'Alonissos-Sporades du Nord
Voir p. 544 (alonissos.gr ; mai-oct)

Ikion Diving
Voir p. 545 (698 418 1598 ; www.ikiondiving.gr ; Steni Vala, Alonissos ; plongée à partir de 80 €, cours 170-520 € ; mai-sept)

Triton Dive Center
Voir p. 545 (bestdivingingreece.com ; Patitiri, Alonisos ; plongée à partir de 95 €, cours 85-570 € ; 9h-21h30 mai-sept)

Hotel Liadromia
Voir p. 544 (24240 65521 ; www.liadromia.gr ; Patitiri, Alonisos)

Iya Suites
Voir p. 544 (693 832 7401 ; www.ilyasuites.gr ; plage de Glyfa, Alonissos ; mai-sept)

Konstantina Studios
Voir p. 544 (24240 65900 ; www.konstantinastudios.gr ; Paléa Alonissos, Alonissos)

Archipelagos
Voir p. 545 (24240 65031 ; Patitiri, Alonnisos ; plats 8-12 € ; 10h-tard avr-oct)

Astrofegia
Voir p. 545 (24240 65182 ; www.facebook.com/astrofegia.alonissos ; Paléa Alonissos, Alonissos ; plats 10-16 € ; 19h-minuit juin-sept)

AETHERIAL /ADOBESTOCK ©
Skopélos (p. 538)

Dendrolimano
Voir p. 545 (24240 65252 ; Votsi, Alonissos ; plats 14-28 € ; 19h-23h30 mai-oct)

Hayiati
Voir p. 545 (24240 66244 ; hayiati.com ; Paléa Alonissos, Alonissos ; en-cas 6-12 € ; 10h30-tard mai-sept)

To Kamaki Ouzerie
Voir p. 545 (Patitiri, Alonnisos ; plats 6-16 € ; Patitiri, Alonissos ; 12h-1h mi-mai à mi-oct, ven-dim mi-jan à mi-mai)

SKIATHOS

Maison-musée Papadiamantis
Voir p. 547 (24270 23843 ; www.papadiamantis.net ; Papadiamanti 12, Skiathos (Hora) ; 1,50 € ; horaires variables)

Moni Evangelistrias
Voir p. 549 (24270 22012 ; monievaggelistrias.gr ; Moni Evaggelistrias ; musée 2 € ; 9h-coucher du soleil avr-oct, horaires réduits nov-mars)

Skiathitiko Spiti
Voir p. 547 (24270 21334 ; skiathitikospiti.gr ; Polytexniou, Skiathos (Hora) ; 2 € ; 10h-13h et 18h-23h mai-oct)

Dolphin Diving
Voir p. 549 (694 499 9181 ; ddiving.gr ; Hotel Nostos, plage de Tzaneria ; plongée 65 €, cours 270-420 € ; 9h-20h mai-oct)

Octopus Diving Centre
Voir p. 549 (694 416 8958 ; Hotel Alkyon, nouveau port, Skiathos (Hora) ; plongée 50 €, cours pour débutant 60 €, mi-juin à sept)

Skiathos Diving Center
Voir p. 548 (697 708 1444 ; www.skiathosdiving.gr ; plage de Koukounariès ; plongée 70 €, cours 170-800 € ; 8h-20h mi-avr à oct)

Anemoni Beach Hotel
Voir p. 548 (www.anemonibeach.com ; plage Megali Ammos)

Bourtzi Boutique Hotel
Voir p. 547 (24270 21304 ; www.hotelbourtzi.gr ; Moraitou 8 et angle Papadiamanti, Skiathos (Hora) ; mai-oct)

Mouria Hotel
Voir p. 547 (☎ 24270 21193 ; www.mouriahotel.com ; Papadiamanti, Skiathos (Hora) ; ⌚ Pâques à mi-oct)

Skiathos House
Voir p. 547 (☎ 24270 22733 ; www.skiathoshouse.gr ; Papadiamanti, Skiathos (Hora) ; ⌚ avr-oct)

Ergon
Voir p. 547 (☎ 24270 21441 ; www.ergonfoods.com ; Papadiamanti, Skiathos (Hora) ; petit-déj 6-10 €, plats 11-19 € ; ⌚ 9h-1h)

Johnny's Skiathos
Voir p. 548 (☎ 24270 24369 ; Kanapitsa ; plats 10-18 € ; ⌚ 18h30-22h)

Kaburelias
Voir p. 547 (☎ 24270 21112 ; vieux port, Skiathos (Hora) ; plats 8-16 € ; ⌚ 9h-minuit)

Little Balcony
Voir p. 548 (☎ 24270 23457 ; little-balcony.business.site ; Skiathos (Hora) ; plats 9-14 € ; ⌚ 8h-minuit)

Marmita
Voir p. 547 (☎ 24270 21701 ; www.marmitaskiathos.com ; plats 13-19 € ; Evangelistrias 30, Skiathos (Hora) ; ⌚ 6h30-23h fin avr-oct, 18h30-22h30 nov-fin avr)

O Batis
Voir p. 547 (☎ 24270 22288 ; vieux port, Skiathos (Hora) ; plats 5-14 € ; ⌚ 9h-minuit, mai-sept, 11h30-minuit oct-avr)

Taverna Akrogiali
Voir p. 547 (☎ 24270 21330 ; Paraliakos, Skiathos (Hora) ; plats 8-18 € ; ⌚ 12h-minuit mai-oct)

Taverna Anemos
Voir p. 548 (☎ 24270 21003 ; Skiathos (Hora) ; plats 10-16 € ; ⌚ 11h-minuit)

Admiral Benbows bar
Voir p. 548 (Polytexniou, Skiathos (Hora); ⌚ 19h30-2h)

Ammos by Kitty
Voir p. 548 (☎ 24270 22889 ; www.ammosbykitty.com ; Laskou 6, Skiathos (Hora) ; ⌚ 10h30-14h et 18h30-21h lun-sam, 18h-21h dim)

Galerie Varsakis
Voir p. 547 (☎ 697 784 2092 ; varsakis.com ; Plateia Trion Ierarhon, Skiathos (Hora) ; ⌚ 10h-13h30 et 19h-23h30 lun-sam, 19h-23h30 dim avr-oct)

SKYROS

Moni Agios Georgios
Voir p. 551 (☎ 22220 91216 ; www.skyros.gr ; Skyros (Hora) ; ⌚ 10h30-12h30 et 18h-20h)

Musée archéologique
Voir p. 552 (☎ 22220 91327 ; odysseus.culture.gr ; Plateia Rupert Brooke ; tarif plein/réduit 2/1 € ; ⌚ 8h30-15h30 mer-lun)

Musée Manos et Anastasia Faltaïts
Voir p. 552 (☎ 22220 91232 ; www.faltaits.gr ; Plateia Rupert Brooke, Skyros (Hora) ; 4 €, visite guidée 7 € ; ⌚ horaires variables)

Mouries Farm
Voir p. 553 (☎ 694 746 5900 ; skyrian-horses.org ; Flea ; prix libre ; ⌚ 10h-13h et 18h-21h juil-août, horaires variables juin et sept, sur rdv oct-mai)

Site archéologique de Palamari
Voir p. 553 (☎ 22210 22402 ; odysseus.culture.gr ; Palamari ; tarif plein/réduit 3/2 € ; ⌚ 8h30-15h30 mer-lun)

Antigoni Studios
Voir p. 552 (☎ 22220 91319 ; antigonistudios.com ; Magazia)

Nefeli Hotel
Voir p. 551 (☎ 22220 91964 ; www.skyros-nefeli.gr ; Skyros (Hora))

Nicolas Pension
Voir p. 551 (☎ 22220 91778 ; www.nicolaspension.gr ; Playia, Skyros (Hora))

Pegasus Studios & Apartments
Voir p. 552 (☎ 22220 93442 ; skyros-pegasus.gr ; Acherounès)

Perigiali Hotel
Voir p. 552 (☎ 22220 92075 ; www.perigiali.com ; Magazia)

Ktima Atsitsa
Voir p. 552 (Atsitsa ; plats 8-13 € ; ⌚ 10h-21h)

Marigo
Voir p. 552 (☎ 22220 96010 ; akamatra_makis@yahoo.gr ; Linaria ; plats 8-13 € ; ⌚ 8h-tard juin-sept, 11h-tard avr, mai et oct, 11h-tard ven-dim nov-mars)

Skiathos (p. 546)

O Pappous Kai Ego
Voir p. 551 (22220 93200 ; Agoras, Skyros (Hora) ; plats 7-10 € ; 18h-tard juin-sept)

Oi Istories Tou Barba
Voir p. 552 (22220 91453 ; Magazia ; plats 7-11 € ; 13h-1h fév-nov)

Stamatia's Taverna
Voir p. 552 (697 255 8232 ; www.facebook.com/stamatiaSkyros ; baie de Pefkos ; plats 8-12 € ; 12h-minuit juin-sept)

Stefanos Taverna
Voir p. 552 (22220 91272 ; Magazia ; plats 7-11 € ; 9h30-minuit mars-oct)

Taverna Agios Petros
Voir p. 552 (697 284 2116 ; www.agiospetros.com ; plage d'Agios Petros ; plats 7-13 € ; 9h-23h)

Taverna Mouries
Voir p. 552 (22220 93555 ; Flea ; plats 8-12 € ; 12h-tard mai-oct)

EUBÉE

Érétrie antique
Voir p. 555 (Érétrie, Eubée ; 8h30-15h30 mer-lun)

Musée archéologique d'Érétrie
Voir p. 555 (22290 62206 ; odysseus.culture.gr ; Archaiou Theatrou et Isidos, Érétrie, Eubée ; tarif plein/réduit 2/1 € ; 8h30-15h30 mer-lun)

Musée archéologique de Karystos
Voir p. 557 (22240 29218 ; odysseus.culture.gr ; Kriezotou, Karystos, Eubée ; tarif plein/réduit 2/1 € ; 8h30-15h30 mer-lun)

Evia Adventure Tours
Voir p. 555 (22290 64312 ; www.eviatours.com ; Artemidos Amarisias 1, Érétrie, Eubée ; visite 2/3 vignobles 55/80 €, randonnée adulte/enfant 70/50 € ; 10h-17h lun-sam)

Port de Nea Artaki, Eubée (p. 554)

Diamanto Rooms
Voir p. 556 (22290 62214 ; diamanto-rooms.business.site ; Varvaki 2, Érétrie, Eubée)

Montofoli Estate
Voir p. 556 (22240 23951 ; www.montofoliwineestate.com ; Karystos, Eubée)

Mousiko Pandoxeio
Voir p. 556 (22280 51202 ; www.mousikopandoxeio.gr ; Steni, Eubée)

Cavo d'Oro
Voir p. 555 (22240 22326 ; Karystos, Eubée ; plats 7-11 € ; 10h-tard mer-lun avr-nov)

La Cubana
Voir p. 555 (22290 61665 ; lacubanarestaurant.wordpress.com ; Arheou Theatrou 44, Érétrie, Eubée ; plats 7-13 € ; 11h-minuit avr-oct, horaires restreints nov-mars)

Taverna Kissos
Voir p. 555 (22280 51226 ; tavernakissos.gr ; Steni, Eubée ; plats 8-14 € ; 12h-tard mai-sept, horaires réduits oct-avr)

Avantis Wine Estate
Voir p. 555 (22210 55350 ; www.avantisestate.gr ; Mytikas, Eubée ; visites et dégustations à partir de 8-20 € ; dégustations 10h-16h mer-ven, 11h-17h sam, 11h-16h dim, boutique tlj 10h-16h)

Lukas Winery
Voir p. 555 (22290 68222 ; lykoswines.gr ; Malakonta, Eubée ; visites 10-20 € ; 11h-16h lun-ven, 10h-17h sam-dim été, 10h-17h sam-dim hiver)

Montofoli Estate
Voir p. 555 (22240 23951 ; www.montofoliwineestate.com ; Karystos, Eubée ; visite guidées et dégustation de vins à partir de 8 € ; visites 10h-12h mer-jeu juil-sept ou sur rdv, visite guidée mer 11h)

Vriniotis Winery
Voir p. 555 (22260 32429 ; www.vriniotiswinery.gr ; Gialtra, Eubée ; visite 6 € ; 12h-15h et 18h-21h)

DENNIS VAN DE WATER/SHUTTERSTOCK ©

Ci-dessus : Zante (p. 592). Page de droite : Palaio Frourio (p. 568), ville de Corfou

ÎLES IONIENNES

LES ÎLES LES PLUS VERTES DE GRÈCE

De la ville de Corfou aux collines de Céphalonie, cet archipel situé à l'ouest de la Grèce continentale a tout pour séduire.

Avec leur climat plus frais que dans le reste du pays, leurs montagnes boisées et leurs innombrables oliviers et cyprès, les îles Ioniennes offrent une version plus légère et verdoyante de la Grèce, et toujours ce même goût de l'hospitalité, ces eaux transparentes et ces longs rubans de sable. Vénitiens, Français et Britanniques ont tous, au fil des siècles passés, contribué à façonner l'architecture, la culture ou la cuisine de l'archipel.

Chacune de ces îles qui ourlent le littoral occidental se distingue malgré tout par un paysage et une histoire qui lui sont propres. La ville de Corfou recèle des arcades à la parisienne, des allées vénitiennes et des douceurs d'inspiration italienne, tandis que, couvert de pins et d'oliviers, l'arrière-pays corfiote fait face aux côtes de l'Albanie. La petite île de Paxos aux ravissants villages italianisants, appréciés par les plaisanciers, ouvre la porte sur la merveilleuse Antipaxos, à découvrir lors d'une excursion. À Leucade, les plages baignées d'eau turquoise sont idéales pour s'essayer à la planche à voile.

Céphalonie séduit par sa singularité avec son relief vallonné et ses vignobles, ses villes modernes animées comme ses villages colorés. Un trajet en ferry plus loin, et voici la mélancolique Ithaque, la patrie d'Ulysse, qui conserve des terres sauvages et une dimension mythique.

Au sud, Zante est réputée pour ses grottes marines et ses eaux peuplées de tortues, alors qu'au sud-est, éloignée des autres îles Ioniennes, Cythère est propice aux randonnées hors des sentiers battus.

PRINCIPAUX SITES

CORFOU
Jolie ville au riche patrimoine p. 568

PAXOS ET ANTIPAXOS
Charmants ports ouverts à la plaisance p. 577

CÉPHALONIE
Montagnes, enclaves naturelles et villes captivantes p. 584

ZANTE
Grottes marines peuplées de tortues p. 592

CYTHÈRE
Hameaux et grandes randonnées p. 597

S'orienter

Éparpillées à l'ouest de l'Albanie et de la Grèce continentale – mis à part Cythère, située au sud-est du Péloponnèse –, les îles Ioniennes sont accessibles en haute saison par de courtes liaisons en bateaux.

AVION

Corfou, Céphalonie, Zante et Cythère possèdent un aéroport, desservi par des compagnies internationales et grecques. Aegean Air (fr.aegeanair.com), Olympic Air (www.olympicair.com) et Sky Express (www.skyexpress.gr) rallient notamment l'archipel.

Ville de Corfou, p. 568

Naviguez dans ce labyrinthe de ruelles pleines de vie, entre les deux forteresses. Vous y découvrirez des musées de premier plan, des églises et des restaurants, entre des édifices de l'époque vénitienne, française ou britannique.

Paxos et Antipaxos, p. 577

Passez d'un port de Paxos à l'autre, puis gagnez Antipaxos, plus petite et plus bucolique encore. Oubliez tout !

BATEAU

Certains ferrys internationaux partent de Corfou ou de Zante. Parmi les compagnies maritimes desservant l'archipel, citons Kamelia Lines (www.kamelialines.gr) entre Corfou et Paxos, West Ferry (westferry.gr), Ferries Ferries (www.levanteferries.com), Ionion Pelagos (www.ionionpelagos.com) ou Ventouris Ferries (ventourisferries.com). Hors saison, le service maritime est réduit et vous devrez repasser par le continent pour aller d'une île à l'autre. Voir p. 614 pour des informations générales.

SUR PLACE

La voiture est le mode de transport le plus rapide pour visiter les grandes îles comme Céphalonie. Les routes sont souvent escarpées et mal entretenues, et les lignes blanches sont à peine visibles – soyez prudent ! Les îles sont mal desservies par les bus, sauf à Corfou où le service des Green Buses (www.greenbuses.gr) est plus régulier. C'est une solution pour éviter le stress de la conduite, mais la patience est de mise pour déchiffrer les horaires de bus.

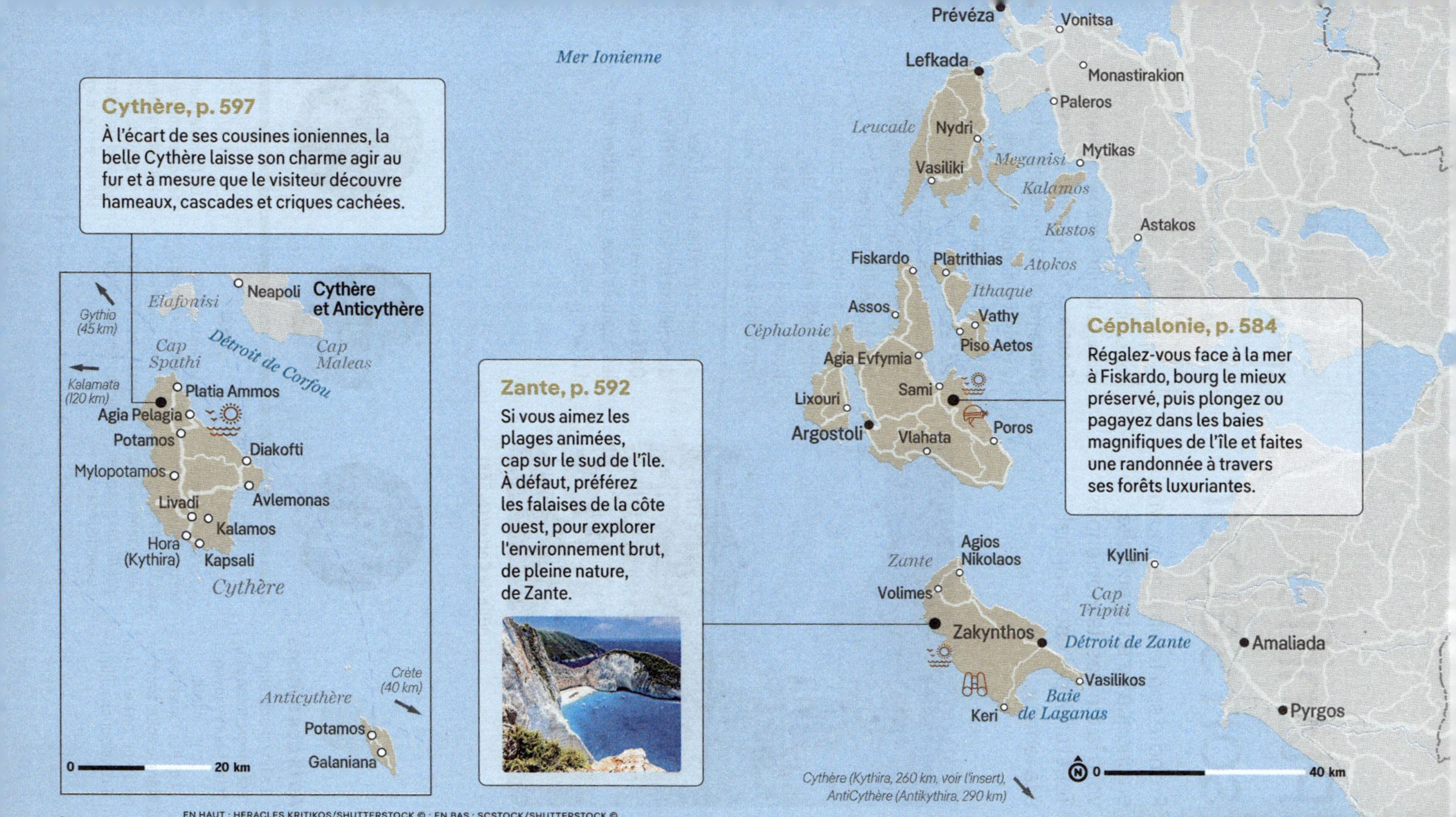

Cythère, p. 597

À l'écart de ses cousines ioniennes, la belle Cythère laisse son charme agir au fur et à mesure que le visiteur découvre hameaux, cascades et criques cachées.

Zante, p. 592

Si vous aimez les plages animées, cap sur le sud de l'île. À défaut, préférez les falaises de la côte ouest, pour explorer l'environnement brut, de pleine nature, de Zante.

Céphalonie, p. 584

Régalez-vous face à la mer à Fiskardo, bourg le mieux préservé, puis plongez ou pagayez dans les baies magnifiques de l'île et faites une randonnée à travers ses forêts luxuriantes.

Planifier son séjour

Prendre son temps, découvrir en chaque île sa spécificité, voilà la clé des îles Ioniennes. Tout l'archipel est un appel à la lenteur.

BALATE DORIN/SHUTTERSTOCK ©

Ville de Corfou (p. 568)

S'il ne fallait voir qu'une île

- Faute de temps, privilégiez la ville de **Corfou** (p. 568). Arpentez les rues pavées entre les deux forts qui encadrent la vieille ville et admirez les flots depuis le **Palaio Frourio** (p. 568) vénitien. La **Casa Parlante** (p. 568), musée d'Histoire vivante, vous replongera dans la vie commerçante corfiote au XIXe siècle, avant de déjeuner chez **Chrisomalis** (p. 570), non loin de là. Laissez-vous tenter par un bain face à la vieille forteresse, sur Falikari, la plage du centre-ville. Enfin jetez un œil aux boutiques de bijoux et aux herboristeries de la vieille ville.

- Prenez un verre au coucher du soleil sur la terrasse du **Mikro Café** (p. 570) et glissez-vous parmi les habitués sous les **arcades du Liston** (p. 568).

Au fil des saisons

La fin du printemps est encore tranquille et les fleurs sauvages sont partout. Les îles Ioniennes étant les plus fraîches de Grèce, on peut y fuir la chaleur en juillet.

MARS

Après une longue occupation vénitienne, pas étonnant que Corfou fête le carnaval avec des défilés masqués et des feux de joie.

AVRIL

À la Pâque (parfois en mars), des orchestres accompagnent les processions et l'on jette des pots en terre depuis les balcons.

MAI

Un tapis de fleurs sauvages couvre le relief, sublime décor et période pour randonner sur le littoral comme en montagne.

DE GAUCHE À DROITE : GIANNIS DIMITRAS/SHUTTERSTOCK ©, MELIDIS A/SHUTTERSTOCK ©, KLAUS BRAUNER/SHUTTERSTOCK ©

Si vous avez trois jours

- Après une journée à Corfou, embarquez tôt pour **Céphalonie** (p. 584), au sud. Passez quelques heures dans la cité au riche patrimoine de **Fiskardo** (p. 585), dont le port compte d'excellents restaurants. Roulez ensuite vers le sud pour une pause baignade sur la **plage de Myrtos** (p. 586), avant d'aller dîner dans la ville moderne d'**Argostoli** (p. 586).

- Le troisième jour, visitez le **musée d'Histoire et d'Art populaire Korgialenio** (p. 586) à Argostoli et déjeunez chez **Tzivras** (p. 586), adresse adorée des insulaires. L'après-midi, direction les collines pour admirer le panorama sur l'île, puis prenez un goûter au **Kastro Café** (p. 586).

Si vous avez une semaine ou plus

- Explorer plus longuement **Céphalonie** vous autorisera des randonnées à pied ou à cheval, des visites de grottes et monastères isolés. Sans compter le bon temps passé sur les plages de la **péninsule de Paliki** (p. 587). Voguez alors jusqu'au pays d'Ulysse, **Ithaque** (p. 589). Sautez ensuite d'île en île jusqu'à **Zante** (p. 592), où l'on peut éviter la foule et les grandes infrastructure balnéaires en allant de villages isolés en imposantes falaises de calcaire.

- Un peu plus de temps encore vous permettra d'envisager, via le sud du Péloponnèse, un embarquement pour **Cythère** (p. 597), ses maisons chaulées, ses villages charmants et ses gorges luxuriantes.

JUIN

Le 24 juin, Corfou célèbre la Saint-Jean. Mention spéciale à Mantouki où l'on doit enjamber les feux de joie.

JUILLET

La saison de ponte des tortues caouannes débute à Zante. Soyez attentif aux panneaux signalant les nids enterrés.

AOÛT

Au centre de Cythère, Mitata accueille un festival folklorique du vin, l'occasion de goûter aux grands crus grecs.

SEPTEMBRE

La foule de touristes se fait moins dense, mais la température de l'eau reste propice à la baignade.

VILLE DE CORFOU

Pour les infos pratiques, voir le Carnet d'adresses *p. 602.*

Pleine de grâce et d'élégance vénitienne, la ville de Corfou (ou Kerkyra) se situe au milieu de la côte est de l'île. Corfou signifie "pics", en référence aux deux collines qui flanquent la ville, chacune surmontée d'une forteresse construite pour résister aux sièges ottomans. Nichée entre les deux, la vieille ville, inscrite au Patrimoine de l'Unesco, est un labyrinthe de ruelles sinueuses, pour certaines bordées de restaurants chics, de bars animés et de boutiques. D'autres semblent hors du temps, avec un charme suranné. Ne manquez pas le Liston, une splendide promenade à arcades, ni les musées et les 39 églises corfiotes.

Le jour, les rues sont envahies de touristes de passage. Le soir, l'animation se concentre autour des bars. Difficile de trouver mieux dans l'archipel pour boire un verre, dîner et danser !

À SAVOIR

La vieille ville est le temple des emplettes, notamment de souvenirs le long de l'exiguë Filarmonikis, entre les deux grandes églises. On trouve de tout, des amulettes contre le "mauvais œil" et sculptures sur bois d'olivier aux châles en pashmina et aux parfums. La rue N Theotoki abrite des boutiques plus originales.

POURQUOI J'AIME LA VILLE DE CORFOU

Helena Smith, Autrice Lonely Planet *helenasmith.co.uk*

Les hirondelles dans le ciel à la nuit tombante, les herbes sauvages qui ondoient sur les vieux murs rosés des demeures vénitiennes, les concerts entraînants dans les tavernes bondées d'habitués, les baignades au pied d'une forteresse byzantine...

Cosmopolite et riche sur le plan culturel compte tenu de sa taille, la ville de Corfou me captive avec ses musées et ses galeries d'art, elle me régale avec ses plats d'inspiration italo-corfiote et me fait vibrer au rythme du rébétiko (blues grec).

À pied à travers le passé

PROMENADE À LA FRANÇAISE ET FORTERESSES VÉNITIENNES

Éclairées la nuit, les **arcades du Liston**, façon rue de Rivoli à Paris, font face au promontoire rocheux où se dresse la forteresse vénitienne construite au XIVe siècle, le **Palaio Frourio**, de l'autre côté des pelouses de la **Spianada**, l'une des principales places de la ville. Là se trouvait la ville byzantine, ceinte dans ses murailles. Un pont enjambe la douve remplie d'eau de mer. Vous pouvez ensuite accéder au **phare** sur la plus grande des collines et admirer la vue. Un petit bâtiment abrite une collection d'art byzantin, tandis que l'**église Agios Georgios** se dresse sur une grande terrasse, au sud.

L'imposante nouvelle forteresse, **Neo Frourio**, n'est en fait pas beaucoup plus jeune que l'ancienne. Entourée d'une muraille massive et campée sur la petite colline tout à l'ouest de la vieille ville, elle date aussi de l'époque vénitienne. On y accède par l'escalier à l'extrémité ouest de Solomou, avant de traverser des murs d'enceinte par des passages humides. La vue est très belle vue depuis les remparts.

Entre les deux forteresses, une demeure de marchands de la rue N Theotoki, appelée **Casa Parlante**, a été convertie en musée de l'Histoire vivante de Corfou. Vous y découvrirez la vie quotidienne d'une famille de commerçants au milieu du XIXe siècle. L'enthousiasme des guides rend la visite plaisante et instructive et, pour rester dans l'ambiance, un verre de liqueur de rose est offert en fin de visite. Au sud du Palaio Frourio, le **Musée archéologique** conserve quelque 16 000 objets mis au jour à Corfou et autour. Le remarquable fronton à gorgone (590-570 av. J.-C.) provient du temple d'Artémis, sur la péninsule voisine de Kanoni.

À VOIR
1 Musée archéologique
2 Église Agios Spyridon
3 Église de la Panagia Antivouniotissa
4 Casa Parlante
5 Musée d'Art asiatique de Corfou
6 Faliraki
7 Liston
8 Galerie d'art municipale
9 Neo Frourio
10 Palais de Saint-Michel et Saint-Georges
11 Palaio Frourio

Civilisations et religions

BELLES GALERIES ET RICHES ÉGLISES

Avec ses bronzes préhistoriques et ses objets en onyx et en ivoire, l'excellent **musée d'Art asiatique de Corfou** occupe la partie centrale du **palais de Saint-Michel et de Saint-Georges**, beau palais néoclassique à l'extrémité nord de la Spianada. Demeure des gouverneurs britanniques, il devint le siège du Sénat ionien, puis la résidence d'été de

OÙ SE LOGER DANS LA VILLE DE CORFOU

Puppet Guest House
Grandes chambres lumineuses au-dessus d'un bar décoré de marionnettes. Très bon petit-déjeuner. **€€**

Locandiera Guest House
Tout près de la Spianada, pension confortable aux escaliers ornés de bois flotté. Excellent petit-déjeuner. **€€**

Bella Venezia
Villa néoclassique dans une rue calme du centre-ville. Belles chambres hautes sous plafond. Petit-déjeuner dans le jardin. **€€**

BONNES TABLES DE LA VILLE DE CORFOU

To Tsipouradiko
Délicieux mezze servis sous le feuillage de l'arbre vénérable de cette honorable demeure. €

Pane & Souvlaki
Les habitants ne tarissent pas d'éloges sur cette table économique ouverte sur la place de l'hôtel de ville. €

Chrisomalis
Une chaleureuse petite taverne traditionnelle, à la situation idéale pour observer le va-et-vient urbain. €

Venetian Well
Une cuisine contemporaine inventive dans un lieu romantique à souhait (près d'un vrai puits vénitien). €€€

Oinos kai Geuseis
Sirotez un verre de vin dans ce bar à tapas grec. Parfait pour un apéro entre amis. €€

la famille royale grecque avant d'être transformé en musée. Une galerie présente des sculptures en jade et des flacons à priser. La section consacrée à l'Inde expose des figurines gréco-bouddhiques, dont un bouddha en schiste bleu-gris, soulignant le rôle joué par les campagnes d'Alexandre le Grand. La section japonaise présente une magnifique armure de samouraï et des masques de théâtre nô.

L'entrée de la **Galerie d'art municipale** se trouve sur le côté est du palais, après un ravissant jardin de sculptures. Vous y découvrirez de superbes icônes byzantines et de nombreux tableaux de peintres corfiotes, dont *Nuit à Corfou* (1913) à la lumière si particulière. Ne manquez pas les œuvres de Spyridon et Paul Prossalendis, père et fils, inspirés au XIXe siècle par la peinture italienne.

Coiffée d'un toit en bois, la ravissante **Panagia Antivouniotissa**, à la fois église et musée, abrite une collection d'icônes et d'objets byzantins et d'époques postérieures. Elle se situe en haut d'un large escalier partant d'Arseniou, sur le front de mer, et offre une vue au loin sur l'île boisée de Vido.

Dans la vieille ville, pèlerins et touristes se bousculent dans la petite **église d'Agios Spyridon** (XVIe siècle), où sont conservées les reliques du saint patron de Corfou, Spyridon, berger chypriote du IVe siècle. Rapportées de Constantinople en 1453, elles reposent dans une châsse en argent finement décorée et sont portées en procession à travers la ville les jours de célébrations religieuses. Remarquez aussi les superbes fresques.

Dans l'eau, à pied, à cheval ou en bateau

ACTIVITÉS À CORFOU ET ALENTOUR

Pour une baignade face au Palaio Frourio perché sur la hauteur, **Falikari** est de loin le meilleur choix, à l'abri du promontoire, juste au nord. On y accède par le passage voûté d'une porte vénitienne du XVIe siècle. Après le bain, poussez la porte d'En Plo, taverne traditionnelle, ou de l'Imabari Bar, plus branché.

Corfu Walking Tours propose des excursions à pied avec des guides de qualité dans la vieille ville, mais aussi dans les terres, pour goûter la gastronomie et les vins de la région. Partez à la découverte de la faune et la flore de l'île avec les guides de **Corfu Walks & Hikes**, qui vous mèneront jusqu'au sommet du mont Pantokrator. **Trailriders** organise des randonnées à cheval à travers les oliveraies, autour du village d'Ano Korakiana, à 18 km au nord-ouest de la ville de Corfou.

Toutes les heures, des bateaux assurent la traversée (10 minutes) entre le vieux port et la minuscule **île de Vido**, juste en face. Plusieurs milliers de soldats serbes tués pendant la Seconde Guerre mondiale reposent sur cette île boisée et

OÙ PRENDRE UN VERRE DANS LA VILLE DE CORFOU

Mikro Café
Il n'est guère meilleur endroit dans la vieille ville que le "petit café" pour boire un verre à l'ombre de la vigne.

Firi Firi – The Beer House
Bières locales et importées à siroter en terrasse, au pied de l'escalier menant au Neo Frourio.

Berdes
Simple et animé, un rendez-vous estudiantin, où les musiciens jouent parfois autour d'une simple table.

SIMONE CRESPIATICO/SHUTTERSTOCK ©

Fronton du temple d'Artémis, Musée archéologique (p. 568)

un monument leur rend hommage. Une taverne se trouve sur la jetée, mais le principal point d'intérêt est la promenade de 600 m à travers l'île, qui rejoint deux jolies plages. **Ionian Cruises** assure des croisières de jour au départ du nouveau port jusqu'aux îles de Sivota, au sud de Paxos et d'Antipaxos, ou même vers l'Albanie. **Sarris Cruises** rallie les ruines albanaises de Butrint, classées au Patrimoine mondial.

La Corfou des monarques

PALAIS PRINCIERS

À 2 km au sud de la vieille ville, de l'autre côté de la baie, se trouvait **Palaeopolis**, la plus importante colonie antique de l'île. C'est à cet emplacement que se trouve le domaine boisé **Mon Repos**, où naquit Philippe de Grèce devenu Philip Mountbatten (1921-2021), l'époux de feu la reine Élisabeth II (1926-2022). La villa néoclassique héberge aujourd'hui le **musée de Palaeopolis**. Des sentiers à travers bois mènent à des ruines antiques, dont un temple dorique au sommet d'une petite falaise côtière. Mon Repos est à environ 30 minutes de marche du centre-ville et il est aussi desservi par le bus 2a partant toutes les 20 minutes de la Spianada. Prévoyez beaucoup d'eau et de quoi pique-niquer.

TRAVAUX D'ARTISANS À CORFOU

Rolando's
Des bagues délicates en forme d'ailes et des boucles d'oreilles contre le "mauvais œil".

Sweet'n'Spicy Bahar
Une Gréco-Canado-Libanaise pleine d'entrain concocte mélanges d'épices et de condiments.

Icon Gallery
Étonnantes icônes faites par une coopérative d'artistes.

Papagiorgis
Irrésistible pâtisserie à l'ancienne qui propose 40 parfums de glaces, des tartes, des friandises au kumquat et du miel.

Corfu Gallery
Superbes sculptures, peintures et objets d'art. Prix élevés, mais rien n'empêche de jeter un coup d'œil.

LES DURRELL

Aux murs de la taverne Chrisomalis : des photos de la famille Durrell, qui a séjourné à Corfou des années durant. Voir p. 574.

OÙ MANGER VÉGAN DANS LA VILLE DE CORFOU

Bizou Vegan Cafe & Antiques
Un café plein d'antiquités (piano compris pour les concerts) où l'on sert de délicieux plats végétaliens. **€**

Rosy's Bakery
De sublimes douceurs signées Rosy : des pâtisseries sans gluten et sans produits laitiers. Goûtez le baklava. **€**

Aubergine
Une table simple à la terrasse romantique et à la bonne cuisine végane. La glace au kumquat ? Un délice. **€€**

AU FIL DES SIÈCLES

Depuis le VIIIe siècle av. J.-C., l'île que les Grecs appellent Kerkyra est appréciée pour sa beauté et son emplacement stratégique, au carrefour de nombreux axes méditerranéens. Les armées antiques se sont battues pour elle. À la fin du IIIe siècle avant notre ère, l'archipel était sous le contrôle des Romains : Antoine et Cléopâtre dînèrent à Paxos la veille de la bataille d'Actium (31 av. J.-C.) et l'empereur Néron fit un séjour à Corfou. Les îles passèrent ensuite aux mains de l'Empire byzantin, de la Sérénissime, puis des Français sous le Directoire (1797), de la Russie (1799-1807), puis de Napoléon Ier. En 1815, les îles devinrent un protectorat britannique jusqu'en 1864, année de leur retour, enfin, dans le giron grec. Corfou devint un grand centre d'enseignement de la Grèce moderne. Les Corfiotes restent fiers de leurs racines.

HAVOC/SHUTTERSTOCK ©

Palais de l'Achilleion

Perché sur une colline côtière escarpée, à 12 km au sud de la ville de Corfou, le **palais de l'Achilleion** de style pompéien fut construit dans les années 1890 à la demande de l'impératrice Élisabeth d'Autriche (Sissi), passionnée d'hellénisme et décidée, après des années de voyage en Grèce, à réaliser ici un hommage au héros de *L'Odyssée*, Achille. Les deux pièces maîtresses du palais sont l'escalier central finement décoré et ses volées de marches géométriques, ainsi que le grand jardin en terrasses, qui offre de superbes panoramas. Étonnamment, il n'y a pas grand-chose à voir à l'intérieur, à part des souvenirs laissés par Sissi, assassinée à Genève en 1898, et par l'empereur Guillaume II d'Allemagne, qui a racheté le palais en 1907 et ajouté la statue d'Achille victorieux.

MIGRATIONS EN GRÈCE

C'est à Corfou qu'Ulysse, épuisé, a échoué au terme d'un long périple à son retour de la guerre de Troie. Depuis, Corfou n'a cessé d'assister au débarquement de migrants. Reportez-vous aussi p. 638 pour la situation actuelle.

COMMENT S'Y RENDRE ET CIRCULER

L'aéroport de Corfou (www.corfu-airport.com) se situe à l'extrémité sud-ouest de la ville. Il est desservi par des compagnies low cost (www.easyjet.com, www.transavia.com) en saison au départ de la France et d'autres pays de l'UE.

Côté liaisons maritimes, Corfou est reliée à Igouménitsa (1 heure 15 de trajet), à Paxos (Gaïos ; hydroglisseurs). Kamelia Lines (www.kamelialines.gr) rejoint Paxos depuis Corfou (port de Lefkimmi).

Très compacte et majoritairement piétonne, la vieille ville de Corfou se visite aisément à pied. La ville même se trouve au centre d'un réseau de bus efficace ; vous pouvez aller pratiquement n'importe où sur l'île depuis la gare routière longue distance Greenbuses, qui se trouve à 15 minutes de marche du centre. Les bus bleus locaux partent de la gare routière de la vieille ville (www.astikoktelkerkyras.gr ; Plateia G Theotoki).

Ailleurs sur Corfou

Du sommet du mont Pantokrator aux plages immaculées autour de Paleokastritsa, l'île recèle des sites à la biodiversité préservée.

Ultime étape d'Ulysse avant son retour à Ithaque, Corfou incarne depuis l'Antiquité la beauté (celle de la princesse Nausicaa) et le repos (celui d'Ulysse échoué sur ses rivages après son naufrage). Une terre idyllique où de nombreux visiteurs viennent aujourd'hui se ressourcer. Une Corfou plus secrète subsiste pourtant. Dépassez le promontoire, à pied ou sur l'eau, enfoncez-vous dans les terres… et tout un monde s'offre à vous – collines plantées de cyprès, villages perchés, anses sablonneuses, sans oublier de gourmands produits du terroir.

Depuis le VIIIe siècle avant notre ère, la Corcyre antique est convoitée pour sa position stratégique. Les cités grecques se sont battues pour elle, avant qu'elle ne devienne la première université de la Grèce moderne. Un héritage intellectuel et artistique dont les Corfiotes restent très fiers.

Pour les infos pratiques, voir le Carnet d'adresses p. 603.

À SAVOIR

Repérez les tavernes où se retrouvent les gens des hameaux de l'intérieur des terres, comme Pelekas. Ou encore celles avec vue, le long de la grande route entre Lakones et Krini.

Vue depuis le mont Pantokrator (p. 574)

LES FRÈRES DURRELL

Écrivains (chacun dans leur domaine), les frères Gerald et Lawrence Durrell ont vécu jeunes à Corfou les quatre ans qui ont précédé la Seconde Guerre mondiale. Gerald, futur éminent naturaliste, a raconté les aventures excentriques et idylliques de sa famille sur l'île dans sa "Trilogie de Corfou", le plus connu des trois volumes étant *Ma famille et autres animaux*.

Les trois maisons habitées par les Durrell se trouvent toutes au nord de la ville de Corfou, mais ne sont pas ouvertes aux visiteurs. En revanche, on peut déjeuner à White House, la maison de Kalami où Lawrence vivait avec son épouse Nancy lorsqu'il a écrit *L'Île de Prospero*, devenue un charmant restaurant.

La série à succès *La Folle Aventure des Durrell* (2016) a été principalement tournée à Danilia, un village à l'abandon qui a été restauré et auquel ont accès les clients du somptueux Grecotel Corfu Imperial, à la pointe de la péninsule.

Hauteurs isolées et balades côtières

ESCAPADE À LA POINTE SEPTENTRIONALE DE CORFOU

En remontant vers l'extrême nord de l'île, vous découvrirez la Corfou d'avant l'affluence touristique. La route côtière commence à serpenter autour du massif formé par le plus haut sommet de l'île, le **mont Pantokrator** (906 m), et le paysage gagne en beauté avec les oliveraies qui descendent jusqu'à des criques cachées. La plupart des anses qui ponctuent la côte abritent un charmant village ou, au moins, une taverne. Sur la côte septentrionale, le **musée d'Art populaire d'Aharavi**, joyeux bric-à-brac où pressoirs à olives, accordéons et marionnettes se côtoient, dévoile quelques traditions corfiotes.

À l'intérieur des terres, rejoignez le village isolé de **Palea Perithia**. Encore récemment, les maisons en pierre délabrées étaient presque à l'abandon, mais le télétravail a changé la donne : plusieurs bâtiments ont été reconstruits et le village réunit de sympathiques adresses. Fondée il y a un demi-siècle et toujours tenue en famille, l'**Old Perithia Taverna** sert une délicieuse cuisine. Engagez-vous ensuite, bien chaussé, sur l'un des nombreux chemins de campagne et sentiers de randonnée partant du village.

Sur le littoral oriental, un sentier côtier balisé (6,5 km ; 1 heure 30) vous mène du petit port d'Agios Stefanos à la longue **plage d'Avlaki**, rendez-vous des véliplanchistes et site parfait pour profiter des joies de la mer. Prévoyez un pique-nique pour l'arrivée.

Rivages odysséens

À L'OUEST DE L'ÎLE : PALEOKASTRITSA

Le secteur balnéaire de **Paleokastritsa**, à 23 km au nord-ouest de la ville de Corfou, s'étire sur près de 3 km le long d'une série de petites criques, au pied de montagnes escarpées, couvertes de cyprès et d'oliviers. Tout au bout se trouve la ravissante petite plage où Ulysse, épuisé, se serait échoué. Des excursions en mer partent de la jetée, notamment pour explorer les grottes voisines avec **Paradise Sunset**.

Perché sur un promontoire rocheux, parmi de splendides jardins et à 10 minutes de marche facile depuis la plage, le **Moni Theotokou** (XIIIe siècle) renferme un petit musée et une boutique d'huiles et d'herbes. En partant vers l'ouest de Paleokastritsa, un chemin sinueux, en altitude, à parcourir à pied ou en voiture, relie les villages préservés de **Lakonès** et de **Krini**. Un sentier secondaire qui part vers l'ouest depuis Krini se termine sur un imposant rocher escarpé qui domine les

OÙ SE LOGER ET SE RESTAURER DANS LE NORD DE CORFOU

Manessis Apartments
À Kassiopi, bougainvillées et balcons sur mer agrémentent ces deux pièces aux délicieux propriétaires gréco-irlandais. **€€**

Melina Bay Hotel
Hôtel flambant neuf, au pied du château de Kassiopi avec vue royale sur le front de mer. **€€**

White House
Pour manger dans les murs qui furent ceux de Lawrence Durrell : entrées grecques et plats italiens. **€€**

ANDREW MAYOVSKYY/SHUTTERSTOCK ©

Pelekas

vagues ; un large escalier en pierre monte jusqu'à l'imprenable forteresse byzantine d'**Angelokastro**, aux remparts quasi intacts, mais les fleurs sauvages ont investi tout l'intérieur. Retournez-vous vers Paleokastritsa : la vue est inoubliable. La côte s'aplanit vers le nord, du côté des paisibles stations balnéaires d'**Agios Georgios** et d'**Arillas**, qui possèdent l'une comme l'autre de longues plages.

Littoral et vignobles dans les terres

DE PLAGE EN PLAGE, AU SUD DE PALEOKASTRITSA

Au sud de Paleokastritsa, la plage de galets d'**Ermones** est très construite mais garde un certain charme. À 6 km au sud-est, le petit bourg assoupi de **Pelekas** décline ses bâtiments crème au sommet de falaises boisées. La **Kalimera Bakery** y vend des pâtisseries tout juste sorties du four et **Witch House**, la boutique verte en face, propose des souvenirs originaux. L'empereur Guillaume II ayant escaladé à cheval le pic qui surplombe le village pour avoir une vue dégagée sur l'île, l'endroit porte désormais le nom de **Trône du Kaiser**.

De Pelekas, il est aisé d'aller paresser sur le sable de **Kontogialos** et de **Glyfada**, toutes deux devenues de réelles

CORFOU POUR LES MÉLOMANES

Alkinoos Papagianellis étudie la direction d'orchestre à l'Université ionienne.

Corfu International Festival
Musique baroque, opéra, chansons d'amour, dance et électro composent le programme de ce festival créé en 2022.

Académie ionienne
Des concerts de qualité, dont de la musique classique contemporaine.

Polytechno
Des étudiants se produisent chaque semaine dans la ville de Corfou. Jazz et musique expérimentale.

Église Agios Georgios, Palaio Frourio
Cette église désacralisée, à la bonne acoustique, accueille des concerts.

Tavernes
Des musiciens talentueux jouent dans les tavernes, mais souvent à une heure tardive.

OÙ SE RESTAURER DANS L'OUEST DE CORFOU

Boulis Taverna
À Lakones, taverne familiale où savourer un loup grillé à la perfection, de surcroît avec vue. €€

Elia Restaurant
Au-dessus du sentier menant à la plage de Myrtiotissa, taverne irrésistible aux succulentes spécialités corfiotes. €

To Stavrodromi
À l'est de Pelekas, où dîner (uniquement). Savoureux *kontosouvli* (porc à la broche avec paprika et oignons). €

DORMIR À L'OUEST DE CORFOU

Sunrock
Dortoirs et chambres doubles à 30 m de la plage de Kontogialos (Pelekas). Balcon, bar et délicieux repas. €

Hotel Zefiros
À deux pas de la jolie plage de Paleokastritsa, chambres lumineuses, avec balcon. €€

Rolling Stone
Ambiance bohème et paradis des *backpackers* à 2 minutes de la plage de Pelekas. €€

Kallisto Resort
Une vue sur mer royale, deux piscines scintillantes et des appartements d'allure princière. €€€

Levant Hotel
Chambres bleu pastel, parquets et balcons... un petit air de campagne. €€

LUMAXX/SHUTTERSTOCK ©

Site du château de Gardiki

stations balnéaires, avec grands hôtels et logements divers. Plus à l'est, la **plage de Myrtiotissa**, jugée comme la plus belle au monde par Lawrence Durrell, est devenue largement naturiste. Son accès peu aisé, par une route en descente abrupte, la préserve de la forte affluence.

Quelque 5 km à l'est de Pelekas, le vaste **domaine viticole d'Ambelonas** vend une production réputée de vin, de vinaigre, d'huile d'olive et de friandises.

En suivant le littoral vers le sud, la **station balnéaire d'Agios Gordios** déroule au pied de sa colline verdoyante une longue plage de sable et de galets capable d'accueillir les foules. Encore 12 km vers le sud et vous verrez se dresser au bord de la grand-route les ruines du **château byzantin de Gardiki**. Dès lors, on atteint le vaste **lac Korission**, où nichent nombre d'oiseaux. L'étroite langue de terre qui le sépare de la mer Ionienne est bordée d'une longue plage de sable souvent venteuse, **Halikounas**.

COMMENT CIRCULER

Pour savoir comment arriver sur Corfou, voir p. 564. Les Green Buses (greenbuses.gr) assurent des liaisons régulières au départ de la gare routière longue distance (ville nouvelle). Ils vont jusqu'à Kassiopi en suivant la côte nord-ouest ou directement jusqu'à Roda et les complexes hôteliers voisins, sur la côte nord.

Au sud, les Green Buses (voir p. 564) proposent une bonne liaison entre Corfou ville et Paleokastritsa ou Agios Gordios. Toutefois, une voiture est indispensable pour explorer la région plus à fond et rejoindre les plages ou les sites les plus éloignés.

PAXOS ET ANTIPAXOS

Paxos a beau ne mesurer que 13 km de long, elle déploie une belle énergie. Peu touchée par le tourisme de masse (faute d'aéroport), l'île concentre ses activités dans trois charmants ports de la côte orientale : Lakka, Loggos et Gaïos. Chacun a son lot d'hôtels sympathiques, d'appartements à louer et de tavernes en bord de mer, ainsi que ses fidèles admirateurs.

Vous pouvez rejoindre l'île, plus isolée encore, d'Antipaxos depuis Gaïos. Les trois villages sont de bonnes bases pour explorer les collines et les oliveraies centenaires dans les terres, ainsi que les paysages sauvages de la côte occidentale. Des criques préservées sont accessibles en bateau à moteur, tandis que les anciens sentiers muletiers mènent à des falaises calcaires plongeant à pic dans la mer azur. De belles randonnées rejoignent l'imposante arche de Tripitos, au sud, et la belle plage d'Erimitis, à l'ouest.

Pour les infos pratiques, voir le Carnet d'adresses p. 604.

À SAVOIR

Peut-être est-ce à Lakka que se trouve le summum de l'hôtellerie ionienne... Torri E Merli est un petit bijou pour privilégiés (7 suites) caché au cœur d'un domaine créé en 1750, et dont l'architecture visait à impressionner les pirates. Épais murs vénitiens et décoration contemporaine s'y marient à merveille.

DORMIR ET MANGER À GAÏOS

Paxos Beach Hotel
Géré en famille, un hôtel avec plage privée, jetée, piscine, court de tennis et restaurant. À 1,5 km à pied du centre. €€

Water Planet Rooms
Des chambres décorées dans un style marin. Le petit-déjeuner est tout à fait copieux. €€

Theklis-Clara Studios
La charmante Thekli, qui pratique la plongée en apnée, loue 4 jolis studios rétro-chics avec vue sur mer. €€

Carnayo
La meilleure table de Paxos se distingue dès les entrées : un assortiment qui vaut le détour à lui seul. €€

Vasilis
La taverne grecque par excellence : murs blancs chaulés, chaises bleues, cuisine maison et service chaleureux. €€

HERACLES KRITIKOS/SHUTTERSTOCK ©

Loggos

Balades sur les quais et traversées

DU PORT DE GAÏOS, SUR PAXOS, À LA DOUCEUR D'ANTIPAXOS

Niché dans une courbe douce le long d'un étroit chenal ressemblant à un fjord, **Gaïos** est baigné d'une eau bleu canard, face à l'îlot boisé d'**Agios Nikolaos**. On ne peut trouver village portuaire plus paisible. Des villas néoclassiques aux tons rose et crème bordent le front de mer, la plupart abritant un café ou une taverne, tandis que les bateaux de plaisance et d'excursion attendent leur heure à quai.

La ravissante petite île d'**Antipaxos** ne compte que quelques habitants. C'est une destination privilégiée pour les excursions à la journée depuis Paxos, à 2 km au nord, et depuis Corfou. Rares sont ceux qui y passent la nuit, mais chaque jour d'été, les bateaux prennent d'assaut les deux superbes plages dans les criques près de la pointe nord. Sablonneuse, la **plage de Vrika** est la plus proche de Paxos ; plus méridionale, la **plage de Voutoumi**, toute de galets, est plus longue. Leurs eaux claires et le littoral boisé les classent parmi les plus belles des îles Ioniennes. Toutes deux sont agrémentées de tavernes.

Depuis les deux plages et le port de l'île, quasi inactif, à 600 m au sud de Voutoumi, des sentiers grimpent vers la crête

OÙ SE LOGER ET SE RESTAURER SUR PAXOS

Yorgos Studios
Impeccables, confortables et colorés, des studios aménagés pour deux. À Lakka. €€

Vassilis
Les cuisiniers de ce restaurant, installé dans une maison sur le port, sont les plus créatifs de Loggos. €€

To Paxoimadi
À Lakka. Petite taverne sur le front de mer aux plats originaux. Mention spéciale aux chips de courgettes. €€

centrale d'Antipaxos, où le "village" de **Vigla** ne compte que quelques maisons disséminées. Marchez quelques minutes de plus et vous atteindrez la **côte occidentale**, plus sauvage et sans plage. Vous pouvez aussi viser le phare, à l'extrême sud de l'île. Comptez environ 1 heure 30 pour le trajet aller, et prévoyez beaucoup d'eau. De juin à septembre, des bateaux pour Antipaxos partent généralement de Gaïos à 10h, et reviennent vers 16h30 (trajets plus nombreux en juillet-août). Des agences corfiotes assurent également des excursions à la journée vers Antipaxos.

Baignade et plongée

SOUS LE CHARME DE LOGGOS ET DE LAKKA À PAXOS

Encadré de falaises blanches et des vestiges d'une fabrique d'huile d'olive, avec ses jolies maisons vénitiennes blotties autour d'une petite baie à l'eau cristalline, **Loggos**, à 6 km au nord-ouest de Gaïos, enchante par sa beauté – c'est sans doute le site le plus agréable de Paxos. Bars et restaurants donnent sur les flots, dos aux versants boisés escarpés. Au sud, les **plages de galets** bordées d'oliveraies sont idéales pour nager en paix et faire une session **snorkeling** à prix raisonnable.

À 4 km au nord de Loggos, à l'extrémité de l'île, laissez-vous gagner par l'atmosphère languide et détendue de **Lakka**, à l'image des yachts amarrés au port et bercés par les vagues. Suivez le rythme et flânez tranquillement. Sur le quai, une douce musique et d'alléchants effluves vous attireront dans les tavernes. Plus à l'ouest, vous trouverez la **plage de sable d'Harami**, et un phare en haut d'un promontoire.

Avec son eau claire et ses fonds marins variés, Paxos est aussi un site de choix pour la **plongée** (voir ci-contre).

GROTTES BLEUES

Il existe plusieurs grottes maritimes dans l'archipel, en particulier près de Corfou ou de Zante, les Grottes bleues. Elles sont accessibles en bateau et des agences proposent des excursions ou des sorties plongée pour les explorer.

ACTIVITÉS NAUTIQUES À PAXOS

Water Planet
Plongée près du rivage et sorties en mer dans les eaux bleu-vert autour de Paxos et d'Antipaxos.

Paxos Oasi Sub
À Lakka, des initiations à la plongée, des safaris en snorkeling comme des cours PADI open-water dispensés par ce centre.

Paxos Adventures
Sorties en kayak au sud de Paxos avec baignade dans une grotte. L'agence est sensible aux questions environnementales.

Yacht Academy Corfu
Embarquez sur le yacht du capitaine Konrad, direction Antipaxos. Au programme : baignade, snorkeling et initiation aux règles de navigation.

COMMENT S'Y RENDRE ET CIRCULER

Des hydroglisseurs de passagers *Ilida* relient Gaïos, le port de ferrys de Paxos, avec la ville de Corfou, et parfois Igouménitsa.

Une liaison plus lente mais moins chère avec la ville de Corfou (1 heure 30 ; avr-oct) est proposée par la compagnie Kamelia Lines (www.kamelialines.gr), tandis que des car-ferrys relient Paxos à Igouménitsa (1 à 3/jour, avr-oct).

Des bateaux-taxis rapides sont disponibles à la demande et, en été, à partir de juin, des bateaux d'excursion partent de Gaïos pour Antipaxos.

Des bus circulent deux fois par jour entre Gaïos et Lakka, via Loggos (sauf le dimanche). Ils ne sont pas pratiques pour une excursion à la journée. La course en taxi (stationnement près du parking) est facturée environ 15 € pour le trajet Gaïos-Lakka ou Gaïos-Loggos. Pour une location d'auto (alfacarhirepaxos.com) à la journée, prévoyez 35 € en haute saison.

Beaucoup d'agences louent de petits bateaux (50 à 100 €/jour, selon la taille).

LEUCADE

Cette presqu'île, située au sud de Paxos mais plus proche de Céphalonie, offre un terrain de jeux magnifique pour les amateurs de randonnée et de sports nautiques. Sa capitale, Lefkada, pleine d'animation, mérite un court séjour.

Bien que reliée au continent par une étroite chaussée – ce qui en fait l'une des rares îles grecques accessibles en voiture –, Leucade reste étonnamment préservée du tourisme. L'atmosphère détendue de la ville de Lefkada invite à rester un jour ou deux. Les collines dans les terres cachent des villages figés dans le temps et des oliveraies préservées. Sauvage, la côte ouest est couverte de magnifiques plages, certaines malheureusement touchées par les séismes passés, tandis que la côte orientale concentre les stations touristiques très développées. Vers le sud, le vent soufflant sur les criques attire les kitesurfeurs et les véliplanchistes du monde entier.

Pour les infos pratiques, voir le Carnet d'adresses p. 604.

À SAVOIR

Puisque Leucade n'est pas une île à proprement parler, vous pouvez vous y rendre depuis Athènes par un bus KTEL (380 km, 5 heures environ).

VERVERIDIS VASILIS/SHUTTERSTOCK ©

Kitesurf, Leucade

Un tour en ville… et autour

CURIOSITÉS LEUCADIENNES

La capitale de Leucade est séparée du continent par une lagune salée. Les séismes de 1948 et de 1953 ayant dévasté son architecture vénitienne, **Lefkada** a été reconstruite dans un style parasismique intéressant. On dirait presque un port des Caraïbes, avec ses bâtiments en bois aux teintes pastel que vient couvrir aux étages supérieurs de la tôle ondulée peinte de couleurs vives. Il y règne une ambiance joyeuse et détendue. La grand-rue piétonne regroupe restaurants et boutiques, tandis que les cafés et les bars bordent la marina au sud.

À l'extrémité ouest du front de mer, l'excellent **Musée archéologique**, installé dans le centre culturel moderne, éclaire l'histoire ancienne de l'île. La pièce phare est un ensemble de figurines en terre cuite (VIe siècle av. J.-C.) qui représente un joueur de flûte, sans doute le dieu Pan, avec des nymphes.

Construite au XIVe siècle et agrandie par les Vénitiens, la **forteresse d'Agia Mavra** veille sur Lefkada au bout de la chaussée, à 1,4 km de la ville. Ses murs, couverts de lichen et entourés d'une douve d'eau salée, restent intacts mais l'intérieur est en ruine – il fut dévasté par une explosion en 1888. On peut y pénétrer et se balader parmi les fleurs sauvages.

BONNES ADRESSES À LEFKADA

Boschetto Hotel
Dans un bâtiment centenaire en bord de mer, un délicieux boutique-hôtel de 4 chambres spacieuses et joliment décorées, ainsi qu'une suite. €€

Pirofani
Familial, accueillant et on ne peut plus central dans la vieille ville, sur la grand-rue. €€

Thymari
Pour goûter une cuisine méditerranéenne moderne et sans pareille sur une grande terrasse fleurie : lasagnes "déstructurées" et autres plats inventifs. €€

Nissi
Autant apprécié des habitants que des voyageurs, cet excellent restaurant associe saveurs grecques et italiennes. €€

Gogos Gefsis
Dans la grand-rue piétonne, ce café-bar agréable a des allures d'épicerie à l'ancienne. €

OÙ SE LOGER ET SE RESTAURER À VASILIKI

Pension Holidays
Tout confort, tant pour les chambres joliment aménagées, que pour les appartements simples avec kitchenette. €€

Vasiliki Blue
Logements lumineux et impeccables, avec kitchenette, sur le versant de la colline, à quelques mètres du port. €€

Vagelaras
Au bout du port, une taverne centenaire, peinte en orange, qui sert d'excellents plats maison. €€

VIRÉE À MEGANISSI

Au sud-est de Leucade, l'**île de Meganissi** est aisément accessible en bateau depuis Nydri. Si les visiteurs y viennent plutôt pour la journée, les collines verdoyantes et boisées et les baies turquoise invitent à prendre son temps. Une fois débarqué du ferry à **Porto Spilia**, une route pentue ou des volées de marches grimpent jusqu'aux ruelles étroites et aux maisons couvertes de bougainvillées de **Spartohori**. La crique suivante, à l'est, abrite le charmant **Vathy**, deuxième port de l'île, 1 km en dessous du village de **Katomeri**.

Comptez sur 3 à 4 ferrys par jour (6 en haute saison entre Nydri, Porto Spilia et Vathy ; ferryboatmeganisi.gr/#meganisi). De Spartohori à Vathy, il circule des bus cinq à sept fois par jour (via Katomeri). Vous pouvez aussi venir avec votre véhicule.

BALATE DORIN/SHUTTERSTOCK ©

Agios Nikitas

Fondé en 1634 sur une colline à 3 km à l'ouest de la ville (en direction d'Agios Nikitas), le **Moni Faneromenis** fut détruit par un incendie en 1886, puis reconstruit. La vue sur la lagune et la ville justifie amplement la montée.

Le bon vent Éric

LE SPOT DE GLISSE DE LEUCADE

Si l'accueillant port de **Vasiliki**, avec sa plage de galets, est l'un des meilleurs endroits du pays pour s'initier à la planche à voile, c'est grâce à un vent chaud local, qui souffle seulement en été et que les véliplanchistes surnomment "Éric". Ce vent n'est en revanche pas des plus agréables pour bronzer sur la plage.

L'apprentissage de la planche à voile et d'autres sports nautiques est la spécialité du **Club Vasiliki**, tandis que le très sérieux **Nautilus Diving Club** prodigue des cours PADI open-water, organise des sorties plongée et snorkeling réputées, tout en louant des kayaks de mer.

Des caïques assurent la traversée jusqu'aux plages et criques des environs. La favorite des excursions d'un jour, c'est la sublime **plage d'Egremni** – contactez Samba Tours (page ci-contre), qui prend aussi en charge la location de vélos. Le long du quai, des agences de sports nautiques annoncent leurs prestations avec drapeaux et équipements ; certains proposent aussi l'hébergement.

OÙ SE LOGER ET SE RESTAURER DANS L'OUEST DE LEUCADE

Mira Resort
Maisonnettes douillettes et nettes avec vue panoramique sur la mer. Grande piscine et bar-café. **€€**

Cape of Lefkatas
À l'ombre du cèdre, on savoure de délicieux fruits de mer en compagnie des habitants d'Athani. **€**

T'Agnantio
Sous la tonnelle, vous voici dans la meilleure taverne d'Agios Nikitas, sise au calme en retrait de la plage. **€**

La côte orientale de Leucade est la partie la plus touristique de l'île. Pourtant, vers le sud, la jolie **plage de Poros** (ou Mikros Gialos) est préservée, tandis que le port abrité de **Syvota** garde une atmosphère détendue, avec yachts et bateaux de pêche, et ce même s'il n'y a pas de plage. C'est sans doute **Nydri** qui a connu le développement le plus important. Cet ancien village de pêcheurs est aujourd'hui envahi par les boutiques touristiques, sans même une plage correcte.

Côte ouest et intérieur des terres

PLAGES TOUTES BLANCHES, VILLAGES AU CALME

Couvertes d'oliviers, les pentes montagneuses plongent à pic sur le littoral occidental et ses éblouissantes plages de sable blanc. Les rares villages suspendus dans le paysage vertigineux ont conservé leurs traditions et leur rythme de vie paisible.

Seule station balnéaire de la côte ouest, le bourg d'**Agios Nikitas**, à 13 km au sud-ouest de Lefkada, est en revanche en pleine expansion. Bordée de tavernes, une petite rue débouche sur l'anse de sable blanc baignée d'une eau bleu-vert. Le sentier qui part de la taverne Poseidon mène de l'autre côté du promontoire où s'étire la large **plage de Mylos**. Bien plus au sud, passé le village d'**Athani**, où faire le plein d'huile d'olive, de miel et de vin, deux des plus célèbres plages de Leucade précèdent le cap Lefkatas : **Egremni** et **Porto Katsiki**, accessibles par de longs escaliers.

Le centre montagneux de l'île mérite votre attention : sommets verdoyants, pins, oliveraies, vignes et traditions villageoises définissent l'essence même de la vie leucadienne. Autour de sa jolie place centrale bordée de platanes et de tavernes, le hameau de **Karya** est réputé pour ses broderies depuis le début du XXe siècle, à admirer dans un petit musée d'art populaire. **Englouvi**, le plus haut village de l'île, est renommé pour sa production de miel mais aussi de lentilles. Il est possible de **randonner** dans les montagnes au centre de Leucade, mais vu le peu d'informations disponibles il faudra vous fier à votre flair le long des chemins de terre et des sentiers empruntés par les chèvres.

PASSION PLONGÉE

George Kiriakos, à la tête du club de plongée Nautilus Diving Club à Vasiliki depuis 20 ans. @ *nautilusdivinglefkada*

J'étais ado quand j'ai plongé pour la première fois et, depuis, je n'ai plus décroché. Il y a une vingtaine d'années, j'ai ouvert mon centre à Vasiliki. Autour de Leucade, les sites sont fabuleux avec leurs récifs, leurs parois rocheuses, des épaves, des grottes et des canyons sous-marins. Nous proposons aussi des sorties snorkeling dans des zones uniquement accessibles en bateau, comme la "grotte bleue" ou le tombant surnommé "le mur" qui donne l'impression de voler.

COMMENT S'Y RENDRE ET CIRCULER

Il est possible de venir en voiture depuis le continent. L'aéroport le plus proche de Leucade est situé près de Prévéza sur le continent, à 20 km au nord de l'île. Sky Express assure des vols entre Prévéza et Corfou (30 min), Céphalonie (30 min) et Zante (1 heure 30). Olympic Air relie Prévéza et Athènes.

Le site touristique Amazing Lefkada (amazinglefkada.com/lefkada-ferry/) fournit des informations à jour sur les trajets en bateau. Deux compagnies de ferrys proposent des liaisons entre Vasiliki et Céphalonie en haute saison : West Ferry (p. 564) jusqu'à Fiskardo (1 heure), tandis que Ionion Pelagos (p. 564) rejoint Sami via Piso Aetos à Ithaque (1 heure 45). Réservations auprès de Samba Tours (www.sambatours.gr). De juillet à mi-septembre, le ferry *Meganisi II* (ferryboatmeganisi.gr/en/homepage/) relie Nydri et le port d'Ithaque, Frikès (2 heures).

La gare routière KTEL (www.ktel-lefkadas.gr) de Lefkada, en face de la nouvelle marina à 1 km du centre, dessert notamment Athènes (5 heures 30, 5/jour). En saison, des bus fréquents circulent entre Lefkada et Agios Nikitas, Karya, Nydri, Vassiliki et Vlicho (service très réduit le dimanche).

Il est possible de louer voiture, scooter et vélo à Lefkada, Nydri et Vasiliki.

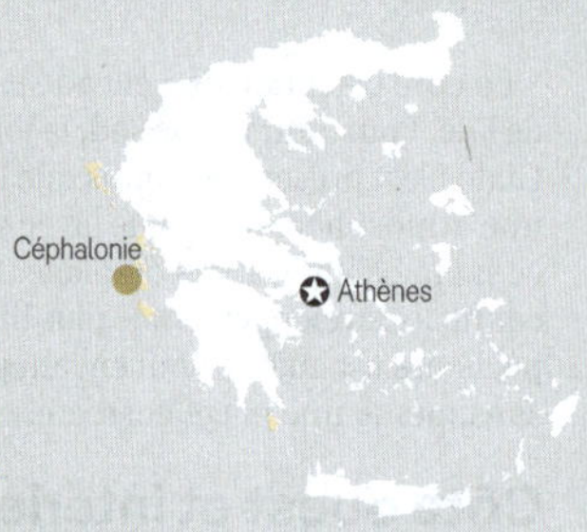

CÉPHALONIE

Le parfum des lauriers-roses et le tintement des cloches des chèvres a tôt fait de vous envoûter sur Céphalonie. On respire à pleins poumons sur la plus grande île de l'archipel, et probablement celle dont la faune et la flore sont les plus variées des îles Ioniennes. Et l'on perd vite toute notion du temps. Le littoral dentelé dissimule de jolies criques bordées de plages aux eaux claires, peuplées de bancs de poissons colorés. Malgré le séisme de 1953 qui a détruit nombre de bâtiments de style vénitien, quelques villages balnéaires à l'architecture italianisante ont été préservés, tels les ports de Fiskardo et d'Assos. La ville moderne d'Argostoli reste également agréable, et encore peu touristique.

Mais le vrai trésor de l'île est probablement son arrière-pays, montagneux et luxuriant, ponctué de prairies, de chênaies méditerranéennes, de vergers et de vignobles. Enfilez vos chaussures de marche et partez à l'aventure sur les sentiers empruntés par les chèvres.

Pour les infos pratiques, voir le Carnet d'adresses p. 605.

À SAVOIR

Pour rallier Athènes, il existe un bus (3/jour) partant de la gare routière KTEL d'Argostoli. Il traverse l'île pour embarquer sur le ferry au port de Poros à destination de Kyllini, puis longe la superbe côte nord du Péloponnèse. Le trajet dure 7 heures.

Assos (p. 586)

RAD RADU/SHUTTERSTOCK ©

À VOIR			ACTIVITÉS
1 Agia Evfymia	**3** Cephalonia Botanica	**7** Moni Agios Gerasimos	**11** Grotte de Drogarati
2 Kastro Agios Georgios	**4** Plage de Dafnoudi	**8** Plage de Myrtos	**12** Grotte de Melissani
	5 Karavomilos	**9** Plage de Petani	
	6 Makrys Gialos	**10** Platys Gialos	

Beauté vénitienne et plages de rêve

FISKARDO ET SES ENVIRONS

Tourné vers Ithaque (p. 589), le charmant port de **Fiskardo** enserre des eaux bleu corail. Ses villas vénitiennes, épargnées par les séismes car plantées sur un solide socle rocheux, en font l'une des stations balnéaires les plus huppées de l'île. Il n'y a pas de véritable quai ici : les ferrys arrivant de Leucade accostent à l'extrémité nord sans cérémonie, tandis que les yachts se bousculent dans le reste du port. Il y a foule en été,

OÙ SE RESTAURER À FISKARDO

Irida
On vendait ici le sel il y a deux siècles. On s'y régale aujourd'hui à l'intérieur comme en terrasse face à la mer. **€€€**

Tassia
La cheffe céphalonienne Tassia vous régale de tourtes, mezze et croquettes de courgette maison. **€€**

Boulangerie d'Ellie
Une odeur irrésistible saisit les narines dans cette vieille boulangerie, celle des traditionnels *spanakopita*. **€**

ASSOS ET LA PLAGE DE MYRTOS, DES SITES INOUBLIABLES

À quelque 20 km au sud de Fiskardo, sur la côte ouest, il fait bon vivre à **Assos**. Ses maisons italianisantes crème et ocre ourlent une crique protégée par une péninsule boisée. Le bain y est divin. On peut prolonger le plaisir d'un aller-retour (3,6 km) jusqu'à la forteresse perchée sur le promontoire, d'un repas dans ses bonnes tavernes, telles Molos et Platanos.

Cap ensuite vers la **plage de Myrtos**, l'une des plus époustouflantes de Grèce. Cette large étendue de galets blancs se trouve à 10 km au nord-est de l'isthme central de Céphalonie. On y accède par une route en lacet vertigineuse, longue de 3 km qui descend à partir de Divarata, depuis la route principale. La vue est sublime : le bleu électrique de l'eau contrastant avec le blanc de la plage.

et il règne dans le village une effervescence cosmopolite comme il n'en existe nulle part ailleurs sur l'île.

Pour la baignade, il y a une jolie plage de galets, à l'est, de l'autre côté du cap. Plus au nord, la sublime **plage de sable d'Emblissi** offre des places à l'ombre des oliviers, et au sud, la **baie de Foki** abrite une bonne taverne. Mais il faut plutôt quitter Fiskardo pour trouver les plus belles plages. À 5 km au nord-ouest, une secrète étendue de galets blancs, **Dafnoudi**, est entourée de falaises verdoyantes. Y aller à pied depuis Fiskardo rend le moment plus délicieux encore - suivez les sentiers balisés à travers bois et champs à l'abandon, vous atteindrez Dafnoudi en 45 minutes (3,5 km).

Les randonneurs trouveront, dans le parking au-dessus de la ville, un panneau indiquant trois courts sentiers balisés. Les amateurs de plongée se rapprocheront de **Fiskardo Divers** qui programme des sorties dédiées aux grottes et aux épaves.

Argostoli et ses environs

RUES ÉLÉGANTES, JARDIN, PLAGES, KASTRO ET MONASTÈRE

Autrefois réputée pour son élégante architecture vénitienne, réduite à néant par le séisme de 1953, Argostoli est aujourd'hui une ville tournée vers l'avenir. L'activité se concentre sur la ravissante Plateia Valianou, investie en été par les musiciens et les chanteurs de *kantades*. Au sud, Lithostroto, rue commerçante piétonnière, est bordée de boutiques et d'agréables cafés. Consacré aux arts et à la culture de Céphalonie, le beau **musée d'Histoire et d'Art populaire Korgialenio** expose des objets du quotidien, des vêtements et des œuvres artistiques qui ornaient les maisons dans le passé.

À 2 km au sud du centre d'Argostoli, le charmant jardin botanique **Cephalonia Botanica** présente, protège et étudie les plantes et les herbes insulaires. À 3 km au sud-ouest, les eaux turquoise de **Makrys Gialos** attirent foule en été, mais vous trouverez beaucoup d'ombre et une eau très claire sur la petite plage voisine, **Platys Gialos**.

Situé dans la vallée d'Omala, le **Moni Agios Gerasimos** se compose de jolis jardins, d'une grande église moderne et d'une chapelle, qui abrite la grotte où se retira au XVIe siècle l'ascète Gérasime de Céphalonie, devenu le saint patron des Céphaloniens. Les fresques tachées de suie témoignent de la ferveur tout comme l'air chargé d'encens.

Perché sur une colline pyramidale à 7 km au sud-est d'Argostoli, les vestiges du **Kastro Agios Georgios** (XVIe siècle) domine un panorama splendide au milieu de fleurs sauvages. À côté, les jardins du **Kastro Cafe** sont parfaits pour une pause rafraîchissante.

OÙ SE RESTAURER À ARGOSTOLI

Tzivras
Une adresse établie de longue date. Les habitués s'y régalent de plats copieux et bon marché, comme le veau aux gombos. €

Ladokolla
Restaurant de grillades animé et très fréquenté qui sert de délicieux *gyros* et sandwichs pitas. €

Taverna Patsouras
À deux pas du marché aux poissons, cette taverne sans chichis prépare des fruits de mer depuis 1963. €

PIOTR KRZESLAK/SHUTTERSTOCK ©

Grotte de Melissani (p. 588)

Une péninsule paradisiaque : Paliki

PALMARÈS DES PLAGES

Abritant la ville animée de **Lixouri**, au creux du golfe d'Argostoli côté est, cette péninsule forme une région peu explorée de falaises d'argile blanche, crème et rouge, de bourgs perchés, de vignobles verdoyants… et de plages magnifiques !

Couverte de sable et de galets blancs, **Petani**, au nord-ouest, est la plus séduisante – une merveille à l'échelle de la Grèce tout entière –, qui séduirait la plus blasée des sirènes. Malgré la foule en été, le site reste peu construit. En saison, dirigez-vous vers la pointe nord pour trouver un coin au calme. Au sud, **Xi**, couverte de sable rouge, est tout aussi charmante, et très appréciée en été.

Entre Petani et Kounopetra, à l'extrémité ouest, le **Moni Kipouria** surplombe des falaises, des vignobles et une mer azur.

Sami et ses environs

PORT DE CHARME, GROTTES MARINES, BAIGNADE ET SNORKELING

Principal port de Céphalonie, **Sami** est une ville joyeuse à 25 km au nord-est d'Argostoli, nichée dans une superbe baie flanquée de collines escarpées. Elle préside à l'entrée

LES GRANDS VINS CÉPHALONIENS

Céphalonie est réputée pour ses grands crus, notamment le *robola* (VQPRD, vin de qualité produit dans une région déterminée), un cépage unique qui aurait été introduit par les Vénitiens, mais aussi le *mavrodaphni* (AOC, appellation d'origine contrôlée) et le muscat (AOC).
Au cœur de la vallée verdoyante d'Omala, dans les hauteurs au sud-est d'Argostoli, la **Coopérative des producteurs de *robola*** de Céphalonie transforme les raisins de viticulteurs indépendants en un vin blanc sec aux arômes subtils. Des visites guidées intéressantes suivies d'une dégustation sont proposées sur place. Plus petit mais également réputé, le charmant **domaine Gentilini**, à 5 km au sud d'Argostoli en allant vers l'aéroport, produit de superbes vins, dont l'excellent *classico*. Visite et dégustation sont également proposées.

OÙ SE LOGER ET SE RESTAURER À SAMI ET DANS LES ENVIRONS

Odyssey Hotel
Complexe hôtelier luxueux à Agia Evfymia. Suites très confortables et balcons avec vue sur Ithaque. **€€€**

Paradise Beach
Une institution d'Agia Evfymia, cette taverne à la belle terrasse ombragée au-dessus d'une petite plage. **€€**

Eleni's Olive Garden
Une perle située dans une oliveraie, sur la route de Poros. Au menu, tourtes maison servies avec le sourire. **€**

LE SÉISME DE 1953

Au gré de vos trajets sur Céphalonie, vous traverserez sans doute des villages fantômes. Située à l'est d'une grande ligne de faille, l'île a été frappée en 1953 par un séisme d'une magnitude de 7,3 sur l'échelle de Richter : l'intensité fut telle que l'île s'est soulevée de 60 cm.

Seul le nord de Céphalonie a été épargné. Ailleurs, le séisme a endommagé ou détruit la quasi-totalité des édifices et causé la mort de 600 personnes. L'aide internationale a permis aux habitants de rebâtir peu à peu leurs villes et villages, mais beaucoup ont quitté l'île et Céphalonie en garde une âme meurtrie.

méridionale du détroit d'Ithaque, lequel sépare les deux îles. Ses nombreux cafés, des monastères, les ruines d'un château et plusieurs curiosités naturelles ajoutent à son attrait. Dans la même baie, plus au nord, **Karavomilos** et surtout le joli bourg portuaire d'**Agia Evfymia** offrent un cadre plus calme, de meilleures plages, et des criques idéales pour le snorkeling et pour la baignade. Seuls bémols : la route principale qui longe les plages et un vent violent par intermittence.

Il faut embarquer pour atteindre la **grotte de Melissani**, à 3 km à l'ouest de Sami, et voir cette eau entourée d'arbres et l'incroyable lumière au passage du soleil. Des merveilles naturelles révérées de longue date si l'on en croit les figurines de nymphes, d'époque hellénistique, retrouvées dans la cavité. Arrêt apprécié des circuits touristiques en bus, la **grotte de Drogarati** est une cavité naturelle à flanc de colline, à 4 km au sud de Sami. Elle est accessible par un petit escalier pentu qui descend de la billetterie. Une fois à l'intérieur, comptez 10 minutes au maximum pour faire le tour de la grande salle souterraine festonnée de stalactites.

À pied sur le mont Ainos

RANDONNÉES FACILES ET SUPERBES PANORAMAS

Le massif forestier du **mont Ainos** (1 628 m), protégé en majeure partie par le parc national d'Ainos, surplombe l'île de Céphalonie. Il est couvert à son sommet de sapins noueux et de pins noirs (deux espèces endémiques) à travers lesquels brume et nuages tourbillonnent en fin d'après-midi. En hiver, la montagne peut se couvrir d'un manteau de neige. Sachez que la vue depuis le quasi-sommet (le "vrai" est occupé par plusieurs antennes-relais) est stupéfiante toute l'année. Sur les cinq sentiers de randonnée bien balisés qui parcourent le parc, les deux plus fréquentés (6,5 km chacun, ascension plutôt facile) rejoignent le sommet à partir de versants opposés et reviennent à leur point de départ.

COMMENT S'Y RENDRE ET CIRCULER

L'aéroport (kefaloniaairport.info) est à 9 km au sud d'Argostoli. L'été, Aegean Airlines (p. 564) assure des vols avec escale pour Céphalonie depuis la France, la Belgique et la Suisse. Par ailleurs, Olympic Air (p. 564) dessert Athènes, tandis que Sky Express relie Corfou, Zante et Prévéza.

En été, jusqu'à 5 ferrys quotidiens de la compagnie Ferries Ferries (p. 564) relient Poros à Kyllini, dans le Péloponnèse (1 heure 30), où vous pouvez effectuer une correspondance jusqu'à Zante.

Ionian Pelagos (p. 564) assure jusqu'à 3 liaisons par jour entre Sami et Piso Aetos à Ithaque (30 min). L'été, il y a également 2 ferrys par semaine (1 heure 45) entre Sami et Vasiliki (Leucade) et 2 par jour entre le port de Pesada, isolé et difficilement accessible, au sud de Céphalonie, et le non moins isolé Agios Nikolaos au nord de Zante (1 heure 30). West Ferry (p. 564) relie Fiskardo et Vasiliki (Leucade ; 1 heure).

De mi-juillet à mi-septembre, Ventouris Ferries (p. 564) assure une liaison hebdomadaire entre Sami, Zante, Igouménitsa (Épire, sur le continent) et Bari (Italie). Red Star Ferries (www.directferries.co.uk/red_star_ferries.htm) va de Sami à Brindisi une fois par semaine (16 heures).

Des bus KTEL circulent entre Argostoli et les autres villes principales de l'île. Un ou deux bus par our longent la côte est en passant par Katelios, Skala, Poros, Sami, Agia Evfymia et Fiskardo. Les bus circulent le dimanche uniquement en haute saison.

Des agences de location de voitures et de motos sont installées dans les grandes stations balnéaires.

Ithaque

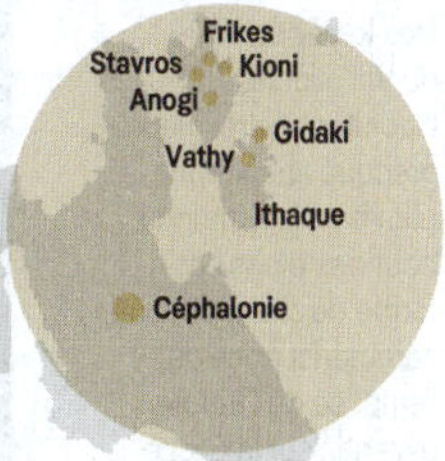

Coincée entre Céphalonie, dont elle est très proche, et le continent, Ithaque est une bulle hors du temps où tous les soucis s'envolent.

Romantique, rude et épique, comme le laisse présager son rôle dans l'épopée homérique, Ithaque est une île à part. Vallonnée et cernée par la mer, la patrie d'Ulysse, qu'il s'efforça de rejoindre pendant dix années héroïques après la guerre de Troie, ensorcelle les visiteurs grâce à ses ruines anciennes, ses petits ports et sa nature sauvage à parcourir au gré de belles randonnées. Presque coupée en deux par le golfe de Molos qui abrite Vathy, la principale localité, Ithaque est en fait formée de deux îles reliées par un isthme étroit. Au nord, l'imposant massif montagneux est ponctué de charmants villages, comme Stavros et Anogi. Ithaque n'est pas une destination plage : ses nombreuses criques ne sont accessibles qu'en bateau.

Pour les infos pratiques, voir le Carnet d'adresses *p. 606.*

À SAVOIR

Partez en randonnée sur Ithaque avec Island Walks (www.islandwalks.com) : le sentier d'Homère serpente jusqu'aux ruines du palais où Ulysse serait revenu, déguisé en mendiant, après des années d'errance il y a près de 3 000 ans. Voir aussi p. 591.

Vue sur le golfe, depuis Vathy

ARCHITECTURE ET ART BYZANTINS

Dès le début du VIIIe siècle, l'architecture religieuse grecque abandonne le plan basilical antique pour des plans en forme de croix grecque, caractéristiques de l'emprise de l'Empire byzantin sur la Grèce jusqu'au début du XIIIe siècle.

Dans le même temps, les architectes théologiens adoptent les spectaculaires mosaïques et fresques à caractère religieux. Dans les églises peu éclairées, leur or et leur éclat éblouissent toujours les visiteurs.

Il en va ainsi des fresques d'Ithaque qui ont conservé toute leur fraîcheur. La découverte de l'inestimable collection du Musée byzantin et chrétien (p. 95) à Athènes vous permettra d'approfondir la question.

HERACLES KRITIKOS/SHUTTERSTOCK ©

Kioni

Promenades sur le port de Vathy

LA VILLE ET SES PLAGES VOISINES

Avec ses villas néoclassiques bleu ciel et ocre, ses bars et ses restaurants animés, la ravissante Vathy borde un superbe port naturel abrité, qui déborde de vie : les petits bateaux de pêche partent au large et les yachts jettent l'ancre dans la baie. Des ruelles étroites et sinueuses s'enfoncent dans la ville.

Des sentiers de randonnée sillonnent les alentours. Longez le port et poursuivez vers l'est, jusqu'à la fin de la route : un **sentier côtier** vous mène en 30 minutes à la chapelle blanche d'**Agios Andreas**, face à la mer. Vous pouvez aussi rester sur la route qui monte à l'extrémité est du port. Après avoir franchi le sommet de la colline, un **chapelet de plages** isolées, de plus en plus agréables, s'offre à vous : d'abord Mnimata, puis Skinos, et enfin, après 4 km de marche, Gidaki.

En saison, **Albatross** et **Mana Korina** assurent au départ de Vathy des excursions en bateau jusqu'à des plages reculées ou des îlots inhabités. L'équipe d'**Odyssey Diving & Sea Kayaking** propose toute une gamme d'activités, du kayak au snorkeling.

Road trip des collines d'Ithaque à la mer

FRESQUES BYZANTINES, VILLAGES ET FRONT DE MER

Une fois franchi l'isthme qui mène à la partie nord d'Ithaque, deux routes s'offrent à vous : vous pouvez passer d'un côté ou

OÙ SE LOGER ET SE RESTAURER À VATHY

Perantzada 1811
"Hôtel artistique" avec salles de bains en granit et bois, et piscine à débordement. **€€**

Hotel Familia
Ancien pressoir à olives transformé en hôtel qui marie harmonieusement ardoises, tapisseries et éclairage doux. **€€**

Trehantiri
Excellente taverne proche de la place, au cœur de la ville. Tables bleues et ingrédients essentiellement bio. **€**

de l'autre de la crête centrale qui culmine à 809 m. Si vous choisissez la route orientale, vous atteindrez au bout de 5,5 km les ruines du monastère perché de **Kathara**, d'où la vue est impressionnante sur Vathy. Encore 4 km sur cette splendide route de montagne et voici **Anogi**, ancienne capitale de l'île. Demandez au *kafeneio* (café) les clés de l'église restaurée d'Agia Panagia, qui renferme de remarquables fresques byzantines.

Plus au nord, les routes côtières est et ouest se rejoignent dans le village de **Stavros**, au-dessus de la baie de Polis. En repartant vers la mer au nord-est de Stavros, vous arriverez au petit port de ferrys de **Frikès**, encerclé de falaises battues par les vents. Bars et restaurants se trouvent sur le front de mer. Au-delà, la superbe route côtière débouche sur **Kioni**, joli hameau de maisons vénitiennes dévalant jusqu'au petit port.

Marcher dans les pas d'Ulysse

UNE VÉRITABLE ÉPOPÉE

Sur Ithaque, les chemins de randonnée mènent tout naturellement à des sites associés à *L'Odyssée*, le poème épique d'Homère (fin du VIIIe siècle av. J.-C.). L'île est la patrie d'Ulysse, celle où vivaient Pénélope et Télémaque tandis que le héros guerroyait chez les Troyens, celle qu'il s'efforça de rejoindre pendant dix années après la chute de la ville et la victoire des Grecs. Détourné de sa trajectoire au large de Cythère, à la merci des vents déchaînés par Poséidon, Ulysse dut faire face à une succession de périls en Méditerranée – il fut capturé par la nymphe Calypso, puis rencontra les Lotophages et le cyclope Polyphème, sut résister au chant des sirènes et franchir le détroit entre Scylla, monstre marin, et Charybde, tourbillon mortel. Enfin, après une seconde période de captivité dans les bras de l'enchanteresse Circé, il échoua nu sur la rive de la Schérie (Corfou) et put enfin débarquer sur Ithaque. Aujourd'hui, les panneaux indicateurs étant rares, mieux vaut partir accompagné (p. 589).

La **fontaine d'Aréthuse**, au sud de Vathy, est un endroit isolé où Eumée, le porcher d'Ulysse, faisait boire ses bêtes ; comptez 3 heures pour l'aller-retour. Dans le village de **Stavros**, un chemin champêtre monte sur la colline de Pelikata et débouche sur le site connu sous le nom de l'école d'Homère, bien que de récentes fouilles semblent indiquer qu'il s'agirait du "**palais d'Ulysse**". Les vestiges sont extrêmement évocateurs. Des objets en lien avec le héros légendaire sont en outre exposés dans l'unique pièce du Musée archéologique.

RANDONNER AUTOUR D'ANOGI

Plus haut village d'Ithaque, **Anogi** (520 m) est un lieu charmant, figé dans le temps. C'est aussi le point de départ de nombreuses superbes randonnées.

Le sentier le plus facile (6,5 km, 2 heures aller-retour) vous conduira au **monastère de Kathara**. Encore mieux, celui de 11,5 km (4 heures 30, 520 m de dénivelé) vous fera voyager dans le temps. Il descend en serpentant jusqu'à **Kioni** puis revient par un itinéraire différent à Anogi. En chemin, les opportunités sont multiples : sites historiques, églises et chapelles, chênaies sauvages et falaises vertigineuses, sans compter les sites où se baigner avant de repartir. Pour cette randonnée, suivez les panneaux de la route 12 jusqu'à Kioni, puis ceux de la route 12A pour rejoindre Anogi.

COMMENT S'Y RENDRE ET CIRCULER

Ionian Pelagos (p. 564) circule deux ou trois fois par jour en haute saison entre Piso Aetos et Sami (Céphalonie, 30 min), et une ou deux fois de Piso Aestos à Astakos (sur le continent, 2 heures 20). De juillet à mi-septembre, le ferry *Meganisi II* (ferryboatmeganisi.gr/en/homepage/) effectue deux liaisons par jour entre Frikès et Nydri (Leucade, 1 heure). West Ferry (p. 564) relie Fiskardo (Céphalonie) et Nidri (Leucade) au moins trois fois par jour en été. Piso Aetos, le port de la côte ouest d'Ithaque, n'est pas habité. Des taxis attendent souvent à l'arrivée des bateaux, tout comme le bus public en haute saison. Le service de bus est très limité avec seulement deux liaisons quotidiennes en semaine entre Vathy, Stavros et Kioni ; il est donc utile de louer une voiture – plutôt à Vathy – au moins pour une journée de votre séjour.

ZANTE

L'île de Zante (Zakynthos en grec) a deux facettes. Les côtes sud et sud-est sont envahies par les grands complexes touristiques, souvent médiocres, même si quelques stations balnéaires plus discrètes, comme Keri et Limni Keriou dans le sud-ouest reculé, ou Agios Nikolaos et le cap Skinari tout au nord, sont bien plus calmes.

A contrario, si vous explorez l'intérieur des terres, une tout autre île s'offrira à vous, faite de nature sauvage et de bourgs ruraux. Le vrai joyau de Zante n'est autre que le paysage spectaculaire et rude de la côte ouest, où d'imposantes falaises calcaires plongent à pic dans l'eau turquoise.

Avant de partir à l'aventure, la ville de Zakynthos mérite une visite, avec ses rues animées, son excellent musée et sa forteresse vénitienne, perchée sur la colline.

Pour les infos pratiques, voir le Carnet d'adresses p. 606.

À SAVOIR

Les îles Ioniennes sont un lieu crucial pour les tortues marines, en particulier, la tortue caouanne. C'est à Zante que l'on trouve la plus forte densité de nids de caouannes (voir p. 595). Informez-vous sur les bonnes pratiques auprès du centre d'information sur la vie marine méditerranéenne (Mediterranean Marine Life Centre ; zanteturtlecenter.com/en/), situé sur la plage de Gerakas.

Zakynthos

GIJS RIJSDIJK/SHUTTERSTOCK ©

À VOIR
1 Plage de Banana
2 Cap Keri
3 Cap Skinari
4 Plage de Gerakas
5 Kambi
6 Limnionas
7 Logothetis Organic Farm
8 Monastère Agios Georgios
9 Plage du Naufrage

Les deux facettes de Zakynthos

ARCHITECTURE DE STYLE, ART SACRÉ ET ANIMATION CITADINE

Prise entre des pentes boisées surmontées d'un *kastro* en ruine et un immense port circonscrit par deux longues jetées, Zakynthos est la capitale dynamique de l'île. Jadis célèbre pour ses majestueux bâtiments italianisants, détruits par le séisme de 1953, la ville a été élégamment reconstruite avec des rues à arcades et de gracieux monuments néoclassiques. Sa superbe place sur le front de mer, Plateia Solomou, rend

OÙ SE LOGER À ZAKYNTHOS

Palatino Hotel
Au calme dans une ruelle, mais proche du centre et juste derrière la plage, un très bon rapport qualité/prix. **€€**

Agrilia Hotel
Un boutique-hôtel aux abords de la ville, avec grande piscine et ambiance feutrée. **€€**

Phoenix Hotel
Emplacement central, terrasse sur le toit et chambres chics rénovées. **€€**

BIEN MANGER À ZAKYNTHOS

To Kantouni
Des plats grecs tout simples de taverne, pour une clientèle d'habitués qui apprécient son cadre traditionnel et son calme. €

Stathmos
La spécialité de cette taverne rustique : le lapin en ragoût. Habitués et touristes avisés apprécient sa simplicité. €

Prosilio
Une adresse gastronomique pour le dîner uniquement. Jardin romantique, déco de charme et touches inventives. €€

Malanos
Taverne familiale en pleine campagne, au sud de Zakinthos. On y vient des quatre coins de l'île. €€

honneur à l'enfant du pays, Dionysos Solomos (1798-1857), l'auteur de l'hymne national grec. L'activité quotidienne se concentre sur les rues piétonnes qui se trouvent juste derrière et mènent à une place plus modeste mais tout aussi ravissante, la Plateia Agiou Markou.

Lors du séisme de 1953, des marins volontaires ont réussi à sauver une bonne partie des collections d'art sacré du superbe **Musée byzantin**, désormais à l'abri d'un édifice restauré sur la Plateia Solomou. On y découvre des décors complets d'églises, ainsi que de belles iconostases en bois (du XVIIe au XIXe siècle) et une réplique du monastère Saint-Andreas (XVIe siècle) avec ses fresques restaurées.

À l'extrémité sud du front de mer, près de la jetée, l'**église de Saint-Dionysos** symbolise d'autant plus l'île qu'elle est dédiée à son saint patron, Denys de Zante, dont elle conserve les reliques. Opulentes dorures et fresques décorent le porche et l'intérieur de ce sanctuaire maintes fois reconstruit, notamment après le séisme de 1953.

Les vestiges de la **forteresse vénitienne** sont perchés sur une colline boisée qui surplombe le centre-ville. On y accède en voiture (2,5 km de lacets) ou à pied (15 minutes sur terrain pentu mais agréable). Aujourd'hui, ce parc planté d'arbres et entouré de remparts offre de magnifiques points de vue. Au gré de la balade, vous apercevrez des églises en ruine et un terrain de football construit par les Britanniques au XIXe siècle ; un café se trouve aussi sur place.

À la recherche du sud préservé

PLAGES ET CRIQUES, TORTUES PROTÉGÉES, BOURGS SECRETS

La **péninsule de Vasilikos**, à l'extrémité sud-est de l'île, est plus préservée que bien d'autres portions de la côte sud, même si le long ruban de sable de **Banana Beach** (rive nord) est pris d'assaut. Un peu plus loin vers la pointe, l'animation s'apaise. Une petite route qui part à l'ouest de Vasilikos mène à la **Logothetis Organic Farm**, une ferme qui produit des huiles d'olive et offre la possibilité de loger sur place.

Continuez jusqu'à la pointe de la péninsule pour découvrir la plus belle plage du sud, l'étendue de sable fin de **Gerakas**, qui donne sur la **baie de Laganas**. Ce lieu clé de ponte des tortues est strictement interdit d'accès entre le coucher et le lever du soleil de mai à octobre – voir l'encadré ci-contre. Derrière Laganas apparaît le paysage escarpé du sud-ouest reculé. Suivez une petite route depuis le bourg de **Keri** jusqu'au cap Keri et son phare. Admirez la vue sur les falaises.

OÙ SE RESTAURER SUR ZANTE

Allegro
Délicieuses spécialités maison à savourer sur la place du village de Keri, dans cette agréable *ouzeri*-taverne. €

Cross Tavern
Tout au bout de la route qui monte après Kambi, le top culinaire grec à déguster perché sur les falaises. €€

Nobelos Bio Restaurant
À flanc de rocher, près de la plage privée du boutique-hôtel d'Agios Nikolaos, une table romantique à souhait. €€€

DAVID RYZNAR/SHUTTERSTOCK ©

Plage du Naufrage

Un joyeux enchevêtrement de routes à travers des collines boisées remonte parallèlement au littoral occidental. Parfois, une route bifurque et plonge vers une crique, comme **Limnionas**, ou bien grimpe au sommet d'une falaise, comme à **Kambi**. Ces détours dans les terres vous feront découvrir des villages comme **Kiliomeno** et son église, Agios Nikolaos au campanile sans toit, ou le charmant **Louha**, niché dans la vallée entre bois et pâturages. De beaux **sentiers balisés** donnent l'occasion de se promener dans la campagne environnante.

Au gré des côtes ouest et nord

ÉPAVE, FALAISES, MONASTÈRE ET ARTISANAT

La magnifique **plage du Naufrage** est le site le plus impressionnant de la côte ouest. Son cargo échoué dans les années 1960 est devenue la vedette des photos souvenirs et autres comptes Instagram. On ne peut y parvenir qu'en bateau, mais vue d'en haut, elle a aussi ses adeptes – attention, le site est périlleux et mieux vaut rester prudent !

Juché sur une falaise au sud de la plage du Naufrage, l'impressionnant **monastère Agios Georgios** mérite que vous vous y arrêtiez avant d'aller à la plage, même si les fresques ont en grande partie disparu. Dans l'étrange tour

PRENEZ GARDE AUX TORTUES !

La tortue caouanne (*Caretta caretta*) est l'une des espèces marines les plus menacées d'Europe. C'est à Zante que l'on a constaté la plus forte densité de nids de caouannes : jusqu'à plus de 1 300 nids ont été dénombrés certaines années dans la baie de Laganas, protégée par le **parc national marin de Zante**.

Pour protéger les tortues, les plages sont donc interdites aux visiteurs entre le coucher et le lever du soleil de mai à octobre – saison de reproduction et de ponte. À compter de juillet, au moment de l'éclosion des œufs, les nids enfouis dans le sable sont surveillés afin que les petits puissent atteindre la mer sans être perturbés par les incursions humaines.

Les **bénévoles de l'association Archelon** (www.archelon.gr) et l'équipe du parc sensibilisent les visiteurs (bénévolat possible) et gèrent un centre d'information sur la plage de Gerakas.

OÙ SE LOGER SUR ZANTE

Logothetis Organic Farm Houses
Au cœur d'une oliveraie, à Vasilikos, ces maisonnettes sont un havre de paix. **€€**

Potamitis
Deux moulins à vent convertis en appartements, et des chambres classiques. Près du cap Skinari. Taverne sur place. **€€**

Boschetto Holiday Village
Envie de loger dans une villa en pierre, entourée de chênes et d'oliviers? C'est possible près de Louha, à l'intérieur de l'île. **€€€**

Baie de Laganas (p. 594), Zante

du milieu, les moines se repliaient lors des attaques des pirates et des Turcs qu'ils arrosaient d'huile bouillante. Si les habitants vendent un peu partout sur l'île du miel et des produits de saison, c'est néanmoins **Volimès**, au nord du monastère et de la plage du Naufrage, qui est le grand centre de vente de produits et d'artisanat local (huile d'olive, nappes et tapis).

Si, juste au nord de Zakynthos, les stations balnéaires ne présentent guère d'attraits particuliers, plus on se dirige vers le nord de l'île, plus le paysage devient spectaculaire. La route rétrécit à hauteur du **port d'Agios Nikolaos** où vous trouverez une petite plage et des rochers qui font de bons plongeoirs (bonnes adresses pour dormir et se restaurer en prime). Vous pouvez ensuite rejoindre, à pied ou en voiture, le majestueux **cap Skinari**, point le plus septentrional de l'île.

ROYAUME DE POSÉIDON

Pour appréhender à la fois la beauté et les dangers encourus par la faune et la flore marines, allez jusqu'au **parc national marin d'Alonissos** (p. 544).

COMMENT S'Y RENDRE ET CIRCULER

L'aéroport (www.zakynthos-airport.com) se situe à 5 km au sud-ouest de Zakynthos. Olympic Air dessert Athènes et Sky Express rallie Corfou via Céphalonie et Prévéza.

De mi-mai à octobre, des ferrys Ionian Pelagos relient deux fois par jour (1 heure 30) le port d'Agios Nikolaos, au nord de l'île, à Pesada, au sud de Céphalonie. Aucun des deux ports n'étant bien desservi par les bus, il est souvent plus pratique et moins cher de passer par Kyllini, sur le continent où l'on prendra un second ferry pour Céphalonie. Levante Ferries (p. 564) propose 3 à 5 ferrys par jour, selon la saison, entre Zakynthos et Kyllini. Ventouris Ferries (p. 564) relie la ville de Zakynthos à Bari (Italie) en haute saison, en faisant halte à Sami (Céphalonie).

Des bus assurent fréquemment la liaison entre la gare routière KTEL (www.ktel-zakynthos.gr) de Zakynthos et les stations balnéaires d'Alikès, Tsilivi, Argasi, Laganas et Kalamaki. Les villages de l'intérieur sont moins desservis. La voiture s'impose pour explorer tous les recoins de l'île.

CYTHÈRE

Oubliée par le temps, Cythère (Kythira en grec) s'étend à 12 km au large de la péninsule de Laconie, au sud du Péloponnèse, entre la mer Égée et la mer Ionienne. Son architecture blanche et cubique a beau être typique des Cyclades, elle n'en appartient pas moins officiellement aux îles Ioniennes.

Ses 4 000 habitants sont répartis entre son charmant chef-lieu, Kythira (Hora), et une quarantaine de villages, mais Cythère paraît bien déserte une bonne partie de l'année. Avec ses vallées luxuriantes, ses gorges envahies par la végétation et ses falaises, piquées de fleurs, tombant à pic dans une mer bleu vif, l'île d'Aphrodite (titre que Cythère dispute à Chypre, voir p. 598) conserve un cadre naturel de toute beauté.

Les rares visiteurs qui s'aventurent tombent sous son charme et ne veulent plus repartir de Kapsali, de Potamos ou d'Agia Pelagia... Aussi, un seul conseil : prévoyez le double du temps initialement prévu !

Pour les infos pratiques, voir le Carnet d'adresses p. 606.

À SAVOIR

Les itinéraires de randonnée à Cythère sont particulièrement bien indiqués sur le terrain. Le site kytheratrails.gr répertorie un bon nombre de sentiers, cartes interactives, descriptifs et photos à l'appui. Voir aussi p. 601.

APHRODITE NÉE DE L'ÉCUME

Cythère était connue dans l'Antiquité comme le lieu de naissance d'Aphrodite (Vénus pour les Romains). Décrite par Hésiode, poète grec du VIIIe siècle avant notre ère, et peinte par Botticelli, peintre florentin de la Renaissance, la déesse de l'Amour, du Désir et de la Beauté aurait surgi resplendissante de l'écume, debout sur une coquille Saint-Jacques géante, peut-être près de l'îlot d'Avgo ("œuf"), au large de Kapsali. Pourtant, on raconte aussi qu'elle serait sortie des flots de Paphos, à Chypre, où elle aurait gagné le rivage ; les deux îles se disputent donc le titre d'"île de l'amour".

RAWF8/SHUTTERSTOCK ©

Kastro

Kythira : comme un air de Cyclades

CHEF-LIEU, KASTRO ET MUSÉE

Typiquement cycladique avec ses maisons à terrasses, ses rues étroites et ce bleu mer tranchant sur le blanc des murs chaulés, la petite capitale de l'île, **Kythira (Hora)**, s'étire sur une longue crête étroite en direction du sud. L'activité se concentre autour de la place au nord, tandis que des petites boutiques raffinées (antiquaires et bijouteries, entre autres) bordent la rue menant au *kastro*.

Perché au sommet du promontoire rocheux se dressant au sud de la ville, le **kastro** (XIVe siècle) fut édifié par le premier gouverneur vénitien de Cythère. Derrière les remparts, les fleurs sauvages envahissent les ruines et la vue sur le port de Kapsali, et même Anticythère, est magnifique. Seule l'entrée à la (décevante) collection de blasons, exposée dans une ancienne poudrière, est payante.

En partant, baladez-vous sur le versant oriental de la colline ; plusieurs jolies petites chapelles décorées de fresques (dont la **Panagia Pantocrator** et la **Panagia Myrtidiotissa**) jalonnent le haut du chemin menant à Kapsali.

À l'extrémité nord de Kythira, l'impressionnant **Musée archéologique** retrace l'histoire ancienne de l'île en deux

OÙ SE LOGER ET SE RESTAURER À KYTHIRA (HORA)

Hotel Margarita
Un escalier en colimaçon mène aux chambres (12) meublées d'ancien de cette demeure du XIXe siècle bien restaurée. **€€**

Nostos
Charmante pension de style classique sous le *kastro*. Chaque chambre est différente, avec des tableaux aux murs. **€€**

Zorba's
Cette taverne n'a pas changé en 60 ans. Sa spécialité ? Les saucisses servies avec des herbes sauvages. **€**

salles. Vous y découvrirez des objets provenant des sites antiques proches d'Avlemonas (p. 600). Les pièces phares sont la statue de marbre blanc connue sous le nom de *Lion de Cythère* (il fait l'objet d'un intéressant petit film sur la taille du marbre à destination des enfants), et la représentation d'une Gorgone (divinité qui avait le pouvoir de pétrifier les humains).

Kapsali, Potamos et Agia Pelagia

STATIONS BALNÉAIRES ET VILLAGES

À 2 km à l'est de Kythira (Hora), le joli hameau de **Kapsali**, principal port de l'île sous les Vénitiens, est devenu une station balnéaire animée, du moins en été. Tavernes, cafés chics et ateliers bordent ses deux baies jumelles aux eaux calmes et une plage de sable ocre. Montez jusqu'au **phare** – et jusqu'au promontoire inférieur où se dresse une église qui sépare les deux baies : la vue y est spectaculaire ! L'îlot rocheux au large est connu sous deux noms : **Avgo** ("œuf"), puisque la mythologie grecque fait naître Aphrodite, la déesse de l'Amour, au large de Cythère, et **Itra** ("marmite") – par temps couvert, l'îlot ressemble à une marmite fumante.

Le cœur géographique (et social) de Cythère, est un joli village à flanc de colline appelé **Potamos**. Un marché de producteurs et un marché aux puces le dimanche matin se tiennent sur sa grand-place toute fleurie, le lieu idéal pour observer les passants. L'agence **Pyrgos House** est réputée pour ses activités de qualité : visite d'une ferme apicole, vendanges, cueillette d'olives, cours de cuisine et de danse, kayak, randonnée sur plusieurs jours, etc.

La station balnéaire la plus septentrionale, **Agia Pelagia** sur la côte orientale, est un simple bourg côtier sur fond d'imposantes falaises et de vallées boisées. L'eau bleu azur baigne ses étendues de sable et de galets, mais les plages volcaniques au sud du cap Spathi sont bien plus belles. Rouges, roses ou fauve jusqu'à la **plage de Lagada**, elles offrent un cadre de rêve aux randonneurs.

Routes de campagne et vignobles

HORS DES SENTIERS BATTUS

Il vous faudra de bonnes chaussures de marche ou votre propre moyen de transport pour explorer les petites routes qui

CYTHÈRE EN MUSIQUE

À Potamos, le **Kafe Astikon** programme des concerts (tard) en juillet-août. À défaut, il y a toujours un musicien prêt à improviser un bœuf entre ses murs vert lagon et ses longs bancs en bois disposés autour d'une scène de fortune.

L'épicentre de la vie nocturne de l'île en été se trouve à Kapsali grâce au bar-club **Fox Anglais**. Au programme : musique acoustique sur la plage le mardi et DJ tous les autres soirs.

Au cœur de Cythère, la taverne **Kokkino Spaleto** de Frilingianika maintient la tradition hellénique avec des prestations guitares-voix, du rébétiko, du bouzouki et des danses en costumes (le *spaleto* rouge pour les femmes) jusqu'au petit matin.

SUR UN AIR DE RÉBÉTIKO

Si les mélodies de Cythère ont éveillé votre intérêt, assistez au Festival de rébétiko de Skopélos (p. 538).

OÙ SE LOGER SUR CYTHÈRE

El Sol Hotel
D'éblouissants cubes blancs au-dessus de la route entre Hora et Kapsali, avec vue splendide sur la mer et le *kastro*. **€€**

Hotel Pelagia Aphrodite
Sur la plage, au sud d'Agia Palagia, un hôtel moderne. Chambres variées, des standards aux suites. **€€**

Pyrgos House
L'agence touristique loue de nombreux hébergements, tous attrayants. Voir le site Internet pour les détails. **€€**

AUTRES BONNES TABLES DE CYTHÈRE

D'autres adresses de qualité sont indiquées ci-dessous,en bas de page.

Platanos
Goûtez le porc au miel et aux herbes, spécialité de ce charmant restaurant de Mylopotamos. €

Filio
Taverne réputée située 1 km après Kalamos, où se régaler de spécialités de Cythère dans un jardin ombragé. €

Pierros
Sans que le cadre (la route de Livadi) soit idyllique, la cuisine de ce restaurant authentique attire du monde. €

O Manolis
Au nord de la chaussée, à Diakofti, des tables sur le sable où se régaler de poissons grillés appréciés loin à la ronde. €

Skandeia
Le rouget grillé à l'aubergine fumée est fort fameux dans cette taverne proche de la plage de Paleopoli. €€

DIMITRIS PANAS/SHUTTERSTOCK ©

Avlemonas

relient les villages éparpillés de Cythère à travers les vergers, vignobles, oliveraies et plantations de cyprès. Dans le sud, à **Kato Livadi**, à 6 km au nord de Kythira (Hora), le petit **musée d'Art byzantin et postbyzantin** de Cythère expose des icônes et des fresques provenant des églises de toute l'île. Au nord, le **pont de Katouni**, ouvrage incongru construit par les Britanniques au XIXe siècle au-dessus d'un mince filet d'eau, est le pont en pierre le plus large de toute la Grèce.

Plus haut sur la côte orientale, l'ancien village de pêcheurs d'**Avlemonas** est devenu une magnifique station balnéaire tout de bleu et blanc vêtue. Au milieu des rochers, des sentiers mènent à des échelles plongeant dans l'eau turquoise.

Il reste de rares vestiges de l'antique **Paleopoli**, à l'intérieur des terres, mais une belle randonnée d'une heure permet de grimper et de faire le tour de la colline où se dressait jadis le **temple d'Aphrodite**. Baigné de soleil et à l'abri du vent, ce lieu paisible et désert dégage une atmosphère romantique.

Au nord de l'île, les **vestiges de Paliohora**, la capitale médiévale de Cythère détruite par la flotte turque en 1537, sont plus conséquents. Le site est magnifique, perché sur un promontoire escarpé à la confluence de deux ravins profonds

OÙ SE RESTAURER SUR CYTHÈRE

Trattamento
Cette taverne plaît autant aux pêcheurs qu'aux citadins en vacances. Spécialités revisitées à la sauce contemporaine. €€

Panaretos
Une des cinq tavernes qui se partagent la place du village de Potamos. Excellents plats à base de produits maison. €€

Kaleris
Réputé pour sa cuisine créative, ses tables sur la plage sous les tamaris d'Agia Pelagia. Tout à fait romantique. €

et parsemé de ruines de chapelles et de maisons. On l'atteint aisément en voiture, au bout de de 4 km, par une piste sans issue qui part vers l'est depuis Potamos. Sinon on y grimpe simplement à pied, par l'agréable sentier de randonnée parallèle à la route.

Pour d'autres itinéraires, mettez le cap vers **Mylopotamos**, un village adorable, traversé par un canal, niché dans une petite vallée à 13 km au nord de Kythira. Ce canal coule vers la mer, au nord-ouest, en s'enfonçant via les collines boisées dans une gorge qui abritait jadis 22 moulins à eau. Il n'en reste plus qu'un – Mylopotamos signifie "moulin sur la rivière" –, mais un agréable sentier suit le canal parmi une végétation luxuriante, jusqu'au bassin aigue-marine de la **cascade de Neraïda** ("nymphe de l'eau").

Un autre chemin de randonnée, indiqué sur la route qui part à gauche au nord de la place du village, mène en 15 minutes au village ancien de **Kato Hora**. Derrière une villa crénelée du XIXe siècle, vous découvrirez les superbes ruines du *kastro* de Mylopotamos, qui date de l'époque vénitienne. C'est aujourd'hui un dédale d'églises abandonnées et de maisons fortifiées, envahi par des fleurs colorées au printemps et en été – le charme agit en force !

PLUS DE RANDONNÉES

Il est facile d'acheter sur l'île le guide (en anglais) de Frank van Weerde, *Kythira on Foot: 32 Carefully Selected Walking Routes*. Pour les cartes, voir p. 317.

BOUTIQUES SYMPAS À KYTHIRA

Borse
Étonnant atelier où travaille une seule femme : les sacs à main de formes et couleurs variées sont confectionnés sur le métier à tisser au milieu de la pièce.

Sochora Boutique
Demeure familiale convertie en boutique de luxe qui vend des articles de marques grecques, notamment des maillots de bain et des espadrilles.

Aquarium
Cette boutique sur laquelle veille un aquarium vend de ravissants bijoux. Des pièces uniques.

Natural World
Chaussures, chapeaux, pochettes et autres accessoires de qualité suivant une démarche écologique.

Sempreviva
Petite boutique qui vend de ravissantes couronnes traditionnelles de fleurs jaunes, cueillies à la main au mois de juin.

COMMENT S'Y RENDRE ET CIRCULER

L'aéroport, à 10 km au sud-est de Potamos, est relié à Athènes en été par Olympic Air (50 min) et Sky Express (50 min). Ellinair (en.ellinair.com) assure la liaison entre Kythira et Thessalonique (1 heure 15). Les vols sont beaucoup plus rares en basse saison.

Les ferrys arrivent et partent du petit port de Diakofti, au milieu de la côte est. Achetez vos billets sur le port, juste avant le départ, ou auprès de Kithira Travel (kithiratravel.gr) à Kythira (Hora) ou à Potamos. En été, deux bateaux quotidiens arrivent à Diakofti de Néapolis (Péloponnèse), et un bateau effectue le trajet inverse (1 heure 15). Chaque semaine, deux d'entre eux continuent jusqu'à Anticythère. LANE Lines fait escale à Diakofti sur ses traversées entre Le Pirée (6 heures 30), Anticythère et Gythion (Péloponnèse ; 2 heures 30). Les horaires sont variables et compliqués. En été, il y a généralement deux liaisons hebdomadaires depuis et vers chacune de ces destinations.

Vu la rareté des bus sur l'île, la plupart des visiteurs louent une voiture. Pour rejoindre Kapsali, il faudra être véhiculé ou emprunter un sentier très agréable (et escarpé) qui relie la baie depuis Hora.

Carnet d'adresses

VILLE DE CORFOU

Casa Parlante
Voir p. 568 (26610 49190 ; casaparlante.gr ; Nikiforou Theotoki 16 ; tarif plein/réduit/-5 ans 8/5 €/gratuit, visite guidée 10 € ; 10h-18h lun-sam)

Domaine Mon Repos
Voir p. 571 (26610 48310 ; odysseus.culture.gr ; musée 2 €, billet combiné Palaio Frourio, musée Antivouniotissa et musée d'Art asiatique 14/7 € ; Dairpfela 16 ; 8h-21h mer-dim été, 8h30-15h30 mer-dim hiver)

Église Notre-Dame d'Antivouniotissa
Voir p. 570 (26610 38313 ; www.antivouniotissamuseum.gr ; Arseniou 25 ; tarif plein/réduit/-18 ans 4/2 €/gratuit, billet combiné Palaio Frourio, musée d'Art asiatique et Domaine Mon Repos 14/7 € ; 8h30-16h mer-lun)

Église Saint-Spyridon
Voir p. 570 (26610 33059 ; Agíou Spyrídonos 32 ; 7h-20h)

Galerie d'art municipale
Voir p. 570 (26610 48690 ; artcorfu.gr ; palais de Saint-Michel-et-Saint-Georges ; tarif adulte/enfant 3 €/gratuit ; 10h-16h mar-dim)

Musée archéologique
Voir p. 568 (26610 30680 ; archaeologicalmuseums.gr ; Vraïla 1 ; tarif plein/réduit/enfant 6/3 €/gratuit ; 8h-20h mer-lun avr-oct, 8h30-15h30 mer-lun nov-mars)

Musée d'Art asiatique
Voir p. 569 (26610 30443 ; matk.gr ; palais de Saint-Michel-et-Saint-Georges ; tarif plein/réduit/-18 ans, avec entrée au palais 6/3 €/gratuit, billet combiné Palaio Frourio, musée Antivouniotissa et Domaine Mon Repos 14/7 € ; 8h-20h avr-oct, 9h30-15h30 mer-lun nov-mars)

Neo Frourio
Voir p. 568 (26610 48120 ; 8h30-15h30 mer-lun)

Palaio Frourio
Voir p. 568 (26610 48120 ; odysseus.culture.gr ; 3 €, billet combiné musée d'Art asiatique, musée Antivouniotissa et Domaine Mon Repos 14/7 € ; 8h-20h avr-oct, 8h30-15h30 nov-mars)

Palais de l'Achilleion
Voir p. 572 (26610 56210 ; achillion-corfu.gr ; tarif plein/réduit 10/6 € ; Gastouri ; 8h-20h avr-nov, jusqu'à 16h déc-mars)

Palais de Saint-Michel-et-Saint-Georges
Voir Musée archéologique, ci-contre.

Corfu Walks & Hikes
Voir p. 570 (walking-corfu.blogspot.com)

Corfu Walking Tours
Voir p. 570 (694 589 4450, 693 289 4466 ; www.corfuwalkingtours.com ; Guilford 45 ; à partir de 80 €/pers)

Ionian Cruises
Voir p. 571 (ionian-cruises.com)

Sarris Cruises
Voir p. 571 (sarriscruises.gr)

Trailriders
Voir p. 570 (+306946653317 ; www.trailriderscorfu.com ; Ano Korakiana, île de Corfou ; 10h-12h et 16h-18h lun-ven)

Bella Venezia
Voir p. 569 (26610 46500 ; www.bellaveneziahotel.com ; Napoleontos Zampeli 4)

Locandieta Guest House
Voir p. 569 (26610 39035 ; locorfu.com ; Ioanni Gennata 8)

Puppet Guest House
Voir p. 569 (26610 40707 ; www.hotelswebgr.com/puppet-guesthouse ; Evaggelistrias 1)

Aubergine
Voir p. 571 (697 175 7522 ; Kapodistriou 110 ; plats 9,50-15 € ; 9h-23h30 lun-sam, 9h-22h dim)

Bizou Vegan Cafe & Antiques
Voir p. 571 (26613 02104 ; Maniarizi Arlioti 30 ; plats 5-9 € ; 10h-15h mar-mer et dim, 10h-15h et 18h-20h jeu-sam)

Chrisomalis
Voir p. 570 (26610 30342 ; Nikiforou Theotoki 6 ; plats 8-14 € ; 12h30-minuit lun-sam)

Oinos kai Geuseis
Voir p. 570 (26610 83355 ; Mitropoleos 22 ; tapas 4-14 € ; 18h30-minuit)

Pane & Souvlaki
Voir p. 570 (26610 20100 ; panesouvlaki.com ; Guilford 77 ; plats 6,50-16,50 € ; 13h-23h30)

Rosy's Bakery
Voir p. 571 (26615 51412 ; www.facebook.com/RosysBakeryCorfuGreece ; Paleologu 71 ; en-cas 5 € ; 10h-23h30)

To Tsipouradiko
Voir p. 570 (26610 82240 ; to-tsipouradiko-corfu.business.site ; Prosalendou ; plats 4-9,50 € ; 18h30-1h lun-sam)

Venetian Well
Voir p. 570 (26615 50955 ; venetianwell.gr ; Plateia Kremasti ; plats 15-38 € ; 19h-23h30 lun-sam)

Berdes
Voir p. 570 (697 687 0523 ; berdes.business.site ; Prosalendou 13 ; 19h-2h lun-jeu, 13h-2h ven-sam)

Firi Firi – The Beer House
Voir p. 570 (26610 33953 ; www.facebook.com/FiriFiriCorfu ; Dionisiou Solomou 1 ; 18h-2h mar-dim)

Mikro Café
Voir p. 570 (26610 31009 ; www.facebook.com/mikrocafecorfu ; Themistokleous Kotardou 42 ; 9h-1h lun-ven, 19h-minuit dim)

Corfu Gallery
Voir p. 571 (26610 25796 ; corfugallery.com ; Nikiforou Theotoki 72 ; 10h-23h)

Icon Gallery
Voir p. 571 (26614 00928 ; iconcraft.gr ; Gkilford 52 ; 10h-22h30 lun-sam)

Papagiorgis
Voir p. 571 (26610 39474 ; papagiorgis.gr ; Nikiforou Theotoki 32 ; 9h-minuit)

Rolando's
Voir p. 571 (26610 45004 ; Nikiforou Theotoki 99 ; 10h-14h30 lun-mer et ven-sam, 10h-23h jeu)

Sweet'n'Spicy Bahar
Voir p. 571 (26610 33848 ; sweetnspicy.gr ; Agias Sofias 12 ; 9h-20h30 été, 10h-14h30 lun-sam hiver)

CASTIGATIO/ADOBESTOCK ©

Église Agios Georgios, Palaio Frourio (p. 568), Corfou

AILLEURS SUR CORFOU

Moni Theotokou
Voir p. 574 (26620 41210 ; Paleokastritsa ; 7h-13h et 15h-20h)

Musée d'Art populaire
Voir p. 574 (26630 63052 ; www.museum-acharavi.com ; Aharavi ; tarif plein/réduit 5/2 € ; 10h-14h lun-sam)

Hotel Zefiros
Voir p. 576 (26630 41244 ; zefiroscorfuhotel.gr ; Paleokastritsa ; mi-mai à oct)

Kallisto Resort
Voir p. 576 (697 744 3555 ; corfuresorts.gr ; plage de Kontogialos)

Levant Hotel
Voir p. 576 (26610 94230 ; levantcorfu.com ; Pelekas)

Manessis Apartments
Voir p. 574 (693 404 5379 ; Kassiopi)

Melina Bay Hotel
Voir p. 574 (26630 81030 ; melinabay.com ; Kassiopi)

Rolling Stone
Voir p. 576 (26610 94942 ; pelekasbeach.com ; plage de Kontogialos, Pelekas)

Sunrock Backpackers
Voir p. 576 (26610 94637 ; plage de Kontogialos)

Boulis Taverna
Voir p. 575 (26630 49429 ; Lákones ; plats 10-15 € ; déj et dîner mai-oct)

Elia Restaurant
Voir p. 575 (697 284 0774 ; elia-restaurant-rooms.eu ; Myrtiotissa ; plats 8-16 € ; 12h-tard mai-oct)

Kalimera Bakery
Voir p. 575 (Pelekas ; gâteaux à partir de 2 € ; 7h-tard)

Old Perithia Taverna
Voir p. 574 (26630 98055 ; www.alkinoostaverna.com ; Paléa Perithia ; plats 5-12 € ; 10h-tard tlj mi-avr à oct, sam-dim nov à mi-avr)

To Stavrodromi
Voir p. 575 (26610 94274 ; www.tostavrodromi.com ; Pelekas ; plats 8-15 € ; 18h-23h30)

White House
Voir p. 574 (26630 91465 ; thewhitehouserestaurant.gr ; Kalami ; plats 11-35 € ; 9h-minuit)

Ambelonas
Voir p. 576 (693 215 8888 ; ambelonas-corfu.gr ; Karoumpatika ; 19h-22h30 mer-ven mi-mai à mi-oct, 10h-16h30 dim mar à mi-mai, fermé le reste de l'année)

Agios Georgios, Palaio Frourio
Voir p. 576 Pour les coordonnées, voir Palaio Frourio p. 602

Académie ionienne
Voir p. 575 (26610 87125 ; ionio.gr ; Akadimias, Corfou (Hora).

Polytechno
Voir p. 575 (26610 27794 ; www.facebook.com/polytechnocorfu ; Scholemvourgou 39, Corfou (Hora) ; 20h30-tard)

PAXOS ET ANTIPAXOS

Paxos Adventures
Voir p. 579 (694 533 3533 ; paxos-adventures.gr ; 8h-20h)

Paxos Oasi Sub
Voir p. 579 (26620 33493 ; paxosoasisub.com ; safaris de snorkeling 45 €, initiations à la plongée 80 €, cours PADI open-water 550 € ; Lakka ; 9h-22h)

Water Planet
Voir p. 579 (697 211 1995 ; www.waterplanet.gr ; Gaïos ; 9h-18h lun-sam)

Yacht Academy Corfu
Voir p. 579 (698 786 2796 ; www.yachtacademy-corfu.com ; Kontokali, île de Corfou)

Paxos Beach Hotel
Voir p. 578 (26620 32211 ; paxosbeachhotel.gr ; Gaïos)

Theklis-Clara Studios
Voir p. 578 (26620 32313, 697 292 3838 ; www.theklis-studios.com ; Gaïos)

Water Planet Rooms
Voir p. 578 (697 095 1180 ; www.waterplanet.gr ; Gaïos)

Yorgos Studios
Voir p. 578 (26620 31807 ; Lakka)

Carnayo
Voir p. 578 (26620 32376 ; www.carnayopaxos.gr ; Gaïos ; plats 10-22 € ; 12h-16h et 19h-23h mar-dim)

To Paxoimadi
Voir p. 578 (26620 33098 ; Lakka ; plats 10-14 € ; 18h-23h)

Vasilis
Voir p. 578 (26620 32404 ; Gaïos ; plats 10-20 € ; 9h-minuit)

Vasilis
Voir p. 578 (26620 31587 ; vassilisrestaurant.com ; Loggos ; plats 14-21 € ; 12h-minuit)

LEUCADE

Forteresse d'Agia Mavra
Voir p. 581 (26450 26576 ; Lefkada, Leucade ; tarif plein/réduit 2 €/gratuit ; 8h30-15h30 mer-lun)

Moni Faneromenis
Voir p. 582 (26450 21305 ; Lefkada, Leucade ; 8h-14h et 16h-19h)

Musée archéologique
Voir p. 581 (26450 21635 ; odysseus.culture.gr ; ang Sikelianou et Svoronou, Lefkada, Leucade ; tarif plein/réduit 3/2 € ; 8h30-15h30 mer-lun)

Musée d'art populaire
Voir p. 583 (26450 41590 ; Karya, Leucade ; 2,50 € ; 9h-21h, horaires variables)

Port de Kioni (p. 591), Ithaque

Club Vasiliki
Voir p. 582 (26450 31588 ; clubvass.com ; Vasiliki, Leucade ; 8h-20h)

Nautilus Diving Club
Voir p. 582 (693 618 1775 ; underwater.gr ; Vasiliki, Leucade ; plongée simple 50 €, plongée initiation 60 €, cours PADI open-water 460 €, sorties de snorkeling avec déj 60 € ; mai à début oct)

Boschetto Hotel
Voir p. 581 (26450 20244 ; www.boschettohotel.com ; Dairpfeld 1, Lefkada, Leucade)

Mira Resort
Voir p. 582 (26450 24967, SMS uniquement 697 707 5881 ; www.miraresort.com ; Tsoukalades, Leucade ; mai-oct)

Pension Holidays
Voir p. 581 (694 613 3595 ; pensionholidays.business.site ; Vasiliki, Leucade)

Pirofani
Voir p. 581 (26450 25844 ; www.pirofanilefkada.com ; Dairpfeld 10, Lefkada, Leucade)

Vasiliki Blue
Voir p. 581 (26450 31602 ; www.vasilikiblue.gr ; Vasiliki, Leucade)

Cape of Lefkatas
Voir p. 582 (26450 33149 ; www.lefkatas.gr ; Athani, Leucade ; plats 9-17 € ; 13h-23h mai-sept)

Gogos Gefsis
Voir p. 581 (26453 00509 ; mezedopoleioleykada.business.site ; Ioannou Mela 149 ; plats 7-13 € ; 9h-minuit)

Nissi
Voir p. 581 (694 526 6647 ; www.facebook.com/nissilefkada ; Plateia Ethnikis Antistaseos, Lefkada, Leucade ; plats 10-19 € ; 8h30-minuit)

T'Agnantio
Voir p. 582 (26450 97383 ; tagnantio.gr ; Agios Nikitas, Leucade ; plats 8-16 € ; 12h-tard avr-oct)

Thymari
Voir p. 581 (26450 22266 ; www.thymari-lefkada.gr ; Pinelopis 19, Lefkada, Leucade ; plats 18-32 € ; 19h-23h mai-oct)

Vagelaras
Voir p. 581 (26450 31224 ; Vasiliki, Leucade ; plats 9-18 € ; 13h-22h30)

CÉPHALONIE

Cephalonia Botanica
Voir p. 586 (26710 24866 ; focas-cosmetatos.gr/garden_en.html ; Argostoli ; 9h-14h mai-oct)

Grotte de Drogarati
Voir p. 588 (26740 23302 ; Sami ; tarif plein/réduit 5/3 € ; 10h-17h juin-sept, horaires réduits en basse saison)

Grotte de Melissani
Voir p. 588 (26740 22997 ; Karavomilos ; tarif plein/réduit 7/3 € ; 9h-19h mai-oct, horaires réduits en basse saison)

Kastro Agios Georgios
Voir p. 586 (26710 27546 ; odysseus.culture.gr ; Peratata ; 8h30-15h30 mer-lun)

Moni Agios Gerasimos
Voir p. 586 (26710 86045 ; Omala ; 4h-13h et 15h30-18h)

Musée d'Histoire et d'Art populaire Korgialenio
Voir p. 586 (26710 22583 ; odysseus.culture.gr ; Ilia Zervou 12, Argostoli ; tarif plein/réduit 3/1,50 € ; 9h-14h lun-ven)

Fiskardo Divers
Voir p. 586 (697 020 6172 ; www.fiskardo-divers.com ; Fiskardo ; cours 3 heures débutant à partir de 65 €, cours PADI open-water 4 jours 390-480 € ; 9h30-14h et 17h-19h lun-sam, à partir de 10h30 dim)

Odyssey Hotel
Voir p. 587 (26740 61089 ; hotelodyssey.gr ; Agia Evfymia)

Boulangerie d'Ellie
Voir p. 585 (26740 41127 ; Fiskardo ; plats 9-16 € ; 9h-tard)

Eleni's Olive Garden
Voir p. 587 (Agios Nikolaos ; plats 6-10 € ; 9h-17h)

Irida
Voir p. 585 (26740 41343 ; Fiskardo ; plats 10-30 € ; 8h-23h30 jeu-mar, 10h30-23h30 mer)

Kastro Café
Voir p. 586 (26710 69367 ; Peratata ; plats 6-10 € ; 9h30-18h30)

Ladokolla
Voir p. 586 (26710 25522 ; barbecue-restaurant-230.business.site ; Kalypsous Vergoti 2, Argostoli ; plats 2-11 € ; 12h-1h30)

Paradise Beach
Voir p. 587 (26740 61392 ; www.paradisebeachtaverna.com ; Agia Evfymia ; plats 9-25 € ; 12h-23h mi-avr à mi-oct)

Platanos
Voir p. 586 (26740 51143 ; Assos ; plats 8-18 € ; 9h-minuit Pâques-oct)

Tassia
Voir p. 585 (26740 41205 ; www.tassia.gr ; Fiskardo ; plats 11-21 € ; 12h-2h mai-oct, 16h-1h nov-avr)

Taverna Patsouras
Voir p. 586 (26711 02960 ; www.facebook.com/TavernaPatsouras ; Antoni Tritsi, Argostoli ; plats 8-14 € ; 11h-22h)

Tzivras
Voir p. 586 (26710 24259 ; Vandorou 1, Argostoli ; plats 8-10 € ; 10h-17h15)

Coopérative des producteurs de robola de Céphalonie
Voir p. 587 (26710 86301 ; www.orealios.gr/en ; Omala ; 9h-21h tlj, juil-août, jusqu'à 18h sept-juin)

Gentilini
Voir p. 587 (26710 41618, 698 863 3929 ; gentilini.gr ; Miniès ; visite et dégustation à partir de 10 € ; 11h-20h mai-sept, 11h-18h30 oct)

ITHAQUE

Musée archéologique
Voir p. 591 (26740 31305 ; Stavros, Ithaque ; 3 €/pers ; 8h30-15h30 mer-lun)

Odyssey Diving & Sea Kayaking
Voir p. 590 (694 818 2655 ; outdoorithaca.com ; Vathy, Ithaque ; 9h-20h mi-avr à mi-oct)

Hotel Familia
Voir p. 590 (26740 33366 ; www.hotel-familia.com ; Odysseos 60, Vathy, Ithaque)

Perantzada 1811
Voir p. 590 (26740 33496 ; www.perantzadahotel.com ; Odyssea Androutsou, Vathy, Ithaque ; Pâques à mi-oct)

Trehantiri
Voir p. 590 (26740 33444 ; Vathy, Ithaque ; plats 8-13 € ; 12h-minuit)

ZANTE

Église de Saint-Dionysios
Voir p. 594 (26950 28683 ; tarif musée plein/réduit 1 €/gratuit ; Laskareos 1, Zakynthos ; 9h-13h et 16h30-21h)

Forteresse vénitienne
Voir p. 594 (26950 48099 ; odysseus.culture.gr ; tarif plein/réduit 4/2 € ; Zakynthos ; 8h-20h tlj été, 8h30-15h30 lun et mer-sam reste de l'année)

Logothetis Organic Farm
Voir p. 594 (26950 35106 ; www.logothetisfarm.gr ; Vasilikos ; 10h-21h)

Musée byzantin
Voir p. 594 (26950 42714 ; odysseus.culture.gr ; Plateia Solomou, Zakynthos ; tarif plein/réduit 4/2 € ; 8h30-15h30 lun et mer-sam)

Parc national marin de Zante
Voir p. 595 (26950 29870 ; www.nmp-zak.org ; 8h-17h lun-ven)

Agrilia Hotel
Voir p. 593 (26950 52288 ; agriliahotel.com ; Agrilia)

Palatino Hotel
Voir p. 593 (26950 27780 ; www.palatinohotel.gr ; Kolokotronis 10, Zakynthos)

Phoenix Hotel
Voir p. 593 (26950 42419 ; zantephoenix.gr ; Plateia Solomou 2, Zakynthos)

Logothetis Organic Farm Houses
Voir p. 595 (26950 35106 ; www.logothetisfarm.gr ; Vasilikos ; maisonnettes à partir de 80 €).

Potamitis
Voir p. 595 (26950 31132 ; potamitiszante.gr ; cap Skinari ; app/moulins à partir de 60/130 €

Boschetto Holiday Village
Voir p. 595 (6973743071 ; www.boschettovillage.gr ; Agios Leon ; villas à partir de 240 €)

Allegro
Voir p. 594 (697 926 1627 ; Keri ; plats 9-20 € ; 10h-23h mai-oct)

Cross Tavern
Voir p. 594 (697 333 4560, 26950 48481 ; Kambi ; plats 7-22 € ; 11h-23h)

Malanos
Voir p. 594 (26950 45936 ; Agiou Athanasiou 27, Keri ; plats 10-16 € ; 12h-17h et 19h-23h30)

Nobelos Bio Restaurant
Voir p. 594 (26950 31400 ; nobelos.gr ; Agios Nikolaos ; plats 24-32 € ; 8h-minuit avr-oct)

Prosilio
Voir p. 594 (26950 22040 ; www.prosiliozakynthos.gr ; A Latta 15, Zakynthos ; plats 18-34 € ; 18h-23h30 avr-oct)

Stathmos
Voir p. 594 (26950 24040 ; Filita 42, Zakynthos ; plats 10-20 € ; 9h-23h)

To Kantouni
Voir p. 594 (26950 42550 ; Logotheton 15, Zakynthos ; plats 8-11 € ; 11h-19h)

CYTHÈRE

Collection de blasons
Voir p. 598 (Kythira (Hora) ; tarif plein/réduit 2/1 € ; 9h-14h et 17h-20h mar-dim)

Musée archéologique de Kythira
Voir p. 598 (27360 39012 ; odysseus.culture.gr ; Kythira (Hora) ; tarif plein/réduit 4/2 € ; 8h-20h en été, jusque 15h reste de l'année, mer-lun)

Musée d'Art byzantin et postbyzantin
Voir p. 600 (27530 31731 ; odysseus.culture.gr ; Kato Livadi ; tarif plein/réduit 3/2 € ; 9h-16h mar-dim)

Pyrgos House
Voir p. 599 (698 986 3140 ; www.pyrgoshouse.com ; Potamos ; Hora historique 20 €, dégustation huile d'olive 20 €, excursion ferme apicole 20 € ; 10h-14h et 17h30-20h30 lun-ven, 10h-14h sam-dim)

El Sol Hotel
Voir p. 599 (27360 31629 ; www.elsolhotel.gr ; Kapsali)

Hotel Margarita
Voir p. 598 (27360 31711 ; www.hotel-margarita.com ; Kythira (Hora) ; Pâques-oct)

Nostos
Voir p. 598 (27360 31056 ; www.nostos-kythera.gr ; Kythira (Hora)

Hotel Pelagia Aphrodite
Voir p. 599 (27360 33926 ; www.pelagia-aphrodite.com ; s/d/tr avec petit-déj 90/100/140 € ; Pâques-oct)

Pyrgos House
Voir ci-contre (www.pyrgoshouse.com)

Filio
Voir p. 600 (27360 31549 ; kytherafilio.gr ; Kalamos ; plats 8-12 € ; 16h-minuit)

Kaleris
Voir p. 600 (27360 33461 ; Agia Pelagia ; plats 8-12 € ; 13h-minuit avr-oct)

O Manolis
Voir p. 600 (27360 38230 ; www.manolis-kythira.gr ; Diakofti ; plats 8-20 € ; 13h-minuit mai-sept)

Panaretos
Voir p. 600 (27360 34290 ; panaretos-kythira.gr ; Potamos ; plats 9-16 € ; 12h-23h45)

Pierros
Voir p. 600 (27360 31014 ; Livadi ; plats 6-11 € ; 12h30-16h et 19h-minuit)

Platanos
Voir p. 600 (27360 33397 ; platanos-kythira.gr ; Mylopotamos ; plats 7-14 € ; 13h-minuit avr-oct)

Skandeia
Voir p. 600 (27360 33700 ; www.skandeia.gr ; Paleopoli ; plats 9-15 € ; 13h-22h30)

Île de Zante (p. 592)

Trattamento
Voir p. 600 (2736 037226 ; www.facebook.com/trattamento.gr/ ; plats 9-12 € ; 12h-23h)

Zorba's
Voir p. 598 (27360 31655 ; Kythira (Hora) ; plats 9 € ; 19h30-0h30)

Fox Anglais
Voir p. 599 (27360 31458 ; Kapsali ; 12h-tard juin-sept)

Kafe Astikon
Voir p. 599 (27360 33141 ; Potamos ; 8h-tard)

Kokkina Spaleto
Voir p. 599 (27360 31968 ; Frilingianika ; 17h-2h ven-sam, 13h-minuit dim)

Aquarium
Voir p. 601 (697 728 7741 ; Kythira (Hora) ; 10h-21h)

Borse
Voir p. 601 (698 090 6058 ; Kythira (Hora) ; 10h-14h et 18h-23h)

Natural World
Voir p. 601 (697 833 0852 ; www.naturalworldkythira.gr ; Kythira (Hora) ; 9h30-14h et 18h-minuit)

Sempreviva
Voir p. 601 (27360 31950 ; www.pothitiveneri.gr ; Kythira (Hora))

Sochora Boutique
Voir p. 601 (27360 31347 ; sochora.gr ; Kythira (Hora) ; 9h-22h)

CARNET PRATIQUE

Ce chapitre présente toutes les informations pratiques essentielles dont vous aurez besoin pour voyager en Grèce.

Paxos (p. 577)

Arriver en Grèce

La Grèce est facilement accessible par voie aérienne ou maritime, et plus encore en été lorsque le pays s'ouvre largement au tourisme. L'**aéroport international Eleftherios Venizelos d'Athènes** (www.aia.gr) est la principale porte d'entrée dans le pays. Il se situe à Spata, à 27 km à l'est de la ville, et ne comporte qu'un seul terminal. L'aéroport est desservi par de nombreuses compagnies aériennes régulières et low cost. Rejoindre le pays par voie terrestre (train ou voiture) nécessite plus de préparation.

AUTRES POINTS D'ENTRÉE

Aéroport international de Thessalonique-Macédoine (SKG ; www.thessalonikiairport.com). À 15 km au sud-est de Thessalonique. Outre la compagnie grecque **Aegean Airlines** (aegeanair.com), nombre de compagnies étrangères assurent des vols intérieurs et internationaux depuis/vers Thessalonique.

Aéroport international de Diagoras (RHO ; www.rho-airport.gr). Il se situe près de Paradisi, à 14 km de la ville de Rhodes. Parmi les compagnies desservant cet aéroport, citons **Aegean Airlines** (aegeanair.com), **Olympic Air** (www.olympicair.com), **Sky Express** (skyexpress.gr) et **Transavia** (transavia.com).

Aéroport de Corfou (www.corfu-airport.com). Il se situe à l'extrémité sud-ouest de la ville et est desservi par des compagnies low cost comme **Easyjet** (www.easyjet.com) et **Transavia** (www.transavia.com) en saison.

Aéroport international de Santorin (JTR ; www.santoriniairport.com). Cet aéroport des Cyclades est desservi par des compagnies aériennes comme **Volotea** (www.volotea.com), qui assurent des liaisons en haute saison avec des villes européennes, telles que Rome, Genève ou Marseille.

Train et bus Pour rejoindre la Grèce en train (ou en bus), vous passerez par la péninsule des Balkans et la Croatie, la Serbie et la Macédoine du Nord. Il est également possible de faire la traversée en bus au départ de la côte est de l'Italie. Ainsi, depuis Bari, un ferry fait le voyage de nuit jusqu'à Patras, dans le Péloponnèse. Ensuite, Athènes n'est qu'à 3 heures de train ou de bus. Les forfaits ferroviaires internationaux sont pratiques : **InterRail Pass**, **Eurail Pass** ou **Pass Flexi Balkan** permettent d'effectuer des voyages en Europe dans une période donnée.

Voiture Les adeptes de la route pourront rouler jusqu'en Grèce en voiture, même si le trajet est long, près de 3 000 km depuis Paris ! Prenez votre temps, et vous pourrez profiter des paysages et découvrir des pays. Par la route (sans l'option ferry), vous pourrez passer par Genève, Milan, Vérone, Venise, Zagreb (Croatie), Belgrade (Serbie), Skopje (Macédoine du Nord) avant d'arriver à Thessalonique. Renseignez-vous auprès de votre ambassade et assurez-vous d'avoir vos papiers en règle avant de passer les postes-frontières par voie de terre. Le trajet sera un peu plus long, mais vous ferez moins de kilomètres, en embarquant dans un ferry à Bari, dans le sud de l'Italie : à Milan, dirigez-vous vers Bologne puis suivez la côte adriatique jusqu'à Ancône puis Bari, d'où les ferrys rallient Athènes en passant par le port de Patras, au nord du Péloponnèse, avant d'accoster au Pirée.

Ferry Il peut être judicieux de rallier la Grèce par bateau. Vous pouvez gagner un port italien (Ancône, Bari, Brindisi ou Venise) et prendre un ferry pour la Grèce continentale ou une grande île de la mer Ionienne, comme Corfou. Il existe des liaisons maritimes au départ d'Ancône, de Bari, de Brindisi ou de Venise vers Corfou/Patras/Igouménitsa. Le trajet le plus court, vers Corfou, prend 6 heures 30. Si vous vous trouvez en Turquie, vous pouvez rallier une île du Dodécanèse depuis Bodrum ou Marmaris. En été, les ferrys sont souvent complets. Il est indispensable de réserver tôt, en particulier si vous prévoyez d'embarquer votre véhicule.

À L'ARRIVÉE

La Grèce est un pays membre de l'espace Schengen. Pour entrer, les Français, les Belges et les Suisses doivent simplement présenter une carte d'identité ou un passeport valide.

À l'arrivée, les citoyens de nombreux pays à l'extérieur de l'UE, y compris les Canadiens, devront présenter un passeport valable au moins 3 mois après la date de leur départ.

Les mineurs non accompagnés de leurs parents devront fournir une autorisation parentale de sortie de territoire, délivrée par les mairies et les commissariats.

Rejoindre le centre d'Athènes depuis l'aéroport

- **Métro** La ligne 3 (bleue) du métro rejoint le centre d'Athènes. Des trains partent de l'aéroport toutes les 30 minutes, entre 6h30 et 23h30, toutes les 30 minutes. L'aller simple/aller-retour (10/17 €) est valable 7 jours. Vous mettrez environ 50 minutes pour rejoindre la place de Monastiraki, au centre-ville. Pour rejoindre l'aéroport, des trains quittent Monastiraki entre 5h40 et 23h.
- **Bus** Le bus X95 se rend jusqu'à Syntagma, au cœur d'Athènes, toutes les 20 à 30 minutes, 24h/24. Le trajet prend entre 1 heure et 1 heure 30, en fonction de la circulation. À l'aéroport, achetez vos billets (6 € ; uniquement valides dans ces bus) au kiosque près des arrêts.
- **Taxi** Les courses de l'aéroport au centre-ville font l'objet d'un tarif fixe : 40/55 € de jour/nuit (péages compris). Comptez environ 45 minutes. Pour aller au Pirée (1 heure), vous paierez 50/60 € de jour/nuit. Le tarif de nuit dépend de l'heure d'arrivée et non de prise en charge. Pour réserver un taxi, contactez Welcome Pickups (www.welcomepickups.com).

À la frontière

Les contrôles aux frontières, notamment dans les aéroports, sont généralement succincts. Des contrôles inopinés contre la contrebande sont parfois effectués, surtout aux frontières terrestres.

Visas

Les Canadiens et autres ressortissants hors-UE peuvent séjourner 3 mois en Grèce sans visa. Pour prolonger leur séjour, ils devront se procurer un visa à l'ambassade grecque de leur pays d'origine.

Cartes SIM

Les forfaits des voyageurs européens fonctionnent en Grèce. Les Nord-Américains doivent être équipés de téléphones bi ou tri-bandes et pourront acheter des cartes SIM auprès de Cosmote, Vodafone et Wind.

Wi-Fi

La plupart des hôtels, de nombreux cafés et certains restaurants offrent le Wi-Fi. En ville, on trouve parfois le Wi-Fi gratuit dans les zones commerçantes et les espaces de restauration.

De l'aéroport au centre-ville

	BUS	MÉTRO/TRAIN	TAXI
Athènes	1 heure 6 €	50 min 10 €	45 min 40-55 €
Thessalonique	50 min 2 €	N/A	25 min 30 €
Rhodes	25 min 2,60 €	N/A	30 min 25 €

LIAISONS MARITIMES INTERNATIONALES

Saranda (Albanie)-Corfou 30-70 minutes

Bari (Italie)-Patras 16 heures

Brindisi (Italie)-Igouménitsa 9-10 heures

Venise (Italie)-Patras 31-32 heures

Bodrum (Turquie)-Kos 45 minutes

Marmaris (Turquie)-Rhodes 9-10 heures

Comment circuler

La Grèce propose un réseau étendu de vols intérieurs et de ferrys. Les bus Intercités sont réguliers, abordables et climatisés. La voiture reste plus pratique pour l'exploration.

BUDGET

Location de voiture
35-45 €/jour

Location de mobylette
35-45 €/jour

Essence
Environ 1,98 €/litre

Billet de ferry Mykonos-Santorin
90 €

Louer une voiture

La voiture reste un excellent moyen de découvrir la Grèce hors des sentiers battus. Des agences de location ont pignon sur rue partout, sauf sur les îles les plus petites. Les prix sont assez raisonnables et permettent d'explorer librement, mais faites attention sur la route. La circulation peut être très dense sur certaines îles, et les places de parking manquent en été. Il existe des liaisons régulières (mais coûteuses) par car-ferrys vers la plupart des îles grecques.

Les permis de conduire européens sont valables en Grèce. Pour les conducteurs non européens, un permis international (à demander dans votre pays) est nécessaire ; les agences de location vous le demanderont, tout comme la police lors des contrôles routiers. Gardez-le sur vous avec votre permis classique.

SÉCURITÉ ROUTIÈRE

L'état des routes principales s'est grandement amélioré ces dernières années. Toutefois, sur les îles, beaucoup de routes ne sont pas goudronnées. La chaussée a tendance à s'éroder et à s'affaisser, et les routes de montagne connaissent des chutes de pierres, voire de neige en hiver. Sur les routes à voie unique, les camions lents se déportent souvent sur la droite pour permettre aux conducteurs de les dépasser, et ce malgré le trafic en sens inverse.

CODE DE LA ROUTE

Conduite à droite.

50

Limite de vitesse : 50 km/h en agglomération, 120 km/h sur l'autoroute et 90 km/h sur les autres routes.

0,5

Comme en France, le taux d'alcoolémie maximum autorisé est de 0,5 g/l

Bateau

Le réseau maritime grec comprend des catamarans, des ferrys modernes bien équipés et des bateaux de nuit avec cabines. Les départs sont parfois retardés en fonction de la météo (il s'agit d'une mesure de sécurité). Les horaires et tarifs sont communiqués juste avant le début de la saison. Si les ferrys desservent régulièrement les principales destinations l'été, les services sont réduits entre mi-octobre et Pâques, voire cessent complètement. Pendant la saison touristique, réservez tôt.

Les compagnies de ferrys disposent de bureaux dans les îles. Les grandes compagnies entrent en concurrence (et semblent fusionner et défusionner) régulièrement.

Rejoindre une croisière voguant dans la mer Égée permet de visiter des îles et villes grecques. Si les paquebots ont des airs de stations balnéaires flottantes, ce n'est pas le cas d'un bateau accueillant moins de 50 passagers.

À SAVOIR

Itinéraires et réservations en ligne sont disponibles sur greekferries.gr (une application existe également). Le site couvre les îles grecques ainsi que les ferrys entre la Grèce et l'Italie.

Moto et scooter

Les locations de mobylettes, motos ou scooters sont très répandues. La plupart des engins sont en bon état. Un permis doit être présenté pour conduire un deux-roues de la catégorie choisie pour tous les véhicules dépassant 50 cm². Le port du casque est obligatoire et les agences sont tenues de vous en proposer un.

Taxi

Les taxis ne manquent pas en Grèce, excepté sur les îles très petites ou isolées. Les tarifs sont corrects par rapport au reste de l'Europe, offrant ainsi une bonne alternative à la location si vous ne souhaitez pas explorer ou chercher de place de parking. À Athènes, les applications Beat et Uber peuvent se révéler utiles.

Bus

Le réseau de bus est étendu et les tarifs sont bas. Les villes continentales sont fréquemment reliées à Athènes. Les îles de Corfou, Céphalonie et Zakynthos le sont aussi (le trajet en ferry est en général inclus dans le prix du billet). Pour les villages, les départs se font tôt le matin et les retours en fin d'après-midi.

DISTANCES ROUTIÈRES (KM)

	Alexandroupolis	Athènes	Corinthe	Édessa	Florina	Igouménitsa	Ioannina	Kalamata	Kastoria	Kavala	Lamia	Larissa	Monemvassia	Nauplie	Patras	Pyrgos	Sparte	Thessalonique	Trikala	Tripoli
Athènes	854																			
Corinthe	884	84																		
Édessa	427	569	596																	
Florina	497	592	251	353																
Igouménitsa	816	473	393	380	353															
Ioannina	702	447	364	298	320	96														
Kalamata	1 055	284	175	767	763	501	467													
Kastoria	535	489	519	108	67	286	204	690												
Kavala	177	682	655	250	320	615	525	878	358											
Lamia	643	214	244	355	360	353	263	415	274	466										
Larissa	493	361	389	218	231	309	209	561	239	323	151									
Monemvassia	1 156	350	266	869	855	613	579	156	756	976	505	655								
Nauplie	947	165	63	659	664	482	427	163	582	770	307	455	215							
Patras	828	220	138	567	513	281	247	220	483	664	193	341	332	201						
Pyrgos	924	320	234	636	643	367	347	119	542	747	284	432	275	208	96					
Sparte	1 025	225	145	737	759	517	483	60	660	848	385	533	96	119	236	180				
Thessalonique	349	513	544	89	159	452	362	715	220	169	303	154	807	610	488	584	711			
Trikala	554	330	356	227	233	247	148	520	159	377	115	62	597	419	310	400	501	216		
Tripoli	964	194	110	713	681	457	430	90	639	820	324	472	157	81	176	155	61	624	466	
Volos	556	326	355	278	293	371	271	518	301	383	115	62	620	417	308	408	524	214	124	435

D'île en île

Apercevoir la rive baignée de soleil depuis le pont d'un ferry, caboter d'un port à l'autre : prendre le ferry promet une myriade d'expériences. En Grèce, voguer d'île en île fait déjà partie de l'aventure, et un minimum d'organisation en amont facilitera grandement votre périple.

QUAND PARTIR

Pour une météo idéale, moins de monde et des départs en ferry fréquents, visez la période entre la Pâque orthodoxe et fin mai, ou de septembre à mi-octobre. De juin à fin août, la mer sera plus chaude et le soleil brûlant, mais vous devrez composer avec de nombreux autres touristes, des prix plus élevés, et le meltem (vent du nord sec) qui peut perturber les horaires des ferrys.

Avant de partir, il est bon de consulter les calendriers locaux pour obtenir les dates des *panigyria* (fêtes des saints). Ces manifestations culturelles peuvent affecter les départs des ferrys comme les horaires d'ouverture des sites, et attirer la foule.

Enfin, en hiver, plusieurs lignes de ferrys s'arrêtent complètement, et certains hôtels et restaurants ferment pour la saison.

Le b.a.-ba du ferry

Desservant toutes les îles grecques habitées, le réseau maritime grec peut être complexe. Des ferrys rapides couvrent les itinéraires les plus fréquentés, mais les billets sont plus chers. Ferrys locaux, bateaux de croisière et petits caïques relient les îles voisines entre elles. Les catamarans peuvent réduire sensiblement la durée de voyage et craignent moins le mauvais temps.

La plupart des compagnies de ferrys proposent la réservation en ligne. En été, réservez les ferrys rapides, ou de nuit, au moins cinq jours en avance.

Choisir l'avion

Si vous souhaitez vous concentrer sur une ou certaines îles d'une même zone géographique, un vol domestique depuis Athènes vous épargnera du temps et de l'argent. En haute saison, certaines îles sont desservies par des vols internationaux.

SITES UTILES

Greekferries
Horaires de ferrys, hébergement et séjours avec étapes.
greekferries.gr

Open Seas
Moteur de recherche fiable pour les itinéraires et horaires.
openseas.gr

Ferrys
La plus grande base de données de Grèce.
ferries.gr

Ferryhopper
Bon comparateur d'horaires de ferrys.
ferryhopper.com

Les aléas de la tournée des îles

- La mer peut être agitée, n'oubliez pas votre traitement si vous êtes sujet au mal de mer. Fixez votre regard vers l'horizon, pas sur les flots. Restez sur le pont, ne lisez pas, et n'utilisez pas de jumelles. Évitez les hydrofoils où l'on reste enfermé.
- Les horaires de ferrys changent fréquemment, même pour des trajets prépayés. Le mauvais temps ou les mouvements sociaux peuvent causer des retards et des annulations de dernière minute. Conservez un peu de marge si possible.
- En donnant votre numéro de téléphone à l'achat de vos billets, vous serez informé en cas de retard, ou téléchargez une application de suivi en temps réel comme MarineTraffic.
- Vérifiez bien la destination de votre ferry avant d'embarquer. Les bateaux se succèdent rapidement et se ressemblent tous.

Billets, classes et cabines

Un billet de classe "deck" ne donne accès qu'au pont et à l'intérieur du bateau, sans couchette ni cabine. À moins d'en faire la demande, c'est ce type de billet qui vous sera proposé à l'achat. Pour disposer d'un siège inclinable ou d'une cabine privée avec salle de bains, les prix sont plus élevés.

Une place en cabine sur un ferry de nuit entre Le Pirée et Rhodes peut coûter plus cher qu'un billet d'avion d'une compagnie low cost, mais votre empreinte carbone sera largement réduite. Prenez le temps de comparer les options à votre point de départ, les prix, les temps de trajet, le niveau de confort... et votre envie de prendre la mer.

Conseils de voyage

Pour voyager d'île en île et passer quelques jours sur deux ou trois d'entre elles, comptez de 10 jours à trois semaines de voyage. Prévoyez au moins une demi-journée pour chaque trajet en ferry afin d'anticiper d'éventuels retards et voyager sans stresser.

Au départ d'Athènes, on rejoint les îles du golfe Saronique en 2 heures, et les Cyclades en 3 à 4 heures. Quant au ferry de nuit qui se rend à Patmos dans le Dodécanèse, il prend de 7 à 12 heures.

TROUVER SON ÎLE

Cyclades Des îles grecques comme on les imagine, avec leurs villages immaculés et leurs églises aux dômes bleus. L'archipel comprend 27 îles, dont Mykonos et Santorin (Thera). Leur proximité permet de passer d'île en île aisément.

Îles Ioniennes Au large de la côte ouest de la Grèce, ces 14 îles se démarquent par leurs influences italiennes, visibles dans l'architecture, la gastronomie et les vignobles. Corfou est la plus connue de ces îles, avec ses collines de cyprès et ses criques de sable.

Îles du golfe Saronique Proches d'Athènes, ces îles sont populaires chez les Athéniens en week-end, moins par les touristes. Des 6 îles, Hydra et Spetsès sont les plus fréquentées.

Dodécanèse Rhodes est la plus connue de cet archipel de 18 îles, reliées entre elles par des catamarans. Rhodes vous transportera au Moyen Âge, et c'est à Patmos que saint Jean aurait reçu ses révélations divines. À découvrir sur d'autres îles : caldeiras fumantes, épaves sous-marines et itinéraires à vélo.

Sporades Quatre îles alliant paysages verdoyants et superbes plages de sable, où fut tourné le film *Mamma Mia !* Sports aquatiques, randonnée, traditions artistiques... à l'écart de l'agitation urbaine.

Îles du nord-est de la mer Égée Théâtre de l'histoire de la Grèce moderne, ces 9 îles proches de la Turquie offrent une expérience authentique et rustique. Les envoûtantes *panigyria* (fêtes) d'Icarie valent le détour à elles seules.

Argent

MONNAIE : Euro (€)

Cartes bancaires

Visa et MasterCard sont couramment acceptées, et Cirrus et Maestro le sont aussi en ville et sur les sites touristiques. Sauf exception, les commerçants sont tenus d'accepter le paiement par carte.

Taxes

La Grèce est l'un des pays les plus taxés d'Europe. La TVA est de 24%, mais descend à 13% pour les hôtels, l'alimentation et les médicaments. Les prix s'entendent TVA comprise.

Distributeurs automatiques (DAB)

Les DAB sont omniprésents, avec retraits à la journée limités selon les banques. Les distributeurs Euronet sont parfois le seul choix disponible ; notez qu'ils facturent une commission élevée. Prévoyez des espèces en cas de panne de DAB.

Pourboires

Restaurants Le service est inclus dans l'addition mais les pourboires sont appréciés (arrondissez le total ou laissez 10%).

Taxis Arrondissez au montant supérieur. Le supplément par bagage ne compte pas comme un pourboire..

Hôtels Les porteurs apprécient les petits pourboires (environ 1 €).

COMBIEN COÛTE...

Un *gyros*
2-3 €

Une entrée au musée
4-12 €

Un verre de vin
2,5-4 €

Un repas au restaurant
23-35 €

BONS PLANS...

Camping Card International (campingcard international.com) Jusqu'à 25% d'économie.

Carte jeunes européenne (eyca.org) Remises de 20% pour les -26 ou 31 ans.

Carte d'étudiant internationale (isic.fr) 50% dans les musées et sites historiques.

Carte seniors Réductions sur les sites historiques, musées, bus et trains.

À SAVOIR

Depuis quelques années, on assiste à la renaissance de la culture du vin à Athènes et au-delà. Sensibles aux prix, les habitants ont délaissé les grands restaurants au profit de bars à vins servant fromages et charcuteries. Cette tendance ne montre aucun signe d'essoufflement.

LA RENAISSANCE VERTE DE LA GRÈCE

La crise économique de 2008 vit la dette publique de la Grèce imploser. Son économie diminua d'un quart, les revenus d'un tiers, et le chômage atteignit jusqu'à 28%. Des mesures drastiques furent imposées par l'Union européenne en échange d'un plan de sauvetage sous forme de prêts. Cette période difficile ne s'est achevée qu'en août 2022, après une année record pour le tourisme, dépassant les 19 milliards de bénéfice de 2019. Avec une croissance estimée à 3,1% en 2023, le futur de la Grèce semble enfin plus stable. Son plan de relance, élaboré par l'économiste nobélisé Christopher Pissarides, mise sur une transition vers une économie ouverte et écoresponsable. Les travaux ont déjà commencé à Athènes (p. 654).

Hébergement

Domatia

Les *domatia* ("chambres") étaient autrefois des chambres spartiates chez l'habitant. De nos jours, beaucoup sont équipées de kitchenettes et salles de bains. Économiques, on les trouve sur la plupart des îles et à la campagne. Certaines n'ouvrent qu'entre avril et octobre. Les propriétaires de *domatia* guettent les clients à l'arrivée des bus et des bateaux.

Auberges de jeunesse

La Greek Youth Hostel Organisation (higreece.gr) rassemble des hébergements dans tout le pays, notamment à Athènes, Thessalonique et Santorin. Il n'est pas nécessaire d'être membre pour y passer la nuit, mais vous bénéficierez de 10% de réduction si vous êtes affilié. Il existe de nombreux établissements non affiliés. Les couvre-feux sont rares.

Refuges de montagne

Gérés par des clubs d'alpinisme et de ski, les refuges de montagne émaillent la Grèce continentale et Eubée. Ils vont de la petite cabane avec toilettes extérieures au gîte moderne tout confort. Les prix débutent à 10 € par personne et varient selon l'aménagement. La brochure *Greece : Mountain Refuges & Ski Centres* de l'office national du tourisme grec (visitgreece.gr) fournit des descriptifs détaillés. À consulter aussi : l'Association d'alpinisme des Balkans (mountain-huts.net).

UNE NUIT DANS...

Un dortoir d'auberge de jeunesse
10-20 €

Une *domatia*
40-80 €

Un boutique-hôtel
200 €

LOCATIONS

Les sites de location à court terme abondent en Grèce. Ils permettent de trouver des hébergements moins chers si vous comptez passer plusieurs nuits au même endroit. Consultez également les sites grecs mygreek-villa.com et prettygreekvillas.com. Une durée de séjour minimale est exigée pendant la haute saison.

Camping

La Grèce compte près de 350 terrains de camping équipés de douches chaudes, cuisines, restaurants et supérettes, voire de piscines. La plupart des terrains sont ouverts de mai à octobre, sauf dans le nord où ils restent parfois fermés jusqu'à juin. En été, emportez un double toit gris métallisé pour rester au frais et beaucoup d'antimoustique. Le camping sauvage est interdit. Consultez greececamping.gr pour plus de détails.

CHAMBRES DANS UN MONASTÈRE

La Grèce compte des dizaines de monastères, dont beaucoup mettent à disposition des chambres. Simples, voire basiques, on les trouve sur le site monastique ou dans les environs. Les règles de vie dépendent du monastère : certains prônent le silence, d'autres encouragent la prière et la méditation. Celui du mont Athos n'admet que les hommes détenteurs d'un permis spécial. On peut également loger dans certains monastères des Météores classés au patrimoine de l'Unesco.

Avec des enfants

Toutes sortes d'aventures en famille vous attendent en Grèce. Si le pays compte peu d'espaces aménagés pour les tout-petits, la richesse de sa culture, ses héros de la mythologie et ses balades en ferry promettent un voyage inoubliable. Les habitants accueillent les enfants avec plaisir, surtout s'ils parlent quelques mots de grec !

Région par région

Athènes Vestiges, parcs, musées très variés et plages à proximité.

Péloponnèse Montagne, séjour à la ferme et la plage de Voidokilia.

Dodécanèse Forteresses, châteaux, plats de pâtes et calme.

Cyclades Anciens volcans, plages et sanctuaire des dieux sur Délos.

Grèce du Nord La Chalcidique et les paisibles Ioannina et Parga.

Pratique

- Peu de restaurants (ou autres édifices publics) sont équipés pour changer les couches de bébé.
- La plupart des hôtels (sauf ceux à bas coût ou sur des îles isolées) prêtent des lits d'enfant, renseignez-vous à la réservation.
- En voiture, les sièges enfant sont obligatoires pour les moins de 12 ans mesurant moins de 135 cm. Réservez-les ou apportez le vôtre.

NOTRE SÉLECTION

Acropole, Athènes
La demeure des dieux grecs, à visiter en début de journée.

Rhodes
L'île de Rhodes et ses châteaux en ruine, perchés sur des falaises plongeant dans la mer.

Cyclades
Voguez d'île en île entre Naxos, Paros, Santorin, Délos, Iraklia et plus encore.

Nisyros
Grimpez sur son volcan en activité avant de visiter son musée.

Skyros
À la rencontre des skyros, petits chevaux de Grèce menacés de disparition.

Visites sur mesure

Éveillez la curiosité de vos enfants avec des livres jeunesse sur la mythologie. La Grèce offre des expériences qui plaisent aux petits comme aux grands, du canyoning au foulage de raisin dans un vignoble. Kids Love Greece et Mamakita proposent des voyages adaptés.

Réductions

Les trajets en ferry, bus et train sont gratuits pour les enfants de moins de 4 ans. Jusqu'à 10 ou 12 ans, le billet est à moitié prix. En avion, des réductions sont proposées pour les moins de 12 ans. Guettez les promotions annuelles d'Aegean Air.

À LA PLAGE

Les sublimes plages de Grèce seront un terrain de jeu pour les enfants. En été, certaines proposent du matériel de bodyboard, de surf, de plongée et de planche à voile à la location. On peut parfois louer des transats. Le courant peut être fort et les tombants abrupts, mais chaque île présente une face plus calme, et les habitants peuvent vous diriger vers les criques les plus sûres.

Des maîtres-nageurs surveillent les plages fréquentées en été – téléchargez l'application Safe Water Sports (safewatersports.com).

Dans les îles, on trouve de belles plages à Corfou, Rhodes, Naxos, Paros, Antiparos, Ios, Milos, Skiathos, Skópelos et Mykonos. Elles sont particulièrement agréables de fin mai à début octobre.

Santé et sécurité

EAU DU ROBINET

L'eau du robinet est généralement potable, mais ce n'est pas toujours le cas dans les petits villages et sur certaines îles. Renseignez-vous sur place en cas de doute. Même potable, certaines microbactéries contenues dans l'eau peuvent provoquer des diarrhées. De l'eau en bouteille est disponible partout, mais il vaut mieux apporter une bouteille réutilisable pour éviter de consommer trop de plastique.

Moustiques et serpents

Les moustiques peuvent être irritants, mais ne transmettent pas le paludisme. Privilégiez les hébergements aux fenêtres équipées de moustiquaires si possible. Le moustique-tigre est vorace en journée et peut transmettre certains virus, dont l'encéphalomyélite équine de l'Est. Pensez au spray répulsif.

Le seul serpent venimeux de Grèce est la vipère. Portez des chaussures hautes et un pantalon en randonnée.

Feux de forêt

De plus en plus chauds, les étés voient se succéder de fréquents et d'intenses feux de forêt. Après ceux de 2021, particulièrement dévastateurs, la Grèce a augmenté son budget pour lutter contre les incendies et mise davantage sur la prévention. Appelez le 112 si vous apercevez un départ de feu, et inscrivez-vous sur le site 112.gr/en-us pour être alerté en cas d'incendie, surtout si vous voyagez à l'est et au sud durant la saison chaude.

DROGUES

La législation grecque ne fait pas de distinction entre possession et vente de stupéfiants. Une quantité infime de marijuana peut suffire à envoyer son détenteur en prison.

RECORDS DE TEMPÉRATURE

La température la plus haute jamais enregistrée en Grèce était de 48°C en banlieue d'Athènes.

Sparte, dans le Péloponnèse, a enregistré 46°C, et Trikala, en Thessalie, 47,2°C.

Le record de température la plus basse est de -23°C, enregistré en Macédoine.

Vols et escroqueries

Des pickpockets opèrent à Omonia et dans le métro d'Athènes, ainsi que dans d'autres plaques tournantes des transports. Dans la capitale, demandez un ordre de prix avant de monter dans un taxi et vérifiez que le compteur tourne. Les conducteurs de taxi doivent fournir un reçu sur demande.

SANTÉ

Une assurance santé est essentielle si vous voyagez dans le pays. La carte CEAM (www.ameli.fr) couvre les citoyens européens pour la plupart des prises en charge. Il y a au moins un docteur sur chaque île, et les plus grandes ont un hôpital. Pour appeler une ambulance, composez le 166. Pour les permanences pharmacies, appelez le 1434 ou le 14944.

Manger et boire

LES REPAS

Proino (petit-déjeuner) Le petit-déjeuner est souvent négligé, beaucoup de Grecs se contentant d'un café, voire d'un *koulouria* (pain rond au sésame) ou d'une *tyropita* (feuilleté au fromage).

Mesimeriano (déjeuner) Le déjeuner est le repas principal de la journée, et débute autour de 13h30 ou 14h. On y déguste des plats mijotés et des soupes faites maison, avec du pain, du fromage et de la salade.

Vradino (dîner) Les Grecs dînent tard, et sont rarement à table avant le coucher de soleil en été. Les restaurants ne se remplissent pas avant 22h. Le dîner est une sorte d'agape sociale, autour d'*orektika* et d'assiettes partagées de souvlaki, de poulpe grillé et de poisson frais, sans oublier les beignets de courgette.

Où se restaurer

Taverna Conviviale, souvent spécialisée dans le poisson, la viande grillée au barbecue ou les plats familiaux.

Estiatorio Plus formel. Propose des plats traditionnels grecs ou une cuisine internationale.

Mezedhopoleio Offre un grand choix de mezze. L'*ouzerie* est similaire, mais chaque service de mezze est accompagné d'une tournée d'ouzo.

Psistaries Restaurant de grillades servant agneau à la broche, porc, chèvre, poulet ou *kokoretsi* (tripes d'agneau).

Kafeneio Une des plus anciennes traditions de Grèce. On y sert du café et des spiritueux.

COMPRENDRE LA CARTE

Orektika Amuse-bouche

Mezedhes Petites assiettes

Hortarika Salade grecque

Kyria piata Plat principal

Epidorpia Dessert

Frouta Fruit

Gylka Douceurs

Pagota Glace

Katepsymenos Congelé (les menus doivent l'indiquer pour les poissons et calamars)

Couver Charge parfois appliquée pour couvrir le pain, à table, ou le droit d'entrée

Psomi Pain

Mayirefta Plats familiaux cuits en cocotte, en marmite ou au four comme la moussaka

Souvlaki Le repas sur le pouce préféré des Grecs ; se présente sous forme de *gyros* (viande rôtie sur une broche verticale) ou de brochettes glissées dans du pain pita avec tomates, oignons et tzatziki

Spanakopita Feuilleté aux épinards

Tyropita Feuilleté au fromage

Yemista Légumes (souvent des tomates) farcis au riz

Pastitsio Gratin de pâtes au beurre et à l'émincé d'agneau

Kolokithokeftedes Beignets de courgette fraîchement préparés

Loukoumadhes Beignets en forme de boule au miel et à la cannelle

Galaktoboureko Pâte feuilletée à la crème

L'ART DE...

Déguster l'ouzo

L'ouzo est le plus fameux des alcools grecs. Fabriqué à partir de marc de raisin et parfumé à l'anis et aux autres épices, il est fabriqué uniquement en Grèce et à Chypre. Incarnant avant tout un art de vivre, on le déguste de préférence avec des mezze par un long après-midi d'été. L'ouzo se boit lentement et de façon rituelle entre deux plats pour se "rincer" le palais. On trouve d'innombrables *ouzeries* à travers tout le pays. Le meilleur ouzo serait produit sur l'île de Lesbos.

L'ouzo est généralement servi pur, sans glaçon, dans un long verre étroit appelé *kanoakia*. Les Grecs y ajoutent parfois de l'eau glacée pour en diluer l'intensité. Il devient alors d'un blanc laiteux.

COMBIEN COÛTE…

Un café
1,50-2 €

Un *gyros*
3-4 €

Une bière
5,50-8 €

Un déjeuner dans une taverne
20-25 €

Un dîner dans un restaurant étoilé
90-170 €

Une glace
1,20-1,50 €

L'ART DE…

Fréquenter une taverne

Les *tavernas* grecques sont souvent très conviviales. Le code vestimentaire est décontracté, et les Grecs mangent tard, 14h pour le déjeuner, et 21h pour le dîner.

En été ou dans les zones plus touristiques, il vaut mieux réserver ou arriver plus tôt pour obtenir une table. Une fois assis, votre serveur attachera une nappe de papier blanc à votre table. Ensuite, il y déposera un panier avec serviettes et couverts à partager, ainsi que du pain et peut-être quelques amuse-bouche. Les établissements les plus touristiques serviront une bouteille d'eau minérale (qui figurera sur l'addition). Si vous préférez l'eau du robinet, dites "*nero ap ti vrissi*".

Au moment de commander, n'oubliez pas que les Grecs partagent volontiers leurs plats : les portions sont donc conséquentes. Avec ces plats, des assiettes sont fournies pour se servir. Demandez à votre serveur quels sont les plats du jour ou les suggestions du chef, qui dépendent de la saison (et de la pêche) et ne sont pas toujours inscrites au menu.

Si le service peut sembler lent, les repas sont ici des occasions sociales, vouées à la détente. L'addition ne viendra pas avant que vous la demandiez, et les *tavernas* traditionnelles la servent avec de petites douceurs ou un digestif.

POURBOIRES

Le service est inclus dans l'addition, mais la plupart des clients laissent 10 à 15% de pourboire ou arrondissent la note pour obtenir un chiffre rond.

VARIATIONS RÉGIONALES

Athènes Vendeurs ambulants, *tavernas* familiales et restaurants chics. Le souvlaki est le plat de restauration rapide par excellence, les mezze sont plus raffinés, et le poisson cuit à la perfection.

Grèce du Nord Spécialités à base de poivrons, d'épices de beurre, servis dans de petites assiettes. Le *yiaourtlou* (kebab de bœuf servi dans un pain pita avec du yaourt), les *loukoumi* et autres douceurs ottomanes témoignent de l'influence turque.

Attique et Grèce centrale Connues pour le retsina, l'ouzo, les pistaches, les nouilles, les oursins farcis et le stockfish accompagné de *skordalia* (patates et ail). Les desserts incluent le *kadefi* (rouleaux aux noix) et le *galakto-boureko* (gâteau au lait).

Péloponnèse Spécialités riches en herbes aromatiques, *ladhera* (plats paysans végétariens), porc, et les fameuses olives Kalamata.

Cyclades Cuisine à base de haricots et de légumineuses. Le *fava* (purée de fèves) et le *revythadha* (ragoût de pois chiches) sont très appréciés, tout comme les saucisses et le fromage.

Îles Ioniennes Les influences vénitiennes se retrouvent dans le bœuf braisé aux épices, les *pastitsadha au coq* (pâtes à la sauce tomate), le *sofrito* (veau braisé en sauce) et le *youvetsi me arnaki* (gratin d'orzo et d'agneau).

Corfou L'île s'est réapproprié les recettes de plats de pâtes transmises par les Italiens. Goûtez son excellent *makarounes* au fromage et aux oignons.

Voyage responsable

Athènes invisible

L'association **Shedia Home** (p. 77) essaie d'autonomiser les sans-abri et les victimes d'exclusion sociale. Leur café-bar-restaurant-boutique dans le centre d'Athènes est une vraie pépite.

L'île verte

Au fil des années, Tilos s'est imposée en tant que première "île verte" de Méditerranée, adoptant l'énergie renouvelable et le transport électrique, et éliminant les sites d'enfouissement des décharges. Sa réserve naturelle est un refuge pour les oiseaux.

Turtle Love

Les plages du Péloponnèse ne sont pas investies par les touristes : les tortues y creusent également leurs nids, protégées par l'association **Archelon** (archelon.gr).

Pavillon Bleu

Les plages de Grèce figurent parmi les plus propres d'Europe : 581 d'entre elles ont obtenu le label Pavillon Bleu en 2022. Le gouvernement s'est engagé à réduire sa consommation de plastique de moitié d'ici 2030, aidé par **Common Seas** (commonseas.com).

Marcher dans les sillages

Depuis 36 ans, **Trekking Hellas** (trekking.gr) propose des randonnées au cœur de la campagne grecque. Cette organisation, composée de guides locaux, œuvre à promouvoir les communautés rurales aussi durablement que possible.

Un musée sous les flots

Niché autour d'une épave historique, le musée sous-marin de Peristera accueille des plongeurs depuis 2020, devenant ainsi la figure de proue de son économie "bleue". Trois autres musées ont ouvert en 2022, en Thessalie, autour des épaves de Kikinthos, de Tilegrafos et de Glaros.

ASSOCIATIONS

- **L'association Messolonghi by Locals** (messolonghi bylocals.com ; p. 199) promeut l'écotourisme et crée des itinéraires culturels.
- **Wise Greece** (wisegreece.com) verse une partie de ses profits à des personnes dans le besoin.
- La très populaire **F-Zein Active** (active.com.gr) planifie et organise de passionnantes activités en pleine nature.
- **The Bee Camp** (thebeecamp.com) est la première organisation de Grèce dédiée à la sauvegarde de ses abeilles.

VOYAGES ET CHANGEMENTS CLIMATIQUES

L'impact des voyages sur l'environnement est aujourd'hui bien connu, et impose de faire ce qui est en notre pouvoir pour le limiter. Lonely Planet recommande ainsi aux voyageurs de se renseigner sur l'empreinte carbone de leurs déplacements. Divers outils en ligne permettent de calculer les émissions de CO_2 générées par chaque trajet, notamment celui de l'Ademe. De nombreuses plateformes de réservation et compagnies aériennes proposent de compenser leurs émissions de gaz à effet de serre par une contribution financière à des projets respectueux de l'environnement, partout dans le monde. Chez Lonely Planet, nous continuons à compenser l'empreinte carbone de tous nos auteurs, tout en étant conscients que ce n'est qu'une solution partielle.

Scannez pour accéder au calculateur d'émissions de carbone de l'Ademe.

Voyageurs LGBTQI+

Les unions (mais pas les mariages) de personnes du même sexe sont reconnues depuis 2015, et l'attitude envers la communauté LGBTQI+ s'est ouverte dans le pays. Malgré cela, l'Église orthodoxe exerce toujours une influence importante sur l'opinion publique, notamment en ce qui concerne la sexualité. Les attitudes peuvent être moins tolérantes loin des grandes villes et de certaines îles.

Quartiers gays

La Grèce reste une des destinations les plus prisées par la communauté LGBTQI+. À Athènes (p. 86), rendez-vous au BEqueer pour applaudir Chraja et Filothei, deux de ses drag-queens de légende. Mykonos est très appréciée pour ses bars, ses plages et sa culture hédoniste, et Skiathos pour ses petites adresses. L'île de Lesbos (Mytilène), où a vu le jour la poétesse lesbienne Sappho, est devenue un lieu de pèlerinage pour les homosexuelles. Quant à Santorin, Ios, Thessalonique, Zakynthos et Koufonissia, elles sont tout aussi accueillantes, mais plus discrètes.

CHANGER LES ESPRITS

L'homosexualité est de plus en plus largement acceptée en Grèce. Quand ILGA-Europe, chargée d'évaluer les droits LGBTQI+, a publié son rapport en 2022, la Grèce était classée 19e sur 49, et le pays présentait également d'importantes améliorations relatives aux droits LGBTQI+. À consulter sur rainboweurope.org.

L'ÎLE ROSE

Mykonos est une destination très en vue de la communauté gay, qui se rue vers ses plages, ses hôtels design et sa vie nocturne endiablée. À l'épicentre du Mykonos LGBTQI+, il y a Super Paradise et la plage d'Elia. XLSIOR est un festival de référence. Les hôtels Elysium et Geranium ne sont pas en reste.

Saison des fiertés

La Gay Pride d'Athènes est peut-être plus sage qu'ailleurs en Europe, mais son défilé est très amusant. Thessalonique et Patras organisent aussi leurs Prides. Tous les étés à Mykonos se déroule le mythique festival de clubbing gay XLSIOR (xlsiorfestival.com), et sur Lesbos, la ville de Skala Eresou organise le Festival international des femmes (womensfestival.eu) chaque année en septembre.

LA "QUEER ARCHIVE"

Cette maison de production athénienne encourage le développement de la culture "queer", explorant tous ses aspects à travers différents projets artistiques, conférences et ateliers. Au mois de mai, elle s'associe à la fondation Stegi-Onassis pour organiser le Queer Archive Festival (thequeerarchive.com) à Athènes. Cet événement dédié aux artistes de la communauté LGBTQI+ inclut de mémorables soirées, concerts et expériences immersives en collaboration avec diverses marques, clubs et organisations.

Sites à connaître

Pour plus d'infos sur la culture LGBTQI+ en Grèce, explorez le guide de queerintheworld.com et thisisathens.org, qui fournissent des conseils sur la culture et la vie nocturne locales.

Voyage et handicap

La situation s'améliore, mais les personnes en situation de handicap seront souvent confrontées à des obstacles. En Grèce, les rues pavées sont difficiles à arpenter en fauteuil, et peu d'immeubles sont équipés d'ascenseurs.

L'Acropole

L'Acropole et son musée, ainsi que le musée national d'Archéologie, sont accessibles en fauteuil roulant. En taxi, demandez à être déposé près de l'ascenseur au nord-est de l'Acropole pour éviter la montée.

Aéroports et taxis

Les compagnies aériennes procurent une aide au débarquement – prévenez-les à l'avance. Celui d'Athènes offre une assistance et les stations de métro sont équipées d'ascenseurs. Special Taxi (facebook.com/wheelchairtaxigreece) transporte les fauteuils.

Hébergement

Misez sur les hôtels récents. À Athènes, préférez un hôtel proche d'une station de métro avec ascenseur. **Abritel** (www.abritel.fr), **Airbnb** (www.airbnb.fr), **Booking** (www.booking.com) et **Hotels.com** (fr.hotels.com) ont intégré des critères d'accessibilité.

LES ÎLES

Les grandes îles sont mieux adaptées aux personnes à mobilité réduite. Rhodes, Corfou, Lesbos, Samos, Zakynthos et Syros proposent hôtels et villas accessibles. Certaines plages et sites sont aménagés.

Ferrys

Les ferrys plus récents offrent une aide à l'embarquement, et sont équipés de rampes et d'ascenseurs pour fauteuil. Des cabines accessibles existent sur des ferrys de nuit. Le port du Pirée est adapté aux fauteuils roulants. Consultez Ferryhopper pour plus d'infos.

Obstacles

Rues pavées, trottoirs cabossés, marches irrégulières... se déplacer en Grèce n'est pas chose aisée. À Athènes, certains trottoirs sont dotés de bandes tactiles. Shedia Home (shediahome.gr) dispose d'un menu en braille, et fournit des conseils.

DELPHES

Le musée archéologique de Delphes est entièrement accessible. Un véhicule spécial (à réserver) permet de visiter le site. Brochures et panneaux en braille sont disponibles sur le site. L'application de Clio Muse (cliomusetours.com) propose une bonne sélection d'Audioguides.

SITES UTILES

National Confederation of Persons with Disabilities *(esamea.gr)* Organisation de sensibilisation basée à Athènes.

Perpato *(perpato.gr)* Groupe de sensibilisation à l'accessibilité en Grèce du Nord.

APF France handicap *(www.apf-francehandicap.org)* Association basée à Paris qui fournit des informations sur les voyages accessibles.

Yanous *(www.yanous.com)*

Hizy *(hizy.org)*

Handicap.fr *(www.handicap.fr)*

Tourisme et handicaps *(www.tourisme-handicaps.org)*

PLAGES ACCESSIBLES

SEATRAC est un service gratuit offrant un accès à la mer sans assistance. Pour une journée à la plage, la plupart des plages SEATRAC sont équipées de parkings, de vestiaires, de pistes et de zones ombragées. Plus d'infos sur surseatrac.gr.

Bon à savoir

HEURES D'OUVERTURE

Les heures d'ouverture varient au cours de l'année. Celles qui suivent valent pour la haute saison : elles sont réduites hors saison. Certains sites ferment d'ailleurs complètement.

Banques 8h30-14h30 du lundi au jeudi, 8h-14h le vendredi

Restaurants 11h-23h

Cafés 10-minuit

Bars 20h-tard

Discothèques, clubs 22h-4h

Commerces 8h-15h les lundis, mercredis et samedis ; 9h-14h puis 17h30-21h les mardis, jeudis et vendredis

Grands magasins 10h-21h du lundi au samedi

Code vestimentaire

Si vous visitez une église ou un monastère, couvrez vos épaules et vos jambes en signe de respect. Dans le cas contraire, l'entrée pourra vous être refusée.

EN BREF

Fuseau horaire
Une heure d'avance avec la France

Indicatif du pays
+30

Ambulance
166

Population
10,37 millions

Électricité 230 V / 50 Hz

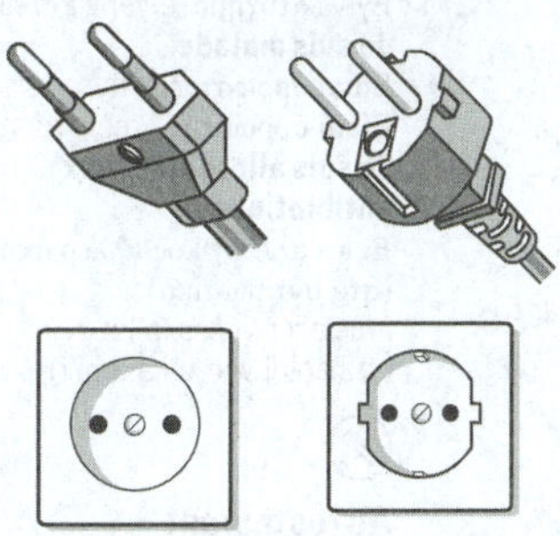

Alcool
L'âge légal pour l'achat et la consommation d'alcool est de 18 ans.

Toilettes
Les canalisations ne sont pas toujours adaptées à l'évacuation du papier. Jetez-le plutôt dans la petite poubelle prévue à cet effet.

Cigarettes

Il est interdit de fumer dans les lieux publics, sous peine d'une amende pour les propriétaires du commerce. Cette règle est cependant difficile à faire respecter, la Grèce étant un pays de gros fumeurs.

JOURS FÉRIÉS

En Grèce, la période des fêtes démarre en avril, à Pâques, pour s'achever vers la fin octobre. Les jours fériés tombant un dimanche ne sont pas décalés un jour plus tard, sauf pour le 1er mai.

Jour de l'an
1er janvier

Épiphanie
6 janvier

Premier dimanche du carême Février

Fête de l'Indépendance grecque 25 mars

Vendredi Saint 7 avril 2023, 29 mars 2024, 18 avril 2025

Dimanche de Pâques orthodoxe 16 avril 2023, 5 mai 2024, 20 avril 2025

Premier mai (Protomagia) 1er mai

Lundi de Pentecôte (Agiou Pnevmatos) 5 juin 2023, 24 juin 2024, 9 juin 2025

Dormition de la Vierge (Assomption) 15 août

Jour du Non 28 octobre

Noël 25 décembre

Saint-Étienne 26 décembre

Langue

Apprendre quelques phrases de grec moderne permet de se rendre compte de l'immense influence de cette langue sur le monde occidental. De simples bases suffisent pour vivre une expérience bien plus riche.

Expressions courantes

Bonjour. Γειά σας. *ya*·sas (poli)
Γειά σου. *ya*·sou (familier)
Bonjour (matin). Καλημέρα. ka·li·*me*·ra
Bonsoir. Καλησπέρα. ka·li·*spè*·ra
Au revoir. Αντίο. a·*di*·o
Oui./Non. Ναι./Οχι. nè/*o*·hi
S'il vous plaît. Παρακαλώ. pa·ra·ka·*lo*
Merci. Ευχαριστώ. ef·ha·ri·*sto*
Désolé(e). Συγγνώμη. sing·*no*·mi
Je m'appelle... Με λένε… mé *lé*·né...
Parlez-vous français/anglais ? Μιλάτε γαλλικά/αγγλικά ; mi·*la*·té gha·li·*ka*/a·gli·*ka*
Je (ne) comprends (pas). (Δεν) καταλαβαίνω. (dhèn) ka·ta·la·*vè*·no

Orientation

Où se trouve... ? Πού είναι … ; pou *i*·nè ...
Quelle est l'adresse ? Ποια είναι η διεύθυνση ; pia *i*·nè i dhi·*èf*·thin·si
Pouvez-vous me montrer (sur la carte) ? Μπορείς να μου δείξεις (στο χάρτη) ; bo·*ris* na mu *dhik*·sis (sto *har*·ti)

Panneaux

ΕΙΣΟΔΟΣ **Entrée**
ΕΞΟΔΟΣ **Sortie**
ΠΛΗΡΟΦΟΡΙΕΣ **Renseignements**
ΑΝΟΙΧΤΟ **Ouvert**
ΚΛΕΙΣΤΟ **Fermé**
ΓΥΝΑΙΚΩΝ **Toilettes (Femmes)**
ΑΝΔΡΩΝ **Toilettes (Hommes)**

Heure et date

Quelle heure est-il ? Τι ώρα είναι ; ti o·ra *i*·nè
Il est (2)h. Είναι (δύο η ώρα). *i*·nè (*dhi*·o i o·ra)
Il est (10)h et demie. (Δέκα) και μισή. (*dhè*·ka) kè mi·*si*
aujourd'hui σήμερα *si*·mè·ra
demain αύριο *av*·ri·o
hier χθες hthès
matin πρωί pro·*i*
(cet) après-midi (αυτό το) απόγευμα (af·*to* to) a·*po*·yèv·ma
soir βράδυ *vra*·dhi

Urgences

Au secours ! Βοήθεια! vo·*i*·thya
Partez ! Φύγε! *fi*·yè
Je suis perdu(e). Εχω χαθεί. *è*·kho kha·*thi*
Il y a eu un accident. Εγινε ατύχημα. *è*·yi·nè a·*ti*·hi·ma
Je suis malade. Είμαι άρρωστος. *i*·mè *a*·ro·stos (m) Είμαι άρρωστη. *i*·mè *a*·ro·st (f)
Je suis allergique (aux antibiotiques). Είμαι αλλεργικός/αλλεργική (στα αντιβιωτικά). *i*·mè a·lèr·yi·*kos*/a·lèr·yi·*ki* (sta an·di·vi·o·ti·*ka*) (m/f)

Au restaurant

Que recommandez-vous ? Τι θα συνιστούσες ; ti tha si·ni·*stu*·sès
C'était délicieux. Ηταν νοστιμότατο! *i*·tan no·sti·*mo*·ta·to
Santé ! Εις υγείαν! is i·*yi*·an

NOMBRES

1	**ένα**	e·na
2	**δύο**	dhi·o
3	**τρία**	tri·a
4	**τέσσερα**	te·se·ra
5	**πέντε**	pen·de
6	**έξη**	e·xi
7	**επτά**	ep·ta
8	**οχτώ**	o·hto
9	**εννέα**	e·ne·a
10	**δέκα**	dhe·ka

EMPRUNTS AU GREC
anarchie, astronomie, cosmos, démocratie, drame, logique, politique...

SONS

La prononciation du grec pose peu de difficultés aux francophones, la plupart des sons se retrouvant dans les deux langues.

Lire et écrire

L'art d'écrire en grec a été simplifié en 1982, quand les anciens marqueurs d'accents et symboles d'aspiration (indiquant un son prononcé après une bouffée d'air) furent abolis. Grec ancien et moderne utilisent le même alphabet.

Genres

En grec, les adjectifs se placent généralement avant les noms, comme en anglais. La fin des mots s'accorde au genre qu'ils qualifient : masculin, féminin ou neutre.

À la plage

Où est la plage de... ? Πού είναι η ... παραλία ; pou *i*·ne i ... pa·ra·*li*·a

meilleure καλύτερη ka·*li*·tè·ri
plus proche κοντινότερη ko·di·*no*·tè·ri
publique δημόσια thi·*mo*·si·a

Où est la plage naturiste ?
Πού είναι η πλαζ γυμνιστών ;
pou *i*·nè i plaz yim·ni·*ston*

Devons-nous payer ?
Πρέπει να πληρώσουμε ;
pre·pi na pli·*ro*·su·mè

À quelle heure est la marée haute/basse ?
Τι ώρα είναι η παλίρροια υψηλή/άμπωτις ;
ti o·ra *i*·nè i pa·*li*·ri·a i·psi·*li*/a·bo·tis

Est-il sûr de plonger/nager ici ?
Είναι ασφαλές να κάνω βουτιές/κολυμπήσω εδώ ;
i·nè as·fa·*les* na *ka*·no vu·ti·*es*/ko·li·*bi*·so e·*tho*

LE GREC DANS LE MONDE

Le grec est la langue officielle de la Grèce, mais aussi de Chypre (avec le turc). Le grec est également parlé par des membres des communautés grecques en Turquie, en Australie, au Canada, en Allemagne, aux États-Unis... Plus de 13 millions de locuteurs parlent le grec à travers le monde.

Ancêtre
Grec ancien

Famille de langues
Indo-européenne (branche hellénique)

COMPRENDRE LA GRÈCE

Nos auteurs proposent une découverte des multiples facettes des archipels.

Syrrako (p. 256)

UNE HISTOIRE DE LA GRÈCE EN 20 LIEUX

L'héritage de la Grèce a profondément marqué notre civilisation. Mère de la philosophie et de la pensée occidentale, elle est aussi la source de nombreux mythes (voir p. 642). Ce territoire maritime fut dès l'Antiquité l'objet de convoitise de la part d'autres puissances, comme en témoignent la présence d'aqueducs romains, de châteaux croisés et de mosquées ottomanes.

L'apport de la culture grecque au monde remonte aux temps les plus anciens. La découverte d'un crâne néanderthalien dans une grotte de la péninsule de Chalcidique atteste la présence d'hominidés en Grèce depuis 700 000 ans. En raison de sa fertilité, la Thessalie fut la première zone de peuplement du pays au néolithique (6000-3000 ans av. J.-C.).

Au IIIe millénaire av. J.-C., des migrants indo-européens introduisirent la technique du bronze, à l'origine de trois civilisations remarquables : cycladique, minoenne et mycénienne.

Les cités-États grecques connurent leur âge d'or économique, politique et intellectuel entre le VIIe et le IVe siècle av. J.-C. De cette époque datent les œuvres des historiens Hérodote et Thucydide, les tragédies d'Eschyle, Euripide et Sophocle, et les pièces satiriques d'Aristophane raillant les politiciens du temps.

Le sort de la Grèce, pont entre l'Afrique du Nord, l'Asie Mineure et l'Europe occidentale, fut longtemps lié à celui de ses voisins. Menacée par l'Empire perse lors de guerres médiques du Ve siècle av. J.-C., elle prit sa revanche sur l'ennemi héréditaire sous Alexandre le Grand (356-323 av. J.-C.) avant de devenir la province romaine d'Achaïe à partir du Ier siècle avant notre ère, puis un territoire de l'Empire byzantin du IVe siècle jusqu'à la conquête ottomane au XVe siècle.

1. Grotte de Franchthi

UNE VITRINE DE LA PRÉHISTOIRE

Cette grotte située dans le Péloponnèse est l'un des sites les plus anciens et les plus remarquables du paléolithique (jusqu'à 10 000 av. J.-C.), du mésolithique (jusqu'à 5000 av. J.-C.) et du néolithique (jusqu'à 2200 av. J.-C.) en Grèce. La présence humaine y remonterait à quelque 40 000 ans. Les trouvailles archéologiques ont révélé les transitions entre chaque période : la façon dont les chasseurs-cueilleurs devinrent pêcheurs, puis s'organisèrent en groupes, avant de cultiver la terre à l'aide d'outils, d'élever des moutons et des chèvres, et de fabriquer des poteries et des figurines religieuses en argile.

Pour en savoir plus sur le Péloponnèse, voir p. 133.

2. Poliochni

UN SITE PLUSIEURS FOIS MILLÉNAIRE

Sur la côte sud-est de l'île de Limnos, Polionhni est considérée comme le premier peuplement préhistorique de la mer Égée – la cité fut fondée au néolithique ancien (5000-4000 av. J.-C.) et habitée jusqu'au IIe millénaire av. J.-C. Il s'agirait également du premier exemple de démocratie constituée en Europe, comme en témoignent les traces d'un bouleutêrion (assemblée des citoyens). Parmi les vestiges de ces peuplements anciens, le plus important est celui d'une ville pré-mycénienne antérieure à Troie VI (1800-1275 av. J.-C.). Comptant 1 500 habitants à son apogée, Poliochni fut une métropole et un pôle marchand entre le monde égéen, les Cyclades, la Grèce continentale et l'Asie Mineure. Au milieu des maigres ruines, on distingue la place centrale et le tracé des rues. Des bijoux en or, aujourd'hui au musée archéologique d'Athènes, ont été découvert sur place.

Pour en savoir plus sur Limnos, voir p. 476.

3. Mycènes

LA GRÈCE DE L'ÂGE DU BRONZE

Les ruines imposantes de la cité du légendaire Agamemnon se dressent au sommet d'une colline entre les monts Profitis Ilias et Zara, qui domine la plaine d'Argos (Péloponnèse). D'après *L'Iliade* et *L'Odyssée* d'Homère, Mycènes aurait été fondée par Persée, fils de Zeus et de Danaé. De 1650 à 1100 av. J.-C., elle fut avec Pylos, Tirynthe, Corinthe et Argos le berceau de la civilisation dite mycénienne.

Pour en savoir plus sur la Mycènes antique, voir p. 142.

Mycènes

RODKARV/SHUTTERSTOCK ©

4. Delphes

UN CENTRE RELIGIEUX DE L'ANTIQUITÉ

Les vestiges évocateurs de Delphes se dressent sur les versants du mont Parnasse, surplombant de vastes étendues plantées d'oliviers qui descendent jusqu'au golfe de Corinthe. Organisée autour du sanctuaire d'Apollon, Delphes joua un rôle majeur en tant que centre religieux. Dès le VIIIe siècle av. J.-C., on y venait de toute la Méditerranée pour consulter l'oracle du temple, la fameuse Pythie, dont les réponses souvent énigmatiques étaient interprétées en vers par des prêtres.

Pour en savoir plus sur Delphes, voir p. 188.

5. Olympie

LE BERCEAU DES JEUX OLYMPIQUES

Dans cette cité du Péloponnèse, vous aurez l'impression de sentir le regard de Zeus et d'Héra peser sur vous en parcourant les ruines ombragées du stade, du gymnase et des temples. Des milliers de concurrents s'y réunissaient, les mains chargées d'offrandes, tandis qu'une foule de femmes et d'esclaves regardait les rassemblements depuis une colline voisine. Les Jeux olympiques se sont tenus ici tous les quatre ans pendant au moins un millénaire, jusqu'à leur abolition par l'empereur Théodose Ier en 393. On y allume toujours la flamme olympique. Les fouilles ont révélé de remarquables statues en marbre, dont l'*Hermès* de Praxitèle, et de nombreux bronzes.

Pour en savoir plus sur Olympie, voir p. 158.

6. Acropole d'Athènes

L'ICÔNE DE LA CIVILISATION GRECQUE

Le splendide Parthénon reste à ce jour le monument le plus emblématique de la Grèce antique. Il couronne l'Acropole, habitée du néolithique (4000-3000 av. J.-C.) jusqu'en 510 av. J.-C., date à laquelle l'oracle de Delphes la déclara domaine des seuls dieux. Les premiers grands édifices furent érigés sur le site à l'époque mycénienne. Réduite en cendres par les Perses à la veille de la bataille de Salamine (480 av. J.-C.), l'Acropole fit l'objet d'un ambitieux projet de reconstruction au siècle de Périclès, considéré comme le zénith de la période classique.

Pour en savoir plus sur l'Acropole d'Athènes, voir p. 58.

7. Délos

LE SIÈGE DU TRÉSOR FÉDÉRAL DE LA LIGUE DE DÉLOS

Délos occupe une place particulière dans la mythologie grecque. C'est dans cette île des Cyclades que Léto, enceinte d'Apollon et Artémis, et pourchassée sans relâche par la vindicative Héra, trouva refuge et donna naissance aux jumeaux divins, fruits de ses amours avec Zeus. La cité éponyme atteignit le faîte de sa puissance pendant la période classique, devenant l'un des trois grands centres religieux de la Grèce et un lieu de commerce florissant. Constituée par Athènes en 478 av. J.-C., la Ligue de Délos fut à l'origine une alliance militaire contre les Perses dont les membres venaient déposer leur tribut dans le temple d'Apollon. Elle fut dissoute en 404 av. J.-C.

Pour en savoir plus sur Délos, voir p. 365.

8. Nécropole royale de Vergina

LA DERNIÈRE DEMEURE DES SOUVERAINS MACÉDONIENS

Considérés par les Athéniens comme des barbares, les Macédoniens soumirent la Grèce sous le règne de Philippe II et leur civilisation culmina à l'époque d'Alexandre le Grand, fils du précédent. À Vergina, un tumulus funéraire couvert d'herbe a été transformé en un musée, où les visiteurs peuvent descendre jusqu'aux sépultures royales macédoniennes remarquablement préservées. Le tombeau en marbre présumé de Philippe II, datant de 336 av. J.-C., constitue la pièce maîtresse. On peut y admirer les objets précieux avec lesquels le défunt fut enterré.

Pour en savoir plus sur les tombes royales de Vergina, voir p. 237

9. Porte d'Hadrien

UN MONUMENT À LA GLOIRE DE ROME

La majeure partie de la Grèce passa sous la domination de Rome au IIe siècle av. J.-C., prenant le nom de province d'Achaïe, et bénéficia de la *Pax Romana* jusqu'au milieu du IIIe siècle. Grâce au grand respect des Romains pour la culture grecque, Athènes demeura un haut lieu du savoir et de l'enseignement. L'empereur Hadrien, très attaché à la ville, la dota de monuments et d'infrastructures, dont une bibliothèque. L'arc en marbre pentélique baptisé en son honneur fut érigé en face du temple de Zeus olympien en 131.

Pour en savoir plus sur la porte d'Hadrien, voir p. 73.

10. Mystra

LA "MERVEILLE DE MORÉE"

Les vestiges des églises, des monastères, des bibliothèques, des bastions et des palais de cette cité fortifiée du Péloponnèse, qui fut l'une des capitales culturelles de l'Empire byzantin, s'étagent sur un contrefort du massif du Taygète, à 7 km de Sparte. Le chef franc Guillaume de Villehardouin, prince de Morée, édifia la forteresse en 1249. Quand les Byzantins reprirent le territoire aux Francs, l'empereur Michel VIII Paléologue fit de Mystra

Les Météores

Mystra

sa capitale. À partir de cette époque, et jusqu'à ce que Démétrios se rende aux Turcs en 1460, la ville fut dirigée par un despote de Morée, fils ou frère de l'empereur régnant. Même lorsque l'Empire byzantin amorça son déclin, Mystra connut une renaissance intellectuelle et artistique. Le site est inscrit au patrimoine mondial.

Pour en savoir plus sur Mystra, voir p. 170.

11. Les Météores

BIJOU GÉOLOGIQUE ET SITE RELIGIEUX

Les Météores, dont le nom signifie "suspendu dans les airs", vous laisseront sans voix. Les pitons rocheux dressés vers les cieux sont coiffés de plusieurs monastères haut perchés. Construits à partir du XIVe siècle, ceux-ci accueillaient des moines retranchés du monde et de ses tentations. Les échelles de corde qui leur permettaient d'atteindre le sommet ont été remplacées par des escaliers taillés dans la roche. Aujourd'hui, ces géants de pierre attirent pèlerins et alpinistes du monde entier.

Pour en savoir plus sur les Météores, voir p. 206.

12. Ville de Rhodes

L'EMPREINTE DES CROISÉS

Mélange d'architecture byzantine, ottomane et italienne, la vieille ville de Rhodes se masse à l'abri de doubles remparts. Le long de l'avenue des Chevaliers rectiligne, les auberges des Langues construites au XIVe siècle hébergeaient jadis les membres de l'ordre de Saint-Jean. Dans le dédale de ruelles pavées du quartier turc, très commerçant, les boutiques et restaurants côtoient des mosquées ottomanes désaffectées. Ayant perdu la plupart de ses habitants durant la Seconde Guerre mondiale, le quartier juif est désormais une zone résidentielle assoupie.

Pour en savoir plus sur la ville de Rhodes, voir p. 410.

13. Forteresse de Corfou

UN BASTION VÉNITIEN

La péninsule rocheuse à l'est de la ville de Corfou est dominée par le Palaio Frourio, bâti par les Vénitiens au XIVe siècle. C'est sur ce site que s'élevait jadis la cité byzantine, cernée de remparts massifs. Un pont enjambe les douves remplies d'eau de mer. Dès le Moyen Âge, la République de Venise fut un acteur majeur en Grèce, dont elle disputa le contrôle à l'Empire ottoman pendant des siècles. Les territoires qu'elle parvint à coloniser, des îles Ioniennes aux Cyclades, furent distribués à des aristocrates, parmi lesquels le puissant Mario Sanudo, à la tête du duché de Naxos au XIIIe siècle. L'architecture de ses villes fortifiées et certaines spécialités culinaires témoignent de son influence passée.

Pour en savoir plus sur le Palaio Frourio, voir p. 568.

14. Ioannina

UN RICHE PASSÉ OTTOMAN

Après le sac de Constantinople par les croisés en 1204 et le démantèlement de l'Empire byzantin, la ville septentrionale de Ioannina devint la capitale du despotat d'Épire, fondé par Michel Ier Comnène

Centre culturel de la Fondation Stavros Niarchos

Doukas, jusqu'à ce que les Ottomans s'en emparent en 1430. À partir de 1492, une importante population de Juifs séfarades chassés d'Espagne s'y installa. En 1787, le chef de guerre albanais Ali de Tepelena fut nommé pacha de Trikala, et fit de Ioannina la capitale de son fief. S'ensuivit une période d'indépendance et de stabilité relative. En 1822, piégé sur l'île du lac Pamvotis, le tyran, alors octogénaire, fut tué par les Ottomans, qui le décapitèrent avant de promener sa tête dans tout Istanbul.

Pour en savoir plus sur Ioannina, voir p. 250.

15. Hydra

L'ÎLE DES COMBATTANTS DE L'INDÉPENDANCE

Au XIXe siècle, Hydra était devenue une grande puissance maritime, dont les riches capitaines faisaient construire en ville des demeures cossues. Aux côtés de Spetsès et Psara, elle joua un rôle clé pendant la guerre d'indépendance contre les Turcs : les trois îles fournirent l'essentiel des vaisseaux de la flotte grecque, grâce à la fortune de leurs armateurs. L'amiral Andreas Miaoulis (1769-1835), qui commandait la flotte, et Georgios Koundouriotis (1782-1858), qui présida l'Assemblée grecque de 1822 à 1827, étaient tous deux originaires d'Hydra. Quant à Spetsès, elle fut la base d'une grande héroïne de cette période, l'intrépide commandante de navire Laskarina Bouboulina (1771-1825).

Pour en savoir plus sur Hydra, voir p. 292.

16. Parlement grec

L'ANCIEN PALAIS ROYAL

En avril 1827, Jean Capo d'Istria (Ioannis Kapodistrias, 1776-1831), natif de Corfou et ancien ministre des Affaires étrangères du tsar Alexandre Ier, fut désigné gouverneur de la Grèce indépendante. Suite à son assassinat, la France, la Grande-Bretagne et la Russie profitèrent de l'anarchie ambiante pour instaurer une monarchie en installant sur le trône le prince de Bavière Othon Ier, âgé de 17 ans. Le palais du souverain, conçu par l'architecte bavarois Friedrich von Gärtner entre 1836 et 1842, est depuis 1935 le siège du Parlement grec. C'est de son balcon que la *syntagma* (constitution) avait été proclamée le 3 septembre 1843.

Pour en savoir plus sur le Jardin national conçu pour le palais royal, voir p. 73.

17. Synagogue Monastirioton

RÉMINISCENCE DE LA PRÉSENCE JUIVE À THESSALONIQUE

Jusqu'à la Seconde Guerre mondiale, l'ancienne Salonique abritait une importante population juive, mais l'invasion de la Grèce par les Italiens en octobre 1940 et par les Allemands en avril 1941 sonna le glas de cette communauté. Sur les 45 synagogues que comptait la ville, une seule subsiste aujourd'hui ; elle dut son salut au fait d'avoir été utilisée comme entrepôt par la Croix-Rouge durant le conflit. Le Musée juif éclaire sur l'histoire des habitants israélites, dont environ 50 000 furent déportés au camp de concentration d'Auschwitz-Birkenau et pour la plupart gazés dès leur arrivée. Quelque 500 personnes échappèrent toutefois à la déportation en se réfugiant dans les montagnes ou en rejoignant la résistance contre les nazis.

Pour en savoir plus sur Thessalonique, voir p. 230.

18. Exarchia

LE FOYER DU SOULÈVEMENT CONTRE LA JUNTE

Le 21 avril 1967, un groupe de colonels organise un coup d'État et instaure un régime militaire dont Georgios Papadopoulos est le Premier ministre. Le régime déclare la loi martiale, interdit l'ensemble des partis politiques et syndicats et impose la censure. Quant aux opposants, ils sont des milliers à être jetés en prison et torturés ou encore exilés comme l'actrice Melina Mercouri. Le 14 novembre 1973, des étudiants occupent l'École polytechnique d'Athènes, à Exarchia, pour protester contre le pouvoir en place et appeler à l'insurrection sur leur radio pirate. Trois jours plus tard, des chars prennent d'assaut le bâtiment, tuant au moins 20 personnes. Aujourd'hui encore, Exarchia demeure un quartier de libres-penseurs dont les points de vue avant-gardistes s'expriment à travers de nombreuses œuvres de street art.

Pour en savoir plus sur Exarchia, voir p. 87.

19. Missolonghi, l'insurgée

LA DOULOUREUSE PORTE DE L'EXODE

Missolonghi, ancien village de pêcheurs construit au bord de la lagune de Klisova, a été un important foyer de résistance pendant la guerre d'indépendance grecque (1821-1830). Elle doit aussi sa célébrité à la personnalité du philhellène anglais lord Byron qui y mourut en 1824. Un tronçon des remparts de la ville a été conservé, y compris la porte de l'Exode, par où la population assiégée tenta de fuir, sans succès, lors du désastreux siège de 1826. Tout proche, le jardin des Héros est un grand parc dédié aux défenseurs grecs et aux étrangers qui sont tombés en portant secours à la population, et qui abrite une grande statue de lord Byron.

Pour en savoir plus sur Missolonghi, voir p. 197.

20. Centre culturel de la fondation Stavros Niarchos

HAUT LIEU DE LA CULTURE GRECQUE DU XXIe SIÈCLE

Merveille d'architecture contemporaine conçue par Renzo Piano, le Centre culturel de la fondation Stavros Niarchos (SNFCC) abrite l'Opéra national et l'antenne principale de la Bibliothèque nationale. Assister à un spectacle ici peut être l'un des temps forts de votre séjour à Athènes, mais l'endroit propose aussi quantité de choses gratuites à voir et à faire. Le superbe parc Stavros Niarchos, planté d'espèces méditerranéennes, invite à musarder en contemplant la vue sur la mer.

Pour en savoir plus sur le SNFCC, voir p. 103.

LE VIN GREC
À TRAVERS LES ÂGES

Rouges puissants, blancs frais... les vins grecs ont bien évolué depuis les temps dionysiaques quand ils coulaient à flots. Par Alexis Averbuck

LE TOUT PREMIER vin du monde aurait fermenté dans les montagnes de l'actuelle Géorgie en 6 000 avant notre ère, mais les Grecs reprirent le flambeau. Dans la mythologie, Dionysos était le dieu du Vin, mais on lui attribue aussi une influence positive sur la fertilité, l'extase voire la naissance de l'art dramatique. Lors des dionysies, le vin coulait à flots, libérant les esprits et les épiphanies.

Au départ, les vignobles étaient gérés par les chefs et les prêtres ; le vin servait aux rituels. Dès les époques minoenne et mycénienne, il y a environ 4 000 ans, il fut consommé pour le plaisir, ou à des fins médicinales. Dans l'Antiquité, les Grecs diluaient le vin avec de l'eau pour boire toute la nuit sans être ivres, pendant les symposiums. Dès le VIIe siècle avant notre ère, on produisait du vin aux quatre coins du pays. À l'époque hellénistique, les Grecs importèrent la vigne en Italie, puis en France ; ils ont littéralement planté les racines des plus grandes traditions viticoles au monde. De maintes façons, les techniques mises au point en France pour la production et la conservation du vin sont ensuite revenues dans la Grèce moderne.

Dans le sens horaire, à partir d'en haut à gauche : vignoble grec ; vendanges, Santorin ; verre de vin, Sérifos ; exploitation viticole, Rhodes

À compter des années 1970, les vins grecs eurent ce que l'on nomme désormais une appellation d'origine protégée (AOP), et pendant près de cent ans, les vignerons se formèrent à l'œnologie de pointe, souvent à l'étranger, pour mettre en place des pratiques modernes dans leur pays.

Aujourd'hui, comme en France, l'accent mis sur le terroir (importance du lieu et des techniques de production) pousse de nombreux vignerons grecs à se consacrer uniquement aux cépages du pays.

Cépages grecs

Les vins grecs sont issus d'anciens cépages locaux au caractère bien particulier. La génération actuelle de vignerons produit des crus médaillés provenant des plus grandes régions viticoles en Grèce, comme Héraklion en Crète, Santorin, Némée dans le Péloponnèse et Naoussa dans le nord du pays.

La Crète

Aujourd'hui, la Crète produit environ 20% des vins grecs, souvent au sein d'immenses coopératives qui misent davantage sur la rentabilité que sur la qualité. La grande île abrite trois régions de production viticole. La plus grande, celle d'Héraklion, produit environ 70% des vins crétois. Les vignes anciennes ont été remplacées après leur destruction massive par le phylloxéra dans les années 1970. De nos jours, près de 24 domaines viticoles ponctuent le paysage harmonieux de collines ondoyantes et de vallées luxuriantes. Les vignerons cultivent de nombreux cépages crétois, quasiment disparus : *kotsifali, mandilari, malvasia* et *liatiko,* entre autres.

La plus petite région viticole se situe dans le Lassithi. Les vignobles sont presque tous dans les environs de Sitia et se spécialisent dans le *liatiko.* À l'ouest, la principale région viticole, Hania, cultive surtout le *romeiko.*

Santorin

Outre la vue sur la caldeira, les piscines à débordement et les plages de sable noir, Santorin attire aussi aujourd'hui les œnophiles curieux de goûter ses excellents vins. Terre viticole depuis des millénaires, l'île est dotée d'un microclimat volcanique sec. Ces vignes sont les plus vieilles en Europe, car elles résistèrent au phylloxéra qui détruisit la plupart des autres vignes du continent à la fin du XIXe siècle. Les raisins poussent près du sol, dans un *kouloura* (panier) de vignes, ce qui permet de tirer le maximum d'humidité et de protéger les fruits des vents violents tout en limitant la propagation des maladies.

L'*assyrtiko*, un vin blanc frais et sec, et le *vinsanto*, un vin doux ambré non enrichi en alcool (il doit contenir au moins 51% d'*assyrtiko,* ainsi que de l'*aidani* et de l'*athiri* pour obtenir l'appellation) sont particulièrement appréciés. Ils sont donc à base d'*assyrtiko*, cépage indigène protégé, tout comme le *nykteri* (pressé de nuit). Ces raisins sont cultivés dans toutes les Cyclades, mais la variété qui pousse sur Santorin a une saveur toute particulière. Sur Santorin, vous trouverez aussi du *mavrotragano* (rouge charpenté) et du *mandelaria* (rouge moyennement corsé).

Némée

Les vins de Némée sont reconnus depuis l'époque mycénienne, lorsque la cité voisine de Phlionte approvisionna la cour royale. Sur les collines au sud-ouest de Corinthe, la région de Némée est aujourd'hui l'une des grandes régions viticoles de Grèce, réputée pour ses vins rouges corpulents et doux, issus pour la plupart du cépage local *agiorgitiko*. Némée se trouve près de l'Arcadie, d'où est originaire Pan, dieu des bergers et de la nature sauvage, souvent invoqué lors des fêtes de Dionysos. Les vins issus du *roditis*, variété locale de cépage blanc, et du *moschofilero*, aromatique et citronné, qui poussent dans les environs de Tripoli, valent aussi le détour.

Naoussa

Le vin de Naoussa, ville située à une heure à l'ouest de Thessalonique, dans le nord de la Grèce, fut la toute première dénomination d'origine protégée de Grèce en 1971. Ce rouge corsé est issu du célèbre *xinomavro*, qui signifie "noir acide" pour son goût fort et sa couleur sombre. Les raisins poussent entre 150 m et 300 m d'altitude et reçoivent une chaleur estivale modérée ; les vignes sur les pentes exposées au sud-est connaissent des hivers froids, mais tout de même plus doux.

Bateau en route pour Lesbos

PUNGHI/SHUTTERSTOCK ©

LES VAGUES MIGRATOIRES AU FIL DE L'HISTOIRE

Les migrations forcées ont façonné la Grèce comme peu d'autres pays dans le monde. Par Leonid Ragozin

PAR UN BEAU JOUR de mai 2017, mon ferry entrait dans le port de Chios lorsque j'ai aperçu un groupe pelotonné sur un parking au pied de la forteresse génoise. Un fois sur la terre ferme, je me suis approché. Ces personnes, arrivées d'Érythrée ou d'Éthiopie, tremblaient sous des couvertures alors qu'il faisait plutôt bon… Visiblement, elles sortaient de l'eau et tentaient de se réchauffer en buvant la soupe chaude offerte par les bénévoles. Ce groupe tout juste arrivé faisait partie de la grande vague de migrants qui abordait sur les rivages grecs depuis 2015. J'ai eu l'impression de revenir un siècle en arrière.

Un sombre précédent

L'année 2022 a marqué un bien triste anniversaire pour la Grèce : le centenaire de l'événement connu sous le nom de "catastrophe d'Asie Mineure". Après la défaite de l'armée grecque dans la guerre gréco-turque (1919-1922), environ 1,2 million de chrétiens et 400 000 musulmans ont été expulsés d'Asie Mineure et envoyés respectivement vers la Grèce et la Turquie. Ce fut la conclusion d'un échange de populations négocié par le diplomate norvégien Fridtjof Nansen dans le cadre de la conférence de Lausanne. Des manifestations culturelles ont été organisées aux quatre coins de la Grèce pour cet anniversaire, mais en particulier sur les îles du nord-est de la mer Égée et dans le Dodécanèse, régions les plus touchées un siècle auparavant. À travers une exposition émouvante, le très moderne musée du Mastic de Chios a décrit ce que fut la vie des communautés orthodoxes en Asie Mineure (actuelle Turquie) avant l'incendie de Smyrne et l'expulsion des Grecs.

La situation actuelle des insulaires de confession musulmane n'a quasiment pas été abordée, signe que le traumatisme né de ces déplacements de populations reste profond. Difficile d'être objectif et de prendre du recul lorsque la blessure n'a pas cicatrisé, surtout dans un contexte de menaces d'invasion militaire proférées par le président turc Erdogan tout au long de cette même année 2022.

Sombre victoire pour le nationalisme, à la suite de l'échange de populations, la Grèce et la Turquie sont devenues deux nations homogènes sur le plan ethnique et religieux. Le multiculturalisme propre à cette région a été détruit, et les personnes expulsées ont dû reconstruire leur vie

dans un cadre très différent, parfois hostile. Certaines ont emménagé dans les maisons abandonnées par les habitants envoyés de l'autre côté de la frontière. La plupart ont fini dans des bidonvilles en périphérie d'Athènes et de Thessalonique, avant d'avoir une place dans les barres d'immeubles qui dominent désormais les centres urbains grecs. L'échange de populations et la rupture des liens commerciaux traditionnels ont causé un déclin économique dans les îles de la mer Égée et une émigration massive de Grecs vers les États-Unis et l'Australie.

Asile politique

Une autre vague de migration forcée a eu lieu en 1949, à la fin de la guerre civile grecque, lorsque plus de 100 000 communistes grecs ont fui leur pays pour la Yougoslavie et l'Union soviétique. Au même moment, en URSS, Staline envoyait en Asie centrale des milliers de Grecs pontiques (pourtour de la mer Noire) jugés "éléments politiques indignes de confiance".

À l'effondrement de l'URSS, leurs descendants fuirent l'instabilité et la guerre dans la région séparatiste d'Abkhazie, en Géorgie, et revinrent en Grèce.

Les îles comme Icarie et Agios Efstratios ont accueilli un grand nombre d'exilés politiques tout au long du XXe siècle, tandis que les gouvernements de droite faisaient de ces îles des prisons à ciel ouvert pour les sympathisants communistes, principalement des intellectuels citadins, acquis aux idées de gauche, envoyés là sans aucun moyen de subsistance (voir l'encadré p. 521).

Mouvements de population à l'ère moderne

Ces événements historiques ont forgé le contexte grec dans lequel survint la nouvelle vague de réfugiés de ces dix dernières années.

En 2015, la guerre civile en Syrie combinée à d'autres facteurs politiques dans divers pays a entraîné le mouvement de 1,3 million de demandeurs d'asile vers l'Europe. Environ un million d'entre eux sont arrivés par la mer, 85% passant clandestinement de la côte turque aux îles grecques de la mer Égée les plus proches, telles Lesbos et Samos.

Une majorité de migrants ont tout fait pour atteindre des pays plus riches en Europe occidentale, notamment l'Allemagne d'Angela Merkel qui a proposé d'en accueillir une grande partie. En 2022, la chancelière a reçu la distinction Nansen du HCR pour les réfugiés, distinction baptisée du nom du Norvégien qui s'était attaché un siècle plus tôt à régler la question des "déplacés" grecs et turcs.

La plupart des pays d'Europe de l'Est et d'Europe centrale situés entre la Grèce et l'Allemagne ne se sont pas montrés aussi accueillants et ont rapidement fermé leurs frontières. L'Allemagne a eu du mal à faire face à l'afflux de personnes et a tenté de convaincre d'autres pays d'accueillir une partie des migrants.

Voilà comment la Grèce, porte d'entrée des migrants en Europe, s'est retrouvée avec des centaines de milliers de personnes coincées sur son territoire. Les petites villes des îles de l'est de la mer Égée ont été touchées de façon disproportionnée. Au pic de la crise, Lesbos, qui compte 80 000 habitants, a hébergé 20 000 personnes rien que dans le camp de Moria. Les habitants de l'île avaient de la compassion pour les personnes qui fuyaient la guerre et la répression, car les Grecs qui avaient connu l'épuration ethnique et les migrations forcées adhéraient pour la plupart aux idées de gauche… mais ils se sont heurtés à la dure réalité : l'augmentation incontrôlable de la population sur leur île.

Pour la Grèce, déjà aux prises avec une grave crise économique, le fardeau devint trop lourd. L'attitude du gouvernement à l'égard des migrants s'est durcie à travers une politique visant à empêcher et à décourager l'immigration illégale, suscitant de vives critiques de la part des organismes de protection des droits humains. Au même moment, les médias du monde entier se faisaient l'écho d'une situation tragique où des personnes risquent leur vie pour traverser la mer sur des embarcations de fortune, causant de nombreuses victimes.

Les migrants – ceux qui ont réussi à entrer en Grèce – font désormais partie de la vie des îles. Sur le quai de Vathy à Samos, on croise à toute heure de la journée des groupes de personnes venues d'Afghanistan et de pays africains qui se promènent ou surveillent leurs enfants jouant au parc. Les îles évoquent désormais le cosmopolitisme des grandes villes d'Europe occidentale, qui regroupent beaucoup d'immigrés. Ironie du sort, elles retrouvent le visage de ce qu'elles furent il y a un siècle, avant la "catastrophe d'Asie Mineure".

Réfugiés dans un camp au nord de la Grèce, 2016

GIANNIS PAPANIKOS/SHUTTERSTOCK ©

Nouvelles réalités

D'après un habitant de Samos que j'ai rencontré, les insulaires, plutôt de sensibilité de gauche, ont d'abord accueilli les migrants à bras ouverts. Des initiatives d'intégration ont vu le jour, comme l'entraînement d'équipes de football "mixtes", migrants et Grecs, à Pythagorion. En 2017, quelques propriétaires d'hôtels sur plusieurs îles avec lesquels j'étais en contact pour la rédaction du guide Lonely Planet ont aidé les réfugiés et hébergé des bénévoles.

Malheureusement, les comportements ont peu à peu évolué face aux inévitables problèmes que posent les phénomènes migratoires incontrôlés et les discours anti-immigration rabâchés par les populistes d'extrême droite. Les insulaires ont surtout souffert de la désaffection des touristes occidentaux aisés pour leurs îles en raison de la présence des migrants, même si celle-ci ne constituait ni menace réelle ni dérangement.

Pour les migrants, l'essentiel consistait surtout à survivre avant même de s'intégrer. Ils ont dû vivre dans des conditions sordides, livrés à eux-mêmes. L'absence de réponse gouvernementale à la demande de "conditions d'accueil dignes" faite par les organismes de défense des droits humains semble même avoir fait partie d'une stratégie visant à décourager l'immigration.

Le camp de Moria (Lesbos), installé dans une vieille oliveraie dont les réfugiés ont peu à peu abattu les arbres pour se réchauffer pendant l'hiver, a ainsi été qualifié un jour de "pire camp de réfugiés au monde" par un coordinateur des opérations de Médecins Sans Frontières. Le pire drame a eu lieu en septembre 2020, lorsque le camp a été presque entièrement détruit par les flammes. Les autorités ont accusé plusieurs migrants d'être à l'origine de l'incendie. Certains ont été évacués de Lesbos, les autres réinstallés dans un camp temporaire sur l'île. L'Union européenne a financé la construction d'un nouveau camp sur Lesbos, ce qui a non seulement suscité la colère des insulaires, mais aussi de vives critiques de la part des organismes de défense des droits humains, l'isolement géographique ne pouvant nullement favoriser l'intégration des réfugiés.

Depuis, la population de migrants sur les îles du nord-est de la mer Égée a chuté, soulageant un peu les insulaires, même si elle reste plus importante que partout ailleurs. En août 2022, les migrants représentaient 1,2% de la population totale.

La géographie migratoire a aussi changé. Aujourd'hui, les rapports sur les tentatives de traversée illégale et les blocages par les autorités grecques concernent majoritairement la frontière terrestre entre la Grèce et la Turquie. Human Rights Watch a accusé le gouvernement grec de faire appel à des mercenaires étrangers qui rapatrient les migrants ayant réussi à passer la frontière au milieu du fleuve frontalier et qui les forcent à regagner la rive turque à la nage, dans l'eau froide.

GIANNIS PAPANIKOS/SHUTTERSTOCK ©

L'ABSENCE DE RÉPONSE GOUVERNEMENTALE À LA DEMANDE DE "CONDITIONS D'ACCUEIL DIGNES" SEMBLE MÊME AVOIR FAIT PARTIE D'UNE STRATÉGIE VISANT À DÉCOURAGER L'IMMIGRATION.

Plusieurs organismes de défense des droits humains estiment que la crise a terriblement affecté le respect de ces droits en Grèce, les autorités tentant notamment de pénaliser le militantisme en faveur des réfugiés.

Mélange des cultures

Heureusement, la crise n'a pas eu que des effets négatifs. En plein centre de Mytilène (Lesbos) – ville universitaire animée, couverte de fresques et d'affiches de soutien aux réfugiés –, le centre culturel RAD Music International reflète un changement dans le paysage culturel. Fondé en 2018 par le musicien congolais Rouddy Kimpioka avec l'aide de bénévoles, le centre rassemble réfugiés et habitants de souche autour de la musique, de la danse et des arts. Quelques mètres plus loin, le Nan Café sert des plats aux saveurs inspirées des pays d'origine des réfugiés, nouvelle adresse de qualité sur la scène culinaire de la ville.

La petite île de Tilos, dans le Dodécanèse, est un bel exemple de stratégie réfléchie et humaine face à la crise. Portés par une maire progressiste, les habitants ont beaucoup aidé les migrants qui débarquaient en nombre bien plus important que la population totale de l'île (870 habitants). Les migrants ne restaient pas sur l'île, ils continuaient vers le continent ou quittaient la Grèce.

Grâce à une campagne de financement, la municipalité a finalement réuni assez d'argent pour construire son propre camp de transit bien mieux équipé que le camp de Moria, par exemple.

Lorsque l'afflux de migrants a baissé et que le camp s'est vidé, l'île a proposé d'accueillir 50 réfugiés et de les intégrer complètement à la communauté. Les familles sont arrivées, mais le projet a connu des hauts et des bas avant d'être abandonné en 2022, notamment en raison du manque d'emplois pour les réfugiés en hiver.

À ce moment-là, une nouvelle vague de migrants arrivait dans les pays de l'Union européenne. Les Ukrainiens fuyant l'invasion russe ont été accueillis à bras ouverts. La Grèce n'a pas été aussi concernée que la Pologne par exemple, mais elle a tout de même accueilli quelque 30 000 personnes.

Parmi ces nouveaux arrivants, il y avait des Grecs pontiques, les premiers à s'être installés dans la région du Donbass, détruite par la guerre, lorsqu'elle a été colonisée par l'Empire russe au XVIIIe siècle. Ce sont eux qui ont fondé et christianisé Marioupol, que les tanks et l'artillerie russes ont quasiment rasée au printemps 2022. Triste constat que de voir que l'Histoire se répète sans cesse... Pour combien de temps encore ?

Ci-dessus : manifestation de soutien aux migrants, Thessalonique, 2016

À LA RENCONTRE DES DIEUX ET DES MYTHES GRECS

On les retrouve partout en Grèce. Ils ornent monuments et œuvres d'art, ces dieux, ces héros et ces monstres dont les passions, la violence et les ruses animaient l'Antiquité. Les mythes grecs sont innombrables. Voici une première clé pour entrouvrir leur monde. Par Thérèse de Chérisey

COMMENT SONT NÉS L'UNIVERS ET LES DIEUX ? Le poète Hésiode (vers 700 av. J.-C.) en donne une célèbre version. Au début, il y a Chaos, l'Abîme, puis Gaïa, la Terre, et Éros, l'Amour. Terre enfante Ouranos, le Ciel, et Pontos, le flot marin. Elle s'enfle de montagnes et s'enracine dans les ténèbres du Tartare. Chaos enfante la Nuit, d'où sortira le Jour. De ces divinités primordiales vont naître des générations de dieux et de monstres.

Ouranos couvre Gaïa et la féconde. Ils enfantent douze Titans, trois Cyclopes, dotés d'un seul œil foudroyant, et trois Hékatonchires, aux cent bras. Mais Ouranos hait ses enfants : il les enfouit dans le sein de la Terre ! Gaïa étouffe ! Elle fabrique une serpe et charge Cronos, le plus jeune Titan, de castrer son abominable père. Hurlant de douleur, le Ciel s'écarte de la Terre... Les Titans s'échappent. Du sang d'Ouranos tombé au sol naissent les Eyrinies, divinités de la vengeance, et les Géants, violents guerriers. De sa semence, tombée dans la mer, nait Aphrodite, déesse de l'amour.

Premier roi du monde, Cronos enchaîne Cyclopes et Cent-Bras dans les Enfers. Puis il s'unit à sa sœur Rhéa. Mais craignant d'être détrôné par ses enfants, il les avale

 Dans le sens horaire, à partir d'en haut à gauche : Zeus et Athéna ; Héra ; Artémis ; un Titan

sitôt nés. Rusée, Rhéa va cacher en Crète son dernier-né, Zeus, puis elle présente à Cronos une pierre emmaillottée dans des langes comme son nouveau-né. Cronos l'avale aussi sec, sans se douter de la ruse ! Devenu grand, Zeus rusera encore pour que Cronos régurgite la pierre et ses frères et sœurs !

Suit une terrible guerre entre le camp de Cronos et celui Zeus. La violence fait rage depuis dix ans quand Zeus a l'idée de libérer les Cyclopes et les Cent-Bras pour s'en faire de alliés. Les Cyclopes lui offrent la foudre. Les Cent-Bras écrasent les Titans sous les pierres. Les Titans vaincus, Zeus doit encore combattre les Géants et le furieux monstre Typhon, né de Gaïa et du Tartare.

Comment reconnaître les dieux de l'Olympe ?

Régnant enfin sur un monde ordonné, **Zeus** trône sur le mont Olympe. Il fait respecter l'ordre et la justice sur la terre et dans le ciel et court déesses et mortelles pour engendrer une vaste progéniture. À la différence de Cronos, il accepte le partage du pouvoir avec ses frères et sœurs et certains de ses enfants. Foudre, sceptre et aigle permettent de le reconnaitre.

Les frères de Zeus

Poséidon règne sur la Mer et habite au fond de l'Océan. On le reconnait à son trident et à son char tiré par des monstres marins. **Hadès**, règne sur le royaume des morts gardé par son terrible chien Cerbère. Il trône au fond des Enfers avec son épouse Perséphone, qu'il a enlevée à sa mère Déméter. Il a pour attributs le casque qui le rend invisible et la corne d'abondance, car c'est aussi le gardien des richesses du sous-sol.

Les sœurs de Zeus

Héra, qui est aussi son épouse, est la déesse du mariage et de la maternité. Ses attributs sont le paon, le coucou, le lis et la grenade. Déméter, la déesse de la terre fertile, des moissons, de la fécondité se reconnait à la gerbe, l'épi de blé et la faucille. Elle engendre avec Zeus Perséphone qui, enlevée par Hadès, ne revient sur terre qu'à la belle saison. **Hestia**, déesse du foyer ne quitte pas l'Olympe. Ses attributs sont le feu et la corne d'abondance.

Les enfants nés de Zeus avec ses épouses

Athéna est née de sa première épouse, Métis (l'intelligence rusée). Zeus ayant avalé Métis pour s'assimiler ses qualités, Athéna sort toute armée de la tête de son père. Déesse guerrière, c'est aussi la déesse de la Raison. On la reconnait à son casque, sa lance et son bouclier, à la chouette et à l'olivier. **Héphaïstos**, fils d'Héra, laid et boiteux mais inventif, est le dieu du feu et des forgerons. Il est marié à Aphrodite. Ses attributs sont le marteau et l'enclume. Autre fils d'Héra, **Arès**, est le dieu de la guerre, assoiffé de violence. Amant d'Aphrodite, il se fait piéger par Héphaïstos au grand rire des autres dieux. Ses attributs sont les armes et le vautour.

Les enfants nés de Zeus avec d'autres déesses ou mortelles

Les jumeaux **Apollon** et **Artémis** sont nés à Délos où s'est réfugiée leur mère la déesse Léto, poursuivie par la jalousie d'Héra. Apollon est le dieu de la lumière, de la musique et de la poésie. Lyre, arc et laurier permettent de l'identifier. Artémis, déesse de la chasse, de la Lune et de la chasteté, se reconnait à l'arc et aux flèches, à la lune et à la biche. **Hermès**, fils de Maïa (fille du titan Atlas), est un dieu farceur, inventif et rusé. C'est le messager des dieux, mais aussi le dieu des commerçants et des voleurs. On le reconnait à ses sandales ailées, son chapeau à large bord et son caducée. **Dionysos** est le fils de Sémélé. Sa mère enceinte étant morte foudroyée à la vue de Zeus, celui-ci sauva l'enfant en le cousant dans sa cuisse jusqu'à sa naissance. Dieu de la vigne, du vin, du délire mystique et du théâtre, Dionysos parcourt le monde avant d'instaurer son culte à Thèbes sa ville natale. On le reconnait aux raisins et feuilles de vigne, au thyrse (bâton entouré de pampres et de lierre, surmonté d'une pomme de pin) et à la panthère. Quant à **Aphrodite**, qu'elle soit née d'Ouranos et de la mer (voir plus haut), ou de Zeus et de la déesse Dioné, comme dit Homère, c'est la déesse de l'amour du désir et de la beauté. Elle inspire des passions aux conséquences parfois dramatiques, comme celle de Pâris pour Hélène à l'origine de la guerre de Troie. Mariée à Héphaïstos, elle a pour amant Arès. Ses attributs sont la colombe, le moineau, et la rose.

Mosaïque représentant Dionysos, Corinthe

LISA STRACHAN/SHUTTERSTOCK ©

LE CULTE VIVANT DE DIONYSOS

Exubérant, androgyne, Dionysos ne cesse d'attiser la curiosité. On ne saurait pourtant réduire le Bacchus des Romains à ses bacchanales. C'est autour des Grandes Dionysies célébrées à Athènes qu'est né l'art dramatique tel que nous le connaissons aujourd'hui. Ceux qui visitent la Grèce au début du printemps constateront que Dionysos est toujours vénéré. Par Helena Smith

AU BOUT DE QUELQUE TEMPS passé en Grèce, on remarque le nombre de mots français qui viennent non pas du latin, mais du grec, une des plus anciennes langues au monde. Vu la profusion de la pensée conceptuelle à l'époque de la Grèce classique, il n'est pas étonnant de constater que les mots suivants font partie de la liste : logique, analytique, démocratie, galaxie, musique, archétype, mathématiques, hygiène…

D'autres termes traduisent une façon de penser plus rationnelle, apparue sur l'Acropole athénienne, dans la tête d'une excentrique divinité de la mythologie. Le mot "extase" vient du grec et signifie littéralement "être hors de soi-même". Cet appel à l'abandon hédoniste prend la forme d'un des dieux les moins figés du panthéon : Dionysos.

Le dieu de la fête

Si je vous dis Bacchus, vous pensez au nom que les Romains ont donné à un charmeur rougeaud qui se prélasse une coupe de vin à la main, des pampres mêlés aux boucles de sa chevelure. Chez les Grecs, les descriptions plus anciennes de Dionysos sont moins caricaturales. On ne sait pas vraiment si le dieu est un homme ou une femme : sur les sculptures et sur les vases, il a souvent la poitrine bombée et de longues boucles. Dionysos a aussi brouillé les pistes entre le monde mortel et immortel. D'après le mythe de sa naissance, Zeus, son père, avait séduit une mortelle, Sémélé, au grand dam de son épouse Héra. La colère d'Héra frappa : brûlante de voir son amant dans toute sa gloire divine, Sémélé se consuma aussitôt, Zeus n'ayant que le temps de récupérer l'enfant qu'elle portait et de le dissimuler dans sa cuisse (ou dans un testicule, selon les versions) jusqu'à ce qu'il soit assez développé pour "renaître". Déguisé en petite fille, Dionysos fut élevé sur une île par des nymphes et des satyres aux pattes de chèvre.

Les plus anciennes traces connues du culte de Dionysos remontent à 3 500 ans. Dès l'époque mycénienne, son nom est inscrit sur d'anciennes tablettes retrouvées à côté d'offrandes de vin. Sa première représentation connue se trouve sur une coupe de vin (*dinos*) de 570 av. J.-C., exposée au British Museum : portant les cheveux longs et une barbe, le dieu tout sourire se tient dans un cortège d'invités à une fête de mariage. La superbe coupe montre le lien entre le dieu et les mariages, et l'on peut également l'associer à la fertilité, à la sexualité et à l'abondance. Dionysos est aussi le dieu du voyage et surtout du retour triomphant, un thème largement illustré par les peintres et les sculpteurs grecs. Accompagné de satyres

priapiques ivres et de ménades (ce qui signifie "furieuses") qui le vénèrent, le dieu arrive sur un char tiré par des lions et des tigres, symboles de sa jeunesse passée quelque part en Orient.

Dionysos entraîne tumulte et transgression dans son sillage : le dieu né deux fois présente une dualité instable et séduisante chaque fois qu'il agite sa tige de fenouil, sa cuillère à miel. Il est immuablement associé aux qualités doubles du vin, boisson qui permet de se libérer des contraintes tout en créant un risque de dépendance et d'autodestruction. Dionysos fait signe d'approcher, et il entre en transe.

Les Dionysies

À partir du solstice d'hiver, la Grèce répondait à l'appel des dieux et célébrait Dionysos, faisant grandir le culte autour de lui. Les petites Dionysies rurales dans les villages de l'Attique mettaient le vin à l'honneur à l'occasion d'un défilé d'hommes déguisés en satyres, accompagnés de ses adoratrices, les ménades vêtues de peaux de faon et de léopard. Ils portaient une chèvre en offrande, des assiettes de figues et des jarres de vin, ainsi qu'un immense bâton phallique. Après la procession, les participants en délire dansaient et chantaient de façon suggestive. Au VIe siècle avant notre ère, les premières grandes Dionysies urbaines ont lieu à Athènes et annoncent l'équinoxe de printemps, en mars ou avril. Sacrifices de bœufs et de chèvres, immense statue en bois représentant le dieu et défilés en musique… de quoi déplacer les foules. Des dizaines de milliers de participants accouraient des quatre coins du monde grec.

Temps fort de la fête, la statue de Dionysos était transportée jusqu'à son théâtre – dont les vestiges se trouvent en contrebas du Parthénon – pour symboliser le voyage du dieu revenu d'un périple initiatique à travers l'Orient. Le sang des animaux sacrifiés était projeté un peu partout avant le début des pièces et les rites masqués devinrent peu à peu l'art dramatique, tel que nous l'entendons aujourd'hui. Avec leur goût pour la compétition, les Grecs ont fait des Dionysies un concours de théâtre. Trois dramaturges s'affrontaient pendant trois jours, puis le vainqueur était désigné par vote : c'est ainsi qu'Eschyle, Sophocle et Euripide se sont fait connaître. Ils ont honoré le dieu en racontant son histoire dans leurs œuvres, notamment Euripide dans *Les Bacchantes*.

La toute première "représentation" fut assurée en 534 av. J.-C. par l'acteur-auteur Thespis. Il répondit aux chants en déclamant des mots et donna ainsi naissance au théâtre. Par ailleurs, le sacrifice d'un bouc (*tragos* en grec) lors de ces fêtes, symbole pour Dionysos, fut à l'origine du terme "tragédie" (littéralement "chant du bouc").

Les célébrations aujourd'hui

Depuis Athènes, vous pouvez traverser l'île d'Eubée, prendre un ferry jusqu'à l'île reculée de Skyros où le carnaval évoque Dionysos. Pendant les quatre semaines qui précèdent le Lundi pur (premier jour du Grand Carême orthodoxe), Skyros s'embrase. Les jeunes hommes enfilent alors un costume très particulier : pantalon blanc en feutre, veste à capuche en fourrure noire et masque en peau de chevreau. Les *yeri* – c'est ainsi qu'on les appelle – portent à la taille une ceinture d'énormes cloches et tiennent un bâton de berger à la main. Ils défilent dans les rues pentues de la capitale avec leurs *korélles*, mariées masquées qui portent un foulard coloré sur la tête, un tablier brodé et une veste à manches larges serrée à la taille par une ceinture à boucle argentée. Cachés par les masques, qui ne laissent rien paraître de leur identité ni de leur genre, beaucoup d'hommes jouent ce rôle.

Le fait de cacher son identité fait partie de cette volonté d'abandonner toutes ses responsabilités et de faire ce qui se présente sur le moment. Lorsqu'ils se rencontrent dans la rue, les chèvres/hommes dansent avec fougue, balançant leurs hanches d'avant en arrière pour faire retentir les lourdes cloches. Le son des cloches et des coups de pied sur le sol est censé réveiller la terre pour faire venir le printemps, rappelant ainsi le temps où les humains faisaient partie de la nature, avant d'en être séparés tant sur le plan émotionnel que physique.

Dionysos appelle à se mettre au diapason du monde naturel et à en prendre soin, à brouiller les frontières entre les sexes, à accueillir les étrangers, à rejeter les contraintes matérielles et à s'exprimer pleinement par la danse et l'art dramatique… Et si on l'écoutait ?

L'HÉRITAGE MARITIME DE LA GRÈCE

La Méditerranée est le royaume des Grecs depuis plus de 3 000 ans. Par Ryan Ver Berkmoes

TISSÉS DÈS LES MINOENS, les liens légendaires de la Grèce avec la mer n'ont jamais été rompus depuis. Le concept même de commerce maritime est né dans les archipels de l'Adriatique et de la mer Égée. Aujourd'hui encore, la Grèce reste un acteur de premier plan du transport maritime international.

Antiquité

Les Minoens sont les premiers à avoir, dès 2500 av. J.-C., fait usage de bateaux pour les échanges commerciaux. Ces petites embarcations ouvertes, munies de rames (souvent actionnées par des esclaves) et de voiles, reliaient la myriade d'îles à la Grèce continentale. Les fouilles archéologiques mettent régulièrement au jour des objets transportés sur de longues distances, dont les plus anciens datent de l'âge du bronze.

Au Ve siècle av. J.-C., les navires gagnèrent en taille et en sophistication. Plus tard, les Empires romain et byzantin mirent à profit le talent des marins grecs au sein de leurs flottes. Les vaisseaux de ces derniers exercèrent ainsi leur domination sur les routes commerciales de la Méditerranée à la Manche en passant par la mer Noire. Sur le plan militaire, la redoutable marine de guerre hellène remporta de nombreuses batailles, à commencer par celles contre les Perses lors des guerres médiques.

De l'Empire ottoman à l'indépendance

Sous le joug turc à partir du XIVe siècle, les Grecs n'en continuèrent pas moins à régner sur le commerce en Méditerranée et au-delà, de manière licite ou par la contrebande. L'Histoire montre combien les armateurs hellènes se sont mis volontiers au service des grandes puissances du moment, y compris de la France napoléonienne. Les belles demeures de capitaines construites entre le XVIIe et le XIXe siècle un peu partout dans les îles, de Corfou à Mykonos, témoignent de cet âge d'or. Des familles grecques ont ainsi constitué de véritables empires, établissant leurs réseaux dans les ports du monde entier pour battre la concurrence.

Au XXe siècle

Si la Seconde Guerre mondiale a affecté le transport maritime, certains armateurs

Le *Christina O*

grecs se sont ensuite considérablement enrichis et ont acquis une notoriété internationale en achetant à vil prix des centaines de cargos américains en surplus qu'ils utilisèrent pour acheminer des marchandises aux quatre coins du globe. Précurseur de ces milliardaires au mode de vie ostentatoire, Aristote Onassis en devint l'archétype (voir plus loin).

Aujourd'hui, les bateaux de seconde main ont cédé la place à d'énormes navires spécialement conçus, et près d'un tiers des supertankers de la planète appartiennent à des Grecs. Si le commandement de ces géants est également grec, leur équipage se compose le plus souvent de marins provenant de pays pauvres, en particulier d'Indonésie et des Philippines. De nombreux capitaines grecs naviguent aussi sous d'autres pavillons. Enfin, près de 10% de la population grecque en âge de travailler exerce un emploi ayant un rapport avec la mer.

Les ferrys grecs

Traditionnellement, les ferrys effectuant la liaison entre les îles et le continent étaient achetés d'occasion à des compagnies maritimes étrangères (de fait, on voit encore des restes d'inscriptions signalétiques en langue scandinave à bord de certains bateaux). Bien que cette pratique subsiste, la flotte grecque comprend désormais une majorité de catamarans modernes à grande vitesse. Pour les voyageurs, cela signifie que la chance de pouvoir se détendre sur le pont en contemplant le paysage marin s'éloigne d'année en année. Les passagers se retrouvent le plus souvent assis par centaines à l'intérieur d'immenses navires équipés de rangées de sièges comme dans les avions. Certes, le trajet dure moins longtemps et revient moins cher, mais au détriment du charme romantique de la traversée.

L'odyssée du *Christina O*

Avant l'ère des super-yachts (plus de 70 m de long), Aristote Onassis rêvait déjà de posséder le plus grand bateau de plaisance au monde. À l'époque, il ne suffisait pas, comme aujourd'hui, de le commander à un chantier naval hollandais, italien ou finlandais spécialisé dans les navires de luxe, car cette industrie n'existait tout simplement pas.

En 1954, le milliardaire grec acquit donc une frégate anti-sous-marine canadienne de la Seconde Guerre mondiale et dépensa 4 millions de dollars pour en faire un yacht luxueux.

Le bateau de 99 m de long comportait notamment une grande piscine recouverte d'une mosaïque représentant le Minotaure, qui pouvait être asséchée et son fond surélevé afin de se transformer en piste de danse. Parmi les autres extravagances figuraient aussi un bar avec des dents de cétacés sculptées de scènes osées de *L'Odyssée* et des tabourets recouverts de prépuce de baleine.

Pendant des années, le *Christina O* fut le théâtre de fêtes somptueuses auxquelles participèrent les célébrités des années 1950 et 1960, telles que Winston Churchill, Greta Garbo, Eva Perón, Frank Sinatra ou Grace Kelly. La maîtresse d'Onassis, la cantatrice Maria Callas, et plus tard son épouse, Jackie Kennedy, y résidèrent aussi parfois.

À la mort de l'armateur en 1975, sa fille céda le navire à l'État grec pour qu'il serve de yacht présidentiel, mais ce cadeau embarrassant resta finalement à quai durant plus de deux décennies. Peu entretenu, voire à l'abandon, le *Christina O* fut finalement racheté en 1998 par un ami de la famille Onassis, le magnat de l'industrie maritime John Paul Papanicolaou, qui dépensa plus de 50 millions de dollars pour sa remise en état.

Désormais à louer au tarif de 700 000 € la semaine, ce bateau mythique promène une clientèle de nantis à travers les îles grecques. Ses lignes élégantes et sa cheminée jaune le distinguent des giga-yachts (plus de 90 m de long) des nouveaux riches d'aujourd'hui.

Yorgos Lanthimos à la Mostra de Venise en 2018

CINÉMA GREC

UN SIÈCLE D'OMBRE ET DE LUMIÈRE

Des années 1920 à la "nouvelle vague grecque" : le cinéma hellène, malgré un contexte de production difficile, connaît un certain renouveau depuis quelques années. Par Hugh McNaughtan

LE CINÉMA GREC est à l'image de la période mouvementée que fut le XXe siècle. Né durant le chaos provoqué par la guerre gréco-turque (1919-1922), il célèbre la culture nationale en reflétant les vicissitudes – guerres civiles, crises économiques et dictatures militaires – qui ont secoué le pays.

Golfo (1914), une romance tragique réalisée par Konstantinos Bahatoris, est considéré comme le premier long-métrage grec de l'histoire. Par la suite, la Grande Guerre et la lutte contre les Turcs cantonnent les premiers cinéastes grecs aux documentaires tournés sur les champs de bataille pour les bulletins d'actualités visant à stimuler le patriotisme. À l'issue du conflit, leur créativité peut enfin s'exprimer pleinement. En 1922, la comédie *Vilar aux bains féminins de Phalère*, de Joseph Hepp, fait connaître au public l'acteur Nikolaos Sfakianos, dit Vilar, qui deviendra une vedette.

Les années 1920 se traduisent par une floraison de fresques historiques et le passage au parlant, portés notamment par le studio Dag Films du réalisateur Dimitris Gaziadis, fondé en 1918. Le premier film grec à se distinguer au-delà des frontières est toutefois *Daphnis et Chloé* (1931), d'Orestis Laskos, dans lequel figure le premier nu du cinéma européen. *L'Amoureux de la bergère* (1932), d'Ilias Paraskevas et Dimitris Tsakiris, peut, lui, se targuer d'être le premier film synchronisé en langue grecque.

Cette brève période de liberté d'expression prend fin avec la dictature nationaliste du général Ioannis Metaxas (1936-1941), admirateur des régimes fasciste et nazi. Les partis politiques dissidents sont interdits, la presse, la littérature et les arts étroitement muselés, obligeant la production cinématographique grecque à se délocaliser en Égypte et en Turquie.

À la mort de Metaxas en 1941, le pays résiste à une tentative d'invasion menée par l'Italie, avant d'être occupé par les Allemands jusqu'en 1944. La guerre civile grecque (1944-1949) opposant l'armée gouvernementale, soutenue par l'Angleterre et les États-Unis, à l'Armée démocratique de Grèce d'obédience communiste, soutenue par la Yougoslavie, la Bulgarie et l'Albanie, laisse de profondes fractures dans la société et met un frein à la création artistique.

Il faudra attendre la décennie suivante pour que des studios comme Finos Films (fondé en 1942) et l'école de cinéma Lykourgos Stavrakos (1951) tournent à plus grande échelle. Quelque 260 films sortent sur les écrans au cours des années 1950, un millier dans la décennie suivante, marquant une sorte d'"âge d'or" du septième art. Il s'agit pour l'essentiel de films de genre, en particulier des comédies et des mélodrames, très appréciés du public grec. Parallèlement, une approche plus "artistique" dans la veine du néoréalisme italien donne des œuvres telles que *Stella* (1955), de Michael Cacoyannis (1921-2011), qui parviennent à se frayer un chemin sur la scène internationale. Plus tard, le même réalisateur se verra récompenser par de nombreux prix pour *Électre* (1962) et *Zorba le Grec* (1964).

Le coup d'État militaire du 21 avril 1967 qui instaure le régime des colonels met de nouveau un terme à la liberté d'expression des cinéastes. Conservatrice, autoritaire et répressive envers l'opposition politique, la junte s'emploie à promouvoir sa vision martiale et patriotique de la culture grecque en prohibant toute production artistique de gauche au profit d'œuvres de propagande. Après la chute de la dictature qui suit l'invasion de Chypre par la Turquie en 1975, Cacoyannis retourne derrière la caméra avec *Iphigénie* (1977), nominée à Cannes et aux Oscars, qui remporte le prix du meilleur film au festival de Thessalonique.

Les années 1970 et 1980 sont dominées par la figure de Theo Angelopoulos (1935-2012). Ancien élève de l'Institut français des hautes études cinématographiques (Idhec), celui-ci regagne la Grèce en 1967 et s'attaque brièvement à des sujets politiques en tant que journaliste et réalisateur. *Le Voyage des comédiens* (1975), qui couvre un large pan de l'histoire grecque du XXe siècle, et *L'Éternité et un jour* (1988) lui ont valu respectivement le Prix de la critique internationale et la Palme d'Or à Cannes. Avant lui, Costa-Gavras, également formé à l'Idhec, avait été le premier Grec à recevoir la plus haute distinction du festival pour *Missing* (1982).

Arrivé au pouvoir en 1981, le Mouvement socialiste panhellénique (Pasok) alloue davantage de fonds publics au cinéma. Pour autant, les meilleurs films d'auteur de l'époque sont des échecs commerciaux, à l'exception notable de *Rebétiko* (1983), de Costas Ferris, inspiré de la vie de la chanteuse populaire Marika Ninou.

Dans les années 1990, les cinéastes grecs rompent avec les thèmes classiques. La tragi-comédie *Safe Sex* (1999) fait un carton national. D'autres succès marquent les années 2000, comme *Un ciel épicé* (2003), *Les Mariées* (2004) et *El Greco, les ténèbres contre la lumière* (2007). C'est alors qu'apparaissent sur les écrans les films bizarres et dérangeants, teintés de critique sociale, de la "Greek Weird Wave" (la "Vague grecque bizarre").

Canine (2009), de Yorgos Lanthimos, est le plus connu et le plus représentatif d'entre eux. Cette sombre plongée dans la psyché de parents dysfonctionnels isolant leurs enfants du monde extérieur a été nominée aux Oscars. Dans *Strella* (2009), premier film dont le rôle principal est tenu par une femme transgenre, Panos H. Koutras explore les relations entre un ancien escroc et une prostituée.

Au sein de cette "nouvelle vague grecque", un courant plus violent incarné par *Knifer* (2010), de Yannis Economides, traite de l'aliénation et du désespoir causés par le désastre économique qui a frappé la Grèce en 2009. Sur un thème proche mais stylistiquement très différent, *Attenberg* (2010), d'Athina Rachel Tsangari, raconte l'histoire d'une jeune femme misanthrope qui se tient à l'écart de ses semblables. Son actrice principale, Ariane Labed, a remporté la Coppa Volpi à la Mostra de Venise.

Aujourd'hui, le cinéma grec reste dynamique, avec des jeunes réalisateurs très divers, brillant par leur esprit novateur.

LES TEMPLES GRECS, MODÈLES D'ARCHITECTURE

Considéré comme la demeure de la divinité honorée, le temple tient une place essentielle dans l'Antiquité grecque. Il focalise le génie créatif des architectes de la Grèce archaïque et classique, de la fin du VIIe au début du IVe siècle av. J.-C. Par Thérèse de Chérisey

Le temple grec : un modèle

C'est à partir des temples, de leurs colonnes et de leurs proportions, que s'élaborent les trois ordres, dorique, ionique, corinthien, et autres canons architecturaux qui vont connaître une extraordinaire postérité auprès des Romains puis dans l'architecture occidentale, de la Renaissance à nos jours.

Les premiers temples grecs : du bois à la pierre

Après les palais-cités minoens et la puissance des forteresses mycéniennes, l'architecture grecque connaît des temps obscurs. Elle renait à partir du VIIIe siècle avec la construction de temples qui ont pour fonction d'abriter la statue du culte, tandis que le culte lui-même, avec ses rituels et ses processions, se célèbre en plein air, autour de l'autel où ont lieu les sacrifices.

Les premiers temples grecs connus (tel que le temple d'Apollon à Thermos, en Grèce continentale) étaient construits en bois. Leurs colonnes étaient faites de fûts d'arbres, striés de cannelures verticales et surmontés d'un chapiteau en galette. Sur les poutres, des plaques de terre cuite étaieent ornées de rainures verticales (triglyphes) alternant

Dans le sens horaire, à partir du haut : Trésor d'Atrée, à Mycènes ; Parthénon, un exemple de temple dorique, Athènes ; Académie d'Athènes, de style néoclassique ; temple de Zeus Olympien, Athènes, de style corinthien

avec des scènes mythologiques (métopes). Puis la pierre a remplacé le bois, permettant la construction de bâtiments plus grands et plus pérennes, mais conservant certaines caractéristiques décoratives héritées des siècles précédents.

L'invention des ordres architecturaux grecs

Au fil du temps, les architectes grecs élaborent des systèmes de proportions, de formes et d'ornementation assurant l'harmonie des temples. Ils définissent ainsi trois ordres architecturaux identifiables en observant les colonnes et les chapiteaux.

L'ORDRE DORIQUE – Sobre et puissant, il se caractérise par ses colonnes massives, dépourvues de base et surmontées d'un chapiteau simple de forme évasée et d'une dalle plate (l'abaque). Le fût des colonnes est creusé de cannelures peu profondes (20 en général) avec des arêtes vives ; il va en s'amincissant vers le haut. Les colonnes supportent l'entablement formé d'une architrave lisse et d'une frise où alternent triglyphes et métopes. Séparé par une corniche, le fronton triangulaire est habituellement sculpté. Développé à partir VIIe siècle dans le Péloponnèse, l'ordre dorique est le style de référence à l'époque classique. Le plus bel exemple en est le Parthénon (447-438 av. J.-C.), bâti en marbre du Pentélique sur l'Acropole, à Athènes. Le temple d'Aphaïa à Égine, celui de Poséidon au cap Sounion ou le petit temple d'Isis à Délos en sont d'autres exemples.

L'ORDRE IONIQUE – Plus gracieux et ouvert à la fantaisie, le style ionique se développe à partir du VIe siècle en Ionie et dans les îles de la mer Égée. Ses colonnes, fines et élancées, sont creusées de profondes cannelures (généralement 24), séparées par une petite moulure plate (listel). Elles reposent sur une haute base moulurée et sont surmontées d'un chapiteau à double volutes (inspirées des cornes de bélier ou des chevelures de femmes). La frise de l'entablement présente un décor continu. Le fronton est orné d'acrotères décoratifs. Les élégantes colonnes du temple d'Athéna Nikè, sur l'Acropole d'Athènes, offrent une image très pure du style ionique.

L'ORDRE CORINTHIEN ET LES AUTRES VARIANTES – Plus tardif, le style corinthien se reconnaît à ses chapiteaux ornés de motifs végétaux évoquant les feuilles d'acanthes. Pour le reste, il diffère peu du style ionique. Peu utilisé dans la Grèce antique, il sera largement repris par les Romains. Le temple de Zeus Olympien, situé au pied de l'Acropole d'Athènes, en offre un imposant exemple.

Le respect des ordres architecturaux n'empêche pas le mélange de styles ou l'innovation. Ainsi le Parthénon cache quelques colonnes ioniques. Sur l'Acropole aussi, le temple ionique de l'Érechtéion (421-406 av. J.-C .) innove : au lieu de colonnes, des statues de femmes soutiennent l'entablement. Ces cariatides, comme les atlantes, leurs équivalents masculins, connaîtront une glorieuse postérité.

POUR ATTEINDRE UNE PARFAITE HARMONIE, LE TEMPLE DOIT, COMME LE MONDE, ÊTRE ORGANISÉ SELON DES LOIS MATHÉMATIQUES RIGOUREUSES.

Rigueur des proportions et corrections optiques

Le temple grec, où les fidèles pénètrent rarement, remplit une fonction éminemment symbolique. Il constitue une représentation du monde. Ses colonnes entretiennent un rapport étroit avec l'homme, plus masculin dans le dorique, plus féminin dans l'ionique. Pour atteindre une parfaite harmonie, le temple doit, comme le monde, être organisé selon des lois mathématiques rigoureuses. Le nombre de colonnes en façade et sur la longueur, leur hauteur, leur diamètre, l'écart entre les colonnes, tout est régi par des règles précises. L'emplacement du temple est important car il doit être visible de loin. Des subtilités de construction corrigent les effets de perspective : légère inclinaison vers l'intérieur des colonnes, épaississement de la partie inférieure des colonnes, épaississement des colonnes d'angle, lignes légèrement incurvées des marches et du fronton donnent, de loin, le sentiment que l'édifice est parfaitement vertical et horizontal. L'harmonie est parfaite ! C'est ainsi que l'art subtil des Grecs va se transmettre, en s'adaptant, de siècle en siècle.

Place Omonia, Athènes
MARIANNA IANOVSKA/SHUTTERSTOCK ©

RÉINVENTER ATHÈNES

Athènes est sortie ragaillardie de la crise mondiale causée par la pandémie de Covid 19. Cette ville de plus de 5 000 ans s'est lancée dans un plan d'amélioration ambitieux, le plus important depuis les préparatifs des Jeux olympiques de 2004 : nouveaux lieux culturels, réseau de métro étendu et initiatives pour une ville plus propre et plus verte.

Par Simon Richmond

EN 2020, alors que le monde se barricade en pleine pandémie de Covid-19, Thomas Skiloyannis rentre de Montréal avec un projet. L'ancien banquier a acheté un hôtel particulier à l'abandon à quelques rues au nord-est de la place Omonia, à Athènes. Après un an de rénovations et l'épluchage de tous les règlements de la ville, le Baloo Hostel ouvre en juillet 2022. Pour décorer cette nouvelle adresse chic et abordable, Thomas a notamment pensé aux tableaux de son père, professeur de dessin à Athènes.

La place Omonia, au cœur de la ville, est pleine de promesses malgré les nombreux graffitis et les bâtiments vétustes. "C'était moins cher et plus simple d'obtenir tous les permis pour ouvrir l'auberge ici que dans les quartiers plus touristiques comme Plaka ou Monastiraki", explique Thomas. À 32 ans, il ne regrette pas d'avoir quitté la sécurité et sa vie bien réglée au Canada pour se lancer dans une nouvelle existence à Athènes. "Ça peut sembler hasardeux, mais je me sens plein d'énergie et je veux en profiter".

Le jeune homme n'est pas le seul à tenter sa chance dans la capitale grecque, en plein renouveau. Ces deux dernières années, les hôtels branchés, nouveaux restaurants et autres entreprises ont poussé comme des champignons. Beaucoup d'investisseurs misent sur Athènes comme grand pôle culturel européen en devenir, projet qui a commencé en 2017, année où la capitale grecque a accueilli une partie du festival Documenta. C'était la première fois que ce prestigieux festival d'art contemporain quittait sa ville d'origine, Kassel (Allemagne).

Attirés par le soleil et le coût de la vie peu élevé, en particulier les loyers abordables (par rapport à d'autres régions en Europe), artistes et créateurs ont contribué à la métamorphose d'Athènes. Ensuite, la pandémie a incité les nomades numériques et les jeunes entrepreneurs à s'installer dans la capitale grecque. La loi adoptée en 2020, qui prévoit une exonération d'impôts de 50% pendant les sept premières années pour tous les travailleurs qui s'installent en Grèce, a sans doute joué. Elle vise avant tout à inciter les 800 000 Grecs qui ont quitté le pays pendant la crise de la dette au début des années 2000 à revenir au pays.

La valorisation du patrimoine et des arts, un puissant levier

Mettre en avant les arts et la culture pour améliorer la vie en ville, aussi bien pour les habitants que pour les touristes, n'a rien de nouveau. Au Ve siècle avant notre ère, on reconstruisait déjà les temples sur l'Acropole – l'un des plus beaux projets d'embellissement de tous les temps ! Plus récemment, le Centre culturel de la Fondation Stavros Niarchos et son parc (projet primé), un musée d'art moderne (fondation Basil et Elise Goulandris) et le musée national d'Art contemporain (EMST) ont été inaugurés à Athènes.

Le coup d'envoi – et le financement – de ces initiatives est souvent donné par des Grecs fortunés par le biais de leurs institutions philanthropiques. Ainsi, la Fondation Onassis gère le centre artistique Onassis Stegi et finance de nombreux projets visant à améliorer la qualité de vie à Athènes. Fondée en 2013 par le collectionneur d'art et entrepreneur Dimitris Daskalopoulos, NEON vise pour sa part à rendre l'art contemporain accessible à tous. La fondation a fait parler d'elle, à l'échelle locale et internationale, lorsqu'elle a rénové et transformé une partie d'une ancienne fabrique de tabac (p. 86) en un lieu d'exposition ambitieux (et gratuit).

La mairie et d'autres organismes à but non lucratif jouent aussi un rôle. La biennale d'Athènes (athensbiennale.org), dont la 8e édition a pris fin en mai 2023, prend de plus en plus d'ampleur. Grâce à des projets comme Urban Act (urbanact.gr), de gigantesques fresques murales ornent la ville et, à plus petite échelle, les armoires électriques sur les trottoirs ont été relookées par plusieurs artistes, donnant une touche de couleur et de fantaisie au centre-ville.

Autre changement de taille à Athènes : les nouvelles illuminations de l'Acropole, des sculptures dans le parc du Zappéion et du stade des Panathénées. Fini l'éclairage cru et éblouissant ; place à une lumière plus chaude et plus naturelle, qui rend la ville plus jolie et accueillante de nuit, mais aussi plus sûre.

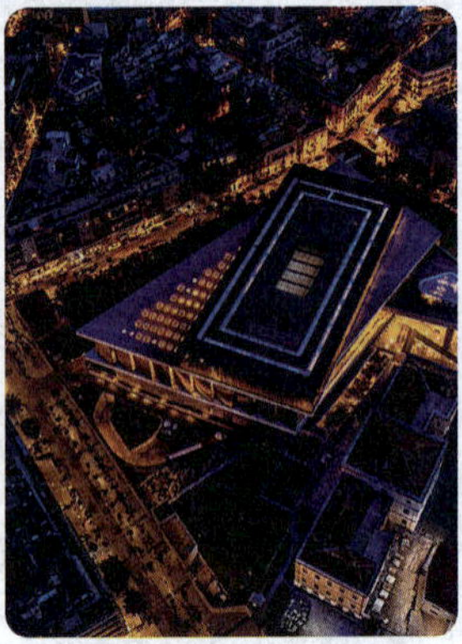

ANASTASIOU EVANGELOS/SHUTTERSTOCK ©

FINI L'ÉCLAIRAGE CRU ET ÉBLOUISSANT ; PLACE À UNE LUMIÈRE PLUS CHAUDE ET PLUS NATURELLE, QUI REND LA VILLE PLUS JOLIE ET ACCUEILLANTE DE NUIT, MAIS AUSSI PLUS SÛRE.

La question climatique

Athènes se heurte à divers problèmes, dont la circulation, la pollution et le changement climatique. Vu l'urgence de la situation, une personne responsable des questions liées au réchauffement climatique a été nommée afin de trouver des solutions pour la cité où le mercure dépasse régulièrement les 40°C en été.

Un projet consiste à relancer l'aqueduc achevé en l'an 140, sous domination romaine. Ce tunnel, qui s'étend sur près de 20 km sous Athènes, irriguera les nouveaux petits parcs de la ville créant ainsi un couloir vert rafraîchissant. Parmi ces parcs, un jardin japonais a ouvert dans le quartier de Pangrati, derrière derrière la Fondation Basil et Elise Goulandris.

Les Athéniens ont adopté le parc Stavros Niarchos conçu de façon durable avec des plantes méditerranéennes qui résistent à la sécheresse. Le site historique du Jardin national est en cours de rénovation et le maire de la ville, Kostas Bakoyannis, s'est dit favorable à la construction d'un nouveau parc et d'un Musée archéologique sur le site de l'Académie de Platon, dans un quartier peu touristique et un peu oublié.

De meilleures infrastructures

Autre facette du plan d'amélioration du cadre de vie à Athènes : inciter les habitants à prendre les transports en commun. En octobre 2022, la ligne 3 du métro a été prolongée jusqu'au Pirée ; d'après les experts, plus de 130 000 voyageurs supplémentaires prendront le métro chaque jour, les routes seront moins fréquentées et les émissions de CO_2 seront réduites de 120 tonnes par jour.

La nouvelle ligne de métro (ligne 4) est encore plus prometteuse : d'une longueur de 13 km, elle reliera Alsos Veikou (Galatsi) à Goudi. Les travaux, commencés en 2021, ne s'achèveront pas avant 2029. Les Athéniens auront alors accès à quinze nouvelles stations, dont Exarchia, Akadimia et Kolonaki, dans le centre.

Le centre-ville compact d'Athènes est idéal pour la marche à pied et c'est d'ailleurs ce que souhaitent encourager les sentiers pédestres reliant les principaux sites archéologiques de la ville (projet Megalos Peripatos ou Grand Walk). De nouvelles promenades relieront bientôt d'autres monuments tels que l'Agora antique et le stade des Panathénées. Sur Panepistimiou, énorme route à six voies, les trottoirs seront élargis et des voies seront réservées aux vélos et aux bus.

Une enveloppe de 55 millions d'euros a été allouée à un projet de promenade piétonne de 70 km le long de la côte sud de l'Attica, du Pirée au cap Sounion. Une grande portion sera aussi accessible aux vélos (voie séparée). Cette route côtière passera par Ellinikon, le plus vaste projet d'aménagement urbain en Europe (8 milliards d'euros) qui s'étendra sur près de 6 km^2, sur le site de l'ancien aéroport international. Sa Marina Tower, conçue par Foster + Partners, sera le premier gratte-ciel "vert" de Grèce et un parc occupera un tiers de sa surface.

Les défis à venir

La réussite de beaucoup de ces initiatives dépendra de la coopération et de la coordination de nombreuses municipalités différentes et d'acteurs du secteur privé. Parmi les projets controversés, la construction d'une nouvelle station de métro et la transformation de la colline de Strefi dans le quartier d'Exarchia : les opposants affirment que ces deux projets, qui s'ajoutent à une hausse des loyers en ville et à un phénomène de gentrification, pourraient anéantir l'âme plutôt bohème du quartier.

D'après des sondages réalisés en 2021, les Athéniens ont été déçus par le projet d'espaces pédestres Megalos Peripatos : 88% des personnes interrogées ne sont "pas du tout" ou "peu" satisfaites par les aménagements. Encore plus de personnes estiment que le projet a été "mal conçu", pointant en particulier le coût des palmiers et des pots de fleurs installés le long de la rue Panepistimiou.

Avec un taux d'inflation tournant autour de 11,6% en Grèce, Athènes est aussi vulnérable aux effets de la flambée des prix de l'énergie et des produits de consommation que le reste du monde. Si le maire souhaite promouvoir un "urbanisme tactique" pour sa ville, il devra aussi se montrer fin négociateur pour récupérer des espaces publics, casser des habitudes bien ancrées et équilibrer les budgets. Les prochaines élections municipales sont prévues en 2023 : Kostas Bakoyannis sera bientôt fixé quant à l'avis des Athéniens sur sa réinvention radicale de la ville.

Photo : musée de l'Acropole, au coucher du soleil

LES CHATS EN GRÈCE

L'immense population féline de la Grèce est légendaire et littéralement immanquable. Par Helena Smith

JETEZ UN ŒIL SOUS LA CHAISE, entre deux bouchées, lorsque vous serez attablé en terrasse : il y a de fortes chances pour que deux yeux ronds vous fixent, réclamant sans miauler quelque nourriture. Roux, tigrés, noirs, gris, tricolores… les chats grecs sont légion. Lorsqu'elles ne sont pas à la recherche de restes de nourriture, ces gracieuses, et souvent maigres, créatures se roulent en boule ou s'étirent au soleil sur le pas d'une porte ou le rebord en pierre d'une fenêtre.

Ces chats ont la faveur des touristes. Néanmoins, ils sont nombreux à souffrir de malnutrition, de puces, de vers et de la grippe féline, qui entraîne une perte de la vue et des gingivites. Il n'est pas rare de voir des chats émaciés, aux yeux qui coulent, qui perdent leurs poils par plaques, ou ont été blessés par des voitures. Avec deux à trois portées par an de deux à huit chatons, la population féline ne cesse de croître en flèche. La mortalité des petits est élevée et, malgré les amendes pour empoisonnement et mauvais traitements infligés aux animaux, les interactions entre félins et humains peuvent être pour le moins difficiles.

La situation est radicalement différente à Skiathos. Depuis 1994, la Skiathos Cat Welfare Association œuvre pour le bien-être et la protection des félins et les résultats

 Dans le sens horaire, à partir d'en haut à gauche : Athènes ; Skiathos ; Hydra ; Crète

sautent aux yeux : les chats qui squattent les bords de fenêtre et les chaises vides dans les tavernes sont bien nourris, n'ont pas de puces et affichent un air nettement plus heureux et moins nerveux que leurs cousins des îles voisines.

Ce succès est le fruit d'un travail assidu. L'association s'efforce de faire évoluer les mentalités à l'égard des animaux et apporte une aide vitale sur le terrain. Deux fois par an, des vétérinaires bénévoles stérilisent des chats et des chattes errant dans les rues de Skiathos, puis les marquent d'une petite entaille à l'oreille. En plus de prodiguer des traitements contre la grippe féline, les puces et les vers, l'association collabore avec la municipalité pour mettre en place des points d'alimentation dans la ville. Soutenue par la Fondation Brigitte Bardot, l'association gère aussi un refuge pour chats handicapés et aide les touristes qui sont tombés amoureux d'une petite boule de poils pendant leurs vacances à effectuer les démarches nécessaires (documents, vaccins et micropuce) pour la ramener avec eux dans leur pays.

Sur l'île voisine de Skopélos, Anastasia Labrogianni, de Stray Care Skopelos, consacre sa vie à la protection des animaux errants. Lorsque je l'ai contactée pour la première fois, elle était à Athènes pour sauver un chien qui vivait enfermé dans une petite cage et n'avait plus que la peau sur les os. Elle a dû faire appel à la police pour délivrer l'animal qui semblait fou de joie d'être enfin pris en charge.

Anastasia m'a fait visiter son grand jardin arboré, refuge pour les animaux blessés et qui ont besoin de soins. Elle finance l'alimentation et la stérilisation des animaux grâce à la location d'une propriété familiale à Sparte, dont elle est originaire, et passe de longues journées à dresser les chiens et à élever tous les animaux, avec son mari. Un grand espace clos est réservé aux chats aveugles, dont une portée trouvée dans une poubelle. Les petites créatures font des culbutes, courent dans le jardin et bondissent dans l'espace qui leur sert d'abri. Lorsqu'ils entendent la voix d'Anastasia, les chats se précipitent vers elle et vont à la pêche aux caresses.

Il existe bien d'autres projets œuvrant pour le bien-être des animaux en Grèce. Par exemple, à Corfou, le Takis Shelter a été ouvert par un DJ qui a tout laissé tomber pour s'occuper de chiens affamés et abandonnés : aujourd'hui, il en a 400. À Athènes, Nine Lives Greece prend soin des chats de la capitale. Néanmoins, la plupart des animaux errants dépendent de la gentillesse d'inconnus. Lorsque j'ai demandé à une chauffeuse de taxi sur une île combien elle avait de chats, elle s'est écriée qu'elle en avait 20 ! Ailleurs, on pourrait s'inquiéter, mais ici, il est tout à fait normal de s'occuper des chats errants du quartier.

Si l'on veut aider, faire un don à une association de protection des animaux, ou devenir bénévole, vaut bien mieux qu'une caresse ou un soin ponctuel. Marion Rastinger, de la Skiathos Cat Welfare Association, met en garde contre l'aide à court terme : laisser entrer un chat dans sa chambre d'hôtel et le nourrir, c'est le rendre dépendant. Que fera-t-il, une fois que vous serez reparti ? La protection des animaux est un travail à plein temps : outre son implication dans l'association, son chien, son âne et ses sept chats, Marion en nourrit 70 autres personnellement.

FAIRE UN DON À UNE ASSOCIATION DE PROTECTION DES ANIMAUX, OU DEVENIR BÉNÉVOLE, VAUT BIEN MIEUX QU'UNE CARESSE OU UN SOIN PONCTUEL.

Si vous croisez des chatons sans leur mère, ne les déplacez surtout pas, mais revenez vérifier le lendemain car leur mère se cache souvent tout simplement dans les environs.

À la fin de mon voyage en Grèce, j'étais attablée dans une taverne lorsqu'une minuscule chatte calico a fait irruption avec ses yeux ronds ambre et sa queue dressée telle une petite antenne. Bizarrement, elle n'avait pas l'air intéressée par la nourriture et préférait jouer ; elle attaquait ma manche avec sa petite patte et tournait en rond en passant sur mes genoux et derrière la chaise. Elle a fini par se lasser et elle est repartie dans la nuit et dans sa vie précaire de chat de gouttière.

INDEX

Référence des cartes **000**

Référence des cartes **000**

N

O

P

Référence des cartes **000**

S

Référence des cartes **000**

T

NOTES

"Il n'y a rien comme se balader dans un petit village et de rencontrer un *yia yia* bavard, ravi de discuter de sa vie de tous les jours avec moi."

ALEXIS AVERBUCK

"Voguer vers Tinos à bord d'un ferry à l'ancienne au coucher du soleil tout en savourant une bière sur le pont est un pur moment de bonheur."

RYAN VER BERKMOES

À DROITE : GEORGIOS TSICHLIS/SHUTTERSTOCK ©

À PROPOS DE CET OUVRAGE

Cette 6e édition française du guide *Grèce* est une traduction-adaptation de la 16e édition de *Greece* (en anglais), réalisée par Alexis Averbuck, Rebecca Hall, Paula Hardy, Helen Iatrou, Vangelis Koronakis, Vesna Maric, Leonid Ragozin, Simon Richmond, Helena Smith, Sarah Souli et Ryan Ver Berkmoes. Thérèse de Chérisey a écrit les focus sur la mythologie et l'architecture.

Traduction Louise Cabannes, Naomi Defays, Sophie Dubus, Frédérique Hélion-Guerrini, Sophie Lecoq, Margaux Montagner, Laurent Pérez, Pauline Tardieu-Collinet et Antoine Thibault

Direction éditoriale Dominique Bovet

Responsable prépresse Jean-Noël Doan

Coordination éditoriale et adaptation française Carole Haché

Maquette Marie Dautet et Christian Deloye

Cartographie Cartes adaptées en français par Eduardo Yanes Blanch

Couverture adaptée en français par Laurent Briard et Laure Wilmot

Remerciements à Marie Chouteau, Alexandra Guyot, Agnès Mauxion-Poujol et Michel McLeod pour leur précieuse contribution au texte.

Merci à Dolorès Mora et Sylvie Rabuel pour leur relecture attentive, à Camille Batschelet-Prieur et Hugo Gadroy pour leur préparation du manuscrit. Merci aussi à Bénédicte Houdré pour son travail sur les îles grecques et à Stéphanie Rian du bureau de Paris. Enfin merci à Luan Angel, Emma Davies et Nigel Longuet à Londres et à Jean-Pierre Masclef à Melbourne.

En Voyage Éditions | un département édi8

Grèce
6e édition
Traduit et adapté de l'ouvrage
Greece, 16th edition, June 2023

92 avenue de France
75013 Paris

Dépôt légal Mai 2023
ISBN 978-1-83869-357-2
Photographes © comme indiqué 2023
Imprimé par Grafica Veneta
Trebaseleghe, Italie
Réimpression 02, avril 2024